국어형태론

저자 김승곤

· 한글학회 회장 및 재단이사 역임
· 건국대학교 문과대학 국어국문학과 및 동 대학원 졸업
· 건국대학교 인문과학대학장, 문과대학장, 총무처장, 부총장 역임
· 문화체육부 국어심의회 한글분과위원 역임
· 주요저서: 『관형격조사 '의'의 통어적 의미분석』(2007), 『21세기 우리말 때매김 연구』(2008),
  『21세기 국어 조사 연구』(2009), 『국어통어론』(2010), 『문법적으로 쉽게 풀어 쓴
  논어』(2010), 『문법적으로 쉽게 풀어 쓴 향가』(2013), 『국어 조사의 어원과 변천
  연구』(2014) 등

국어형태론

© 김승곤, 2018

1판 1쇄 인쇄__2018년 03월 20일
1판 1쇄 발행__2018년 03월 30일

지은이__김승곤
펴낸이__양정섭

펴낸곳__도서출판 경진
        등록__제2010-000004호
        블로그__http://kyungjinmunhwa.tistory.com
        이메일__mykorea01@naver.com

공급처__(주)글로벌콘텐츠출판그룹
        대표__홍정표 편집디자인__김미미 기획·마케팅__노경민
        주소__서울특별시 강동구 풍성로 87-6(성내동) 글로벌콘텐츠
        전화__02) 488-3280 팩스__02) 488-3281
        홈페이지__http://www.gcbook.co.kr

값 40,000원
ISBN 978-89-5996-569-4 93710

국어형태론

김승곤 지음

경진출판

Q 일러두기

1. 짜임새는 총설, 조어법, 굴곡법, 영굴곡법의 네 부문으로 되어 있는데, 조어법은 파생법과 합성법으로 이루어져 있고, 굴곡법은 곡용법과 굴곡법으로 이루어져 있으며, 영굴곡법은 관형사, 부사, 접속사, 감탄사로 되어 있다.
2. 학술어는 모두가 우리말로 되어 있다. 일본 사람들이 만든 한자식 학술어는 우리의 것이 아니므로 일본인들의 학문적 붙살이에서 독립하고자 하였다.
3. 조어법에서 글쓴이가 모은 보기들이 지나치게 많아서 본문에 모두 보이기 어려운 것은 책 뒤에 부록을 만들어 실었다.
4. 수량단위 의존명사도 본문에 싣지 못한 것은 부록에 실었다.
5. 우리가 흔히 쓰는 '그녀'는 일본말의 직역으로서 좋은 말이 아니므로 '그미'를 쓰기로 하였다.
6. 간혹 우리말로 된 학술어와 한자말로 된 학술어가 혼용되어 있는 경우가 있는데 편의를 위해한 것이니 오해 없기를 바란다(베풂월 – 서술월…).
7. 부록의 차례도 책 내용의 차례에 따라 바로잡았다.
8. 기호들의 쓰임은 다음과 같다.

> 여: 여린 뜻의 형용사임을 나타낸다.
> 작: 작은 뜻의 형용사임을 나타낸다.
> 큰: 큰 뜻의 형용사임을 나타낸다.
> 센: 센 뜻의 형용사임을 나타낸다.
> 거: 거센 뜻의 형용사임을 나타낸다.
> 비: 뜻이 비슷한 형용사임을 나타낸다.
> 준: 줄인 뜻임을 나타낸다.
> 반: 반대되는 뜻임을 나타낸다.

책머리에

지은이는 여러 차례 수정증보판의 '국어형태론'을 간행하다가 고치고 더하여 2015년 글모아출판에서 『21세기 국어형태론』을 간행하였다. 그러나 다시 검토하여 보니 여전히 부족한 데가 있어 한글학회에서 간행한 『우리말 사전』을 뒤지고 뒤져 보니 많은 좋은 자료를 구하게 되었다. 그래서 대명사를 많이 추가하여 설명하였고, 의존명사를 모두 찾아 분류하여 다시 썼고, 관형사도 새롭게 추가 설명하였으며 시제법도 새로운 체계로 수정하였으며, 감탄사도 모두 찾아 분류하여 기록하였다. 그리고 문법용어도 현행 학교문법에 쓰이고 있는 학술용어로 모두 바꾸었다. 문법 연구는 한이 없으나 이 정도로 하면 어느 정도 충실할 것으로 생각되어 이번에 도서출판 경진에서 『국어형태론』을 내게 되었으니, 읽을이 여러분의 부족한 데를 많이 가르쳐 주기 바라면서 끝으로 출판사가 어려운 요즈음 이 책을 간행하여 주신 출판사 사장님을 비롯하여 관계하신 여러분께 깊이 감사하다는 인사말을 전한다.

2018년 3월
지은이 씀

차 례

2장 조어법(조어법)

3장 굴곡법

4장 영굴곡법

부 록

1장· 총설

1장 총설

1. 문법이란?

1.1. 문법이란 말의 뜻[1]

문법이란 말의 뜻은 본래 희랍어에서 글자를 뜻하던 그라마_{gramma =}letter라는 단어에서 유래하는데, 희랍어 그라마티케_{Grammatikē}, 라틴어 그라마티카_{grammatica}라는 말은 본래 '글자로 써진'의 뜻에 해당하는 형용사였다. 이것을 고대 프랑스에서 당시의 단어 그라매르_{Gramaire, Grammaire}(현대어)의 형태로 받아들였는데, 이것이 영어로 번역될 때 그래머_{Grammar}로 되었기 때문에, 오늘날 문법이라고 하면 그래머_{Grammar}로 통하고 있다.

어떻든 '글자에 의하여 써진 것에 관한'이란 본뜻에서 상상할 수 있듯이 문학, 역사, 제도, 관습 등 문헌으로 된 것에 관한 연구, 즉 문헌학과 같은 뜻이었다. 문헌학이 문헌으로 되어 남아 있는 것을 통하여 그 당시의 국민의 사상, 감정, 문화를 연구하는 학문에서, 그 문헌을 해독하는 전제조건인 그 문헌을 해독하는 학문 또는 그것이 쓰여 있는 언어의 학으로 발전한 것과 꼭 같이, 그래머_{Grammar}도 언어의 학으로

---

1) 『新英文法辭典』, 大塚高信編, 東京: 三省堂, 1971; 『英語學辭典』, 大塚高信 외 1인 감수, 東京: 研究社, 1983, "Grammar"조 참조.

한정되었다. 따라서 근대 초기까지도 언어의 학이라고 하면 영국에서는 희랍, 라틴 특히 라틴말이 일반적이었으므로 그래머라고 하면 라틴문법을 뜻하였는데, 특히 영문법을 뜻하고자 할 때는, '영어'라는 말을 그 앞에 붙여서 'The English Grammar'라고 일컫게 되었는데, 이의 처음 사람은 벤 존슨Ben Johnson이었다.[2] 이러한 뜻의 '문법'이 19세기 중엽 이후에 우리나라에 들어옴으로써 그대로 받아 쓰이어, 오늘에 이르고 있다.

1.2. 문법의 정의[3]

옛날은 문법을 바르게 쓰고 바르게 말하는 '기술'이라고 하는 것이 대표적이었다. 이때의 '기술'은 재주術=술를 뜻하는 것이 아니고, 현대어에서의 '학문' 또는 '과학'의 뜻에 가까워서 해당 과학의 실천적 방면을 주로 한 기술을 뜻하였다. 즉, 청소년이나 부녀자와 같이 비교적 배움이 없는 사람에게 바른 모국어의 지식을 제공하여 주거나, 외국인에게 자기 모국어를 가르칠 때의 수단과 같이, 실용적인 목적을 위한 것이었다.

그래서 그 범주나 학술어 및 정의도 라틴말의 그것을 답습하여 문법을 실천상의 규칙으로 생각하고, 그 규칙에 맞는 것을 '바르다' 하고, 그렇지 않은 것은 '아니'라 하여 규범성이 많았다. 따라서 이와 같은 문법을 규범문법 또는 학교에서 가르치므로 학교문법이라고 하였다. 이에 대하여, 언어를 과학적으로 연구하는 언어학이 확립됨과 아울러, 언어사실을 과학적으로 기술하려고 하는 언어학이 발달하였다. 이는 있는 그대로의 언어사실을 포착하여 기술하려고 한 까닭에 소위 과학문법이라고까지 일컫게 되었다. 그러나 학교문법이든 과학문법이든

---

2) 『*The English Grammar*』는 1600년경에 써지고, 1640년 그가 죽은 후에 출간된 『*The English Grammar*』가 그것이다.
3) 앞의 두 사전에 의거함.

간에 규칙성에 주목하여 규칙화하지 않을 수 없었다. 그러므로 이 규칙성을 중시한 나머지, 규범문법에서는 규칙에 맞지 않는 것은 다루지 아니하였으나, 과학문법에서는 이것도 다루게 되었다. 예외적 사실은 예외로서 바르게 인식하고 기술하여야 한다는 것이었다. 이와 같이 규칙성에 주목하여 개별적 사실을 정리한다는 점에서는 변함이 없었다. 이런 의미에서 문법은 어떤 범주에 의하여 특정 언어를 조직화하여 기술한 것이라 할 수 있다. 다만, 이때에 조직적으로 기술하는 데 쓰이는 범주는 형태에 의한 형태적 범주인 것이 일반적이다.

1.3. 문법의 조직

머레이Murray[4]의 문법책에 의하면, 표준적 규범문법은 글자를 다루는 맞춤법, 단어의 어형 변화를 다루는 어형론, 문장 안에서의 단어끼리의 관계나 의미 관계를 다루는 통어론, 단어의 발음이나 운율을 다루는 운율론, 글을 쓸 때에 쓰이는 부호나 기호를 다루는 월점의 다섯 부문으로 되어 있었다. 이 중에서 운율론과 월점은 아주 할애하거나 아니면 부록으로 돌리고, 그 대신에 맞춤법에 발음을 합하여 독일문법식으로 음성론, 어형론, 단어 및 문장결합론으로 짜기도 하고 또는 음성론, 어형론, 문장론으로 하든가 혹은 맞춤법과 발음에 관한 것은 서론으로 하고, 본론에서는 어형론, 통어론으로 하든가 하여 결국 음성론, 어형론, 통어론의 세 부문으로 짜여지게 하여 연구하게 되었다.

그러나 구조주의 언어학에 이르러서는 문법은 특별한 뜻으로 쓰이기에 이르렀다. 즉, 특정 언어의 구조를 기술할 경우, 음소를 대상으로 하는 부문을 음운론, 형태소를 대상으로 하는 부문을 형태론이라 하는데, 형태소를 다루는데 있어서 단어를 기준으로 하여 그 내면적 구조

---

4) Lindley Murray(1745~1826) 변호사, 영어 수사학자. 40세 때 영국의 Malgate에 전주하여 그곳에서 1794년 봄에 영어 수사학을 집필하여 1795년 봄에 Malgate에서 출판하였는데, 1850년까지 200판을 거듭하여 총 2천만 부가 팔렸다 한다.

를 다루는 부문과 단어의 결합을 다루는 경우, 앞 것을 형태론이라 하고 뒤엣것을 통어론이라 하여 이 두 부문을 통틀어 문법이라 하였다. 결국, 구조주의에 이르러서는 문법은 형태론과 통어론의 두 부문으로 이루어지는 것으로 보았다.

그런데, 언어가 소리나 글자를 매체로 하는 형식과 의미로 이루어진다는 것을 널리 인정하고 있는 생성문법은 형식과 의미와의 연결이 어떠한 짜임새로 이루어지는가에 대하여 기술하지 않으면 안 된다고 보고 있다. 이 짜임새는 원칙이나 규칙의 체계라는 형식으로 기술되나, 그 체계는 단일한 등질적인 것이 아니고 음운부문, 통어부문, 어휘부문, 의미부문 등의 하위부문으로 나누어진다. 생성문법에서는 보통 이들 모두를 포함하는 넓은 뜻으로 쓰는데, 경우에 따라서는 의미부문을 제외한 부문(이때의 문법을 형식문법이라 함)을 가리키기도 하나, 다시 그 중의 음운부문을 줄인 형태론, 통어론만을 특별히 가리키는 경우도 있다.[5] 더구나, 의미나 음성형식이나 통어현상이라도 개개의 어휘항목에 특유한 사항만을 다루는 것이 사전이나 어휘부문의 구실이라면 그것과 대립하여 일정한 규칙 일반론에서 기술되어지는 부분을 문법이라 하기도 한다.[6]

어떻든 전통문법의 이론을 기본으로 하고 생성문법의 이론을 원용할 이 책에서는 문법의 구조는 형태론과 통어론의 두 부분으로 이루어지는 것으로 보나 여기서는 형태론 위주로 다룰 것이다. 통어론은 생성문법에서와 같이 새로운 부문으로 다루어야 하기 때문이다. 특히 언급하고자 하는 바는 국어와 같은 교착어에서는 생성문법의 이론은 맞지 않는다. 왜냐하면 국어는 굴절어가 아니기 때문이다.

---

5) Lyons, John., *Semantics* II, Cambridge: Cambridge Univ. Press, 1977, p. 378 참조.
6) Leech, G. N., *Semantics*, Penguin, 1974, p. 179 참조.

2. 형태소와 단어

2.1. 자립 형식과 구속 형식

우리가 발음할 수 있는 음소의 결합을 음성형식이라 하고 이 음성형식이 어떤 뜻을 가지면 언어 형식이라고 한다.[7] 예를 들면, 국어의 'ㄽ, ㄳ, …' 등은 발음할 수 없으나 '가, 나, 라, 마, …' 등은 발음할 수 있으므로 음성형식이요, '사람, 말, 달, 콩, 나라' 등은 어떤 일정한 뜻을 가진 음성형식이므로 이들을 언어 형식이라고 한다. 언어 형식은 뜻을 가진 것이므로, 문장, 절, 단어 및 형태소를 다 포괄하는데 언어 형식 중에는 완전히 제 홀로 자립하여 쓰일 수 있는 것이 있는가 하면, 어떤 것은 다른 언어 형식에 의존하여야만 쓰일 수 있는 것이 있다. 앞엣것을 자립 형식이라 하고 뒤엣것을 구속 형식이라 한다.

(1) <u>학생이</u> <u>책을</u> <u>읽는다</u>.
　　①　　②　　③

(1)에서, 문장을 이루는 요소는 ①~③인데 이와 같은 요소를 문장의 성분이라고 한다. 그런데 이들을 더 쪼개면 '학생-이', '책-을', '읽-는-다'와 같이 된다. 앞의 두 성분은 '자립+구속'의 형식으로 되고 끝의 것은 '구속+구속+구속'의 형식으로 되어 있다. 이와 같은 구조로 되어 있는 형식을 최소 자립 형식이라고 한다. 이 최소 자립 형식은 문장에서 독립된 성분이 되기 때문에 국어에서는 이 최소 자립 형식을 단어로 보아야 한다.[8] 그러나 최소 자립 형식 중 '학생-이'의 '이', '책-을'의 '을'은 우리말의 성질상 하나의 독립된 단어로 보아야 한다. (1)에서 분석한 '학생', '-이', '책', '-을', '읽-', '-는', '-다'

---

7) Bloomfield, L., *Language*, London: Ruskin House, 1942, p. 138 참조.
8) 허웅, 『언어학개론』, 정음사, 1963, 171~173쪽 참조.

등을 보면 '학생', '책'은 완전한 뜻을 가지나 '-이', '-을' 및 '읽-', '-는-', '-다' 등은 완전하지는 않으나 그래도 최소한의 뜻은 가지고 있다. '학생', '책'과 같은 자립 형식은 물론 '-이', '-을', '읽-', '-는-', '-다'와 같은 구속 형식은 의미의 최소단위가 되므로 달리 형태소라고 한다.

형태소 중에서 자립 형식인 '학생', '책'을 비롯하여 최소 자립 형식인 '읽-는-다'에서 의미를 가진 중심부가 되는 '읽-'을 어근이라 하고, 자립 형식인 '학생', '책' 다음에 와서 그들로 하여금 문장에서 어떤 자리를 차지하게 하여 주는 '-이', '-을'을 가각 조사라 한다. '읽-는-다'와 같은 최소 자립 형식에서 어근인 '-읽'을 제외한 '-는'과 '-다'를 각각 어미라 하여 구분한다. 국어에서는 어미는 독립된 단어로 인정하지 아니하고, 어근—여기서는 '읽-'—과 합쳐서 하나의 단어로 인정하되, 조사는 그 성질상 하나의 독립된 단어로 인정한다.

2.2. 변동의 규칙[9]

2.2.1. 변이 형태

하나의 형태소는 그것이 오는 환경에 따라, 본래의 뜻을 잃지 아니하고 다르게 실현된다. '흙'과 '팥'을 가지고 예를 들어 보면, 다음과 같이 몇 개의 형태로 나타난다.

(2) ㄱ. {흙}
   ㉮ 흙이 → 흘ㄱ - (이)
   ㉯ 흙도 → 흑 - (도)
   ㉰ 흙만 → 흑만 → 흥 - (만)

---

9) 이에 관하여는 허웅, 『국어학』, 샘문화사, 1983, 103~119쪽에 의거함.

ㄴ. {팥}

㉮ 팥이 → 파ㅊ - (이) (조사 '이' 앞에서)

㉯ 팥을 → 파ㅌ - (을) (조사 '을' 앞에서)

㉰ 팥도 → 파ㄷ - (도) (조사 '도' 앞에서)

㉱ 팥만 → 파ㅁ - (만) (조사 '만' 앞에서)

(2ㄱ)의 ㉮~㉰와 (2ㄴ)의 ㉮~㉱의 화살표 오른쪽의 각각을 형태라 하고 특히 (2ㄱ)의 '흘ㄱ, 흑, 흥'과 (2ㄴ)의 '파ㅊ, 파ㅌ, 파ㄷ, 파ㅁ'의 각각을 형태소 '흙'과 '팥'의 변이 형태라 한다. 환경에 따라 바뀐 형태라는 뜻이다.

2.2.1.1. 변이 형태의 조건

(2ㄱ)에서 보인 '흙'과 (2ㄴ)에서 보인 '팥'의 변이의 조건은 모두 음성적이다. 즉 '흙'이 '흑'으로 바뀌는 것은 조사의 초성이 무성음이기 때문이며, '흙 → 흑 → 흥'으로 바뀌는 것은 조사의 초성이 유성음이기 때문이다. 또 '팥'이 '파ㅊ, 파ㅌ, 파ㄷ, 파ㅁ'으로 바뀌는 것도 모두 그 뒤에 오는 조사의 초성이 모음이냐, 무성자음이냐, 유성자음이냐에 따라 그렇게 되는 것이다. 그런데 다음의 예를 보기로 하자.

(3) ㄱ. 있다 → 있거라 (명령법이 '-거라'임)

ㄴ. 오다 → 오너라 (명령법이 '-너라'임)

ㄷ. 하다 → 하여라 (명령법이 '-여라'임)

ㄹ. 먹다 → 먹어라 (명령법이 '-어라'임)

ㅁ. 밟다 → 밟아라 (명령법이 '-아라'임)

본래, 명령법은 어간의 모음이 양성모음이냐 음성모음이냐에 따라, '-아라/어라'가 쓰임이 일반적인데, (3ㄱ)은 '-거라'가 되었고, (3ㄴ)

은 '-너라'가 되었으며, (3ㄷ)은 '-여라'로 되었다. 이와 같은 명령법
은 그 앞 형태소 자체에 따라 바뀐 것이다. 다시 말하면, (2ㄱ~ㄴ)의
변이 형태나 (3ㄹ~ㅁ)의 변이 형태의 변이조건은 음성적인 것이다. 그
러므로 이들 변이 형태들을 음성적 변이 형태라 하고, (3ㄱ~ㄷ)의 변
이 형태의 변이조건은 형태적인 것이다. 그러므로 그러한 변이 형태를
형태적 변이 형태라 한다.

2.2.1.2. 대표 형태

형태소는 변이 형태의 모임이다. 그러므로 한 형태소는 여러 변이
형태들의 나열로 표기될 수 있다. 즉 '먹다'의 '먹-'은 '머ㄱ, 머ㅇ, 메
ㄱ'으로 표기할 수 있고, '팥'은 '파ㅌ-, 파ㄷ-, 파ㅁ-, 파ㅊ-' 등으로
표기할 수 있다. 그러면, 변이 형태들의 대표 형태는 어떻게 결정하여
야 하나 알아보자. 무엇보다도 대표 형태를 가리는 원칙은 그것에서
다른 변이 형태의 실현이 되도록 보편적이고도 간편한 규칙으로 이끌
어 낼 수 있는 데 있다. '값'을 가지고 예를 들기로 하겠다.

> (4) ㄱ. 값-이 → 갑ㅅ (모음 조사 앞에서)
> 　　ㄴ. 값-도 → 갑 (무성자음 앞에서)
> 　　ㄷ. 값-만 → 감만 → 감 (유성자음 ㅁ 앞에서)
> 　　ㄹ. 값나다 → 갑나다 → 감나다 (유성자음 ㄴ 앞에서)

(4ㄱ~ㄹ)에서 보면 변이 형태 '갑ㅅ, 갑, 감' 등은 '값'에서 이끌어
낼 수 있다. 그러나 '갑, 감'에서는 '값'을 이끌어 낼 수가 없다. 그러므
로 대표 형태는 '값'이 된다. 이제 '값'의 변이 형태를 이끌어 낼 수
있는 규칙을 만들어 보면 (5)와 같다.

(5)   갑ㅅ/ 모음
    '값' ⇒   갑 / 자음
                    #
          감 / 비음

2.2.2. 변동의 규칙

형태론에서 변동의 규칙이 필요한 까닭은, 국어의 형태소는 그 놓이
는 자리에 따라, 또는 어떤 조건에 따라 변동하는 일이 있다. 이와 같
은 현상을 설명하거나 그 까닭을 밝히기 위해서는 변동의 규칙을 알아
야 하기 때문이다. 특히 용언의 변칙활용이나 둘받침의 경우, 어떤 소
리는 줄고 어떤 소리는 발음되는데, 그 까닭을 밝히는 데는 변동의
규칙에 의하지 아니하면 안 되기 때문이다.

변동의 규칙에는 일곱자음되기, 동화, 축약, 생략, 첨가, 이화(달라지
기) 등이 있다. 이 차례에 따라 풀이하면 아래와 같다.[10]

2.2.2.1. 일곱자음되기

1) ㅅ, ㅆ, ㅌ, ㅈ, ㅊ 등의 설단음이 어근의 받침으로 쓰이면 이들은
모두 ㄷ으로 바뀐다.

(6)   ㄱ. 옷, 옷과 → 옫, 옫과
       ㄴ. 있다 → 읻다
       ㄷ. 밭, 같다 → 받, 갇다
       ㄹ. 젖, 젖다 → 젇, 젇다
       ㅁ. 꽃, 쫓다 → 꼳, 쫃다

---

10) 이에 관하여서는 허웅 교수의 『국어음운학』, 정음사, 1965, 232쪽 이하에 의지할 것임
    을 밝혀둔다.

2) ㅍ, ㅄ은 ㅂ으로 바뀐다.

(7)　ㄱ. 잎, 높다 → 입, 놉다

　　　ㄴ. 값 없다 → 갑, 업다

3) ㅋ, ㄲ, ㄳ은 ㄱ으로 소리난다.

(8)　ㄱ. 부엌 → 부억

　　　ㄴ. 밖, 꺾다 → 박, 꺽다

　　　ㄷ. 넋, 삯 → 넉, 삭

4) ㄻ, ㄺ, ㄼ, ㄿ은 ㅁ, ㄱ, ㅂ이 소리난다.

(9)　ㄱ. 닮다 → 담다

　　　ㄴ. 읽다, 칡 → 익다, 칙

　　　ㄷ. 밟다 → 밥다

　　　ㄹ. 읊다 → 읖다 → 읍다

5) ㄳ, ㄾ, ㄵ은 ㄹ과 ㄴ이 소리난다.

(10)　ㄱ. 곬 → 골

　　　ㄴ. 핥다 → 할따(ㄹ은 다음 자음을 된소리로 소리나게 한다)

　　　ㄷ. 앉다 → 안따(ㄴ은 다음 자음을 된소리로 소리나게 한다)

위 1)~4)에서 보면 둘받침 ㅄ, ㄳ, ㄻ, ㄺ, ㄼ, ㄿ 들은 간극이 작은 소리가 발음되고, 간극이 큰 것이 주는 것을 알 수 있다.[11]

---

[11] 간극의 크기를 Jespersen에 따라 보이면 다음과 같다.
　　ㄱ. 1도: 무성의 파열음, 마찰음 — p, t, k, f, s, ç, x

그러면 어찌하여, 간극이 작은 것이 소리나고 큰 것이 줄어드는가? 첫째는 발음의 편의에 있는 것 같고, 둘째는 단어의 뜻과도 무슨 관련이 있는 것이 아닌가 한다. 특히 파생어의 경우는 파생접사의 중요성 등이 작용하지는 않았나 생각된다.

그러나 5)에 따르면 ㄽ, ㄾ, ㄵ은 간극이 큰 것이 소리나고 작은 것이 줄어드는데, 그 까닭은 이러하다. 즉 ㄹ은 설음인데, ㅅ, ㅌ은 받침으로 쓰이면 설음 ㄷ이 된다. 오늘날의 학술어로 하면 치음이다. 따라서 이들은 조음 위치가 같다. 이러한 때는 간극이 큰 것이 소리나고 간극이 작은 것이 준다. ㄵ도 ㅈ이 받침으로 쓰이면 ㄷ으로 소리나는데, 그렇게 되면 ㄵ은 ㄴㄷ이 되어 이들도 조음 위치가 같은 치음다. 그러므로 간극이 큰 ㄴ이 소리나고 간극이 작은 ㄷ(ㅈ)은 줄어드는 것이다.[12] 그러나 다음의 예를 보자.

(11) ㄱ. 돌니까 → 도니까

　　ㄴ. 여덟 → 여덥, 여덜

(11ㄱ)은 ㄹ변칙활용인데, 받침 ㄹ과 어미의 초성 ㄴ은 다같이 치음으로서 조음 위치가 같다. 따라서 조음 위치가 같은 유성음이 이어질 때는 간극이 큰 소리가 주는 것이 규칙이다. (11ㄴ)은 화살표 오른쪽과 같이 두 가지로 소리나나, 대개는 '여덜'로 소리내는 것이 일반적인데, 그 까닭은 '여든, 열아홉, 여드레, 열여덜, 스물여덜' 등과 같은 말이

___

ㄴ. 2도: 유성 파열음 ― b, d, g
ㄷ. 3도: 유성 마찰음 ― v, z, γ
ㄹ. 4도: 유음 및 비음 ― l, m, n, ŋ
ㅁ. 5도: 전동음 ― r
ㅂ. 6도: 고모음 ― y, u, i
ㅅ. 7도: 반폐모음 ― ø, o, e
ㅇ. 8도: 개모음 ― ɔ, æ, ɑ

12) 김승곤, 「겹받침 중 ㄵ, ㄾ에서 ㄴ과 ㄹ이 발음되는 까닭 고찰」, 『말소리』, 1996, 1~2쪽 참조.

있으므로 이들에 유추되어 '여덜'로 발음된다. 이상에서 풀이한 일곱 자음되기의 규칙을 요약 정리하면 다음과 같다.

첫째, ㅅ, ㅆ, ㅌ, ㅈ, ㅊ은 ㄷ으로 소리난다.

둘째, ㅍ, ㅄ은 ㅂ으로 소리난다.

셋째, ㅋ, ㄲ, ㄳ은 ㄱ으로 소리난다.

넷째, ㄻ, ㄺ, ㄼ, ㄿ은 간극이 작은 ㅁ, ㄱ, ㅂ, ㅍ이 소리난다.

다섯째, ㄽ, ㄾ, ㄵ은 ㄹㄷ, ㄹㄷ, ㄴㄷ으로 되어 조음 위치가 같은 소리가 되는데, 이때는 간극이 큰 ㄹ, ㄴ이 소리난다.

여섯째, (11)에서 보면 ㄹ과 ㄴ이 이어나면 ㄹ과 ㄴ은 조음 위치가 같은 유성음끼리 어울려 있는데, 이때는 간극이 작은 ㄴ이 소리 나고 간극이 큰 ㄹ은 준다.

2.2.2.2. 동화

1) 자음 접변

받침 ㄱ, ㄷ, ㅂ은 ㄴ, ㅁ, 앞에서는 각각 ㅇ, ㄴ, ㅁ으로 바뀐다.

(12) ㄱ. 먹는, 곡물 → 멍는, 공물

ㄴ. 닫는, 맏며느리 → 단는, 만며느리

ㄷ. 입는, 밥 먹는다 → 임는, 밥 멍는다

(12ㄱ~ㄷ) 이외에 ㄱ, ㄷ, ㅂ으로 귀착된 소리도 (12ㄱ~ㄷ)과 같이 변동한다(보기는 줄인다).

ㄹ 초성은 ㅂ, ㄷ, ㄱ, ㅁ, ㅇ 다음에서는 ㄴ으로 소리난다.

(13) ㄱ. 감로 → 감노 삼라(森羅) → 삼나

ㄴ. 종로 → 종노 중력 → 중녁

ㄷ. 백리 → 백니 → 뱅니

ㄹ. 몇량 → 멷냥 → 면냥

ㅁ. 압력 → 압녁 → 암녁

받침 ㄴ이 ㄹ 앞에서는 ㄹ을 닮아 ㄹ로 소리나고, 받침 ㄹ 다음에서 ㄴ이 오면 ㄴ은 ㄹ로 소리난다.

(14) ㄱ. 만리 → 말리   천리 → 철리

ㄴ. 불노 → 불로   칼날 → 칼랄

지금까지 다룬 동화는 필연적인 것이다. 때로는 임의적인 것도 있다. 몇 개 예를 들면 다음과 같다.

(15) ㄱ. 삿갓 → 삭갓   벗기다 → 벅기다

ㄴ. 갓방 → 갑방   엿보다 → 엽보다

ㄷ. 밥그릇 → 박그릇   밥국 → 박국

앞의 소리는 그 뒤의 소리를 완전히 닮기 때문에 이런 현상이 나타나는 것이다.

2) 구개음화

앞 형태소의 종성이 ㄷ, ㅌ이고, 뒤 형태소의 초성이 /i/, /j/일 때는 ㄷ, ㅌ은 /i/, /j/의 조음 위치로 끌려가서 ㅈ, ㅊ로 소리난다.

(16) ㄱ. 해돋이 → 해도지

ㄴ. 꽃닫이 → 꽃다지

ㄷ. 같이 → 가치

ㄹ. 밭이 → 바치

3) 움라우트

/i/·/j/와 같은 전설고모음이, 그 앞의 전설고모음이 아닌 모음을 전설고모음으로 바꾸는 현상을 움라우트라 한다.

'아 → 애'로 바뀜

(17) ㄱ. 잡히다 → 잽히다

ㄴ. 막히다 → 맥히다

ㄷ. 낚이다 → 낶이다

'어 → 에'로 바뀜

(18) ㄱ. 먹히다 → 멕히다

ㄴ. 접히다 → 젭히다

ㄷ. 먹이다 → 멕이다.

'오 → 외'로 바뀜

(19) ㄱ. 속이다 → 쇡이다

ㄴ. 옮기다 → 욂기다

'으 → 이'로 바뀜

(20) ㄱ. 뜯기다 → 띧기다

ㄴ. 듣기다 → 딛기다

'우 → 위'로 바뀜

(21) ㄱ. 죽인다 → 쥑인다
       ㄴ. 웃기다 → 윗기다

4) 자음의 간극 동화

ㅂ은 모음 사이에서 오/우로 바뀐다.

(22) ㄱ. 돕으니 → 도브니 → 도우니
       ㄴ. 밉으니 → 미브니 → 미우니
       ㄷ. 깁으니 → 기브니 → 기우니

(22ㄱ~ㄷ)의 각 종성 ㅂ은 2도인데, 7도인 ㅗ와 6도인 ㅡ 사이에서 간극을 닮아서 ㅂ 자신도 6도인 모음 ㅜ로 바뀌었다.

ㄷ은 모음 사이에서 ㄹ로 바뀐다.

(23) ㄱ. 듣으니 → 들으니
       ㄴ. 걷으지 → 걸으니

간극이 1도인 ㄷ은 6도인 모음 ㅡ 사이에서 5도인 ㄹ로 바뀌었다.

2.2.2.3. 축약

앞 형태소의 종성과 이어지는 뒤 형태소의 초성이 모음일 때는, 이들

두 모음이 복모음으로 바뀌거나, 간음(사이홀소리)으로 되어 두 음절이
한 음절로 바뀌는 일이 있는데, 이런 현상을 축약이라 한다.

1) ㅣ + ㅓ → ㅕ

(24) ㄱ. 그리어 → 그려
ㄴ. 보이어서 → 보여서
ㄷ. 잡히어서 → 잡혀서

2) ㅗ + ㅏ → ㅘ, ㅜ + ㅓ → ㅝ

(25) ㄱ. 오아서 → 와서
ㄴ. 보아서 → 봐서
ㄷ. 두어서 → 둬서
ㄹ. 미루어서 → 미뤄서

3) ㅡ + ㅣ → ㅢ

(26) ㄱ. 뜨이어 → 띄어
ㄴ. 쓰이다 → 씌다

4) ㅚ + ㅓ → ㅙ, ㅟ + ㅓ → ㅞ

(27) ㄱ. 뵈어 주다 → 봬 주다
ㄴ. 꾀어라 → 꽤라
ㄷ. 쥐어서 → 줴서
ㄹ. 뛰어서 → 뛔서

5) 간음으로 바뀐다.

(28) ㄱ. 보이다 → 뵈다

ㄴ. 자이다 → 재다

6) 앞 형태소의 종성이 ㄱ, ㄷ, ㅂ, ㅈ이고, 뒤 형태소의 초성이 ㅎ이면
이들은 ㅋ, ㅌ, ㅍ, ㅊ으로 바뀐다.

(29) ㄱ. 먹히다 → 머키다

ㄴ. 닫히다 → 다티다 → 다치다

ㄷ. 업히다 → 어피다

ㄹ. 잦히다 → 자치다

(29ㄱ~ㄹ)과는 반대로, 앞 형태소의 종성이 ㅎ이고 뒤 형태소의 초
성이 ㄱ, ㄷ, ㅂ, ㅈ이면, 이들도 각각 ㅋ, ㅌ, ㅍ, ㅊ으로 바뀐다.

(30) ㄱ. 많고 → 만코

ㄴ. 많다 → 만타

ㄷ. 곯브다 → 골프다 → 고프다

ㄹ. 많지 → 만치

2.2.2.4. 생략

형태소가 놓이는 자리에 따라, 기본 형태소의 음소가 줄어드는 일이
있다.

1) 앞 형태소의 초성과 뒤 형태소의 첫 모음이 같을 때, 뒤 형태소의
첫 모음이 줄어든다.

(31) ㄱ. 서어서 → 서서   서었다 → 섰다

     ㄴ. 가아서 → 가서   가았다 → 갔다

2) 앞 형태소의 끝 모음이 /으/이고 다음 형태소의 첫 모음이 /어/일 때는 /으/가 준다.

(32) ㄱ. 끄어서 → 꺼서

     ㄴ. 쓰이어 → 써서

     ㄷ. 뜨어서 → 떠서

3) 앞 형태소의 끝 모음이 /애, 에/이고 뒤 형태소의 첫 음이 /어/일 때는 뒤의 /어/는 준다.

(33) ㄱ. 개어서 → 개서

     ㄴ. 캐어서 → 캐서

     ㄷ. 패어서 → 패서

     ㄹ. 세어서 → 세서

     ㅁ. 메어서 → 메서

4) 종성 ㄹ은 ㄴ, ㄷ, ㅈ, ㅅ 위에서는 준다.

(34) ㄱ. 솔나무 → 소나무   날날 → 나날

     ㄴ. 밀닫이 → 미닫이   달달이 → 다달이

     ㄷ. 물자위 → 무자위   찰조 → 차조

ㄹ변칙용언의 받침 ㄹ은 ㄴ, ㅂ, 오, ㅅ 앞에서 준다.

(35) ㄱ. 길니 → 기니   갈니 → 가니

ㄴ. 길ㅂ니다 → 깁니다   갈ㅂ니다 → 갑니다

ㄷ. 놀오 → 노오   밀오 → 미오

ㄹ. 알시니 → 아시니   놀시니 → 노시니

(34)와 (35)에서 ㄹ이 ㄴ, ㄷ, ㅂ, ㅈ, ㅅ 앞에서 주는 까닭을 살펴보면 다음과 같다.

ㄹ이 ㄴ, ㄷ, ㅅ 앞에서 주는 까닭은 ㄹ과 ㄴ, ㄷ, ㅅ은 치음(잇몸소리)이므로 조음 위치가 같다. 이러한 때는 간극이 작은 것이 소리나는데, ㅈ은 구개음이나 조음할 때는, 혀끝이 치음에 가깝다. 그러므로 이때도 간극이 작은 ㅈ이 소리나게 되고, 간극이 큰 ㄹ은 주는 것이다. ㄹ이 ㅂ 앞에서 주는 것은 둘받침 ㄼ의 경우와 같이 보면 되는데, 간극이 큰 ㄹ이 주는데 기인하기 때문이다.

5) ㅅ변칙용언의 종성 ㅅ은 초성이 모음인 어미 앞에서 줄어든다.

이때 ㅅ은 두 모음의 간극을 닮아서 자신도 간극이 커지니까, ㅅ은 소리날 수가 없기 때문에 줄어드는 것이다.

(36) ㄱ. 잇으니 → 이으니

ㄴ. 낫으니 → 나으니

ㅅ변칙활용을 하는 용언은 이것 둘뿐이다.

6) ㅎ변칙용언의 종성 ㅎ과 ㅎ변칙용언이 아니더라도 ㅎ이 모음(또는 ㄴ, ㄹ 앞에서) 사이에 오게 되면 준다. 또는 ㄴ, ㄹ 앞에서도 준다(37 ㄱ~ㄴ).

(37) ㄱ. 하얗다 → 하야니, 하얀, 하얄

ㄴ. 커다랗다 → 커다란, 커다라니

ㄷ. 좋으니 → 조으니

ㄹ. 넣어서 → 너어서

ㅁ. 쌓아서 → 싸아서

7) 앞 자음이 ㅅ, ㅈ, ㅊ일 때는 다음에 이어 나는 /jə/의 반모음은 줄어든다.

(38) ㄱ. 가져라 → 가저라

      ㄴ. 쳐서 → 처서

      ㄷ. 오셔서 → 오서서

8) /으/는 개음절 다음에서 준다.

(39) ㄱ. 보으니 → 보니

      ㄴ. 차으니 → 차니

(39ㄱ~ㄴ)의 '-으니'와 '-니' 중 '-으니'가 기본형이다.

9) 어근이 길게 소리나는 용언에 모음으로 시작되는 어미가 오면, 긴 소리는 짧게 소리난다.

(40) ㄱ. 쉽ː다 → 쉬우니

      ㄴ. 멀ː다 → 멀어서

      ㄷ. 달ː다 → 달아서

한자의 경우, 첫 음절에서는 길게 소리나는 것이라도 둘째 음절 이하에 오면 짧게 소리난다.

(41) ㄱ. 세ː상 → 출세, 말세, 만세

　　　ㄴ. 고ː국 → 연고, 사고

　　　ㄷ. 수ː학 → 산수, 신수

　　　ㄹ. 견ː본 → 발견

10) 어두의 모음 /i, j/ 앞에 오는 ㄴ, ㄹ은 준다.

(42) ㄱ. 녀자 → 여자

　　　ㄴ. 리치 → 이치

2.2.2.5. 첨가

두 형태소 사이에, 그 어느 편에도 속하지 않는 음이 덧나는 일이 있다.

1) 아래 형태소의 첫 음이 /i, j/일 때는 ㄴ이 덧난다.

(43) ㄱ. 대잎 → 댓잎 → 댓닢

　　　ㄴ. 송곳이 → 송곳니

　　　ㄷ. 벼갯잇 → 벼갯닛

2) 앞 형태소가 모음으로 끝나고 뒤 형태소의 초성이 ㄴ, ㅁ일 때는 ㄴ, ㅁ은 이중으로 소리난다.

(44) ㄱ. 코+날 → 콘날(콧날)

　　　ㄴ. 코+노래 → 콘노래(콧노래)

　　　ㄷ. 이+몸 → 임몸(잇몸)

3) 체언이 모음으로 끝날 때, 그 다음에 오는 조사 '은, 을'은 ㄴ과 ㄹ이 덧난다.

(45) ㄱ. 개은 → 개는

     ㄴ. 개을 → 개를

2.2.2.6. 이화(달라지기)

이것은 동화와 반대되는 현상으로서, 같은 소리나 비슷한 소리가 이어날 때, 그 중의 한 소리를 그와 다른 소리로 바꾸거나, 다른 소리에 동화됨을 막기 위하여, 동화되기 어려운 소리로 바꾸는 현상을 이화라 한다.

1) 자음 ㄱ, ㄷ, ㅂ 다음이 평음은 두 평음의 연결을 피하기 위하여 뒤 평음은 된소리(경음)로 바뀐다.

(46) ㄱ. 먹고 → 먹꼬   옆길 → 옆낄

     ㄴ. 입다 → 입따   입덧 → 입떳

     ㄷ. 닫고 → 닫꼬   쫓기다 → 쫓끼다

     ㄹ. 잇다 → 잇따   낚기다 → 낚끼다

     ㅁ. 국밥 → 국빱   젖줄 → 젖쭐

     ㅂ. 젖소 → 젖쏘   꽃밭 → 꽃빹

     ㅅ. 밑줄 → 밑쭐

2) ㄱ, ㄷ, ㅂ, ㅈ은 유성음 사이에서, 유성음화를 막기 위하여 된소리로 바뀐다.

(47) ㄱ. 논길 → 논낄   날손 → 날쏜

ㄴ. 손등 → 손뜽   발등 → 발뜽

ㄷ. 김밥 → 김빱   등불 → 등뿔

ㄹ. 길짐승 → 길찜승   등짐 → 등찜

한자의 경우에도 이런 현상이 나타난다.

(48) ㄱ. 이과 → 이꽈   팔자 → 팔짜

ㄴ. 정가 → 정까   결재 → 결째

ㄷ. 발달 → 발딸   결단 → 결딴

ㄹ. 조건 → 조껀

2.2.2.7. 변칙활용과 변동의 규칙[13)

종래 문법에서 다룬 변칙활용이란 변동의 규칙 중 다음 조항들에 해당된다.

(1) 어간의 끝 /ㄹ/이 /ㄴ, ㅂ, 오/ 위에서 줄어지는 것. 이것은 변동규칙 생략의 4)에 해당한다.

(2) 어간의 끝 /ㅅ/이 모음 위에서 줄어지는 것. 이것은 변동규칙 생략의 5)에 해당한다.

(3) 어간의 끝 /ㅎ/이 줄어지는 것. 이것은 변동규칙 생략의 6)에 해당한다.

(4) 어간의 끝 /ㄷ/이 모음 위에서 줄어지는 것. 이것은 변동규칙 동화의 4)에 해당한다.

(5) 어간의 끝 /ㅂ/이 모음 위에서 /ㅗ, ㅜ/로 바뀌는 것. 이것은 변동규칙 동화의 4)에 해당한다.

(6) 어미의 '-아'나 '-았-'이 '-여', '-였-'으로 바뀌는 것. 이것은 형

---

13) 허웅, 『20세기 우리말의 형태론』, 샘문화사, 1995, 194~195쪽에 의거함.

태적인 변동으로서 앞의 규칙에서는 다루지 않은 것이다.

(7) (6)의 어미가 '-러', '-렀-'으로 바뀌는 것. 이것도 형태적인 변동으로서 앞의 규칙 체계에서는 다루지 않은 것이다.

(8) 어간의 끝 음절의 '르'에 어미의 '-어', '-었-'이 올 때에 /으/가 줄고, /ㄹ/이 /ㄹㄹ/이 되는 것. 이것은 앞의 변동규칙 생략의 2)에 해당된다.

2.3. 단어

2.3.1. 형태소와 단어의 다름

2.1에서 보았듯이, 형태소 중에는 자립적인 것도 있으나 구속적인 것도 있다. '학생', '책' 등은 자립적인 형태소이나 '-이', '-을' 및 '읽-', '-는-', '-다'들은 구속적인 형태소이다. 이렇게 보면, 형태소 속에 자립 형식과 구속 형식이 다 포함된다. 그러나 단어는 원칙적으로 자립적이어야 한다. 형태소는 문법적인 고찰에 의하여 분석되는 것이지마는, 단어는 그러한 고찰에 의하지 아니하고, 머릿속에 떠올릴 수 있는 낱덩이다.14) 따라서 단어는 조어법에 있어서의 합성법이나 파생법의 중심체가 되나, 형태소는 그렇지 못하다. 더구나, 단어는 더 분속할 수 없는 말(언어)의 단위로서 완전한 자립 형식이어야 하며 문장을 이루는 직접적인 감이 된다. 그러나 형태소는 그렇지 못하고, 단어를 이루는 성분소가 될 뿐이다. 따라서 단어는 독립성을 가지나 형태소는 그렇지 못하므로, 사전에서는 단어를 낱덩이로 하여 뜻을 풀이하고 있다.

---

14) 허웅, 『국어학』, 샘문화사, 1983, 124쪽에 의거함.

2.3.2. 단어의 됨됨이[15]

단어에는 하나의 형태소가 하나의 단어로 되는 것이 있는가 하면, 하나의 단어에 접사나 단어가 더하여 만들어진 단어가 있는데, 앞엣것을 단일어라 하고 뒤엣것을 복합어라고 한다. 예를 들면, '사람, 학생, 책, 나무, 다리, …' 등은 단일어요, '향기롭다, 새하얗다, 올벼, 돌다리, 집앞, …' 등은 복합어다. 복합어의 됨됨이를 보면 다음과 같이 몇 가지로 구별된다.

첫째, 단일어에 접두사와 접미사가 붙어서 이루어진 복합어가 있다. '맨-손', '잔-가지', '올-벼' 등의 '맨-', '잔-', '올-'은 어근의 앞에 오기 때문에 접두사라 한다. 이와는 대조적으로, '사람-답-다', '빈둥-거리-다', '넘어-뜨리-다'에서 '-답-', '-거리-', '-뜨리-' 등은 어근인 '사람', '빈둥', '넘어-'의 뒤에 오기 때문에 접미사라 한다. 단일어에 접사가 붙어서 이루어지는 단어를 파생어라 한다.

둘째, 구속 형식이 둘이 모여서, 하나의 단어가 되는 일이 있다. '읽-', '-다'가 합하여 '읽다'라는 하나의 단어가 되고, '웃-'과 '-다'가 합하여 '웃다'가 됨과 같다. 즉 이들은 구속 형식이 둘이 모여서 하나의 단일어를 만들었다.

셋째, 자립 형식이 둘 또는 셋이 모여서 복합어를 이루는 일이 있다. '돌-다리', '콩-나물', '국-밥', '소-고기-국', '콩-나물-밥' 등은 자립 형식이 둘이나 셋이 모여서, 각각 하나씩의 복합어를 만들고 있다. 이와 같은 단어를 합성어라 한다.

---

15) 위의 책, 124쪽 참조.

2.3.3. 단어에 관한 문제점16)

2.3.3.1. 조사의 문제

앞에서 글쓴이는 최소 자립 형식을 하나의 단어로 보아야 한다고 설명하면서, 조사는 하나의 단어로 본다고 하였으니, 여기서는 '이다'와 함께 단어로 보아야 하는 그 까닭을 말해 보고자 한다.

(49) 눈이 온다.

(49)에서 '-이'는 줄일 수 있다. 즉 '눈 온다'라고 해도 잘된 문장이 된다. 이와 같은 일은 '-이'를 '눈'과 분리할 수 있다는 말이 된다. 즉, 어느 정도의 독립성이 인정된다는 것을 나타낸다. 이에 반하여, '온다'에서 '-ㄴ다'는 절대로 분리할 수가 없다. '눈 오'라고 말했을 때, 이것은 잘못된 문장이 되기 때문이다. 따라서 체언에 오는 조사와 용언에 오는 어미는 근본적으로 다르다는 것을 알 수 있다. 조사는 체언에 와서, 그 체언으로 하여금 여러 가지 곡용을 하게 하여, 문장의 여러 가지 성분이 되게 하는 구실을 하나, 어미는 용언의 어간에 와서 그 용언으로 하여금, 여러 가지 활용을 하게 하는 구실을 한다. 그래서 사전에도 보면 체언은 따로 실어서 그 뜻풀이를 하고 있으나, 용언은 '어간+다'의 꼴로 실어서 그 뜻풀이를 하고 있다. 이와 같은 까닭으로 어미는 독립된 하나의 단어가 될 수 없음을 나타낸다.

조사는 체언에만 오는 것이 아니고 용언, 절, 부사 등에도 온다.

(50) ㄱ. 그는 빨리도 간다.
ㄴ. 책을 읽고만 사느냐?

---

16) 위의 책, 125쪽 이하 참조.

ㄷ. 우리는 죽느냐 사느냐가 문제이다.

(50ㄱ)의 '빨리-도'는 부사에 조사가 온 보기인데, 만일 조사를 인정하지 않을 경우, '빨리'가 여러 가지 형태로 나타나므로 문법 처리에 있어서 어려움이 일어나게 된다. 또 (50ㄴ)의 '책을 읽고-만'에서, 구(phrase) '책을 읽고'에 조사 '-만'이 와 있는데 '읽고-만'의 '-고-만'을 합하여 어미로 보아야 하는데 그렇게 되면 '고-만, 고-도, 고-까지' 등 '-고'의 수가 엄청나게 많아진다. 따라서 「-고」의 문법이 복잡해진다. 특히 '책을 읽고'에서 '읽-고'가 활용한 형태인데, 여기에 '-만'이 와서 어떤 뜻을 더해 주고 있을 뿐만 아니라, (50ㄷ)의 '우리는 죽느냐 사느냐'는 하나의 문장인데, 여기에 '가'가 와서 문장 전체를 주어로 만들고 있다. 따라서 조사는 어미와도 다른 구실을 하고 있으며, 그것이 오는 말로 하여금 다 문장에서 어떠한 성분이 되게 하여 준다. 이와 같은 조사를 하나의 단어로 처리하지 않으면, 올바른 문법의 확립은 기대하기 어려울 것이다.

위에서와 같은 까닭으로 해서, 우리는 조사를 독립된 단어로 보지 않으면 안 된다. 따라서 오늘날 실제 표기에서도 (51)의 밑줄 그은 부분과 같이 띄어쓰는데, 이와 같은 일은 우리 국민들의 머릿속에 조사를 하나의 단어로 인식하고 있다는 증거로 볼 수 있다.

(51) ㄱ. 그들은 고궁 구경에 있어서 — 특히 창경궁 구경에 있어서 — 만 네 시간을 보냈다.
    ㄴ. 그는 입는 것 — 특히 외투 — 에 신경을 만이 쓴다.
    ㄷ. 그들에게는 살아 갈 수 있느냐 없느냐 — 가 큰 관심거리였다.

위의 예문에서뿐 아니라, 다음과 같은 보기에서도 토박이들은 조사를 하나의 독립된 단어로 인식하고 있음을 보여 주는 것이라 할 수 있다.

(52) ㄱ. 그는 '철수가 이미 떠났다'고 말하였다.

　　　ㄴ. 철수는 '나는 서울에 가겠다'라고 말하였다.

　(52ㄱ)의 '고'와 (52ㄴ)의 '라고'를 괄호 밖에 쓴 것은 글쓰는 이들이
이들 '고'와 '라고'를 어미 '-았다'와 '-겠다'의 일부가 아니라, 하나
의 독립된 단어라고 인식하기 때문인 것으로 보아진다.

　이상과 같은 몇 가지 까닭으로, 글쓴이는 국어의 조사를 독립된 단
어로 인정하기로 한다.

2.3.3.2. '이다'의 문제[17]

　종래 일부 학자들 사이에서 '이다'를 하나의 단어로 인정할 수 없다
고 주장한 일이 있었으나, 다음과 같은 까닭에서 글쓴이는 '이다'를
하나의 독립된 품사로 인정하기로 한다.

　첫째, '이다'는 동사, 형용사와 같이 어미 활용을 한다.

(53) 이것은 책이 ⎧냐?⎫
　　　　　　　　⎨구나⎬
　　　　　　　　⎩로다⎭

　둘째, '이다'는 활용을 하기 때문에 '이-' 다음에 선어말어미를 취한다.

(54) 그분은 훌륭한 선생이 ⎧었　⎫ 다
　　　　　　　　　　　　⎪었겠⎪
　　　　　　　　　　　　⎨시　⎬
　　　　　　　　　　　　⎩시었⎭

---

17) 위의 책, 129쪽 이하; 김승곤, 「풀이격조사 '이다'에 대한 고찰」, 『한글』 191호, 1986,
　　39~54쪽 참조.

셋째, 명사가 서술어가 될 때만 '이다'를 명사어미라 하고 주어, 목적어, 위치어 등이 될 때는 '이다'를 명사어미라 하지 않으니 큰 모순이다.

명사가 서술어일 때, '이다'가 그 어미면 명사가 다른 성분이 될 때도 '이다'는 반드시 따라다녀야 한다. 따라서 다음과 같이 되어야 한다.

(55) ㄱ. *<u>학생임</u>이 <u>학교임</u>에 간다.
　　　ㄴ. *<u>나임</u>은 <u>목숨임</u>을 소중히 여긴다.
　　　ㄷ. *<u>그임</u>은 <u>집임</u>으로 갔다.

(55ㄱ~ㄷ)에서 밑줄 부분의 성분은 반드시 '이다'의 '이'와 그의 명사법 'ㅁ'을 취해야 하나, 이에 대하여는 왜 언급이 없이, '명사+이다'가 서술어가 될 때만 '이다'가 명사의 어미라 하는지 그 모순점을 알 수 없다. 이에 대한 해명이 있어야 할 것이다.

이에 대한 해명이 없다면 '이다'의 명사어미설은 아무 소용이 없다.

넷째, 동사, 형용사 뒤에 보조조사가 오는 일이 있는데, '이다' 뒤에도 같은 보조조사가 올 수 있다.

(56) ㄱ. 나는 그가 가는<u>지도</u> 몰랐다.
　　　ㄴ. 그는 꽃이 아름다운<u>지도</u> 몰랐다.
　　　ㄷ. 그는 이것이 무엇인<u>지도</u> 몰랐다.

(57) ㄱ. 나는 그가 있는지 없는<u>지조차도</u> 몰랐다.
　　　ㄴ. 그는 아픈지 안 아픈<u>지조차도</u> 몰랐다.
　　　ㄷ. 나는 그가 학생인<u>지조차도</u> 몰랐다.

(58) ㄱ. 우리 조국, 대한민국은 영원한 나라 $\left\{ \begin{array}{l} ㉮ \ *어라! \\ ㉯ \ 이어라! \end{array} \right\}$

ㄴ. 그대는 영원한 친구 { ㉮ *어라
　　　　　　　　　　　㉯ 이어라 }

ㄷ. *그분은 훌륭한 어머니었다.

(58ㄱ)의 ㉮는 잘못된 문장이나 ㉯는 잘된 문장이며 (58ㄴ)의 ㉮ 또한 잘못된 문장이나 ㉯는 잘된 문장이다. (58ㄷ)의 '어머니었다'는 말이 안 된다. 이로써 보면 '이-'는 조성음이 아니며 어간으로 보아야 한다. 만일 '이-'를 (58ㄱ, ㄴ)의 ㉮에서와 (58ㄷ)에서 줄이는 것은 마치 다음 문장에서 동사의 어간을 줄이는 것과 같다고 보아진다.

(59) 너는 언제 -느냐?

(59)가 잘못된 문장이 된 것은 -부분의 동사의 어간을 줄였기 때문인데, 이것은 마치 (58ㄱ~ㄴ)의 ㉮와 (58ㄷ)에서 명사가 모음으로 끝나 있는데도, '이-'가 줄어질 수 없다는 것은 어떤 면으로 생각해 보아도, '이-'는 어간으로 보아야지 조성음으로 볼 수 없다는 확고한 증거가 된다고 생각된다.

다섯째, '이다'는 용언이나 부사 다음에도 쓰여, 이들을 다시 서술어가 되게 한다. 이와 같은 일은 '이-'가 절대로 조성음이 아니라는 증거가 됨과 동시에, 굳이 '이다'를 명사어미라 한다면, 이 경우 용언과 부사를 명사로 보아야 하는가?

(60)　ㄱ. 그가 고달파 하는 것은 많이 걸어서이다.

　　　ㄴ. 내가 그를 좋아하는 것은 그가 착해서이다.

　　　ㄷ. 너는 얼마나 그를 좋아하느냐? 아주이다.

(60ㄱ)의 '걸어서이다'에서 '이다'를 빼면, '걸어서'만으로는 서술어가 되지 않는다. (60ㄴ)의 '착해서이다' 또한 그러하며, (60ㄷ)의 '아주

이다'는 부사 '아주'에 '이다'가 와서, 전체로써 하나의 서술어를 이루고 있다. 이와 같이, '이다'는 충분한 서술력을 가지고 있다. 그러므로 '이-'는 조성음으로는 도저히 볼 수 없다. 우리는 아직까지 조성음이 서술력을 가지고 있다는 사실을 알지 못한다.

여섯째, 조어법의 면에서 보면, '이다'는 '이-'에 '다-'가 와서 된 말이다. '이-'는 삼인칭의 인칭·지시대명사인데, 여기에 서술어를 만드는 접사 '-다'가 와서 이루어진 것이다. 만일 '이-'가 조성음이라면 어떻게 여기에 '-다'가 와서 '이다'가 만들어졌겠는가? 그런 조어법은 아직 본 적이 없다. '가다'나 '희다'를 보면, '가-'와 '희-'가 어간이 아니라면, 어떻게 '-다'가 올 수 있겠는지 의심스럽다. 이와 같은 비교적인 면에서도, '이-'를 어간으로 보지 않을 수 없다. 글쓴이는 『한글』 176호에서 국어에서는 어원으로 보면 조성음은 어간의 일부이며 존재하지 않았다는 것을 증명한 바 있다.[18] 따라서 어원으로 보아서도 '이-'는 조성음일 수 없다.[19]

일곱째, '이다'는 사동, 피동을 만들 수 있다.

(61) ㄱ. 하느님이시여, 이 나라를 영원히 복된 나라이게 하소서.
　　　ㄴ. 그는 영원히 부자이게 되었다.

이와 같은 현상은 오늘날 두드러지게 나타나고 있다. 만일 '이다'가 단어가 아니라면, 언중들이 어떻게 이런 말을 할 수 있겠는지 깊이 깨달아야 할 일이라 생각된다.

여덟째, 부사 '아주, 천생' 등은 문장에서 '이다'를 꾸민다.

(62) ㄱ. 그는 천생 그의 아버지이다.
　　　ㄴ. 그는 아주 바보이다.

---

18) 김승곤, 「한국어 고름소리의 어원연구」, 『한글』 176호, 1982, 41~66쪽 참조.
19) 김승곤, 「가리킴자리토씨 '이'」, 『우리말조사연구』, 건국대학교 출판부, 1989 참조.

(62ㄱ)의 '천생'은 '이다'를 꾸미고, (62ㄴ)의 '아주' 또한 '이다'를 꾸민다.

아홉째, 어미 뒤에는 선어말어미 '-시-', '-었/았-', '-겠-' 등은 오지 못한다. 그런데 '이다'의 '이' 앞이 아니고 뒤에 이들 선어말어미가 오므로 '이다'의 '이'는 어미로 볼 수 없고 '어간'으로 보아야 한다.

(63) ㄱ. 그는 학생 때 우등생<u>이었</u>다.
     ㄴ. 그는 옛날 부자<u>이었겠</u>다.
     ㄷ. 그 어른은 우리가 자랑하는 스승님<u>이시</u>다.

(63)에서 보아 '이다'는 명사의 어미가 아님이 확실히 증명되었으므로 '이다'는 지정사임에 틀림없다.

3. 품사 분류

3.1. 품사의 이름

영어에서 품사를 'Part of speech'라 하는데, 이 말은 본래 라틴어 'Partes Ōratiōnis'를 번역한 말이다. 이 말을 일본에서는 직역하여 화부話部라고 하는 학자도 있으나, 우리나라에서는 '품사'라고 하는 것이 일반적이다. 본래, 'Part of speech'는 '말의 부분'이라는 뜻인데, 이것은 말을 구성하고 있는 요소라는 뜻이다. 그런데 미국의 구조주의 언어학자들은 '품사'를 '단어의 부류'라는 뜻에서 어류word-class라는 학술어를 쓰는 일도 있으나, 이것은 뜻에 의한 것이 아니고 형태와 구실과 같은 문법적 기준에 의하여 말한 것이므로 특수하기는 하나, 역시 '품사'라 하는 것이 좋을 것이다. '품사'라는 학술어는 주시경 선생이 처음으로 쓰고 최현배 박사가 우리말본에서 사용하였는데, 그에 의한 설명을 보면 다음과 같다.

"'품사'는 말의 씨(語의 種)란 뜻이니, 곧 말을 분류하는 선자리에서 '단어'를 이름이다"라고 하였다.[20] '품사'란 일본인 학자가 만든 말인데 단어를 성질과 직능에 따라 종류를 나눈 말이라는 뜻이다. 그러나 우리말본에서는 '씨'라는 말을 쓰는 것이 학문의 전통상 좋을 것이다.

3.2. 품사의 정의

문법을 연구하기 위하여, 우리말이 가지고 있는 단어를 형태와 구실을 기준으로 하여, 그 성격상 비슷한 단어들을 모아서, 크게 몇 개의 부류로 나눈 하나하나의 단어의 무리를 품사라고 한다. 품사는 형태를 분류 대상으로 하고, 통어상의 구실, 즉 문장 안에서 차지하는 지위를 기준으로 하여 설정된 단어의 부류이므로, 달리 형식부류라 하기도 하는데, 어류라는 말을 쓰는 학자도 있다 함은 앞에서 말하였다. 그런데 생성문법에 있어서, 촘스키는 단어 범주라는 말을 사용하고 있는데, 그의 정의에 따르면 '단어 규칙의 왼쪽에 나타나는 범주를 단어 범주"[21]라 한다고 하고 있으나, 단어 범주를 몇 개 인정할 것인가 또는 어떻게 인정할 것인가에 관해서는 그는 언급하고 있지 않다.

전통문법에 있어서나 생성문법에 있어서나, 모든 사람을 만족시킬 만큼 의문의 여지가 없도록 품사를 나누기란 이루어질 수 없는 일이며, 이는 앞으로의 문법 연구 방향과 관계가 있을 것으로 보인다.

---

20) 최현배, 『우리말본』(열 번째 고침 펴냄 판), 정음문화사, 1983, 143쪽.
21) Chomsky, N., *Aspects of the theory of Syntax*, MIT Press, 1965, p. 74.
낱말범주란 A → Z의 왼쪽에 나타나는 범주. 바꾸어 말하면, 낱말 형성소를 지배하는 범주로서 예를 들면, N, V, Adj 등을 일컫는다.

3.3. 품사 분류의 목적

파머Palmer는 품사를 설정하지 않고서는 어떤 언어의 문법도 쓸 수 없다[22]고 하였는데, 그 나랏말의 문법을 설명하고 기술하는 것을 쉽게 하기 위하여, 언어상의 표준 단위인 수많은 단어를 몇 개의 부류로 나누는 것이 품사 분류이다. 이것은 품사 분류 그 자체에 목적이 있는 것이 아니고, 문법적 설명이나 기술을 하기 위한 준비 작업이다. 따라서 분류 그 자체로 볼 때는, 아무리 합리적으로 잘 되어 있다고 하더라도, 그것이 문법을 기술하는 데 있어서 편리하지 않을 때는 아무런 소용이 없다. 이와는 반대로, 분류 그 자체는 만족스럽지 못하더라도, 문법적 기술이란 목적을 달성하는 데 편리하다면, 그 분류에는 어떤 언어학적 가치를 인정하지 않으면 안 된다. 그러므로 품사 분류는 각 나라의 문법에 상응하는 것이 아니고서는 되지 않는다. 그런데 학자에 따라서는 단어의 성격을 간단하게 기술하기 위하여 품사 분류를 한다고도 하는데, 품사 분류는 단어 그 자체의 성격에 의한 분류이지, 통어론적 기술을 위해서만 분류하는 것이 아니라는 것을 분명히 하고 싶다는 학자도 있다.[23]

3.4. 품사 분류의 기준

품사를 가르는 데 사용되어 온 기준은 형태, 구실, 뜻의 셋이다.[24] 이 기준은 한꺼번에 적용되어서는 안 되며, 거기에는 차례가 있어야 한다. 제일 먼저 형태에 의하여 품사 분류가 이루어져야 하는데, 달리 말하면 단어가 활용을 하느냐 하지 않느냐에 따라 나누되, 활용을 하면 어떤 방법으로 하느냐가 고려되어야 한다. 다음으로는 구실에 의하

---

22) Palmer, F. R., *Grammar*, Pelican, 1971, p. 62.
23) 杉浦茂夫, 『品詞分類の歷史と原理』, こびあん書房, 1976, 5~6쪽 참조.
24) 허웅, 『국어학』, 샘문화사, 1983, 188~193쪽; 杉浦茂夫, 위의 책, 6~10쪽.

여 품사 분류가 이루어져야 한다. 구실이란 통어적 구실로 단어가 문장에서 어떠한 지위를 차지하느냐 하는 것인데, 형태와 구실은 어느 정도 병행하므로 활용을 하는 말에 있어서는, 형태나 구실을 함께 적용하는 수도 있으나, 활용이 없는 말에서는 구실만이 범주를 정하는 기반이 된다.25) 뜻은 형태와 구실과 병행하는 일이 많으나 매우 추상적인데다, 그 내용도 다양하여 품사 분류의 기준으로 삼기에는 어려움이 많으므로 참고 정도로 하는 것이 좋을 것이다.

형태와 구실은 활용이 있고 없음과 문장에서 단어가 차지하는 지위를 문제삼는 기준으로서 형식면의 기준에 해당한다. 따라서 이들을 형식적 기준이라 하고 뜻은 단어의 실질이므로 뜻을 내용적 기준이라 한다.26)

3.5. 품사 분류

3.4에서 말한 품사 분류의 기준에 따라 형태에 의하여 먼저 품사를 나누게 되는데, 활용이 있고 없음에 따라 크게 두 가지로 나눈다.

활용이 있는 품사는 용언으로서 이것은 다시 활용하는 방법에 따라 작은 종류로 나누는데, 거기에는 동사, 형용사, 지정사가 있다.

활용이 없는 단어는 문장 안에서 차지하는 자격에 따라 다시 작은 종류로 나누게 되는데, 문장에서 여러 가지 자격을 가지는 것에는 체언이 있다.

체언은 단독으로나 조사의 도움을 받아 여러 가지 기능을 하는데, 이를 다시 작은 종류로 나누면 명사, 대명사, 수사가 된다.

한 가지 자격을 가지는 단어는 다시 두 가지로 나눈다. 하나는 문장에서 다른 말을 꾸미는 수식언이고, 다른 하나는 문장의 짜임새에 간

---

25) 허웅, 위의 책, 189쪽에서 따옴.
26) 杉浦茂夫, 앞의 책, 7~8쪽 참조.

접적으로 기능하는 독립어이다.

이 이외에 접속사가 있다. 수식언에서 체언을 꾸미는 것은 관형사이고, 용언을 꾸미는 것은 부사이다. 독립어에는 느낌이나 부름 따위를 나타내는 감탄사가 있다.

끝으로 접속사는 문장에서 단어나 문장을 이어주는 구실을 한다. 이외에 문장에서 체언에 붙어서 그 체언으로 하여금 여러 가지 성분을 만들어 주는 구실을 하는 조사가 있다.

지금까지 설명한 품사 분류를 보기 쉽게 표로 보이면 다음과 같다.

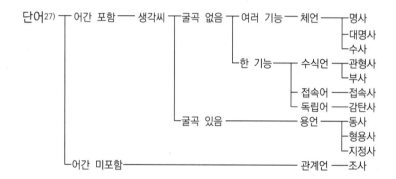

---

27) 허웅, 앞의 책, 193쪽 참조.

48

2장 · 조어법

2장 조어법

1. 조어법이란?[1]

단어는 하나의 자립형태소로 되는 것도 있으나, 둘 이상의 자립형태소로 되는 것도 있으며, 하나의 자립형태소에 파생의 접사가 붙어서 되는 것도 있어, 단어 만드는 방법에는 몇 가지가 있다.

(1) 들길 에 얼굴 이 새하얀 아이 가 무심하게 서 있다.
    ① ② ③ ④ ⑤ ⑥ ⑦ ⑧ ⑨ ⑩

(1)의 밑줄 그은 ①, ③, ⑥은 자립 형식으로서 뜻이 분명하므로 어근이라 하고, ②, ④, ⑦은 체언에 붙어서 그 체언으로 하여금 문장 안에서 위치어, 주어가 되게 하므로 곡용의 접사라 한다. 밑줄 그은 ⑤, ⑧, ⑨, ⑩을 각각 분석하면, '새-하야-ㄴ', '무심-하-게', '서-어', '있-다' 등으로 되는데, '하야, 무심-, 서-, 있-' 등은 이들 어절의 중심적인 뜻을 지닌 부분이므로 어근이라 하고, '새-', '-하-'는 어근에 붙어서, 뜻을 더해 주는 접사이므로 파생의 접사라 하며, '-ㄴ, -게, -어, -다' 등은 용언의 어근에 붙어서 여러 가지 문법적 기능을

---

1) 허웅, 『국어학』, 샘문화사, 1983, 129~147쪽 참조.

나타내므로 활용의 접사라 한다. 곡용의 접사는 달리 조사라 하고, 활용의 접사는 어미라 하며, 파생의 접사는 '-새'와 같이 어근의 앞에 오는 접사를 접두사, '무심-하-게'의 '-하-'와 같이 어근의 뒤에 오는 접사를 접미사라 한다. 접미사에는 그것이 옴으로써 하나의 완전한 단어를 파생시키는 것과, 그 뒤에 다시 어미 '-다'를 취함으로써 완전한 단어를 파생시키는 것의 두 가지가 있다. '손-질', '늙-다리' 등에서 '-질'과 '-다리'는 이들이 옴으로써 하나의 완전한 단어를 만들고 있다. 그러나 '사랑-스럽-'에서 '-스럽-'은 '사랑'을 완전한 용언으로 파생시키지 못하고 있다. 이것이 완전한 단어가 되기 위해서는 어미 '-다'를 취하여 '사랑-스럽-다'로 되어야 한다. '-질', '-다리'와 같은 접미사를 종결접미사라 하고, '-스럽-'과 같은 접미사를 미종결접미사라 하여 구별한다.[2] 종결접미사는 체언이나 부사를 파생시키는 접미사요, 미종결접미사는 용언을 파생시키는 접미사이다.

(1)의 ①을 다시 분석하면 '들-길'로 되는데 '들'과 '길'은 각각 하나의 완전한 자립 형식으로 어근이다. 두 개 이상의 완전한 어근이 합하여 단어를 만들어내는 법을 합성법이라 하고, 합성법에 의하여 만들어진 단어를 합성어라 한다. (1)에서 ⑤의 '새-하야-ㄴ'과 ⑧의 '무심-하-게'는 접두사와 접미사에 의하여 만들어졌는데, 이와 같은 조어법을 파생법이라 하며, 접두사에 의한 파생법을 접두사파생법, 접미사에 의한 파생법을 접미사 파생법이라 하고, 파생법에 의하여 만들어진 단어를 파생어라 한다. 이렇게 말을 만드는 합성법과 파생법을 합하여 조어법이라 한다. 그런데 조어법에는 (1)의 ⑩과 같이 어근 '있-'에 활용의 접사 '-다'가 와서 '있다'가 되는 조어법도 있는데, 이와 같은 조어법은 일반적으로 말하는 조어법에는 넣지 않는다. 왜냐하면, '어근+다'의 형식으로 만들어진 단어는 기본형으로 보기 때문이다.

---

2) 박지홍, 『우리 현대문법』, 과학사, 1986, 54쪽 참조.

(2) 고추잠자리가 높푸른 가을 하늘을 날아가고 있다.

(2)에서 '고추잠자리'는 자립할 수 있는 두 단어, '고추'와 '잠자리'가 합하여 이루어진 단어로 '고추'는 '잠자리'를 꾸미고 있는데, 이와 같은 합성어를 통어적 합성어라 한다. '높푸르'는 어근이기는 하나, 뜻이 완전하지 못한 '높'과 '푸르'가 합하여 이루어진 합성어이므로 비통어적 합성어라 한다. 통어적 합성어는 그 짜임새가 통어적으로 되어 있고, 비통어적 합성어는 그 짜임새가 통어적으로 되어 있지 않다는 뜻에서 붙여진 이름이다.

이상에서 설명한 것을 표로 보이면 다음과 같다.

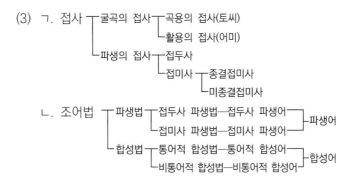

위에서 설명한 접두사는 어간에 뜻을 더하는 접사로서 명사, 동사, 형용사, 부사 앞에 오고, 접미사는 명사, 동사, 형용사, 부사 뒤에 붙어서, 더러는 그 뜻을 더하며 더러는 감목(자격)을 바꾸기도 한다.3) 최현배(1983: 672~673)에 의하면, 접미사를 단어 만드는 접사와 소리를 고르는 접사의 둘로 나누고, 소리 고르는 접미사를 다음과 같이 나누고 있다.

---

3) 최현배, 『우리말본』, 정음문화사, 1983, 657~685쪽 참조.

(4) 소리 고르는 접미사

ㄱ. 고유명사(사람 이름) 뒤에 오는 것: '이'

ㄴ. 조사에 오는 것: '으로'의 '으'

ㄷ. 용언의 폐음절 뒤에 오는 것: '먹으니'의 '으'

고유명사 뒤에 오는 '이', 즉 '금순-이, 정순-이' 등의 '이'는 소리 고르는 접사로도 볼 수 있겠으나 접미사로 다루기로 하고, ㄴ이나 ㄷ 에서 말하는 소리 고르는 접사는 접사로 보기 어렵기 때문에, 어미로 보기로 한다. 본래는 품사 어근이었기 때문이다.

파생의 접사가 붙는 어근 노릇을 하는 언어 형식에는 여러 가지가 있다. 즉 자립어근, 구속어근, 특수어근, 합성어근, 합성특수어근 등이 다. 자립어근이란 '덧-저고리', '헛-고생'과 같은 파생어에서 자립할 수 있는 단어인 '저고리', '고생'과 같은 어근을 말하고, 구속어근이란 '짓-누르-다', '먹-이-다'에서의 '누르-', '먹-'과 같은 용언의 어 근을 말한다. 용언의 어근은 본래 구속 형식이기 때문이다. 특수어근 은 단어를 만드는 데만 쓰이는 어근으로, 여기에는 조사는 물론 어미 도 전혀 붙을 수 없고, 극히 제한된 파생의 접사가 붙을 수 있을 뿐이 다. 예를 들면, '깊-'에 파생의 접사 '숙-'이 붙어서 된 '깊숙-'은 한 단어가 되지도 못할 뿐 아니라 조사는 물론 어미도 붙을 수 없으며, 오직 파생의 접사 '-하-'가 붙어야 비로소 어간의 구실을 할 수 있다. 이와 같은 어근을 특수어근이라 한다.[4] 합성어근이란 '여닫-이'에서 의 '여닫-'과 같이 용언의 어근인 '열'과 '닫'이 합하여 된 어근을 말하 는데, 이는 하나의 단어가 되지 못한다. 즉 '땀받-이', '꺾꽂-이', '붙 박-이', '미닫-이'에서의 '땀받다', '꺾꽂다', '붙박다', '미닫다'라는 단어는 있을 수 없다. 합성특수어근이란 '앞앞', '뭇뭇'과 같은 합성어 근이 단독으로는 절대로 쓰이지 못하고, '-이'를 붙여 부사 만드는

---

4) 허웅, 앞의 책, 132쪽과 143쪽 참조.

데만 쓰이기 때문에 합성특수어근이라 한다.

위에서 설명한 여러 가지 어근에 접사가 붙어서 이루어지는 파생법에 대하여 살펴보기로 하겠다.

2. 파생법

접사가 자립어근과 구속어근에 와서, 새 단어를 만드는 법을 파생법이라 하는데, 여기서는 자립어근에 접사가 와서 되는 파생법과 구속어근에 접사가 와서 되는 파생법을 구분하지 않고, 그저 접두사와 접미사에 의한 파생법으로 구분하여 다루기로 한다. 왜냐하면, 자립어근과 구속어근에 의한 파생법의 구별은 그리 큰 뜻을 가지지 않는 것으로 보아지기 때문이다.

2.1. 접두사에 의한 파생법

접두사에는 토박이말 접두사와 한자말 접두사의 두 가지가 있으나, 여기서는 구분하지 않고 다루기로 하겠다.

2.1.1. 파생명사

2.1.1.1. 명사에 접두사가 와서 파생된 명사

- 가-   〈假〉가-건물, 가-문서, 가-분수
- 가-   〈그 부근, 일대〉가-근방
- 가-   〈加〉가-일층, 가-추렴
- 가-   〈=過〉가-똑똑이('똑똑이'는 부사로 볼 수도 있으나 여기서는 명사로 보기로 함).
- 가랑- 〈아주 작은〉가랑-눈, 가랑-니, 가랑-비

- 가랑 – 〈시든, 마른〉 가랑 – 잎
- 가막 – 〈검은 빛깔〉 가막 – 조개
- 각 – 〈角〉 각 – 도장
- 갈 – 〈작은〉 갈 – 가마귀, 갈 – 거미
- 갈 – 〈갈색〉 갈 – 가자미, 갈 – 돔, 갈 – 청광
- 갑 – 〈갑자기〉 갑 – 이별
- 강 – 〈强〉 강 – 추위, 강 – 팀, 강 – 행군, 강 – 호령
- 강 – 〈그것만으로 이루어진〉 강 – 술, 강 – 바람
- 갖 – 〈가죽〉 갖 – 두루마기, 갖 – 옷
- 개 – 〈참 것이 아닌, 좋은 것이 아닌〉 개 – 꽃, 개 – 머루, 개 – 떡, 개 – 꿈
- 건 – 〈乾〉 건 – 빵, 건 – 초
- 건 – 〈말림〉 건 – 삶이, 건 – 어물
- 건 – 〈겉으로만〉 건 – 물, 건 – 살포, 건 – 깡깡이
- 겉 – 〈껍질을 벗기지 않은 채〉 겉 – 보리, 겉 – 수수
- 견 – 〈명주〉 견 – 직물
- 경 – 〈가벼운〉 경 – 금속, 경 – 비행기
- 경 – 〈홀가분한〉 경 – 무장, 경 – 가극
- 경 – 〈경쾌한〉 경 – 음악, 경 – 가극
- 곁 – 〈갈라져 나옴〉 곁 – 가지, 곁 – 가닥
- 고 – 〈높음〉 고 – 성능, 고 – 속도
- 고 – 〈옛날〉 고 – 생물, 고 – 전장
- 고 – 〈낡은〉 고 – 서적, 고 – 철
- 공 – 〈힘이나 돈을 들이지 않음〉 공 – 일, 공 – 술, 공 – 떡
- 공 – 〈속이 비어 있음〉 공 – 가교
- 공 – 〈헛〉 공 – 수표
- 과 – 〈많거나 심함〉 과 – 보호, 과 – 인산
- 구 – 〈묵은, 낡은〉 구 – 시대, 구 – 풍습
- 군 – 〈필요한 범위 밖의〉 군 – 말, 군 – 소리, 군 – 것, 군 – 더더기

- 귀 –　〈貴〉 귀 – 교, 귀 – 회사, 귀 – 부인
- 금 –　〈지금〉 금 – 세기
- 급 –　〈빠름〉 급 – 속도, 급 – 성장
- 급 –　〈몹시 심함〉 급 – 경사, 급 – 각도
- 급 –　〈위험하고 급함〉 급 – 병
- 깃 –　〈무명베나 광목 따위의 바래지 않은 채〉 깃 – 광목
- 까막 –　〈'가막'의 센말〉 까막 – 관자, 까막 – 딱따구리
- 꼬마 –　〈소형의 뜻〉 꼬마 – 인형
- 꽃 –　〈맨 처음으로 된〉 꽃 – 국, 꽃 – 다지, 꽃 – 소주, 꽃 – 물
- 꾀 –　〈꾀로 거짓 꾸민〉 꾀 – 병, 꾀 – 배, 꾀 – 잠
- 난 –　〈어려운〉 난 – 공사
- 내 –　〈장차 오는〉 내 – 달, 내 – 학기, 내 – 학년
- 내리 –　〈아래로 향하여〉 내리 – 사랑
- 노 –　〈나이 많은〉 노 – 처녀, 노 – 총각
- 누 –　〈여러의 뜻〉 누 – 백년, 누 – 천년
- 누 –　〈차례로 몰아서 셈함〉 누 – 계
- 늦 –　〈때가 늦은〉 늦 – 가을, 늦 – 봄
- 늦 –　〈나이 들어 늘그막에〉 늦 – 부지런

(부록 1에 계속)

2.1.1.2. 파생명사에 접두사가 와서 파생된 명사

- 강 – : 강 – 다짐
- 개 – : 개 – 죽음
- 건 – : 건 – 깡깡이, 건 – 삶이, 건 – 웃음
- 겉 – : 겉 – 어림
- 까막 – : 까막 – 딱따구리
- 내리 – : 내리 – 쓰기, 내리 – 닫이
- 넛 – : 넛 – 할아버지
- 늦 – : 늦 – 깎이, 늦 – 잠, 늦 – 동이
- 단 – : 단 – 잠
- 땅 – : 땅 – 딸보
- 덧 – : 덧 – 셈

- 되 - : 되 - 풀이
- 맞 - : 맞 - 담배, 맞 - 보기, 맞 - 바꾸기
- 맨 - : 맨 - 몸뚱이
- 반 - : 반 - 미치광이
- 불 - : 불 - 깍쟁이
- 선 - : 선 - 웃음
- 애 - : 애 - 송아지, 애 - 갈이
- 옹 - : 옹 - 자배기
- 전 - : 전 - 까정이
- 졸 - : 졸 - 뱅이, 졸 - 대기, 졸 - 되기, 졸 - 보기
- 쪽 - : 쪽 - 발이
- 치 - : 치 - 받이
- 풋 - : 풋 - 내기
- 휘 - : 휘 - 몰이

- 막 - : 막 - 날이
- 맹 - : 맹 - 추위
- 밭 - : 밭 - 번지기
- 생 - : 생 - 죽음
- 알 - : 알 - 뚝배기
- 얼 - : 얼 - 간이
- 육 - : 육 - 붙이
- 줄 - : 줄 - 죽음
- 찰 - : 찰 - 담장이
- 평 - : 평 - 지붕
- 후 - : 후 - 더침

2.1.1.3. 합성명사에 접두사가 와서 파생된 명사

- 강 - : 강 - 조밥
- 꽁 - : 꽁 - 보리밥
- 대 - : 대 - 일본 정책
- 둘 - : 둘 - 암소, 둘 - 암탉
- 막 - : 막 - 고춧가루
- 먼 - : 먼 - 꽃식물, 먼 - 등뼈동물
- 불 - : 불 - 암소, 불 - 암콩, 불 - 상놈
- 소 - : 소 - 회의실
- 암 - : 암 - 은행나무
- 정 - : 정 - 사각형
- 차 - : 차 - 좁쌀

- 군 - : 군 - 글자
- 누 - : 누 - 백년
- 덧 - : 덧 - 니박이
- 들 - : 들 - 뽕나무
- 매 - : 매 - 한가지
- 반 - : 반 - 고수머리
- 생 - : 생 - 눈길, 생 - 금판
- 수 - : 수 - 은행나무
- 외 - : 외 - 나무다리
- 제 - : 제 - 일차대전
- 참 - : 참 - 대나무

- 총 - : 총 - 생산량
- 함 - : 함 - 탄산토류천
- 한 - : 한 - 밤중
- 희 - : 희 - 염산

2.1.1.4. 접미사에 의한 파생명사에 접두사가 와서 파생된 명사

- 가 - : 가 - 계약금
- 경 - : 경 - 정비소
- 구 - : 구 - 시대풍
- 대 - : 대 - 외교가, 대 - 예술가, 대 - 보름경, 대 - 자본가
- 돌 - : 돌 - 미나리꽝
- 목 - : 목 - 가구점, 목 - 그릇점
- 실 - : 실 - 생활상
- 알 - : 알 - 몸뚱이
- 줄 - : 줄 - 담배꾼, 줄 - 도망자
- 건 - : 건 - 어물점
- 공 - : 공 - 술보
- 명 - : 명 - 사교가
- 몰 - : 몰 - 상식자, 몰 - 지각자
- 암 - : 암 - 은행나무
- 제 - : 제 - 일차전
- 홑 - : 홑 - 껍대기채

위에서 다룬 명사도 그 수가 많으나 여기서는 이 정도로 풀이하여 둔다.

2.1.1.5. 합성명사에 접미사가 와서 파생된 명사에 다시 접두사가 와서 파생된 명사

- 구 - : 구 - 독립군가
- 괴 - : 괴 - 해외소식통
- 생 - : 생 - 고집통이
- 고 - : 고 - 서적상점
- 얼 - : 얼 - 젖국지
- 옛 - : 옛 - 가면극장, 옛 - 독일글자체, 옛 - 종로옷점
- 늦 - : 늦 - 고추잠자리군
- 헛 - : 헛 - 돌팔매질
- 당 - : 당 - 고모집살이
- 금 - : 금 - 세기말경
- 대 - : 대 - 보름날치

합성명사에 접두사가 와서 된 명사는 그 수가 상당히 많으나, 다 조사할 수가 없어 이 정도로 하여 둔다.

2.1.2. 파생동사

2.1.2.1. 동사에 접두사가 와서 된 동사

- 간-   〈奸〉간-하다
- 갓-   〈바로〉갓-먹다
- 깔-   〈몹시 민망하게〉깔-보다
- 겉-   〈건성으로 대강〉겉-마르다
- 겉-   〈속과는 달리 겉으로만 보아〉겉-늙다, 겉-마르다
- 곰-   〈심할 정도〉곰-삭다
- 곱-   〈잦은 횟수〉곱-씹다
- 공-   〈공짜로〉공-먹다
- 공-   〈실속과 소용없음〉공-뜨다, 공-들다
- 거머-   〈휘몰아 들이거나 가짐〉거머-삼키다, 거머-안다, 거머-당기다
- 검-   〈거머-〉검-잡다, 검-쥐다
- 검-   〈몹시 지나치게〉검-뜯다
- 곁-   〈다른 길로〉곁-가다
- 곁-   〈옆에 붙어 담다〉곁-들이다
- 나-   〈밖으로 나감〉나-서다, 나-오다
- 내-   〈밖을 향하여〉내-걸다, 내-놓다, 내-디디다
- 내리-   〈아래로 향하다〉내리-긋다, 내리-닫다, 내리-밀다, 내리-먹다
- 내리-   〈줄곧〉내리-쓰다, 내리-읽다, 내리-외다
- 내리-   〈함부로 세차게〉내리-깎다, 내리-찧다
- 늦-   〈시간상으로 늦음〉늦-되다, 늦-잡다
- 덧-   〈거듭, 덧붙임〉덧-나다, 덧-걸치다

- 데 –   〈잘 되지 못함〉 데 – 되다, 데 – 삶다, 데 – 생기다
- 돌 –   〈보살핌〉 돌 – 보다
- 되 –   〈도리어, 반대〉 되 – 받다
- 되 –   〈도로〉 되 – 가지다, 되 – 돌아보다
- 되 –   〈다시〉 되 – 새기다, 되 – 씹다
- 뒤 –   〈마구, 몹시〉 뒤 – 놀다, 뒤 – 몰다, 뒤 – 틀다, 뒤 – 섞다, 뒤 – 흔들다
- 뒤 –   〈반대〉 뒤 – 바꾸다, 뒤 – 엎다
- 뒤 –   〈온통〉 뒤 – 덮다
- 드 –   〈정도가 한층 높다〉 드 – 날리다
- 들 –   〈마구, 몹시〉 들 – 볶다, 들 – 까불다, 들 – 끓다
- 들이 –   〈몹시, 마구〉 들이 – 덤비다, 들이 – 부수다, 들이 – 먹다
- 들이 –   〈갑자기〉 들이 – 닥치다
- 막 –   〈함부로〉 막 – 되다
- 맞 –   〈마주〉 맞 – 닥뜨리다, 맞 – 바꾸다
- 몰 –   〈죄다〉 몰 – 밀다, 몰 – 박다
- 빗 –   〈비뚜르게〉 빗 – 나가다, 빗 – 놓다, 빗 – 맞다
- 빗 –   〈비스듬하게〉 빗 – 꺾다
- 빗 –   〈잘못〉 빗 – 디디다, 빗 – 들다, 빗 – 보다
- 설 –   〈충분하지 못함〉 설 – 되다, 설 – 익다
- 애 –   〈애초부터, 다시〉 애 – 빨다
- 얼 –   〈똑똑하지 못함〉 얼 – 버무리다, 얼 – 비치다, 얼 – 보이다
- 엇 –   〈비뚜로, 어긋나게〉 엇 – 갈리다, 엇 – 나가다
- 에 –   〈빙둘러, 에워〉 에 – 두르다
- 연 –   〈연달아 있다〉 연 – 잇다, 연 – 하다
- 엿 –   〈몰래〉 엿 – 듣다, 엿 – 보다, 엿 – 살피다
- 옥 –   〈안으로 오그라진〉 옥 – 갈다
- 올 –   〈시기, 시간적으로 빠르게〉 올 – 되다, 올 – 읽다
- 웃 –   〈지나치다〉 웃 – 자라다

- 일- 〈일찌기〉 일-심다, 일-깨다, 일-되다

- 졸- 〈점점 졸이어〉 졸-들다

- 줄- 〈적게, 줄이어〉 줄-잡다

- 주- 〈주가 되다〉 주-되다

- 짓- 〈몹시〉 짓-밟다, 짓-이기다

- 처- 〈함부로, 한데, 심히, 마구, 많이〉 처-넣다, 처-매다, 처-먹다, 처-지르다

- 치- 〈위로 향하여〉 치-솟다, 치-밀다, 치-받다

- 통- 〈온통, 평균〉 통-밀다

- 포- 〈거듭〉 포-개다, 포-집다

- 헛- 〈잘못〉 헛-듣다, 헛-디디다

- 헛- 〈마구〉 헛-놓다, 헛-갈리다

- 훌- 〈대강 휘몰아〉 훌-닦다, 훌-뿌리다

- 휘- 〈두르거나 돌아서〉 휘-감다, 휘-돌다

- 휘- 〈마구, 함부로〉 휘-두르다, 휘-말다, 휘-몰다

- 휘- 〈세게, 빨리〉 휘-날리다, 휘-달리다, 휘-몰다

- 휘- 〈큰 모양〉 휘-둥그래지다, 휘-둥그러지다

2.1.2.2. 파생동사에 접두사가 와서 된 동사

- 강-: 강-행군하다

- 겉-: 겉-날리다

- 곁-: 곁-들리다

- 내-: 내-걸리다

- 내리-: 내리-쓰기하다, 내리-밀리다

- 덧-: 덧-보이다, 덧-붙이다, 덧-덮이다, 덧-걸리다

- 데-: 데-삶기다

- 되-: 되-물리다, 되-씌우다

- 뒤-: 뒤-섞이다, 뒤-덮이다

- 들 - : 들 - 볶이다, 들 - 두들기다
- 들이 - : 들이 - 덮치다, 들이 - 맞추다, 들이 - 맞히다
- 맞 - : 맞 - 벌이하다, 맞 - 보서다, 맞 - 붙이다
- 벗 - : 벗 - 뚫리다, 벗 - 놓이다, 벗 - 꺾이다
- 설 - : 설 - 익히다
- 엇 - : 엇 - 걸리다, 엇 - 놀리다
- 옥 - : 옥 - 갈리다
- 올 - : 올 - 가꾸기하다
- 짓 - : 짓 - 밟히다, 짓 - 눌리다
- 처 - : 처 - 먹이다, 처 - 박히다
- 치 - : 치 - 달음질하다, 치 - 달리다
- 헛 - : 헛 - 치레하다, 헛 - 수고하다
- 휘 - : 휘 - 늘어지다

이 동사도 그 수가 많으나, 여기서는 이 정도로 하여 둔다.

2.1.2.3. 합성동사에 접두사가 와서 된 동사

- 군 - : 군 - 살빼다
- 되 - : 되 - 물어뜯다
- 들이 - : 들이 - 덤벼들다
- 얼 - : 얼 - 싸이다
- 칩 - : 칩 - 떠보다
- 헛 - : 헛 - 방놓다

- 내리 - : 내리 - 떠보다
- 된 - : 된 - 시집살다
- 맞 - : 맞 - 장구치다
- 줄 - : 줄 - 똥싸다
- 한 - : 한 - 눈팔다

이 동사도 그 수는 많으나, 글쓴이가 찾아낸 이 정도로 그치기로 한다.

2.1.3. 파생형용사

접두사가 와서 파생되는 형용사는 본래 형용사에 접두사가 와서 그
형용사에 어떤 뜻을 더해 주는 데 그친다.

- 검-   〈몹시 지나치다〉 검-질기다, 검-세다
- 드-   〈몹시, 아주〉 드-넓다, 드-높다
- 별-   〈별달리〉 별-나다
- 새-   〈빛깔의 짙고 산뜻함〉 새-까맣다, 새-파랗다, 새-하얗다
- 샛-   〈'새'의 힘줌말〉 샛-노랗다, 샛-하얗다, 샛-맑다
- 시-   〈'새'의 센말〉 시-꺼멓다, 시-누렇다, 시-허옇다
- 싯-   〈'샛'의 센말〉 싯-꺼멓다, 싯-누렇다
- 얄-   〈아주〉 얄-밉다, 얄-궂다
- 휘-   〈큰 모양〉 휘-둥그렇다

2.1.4. 파생부사

접두사에 의한 파생부사는 명사나 부사에 접두사가 와서 이루어진다.

- 가-   〈더함〉 가-일층
- 대-   〈한, 곧 바른〉 대-번, 대-매, 대-푼, 대-미처
- 댓-   〈곧 바로〉 댓-바람
- 매-   〈每〉 매-번
- 애-   〈맨 처음〉 애-당초, 애-초
- 재-   〈빠르다〉 재-빨리
- 짓-   〈몹시, 함부로〉 짓-궂이

2.2. 접미사에 의한 파생법

2.2.1. 파생명사

2.2.1.1. 명사에 접미사가 와서 파생된 명사

• -가 〈성이나 그 성을 가진 이를 낮추어 말함〉이-가, 송-가

　　　〈그 일에 전문적으로 종사하는 이〉예술-가, 문학-가

　　　〈그 일을 뛰어나게 잘 하는 이〉사교-가, 외교-가

　　　〈그것을 많이 가진 사람〉자본-가, 장서-가

　　　〈그런 특성을 지닌 사람〉낙천-가, 모략-가

• -가 〈한길을 낀 동리를 몇으로 나눈 한 구역〉신문로 일-가, 종로삼-가

　　　〈도시의 특수한 지역〉번화-가, 대학-가, 주택-가

• -가 〈노래〉농부-가, 애국-가

• -가 〈값〉공정-가, 최고-가

• -각 〈뿔〉우수-각

• -각 〈높은 집〉보신-각

• -간 〈있는 곳〉장독-간

• -갈 〈=學〉한글-갈, 월-갈, 문법-갈

• -감 〈놀이 따위 기구〉장난-감, 놀잇-감

• -감 〈느낌〉우월-감, 책임-감

• -개 〈사람〉아무-개

• -개 〈그 성을 가진 사람을 낮추어 말함〉이-개(이-가), 박-개(박-가)

• -거리 〈어떤 현상이 주기적으로 나타나는 동안〉하루-거리, 이틀-거리

• -걷이 〈거둬들이는 일〉가을-걷이, 밭-걷이

• -걷이 〈걷어치우는 일〉골-걷이, 덩굴-걷이, 녁-걷이

• -걷이 〈재목의 한 부분을 깎아 내는 일〉도래-걷이, 반-걷이, 소매-걷이

• -걸이 〈물건 걸이〉옷-걸이, 모자-걸이

- – 것 〈옷, 이불 따위〉 겹 – 것, 무명 – 것, 솜 – 것

- – 게 〈살고 있는 곳〉 어디 – 게

- – 견 〈견사로 짠 천〉 인조 – 견

- – 결 〈물, 바람의 움직이는 상태〉 물 – 결, 바람 – 결, 숨 – 결

- – 경 〈시간의 전후〉 10시 – 경, 15일 – 경

- – 경 〈거울〉 반사 – 경, 오면 – 경

  〈과학 기구〉 조준 – 경, 확대 – 경

  〈안경〉 근시 – 경, 원시 – 경

- – 계 〈계통〉 몽고 – 계, 태양 – 계

  〈지질 시대의 지층〉 삼척 – 계, 캠브리아 – 계

(부록 2에 계속)

2.2.1.2. 동사 또는 형용사 어근에 접미사가 와서 파생된 명사

- – 개 〈간단한 기구〉 덮 – 개, 쓰 – 개, 가리 – 개

- – 개 〈기관〉 날 – 개

- – 게 〈기구, 연장〉 지 – 게, 집 – 게

- – 기 〈명사 만듦〉 살 – 기, 죽 – 기, 먹 – 기

- – 다리 〈속성을 지닌 사람, 물건〉 늙 – 다리

- – 둥이 〈어떤 특징을 지닌 사람, 동물〉 이쁘 – 둥이, 검 – 둥이

- – 막 〈그렇게 된 곳〉 내리 – 막, 오르 – 막, 가풀 – 막

- – 보 〈웃음, 울음 말에 붙어 잔뜩 쌓여 있던 것의 뜻〉 울 – 보, 먹 – 보, 째 – 보

- – 쇠 〈사내 아이의 이름〉 먹 – 쇠

- – 음 〈명사를 만듦〉 믿 – 음, 웃 – 음, 걸 – 음, 울 – 음

- – 이 〈명사를 만들〉 넓 – 이, 길 – 이, 높 – 이

2.2.1.3. 관형법에 접미사가 와서 파생된 명사

- －둥이(－동이) 〈사람, 동물〉 덴－둥이, 흰－둥이, 센－둥이
- －뱅이 〈어떤 사람을 낮게 이름〉 앉은－뱅이, 누운－뱅이, 장돌－뱅이

2.2.1.4. 구속어근에 접미사가 와서 파생된 명사

- －둥이 〈어떤 특징을 가진 어린이〉 귀－둥이, 귀염－둥이
- －머리 〈명사가 와서 낮은말이 되게 함〉 버르장－머리
- －바리 〈어떤 정도에 있는 사람〉 센－바리
- －뱅이 〈그런 사람을 낮게 이름〉 거렁－뱅이
- －보   〈어떤 성질, 상태의 사람〉 땅딸－보, 뚱뚱－보
- －아지 〈새끼〉 송－아지, 강－아지
- －자이 〈-장이〉 무－자이

2.2.1.5. 파생명사에 접미사가 와서 파생된 명사

- －꾸러기 〈버릇이 심한 사람〉 잠－꾸러기
- －꾼   〈습관적, 직업적인 사람〉 노름－꾼, 웃음－꾼
- －네   〈사람의 무리〉 갓난이－네
- －노리   〈언저리〉 배꼽－노리
- －떼기   〈분량의 뜻〉 섬－떼기
- －뚱어리 〈(몸의) 덩치〉 몸－뚱어리
- －뱅이   〈그런 사람을 낮게 이름〉 게으름－뱅이
- －머리   〈됨됨이〉 성질－머리, 버르장－머리
- －보   〈어떤 성질의 사람〉 웃음－보, 울음－보
- －새   〈됨됨이, 모양〉 구김－새, 꾸밈－새, 먹음－새
- －자이   〈장이〉 노래－자이

- ‒ 쟁이　〈습관을 가진 사람〉웃음‒쟁이, 울음‒쟁이
- ‒ 쭝　〈냥, 돈, 푼 아래 쓰이어 무게를 나타냄〉대푼‒쭝
- ‒ 치　〈어떤 물건〉버림‒치

2.2.1.6. 사잇소리가 붙은 관형어 다음에 접미사가 와서 파생된 명사

- ‒ 발　〈죽죽 내뻗치는 줄, 기운〉빗‒발, 핏‒발, 햇‒발, 구숫‒발

2.2.1.7. 관형사에 접미사가 와서 파생된 명사

- ‒ 내기: 풋‒내기
- ‒ 마적: 요‒마적
- ‒ 맹이: 외‒맹이
- ‒ 따래기: 못‒따래기
- ‒ 대: 그‒대
- ‒ 즈막: 이‒즈막

2.2.1.8. 부사에 접미사가 와서 파생된 명사

- ‒ 뎅이: 더‒뎅이
- ‒ 음: 더‒음(덤)
- ‒ 발방: 마구‒발방

2.2.1.9. 합성명사에 접미사가 와서 파생된 명사

- ‒ 가: 독립군‒가, 돌성분‒가
- ‒ 감: 어린이장난‒감
- ‒ 계: 우랄알타이‒계, 미국인‒계
- ‒ 계: 대학교육‒계, 육식동물‒계
- ‒ 곡: 청춘행진‒곡
- ‒ 공: 기능견습‒공
- ‒ 고: 외화보유‒고, 일일생산‒고

- – 관: 전투경찰 – 관, 수상경찰 – 관
- – 기: 인기절정 – 기
- – 꾼: 소싸움 – 꾼, 장사씨름 – 꾼
- – 단: 애국청년 – 단, 소년애향 – 단
- – 도: 러시아문학 – 도, 고전문학 – 도
- – 들이: 〈수량의 단위〉 한말 – 들이, 열말 – 들이, 일리터 – 들이
- – 떼기: 양지밭 – 떼기
- – 론: 고대시가 – 론
- – 료: 영화관람 – 료
- – 률: 입시경쟁 – 률
- – 방: 〈방위〉 동남 – 방, 서북 – 방
- – 배기: 열살 – 배기
- – 소: 한글강습 – 소, 면사무 – 소
- – 실: 물리치료 – 실, 장관비서 – 실
- – 원: 애완동물 – 원, 기아보육 – 원
- – 자: 육체노동 – 자, 수사담당 – 자
- – 장: 농구연습 – 장, 도로공사 – 장
- – 조: 〈할아버지〉 칠대 – 조, 십이대 – 조
- – 짜리 〈어떤 값의 물건〉 백원 – 짜리, 십만원 – 짜리
- – 쭝: 열돈 – 쭝, 두냥 – 쭝
- – 쯤: 천만원 – 쯤, 일주일 – 쯤
- – 착: 열시 – 착, 열두시 – 착
- – 학: 미시경제 – 학, 거시경제 – 학, 국제정치 – 학
- – 호: 새마을 – 호

위에서 보인 이외에도 많은 예가 있으나 이 정도로 하여 둔다.

2.2.2. 파생동사

2.2.2.1. 동사어근에 접미사가 붙어서 파생된 동사

- −구−: 돋−구−다, 솟−구−다
- −기−: 남−기−다, 숨−기−다, 굶−기−다, 볶−기−다, 꺾−기−다
- −까리−: 뇌−까리−다
- −떠리−: 무너−떠리−다, 넘어−떠리−다
- −리−: 울−리−다, 놀−리−다, 들−리−다, 뚫−리−다
- −스르−: 추−스르−다
- −시르−: 추−시르−다
- −우−: 가리−우−다, 메−우−다
- −음−: 먹−음−다(=머금다)
- −이−: 쓰−이−다, 보−이−다, 가리−이−다
- −이우−: 서−이우−다(=세우다)
- −치− 〈강조〉넘−치−다, 닫−치−다, 밀−치−다
  　　　〈피동〉밀−치−다, 돌−치−다
- −으키− 〈피동〉들−키−다, 내−키−다, 일−으키−다
- −퀴−: 할−퀴−다
- −트리−: 무너−트리−다, 넘어−트리−다
- −히− 〈사동〉않−히−다, 썩−히−다
- −추−: 들−추−다
- −히− 〈피동〉닫−히−다, 입−히−다

2.2.2.2. 명사에 접미사가 와서 파생된 동사

- −거리−: 가탈−거리−다
- −되−: 걱정−되−다, 발전−되−다, 형성−되−다

- –뜨–: 어정–뜨–다
- –지–: 밑–지–다
- –치–: 겹–치–다
- –하–: 일–하–다, 공부–하–다

2.2.2.3. 형용사에 접미사가 와서 파생된 동사

- –애–〈사동〉없–애–다
- –이–: 높–이–다, 깊–이–다
- –추–: 낮–추–다, 곧–추–다

2.2.2.4. 형용사어근 + –아/어 + –하–

- 좋아–하–다
- 기뻐–하–다
- 슬퍼–하–다

2.2.2.5. 상징적 어근에 접미사가 와서 파생된 동사

- –거리–: 가물–거리–다, 삐걱–거리–다
- –그리–: 가동–그리–다
- –대–: 가닐–대–다, 흥얼–대–다, 까불–대–다, 덜렁–대–다
- –이–: 끄덕–이–다, 망설–이–다
- –크리–: 웅–크리–다
- –츠리–: 움–츠리–다
- –키–: 삼–키–다
- –하–: 어물어물–하–다, 투덜투덜–하–다

2.2.2.6. 파생동사에 접미사가 와서 파생된 동사

- -거리-: 굼닐-거리-다
- -리-: 다질-리-다
- -치-: 솟구-치-다
- -뜨리-: 들이-뜨리-다
- -옵-: 뵈-옵-다

2.2.2.7. '접두사＋동사＋접미사'에 의해 파생된 동사

- -이-: 덧-덜이-다
- -치-: 치-받치-다
- -ㅣ-: 처-대-다
- -리-: 뒤-흔들리-다
- -우-: 일-깨우-다

2.2.2.8. 합성동사에 접미사가 와서 파생된 동사

- 가라-앉-히-다
- 곤두-세-우-다
- 곧추-앉-히-다
- 깃-들-이-다
- 낮-보-이-다
- 내려다-보-이-다
- 달아-매-이-다
- 들여다-보-이-다
- 막-놓-이-다
- 매-달-리-다
- 바람-잡-히-다
- 붙-매-이-다
- 붙-안-기-다
- 섞-바-뀌-다
- 가위-눌-리-다
- 곧추-세-우-다
- 곰-삶-기-다
- 꽃-피-우-다
- 내다-보-이-다
- 눈-뜨-이-다
- 둘러-싸-이-다
- 떡심-풀-리-다
- 맛-보-이-다
- 바람-맞-히-다
- 북-받-치-다
- 붙-박-이-다
- 붙-잡-히-다
- 앞-세-우-다

- 애 - 먹 - 이 - 다
- 어긋 - 물 - 리 - 다
- 쳐다 - 보 - 이 - 다
- 약 - 오 - ㄹ - 리 - 다(=약올리다)
- 얽 - 매 - 이 - 다
- 흩 - 날 - 리 - 다

위의 예에서 보았듯이, 합성동사에 오는 접미사는 대개 사동이거나, 피동의 파생접사나 강조의 접사가 오는 경우가 대부분임을 알 수 있다.

2.2.3. 파생형용사

2.2.3.1. 명사에 접미사가 와서 파생된 형용사

- -나-: 맛-나-다, 별-나-다, 유별-나-다, 특별-나-다
- -다웁-: 정-다웁-다
- -답-: 꽃-답-다, 여자-답-다
- -닮-: 애-닮-다
- -되: 참-되-다, 진실-되-다
- -롭-: 이-롭-다, 해-롭-다, 향기-롭-다
- -맞-: 궁상-맞-다, 방정-맞-다, 익살-맞-다
- -스럽-: 사랑-스럽-다, 자랑-스럽-다
- -없-: 시름-없-다
- -있-: 맛-있-다, 재미-있-다
- -쩍-: 겸연-쩍-다
- -지-: 그늘-지-다, 얼룩-지-다, 값-지-다
- -하-: 성실-하-다, 정직-하-다

2.2.3.2. 형용사에 접미사가 와서 파생된 형용사

- -갑-: 달-갑-다

* -따랗-: 널-따랗-다

* -다랗-: 길-다랗-다, 크-다랗-다, 가느-다랗-다, 굵-다랗-다

* -스름하-: 누르-스름하-다, 둥그-스름하-다, 푸르-스름하-다

* -앟-: 둥글-앟-다, 말-갛-다

* -엏-: 거-멓-다. 둥글-엏-다

* -직하-: 굵-직하-다, 높-직하-다

* -쭉하-: 걸-쭉하-다, 길-쭉하-다

* -찍하-: 길-찍하-다, 널-찍하-다, 멀-찍하-다

(부록 3에 계속)

2.2.3.3. 관형사에 접미사가 와서 파생된 형용사

* -되-: 헛-되-다   * -롭-: 새-롭-다, 외-롭-다

2.2.3.4. 구속어근에 접미사가 와서 파생된 형용사

* -롭-: 괴-롭-다

* -맞-: 쌀쌀-맞-다, 칠칠-맞-다, 능갈-맞-다

* -하-: 쓸쓸-하-다, 쌀쌀-하-다

2.2.3.5. 부사에 접미사가 와서 파생된 형용사

* -나-: 잘-나-다, 못-나-다   * -하-: 가득-하-다, 못-하-다

* -스럽-: 안-스럽-다

2.2.3.6. '접두사＋구속어근＋접미사'에 의해 파생된 형용사

* 새-, -앟-: 새-까맣-다

- 시-, -엏-: 시-꺼멓-다
- 희-, -앟-: 희-동그랗-다
- 휘-, -엏-: 휘-둥그렇-다
- 새-, -얗-: 새-하얗-다

2.2.3.7. 파생명사에 접미사가 와서 파생된 형용사

- -깔, -스럽-: 맛-깔-스럽-다
- -짜, -스럽-: 몽-짜-스럽-다
- -머리, -적-: 괘달-머리-적-다
- -쭝, -나: 별-쭝-나-다
- -살, -머리, -스럽-: 밉-살-머리-스럽-다
- -쁘, -장 -스럽-: 예-쁘-장-스럽-다

2.2.4. 파생부사

2.2.4.1. 부사에 접미사가 와서 파생된 부사

- -이나: 가뜩-이나
- -군다나: 더-군다나
- -도: 아마-도
- -장: 곧-장
- -히: 가득-히
- -금: 다시-금
- -내: 못-내
- -욱: 더-욱
- -처럼: 좀-처럼
- -스러, -이: 새삼-스러-ㅣ (=새삼스레)

2.2.4.2. 명사(대명사)에 접미사가 와서 파생된 부사

- -껏: 마음-껏
- -내: 겨우-내
- -나: 얼마-나
- -수: 손-수

- – 은: 딴 – 은
- – 째: 통 – 째
- – 차: 인사 – 차
- – 다이: 정 – 다이
- – 스러, – 이: 다정 – 스러 – ㅣ(다정스레), 걱정 – 스러 – ㅣ(=걱정스레)
- – 스러이: 가사 – 스레(스러이), 새슴 – 스레(스러이)

- – 절: 곱 – 절
- – 이: 나날 – 이
- – 히: 겸손 – 히
- – 로이: 가소 – 로이

2.2.4.3. 파생명사에 접미사가 와서 파생된 부사

- – 기, – ㄴ: 하 – 기 – ㄴ(=하긴!)
- – 기, – 는: 하 – 기 – 는
- – 기, – 야: 하 – 기 – 야
- – 깔, – 스러, – 이: 맛 – 깔 – 스러 – ㅣ(=맛깔스레)
- – 살, 스러, – 이: 밉 – 살 – 스러 – ㅣ(=밉살스레)

2.2.4.4. 형용사에 접미사가 와서 파생된 부사

- – 리: 빨 – 리, 달 – 리, 게을 – 리
- – 우: 자 – 주
- – 추: 곧 – 추, 낮 – 추
- – 히: 밝 – 히, 작 – 히

- – 사리: 쉽 – 사리
- – 이: 가까 – 이
- – 죽: 넓 – 죽

2.2.4.5. 동사에 접미사가 와서 파생된 부사

- – 금: 하여 – 금
- – 후: 갖 – 추

- – 우: 너 – 무, 마 – 주, 외 – 우, 되 – 우
- – 히: 익 – 히

2.2.4.6. 구속어근에 접미사가 와서 파생된 부사

* -고: 이윽-고
* -이: 박박-이
* -코: 결-코
* -로: 거꾸-로
* -석: 덥-석

2.2.4.7. 상징적 어근에 접미사가 와서 파생된 부사

* -악/억: 곰지-락, 굼지-럭
* -동: 자끈-동
* -엉/앙: 달-랑, 덜-렁
* -짝/쩍: 팔-짝, 펄-쩍
* -에: 빙그-레, 방그-레
* -어니: 살그-머니
* -컥: 덜-컥

2.2.4.8. 파생형용사에 접미사가 와서 파생된 부사

* -그러, -이: 너-그러-이
* -어(업), -이: 즐-거-이
* -로, -이: 새-로-이
* -히, -나: 작-히-나
* -으, -만치: 자-그-만치
* -하, -니: 멍-하-니
* -스럼, -히: 누르-스럼-히
* -아(압), -이: 반-가-이
* -직, -암치: 느-지-감치
* -스러, -이: 갑작-스러-ㅣ(=갑작스레)
* -어, -도: 적-어-도
* -다라, -니: 가느-다라-니
* -다, -러이: 좁-다-레

2.2.4.9. 파생부사에 접미사가 와서 파생된 부사

* -(이)나: 작히-나, 가뜩-이나
* -스레: 빨리-스레
* -시리: 빨리-시리

2.2.4.10. 관형사에 접미사가 와서 파생된 부사

- -만: 고-만
- -냥: 그-냥
- -쪼록: 아무-쪼록
- -히: 정-히

- -다지: 이-다지, 그-다지, 저-다지
- -만큼: 요-만큼
- -혀: 전-혀
- -토록: 이-토록, 그-토록, 저-토록

2.2.4.11. 파생관형사에 접미사가 와서 파생된 부사

- -ㄹ, -로: 이-ㄹ-로(=일로)
- -래, -서: 그-래-서
- -리, -로: 고-리-로

2.2.5. 파생관형사

2.2.5.1. 관형사에 접미사가 와서 파생된 관형사

- -까짓: 이-까짓, 그-까짓
- -지난: 저-지난
- -은/ㄴ: 늦-은, 다르-ㄴ(=다른), 갖-은

2.2.5.2. 명사, 수사에 접미사가 와서 파생된 관형사

- -까짓: 네-까짓
- -어: 두-어
- -상: 형편-상, 신분-상
- -분지: 십-분지-일('십-분지'까지는 파생관형사로 본다)

- -남은: 여-남은
- -여: 십-여
- -적: 사회-적

2.2.6. 파생감탄사

2.2.6.1. 감탄사에 접미사가 와서 파생된 감탄사

- −구: 아이−구
- −머니: 아이구−머니
- −은: 가설랑−은
- −나: 얼씨구−나
- −야: 에헤−야, 데헤−야
- −좋−: 지화자−좋−다, 얼씨구−좋−다

2.2.6.2. 명사(대명사)에 접미사가 와서 파생된 감탄사

- −아: 이놈−아
- −이야: 불−이야
- −이지: 말−이지
- −이다: 말−이다
- −이야: 말−이야
- −렴: 아무−렴

2.2.6.3. 부사에 접미사가 와서 파생된 감탄사

- −(이)야: 깜짝−이야, 아니−야

2.2.6.4. 용언이 그대로 영접미사를 취하여 파생된 감탄사

- 좋−다
- 잘한−다
- 옳−다

2.2.6.5. 용언에 접미사가 와서 파생된 감탄사

- −지: 옳−지
- −아라: 앗−아라
- −아: 옳−아
- −어라: 버티−어라

3. 합성법[5]

어근이 둘 이상 모여서 하나의 단어를 만드는 법을 합성법이라고 하는데, 그 짜임새가 문장의 구조와 같은 식으로 되어 있는 단어를 통어적 합성어라 하고, 그렇지 않은 것을 비통어적 합성어라고 한다. 통어적 합성어는 앞뒤 성분어의 의미 관계에 따라 종속합성어, 대등합성어, 융합합성어의 셋으로 나눈다.

3.1. 통어적 합성어

3.1.1. 통어적 합성체언

3.1.1.1. 종속합성체언

1) 종속합성명사

합성명사의 앞 성분어가 뒤 성분어에 대하여 뜻으로 보아 종속관계에 있는 합성명사를 말한다.

종속합성명사는 '완전명사＋완전명사'로 되는 것을 비롯하여 '완전명사＋의존명사', '의존명사＋완전명사', '완전명사＋수사', '수사＋의존명사', '수사＋동사의 관형법', '용언의 관형법＋완전명사', '용언의 관형법＋의존명사', '동사의 명령법＋완전명사', '관형사＋완전명사', '관형사＋의존명사', '관형사＋의존명사', 종속합성대명사는 '관형사＋완전명사', '관형사＋의존명사', '관형사＋대명사', 종속합성수사는 '수사＋의존명사', '관형사＋의존명사'로 이루어져 있다.

---

5) 정동환, 「국어 합성어의 의미 관계 연구」(건국대학교 박사논문, 1991)에 의지함을 밝혀둔다.

📖 '완전명사＋완전명사'로 된 통어적 합성어

가. 뒤 성분어가 '＋실체성, ＋자연성'인 종속합성명사

㉠ 위치관계

들 – 새	들 – 쥐	산 – 토끼	섬 – 놈
물 – 벼룩	집 – 파리	촌 – 사람	바닷 – 고기
밭 – 벼	겉 – 잎	음 – 파	속 – 고쟁이
갈비 – 뼈	논 – 물	밭 – 고랑	고향 – 땅

㉡ 모양관계

개구리 – 참외	꾀꼬리 – 참외	실 – 고추	실 – 개천
나팔 – 꽃	줄 – 모	고리 – 눈	조개 – 구름
매부리 – 코	이슬 – 비	싸락 – 눈	칡 – 소

㉢ 시간관계

철 – 새	봄 – 누에	봄 – 보리	가을 – 보리
가을 – 비	봄 – 비	밤 – 눈	보름 – 달
그믐 – 달	그믐 – 밤	밤 – 소경	서리 – 병아리

㉣ 빛깔관계

파랑 – 새	녹두 – 새	바둑 – 말	흑 – 구렁이
먹 – 구름	얼럭 – 말	얼룩 – 말	고추 – 잠자리
무색 – 옷	색 – 소경	청 – 개구리	금빛 – 노을
백 – 발	검정 – 새		

㉤ 성별관계

암 – 캐	수 – 캐	암 – 탉	수 – 탉

| 암 - 돼지 | 수 - 돼지 | 암 - 꽃 | 수 - 꽃 |

ⓗ 목적관계

씨 - 암탉	사냥 - 개	모 - 풀	기름 - 꼴
밥 - 쌀	떡 - 쌀	기름 - 콩	쌈 - 닭
군용 - 개			

ⓢ 생산물관계

| 과실 - 나무 | 사과 - 나무 | 고무 - 나무 | 꿀 - 벌 |
| 젖 - 소 | 메주 - 콩 | 배 - 나무 | |

ⓞ 종사관계

| 술 - 집 | 생선 - 가게 | 쌀 - 가게 | 쌀 - 장수 |
| 엿 - 장수 | 옹기 - 장수 | 술 - 장수 | 맥줏 - 집 |

ⓩ 가족관계

조카 - 딸	누이 - 동생	안 - 어버이	막내 - 며느리
움 - 딸	움 - 누이	막내 - 동생	수양 - 딸
첩(妾) - 며느리			

ⓒ 소유관계

철쭉 - 꽃	장미 - 꽃	찔레 - 꽃	삼 - 씨
아주까리 - 씨	나무 - 모	풀 - 뿌리	칡 - 넝쿨
호박 - 씨	박 - 씨		

ⓚ 원인관계

| 눈 - 사태 | 냉 - 배 | 냉 - 가슴 | 불 - 바다 |
| 무 - 트림 | 술 - 망나니 | | |

ⓔ 근원(출처)관계

눈 – 싹	순 – 잎	움 – 벼	거미 – 줄
무 – 순	바다 – 말	샘 – 물	눈 – 물

ⓟ 상태(성질)관계

도둑 – 고양이	도둑 – 눈	도끼 – 눈	불 – 별
비지 – 땀	여우 – 볕	용 – 트림	

ⓗ 혼합관계

가시 – 덤불	간 – 물	곱 – 똥	똥 – 물
모래 – 흙	옥(玉) – 돌	자갈 – 돌	

나. 뒤 성분어가 '＋실체성, －자연성'인 종속합성명사

ⓒ 위치관계

구석 – 방	돌 – 옷	밑 – 술	밑 – 자리
바위 – 옷	별 – 자리	산 – 불	속 – 셔츠
창 – 구멍	이웃 – 집	터 – 밭	허리 – 세상

ⓛ 모양관계

가래 – 떡	꽃 – 무늬	넌출 – 문	별 – 무늬
달 – 떡	실 – 날	독 – 동이	주먹 – 밥
물레 – 방아	쌍 – 상투	실 – 개천	

ⓒ 시간관계

밤 – 글	밤 – 음식	봄 – 부채	봄 – 장작(長斫)
참 – 밥			

ㄹ 빛깔관계

먹 – 장삼	먹 – 수건	바둑 – 무늬	색(色) – 떡
흑 – 돔	붉 – 돔	붉 – 살	노랑 – 나비

ㅁ 소유관계

갓 – 끈	그물 – 코	발 – 자국	새 – 집
새끼 – 집	새 – 둥주리	칼 – 날	등 – 어간
코 – 뼈			

ㅂ 원인관계

나무 – 지저귀	먹 – 똥	불 – 티	불 – 빛
소금 – 적	손 – 때	실 – 보무라지	

ㅅ 상태(성질)관계

감투 – 밥	고추 – 상투	구멍 – 가게	굴 – 방(房)
꽃 – 불	도깨비 – 불	도둑 – 글	비탈 – 길
장작(長斫) – 윷			

ㅇ 단위관계

낱 – 돈	말 – 술	병 – 술	잔 – 술
상(床) – 밥	통 – 김치	통 – 단	되 – 술
됫 – 쌀	낱 – 개		

ㅈ 포함관계

똥 – 독	물 – 병	병 – 집	성냥 – 갑
술 – 병	신 – 장	밥 – 통	술 – 부대
공기 – 주머니	고생 – 주머니	병 – 주머니	음흉 – 주머니
허영 – 주머니			

ⓧ 수단관계

눈 – 짓	다리 – 씨름	도끼 – 집	뜸 – 집
말 – 수(數)	물 – 방아	발 – 장구	배 – 다리
절구 – 떡	칼 – 국수	팔 – 씨름	어림 – 수(數)
입 – 씨름	말 – 다툼		

ⓠ 재료관계

가죽 – 신	갈대 – 밭	기와 – 집	거적 – 문
나무 – 배	녹두(綠豆) – 밥	발 – 장구	배 – 다리
절구 – 떡	칼 – 국수	무우 – 김치	메밀 – 국수
모래 – 사장	사기 – 그릇	오곡 – 밥	

다. 뒤 성분어가 '– 실체성, ＋자연성'인 종속합성명사

㉠ 위치관계

손 – 버릇	입 – 버릇	물 – 귀신(鬼神)	속 – 바람
속 – 탈			

㉡ 원인관계

가마 – 멀미	물 – 멀미	사람 – 멀미	차 – 멀미
바람 – 소리	새 – 소리	술 – 병(病)	똥 – 탈
돈 – 맛	매 – 맛		

라. 뒤 성분어가 '– 실체성, － 자연성'인 종속합성명사

㉠ 위치관계

눈 – 정신(精神)	눈 – 정기(精氣)	땅 – 재주	속 – 배포(配布)
속 – 마음	세상 – 맛	세상 – 일	

ⓒ 시간관계

밤 – 일	밤 – 소일(消日)	전(前) – 생각	달 – 품
날 – 품	새벽 – 동자	식전(食前) – 바람	

ⓒ 원인관계

말 – 소리	버릇 – 소리	종 – 소리	술 – 병
말 – 실수	술 – 타령	돈 – 지랄	이웃 – 불안

ⓔ 상태(성질)관계

고비 – 판	끝 – 판	겹 – 말	놀부 – 심사
밑 – 바탕	벼락 – 바람	좀 – 꾀	쥐 – 정신
하늘 – 마음			

ⓜ 수단관계

겉 – 짐작	속 – 짐작	어림 – 짐작	눈 – 대중
속 – 대중	손 – 대중	겉 – 어림	속 – 어림
손 – 어림	속 – 가량(假量)	말 – 다툼	말 – 재주
손 – 재주	손 – 장난	발 – 장단(長短)	입 – 장단(長短)

마. '완전명사＋완전명사'로 된 종속합성명사에서 앞뒤 성분어의 위치
가 바뀌어 쓰이는 예가 나타난다.

- 가래 – 떡: 떡 – 가래
- 고기 – 소: 소 – 고기
- 글 – 줄: 줄 – 글
- 꼬리 – 말: 말 – 꼬리
- 길 – 옆: 옆 – 길
- 머리 – 말: 말 – 머리
- 똥 – 물: 물 – 똥
- 벌 – 꿀: 꿀 – 벌
- 방울 – 눈: 눈 – 방울
- 벼락 – 불: 불 – 벼락
- 불 – 꽃: 꽃 – 불
- 신 – 짚: 짚 – 신

86

- 송이 – 밤: 밤 – 송이
- 엿 – 물: 물 – 엿
- 저울 – 대: 대 – 저울
- 짝 – 신: 신 – 짝

- 어미 – 젖: 젖 – 어미
- 젖 – 소: 소 – 젖
- 파리 – 똥: 똥 – 파리

위의 예와 다른 것이 있다. '똥 – 오줌', '오줌 – 똥'이 있다.

📂 '완전명사 + 의존명사'로 된 통어적 합성어

가. 위치관계

행랑 – 것	곁 – 쪽	벌 – 치

나. 시간관계

새벽 – 녘	달 – 소수	해 – 소수	날 – 치
그믐 – 치	보름 – 치	조금 – 치	진사(辰巳) – 치

다. 빛깔관계

청(靑) – 치

라. 성별관계

계집 – 년	사내 – 놈

마. 원인관계

술 – 김	매 – 치	발매 – 치

바. 상태관계

겹 – 것	좀 – 것	분(忿) – 김	북새 – 통
들 – 녘			

사. 혼합관계

겨 – 반지기   뉘 – 반지기   돌 – 반지기   억새 – 반지기

아. 단위관계

고리 – 짝	나무 – 짝	낱 – 가락	낱 – 개	낱 – 개비	낱 – 권
낱 – 그릇	낱 – 근	낱 – 꼬치	낱 – 단	낱 – 덩이	낱 – 동
낱 – 되	낱 – 마리	낱 – 말(斗)	낱 – 못	낱 – 벌	낱 – 상
낱 – 섬	낱 – 자	낱 – 자루	낱 – 잔	낱 – 장	낱 – 축
낱 – 켤레	낱 – 푼	낱 – 냥(兩)	땅 – 뙈기	땅 – 마지기	마 – 바리
모 – 춤	밤 – 톨	밥 – 술	속 – 벌	옷 – 가지	옷 – 벌
위 – 층	집 – 채	짚 – 가리	짚 – 못		

자. 수단관계

질 – 것   채 – 편

차. 방향관계

동(東) – 녘(쪽)	서(西) – 녘(쪽)	남(南) – 녘(쪽)	북(北) – 녘(쪽)
안 – 쪽	뒤 – 쪽	위 – 쪽	아래 – 쪽
옆 – 쪽	새 – 쪽	하늬 – 쪽	

카. 방법관계

공 – 것   차렵 – 것

📁 '의존명사＋완전명사'로 된 통어적 합성어

가. 상태관계

짝 – 귀   짝 – 눈   짝 – 사위

나. 단위관계

길 – 눈^2	말 – 곡식	말 – 밥	양(兩) – 돈
죽 – 갓	짝 – 돈	치 – 수(數)	

📁 '완전명사 + 수사'로 된 통어적 합성어

가. 단위관계

돈 – 백(百)	돈 – 천(千)

📁 '수사 + 의존명사'로 된 통어적 합성어

가. 단위관계

너 – 이	넉 – 동	네 – 다리	네 – 뚜리	다섯 – 줄	닷 – 곱
백(百) – 날	삼 – 거리	석 – 새	세 – 이레	한 – 배	한 – 칼
한 – 턱	한 – 판				

나. 시간관계

여섯 – 때	사(四) – 철	한 – 겻	한 – 식경(食頃)

📁 '수사 + 동사의 관형법'으로 된 통어적 합성어

• 단위관계

여 – 남은6)

---

6) 김계곤(1970: 41)에서는 '여 – 남은'의 앞 성분어 '여'는 수사 '열'의 'ㄹ'이 탈락된 변이
   형태, 뒤 성분어, '남은'은 동사 '남다'의 매김꼴로 분석하였다.

📁 '용언＋명사'로 된 통어적 합성어

가. 용언의 관형법＋완전명사

가는 – 눈	가는 – 대	가는 – 베	가르친 – 사위
가는 – 허리	가린 – 나무	가린 – 주머니	가물 – 철
갖은 – 떡	갖은 – 소리	갖춘 – 꽃	갖춘 – 마디
갖춘 – 마침	갖춘 – 잎	갓난 – 아이(기)	거센 – 소리
건널 – 목	검은 – 그루	검은 – 돌비늘	검은 – 딸기
검은 – 빛	검은 – 손	검은 – 엿	견딜 – 힘
고른 – 값	고룬 – 쌀	곧은 – 금	곧은 – 뿌리

(부록 4에 계속)

나. 동사의 관형법＋완전명사

건넌 – 방(房): <u>건너는 방(房)</u> ⇒ <u>건너(편에 있)는</u> 방(房)

㉠ 위치관계
앉은 – 검정

㉡ 시간관계

지난 – 가을	지난 – 겨울	지난 – 달	지난 – 봄
지난 – 여름	묵은 – 세배	묵은 – 쌀	묵은 – 해
살 – 날	지난 – 해		

㉢ 빛깔관계

센 – 개	센 – 머리	센 – 털

㉣ 상태(성질)관계

감는 – 어간	걸 – 상	고인 – 돌	가는 – 어간
길 – 동무	길 – 짐승	깔 – 종	깎은 – 선비

껄 – 머리	꾸민 – 족두리	끌 – 영창(映窓)	끄는 – 힘
난 – 거지	난 – 부자	난 – 사람	난 – 장
난 – 침모	날 – 담비	날 – 발	널 – 방석
놀 – 소리	놀란 – 가슴	누운 – 단	늘 – 품
눌은 – 밥	단 – 솥	단 – 추	닮은 – 꼴
덴 – 가슴	도린 – 곁	돋을 – 양지	돌 – 대
들 – 머리	들 – 장지	뜬 – 구름	뜬 – 말
뜬 – 소문	마른 – 걸레	마른 – 고기	마른 – 고자
마른 – 기침	마른 – 눈	마른 – 반찬	마른 – 버짐
마른 – 번개	마른 – 신	마른 – 안주	마른 – 옴
마른 – 입	마른 – 천둥	마른 – 편포(片脯)	마른 – 하늘
마른 – 행주	문 – 쥐	미친 – 개	민 – 날
밀 – 굽	밀 – 물	볼 – 꼴	볼 – 일
볼 – 품	붙은 – 돈	붙은 – 문자(文字)	빈 – 말
빈 – 속	빈 – 손	빈 – 주먹	삭은 – 니
삭은 – 코	산 – 기둥	산 – 똥	산 – 벼락
산 – 부처	산 – 소리	선 – 바람	선 – 발
쉬는 – 화산(火山)	선 – 키	설 – 외(椳)	설 – 꼭지
식은 – 땀	썩은 – 새	썰 – 물	앉은 – 자리
앉은 – 차례(次例)	앉을 – 자리	얹은 – 활	엔 – 담
열 – 구름	열 – 창(窓)	울 – 상	자란 – 벌레
잔 – 입	잡을 – 손	주근 – 깨	죽는 – 소리
죽은 – 화산(火山)	죽을 – 병(丙)	죽을 – 상(相)	죽을 – 죄(罪)
죽을 – 힘	쥘 – 부채	쥘 – 손	지닐 – 총(聰)
쨀 – 밭	쪼갠 – 면(面)	헌 – 솜	헌 – 쇠

ㅁ 방법관계

간 – 니	구운 – 밤	구운 – 석고(石膏)	날 – 물

날–벌레	날–숨	날–짐승	날–벼락
날–파리	놀–구멍	놀란–흙	데릴–사위
돋을–볕	돌–딴죽	돌–물레	들–쇠
들–숨	들은–귀	들은–풍월(風月)	들–창(窓)
들–통(筒)	디딜–방아	뜬–계집	뜬–돈
뜬–숯	뜬–재물(財物)	마른–밥	마른–일
민–도리	밀–장지	선–굿	선–소리'
선–일	설–통발	솟을–대문(大門)	솟을–무늬
앉은–소리	앉은–일	앉은–장사	욀–재주
욀–총	잡을–도조(賭租)	잡을–손	준–말
쥘–쌈지	찐–쌀	찰–쌈지	혼–솔
풀–솜	풀–치마		

ⓑ 용도관계

걸–쇠	굴–대	깔–유리	끌–채
내릴–톱	누울–외(椳)	든–손	들–돌
들–보	들–손	땔–감	땔–나무
마른–찬합	먹은–금	무를–문서	묻을–무우
밀–낫	빨–대	빨–병	산–값
쌀–깃	열–쇠	익은–소리	자물–쇠

다. 동사의 관형법 + 의존명사
ⓐ 상태관계

알은–채	들–것	탈–것

ⓑ 시간관계

샐–녘	지난–적	지난–번

ⓒ 방향관계

맞은 – 쪽   맞은 – 편

ⓔ 차례관계

난 – 번(番)   든 – 번(番)

라. 형용사의 관형법 + 완전명사

가는 – 베: <u>가느다란</u> 베 ⇒ <u>가는(올을 촘촘하게 짠)</u> 베

ⓐ 시간관계

이른 – 모   작은 – 달   큰 – 달

ⓑ 빛깔관계

감 – 빛	검은 – 빛	검은 – 깨	검은 – 엿
검은 – 자위	노란 – 빛	누른 – 빛	노른 – 자위
붉은 – 말	진 – 흙	푸른 – 빛	흰 – 누룩
흰 – 떡	흰 – 밥	흰 – 빛	흰 – 신
흰 – 엿	흰 – 옷	흰 – 자위	

ⓒ 상태(성질)관계

가는 – 체	갖은 – 고생	갖은 – 소리	갖은 – 양념
검은 – 그루	고른 – 술	고른 – 율	고른 – 해
고린 – 내	곧은 – 길	곧은 – 어간	곧은 – 창자
구린 – 내	굳은 – 살	굳은 – 어깨	궂은 – 고기
궂은 – 비	궂은 – 살	궂은 – 쌀	궂은 – 일
긴 – 대답	긴 – 등	긴 – 말	긴 – 사설
긴 – 소리	깊은 – 사랑	낮은 – 말	너른 – 바지
노린 – 내	누린 – 내	단 – 감	단 – 내

단 - 맛	단 - 물	단 - 배	더운 - 물
더운 - 약	더운 - 점심	더운 - 피	된 - 바람
된 - 비알	된 - 서리	된 - 서방(書房)	된 - 장(醬)
둥근 - 톱	딴 - 마음	딴 - 말	딴 - 맛
딴 - 머리	딴 - 생각	딴 - 소리	딴 - 전
맑은 - 술	매운 - 재	먼 - 눈	먼 - 동
모진 - 바람	몽근 - 벼	밭은 - 기침	비린 - 내
선 - 떡	선 - 똥	선 - 머슴	선 - 무당
선 - 샘	선 - 소리²	선 - 하품	센 - 말
센 - 물	센 - 박(拍)	쉰 - 내	신 - 물
신 - 소리	신 - 트림	싼 - 값	쓴 - 술
약은 - 꾀	얕은 - 꾀	얕은 - 맛	어린 - 벌레
어린 - 뿌리	어린 - 소견	어린 - 순	어린 - 아이
어린 - 잎	여린 - 박(拍)	여린 - 어간	작은 - 계집
작은 - 골	작은 - 집	작은 - 말	작은 - 창자
잔 - 가지	잔 - 경위	작은 - 악절(樂節)	잔 - 걱정
잔 - 기침	잔 - 꾀	잔 - 돈	잔 - 말
잔 - 바늘	잔 - 방귀	잔 - 병	잔 - 뼈
잔 - 뿌리	잔 - 소리	잔 - 손	잔 - 사설
잔 - 솔	잔 - 심부름	잔 - 일	잔 - 잎
잔 - 자갈	잔 - 재미	잔 - 주(註)²	잔 - 주접
잔 - 줄	잔 - 털	잔 - 허리	잔 - 회계
잦은 - 가락	잦은 - 마치	잦은 - 장단	잦은 - 방귀
지린 - 내	진 - 구덥	진 - 날	진 - 눈
진 - 자리	진 - 발	진 - 버짐	진 - 음
진 - 잎	진 - 자리	진 - 펄	진 - 풀
진 - 홍두깨	짙은 - 맛	짙은 - 천량	짠 - 물
찬 - 무대	찬 - 이슬	찬 - 감각	큰 - 가래

큰 – 골	큰 – 굿	큰 – 기침	큰 – 댁
큰 – 말	큰 – 머리	큰 – 사람	큰 – 사위²
큰 – 상	큰 – 선비	큰 – 사랑	큰 – 소리
큰 – 소매	큰 – 옷	큰 – 일	큰 – 악절(樂節)
큰 – 제사	큰 – 자귀	큰 – 절	큰 – 집
큰 – 창자	큰 – 치마	큰 – 판	한 – 마루
허튼 – 계집	허튼 – 고래	허튼 – 맹세	허튼 – 모
허튼 – 소리	허튼 – 수작	흰 – 골무	흰 – 그루
흰 – 소리			

ⓔ 방법관계

가는 – 베	싼 – 흥정	잔 – 누비	잔 – 채	진 – 과자	진 – 일

ⓜ 용도관계

먼 – 물	작은 – 칼	진 – 신	큰 – 칼	허튼 – 톱

ⓗ 혈연관계

작은 – 누이	작은 – 딸	작은 – 마누라	작은 – 아씨
작은 – 매부	작은 – 사위	작은 – 아버지	작은 – 어머니
작은 – 언니	작은 – 처남	작은 – 형수	작은 – 형
큰 – 계집	큰 – 딸	큰 – 매부	큰 – 마누라
큰 – 사위	큰 – 아기	큰 – 아버지	큰 – 아씨
큰 – 어머니	큰 – 어미	큰 – 언니	

마. 형용사의 관형법 + 의존명사
ⓐ 상태관계

어린 – 것	어린 – 년	어린 – 놈	낡은 – 이
신건 – 이	어린 – 이	젊은 – 이	큰 – 이

ⓛ 시간관계

밝을 – 녁

바. 용언 + 명사

㉠ 용언의 부사법이 용언에서 파생된 명사를 꾸미면서 되는 종속합성명사

갈려 – 가기	갊아 – 먹기	걸러 – 내기	뛰어 – 들기
띄어 – 쓰기	놀러 – 가기	밀어 – 내기	빌어 – 먹기
받아 – 쓰기	젖혀 – 쓰기	저며 – 썰기	

이것은 아래와 같이 분류된다.

• 방법관계

갈려 – 가기	갊아 – 먹기	띄어 – 쓰기	걸러 – 내기
밀어 – 내기	빌어 – 먹기	받아 – 쓰기	

• 목적관계

놀러 – 가기

㉡ 용언어근 + (파생)명사

꺾 – 꽂이	내리 – 닫이	높 – 낮이	늙 – 바탕	덮 – 장	덮 – 밥
돌 – 되기	돋 – 보기	돌 – 팔이	듣 – 보	미 – 닫이	받 – 걷이
받 – 낳이	발 – 걸이	바꾸 – 잡이	붉 – 돔	붙 – 박이	벌거 – 숭이
짜 – 집기	날 – 벌레	날 – 틀	날 – 새	날 – 담비	날 – 밤
날 – 벌레	날 – 짐승	들 – 손	들 – 쇠	물 – 것	빨 – 대
빨 – 판	살 – 돈	살 – 길	둥글 – 부채	접 – 칼	접 – 낫
호비 – 칼					

이들 중 몇몇을 분류하여 보면 다음과 같다.

• 상태관계

| 늙 – 바탕 | 덮 – 장 | 덮 – 밥 | 붉 – 돔 | 물 – 것 | 빨 – 대 |
| 빨 – 판 | 접 – 칼 | 둥글 – 부채 | 살 – 길 | 날 – 벌레 | 돋 – 보기 |

• 방법관계

| 꺾 – 꽂이 | 미 – 닫이 | 내리 – 닫이 | 붙 – 박이 | 짜 – 깁기 | 받 – 낳이 |

• 구실관계

호비 – 칼   발 – 걸이

ⓒ 용언어근 + 사이시옷 + 완전명사

횟 – 손   횟 – 바람   후랏 – 가래질   후랏 – 고삐   후랏 – 그물

📁 '부사 + 명사'로 된 통어적 합성어

가. 이때의 부사는 특수어근으로 된 것들로서 그 뒤에 오는 접사를 줄인 것이다.

거듭 – 제곱	건들 – 바람	건들 – 장마	깩 – 소리
껄끄렁 – 베	껄끄렁 – 벼	껌껌 – 나라	꼬부랑 – 글자
꼬부랑 – 길	낄 – 소리	너털 – 웃음	딸깍 – 발이
달싹 – 배지기	더벅 – 머리	더펄 – 개	똑딱 – 단추
동당 – 치기	두루 – 마기	두루 – 마리	두루 – 일컬음

나. 부사 + (파생)명사

거푸 – 뛰기	곧추 – 뛰기	높이 – 뛰기	두루 – 마기
두루 – 주머니	두루 – 마리	두루 – 일컬음	마주 – 잡이
막 – 걸리	막 – 나이	막 – 매기	막 – 살이
막 – 잡이	막 – 사리	막 – 벌이	두루 – 치기

두룽 – 다리   뚝 – 바리   뚝 – 심   파드득 – 나물

달랑 – 개비

다. 부사 + 명사

막 – 담배   막 – 술   막 – 일   막 – 돌

막 – 벌   막 – 베   막 – 불겅이

📁 '관형사 + 명사'로 된 통어적 합성어

딴 – 마음	딴 – 말	단 – 돈	단 – 봇짐	딴 – 살림	딴 – 상투
딴 – 생각	딴 – 소리	단 – 손	딴 – 솥	딴 – 이	딴 – 전
딴 – 판	대 – 낮	때때 – 옷	대 – 머리	허튼 – 소리	헌 – 것
헌 – 계집	헌 – 신짝	헌 – 쇠	헛 – 가게	헛 – 기침	헛 – 방귀
헛 – 삶이	헛 – 애	헛 – 일	헛 – 잠	뭇 – 바람	뭇 – 사람
뭇 – 짐승	뭇 – 일				

가. 관형사 + 완전명사

㉠ 위치관계

오른 – 손   왼 – 발   왼 – 손

㉡ 시간관계

새 – 달	새 – 봄	새 – 해	온 – 밤	온 – 종일	요 – 다음
이 – 날	이 – 다음	요 – 사이	이 – 사이	이 – 달	이듬 – 달
이듬 – 해	접 – 때	첫 – 새벽	풋 – 머리		

㉢ 혈연관계

새 – 색시   새 – 서방(書房)   새 – 신랑(新郞)   새 – 아주머니

새 – 아기   생(生) – 아버지   생(生) – 어머니   외 – 딸

외 – 아들　　　　친(親) – 누이　　　친(親) – 딸　　　　친(親) – 아버지

친(親) – 아우　　　친(親) – 어머니　　친(親) – 언니

ㄹ 상태(성질)관계

뭇 – 소리　　뭇 – 입　　　별 – 가락　　별 – 말　　　별 – 사람　　별 – 소리

별 – 일　　　본 – 뜻　　　본 – 맘　　　본 – 머리　　본 – 바닥　　본 – 바탕

본 – 사내　　본 – 집　　　새 – 댁　　　새 – 사람　　새 – 살　　　새 – 임

새 – 집¹　　　생 – 가슴　　생 – 굴　　　생 – 나무　　생 – 논　　　생 – 니

생 – 담배　　생 – 딱지　　생 – 땅　　　생 – 모　　　생 – 모시　　생 – 베

생 – 벼락　　생 – 사람　　생 – 살　　　생 – 소리　　생 – 쌀　　　생 – 억지

생 – 트집　　생 – 풀²　　　생 – 핀잔　　생 – 흙　　　양 – 글　　　양 – 끝

양 – 손　　　온 – 품　　　외 – 가닥　　외 – 겹　　　외 – 길　　　외 – 손

외 – 어깨　　외 – 올　　　외 – 줄　　　외 – 코　　　외 – 팔　　　원 – 뿌리

원 – 어간　　전 – 판　　　전 – 미련　　정(正) – 말　　중 – 값　　　풋 – 감

풋 – 고추　　풋 – 나물　　풋 – 내　　　풋 – 담배　　풋 – 대추　　풋 – 밤

풋 – 배　　　풋 – 벼　　　풋 – 사랑　　풋 – 사위　　풋 – 윷　　　풋 – 장기

풋 – 콩　　　홀 – 몸　　　홀 – 아비　　홀 – 알　　　홀 – 어미

ㅁ 단위관계

온 – 폭(幅)

ㅂ 방법관계

뭇 – 매　　　순 – 물　　　양 – 차렵　　오른 – 씨름　　생 – 풀　　　생 – 돈

왼 – 씨름　　왼 – 새끼　　온 – 공전(工錢)

ㅅ 차례관계

첫 – 눈¹　　　첫 – 눈　　　첫 – 도　　　첫 – 머리　　첫 – 모　　　첫 – 배

첫 – 인상　　첫 – 서리　　첫 – 소리　　첫 – 술　　　첫 – 인사　　첫 – 행보

첫 - 사랑 　　 첫 - 정 　　　 첫 - 차

나. 관형사 + 의존명사

ㄱ 상태관계

새 - 것 　　 생 - 것 　　 풋 - 것 　　 무슨 - 짝 　　 새 - 물 　　 별 - 것

ㄴ 지시관계

이 - 승 　　　 저 - 승

ㄷ 시간관계

이 - 즈음 　　 요 - 즈음

ㄹ 방향관계

오른 - 짝 　　 왼 - 짝 　　 이 - 짝 　　　 저 - 짝

오른 - 쪽 　　 왼 - 쪽 　　 양(兩) - 쪽

ㅁ 차례관계

첫 - 돌 　　 요 - 번 　　 이 - 번 　　 첫 - 번 　　 첫 - 판 　　 첫 - 해

ㅂ 단위관계

각 - 벌 　　 단 - 동 　　 단 - 벌 　　 온 - 장

양 - 짝 　　 외 - 짝 　　 왼 - 채 　　 원 - 채

📁 '명사 + 엣/의 + 명사'로 된 통어적 합성어

귀엣 - 말 　 눈엣 - 가시 　 앞엣 - 것 　 뒤엣 - 것 　 홀의 - 아들

소금엣 - 밥 　 옷엣 - 니 　 웃음엣 - 말 　 웃음엣 - 소리

📂 '감탄사 + 명사'로 된 통어적 합성어

허허 – 바다   허허 – 벌판

2) 종속합성대명사

📂 '관형사 + 완전명사'로 된 통어적 합성어

이 – 애   그 – 애   저 – 애

📂 '관형사 + 의존명사'로 된 통어적 합성어

• 지시관계
이 – 것   그 – 것   저 – 것

📂 '관형사 + 대명사'로 된 통어적 합성어

• 강조관계
어느 – 누구

3) 종속합성수사

📂 '수사 + 의존명사'로 된 통어적 합성어

• 차례관계

넷 – 째	다섯 – 째	둘 – 째	만(萬) – 째	셋 – 째	스무 – 째
아홉 – 째	아흔 – 째	여섯 – 째	여덟 – 째	열 – 째	일곱 – 째
한 – 째					

📁 '관형사＋의존명사'로 된 통어적 합성어

• 차례관계
첫 - 째　　　두 - 째

3.1.1.2. 대등합성체언

1) 대등합성명사

'무엇과 무엇'의 관계로 이루어져 있는 명사인데, 우선 보기를 몇
개 들면 다음과 같다.

갓 - 망건	갓 - 두루마기	개 - 돼지	눈 - 코	마 - 소	똥 - 오줌
술 - 밥	아들 - 딸	아래 - 위	아침 - 저녁	안 - 밖	앞 - 뒤
어제 - 오늘	옷 - 갓	피 - 땀	어비 - 아들	어비 - 딸	한 - 둘
너 - 댓	일 - 여덟	더 - 덜	물 - 뭍	개 - 돼지	흉 - 허물

2) 다음과 같은 짜임새로 된 대등합성명사

📁 '완전명사＋완전명사'로 된 것

결합(A＋B＝A와 B)

대등합성명사의 의미적 짜임새는 [결합] 'A＋B＝A와 B' [선택], 'A＋
B＝A나 B'의 유형으로 나타난다.

가. ＋실체성, ＋유정성
• 접촉관계

구 – 조개   어비 – 아들   어이 – 새끼   어이 – 며느리 푸 – 나무

• 유사 – 접촉관계

가시 – 버시   까막 – 까치   아들 – 딸   암 – 수   어비 – 딸   오 – 누이

나. ＋실체성, －유정성
• 접촉관계

갓 – 두루마기	갓 – 망건	구름 – 비	깃 – 털
논 – 밭	눈 – 비	눈 – 코	도배 – 반자
똥 – 오줌(오줌 – 똥)	마 – 되	마 – 소	밀 – 보리
바람 – 비	보 – 도리	수 – 저	옷 – 갓
옷 – 밥	장 – 김치	장기 – 바둑	주 – 대
징 – 장구	콩 – 팥	힘 – 살	

• 유사 – 접촉관계

고의 – 적삼   바지 – 저고리   손 – 발

다. －실체성, ＋상태성
• 유사관계

아래 – 위(위 – 아래)   안 – 팎   앞 – 뒤

라. －실체성, ＋시간성
• 접촉관계

봄 – 여름   올 – 내년

• 유사 – 접촉관계

가을 – 봄   봄 – 가을

특히, 여기에서 언급하고자 하는 것은 대등합성명사에서 앞뒤 성분어의 뜻바탕에 따라, 그 놓이는 자리가 일정한 경우가 있다.[7]

- 성(性)을 뜻하는 단어가 합성이 될 때는 남성의 뜻바탕을 나타내는 쪽이 앞서나(아들 - 딸, 오 - 누이), 낮추어서 쓰일 때는 여성이 앞선다(가시 - 버시, 암 - 수).
- 포괄적인 뜻을 나타내는 단어가 부분적인 뜻을 나타내는 단어보다 앞선다(도대 - 반자, 갓 - 망건).
- 핵심적인 뜻을 나타내는 단어가 주변적인 뜻을 나타내는 단어보다 앞선다(깃 - 털, 수 - 저, 논 - 밭).
- 시간개념에서 앞선 시간을 나타내는 단어가 앞선다(올 - 내년, 봄 - 가을, 봄 - 여름).
- 신체부위를 가리킬 때는 위쪽이 앞서고, 의복에 있어서는 아래쪽이 앞선다(눈 - 코, 손 - 발, 바지 - 저고리, 옷 - 갓).

앞뒤 성분어의 자리를 바꾸어 자유롭게 쓰이는 합성어가 있는데, 대등관계로 이루어졌기 때문에 의미는 차이가 없다.

똥 - 오줌 : 오줌 - 똥	아래 - 위 : 위 - 아래	가을 - 봄 : 봄 - 가을
구름 - 비 : 비 - 구름[8]	바람 - 비 : 비 - 바람	장기 - 바둑 : 바둑 - 장기

선택(A + B = A나 B)

가. +실체성, -유정성
- 접촉관계

도 - 캐   도 - 컬

---

7) 대등합성어의 어순에 대해서는 채완(1986), 김숭철(1988)이 자세히 다루었다.
8) 민중서림(1986, 수정증보판)이 펴낸 사전에만 실려 있다.

나. -실체성, +상태성
- 접촉관계

흉-허물

다. -실체성, +시간성
- 접촉관계

사-날   나-달   엊-그저께   예-니레

합성어의 놓이는 자리에서, 특이한 점은 없으나 시간 개념에서 앞선 시간을 나타내는 것이 앞 성분어로 온다(예 사-날, 나-달). 앞뒤 성분어의 자리를 바꾸어 쓰인 예는 없다(예 캐-도, 허물-흉, 날-사).

📂 의존명사 + 완전명사

가. +실체성, -유정성
- 접촉관계

돈-반(半)

📂 의존명사 + 의존명사

결합(A + B = A와 B)

가. +실체성, +유정성
- 유사-접촉관계

연-놈

덧붙음(A + B = A와 B + a): 결합되어 문맥적 의미(+a)⁹⁾를 갖는 것

---

9) 앞 성분어의 A와 뒤 성분어 B가 합성이 될 때, A와 B 이외에 새로운 의미가 덧나는

가. +실체성, −유정성

• 접촉관계

푼 − 치

📁 부사 + 부사

가. −실체성, +상태성

• 유사 − 접촉관계

더 − 덜

3) 대등합성수사

📁 수사 + 수사

가. +실체성, −유정성

• 접촉관계

너 − 덧	네 − 다섯	두 − 셋	서 − 너	서 − 넛	열 − 아홉
예 − 닐곱	일고 − 여덟	일 − 여덟	한 − 두	한 − 둘	

3.1.1.3. 융합합성명사[10)

1) 완전명사 + 완전명사

가. 형태의 비유에 의한 것

갈고랑 − 쇠	까치 − 눈	노루 − 종아리	두꺼비 − 집

것을 문맥적 의미로 보았다.

10) 융합관계로 되는 합성어는 비유에 의하여 해석되는 것이므로 따로 통계를 내지 아니
하고, 정동환의 논문에 의거하기로 한다.

물 – 바다	바늘 – 방석	바지 – 저고리	병어 – 주둥이
서리 – 병아리	오리 – 발	요강 – 대가리	일 – 손
쥐 – 뿔	쥐 – 젖	칼 – 감	

나. 속성의 비유에 의한 것

구리 – 귀신	꽃 – 물	꽃 – 밭	꼴 – 봉오리
눈 – 물	돌 – 부처	두꺼비 – 씨름	똥 – 집
말 – 귀	보리 – 가을	불 – 씨	불 – 장난
불 – 호령	불 – 집	입 – 씨름	정강 – 말
콩 – 밥	품 – 값	풍년 – 거지	피 – 땀

다. 기능(활동)의 비유에 의한 것

개 – 차반	기침(起寢) – 쇠	낮 – 도깨비	낮 – 도둑
똥 – 주머니	몸 – 약	몽둥이 – 맛	밤 – 손님
밥 – 주머니	밥 – 줄	벼락 – 감투	벼락 – 불
벼락 – 대신(大臣)	병아리 – 오줌	병(病) – 집	

라. 위치의 비유에 의한 것

골 – 병(病)	꽃 – 등	몸 – 상(床)	속 – 바람	손 – 바람	손 – 위
일 – 자리	집 – 사람	집 – 안	오줌지 – 진상		

2) 동사의 관형법 + 완전명사

가. 형태의 비유에 의한 것
뜬 – 구름('덧없는 세상 일'을 뜻함)

나. 속성의 비유에 의한 것

가르친 – 사위	노는 – 계집	놀 – 금	늦은 – 불

산 – 벼락   산 – 부처   산 – 송장   산 – 자전(字典)

다. 위치의 비유에 의한 것
앉은 – 자리('즉석, 그 당장'을 뜻함)

3) 용언의 관형법 + 의존명사

가. 속성의 비유에 의한 것
간 – 이   지친 – 것

나. 위치의 비유에 의한 것
먼 – 데('뒷간'을 뜻함)

4) 형용사의 관형법 + 완전명사

가. 속성의 비유에 의한 것
선 – 불   잔 – 불   큰 – 불   왼 – 소리   잔 – 손

나. 위치의 비유에 의한 것
먼 – 가래('객사한 송장을 그곳에 임시로 묻는 일'을 뜻함)

5) 관형사 + 완전명사

생 – 파리

3.1.2. 통어적 합성용언

3.1.2.1. 종속합성용언

1) 종속합성동사

📑 '주어+동사'로 된 것

가. 뒤 성분어의 의미가 많이 달라지는 것

㉠ – 나다

강시–	곰팡–	구경–	궐(闕)–	금–
녹(錄)–	부정(不淨)–	세–[1]	축(縮)–	충(蟲)–
층(層)–	흠축(欠縮)–	갈급령(渴急令)–	갈등–	
감질–	개염–	게염–	곁–	골–
넌더리–	바람–	성–	수–	신–
신명–	야단–	역정–	정신–	증(症)–
지각–	진저리–	짓–	탐–	화–
화증–	흥–	가하(加下)–	난봉–	동강–
동티–	물고(物故)–	부도–	살인–	생혼(生魂)–
시위–	요절–	욕지기–	위각(違角)–	윤(潤)–
자국–	성분–	창–	탈–	파투–
파(破)–	표–	혼–	쥐–	결딴–
결말–	결판(決判)–	귀정(歸正)–	끝–	메지–
판–	몸–	소수–	열(熱)–	철–
광(光)–	빛–	짬–	트집–	

㉡ – 들다

길–	맛–	멋–	정–	풍년–

가난 –	가물 –	게걸 –	마 –	망령 –
멍 –	병 –	오가리 –	조독(爪毒) –	조잡 –
주눅 –	하리 –	황(黃) –	흉년 –	물 –
바람 –	힘 –	날 –	밤 –	볕 –

ⓒ – 서다

날 –	모 –	멍울 –	삼 –	아기 –
아이 –	약령(藥令) –	영(令) –	장 –	

나. 뒤 성분어의 의미가 조금 달라지는 것

㉠ – 되다

누(累) –	범벅 –	악화(惡化) –	한(恨) –	희공 –
말 –	약(藥) –			

ⓒ – 먹다

귀 –	너리 –	비루 –	태 –	좀 –

ⓒ – 빠지다

김 –	땀 –	발 –	얼 –

㉣ – 가다

눈 –	둑 –	사성(四聖) –	살(煞) –	태 –

㉤ – 오르다

독 –	물 –	약 –	옻 –	쥐 –

㉥ – 달다

속 –	애 –

ⓈⒺ - 트다

눈-   동-   움-

◎ - 내리다

살-   신(神)-

다. 뒤 성분어의 뜻이 달라지지 않는 것

달 - 가시다	손 - 거칠다	눈 - 꺼지다	궁 - 끼다	기미 - 끼다
동 - 닿다	움 - 돋다	혼 - 뜨다	오줌 - 마렵다	목 - 메다
때 - 묻다	물 - 밀다	줌 - 벌다	비위 - 사납다	결 - 삭다
목 - 쉬다	곰팡 - 슬다	동록 - 슬다	물 - 써다	속 - 썩다
녹 - 쓸다	귀 - 울다	노굿 - 일다	바람 - 가다	벼락 - 치다
속 - 타다	애 - 타다	이삭 - 패다		

(부록 5에 계속)

📁 '주어 + 형용사'로 된 것

가. 뒤 성분어의 의미가 조금 달라지는 것

㉠ - 맞다

눈-	뜻-	발-	배-	볼-
손-	짝-	수지-	이-	

나. 뒤 성분어의 의미가 달라지지 않는 것

- 그르다: 괘(卦) -   - 멀다: 눈 -

(부록 6에 계속)

📁 '목적어＋동사'로 된 것

가. 뒤 성분어의 의미가 많이 달라지는 것

㉠ － 보다

가늠 －	겨냥 －	상(相) － ¹	수(數) －	새 －
손 －	파수(把守) －	영(令) －	약령(藥令) －	장(場) －
손 － ¹	시앗 －	간 －	맛 －	바닥 －
효험(效驗) －	값 －	과거 －	굿 －	뉘 －
본 －	상 －	욕 －	일 －	흉 －

㉡ － 치다

괘방 －	구듭 －	그루 －	나비 －	대봉(代捧) －
도망질 －	돈 －	도부(到付) －	매대기 －	부정 －
북새질 －	사춤 －	야단 －	야바위 －	엉너리 －
인(印) －	진저리 －	추경 －	팽개 －	허탕 －
허풍 －	환롱 －	공 －	등 －	뺨 －
석 －	장단(長短) －	종아리 －	홰 －	족장(足掌) －
도련(刀鍊) －	면 －	배코 －	상사 －	생률(生栗) －
제웅 －	살 －	수묵(水墨) －	줄 －	환 －
독장(獨場) －	소리 －	아우성 －	판 －	가지 －
건목 －	누기(漏氣) －	둔(屯) －	벽(壁) －	정간(井間) －
진(陳) －	채 － ³	회(膾) －	값 －	금 －
경 －	볼기 －	광(光) －	부시 －	화투 －
손 －	점(占) －			

㉢ － 부리다

괴망(怪妄) －	교기(驕氣) －	극성 －	기구 －	기승 －
난봉 －	냉갈령 －	넉살 －	넌덕 －	독살 －

멋 –	망령 –	몽니 –	수다 –	수선 –
심사 –	심술 –	아망 –	악지 –	억지 –
악착 –	억척 –	암상 –	앙살 –	양심 –
엄부럭 –	오망 –	요망(妖妄) –	요사(妖邪) –	욕기(慾氣) –
용심 –	점잔 –	찌그렁이 –	찜부럭 –	포달 –
가살 –	간릉 –	게정 –	괘사 –	꾀 –
도섭 –	반덕 –	변덕 –	아양 –	앙탈 –
언구럭 –	응석 –	익살 –	재주 –	흥감 –
권세 –	기세 –	가탈 –		

ⓔ – 주다

깃 –	눈 –	닻 –	돈 –	못 –
북 –	빚 –	세(洗) –[1]	세 –[2]	속 –
제독 –	죄 –	침 –	판 –	핀잔 –

ⓜ – 쓰다

굴레 –	기 –	꾀 –	담타기 –	덤타기 –
떼 –	몸 –	뫼 –	문자 –	벌 –
변 –	색 –	악 –	악지 –	억지 –
애 –	칼 –	탈 –	힘 –	

ⓗ – 받다

강 –	대(代) –	뜻 –	말미 –	몸 –
벌 –	본 –	볼 –	세(洗) –	응석 –
장군 –	죄 –	창 –	테 –	

ⓢ – 잡다

경마 –	땅 –	물 –	살 –	새 –[1]

손 –	어림 –	언질 –	자리 –	전당 –
채 –	책 –	초(草) –	탈 –	트집 –
패 –	흉 –	흠(欠) –		

◎ – 떨다

가살 –	괴사 –	괴망(怪妄) –	궁상 –	너스레 –
방정 –	수 –	수선 –	아양 –	애교 –
야살 –	오망 –	요망 –	요변 –	요사 –
익살 –	치 –	허풍 –		

㉣ – 놓다

너스레 –	값 –	금 –	답채기 –	마음 –
먹 –	발매 –	방(房) –	복새 –	빚 –
산(算) –	세 –	손 –	수(數) –[1]	수(繡) –[2]
엄포 –	원두 –	주마(走馬) –	피새 –	헤살 –

㉥ – 타다

가물 –	계 –	골 –	그루 –	등 –
박 –	반 –	발 –	봄 –	부정 –
상 –	아우 –	여름 –	옷 –	재 –

㉦ – 짓다

결말 –	결박 –	결정 –	굿 –	귀정(歸正) –
농사 –	단락 –	밥질 –	아퀴 –	죄(罪) –
짝 –	척 –			

㉤ – 떼다

가락 –	깍지 –	손 –	시치미 –	젖 –

죽지 -

ⓟ – 맞다

도둑 -	바람 -	볼기 -	뺨 -	살(煞) -
서리 -	서방 -	소박 -	자빡 -	족장(足掌) -
종아리 -	침 -	칼 -	퇴박 -	

ⓗ – 박다

| 골 - | 그루 - | 봉 -¹ | 봉 -² | 부룩 - |
| 살 - | 첩 - | | | |

㉠′ – 먹다

| 앙심 - | 언걸 - | 고지 - | 마음 - | 신혈(新穴) - |
| 욕 - | 핀잔 - | | | |

㉡′ – 풀다

| 귀양 - | 논 - | 몸 - | 코 - |

나. 뒤 성분어의 의미가 조금 달라지는 것

㉠ – 가르다

| 삼 - | 편 - |

㉡ – 갚다

| 원수 - | 품 - |

㉢ – 끼다

| 깍지 - | 화리(禾利) - |

ⓔ – 달다

광 –   운(韻) –   종(腫) –   줄 –

ⓜ – 두다

능 –   뒤 –   몸 –   보 –   수결(手決) –   함(銜) –

ⓗ – 들다

수종 –   수청 –   시중 –   장가 –   중매 –   편 –

ⓢ – 들다

봉화 –   반기 –

(ⓗ과 뜻이 조금 다름)

위의 것들 이외에 다음과 같은 말이 있다.

귀 – 뜨다	눈 – 뜨다	티 – 뜯다	흠 – 뜯다
낯 – 모르다	영문 – 모르다	철 – 모르다	논 – 매다
기음 – 매다	목 – 매다	책 – 매다	발 – 벗다
허물 – 벗다	귀양 – 살다	벼슬 – 살다	들러리 – 서다
번 – 서다	보증 – 서다	중매 – 서다	망신 – 시키다
안정 – 시키다	폐 – 시키다	버럭 – 입다	언질 – 입다
얼 – 입다	힘 – 입다	등 – 지다	신세 – 지다
오라 – 지다	덜미 – 짚다	자귀 – 짚다	통' – 짜다
통 – 짜다	편 – 짜다	목 – 찌르다	옆 – 찌르다
정신 – 차리다	판 – 차리다	기지개 – 켜다	우려 – 켜다
만광 – 트다	사관 – 트다	천 – 트다	주리 – 틀다
탕개 – 틀다	홍예 – 틀다		

다. 뒤 성분어의 뜻이 달라지지 않는 것

귀양 – 가다	장가 – 가다	굽 – 갈다	눈 – 감다
머리 – 감다	미역 – 감다	닻 – 감다	총 – 겯다
똥 – 누다	오줌 – 누다	볼 – 달다	매암 – 돌다
물수제비 – 뜨다	수제비 – 뜨다	사 – 뜨다	본 – 뜨다
끝 – 막다	판 – 막다	끝 – 맺다	체 – 매다
공 – 바치다	뒤 – 밟다	자국 – 밟다	괴 – 배다
아이 – 배다	쉬 – 슬다	알 – 슬다	굽 – 싸다
똥 – 싸다	오줌 – 싸다	노총 – 지르다	혀 – 차다

(부록 7에 계속)

📁 '위치어 + 동사'로 된 것

가. 뒤 성분어의 의미가 많이 달라지는 것

㉠ – 들다

밑 –	번 –	앞 –	옆 –	위 –

나. 뒤 성분어의 의미가 조금 달라지는 것

㉠ – 닿다

값 –	금 –	끝 –	등 –

㉡ – 가다

다음 –	마을 –	버금 –

다. 뒤 성분어의 의미가 달라지지 않는 것

못 – 가지다	뒤 – 쫓다	방 – 나다	손대 – 내리다
앞 – 두다	겉 – 묻다	수 – 빠지다	뒤 – 서다
앞 – 서다	수 – 익다		

📁 '부사＋동사'로 된 것

가로 – 지르다   막 – 지르다

📁 '동사어근＋(– 아/어)＋동사'로 된 것

가. 뒤 성분어의 의미가 많이 달라지는 것
㉠ – 먹다

갉아 –	갚아 –	놀아 –	발라 –	배라 –	빌어 –
벌어 –	베어 –	얻어 –	잡아 –	질러 –	쪼아 –
퍼 –	해 –	긁어 –	떼어 –	뜯어 –	부려 –
우려 –	잘라 –	집어 –	핥아 –	훔쳐 –	떨어 –
팔아 –	빨아 –	알아 –	지어 –		

나. 뒤 성분어의 의미가 조금 달라지는 것
㉠ – 보다

굽어 –	노려 –	눌러 –	몰라 –	돌아 –	여겨 –
우러러 –	찾아 –	훑어 –	흘겨 –	돌라 –	둘러 –
뜯어 –	살펴 –	스쳐 –	알아 –	톺아 –	달아 –
떠 –	쳐 –	해 –			

㉡ – 들다

갈아 –	덤벼 –	돌아 –	뛰어 –	모아 –	잡아 –
잦아 –	접어 –	졸아 –	줄어 –	죄어 –	휘어 –

㉢ – 서다

내려 –	넘어 –	늘어 –	다가 –	돌아 –	둘러 –
들어 –	올라 –	외어 –	일어 –		

ⓔ – 오르다

괴어 –   달아 –   떠 –   뛰어 –

ⓜ – 가다

가져 –   거쳐 –   나아 –   내려 –   넘어 –   늘어 –

다녀 –   데려 –   돌라 –   돌아 –   들어 – ¹   따라 –

뛰어 –   몰아 –   물러 –   올라 –   에워 –   옮아 –

잡아 –   질러 –   쫓아 –   찾아 –   휘어 –

ⓑ – 넣다

끌어 –   몰아 –   물어 –   앗아 –   오비어 –   우비어 –

틀어 –

ⓢ – 매다

끌어 –   달아 –   읽아 –   잡아 –   찍어 –

ⓞ – 박다

구워 –   줴 –   쥐어 –   틀어 –   휘어 –

ⓙ – 받다

떠 –   몰아 –

ⓒ – 주다

그어 –   끊어 –   놓아 –   닦아 –   도와 –   돌라 –

몰아 –   물어 –   보아 –   알아 –   일러 –   접어 –

추어 –   똥겨 –   퉁겨 –

ⓚ – 지르다

걷어 –　　　쥄 –　　　쥐어 –

ⓔ – 치다

내려 –　　　떨어 –　　　메어 –　　　몰아 –　　　볶아 –　　　죄어 –

좨 –　　　후려 –

ⓟ – 버리다

베어 –　　　쓸어 –　　　잊어 –　　　잃어 –

ⓗ – 놓다

내려 –　　　널어 –　　　늘어 –　　　다가 –　　　엎어 –　　　제쳐 –

터 –　　　풀어 –

다. 뒤 성분어의 의미가 달라지지 않는 것

ㄱ – 나다

깨어 –　　　놀아 –　　　늘어 –　　　달아 –　　　뛰어 –　　　뭉쳐 –

배겨 –　　　벗어 –　　　불 –　　　어 –　　　살아 –　　　솟아 –

일어 –　　　튀어 –　　　피어 –　　　헤어 –

ㄴ – 당기다

갉아 –　　　긁어 –　　　꺼 –　　　끄어 –　　　끌어 –　　　잡아 –

찢어 –

ㄷ – 대다

구슬려 –　　　닦아 –　　　먹어 –　　　몰아 –　　　볶아 –　　　해 –

휘어 –

ㄹ – 두다

놓아 –   던져 –   덮어 –   두어 –   둬 –   징거 –

ⓜ – 듣다
새겨 –   새기어 –   알아 –   얻어 –   여겨 –   주워 –

ⓗ – 앉다
걸어 –   꿇어 –   내려 –   늘어 –   다가 –   돌아 –
들어 –

ⓢ – 오다
가져 –   거쳐 –   내려 –   넘어 –   다가 –   다녀 –
데려 –   돌아 –   들어 –   따라 –   뛰어 –   몰아 –
옮아 –   쫓아 –   찾아 –

ⓞ – 잡다
꺼 –   옴켜 –   움켜 –   홈켜 –   훔켜 –   휘어 –

ⓩ – 쥐다
굵어 –   옴켜 –   움켜 –   홈켜 –   훔켜 –

위의 것 이외에 다음과 같은 말들이 있다.

끌어 – 내리다	뛰어 – 내리다	홈켜 – 내리다	떠 – 다니다
껴 – 들다	떠 – 들다	훔쳐 – 때리다	홈쳐 – 때리다
잡아 – 떼다	물어 – 뜯다	쥐어 – 뜯다	끊어 – 맡다
앉아 – 맡다	지어 – 붓다	떠 – 붓다	눌어 – 붙다
얼어 – 붙다	구슬려 – 삶다	엎어 – 삶다	껴 – 안다
끌어 – 안다	갈아 – 입다	껴 – 입다	들어 – 차다[2]

걸어 – 차다³   제겨 – 차다³   낚아 – 채다²   알아 – 채다³

오비어 – 파다   위비어 – 파다

📁 '용언어근＋동사'로 된 것

가 – 다루다	감 – 돌다	갖추 – 쓰다	걷 – 몰다
곯 – 마르다	날 – 뛰다	낮 – 보다	낮 – 잡다
낮추 – 보다	넘나 – 들다	넘 – 보다	돋 – 보다
돋 – 보이다	돋 – 뵈다	돌 – 보다	돌 – 앉다
뚱기 – 치다	듣 – 잡다	들 – 놓다	들 – 엎다
들 – 앉히다	들 – 오다	매 – 달다	매 – 달리다
메 – 붙이다	몰 – 박다	받 – 내다	붙 – 당기다
붙 – 동이다	붙 – 들다	붙 – 따르다	붙 – 매이다
붙 – 박이다	붙 – 안다	붙 – 옴키다	붙 – 쫓다
빌 – 잡다	빌 – 붙다	빗 – 가다	빗 – 나가다
빗 – 듣다	빗 – 디디다	빗 – 맞다	빗 – 먹다
빗 – 보다	빗 – 서다	뻗 – 가다	뻗 – 서다
뻗 – 지르다	뻗 – 디디다	섞 – 갈리다	섞 – 바꾸다
섞 – 바뀌다	섞 – 사귀다	소스라 – 치다	솟 – 나다
솟구 – 치다	솟 – 보다	쏘 – 다니다	쏘 – 지르다
씻 – 가시다	씻 – 부시다	어긋 – 맞다	어긋 – 마추다
어긋 – 매끼다	엎 – 지르다	엿 – 듣다	엿 – 보이다
욱 – 죄이다	욱 – 죄다	욱 – 지르다	욱 – 질리다
앗 – 따르다	앗 – 달다	흩 – 날리다	지르 – 되다
지르 – 디디다	지르 – 신다	지르 – 잡다	

📁 '용언어근 + 다 + 동사'로 된 것

건너다 – 보다   내다 – 보다   내다 – 보이다   바라다 – 보다

📁 '용언어근 + (– 아/어) + 다 + 동사'로 된 것

내려다 – 보다   넘겨다 – 보다   들여다 – 보다   울려다 – 보다
쳐다 – 보다

📁 기타

얽이 – 치다   업신 – 여기다

2) 종속합성형용사

📁 '주어 + 형용사'로 된 것

㉠ – 마르다
목 –   성 –

㉡ – 차다
기장 –   기(氣) –   길 –   누기(淚氣) –   담 –   위엄 –
힘 –

㉢ – 돌다
영어 –

㉣ – 없다

경황 –   만유루(萬遺漏) –   맛 –   멋 –   버릇 –

보추 –   분한(分限) –   상관 –   속 –   수 –   싹 –

싹수 –   얀정 –   얼 –   여부 –   여지 –   염치 –

위 –   일 –   지각 –   찜 –   채신 –   치신 –

처신 –   철 –   태 –   한 –   가량 –   대중 –

분개 –   분수 –   어림 –   종작 –   주착 –   기신(氣身) –

맥 –   시름 –   어이 –   어처구니 –

ⓜ – 사납다

감 –   꼴 –   모양 –   목자 –   몽니 –   수 –

심사 –   심술 –   지덕 –   채신 –   치신 –   처신 –

ⓑ – 세다

가시 –   살(煞) –   아귀 –   악지 –   억지 –   울 –

장성 –   터 –   힘 –

ⓢ – 있다

맛 –   몸 –   분한 –   싹 –   싹수 –   재미 –

힘 –

ⓞ – 싸다

손 –   입 –   조동이 –   주둥이 –

ⓙ – 되다

볼 –   불 –

ⓒ – 맞다

간 –   때 –

ⓒ – 바르다
면 –   예 –   올 –

ⓔ 기타
목 – 곧다   올 – 곧다   감 – 궂다   심술 – 궂다
짓 – 궂다   배 – 다르다   색 – 다르다   유 – 다르다
입 – 뜨다   동 – 뜨다   동안 – 뜨다   새 – 뜨다
귀 – 밝다   눈 – 밝다   값 – 좋다   넉살 – 좋다
반죽 – 좋다   비위 – 좋다   주눅 – 좋다

📁 '연유어 + 서술어'로 된 것

㉠ – 겹다
흥 –   철 –

㉡ – 약다
겉 –

㉢ – 여물다
겉 –

📁 '부사어 + 서술어'로 된 것

까딱 – 없다   까땍 – 없다   꼼짝 – 없다

📁 '동사어근 + (– 아/어) + 동사'로 된 것

깎아 – 지르다   늙어 – 빠지다   찍어 – 매다

3.1.2.2. 대등합성용언

1) 대등합성동사

📁 앞뒤 성분어가 의미면에서 대등한 관계로 된 합성동사

감싸고 – 돌다	발벗고 – 나서다	들고 – 파다	돌고 – 돌다
오 – 가다	끓 – 마르다	덮 – 두들이다	들 – 보다
굶 – 주리다	어 – 녹이다	어 – 녹다	오르 – 내리다
울 – 부짖다	울 – 부르짖다	헐 – 뜯다	헛 – 벗다
여 – 닫다	뛰 – 놀다	지 – 새다	오르 – 내리다

📁 짜임새가 위와 조금 다르게 된 것

달아 – 걸다	달아 – 매다	둘러 – 싸다	날아 – 가다
뛰 – 놀다	드나 – 들다	들 – 보다	

2) 대등합성형용사

📁 앞뒤 성분어가 의미면에서 대등한 관계로 된 합성형용사

검 – 붉다	검 – 퍼렇다	검 – 푸르다	굳 – 세다
길 – 동그랗다	길 – 동그랗다	길 – 동글다	넓 – 둥글다
높 – 푸르다	나부랑 – 납작하다	약 – 빠르다	짙 – 푸르다
하야 – 말갛다	하야 – 말살하다	희 – 맑다	희 – 묽다
허어 – 멀겋다	허여 – 말쑥하다	재 – 빠르다	맞 – 갖다
감 – 노르다	검 – 누르다	감 – 파르다	희 – 맑다
잘 – 푸르다			

3.1.2.3. 융합합성용언

1) 앞뒤 성분어의 뜻이 녹아서 제삼의 뜻으로 바뀐 융합합성동사

가는귀 – 먹다	김 – 빠지다	김 – 새다	눈꼴 – 시다
눈독 – 들다	때 – 묻다	똥끝 – 타다	똥줄 – 당기다
똥줄 – 빠지다	땀 – 빠지다	등골 – 빠지다	뜸 – 들다
모 – 나다	바람 – 나다	바람 – 들다	부아 – 나다
뽕 – 빠지다	샘 – 나다	셈 – 들다	속 – 끓다
숨 – 죽다	애 – 달다	약 – 오르다	쥐 – 나다
철 – 나다	철 – 들다	물색 – 없다	꽃 – 피우다
꿈 – 꾸다	낯 – 내다	뒤꼭지 – 치다	더럼 – 타다
뒤통수 – 치다	끝 – 붙다	물 – 내리다	배 – 맞다
어복포 – 되다	부레 – 끊다	가새 – 지르다	굿 – 꾸리다
그루 – 박다	급살 – 맞다	눈 – 뜨다	덜미 – 짚다
등곳 – 베다	등 – 지다	등 – 치다	맛 – 보다
몽 – 따다	문 – 잡다	바람 – 맞다	바람 – 잡다
서리 – 맞다	손 – 타다	죽지 – 떼다	코 – 떼다
탈 – 쓰다	툭수리 – 치다	퉁바리 – 맞다	티 – 뜬다
파방 – 치다	패 – 차다	풍경 – 치다	허방 – 짚다
허방 – 치다	쉬 – 구로다	거울 – 삼다	막 – 놓다
손 – 타다	애 – 먹다	애 – 먹이다	주둥이 – 까다
헛물 – 켜다	똥깨나 – 켜다	닦아 – 세우다	뛰어 – 들다
가는귀 – 먹다	김 – 새다	끈 – 붙다	구워 – 박다
굽어 – 보다	놓아 – 두다	찍어 – 매다	피어 – 나다
뒤 – 구르다	거울 – 삼다	핥아 – 세다	해 – 먹다
징거 – 두다	빨아 – 먹다	붙어 – 먹다	

2) 앞뒤 성분어가 녹아 제3의 뜻을 나타내는 융합합성형용사

덧 – 없다	물색 – 없다	발 – 길다	발 – 짧다
변모 – 없다	세월 – 없다	아귀 – 새다	열 – 없다
울 – 세다	입 – 되다	입 – 바르다	짝 – 없다
턱 – 없다	코 – 세다	몸 – 있다	성명 – 없다
손끝 – 여물다	어기 – 차다	기 – 차다	안 – 차다
앞 – 차다	어간 – 차다	진(津) – 나다	몸 – 있다
고래등 – 같다	가납사니 – 같다	깨알 – 같다	굴왕신 – 같다
번개 – 같다	쏜살 – 같다	찰떡 – 같다	철통 – 같다
불티 – 같다	비호 – 같다	성화 – 같다	추상 – 같다
다락 – 같다	번개 – 같다	육지 – 같다	알로 – 까다

3.1.3. 통어적 합성부사

3.1.3.1. 종속합성부사

1) 꾸밈 – 꾸밈받음 관계로 됨

📁 '관형어 + 명사'로 된 것

같은 – 값에	같은 – 값이면	그러한 – 즉	내친 – 김에
단 – 둘이	단 – 결에	댓 – 바람(에)	뜻 – 밖에
맺고 – 끊	은 – 듯(이)	보일 – 듯(이)	어느 – 겨를에
어느 – 새	어느 – 세월에	어느 – 해가에	얼떨 – 결에
여봐란 – 듯이	이른 – 바	이를 – 터이면	이를 – 테면
이 – 즈막	이 – 즈음	잘 – 잘못	– 간에
제 – 깐에			

128

'부사＋용언'으로 된 것

가끔 – 가다	가끔 – 가다가	다시 – 없이	더 – 없이
마치 – 몰라	마침 – 몰라	번쩍 – 하면	총총 – 들이
속속 – 들이			

'부사＋부사'로 된 것

곧 – 바로	더 – 더구나	더 – 더군다나	더욱 – 더
더 – 한층	또 – 다시	똑 – 바로	

'용언＋용언'으로 된 것

적이나 – 하면	죽자구나 – 하고

2) '주어＋용언'으로 된 것

가량 – 없이	가차 – 없이	거침 – 없이	경 – 없이
경황 – 없이	관계 – 없이	구성 – 없이	간단 – 없이
기신 – 없이	꼼짝 – 없이	꿈쩍 – 없이	끄떡 – 없이
끄떽 – 없이	난데 – 없이	남 – 부끄러이	낯 – 간지러이
낯 – 두꺼이	낯 – 없이	내남 – 없이	너나 – 없이
하염 – 없이	한 – 없이	허물 – 없이	힘 – 없이
가뭇 – 없이	거추 – 없이	깨땍 – 없이	느닷 – 없이
바이 – 없이	서슴 – 없이	눈꼴 – 사나이	다름 – 아니라
다름 – 없이	대중 – 없이	두말 – 없이	두미 – 없이
뒷손 – 없이	맛 – 없이	망령 – 되이	맥 – 없이
멋 – 없이	면목 – 없이	무람 – 없이	물샐틈 – 없이

변모 – 없이	보잘것 – 없이	보추 – 없이	본데 – 없이
부질 – 없이	분개 – 없이	분결 – 없이	불풍 – 나게
뿐만 – 아니라	사정 – 없이	상관 – 없이	세월 – 없이
속절 – 없이	속 – 없이	손 – 부끄러이	수 – 없이
시름 – 없이	싹수 – 없이	싹 – 없이	쓸데 – 없이
아닌게 – 아니라	얀정머리 – 없이	얀정 – 없이	어이 – 없이
어처구니 – 없이	얼 – 없이	여부 – 없이	여지 – 없이
연득 – 없이	열 – 없이	염치 – 없이	온데간데 – 없이
옴나위 – 없이	인정 – 없이	일 – 없이	자별 – 없이
자발머리 – 없이	종 – 없이	주착 – 없이	지각 – 없이
진배 – 없이	짝 – 없이	쩍말 – 없이	채신 – 없이
철 – 없이	치신 – 없이	태 – 없이	턱 – 없이
틈 – 없이	푸접 – 없이	하릴 – 없이	

3) '비교어 + 같다(다르다)'로 된 것

감쪽 – 같이	남 – 달리	꿈 – 같이	놋날 – 같이
댕돌 – 같이	등덩산 – 같이	악착 – 같이	옴포동이 – 같이
주옥 – 같이			

4) '목적어 + 용언'으로 된 것

다직 – 해야	다직 – 하면	말 – 하자면	둘레 – 놓고

5) '용언 + 용언'으로 된 것

덮어 – 놓고	듣다 – 못해	못지 – 않이	보다 – 못해
보아 – 하니	생각다 – 못해	아니나 – 다를까	

6) '명사＋조사'로 된 것

각각－으로	건－으로	건물－로	그－까지로	딴－은	뜻－대로
마음－대로	맘－대로	맛맛－으로	생－으로	우격－으로	연－후에
억지－로	저절－로	저적－에	한꺼번－에	한껍－에	한숨－에
그－나마					

7) '명사＋명사＋조사'로 된 것

대짜－배기로   뜻－밖에

8) '명사＋부사'로 된 것

때－마침   뒤－미처

3.1.3.2. 대등합성부사

1) 대등관계로 된 것

재－빨리   약－빨리

2) 택일관계로 된 것

내치락－들치락	내치락－들이치락	가나－오나	높으락－낮으락
드나－나나	보나－마나	붉으락－푸르락	왔다－갔다
요랬다－조랬다	요러나－조러나	요러니－조러니	요렇다－조렇다
요렇든지－조렇든지	이랬다－저랬다	이렇다－저렇다	지나－새나
펴락－쥐락	푸르락－붉으락	그리－저리	그만－저만

3.1.3.3. 융합합성부사

불현 – 듯이	보아란 – 듯이	어느 – 천년에	어느 – 덧
뻔질 – 나게	콩 – 튀듯	덧 – 없이	때 – 없이
물색 – 없이	빗발 – 치듯	성명 – 없이	세상 – 없어도
세상 – 없이	쥐죽은 – 듯이	개떡 – 같이	고래등 – 같이
깨알 – 같이	번개 – 같이	불티 – 같이	살 – 같이
성화 – 같이	찰떡 – 같이	철통 – 같이	한결 – 같이
쏜살 – 같이	콩 – 부듯		

3.2. 비통어적 합성어

비통어적 합성어는 자립성이 없는 용언의 어간과 명사가 합하거나, 용언의 어간과 어간이 합하거나 같은 명사가 두 개 합하여서 이루어지는 합성어를 말한다.

3.2.1. 비통어적 합성명사

3.2.1.1. 종속합성명사

1) '용언어근 + 명사'로 된 것

꺾 – 낫	꺽 – 괄호	꺾 – 쇠	꺾 – 자	싫 – 증	늦 – 벼
늦 – 가을	옥 – 니	벋 – 니	들 – 창	들 – 창코	깎 – 낫
깔 – 들	빨 – 대	갈 – 판	감 – 잡이	감 – 접이	덮 – 밥
곱 – 돌	걸 – 망	곱 – 꺾이	날 – 다람쥐	날 – 짐승	굽 – 자
돋 – 보기	붉 – 살	붉 – 돔	먹 – 성	먹 – 보	울 – 상
접 – 칼	들 – 통	썩 – 돌	깔 – 판	꺾 – 꽂이	붙 – 박이

2) 같은 명사끼리 합하여 된 것

나 – 날	다 – 달	집 – 집	앞 – 앞	사람 – 사람	골 – 골
층 – 층	대 – 대	세 – 세	뫀 – 뫀		

3) '명사 + 명사'로 된 것

무 – 논	무 – 자위	싸 – 전	소 – 나무	부 – 손	소 – 풀
무 – 자새	무 – 좌수	마 – 샀	마 – 속	마 – 수	시 – 월
유 – 월					

3.2.1.2. 대등합성명사

1) 앞 명사는 결합형으로 되면서 이루어지는 합성어가 여기에 속한다.

푸 – 나무	마 – 소	구 – 조개

2) 앞뒤 명사가 한자말로 거듭된 것이 서로 합하여 된 비통어적 합성명사

가가 – 호호	방방 – 곡곡	세세 – 연연	사시 – 사철	자자 – 손손	세세 – 생생
구구 – 절절	시시 – 때때			

3.2.1.3. 융합합성명사

• '부사 + 명사'로 된 것

두루 – 뭉술이	두루 – 춘풍

• '명사 + 동사어근'로 된 것

안 – 달

3.2.2. 비통어적 합성용언

3.2.2.1. 종속합성용언

1) 종속합성동사

📁 '동사어근 + 동사'로 된 것

낮 – 보다	얕 – 보다	잇 – 달다	무 – 뜯다
가 – 다루다	얕 – 잡다	갈 – 바래다	갈 – 앉다
감 – 돌다	감 – 빨다	감 – 싸다	갖추 – 쓰다
개 – 오다	건너 – 뛰다	건너 – 오다	걷 – 잡다
걸 – 앉다	곁 – 지르다	곧추 – 세우다	곧추 – 안다
굶 – 주리다	내빼 – 오다	넘 – 나다	넘나 – 들다
넘 – 노닐다	들 – 부수다	들 – 오다	묵 – 새기다
받 – 들다	붙 – 당기다	붙 – 안다	붙 – 잡다
붙 – 쫓다	빼 – 내다	빼 – 놓다	빼 – 돌리다
싸 – 다니다	싸 – 돌다	싸 – 지르다	울 – 부짖다
잡 – 매다			

2) 종속합성형용사

📁 '형용사어근 + 형용사'로 된 것

차디 – 차다	푸르디 – 푸르다	가깝디 – 가깝다	가늘디 – 가늘다

가볍디 – 가볍다	검디 – 검다	굵디 – 굵다	깊디 – 깊다
곱디 – 곱다	맑디 – 맑다	무겁디 – 무겁다	묽디 – 묽다
넓디 – 넓다	밝디 – 밝다	붉디 – 붉다	희디 – 희다
짜디 – 짜다	잘디 – 잘다	작디 – 작다	짧디 – 짧다
되디 – 되다	굵디 – 굵다	검디 – 검다	굵디 – 굵다
길디 – 길다	깊디 – 깊다	너르디 – 너르다	넓디 – 넓다
높디 – 높다	다디 – 달다	되디 – 되다	두껍디 – 두껍다
뜨겁디 – 뜨겁다	멀디 – 멀다	무겁디 – 무겁다	묽디 – 묽다
밉디 – 밉다	시디 – 시다	얇디 – 얇다	크디 – 크다
노라 – 노랗다	노라 – 빨갛다	푸르 – 누렇다	

📁 '형용사어근 + 나 + 형용사'로 된 것

크나 – 크다	머나 – 멀다	기나 – 길다	좁으나 – 좁다
넓으나 – 넓다	깊으나 – 깊다		

📁 '형용사의 줄임꼴 + 형용사'로 된 것

군 – 단지랍다	군 – 던지럽다

3.2.2.2. 대등합성용언

1) 대등합성동사

📁 '동사어근 + 동사'로 된 것

들 – 보다	싸 – 돌다	어 – 녹다	여 – 닫다
미 – 닫다	오 – 가다	오르 – 내리다	

2) 대등합성형용사

📁 '형용사어근＋형용사'로 된 것

감 – 노랗다	감 – 노르다	검 – 푸르다	검 – 누르다
길 – 동그랗다	길 – 둥그렇다	길 – 둥글다	약 – 빠르다
약 – 바르다	검 – 누렇다	넓 – 둥글다	검 – 붉다
검 – 퍼렇다	굳 – 세다	높 – 푸르다	하야 – 말갛다
맵 – 짜다	맵 – 차다	하야 – 말쑥하다	희 – 맑다
희 – 묽다	허여 – 멀겋다	역 – 바르다	검 – 푸르접접하다
검 – 푸르죽죽하다	길 – 둥글다	걸 – 굳다	검 – 뿌옇다
검 – 세다	괴 – 까다롭다	빨가 – 빨갛다	

3.2.2.3. 융합합성용언

1) 융합합성동사

📁 '동사어근＋동사'로 된 것

갈 – 붙이다	감 – 궂다	감 – 내다	굽 – 질리다	굽 – 죄이다	굽 – 잡다
굽 – 잡히다	넘 – 놀다	밀 – 막다	미 – 대다	솟 – 보다	싸 – 데려가다
싸 – 잡다	싸 – 잡히다	외 – 대다	잡 – 매다		

📁 '명사＋동사'로 된 것

감 – 빨다	검 – 치다	무 – 터듬다	가리 – 틀다	붐 – 달다

2) 융합합성형용사

맞 – 갖다

3.2.3. 비통어적 합성부사

3.2.3.1. 대등합성부사

가끔 – 가끔	가다 – 가다	가들막 – 가들막	가뜬 – 가뜬 – 히
가랑 – 가랑	가르랑 – 가르랑	가만 – 가만	가물 – 가물
가뭇 – 가뭇	가리산 – 지리산	가불 – 가불	가붓 – 가붓
가뿟 – 가뿟	간질 – 간질	갈강 – 갈강	갈 – 갈
갈그랑 – 갈그랑	갉죽 – 갉죽	갉작 – 갉작	갈팡 – 질팡
강장 – 강장	갸우뚱 – 갸우뚱	갈쑥 – 갈쑥	갈쯤 – 갈쯤
걀찍 – 걀찍	거꿀 – 알꼴	거드럭 – 거드럭	거들먹 – 거들먹
거듬 – 거듬	거듭 – 거듭	거뭇 – 거뭇	거불 – 거불
거붓 – 거붓	거뿐 – 거뿐	거뿟 – 거뿟	거슬 – 거슬
거푸 – 거푸	건듯 – 건듯	건뜻 – 건뜻	건중 – 건중

(부록 8에 계속)

3장· 굴곡법

3장 굴곡법

1. 곡용법

곡용법은 체언이 조사에 의하여 문장에서 어떤 자리가 매겨지면서 가지가지 문법적 기능을 하는 굴곡법이므로 여기에서 체언과 조사에 대하여 그 종류를 비롯하여 문법적 특질, 용법 등을 자세히 다루기로 한다.

1.1. 명사

1.1.1. 명사의 뜻과 종류

명사란 사물의 개념에 따라 붙여진 이름들을 묶어서 일컫는, 일종의 단어 범주를 나타내는 문법적인 학술어이다.

명사는 그 뜻이 완전함의 유무에 따라 완전명사와 의존명사의 둘로 나누고, 완전명사는 다시 그 지시대상의 적용 범위에 따라 보통명사와 고유명사의 둘로 나눈다. 그리고 보통명사는 다시 존대 여하에 따라 보통명사와 존칭명사의 둘로 나눈다.

1.1.1.1. 완전명사와 의존명사

완전명사란 뜻으로 보아 완전히 독립성을 가지고 있는 명사를 말하는데, 대부분의 명사는 이에 속한다.

의존명사란 뜻으로 보아 완전한 독립성을 가지지 못하고, 반드시 그 앞에 관형어에 매이어 쓰이는 명사를 말한다.

   (1) ㄱ. 먹을 것을 주시오.
          ㄴ. 이 기계를 다룰 줄 아느냐?
          ㄷ. 어떻게 할 바를 모르겠다.

(1ㄱ)의 '것'은 '먹을'이 앞에 옴으로써 비로소 '먹거리'임을 뜻하고, (1ㄴ)의 '줄'은 '다룰' 뒤에서 '방법'의 뜻을 나타내며, (1ㄷ)의 '바'는 '할'을 그 앞에 취함으로써 '방법, 수단'의 뜻을 나타낸다. 이와 같은 '것, 줄, 바' 등의 명사를 의존명사라 한다.

1.1.1.2. 보통명사와 고유명사

위에서 설명한 완전명사는 그 지시 대상에 따라 다시 보통명사와 고유명사의 둘로 나눈다.

1) 보통명사

보통명사란 일과 사물에 대하여 일반적으로 보통 일컫는 명사를 말한다. 예를 들면,

   (2) ㄱ. 자연물: 사람, 나무, 닭, 물, 하늘, 땅, 산, …
          ㄴ. 인조물: 기차, 전차, 배, 집, 붓, 열쇠, 낫, 책상, 신, 옷, …

ㄷ. 시간: 봄, 가을, 밤, 낮, 저녁, 아침, …

ㄹ. 공간: 동, 서, 남, 북, 상, 중, 하, 앞, 뒤, …

ㅁ. 정신: 기쁨, 뜻, 마음, 걱정, 생각, …

ㅂ. 행동: 일, 웃음, 노래, 싸움, 씨름, …1)

⋮

등과 같다. 여기에서 보통명사의 특징을 몇 가지 분석하여 보기로 한다.

첫째, 보통명사는 계열어를 가질 수 있되 유일무이한 특수적인 것이 아닌 명사이다.

(3) ㄱ. 고기: 잉어, 붕어, 미꾸라지, 도미, 갈치, 고등어, 청어, 동태, …

ㄴ. 집: 초가, 기와집, 오두막, 대궐, 궁궐, …

둘째, 보통명사의 본체는 일반적인 것이다. 따라서 '해'와 '달'은 유일무이하나 그것을 부르는 말은 일반적으로 되었기 때문에 보통명사이다.

셋째, 보통명사에는 관형어 '어떤, 무슨, 어느' 등이 쓰일 수 있다.

넷째, 보통명사에는 '한, 두, 세, 네, 다섯…' 등의 수사가 관형어로 쓰일 수 있다.

다섯째, 보통명사는 경우에 따라서 복수를 나타내는 '-들, 등'이 쓰일 수 있다.

이상에서와 같이 보통명사는 일반성과 셋째, 넷째, 다섯째에서 말한 문법적 특성을 가지고 있는데 이와 같은 문법적 특성은 그 일반성 때문이다.

---

1) 최현배, 『우리말본』, 정음문화사, 1983, 212쪽에 의거함.

2) 고유명사

고유명사란 어떤 특정한 일과 사물을 나타내는 명사를 말하는데, 예를 들면 다음과 같다.

(4) ㄱ. 사람이름: 단군, 김유신, 이순신, 주시경, …

ㄴ. 나라이름: 신라, 고구려, 백제, 대한민국, 프랑스, 영국, 미국, …

ㄷ. 땅이름: 서울, 워싱턴, 런던, 파리, 로마, 베이징, 종로, 충무로, 퇴계로, …

ㄹ. 산·강이름: 백두산(가마메), 한라산, 록키산맥, 압록강(얄루가람), 한강, 나일강, 아마존강, …

ㅁ. 책이름: 삼국사기, 삼국유사, 한글, 국어국문학, 국어학, …

ㅂ. 오대양·육대주: 태평양, 인도양, 아세아주, 오세아니아주, 북아메리카주, …

ㅅ. 단체·건물이름: 한글학회, 대한음성학회, 국어학회, 창경궁, 경벅궁, 세종회관, 예술의 전당, …

등과 같은데, 그 특성을 살펴보면 다음과 같다.

첫째, 고유명사는 계열어를 가질 수 없으며, 보통명사 중의 한 계열어로는 될 수가 있다.

(5) 사람: 젊은이 – 늙은이 – 학자 – 순경 – 이순신 – 뉴턴

둘째, 고유명사는 특정적이므로 유일무이한 명사에 한하되, 일반성을 가져서는 안 된다.

셋째, 고유명사에는 관형어 '무슨, 어떤, 어느' 등을 쓸 수 없다.

(6) ㄱ. 어느 이순신

ㄴ. 어떤 이순신

ㄷ. 무슨 이순신

넷째, 수사 '한, 두, 세, 네, 다섯, …' 등을 관형어로 취할 수 없다.

다섯째, 복수를 나타내는 '-들, 등'은 쓰일 수 없다.

이제 위에서 나눈 명사의 종류를 간단히 표로 보이면 다음과 같다.

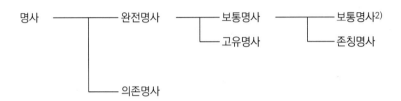

1.1.2. 의존명사

의존명사는 의미가 형식적이어서 다른 말 아래에 기대어 쓰이는 명사로 불완전명사라고도 하며, 서술성 의존명사, 주어성 의존명사, 단위성 의존명사, 보편성 의존명사로 나뉜다.

이 책에서는 '의존명사의 의미에 따른 분류', '외래어로서 국어의 의존명사가 된 것들'로 나누어 분류하기로 한다.

의존명사에서 사용한 주요 약어는 다음과 같다.

🗓 비슷한 말

🗓 반대말

🗓 대명사

🗓 줄임말

[보형] 보조형용사

---

2) 박지홍, 『우리현대문법』, 과학사, 1981, 65쪽 참조.

[여불] 여불규칙활용

《물》 물리학

《불》 불교

《수》 수학

《화》 화학

《지》 지리학

1.1.2.1. 의존명사의 의미에 따른 분류

여기서는 우리말 의존명사가 나타내는 뜻에 따라 같은 뜻을 나타내는 말을 한데 묶어 분류·설명하기로 한다.

1) 사람 단위의 의존명사

것 관형어나 대명사 아래에 쓰이어 그 사람을 낮잡아 가리키는 말. ㉠젊은 것들. 몹쓸 것들. 너 같은 것이. 그까짓 것이 무얼 안다고 ㉣거[1]

년 여자나 여자아이의 낮은 말 또는 낮춤말. ㉠어린 년. 어떤 년. ㉠놈[1]

분[8] ①지시대명사나 관형어 다음에 쓰이어 '사람'을 높이어 일컫는 말. ㉠이 분. 그 분. 일하시는 분. ②위 ①의 세는 단위. ㉠두 분. 손님 몇 분.

손[7] 손아랫사람을 '사람'보다 낮추고 '자'보다는 좀 대접하여 쓰는 말. 지방에 따라서는 한 집안에서 손아랫사람의 택호 아래 쓰이기도 한다. ㉠그 손. 젊은 손. 평택 손에게 물어 보아라.

양(孃) 여자의 성명 밑에 붙여 '처녀'의 뜻을 나타냄. ㉠이 양. 김순자 양.

울[4] '우리'의 준말

이[11] 지시대명사나 관형어 다음에 쓰이어 '사람'을 약간 높이어 일컫는 말. ㉠말하는 이. 맡을 이.

자[9](者) 사람을 좀 얕잡아 가리켜 일컫는 말로 저 '사람' 또는 '놈'이란 뜻 ㉠그 자. 저 자.

축 ①다 같이 지니고 있는 특성에 따라 갈라지는 또래. ②여러 사람으로 이루어진 한

146

무리. 예한 축은 이미 떠났고 다음 축은 떠날 채비를 하고 있다.

치   ①사람을 나타내는 '이'의 낮춤말. 예그 치. 이 치. 젊은 치들이 하는 일이란….

군(君) 사람의 성이나 이름에 쓰여 친구나 손아랫사람을 친근하게 부를 때에 쓰는 말. 예김 군. 철수 군에게. 때자네. 예군은 무엇을 전공하는가? 군이 부탁한 일, 내가 알아 보았네.

님   사람의 성이나 이름에 붙어, 그 사람을 높이는 뜻을 나타내는 말. 예주시경 님. 김 님.

씨   사람의 성이나 이름에 붙어 그 사람을 높이는 뜻을 나타내는 말. 예홍길동 씨. 때그 사람의 뜻으로 일컫는 말. 예씨는 우리 문단의 일인자이다.

2) 넓이 단위의 의존명사

가웃지기 논밭의 넓이에서 마지기로 세고 남는 반 마지기의 단위. 예두 말 가웃지기.

결(結)=목[6] 전날에 세금계산에 쓰이던 토지 넓이의 단위 50,000주척 평방. 곧 2000㎡쯤 비결.[7]

경(頃)=정보 .[2]

단보(段步) 논밭의 넓이를 나타내는 단위. 1단보는 3,00평이다. 비단[3]④

마지기[2] 한 말의 씨앗을 뿌릴 만한 논밭의 넓이를 나타내는 단위. 지방마다 다르나 대략 논은 200평, 밭은 300평에 해당한다. 예네댓 마지기 논. 비두락. ㉠이 말을 단위로 쓰는 명사 아래에 쓰이어 '약간 수의 마지기'를 나타냄. 예거기에는 논 마지기나 가지 고 있다. 두락=마지기.

목   전날에 세금계산에 쓰이던 토지 넓이의 단위. 50,000주척 평방 곧 2000㎡쯤. 비결[7].

묘(苗) 땅 넓이의 단위. 단의 십분의 일에 해당되는 30평을 일컫는다.

보(步) ③=평[2]①

정(町) 지적의 단위. 단의 10배, 곧 평의 3,000배에 해당한다.

평(坪) ①여섯 자 평방으로 땅의 면적을 재는 단위. 예논 백 평, 열 평의 대지 비보[12]. ②한 자 평방으로 헝겊, 유리, 벽 따위를 재는 단위. ③한 치 평방으로 조각 구리판 따위를 재는 단위.

홉[2]   땅의 넓이를 재는 단위. 10분의 1평에 해당한다.

정보(町步) 땅의 넓이가 '정'으로 끝이 나고 끝수가 붙지 아니할 때의 단위를 일컫는 말. 3,000평이 한 정보이다. ⑩세 정보. 다섯 정보. ⑪경¹³

단   ④=단보.

간통(間一) 집의 몇 칸 되는 넓이. ⑩세 칸통.

작(勺) 한 평의 100분의 1을 나타내는 단위.

3) 무게 단위의 의존명사

근(斤) 600g에 해당하는 재래의 무게 단위. 375g을 기준으로 하기도 한다. 이 말을 단위로 쓰는 명사 아래에 쓰이어 '약간의 근'의 뜻을 나타낸다. ⑩고기 근이나 사야지.

관(貫) ①=쾌⁴② 무게를 재는 단위의 하나.

냥(兩) 한 돈의 열 곱에 해당하는 무게를 나타내는 단위. ⑩금 한 냥.

냥중(兩重) 한 냥쯤 되는 무게. ⑩금 한 냥중.

돈   ②무게 열 푼을 단위로 되는 단위. ⑩금 한 돈. ⑪돈중.

리(釐) ④무게 단위에서 10분의 1푼.

방(磅) 파운드².

전(錢) ③무게 '열 푼'을 일컬음으로 한문 숫자 밑에 쓰는 말.

4) 시간 단위의 의존명사

가지 ②제기를 차기 시작한 때부터 땅에 떨어지기까지의 동안. ⑩너는 한 가지에 몇 번이나 차니?

개년(個年) 한자말 숫자 다음에 쓰이어 햇수를 나타내는 말. ⑩오 개년. 칠 개년.

개월(個月) 한자말 숫자 다음에 쓰이어 달수를 나타내는 말. ⑩삼 개월. 일 년 육 개월.

기(紀) 《지》지질시대의 나눔 단위의 하나. 대(代)를 나눈 것이다. 중생대를 삼척기, 쥐라기, 백악기로 나눈 것 따위.

교시(校時) 학교의 수업 시간의 단위. ⑩1교시, 3교시 시작.

년(年) 정월부터 섣달까지의 열두 달 동안. 한자말 다음에 주로 단위로 쓰인다. ⑩일 년에 한 번. 삼 년 세월.

녘² 어떤 무렵. ㉫해질 녘. 동이 틀 녘.

만 동안이 얼마 계속 되었음을 나타내는 말. ㉫그가 떠난 지 사흘 만에 돌아왔다. 그가 온 지가 꼭 두 해 만이다.

말(末) 어떤 기간의 '끝'이나 '끝 무렵'의 뜻. ㉫학기 말. 금년 말. 고려 말. ㉖초.

맡 ①어떤 일이 다 마쳐지려는 바로 앞과 뒤. ㉫집에 들어서는 맡에 웬 사람이 등을 쳤다. 그 말이 마저 끝나려던 맡에 제지를 당했다. 밥숟가락을 놓던 맡으로 뛰어 나갔다. ②해 오던 일의 도중에 얼마동안 멈추려는 바로 그때. ㉫읽는 맡에 다 읽어 치우자. 가던 맡인데 계속 가십시다.

머리 어떤 철이나 때가 시작되는 무렵. ㉫새벽 머리. 삼복 머리. 해질 머리. 음력 칠월 초순 머리.

무렵 어떤 때의 부근. ㉫동틀 무렵. 저녁 무렵. 1980년 무렵. 해방 무렵.

물 ①새 옷이나 빨아 입은 옷에 대하여 다음 빨래 때까지의 동안. ㉫몇 물 빤 옷이지만은 새 옷 같다. ④어떤 일이 한창인 때. ㉫그의 인기도 한 물 갔다. 그런 옷도 한 물 지난 것이다.

바람 ③어떤 기대나 기운이 일어나는 짧은 동안. ㉫단바람으로 집에까지 달려 왔다.

바탕 어떤 무렵이나 때. ㉫그 작가가 늙은 바탕에 쓴 걸작. 육십 바탕을 서넛쯤이나 넘었을 듯한 백발 노옹.《죽서루》

발(發) ①시간이나 땅이름을 나타내는 말 뒤에 쓰이어 '그 때' 또는 '그 곳에서 떠남'의 뜻. ㉫10시 30분 발 부산행 열차. 서울 발 여객기. ㉖착 ②시간이나 땅이름을 나타내는 말 뒤에 쓰이어 '그 때' 또는 '그 곳에서 보냄'의 뜻. ㉫5일 발 외신. 동경 발 ○○통신.

부¹² =분

분⁹(分) 한 시간의 60분의 1을 나타내는 단위. ㉫두 시간 오 분.

세(世) ① 《지》 지질시대를 나눈 단위의 하나. 기(紀)를 나눈 것이다.

적¹⁰ 용언의 관형사형. 어미 '-ㄴ/-은/-을' 따위의 다음에 쓰이어 그 동작이 진행되거나 그 상태가 나타나 있는 때를 나타냄. ㉫꽃이 필 적에. 나이가 어릴 적에. 내가 학생이 었을 적에. 한 번도 본 적이 없다. ①명사 뒤에 쓰이어 지나간 '그 때'를 나타냄.

（예）세 살 적에 찍은 사진. 처녀 적 생각이 난다. 태고 적 이야기.

일(日) '한 날'의 뜻으로 한자말 다음에 주로 날수를 새는 단위로 쓰인다. （예）삼 일 동안. 십 일이나 걸렸다.

조(朝) 한 계통의 임금이나 사람의 임금이 통치하는 동안 접미사처럼 쓰이기도 한다. （예）고 려조. 영조조.

지 동작이 있었던 때로부터 지금까지의 동안을 뜻하는 말. 반드시 'ㄴ(은)' 아래에만 쓰 인다. （예）내가 여기 온 지가 벌써 두 달이 넘었다.

초(初) 어떤 기간의 '처음'이나 '초기'의 뜻. （예）고려 초에. 금년 초에. 학기 초. ⑪말.

초(秒) ①한 시간을 삼백 육십 도막으로 고르게 나누었을 때 그 나누어진 하나하나의 시간 길이를 헤아리는 단위. （예）일 분 일 초.

5) 돈 단위의 의존명사

냥(兩) ①예전에 한 돈의 열 곱에 해당하는 돈의 액수를 나타내는 단위. （예）열 냥의 돈. ②'돈'을 뜻하는 명사 뒤에 곧바로 쓰이어 '약간의 냥'의 뜻을 나타낸다. （예）돈 냥이나 만진다.

닢(닙) ①돈을 세는 말. （예）엽전 한 닢.

돈³ ①옛날에 엽전 열 푼을 단위로 세는 단위. （예）금 한 돈 ⑪돈쭝

돈쭝(ㄷ重) =돈³. （예）금 서 돈쭝.

리(釐) ②돈 단위에서 10분의 1전.

분⁹(分) ④=푼③ （예）1전 5분.

원⁸ 1962년 6월 10일부터 시행한 우리나라 돈의 단위. 전의 100곱절

원⁹(元) ①조선 말기 돈의 단위. ②자유중국의 돈 단위의 하나. 1원은 10각이다.

원¹⁰(圓) ①1953년 2월 15일에 시행한 화폐개혁 이전의 돈 단위. 전의 100곱절 ③=엔³

전(錢) ①돈의 단위 곧 '원'의 백분의 일. ②옛날 엽전 '열 푼'을 일컬음으로 한문 숫자 밑에 쓰는 말

쾌 ①전날에 엽전 열 꾸러미, 곧 열 냥을 한 단위로 세는 말. ⑪관⁴①. ②이 말을 단위로 쓰는 명사 아래에 쓰이어 '약간의 쾌'를 나타낸다. （예）그는 엽전 쾌나 가졌다.

푼 　①한 돈을 열로 나눈 것의 하나, 곧 엽전 한 닢의 단위. ㉠엽전 두어 푼. ②돈을

　　적은 액수로 보아 세는 단위. ㉠돈 한 푼 없다. 몇 푼 안 되는 보상금. ㉢이 말을

　　단위로 쓰는 명사 뒤에 쓰여 '약간의 푼'을 나타낸다. ㉠돈 푼이나 있다고 거들먹거린다.

환(圜) ①《경》1953년 2월 15일부터 1962년 6월 9일까지의 우리나라 화폐단위의 하나.

　　②대한제국 때의 화폐단위.

6) 길이 단위의 의존명사

길 　①길이 단위의 한 가지. 여덟 자 또는 열 자. ㊀심[4]②. ②사람의 키와 한 길이.

리[2](厘/釐) 길이 단위에서 '분'의 10분의 일.

리[3](哩) 마일. ㉠시속 60마일.

리[4](浬) 해리[3]. ㉠오백 해리.

마(碼) =야드. ㉠광목 한 마 세 치.

바탕[2] ①활을 쏘아 살이 미치는 거리로 길이를 재는 단위. ㉠활 두 바탕 거리. 한 세 바탕쯤

　　떨어진 곳.

심(尋) ①노끈이나 물 깊이 따위를 재는 길이의 단위. 중국에서는 여덟 자. 우리나라에서는

　　여섯 자로 헤아린다.

장[20](丈) ①길이 단위의 한 가지. 한 장은 10척. ②한자로 된 숫자 아래에 붙이어 사람의

　　키를 나타내는 '길이'의 뜻으로 쓰는 말.

촌(寸) ①=치[7].

푼 　④한 치를 열로 나눈 길이의 단위. ㉠한 치 일곱 푼 되는 띠.

치[7] 한 자의 10분의 1에 해당하는 단위. ㉠한 자 세 치. 한 치의 땅. ㊀키.

촌 　①=촌[2]②.

7) 수량(용량/분량) 단위의 의존명사

가리 삼을 벗길 때 널어 말리려고 몇 꼭지씩 한 데에 한 줌 남짓하게 엮은 분량.

가웃 되. 말. 자의 수를 셀 때 그 단위의 반에 해당하는 수량.

나마 =남짓 ⑩반 년 나마의 멀고 고된 길이었지만…. 한 시간이나 나마를 뒤진 뒤에….

남짓 어떤 수량에 차고 조금 남는 정도. ⑩서 되 남짓…. 한 달 남짓. 스무 살 남짓. 열 개 남짓. 回나마²

매(枚) = 장²¹ ⑩원고지 열 장. 신문지 100장. □이 말을 단위로 쓰는 말과 함께 쓰이어 '약간'의 뜻을 나타냄. ⑩종이 매나 가지고 있다. 이 말은 종이의 수량을 나타낸다.

석⁴(石) =섬² ⑩공양미 삼백 석 [참고] '석'은 명사로서 곡식 따위의 용량을 나타내는 단위의 하나.

섬² ②곡식 따위의 용량을 나타내는 단위의 하나. 한 말의 열 곱절을 나타낸다. ⑩벼 한 섬. 보리 두 섬. 回석⁴.

□ 이 말을 단위로 쓰는 말과 함께 쓰이어 '약간 수의 섬'을 나타냄. ⑩벼 섬은 준비되어야 할 것이다.

분⁹ ③=몫 ⑩세 사람 분. 열 명 분. ⑤('분의'로 쓰이어) '몇 부분으로 나눈 가운데의'를 나타냄. ⑩3분의 1. 십분의 이.

보지락 농촌에서 빗물이 땅속에 스며들어간 깊이가 땅을 가는 데 보습이 들어갈 만큼만 된 정도로서 비가 내린 분량을 헤아리는 단위. ⑩봄비가 한 보지락 멋지게 내렸다.

승⁷(升) =되¹②. '되의' 뜻은 가루, 곡식, 액체 같은 것의 분량을 헤아리는 단위. 한 말을 열로 나눈 그 하나 또는 열 홉이 한 되가 된다. ⑩밀가루 한 되. 석 되의 쌀. 몇 되의 석유. 回됫박. 승⁷ □가루 곡식, 액체 같은 것을 가리키는 명사 아래 쓰이어 '다소의 되'를 나타낸다. ⑩좁쌀 되나 팔았다.

잎² 명주실 한 바람.

작(勺) 분량의 단위. 한 홉의 10분의 1을 나타내는 단위.

제(劑) 탕약 스무 첩 또는 그만한 분량으로 지은 한약이나 고약의 양을 단위로 일컫는 말. ⑩보약 한 제. 탕약 다섯 제. 몸에 사물탕이 좋다고 하여 두어 제 지어 먹었다. □이 말을 단위로 쓰는 명사 아래에 쓰이어 '약간 수의 제'의 뜻을 나타낸다. ⑩보약제나 자시면 효험이 있을 것입니다.

치 일정한 몫. ⑩하루 치 양식. 몇 달 치의 일거리. 세 사람 치의 일삯.

턱 ①=템 ⑩거리가 한 백리 턱은 된다. 한 시간 턱을 기다렸다. 밥을 반 그릇 턱이나 비웠다. ②주로 관형사 '그' 다음에 쓰이어 '일이 되어 가는 정도나 상태'의 뜻을 나타낸다. ㉔만날 그 턱이지 뭐 다를 게 있나.

템   수량을 나타내는 말 다음에 조사 '이나'와 함께 쓰이어 '어떤 수량에 이르는 정도'의 뜻을 나타낸다. ㉔두 달 템이나 걸리다니. 한 섬 템이나 먹는다. ㊂턱5①.

파(把)=줌③ '줌'의 뜻은 한 주먹으로 쥘 만한 분량의 단위. ㉔한 줌의 흙이지만 나에겐 의미가 크다.

판⁶(版)   책 따위에 쓰이는 종이의 크기를 나타내는 말. ㉔무슨 판으로 책은 찍는가? ㉠흔히 접미사처럼 쓰이기도 한다. ㉔사륙판. 사륙배판.

홉²   ①물건을 되어서 헤아리는 것의 단위. 한 되의 10분의 1에 해당한다.

가마¹   갈모. 쌈지 따위를 셀 때 백개를 단위로 일컫는 말. ㉔한 가마. 세 가마.

거리⁴   오이, 가지 따위의 수효를 셀 때, 50개를 단위로 일컫는 말. ㉔오이 한 거리. 가지 세 거리.

강다리³   쪼갠 장작을 셀 때. '백 개비'를 일컫는 단위. ㉔한 강다리하고 반이니 모두 백 쉰 개비가 된다.

리(厘/釐)   ①무게 단위에서 10분의 1푼. ②돈 단위에서 10분의 1전. ③길이 단위에서 '분'의 10분의 1.

8) 헤아리는 수 단위의 의존명사

가닥²   ①한 군데에 딸린 각 줄. ㉔가닥이 나다(지다). 여러 가닥으로 꼰 참바 ② ①의 수를 세는 단위. ㉔한 가닥. 두 가닥. ㊂교⁵ ③빛이나 물 흐름 따위의 줄기. ㉔한 가닥의 햇살. 한 가닥의 희망.

가지⁶   ①사물의 성질이나 특성에 따라 따로따로 구별되는 낱알을 단위로 일컫는 말. ㉔한 가지 문제. 여러 가지 일. ㉠이 단어를 단위로 명사 아래에 쓰이어 '몇몇 가지의 뜻'을 나타낸다. ㉔반찬 가지나 장만하여 차린 음식상.

거리²   무당의 굿이나 춤의 한 장면을 단위로 일컫는 말. ㉔춤 한 거리.

교⁴(校)   인쇄 교정의 번수를 나타내는 말.

교⁵(絞)   =가닥². ㉔삼 교. 오 교.

기¹¹(基)   ①무덤, 비석, 탑 따위를 세는 단위. ② 원자로, 유도탄 따위를 세는 단위.

기¹²(騎) 말을 탄 사람의 수를 세는 단위.

님² 바느질 소용으로 토막 친 실을 세는 말.

닢(닙) ①돈이나 가마니, 멍석 따위와 같은 납작한 물건의 낱낱을 세는 말. ㉠엽전 한 닢.
돗자리 두 닢. 멍석 한 닢.

②수¹⁷①=시나 노래를 세는 단위. ㉠시 한 닢. 노래 두 닢.

당(當) 주로 단위를 나타내는 명사 뒤에서 그 명사가 가리키는 '사물 하나하나 앞'의 뜻을
나타냄. ㉠땅이 평 당 얼마나 합니까? 머리 당. 근 당. 호 당. 일 당.

대⁹(臺) ①자동차, 비행기 또는 기계 따위를 세는 단위 ㉠자전거 한 대. 비행기 두 대.
윤전기 한 대. ②수 액수 따위를 뜻하는 말. 아래에 붙어서 '그 대체의 범위'를 나타내
는 말. ㉠백억 대의 재산가

두(頭) =마리 ㉠소 20두. 말을 몇 두나 기르시오?

리(厘) ①십진법에서 1,000분의 1을 일컫는 말.

량(輛) 열차의 차량의 수를 단위. ㉠화차 삼십 량.

마리² ①동물을 세는 단위. ㉠네 발 짐승을 셀 때 ㉠토끼 두 마리. ㊃두⁵. 필³. ㉡날짐승을
셀 때 ㉠참새 한 마리. ㊃수¹⁷. ㉢ 물고기나 벌레를 셀 때 ㉠조기 세 마리. 개미
한 마리. ㉣ 이 말을 단위로 쓰는 명사와 함께 쓰이어 '약간의 그 것'을 나타냄 ㉠붕
어 마리나 잡았다.

마리³《옛》시의 편수를 세는 단위

명(名) 숫자 아래에 붙여서 사람의 수효를 나타내는 말

모⁷ 두부, 묵 따위의 덩이를 세는 단위. ㉠두부 한 모. 묵 두 모.

모⁸(毛) 십진법에서 10,000분의 1을 일컫는 말.

문(文) 신발 치수의 단위.

문(問) 포나 기관포 따위를 세는 단위. ㉠대포 다섯 문.

발⁸(發) ①=방⁸①. ㉠총 한 방. 몇 방의 박격포. ②비행기 같은 것에 장치되어 있는 발포기
의 수를 나타내는 단위. ㉠4발 비행기

방⁸(放) 총포를 쏘거나 남포 따위를 터트리는 수의 단위. ㉠총을 한 방 놓았다. 남포가
서너 방 터졌다. ㊃발⁸. ②주먹 따위를 때리는 수. ㉠주먹 한 방에 나가 떨어졌다.
③방귀를 뀌는 수.

배(杯) 술이나 음료의 잔 수를 세는 단위. 예일 배 일 배 부일 배.

보[11] 저담이나 웅담 따위를 세는 단위. 예웅담 두 보. 산저담 세 보. 얼음 상자에서 양

　　한 보를 꺼내어 소금을 뿌려서 거피를 내고 이겼다.

본(本) 영화 필름의 한 편을 세는 단위. 예필름 한 본만 복사하였다.

분[8] ②사람을 세는 단위. 예두 분. 손님 몇 분

살(C설/C셜) ①나이를 세는 말 예한 살 두 살 ②잠[1]②.

새[7] 피륙의 날을 세는 단위. 날 실 여든 올을 한 새로 친다. 비승[8]

성(成) 환금의 순도를 나타내는 단위 이름. 순수한 정도를 십 등분하여 십 성이면 순금이라

　　한다.

수[1](首) ①시나 노래를 세는 단위. 예시 한 수. 시조 다섯 수.

　　②=마리[2]①ㄴ. 예닭 이십 수.

승[8](升) =새[7] 예7새 베. 9새 베.

연[11](連 ⊂영.ream) 양지 백장의 단위. 예한 연. 두 연.

영[8](영) 가죽 따위를 세는 단위 이름. 예호피 일 영. 양피 세 영.

영[9](齡) 누에의 나이를 세는 단위 이름. 잠과 잠 사이.

위(位) 신주 또는 위패에 모신 신의 수효를 셀 때에 쓰는 말. 예법당에 모셔져 있는 세

　　위의 큰 불상.

잎[2] ①명주실 한 바람. ② → 닢.

장(張) ①종이나 유리 따위의 얇고 넓적한 물건을 세는 데 쓰는 말. 예김 석 장. 유리 두

　　장. 종이 일곱 장. 비매[7]. ②활을 세는 단위. ③접미사처럼 쓰이어 '얇고 넓적한 물건

　　의 조각'의 뜻을 나타낸다. 예백지장. 종잇장.

자루[3] 이긴 물건을 세는 단위. 예연필 열 자루. 총 두 자루. 비정[13].

정(梃)=자루[3].

족족 '하나하나마다'의 뜻. 예보는 족족 잡아라. 가는 족족 정들여 놓았다. 오는 사람 족족

　　다 그 모양이야.

좌[4](座) 집, 불상, 거울 따위의 일정한 물체를 세는 단위. 예한옥 1좌. 불상 1좌.

채[7] ①집의 덩이를 세는 단위. 예오막살이 한 채. 기와집 세 채. 비동[9]. ②큰 기구 따위를

　　세는 단위. 예가마 한 채. 상여 두 채. 수레 몇 채. ③ 이불 따위를 세는 단위. 예이불

두 채. ④인삼 백근을 단위로 일컫는 말. ㉠두세 채의 인삼.

척(隻) 배의 수효를 세는 단위. ㉠배 두 척. 군함 몇 척.

초(秒) ①한 시간을 삼백 육십 도막으로 고르게 나누었을 때 그 나누어진 하나하나의 시간 길이를 헤아리는 단위. ㉠일 분 일 초. ②각도 일도를 삼백 육십으로 고르게 나누었을 때 그 나누어진 하나하나의 각도를 헤아리는 단위.

추²(錘) 방추의 수를 나타내는 단위. ㉠백 추.

축⁸ 오징어 스무 마리의 단위. 요즈음은 열 마리로 한다. ㉠오징어 한 축.

축⁹(軸) ①책 스무 권을 기준으로 하여 세는 단위. ②한지는 열 권, 두루마리는 하나를 기준으로 하여 종이를 세는 단위. ③예전에 과거를 볼 때 답안 열장을 하나로 묶어 세는 단위.

치⁷ 한 자의 10분의 1에 해당하는 단위. ㉠한 자 세 치. 한 치의 땅. ㈐촌²①.

쾌³ 북어 스무 마리를 한 단위로 세는 말. ㉠북어 한 쾌. ㉣단위로 쓰는 명사와 함께 쓰이어 몇몇 수의 그것을 나타낸다. ②전날에 엽전 열 꾸러미 곧 열 냥을 한 단위로 세는 말. ㈐관¹⁴ ㉣이 말을 단위로 쓰는 명사 아래에 쓰이어 '약간의 쾌'를 나타낸다. ㉠엽전 쾌나 가졌다.

타²(打) =다스 ㉠연필 한 타. 양말 두 타.

탕³ 어떤 일의 횟수를 나타낸다. ㉠오늘은 운행을 열 탕이나 했다.

테² 서려 놓은 실의 묶음을 세는 말. ㉠한 테. 두 테

톳² 김 따위의 마흔 장 또는 백 장을 한 묶음으로 세는 단위. ㉠김 한 톳. ㈐속⁶ ㉣이 말을 단위로 쓰는 명사 아래에 쓰이어 약간의 그것을 나타낸다. ㉠김 한 톳이나 샀다.

통¹¹(通) 서류나 편지를 세는 단위. ㉠한 통의 편지. 호적초본 세 통. ㉣이 말을 단위로 쓰는 명사 아래에 쓰이어 '몇몇의 통'의 뜻. ㉠그에게서도 편지 통이나 받았다.

평²(坪) ①여섯 자 평방으로 땅의 면적을 재는 단위. ㉠논 백 평. 열 평의 대지. ㈐보¹²③. ②여섯 자 입방으로 입체를 재는 단위. ③한 자 평방으로 헝겊, 유리, 벽 따위를 재는 단위. ④한 치 평방으로 조각 구리판 따위를 재는 단위. ⑤=조짐².

편(篇) ②시문 따위를 세는 단위. ㉠시 다섯 편과 수필 두 편. 몇 편의 논문.

9) 추상적인 뜻의 의존명사가 문맥에 따라 분명한 뜻을 나타내는 의존명사

것(건) ①관형격 조사 '의'나 관형사, 관형어 따위의 아래에 쓰이어 그 물건, 일(사실), 현상, 성질 따위를 나타내는 말. 예남의 것. 뉘 것이냐? 새것과 헌 것. 아름다운 것. 시키는 것. 책임 진 것. 먹을 것과 입을 것. 취할 것과 버릴 것. 준거¹. 예그렇고 그런 거야. ②관형어나 대명사 따위의 아래에 쓰이어 그 사람을 낮잡아 가리키는 말. 예젊은 것들. 너 같은 것이. 그까짓 것이 뭘 안다고. 준거¹. ③관형어 아래에 쓰이어 '확신'이나 '추측'을 나타낸다. 예그는 꼭 올 것이다. 내일 날씨는 좋을 것이다. 고생 끝에 복을 누리는 것이다. 준거¹. ④주로 글말에서 '-ㄹ꼴' 관형어 아래에 쓰이어 명령을 나타낸다. 예위험! 가까이 오지 말 것.

겸(兼) ①두 명사 사이에 쓰이어 그 명사들의 내용이 어우러짐을 나타내는 말. 예사무실 겸 가정집. 아침 겸 점심. 부총리 겸 경제기획원장관. ②어미 'ㄹ(을)' 아래나 '기' 아래에 쓰이어 그 일들을 나타내는 말. 예볼도 딸 겸, 임도 볼 겸. 놀 겸, 견학도 할겸 우리는 여행을 떠났다.

김 어떤 기회나 바람. 예만난 김에 내 부탁도 해 주렴. 온 김에 만나보자. 하던 김에 이 일도 해 치우자.

나마 =남짓('이상'의 뜻). 예한 시간이나마 걸렸다.

나름 명사나 동사 밑에 쓰이어 됨됨이 또는 하기에 달림을 나타내는 말. 예사람 나름. 물건 나름. 보기 나름. 먹을 나름. 자기 나름대로의 기준. 내 나름의 견해. 사람도 사람 나름이죠. 네 나름대로 하라.

대로 그 이끄는 짜임새를 부사어로만 되게 하는 의존명사의 하나. ①'그 상태로'의 뜻. 예놓인 대로 두어라. 본 대로 느낀 대로 쓸 것. ②'하는 바와 같이'의 뜻. 예말씀하신 대로 저도 그렇게 생각합니다. ③'~을 좇아서, ~하는 데 따라'의 뜻. 예시키는 대로 하겠다. ④'하는 족족'의 뜻. 예보는 대로 사 달라고 한다. 주는 대로 다 받아먹었다. ⑤용언의 관형형 다음에 쓰이어 '만큼'의 뜻을 나타낸다. 특히 '-ㄹ/-을/-ㄴ/-는/-은' 꼴 뒤에서는 '만큼'보다 센 뜻을 나타내기도 한다. 예되는 대로 하시오. 하고 싶은 대로 다 해 보았다. 좋은 대로 하시오.

데 ②'경우'나 '처지'를 나타내는 말. 예배 아픈 데에 잘 듣는 약. 일이 이렇게 된 데는 네게도 책임이 있다. ③'일'이나 '것'의 뜻을 나타내는 말. 몐그를 설득하는 데에 며칠이 걸렸다.

둥 ①용언의 관형사형 '-ㄴ/-는/-은/-ㄹ/-을' 아래와 주로 '말다'의 관형사형('마는', '만', '말') 아래에 '-둥, -둥' 꼴로 거듭 쓰이어 '것 같은'의 뜻을 나타낸다. 몐보는 둥 마는 둥 했다. 갈 둥 말 둥. 좋은 둥 만 둥. ② '-는 둥'으로 거듭 쓰이어 '이렇게 한다거니 저렇게 한다거니' 또는 '이렇다거니 저렇다거니'의 뜻을 나타낸다. 몐가겠다는 둥 안 가겠다는 둥. 둥굴다는 둥 모 났다는 둥 서로 생각이 달랐다. 믿을 만한 사람이라는 둥 아니라는 둥 말들이 오갔다.

듯 ①'추측'의 뜻을 나타낸다. 몐바람이 부는 듯 전선이 울고 있다. ②'거짓으로 꾸며져 있음'의 뜻을 나타낸다. 몐퍽 겸손한 듯 행동하지만 잘 아는 듯 이야기를 한다. ③듯 - 하다. 몐비가 올(오는, 온) 듯 하다. 囲-듯 싶다. '땀이 비 오듯 하다'에서 동사의 어간 다음에 '-듯'이 쓰이어 비유의 의미를 나타낼 때의 '-듯'은 어미이다. 이 때 '-듯'은 뒤에 오는 '하다'와는 별개의 단어이므로 띄어 쓴다. '듯이'는 '듯'의 힘줌말. 몐부러운 듯이 바라본다.

따름 관형사형 '다음'으로 된 용언 아래에 쓰이어 '오로지 그것'의 뜻을 나타낸다. 몐그저 웃기만 할 따름이다. 진리는 하나만 있을 따름이다.

따위 ①다름 말 아래에 쓰이어 '그와 같은 종류'의 뜻을 나타냄. 몐두부, 콩나물 따위의 찬거리를 샀다. ②그런 따위 말하는 대상을 하찮게 일컫는 말. 몐네 따위가 뭘 안다고. 이 따위를 어디다 쓴담. 두려움 따위는 없다. 철수 따위는 상대도 안한다. 일을 이 따위로 밖에 못하겠니?

리⁵(理) 씨끝 'ㄹ'다음에 '있다', '없다' 따위와 함께 쓰이어 '까닭', '이치'의 뜻을 나타내는 말. 몐그럴 리가 있나? 오르고 또 오르면 못 오를 리 없건마는…. 있을 리 없다.

만⁵ ①명사나 동사의 '-ㄹ/-을' 아래에서 '그 정도에 이를'의 뜻을 나타낸다. 몐나의 재주가 너 만(이야) 못하랴? 짐승 만도 못한 사람. ②동사의 '-ㄹ/-을' 아래에 쓰이어 그렇게 할 '값어치 있음'을 나타낸다. 몐한 번쯤 볼 만도(은, 이야) 한데. ③-만하다 몐밥을 먹을 만한 나이.

만큼 ②(용언의 '-ㄴ/-는/-은' 꼴 뒤에 쓰이어) 까닭이나 근거를 나타낸다. 몐질이 좋은 만큼 싸겠지. 아는 만큼 가르쳐 주지. 囲만치

망정 '-기에', -니', -니까', '-아(서)', '-이야' 따위의 다음에 '망정이지'로 쓰이어 '괜찮거나 잘 된 일'의 뜻을 나타낸다. 예급히 왔기에 망정이지 하마터면 큰일 날 뻔했다. 마침 돈이 있었으니 망정이지 안 그랬으면 영락없이 남의 손에 넘어가는 거였다.

머리² ②일의 한 차례나 한 판. 예한 머리 싸움이 지나고 산골짝엔 다시 뻐꾸기 소리가 퍼졌다. ③한 쪽 옆이나 한 쪽 가장자리. 예배추를 한 머리에서 뽑고 한 머리에선 손질을 하였다. ㄱ 뒷가지처럼 쓰이기도 한다. 예논머리. 밭머리. 상머리. ④어떤 철이나 때가 시작되는 무렵. 예새벽 머리. 삼복 머리. 해질 머리. 음력 칠월 초순 머리.

며리 '-ㄹ'꼴 관형어 다음에 쓰이어 '까닭'이나 '필요'의 뜻을 나타낸다. 예시비를 따질 수도 있겠지만 그럴 며리가 도무지 없다. 폐를 끼칠 며리가 없지 않은가?

바⁴ ①용언의 관형사형 '-ㄴ/-은/-는'과 '-ㄹ/-을', '던' 다음에 쓰이어 앞 말의 그 내용(사실)이나 일 따위를 나타내는 말 예내가 본 바를 말하겠다. 말하는 바에 따라. 우리가 할 바가 무엇이냐? 내가 생각하던 바와는 다르다. ②'방법'을 나타낸다. 예어찌할 바를 모르겠다. ③주로 '-에'로 쓰이어 '기회', '경우' 따위를 나타낸다. 예여기까지 온 바에 그를 만나지 않을 수 없다. 고생을 하는 바에 좀 더 견딥시다. 이왕 늦은 바에 더 놀다 가렴. 거기에 갈 바에는 이것을 가지고 가지. 어차피 매를 맞을 바에는 먼저 맞겠다.

바람³ ①어떤 일에 더불어 일어나는 기세. 예술 바람에 할 말을 다했다. ②용언의 관형사형 '-ㄴ/-은/-는' 다음에 쓰이어 '원인'이나 '근거' 등을 나타내는 말. 예모두 웃는 바람에 잠시 어리둥절했다. ③어떤 기세나 기운이 일어나는 짧은 동안. 예단 바람으로 집에까지 달려 왔다. ④몸에 차려야 할 것을 차리지 않고 있는 행색. 예저고리 바람으로 나들이를 할 수는 없소. 버선 바람으로 달려 나갔다.

배⁸ '바이'의 준말로 '바가'의 뜻. 예그들이 무어라 말하든 내 알 배 아니다.

부¹¹(附) 날짜를 나타내는 말 다음에 쓰이어 그 날짜로 발행되거나 효력이 발생된 것임을 나타냄. 예3월 1일 부 신문. 오늘 부로 과장직에 임명한다. 내일 부로 사표를 내겠다.

뿐¹ ①용언의 '-ㄹ/-을/' 꼴 아래에서 '다만 그리하거나 그렇게 할 따름'이라는 뜻을 나타냄. 예좋을 뿐 아니라 값도 싸다. 들었을 뿐이고 보지는 못했다. ②서술형어미 '-다' 아래에 쓰이어 '오직 그렇게 하거나 그러하다는 것만 한정함'을 나타낸다. 예왔다

뿐이지 볼 수가 없었다. 돈만 없다 뿐이지 다른 것은 다 갖춘 신랑감이다.

사[8](事) 지시, 명령, 경고 따위의 글에서 용언의 '-ㄹ/-을' 관형사형에 이어 '일' 또는 '것'의 뜻을 나타냄. ㉠면회인은 반드시 수위실을 경유할 사. 규장각을 혁파할 사.

살 나이를 세는 말. ㉠한 살. 두 살. ②→잠[2].

성[8] 용언의 관형사형 '-ㄴ/-은/-ㄹ/-을/ㄴ/-는' 아래에 '싶다' 따위와 함께 쓰이어 '것 같다'의 뜻을 나타낸다. '-ㄹ/-을' 아래에서는 '가능성'의 뜻을 띠기도 한다. [보형] [여불]성하다. ㊝성싶다.

손[8] 주로 용언의 끝 '-다'와 관형사형 '-ㄹ'의 아래에 '셈'의 뜻으로 쓰이는 말. ㉠철이 없다 손 치더라도. 그대로 흐지부지 넘긴다 손 치자. 못 만날 손 치더라도.

양 ①용언의 관형사형 '-ㄴ/-은/-는' 아래에 쓰이어 '모양, …처럼'의 뜻을 나타낸다. ㉠마치 학자인 양으로 말한다. 아는 것도 모르는 양(을) 했다. ②용언의 관형사형 '-ㄹ/-을' 아래에 쓰이어 '하고자 하는 생각'의 뜻을 나타낸다. ㉠데려갈 양으로 한다. 공부를 할 양이면 마음을 가다듬어야지. 양-하다. [보형] [여불][1]. ㉠돈이 있는 양했다. 다정도 병인 양하여 잠 못 들어 하노라.

장(張) ①종이나 유리 따위의 얇고 넓적한 물건을 세는 데 쓰는 말. ㉠김 석 장. 유리 두 장. 종이 일곱 장. ㊝매[7]. ②활을 세는 단위. ③접미사처럼 쓰이어 '얇고 넓적한 물건의 조각'의 뜻을 나타낸다. ㉠백지장. 종잇장.

저[4](著) 저술, 저작의 뜻. '지음'으로 순화.

조(條) ①'조목'이나 '조항'의 뜻. ㉠헌법 제1조. ②어떤 조건. ㉠집을 계약하는 조로 20만 원을 주었다. 상금 조로 받은 돈.

줄[4] '-ㄴ/-ㄹ' 관형사형 아래에 쓰이어 '사실', '방법', '셈속' 따위를 나타냄. ㉠먹을 줄 안다. 그런 줄을 몰랐다. 그는 이것을 자기 것이라 할 줄밖에 모른다.

지(指) '손가락'을 뜻하는 말. 한자어의 수 밑에 쓰인다. ㉠십 지 안에 든다.

집(輯) 이시나 문장 따위를 엮어 낸 차례의 책.

차 동사의 '-던' 꼴 다음에 쓰이어 그러한 '기회'의 뜻. ㉠떠나려던 차에. 심심하던 차였는데 잘 오셨습니다.

착(着) 땅이름이나 시간을 나타내는 말 뒤에 쓰이어 '다다름'의 뜻. ㉠김포공항 착. 15일 착. 12시 착. ㊙발[9].

채 ①용언의 '-은/-는' 뒤에 쓰이어 어떤 상태 '그대로'의 뜻 ⑩꿩을 산 채로 잡았다. 앉은 채로 잠을 잤다. ②째 〈평북〉

척⁴ =체 ⑩모른 척 딴전만 부린다. 꽤나 잘난 척을 한다. 척-하다. [보형] [여불] ⑩한 잔 술에 취한 척한다.

척⁵(尺)=자¹②.

치⁵ ②어떤 곳에 있거나 어떤 것에서 나는 물건. ⑩속의 치. 옛날 치. 사과는 대구 치가 좋다.

치⁶ 일정한 몫. ⑩하루 치 양식. 몇 날 치의 일거리. 세 사람 치의 일거리.

터 ①동사나 형용사의 끝 'ㄹ' 뒤에 쓰이어 '예정'이나 '추측'의 뜻을 나타내는 말. ⑩내가 갈 터이다. 그것이 좋을 터이다. ② 동사나 형용사의 끝 '-ㄹ' 뒤에 쓰이어 '형편'이나 '처지'의 뜻을 나타낸다. ⑩세끼를 굶은 터에 찬밥 더운밥을 가리겠느냐?

턱⁵ ①=템. ⑩거리가 백 리 턱은 된다. 한 시간 턱을 기다렸다. 밥을 한 그릇 턱이나 비웠다. ②주로 관형사 '그' 다음에 쓰이어 '일이 되어가는 정도나 상태'의 뜻을 나타냄. ⑩만날 그 턱이지 뭐 다를 게 있나.

테 의존명사 '터'에 '이'가 합치어 줄어진 말. '-ㄹ' 관형어 아래에 쓰이어 '작정'이나 '예정'의 뜻을 나타냄. ⑩나도 갈 테다. 할 테면 해 봐.

통 주로 체언 아래에서 '통에'로 쓰이어 어떤 일이 벌어진 판국이나 기회. ⑩난리 통에 온갖 고생을 하고, 싸움 통에 끼이다. 장마 통에 농작물이 잠겼다. 그 통에 깜짝 놀라 잠을 깨기는 하였지만.《유치진 원술랑》②용언의 '-ㄴ/-은/-는' 꼴 아래에 '통에'로 쓰이어 '까닭', '근거' 따위를 나타냄. ⑩누가 고함을 지르는 통에 잠이 깨어 버렸다. 사람이 많은 통에 그를 만날 수가 없었다.

판(版) 책 따위에 쓰이는 종이의 크기를 나타내는 말. ⑩무슨 판으로 책을 찍는가? ㄱ흔히 접미사처럼 쓰이기도 한다. ⑩사륙판, 사륙 배판, 신국판.

편⁵(便) 사람이 오고가거나 물건을 부쳐 보내는 데에 이용하는 기회나 수단. ⑩자동차 편. 비행기 편. 그 사람 편에 보냈다. 내려가는 기차 편을 이용하였다.

편⁶(篇) ①책 속에서 같은 분야나 갈래끼리 크게 가른 한 부분. ⑩그 문학 전집은 소설, 시, 희곡 등 다섯 편으로 되어 있다.

편⁷(編) 사람이나 단체 이름 아래에서 '편찬'의 뜻. ⑩교육부 편 국어 교과서.

폭 ①'-은/-는' 관형사형으로 된 용언 다음에 쓰이어 '그러한 종류에 딸린 것'의 뜻을 나타냄. 예열차도 안전한 폭이긴 합니다. 그이도 술을 좀 먹는 폭이지요. ②두 일을 견주어 놓고, 좋고 나쁨을 가리는 말에서 '이', '그' 또는 '-는' 관형사형으로 된 동사 다음에 형용사와 더불어 쓰이어 '그러한 일의 쪽'의 뜻을 나타냄. 예섣불리 아는 것보다 모르는 폭이 낫다. 차라리 그 폭이 좋겠군요. ③'-은/-는' 관형사형으로 된 동사 다음에 쓰이어 '그렇게 헤아리거나 인정하는 쪽'의 뜻을 나타낸다. 예안 먹었어도 먹은 폭으로 치자. 다시 태어난 폭 잡고…. 날짜로 치면 이틀은 걸린 폭이다. 일종의 비상경계령이 내려진 폭이 되었다. ④'정도'나 '수량'을 뜻하는 말 다음에 쓰이어 '그러한 정도에 해당하는 크기'의 뜻을 나타냄. 예키가 나의 절반 폭밖에 안 된다. 사과를 네 개 폭은 먹었다.

품 '-ㄴ /-는' 관형사형 동사 아래에 쓰이어 그 '동작이나 됨됨이'의 뜻을 나타냄. 예서두르는 품이 퍽 다급했나 보다. 말하는 품을 보니 여간 아니겠다. 생긴 품이 말이 아니다.

해[6] 사람을 나타내는 명사 다음에 쓰이어 '것'의 뜻으로 '소유'를 나타내는 말. 예내 해. 네 해. 뉘 해.

10) 차례의 뜻을 나타내는 의존명사

대(代) 세대나 지위의 차례를 세는 단위. 이 '대'는 나로부터 위로 조상 쪽으로 거슬러 올라가면서 차례를 헤아릴 때 쓰는데 '나'는 포함되지 않는다. 예를 들면 '나의 4대조'라고 하면 '아버지→할아버지→증조부→고조부'로 되는데 '고조부'가 나의 4대조가 된다.

물[5] ②농산물이나 해산물 따위가 얼마 동안의 사이를 두고 한 목 한 목 무리로 나오는 차례. ③누에 슬어 놓은 차례.

바탕 ②어떤 일의 한 차례. 예씨름을 몇 바탕 했으나 모두 지고 말았다. 장기를 한두 바탕 두다가 그만 싸움이 벌어졌다.

세(世) ①가계나 지위의 차례를 나타내는 단위의 하나. 예3세 손. 4세 손. 나폴레옹 3세. 록펠러 2세. 이 '세'는 조상으로부터 아래로 내려오면서 차례를 셀 때 쓰는 말인데 '나'를 포함해서 차례를 나타내어야 한다. 예로 '3세 손' 하면 '할아버지→아버지→나' 이렇게 해서 '나'는 '할아버지 3세 손'이 된다.

홰   새벽에 닭이 홰를 치고 우는 차례를 세는 말. ㉄닭이 세 홰 째 운다. 홰를 치다.

　　　새 따위가 날개를 벌리고 탁탁 치다.

회(回) 한자말 수사 아래에 쓰이어 돌아오는 차례를 나타내는 말 ㉄제1회. 제5회. 발표회.

11) 약간의 뜻을 나타내는 의존명사

가지 '가지'를 단위로 쓰는 명사 아래에 쓰이어 '몇몇 가지의 뜻'을 나타냄. ㉄반찬 가지나

　　　장만하여 차린 음식상.

근(斤) 600g에 해당하는 재래의 무게 단위. 375g을 기준으로 하기도 한다. ㉠이 말을

　　　단위로 쓰는 명사 아래에 쓰이어 '약간의 근'의 뜻을 나타냄. ㉄고기 근이나 사야지.

나마² =남짓 ㉄반년 나마의 멀고 고된 길이었지만…. 한 시간 나마를 뒤진 뒤에….

남짓 어떤 수량에 차고 조금 남는 정도. ㉄서 되 남짓. 한 달 남짓. 스무 살 남짓. 열

　　　개 남짓. ㉫나마².

냥   '돈'을 뜻하는 명사 뒤에 곧바로 쓰이어 '약간의 냥'의 뜻을 나타냄. ㉄돈 냥이나

　　　만진다.

마리 '마리'를 단위로 쓰는 명사와 함께 쓰이어 '약간의 그것'을 나타냄. ㉄붕어 마리나

　　　잡았다.

마지기 이 말을 단위로 쓰는 명사 아래에 쓰이어 '약간의 마지기'를 나타냄. ㉄거기에는

　　　논 마지기나 가지고 있다.

매(枚) 이 말을 단위로 쓰는 말과 함께 쓰이어 '약간'의 뜻을 나타냄. ㉄종이 매나 가지고

　　　있다.

제(劑) 이 말을 단위로 쓰는 명사 아래에 쓰이어 '약간의 수의 제'의 뜻을 나타낸다. ㉄보약

　　　제나 자시면 효험이 있을 것입니다.

쾌   ①이 말을 단위로 쓰는 명사 아래에 쓰이어 '약간의 쾌'를 나타낸다. ㉄엽전 쾌나

　　　가졌다. ②단위로 쓰는 명사와 함께 쓰이어 '몇몇 수의 그것'을 나타낸다. ㉄북어

　　　쾌나 샀다.

푼   이 말을 단위로 쓰는 명사 아래에 쓰이어 '약간의 푼'을 나타낸다. ㉄돈 푼이나 있다

　　　고 거들먹거린다. 위에 낱말 이외에도 단위로 쓰이는 말은 대개 위와 같이 쓰이는

일이 많다. 예를 들면 '마지기', '통(通)', '톳', '타(打)=다스', '칸– 집 칸이나 마련했
나?', '채– 집 채나 가지고 있나?', '축(軸)– 종이 축이나 팔렸나?', '척(隻)– 배 척이
나 가졌다고 까분다.', '연(連)– 종이 연이나 있나?', '살=나이 살이나 먹었나?', '손–
고기 손이나 샀다.', '되–곡식 되나 있나?', '잔²– 술 잔이나 마셨나?', '모– 두부
모나 샀나?', '권(卷)– 책 권이나 있나?' 등이다.

12) 도수(度數)의 의존명사

도(度) ①《수》각도의 단위. 보통 숫자 어깨에 °를 두어 나타낸다. 예)90°, 360° 따위.
　　②《지》경도, 위도의 단위. ③《물》순도의 단위. 예)섭씨 100도. ④《악》음정을
　　나타내는 단위. 예)완전 5도. 감 3도. ⑤ 횟수를 세는 말 .예)4도 인쇄. ⑥《화》경도,
　　비중, 농도를 나타내는 단위. 예)30도 소주.
분⁹(分) ②각도나 경위도에서 1도의 60분의 1을 나타내는 단위. 예)30도 5분.
부¹²(일 分) →분.
초(秒) ②각도 1도를 삼백육십으로 고르게 나누었을 때, 그 나누어진 하나하나의 각도를
　　헤아리는 단위.

13) 속도 및 거리 단위의 의존명사

리¹(里) 약 0.4㎞쯤 되는 거리의 단위.
리³(哩) =마일. 거리를 나타내는 단위의 하나. 1마일은 대략 1.6㎞ 쯤 된다. 영리⁴ 예)시속
　　60마일
리⁴(浬) =해리³. 해상에서 거리를 나타내는 단위. 위도 1도의 60분의 1, 약 1.85㎞에 해당
　　한다. 비)리⁴. 예)오백 해리
마신(馬身) 경마에서 말 한 마리의 길이로써 재는 거리의 단위. 예)2등을 한 말이 2마신
　　차이로 들어왔다.
보¹²(步) ①주척으로 여섯 자 되는 길이를 단위로 하여 거리를 재는 단위. ②=걸음⁴ 예)십
　　보 앞으로. ③=평²①.

영리⁴(英里) =마일.

정(町) ①거리의 단위. 간의 60배에 해당한다.

14) 정도의 의존명사

듯 ①용언의 관형사형 '-ㄴ/-은/-는/-ㄹ/-을' 아래에 쓰이어 '비슷하거나 같은 정도'
의 뜻을 나타낸다. ㉠조는 듯 꾸벅거리고 있다. 부러운 듯 바라보고 있다. 속이 타는
듯 했다.

만⁵ ①명사나 동사의 '-ㄹ/-을' 아래에서 그 '정도의 이름'의 뜻을 나타낸다. ㉠나의 재
주가 너 만(이야) 못하랴. 짐승 만(도) 못한 사람.

만치 =만큼¹.

분⁹(分) ⑤('분의'로 쓰이어) '몇 부분으로 나눈 가운데의'를 나타낸다. ㉠3분의 1.

15) 복수를 뜻하는 의존명사

들 ①앞에 들어 보인 사물 모두. ㉠김씨, 이씨, 박씨 들 세 분이 왔다 가셨다오. 〔비〕등⁷①.
②앞에 들어 보인 사물과 같은 그 밖의 것이 더 있음을 나타낸다. ㉠서울, 부산,
대구 등, 큰 도시에는 인구 문제가 심각하다. 〔비〕등⁷①.

등⁷ =들². ㉠철수, 영수 등이 왔다. ②=등등

등등 여러 사물을 죽 들어 말하다가 그 밖의 몇몇을 줄임을 나타낸다. 명사 뒤에나 어미
'-ㄴ' 뒤에 쓰인다. ㉠떡, 밥, 술 등등 무척 먹어댄다. 글도 짓고, 그림도 그리고,
노래도 하는 등등 재미있게 즐겼다. 〔비〕등⁷②

16) 나이를 뜻하는 의존명사

살⁵(ㄷ설/ㄷ셜) ① 나이를 세는 말. ㉠한 살. 두 살. ②→잠¹②.

세(歲) 한자말 숫자 다음에 쓰이어 '살'을 나타내는 말. ㉠금년 십오 세. 만 이십 세.

영(齡) 누에의 나이를 세는 단위 이름. 잠과 잠 사이.

하(夏)《불》중이 된 뒤로부터의 나이를 셀 때에 쓰는 말. ㉎대교사는 법랍이 20하 이상이
　　라야 함.

17) 곳 또는 처지와 경우를 뜻하는 의존명사

게　'살고 있는 곳'의 뜻. ㉎우리 게는 올해 풍년인데 자네 게의 농사는 어떤가?

데　①'곳'을 나타내는 말. ㉎깊은 데. 사는 데. 갈 데가 없다. ②'경우'나 '처지'를 나타낸
　　다. ㉎배 아픈 데에 잘 듣는 약. 일이 이렇게 된 데는 네게도 책임이 있다.

1.1.2.2. 외래어로서 국어의 의존명사가 된 것들

여기서도 뜻에 따라 분류하여 설명하기로 한다.

1) 돈 단위의 의존명사

랜드(영.rand) 남아프리카의 기본 돈 단위.

루불(러.rubl) 러시아 및 소련의 화폐의 기본 단위.

루피(영.rupee) 인도, 파키스탄, 스리랑카 화폐의 기본 단위.

리라(이.lira) 이태리의 기본 돈 단위.

센트(미.cent) 미국 돈의 단위 이름. 100cent가 1달러가 된다. ㉑선[11]=센트.

엔[2](일.yen C 円) ①일본 화폐 단위의 하나. '센'의 100배 ㉑[10] ②1953년 2월 15일에
　　시행한 화폐 개혁 이전의 돈 단위. 전의 100곱절 ②=엔[2].

페니(영.penny) 영국 돈의 단위. 1실링의 12분의 1이며 그 복수는 펜스라 한다.

페니히(도.pfennig) 독일 돈의 단위. 마르크의 100분의 1에 해당하는 동전이다.

페세타(스.peseta) 에스파냐 돈의 단위.

펜스[2](영.pence) 영국 돈의 단위. '페니'의 복수

프랑(프.franc) 프랑스, 스위스, 벨기에의 돈 단위.

2) 힘, 압력 단위의 의존명사

가우스(도.gause)《물》독일의 물리학자 가우스가 제창한 자속의 밀도를 나타내는 시지에스
　　(C.G.S) 단위. 1전자 단위의 자기량을 가지는 자속에 1다인의 힘을 미치는 세기이다.

그램중(영.gram重)《물》표준 중력에서 1g 질량의 물체가 나타내는 중력과 같은 힘의
　　단위. 980.665다인과 같다. 기호 g중 또는 gw.

마이크로퀴리(C영.microcurie) 100만분의 1퀴리.

메가바(영.megabar)《물》㎠에 대하여 100만 다인의 힘이 주어질 때의 압력 단위. 기상
　　학에서는 이 압력을 '1바'로 한다.

밀리바(영.Millibar) 주로 기압을 재는 데에 쓰이는 압력의 단위. 1,000분의 1바. 기호는
　　mb 또는 mbar.

밀리볼트(영.millivort)《물》1볼트의 1,000분의 1 볼트. 기호 mV.

밀리암페어(영.miliampere)《물》1,000분의 1암페어. 기호 mA.

바[5](영.bar)《물》압력의 절대 단위. 1㎠에 대하여 100만 다인의 힘이 작용할 때의 압력
　　단위.

킬로퀴리(⊏프.kilocurie)《물》1,000전자볼트가 되는 방사능의 단위.

킬로그램중(영.killogram重)《물》힘의 단위. 1그램 중의 1,000배. 기호 Kgw, Kgf.

킬로볼트(영.kil Lovolt)《물》1,000볼트를 나타내는 단위. 기호 ㎸.

킬로암페어(⊏영.kiloampere)《물》1,000암페어를 나타내는 단위. 기호 kA.

킬로와트(영.kilowatt)《물》1,000와트를 나타내는 단위. 기호 kkW. 준킬로

킬로(그,영.kilo) 킬로와트, 킬로그램, 킬로미터의 준말.

킬로와트시(영.kilowatt-hour)《물》1,000와트시를 나타내는 단위. 기호 kwh.

킬로전자볼트(영.kilo전자volt)《물》1,000전자볼트를 나타내는 단위. 기호 keV.

킬로퀴리(⊏프.kilocurie)《물》1,000전자볼트가 되는 방사능의 단위.

3) 양 또는 단위의 의존명사

갈(프.gal) 가속도의 시지에스(C.G.S) 단위. 1cm/sec^2.

갤런(영.gallon) 영국의 부피 단위로 기호는 gal, 약 4.546 ℓ 이다. 미국의 1갤런은 3.785 ℓ 이다.

그램칼로리(영.gramcalorie) 칼로리를 킬로그램칼로리에 대하여 일컫는 말.

그로스(프.grosse) 열두 다스 곧 백마흔네 개.

래드(영.rad) 물체에 쬔 방사선 분량의 단위. 방사선 종류에 관계없이 물체 1g에 100에르그를 받을 경우를 1래드라 한다.

럭스(영.lux) 《물》1촉광의 광원이 1m 거리에 있는 1㎡를 비치는 밝기의 단위. 기호 lx.

루멘(도.lumen) 《물》빛과 발(광속)의 단위. 1칼델라의 점광원을 중심으로 1m 반지름의 구면에 1㎡의 넓이를 비추는 빛다발.

리터(영.liter,litre) 미터법에서 1입방 데시미터, 곧 약 5홉 5작에 해당하는 들이의 단위. 기호 ℓ 또는 lit.

림(영.ream) 양지를 세는 단위. 보통 480장인데 신문용지는 500장이다.

메가바이트(영.megabyte) 데이터의 양을 나타내는 단위의 하나. 1,024킬로바이트 또는 1,048,576 바이트. 기호 MB.

메가사이클(C프.megacycle) 《물》100만 사이클. 기호 M.C. 비메가헤르츠

메가헤르츠(프.mega 도Hertz) 《물》=메가사이클

메시(영.mesh) 쳇눈 또는 가루 알갱이의 크기를 나타내는 단위. 보통 1㎠에 뚫린 구멍의 수로 나타낸다.

모(mho) 《물》전기전도율의 실용 단위. 단면 1㎠ 길이 1cm의 도체의 전기저항이 1Ω일 때에 그 물체의 전도율을 가리킨다. 'ohm'을 거꾸로 한 말로 기호도 ℧로 쓴다.

옴(도.ohm) 《물》전기저항의 실용 단위. 두 끝에 1볼트의 전위치가 있는 도선에 1암페어의 전류가 흐를 때, 그 도선이 작용하는 저항. 기호 Ω.

미크론(그.micron) 전기 음향의 파장 분자와 분자 사이의 거리. 미생물의 크기 같은 것을 재는 단위. 1㎜의 1,000분의 1에 해당하며 기호는 'μ'로 나타낸다.

밀리뢴트겐(도.milliröntgen) 1,000분의 1뢴트겐.

밀리리터(영.millitre) 1,000분의 1리터. 기호 ml.

밀리몰(millimel) 《화》농도의 단위. 1,000분의 1몰.

밀리와트(milliwatt) 1,000분의 1와트. 기호. mW.

바이트(영.byte) =정보 단위.

센티리터(영.centiliter) 100분의 1리터. 기호 cl.

에이커(영.acre) 땅 넓이의 영국 단위. 약 4,047㎡.

와트시(영.watt時)《물》전기에너지의 실용 단위. 1와트의 전력으로써 한 시간에 하는 일의 양.

와트초(미.watt秒)《물》1와트의 전력으로써 1초 동안에 하는 일의 양.

줄(영.joule)《물》일과 에너지의 절대 단위. 1천만 에르그를 1줄이라 한다.

칸델라(도.candela)《물》광도의 단위. 1.769℃에서의 흑색 1㎠당 광도 60분의 1로서 1948년 국제도량형 총회에서 결정하였다. 기호 cd.

캘럿(영.carat) 금의 순도를 나타내는 단위. 순금을 24로 하고 24분의 1을 1캐럿이라 한다. 기호 k. kt.

쿼드(영.quart) 야드, 파운드 법에서의 양의 한 단위. 4분의 1갤런. 미국에서는 약 0.95ℓ, 영국에서는 약 1.11ℓ에 해당한다.

퀴리(프.curie)《물》방사능 물질의 양을 나타내는 단위. 라듐 1g과 같은 방사능을 가진 질량이다. 기호 C.

킬로그램미터(영.kilogrammeter) 일의 단위. 1킬로그램의 물체를 높이 1미터 끌어 올리는데 필요한 양의 분량.

킬로리터(영.kiloliter) 1,000리터를 나타내는 단위. 기호 kl.

킬로바이트(kilobyte) 데이터의 양을 나타내는 단위의 하나. 1,024바이트를 말한다. 기호 Kb. 단이 단위가 기억장치의 용량을 나타내는데 사용되면 kb 대신 k를 사용한다.

킬로사이클(영.kilocycle)《물》1,000사이클을 나타내는 단위.

킬로칼로리(C영.kilocaloie) 1,000칼로리를 나타내는 열량의 단위. 기호 cal, kcal. ⓑ킬로그램칼로리.

킬로헤르츠(도.kilohertz)《물》1,000헤르츠를 나타내는 단위. 기호 kHz.

쿨롬(프.coulom)《물》전하량의 실용 단위. 1암페어의 전류가 1초 동안 운반하는 전하량이다.

텍스(프.tex) 실의 굵기를 나타내는 국제표준화기구 단위의 하나. 길이 1,000m의 무게가 1g이 되는 실의 굵기를 1텍스로 한다. 숫자가 작을수록 실이 가늘다.

톤(영.ton) 들이의 단위. 기차 화물은 100입방피트(약 2.783 입방미터). 기선화물은 40입방피트(약 1.113입방미터). 기선의 짐 싣는 들이는 100입방피트(약 2.823입방미터)를 각각 1톤으로 하여 군함의 크기를 나타내는 배수량. 톤수는 영국, 톤수로 나타낸다.

폰(영.phon) 소리의 크기 단위.

피피엠(영.PPM. C parts per million) 농도의 단위로 1피피엠은 10^{-6}이다.

헥타르(영.hectare) 100아르를 나타내는 단위. 곧 10,000㎡에 해당한다. 기호ha.

헥토리터(영.hectolitre) 100리터를 나타내는 단위. 기호 hl.

4) 무게 단위의 의존명사

그램(영.gram) 미터법에 따른 무게 단위. 4℃의 물 1㎤의 무게를 표준한다. 기호 g 또는 gr.

롱톤(영.longton) 영국에서 쓰는 톤 곧 2,240파운드(1016.1㎏).

마이크로그램(영.microgramme) 백만분의 1g. 'Y'로 나타낸다.

메가톤(프.megatonne)티엔티 100만 톤의 폭발력과 같은 단위. 기호 Mt.

밀리그램(영.milligram) 1,000분의 1그램. 기호 mg.

센티그램(영. centigram) 100분의 1그램. 기호 cg.

캘럿(영.carat) 보석의 무게를 나타내는 단위. 약 205mg을 1캐럿이라 한다.

퀸틀(영.quintal) 주로 곡물의 100㎏에 해당하는 무게의 한 단위.

킬로(그,영.kilo) 킬로그램의 준말.

킬로그램(영.kilogram) 1,000그램을 나타내는 단위. 기호 kg. 준킬로.

킬로그램미터(영.kilogrammetre)《물》일의 단위. 1킬로그램의 물체를 높이 1미터 끌어올리는 데 필요한 일의 분량.

킬로톤(영.kiloton) 1,000톤을 나타내는 단위.

톤(영.ton) 무게의 단위. 프랑스에서는 1,000㎏, 영국에서는 2,240파운드(1016.1㎏), 미국에서는 2,000파운드(907㎏)를 1톤으로 한다. 기호 t.

헥토그램(영.hectogram) 100그램을 나타내는 단위. 기호 hg.

5) 길이 단위의 의존명사

마일(영.mile) 거리를 나타내는 단위의 하나. 1마일은 대략 1.6km쯤 된다. 비영. 리[4].

미터(영.metre) 미터법에 따른 길이의 기본 단위. 지구 자오선의 4,000만분의 1로 정하였다. 기호 .

밀리(영.milli) '미리미터' 따위의 준말.

밀리미크론(millimicron) 길이의 단위. 1,000분의 1미크론. 기호 mμ.

밀리미터(영.millimetre) 10분의 1센티미터. 기호 mm. 준밀리.

센티(영.centi) 센티미터의 준말. 센티미터는 100분의 1미터이다. 기호는 cm.

센티미터(영.centimetre) 100분의 1미터. 기호 cm. 준센티.

킬로(그,영.kile) 킬로미터의 준말.

킬로미터(영.kilometre) 1,000미터를 나타내는 단위. 기호 km. 준킬로.

피트(영.feet) 길이 단위의 하나. 1피트는 12인치이고 약 30.4cm에 해당한다.

헥토미터(영.hectometre) 100미터를 나타내는 단위.

1.1.3. 보통명사

1.1.3.1. 명사의 서술적 성질

국어에서는 하나의 문장을 줄여서 표현해야 할 경우가 있는데, 그럴 경우에는 서술어를 명사로 바꿈으로써 문장 전체를 구(phrase)로 바꾸는 일이 있다. 이와 같은 일이 있을 수 있는 것은 명사가 서술어의 자질을 가지고 있기 때문이다.

   (7) ㄱ. ㉮ 그는 슬프게 울었다.
          ㉯ 그의 슬픈 울음.
      ㄴ. ㉮ 사설 야외 음악당을 개관하다.
          ㉯ 사설 야외 음악당 개관

ㄷ. ㉮ 북한 미사일 시리아에 인도하다.

ㅤㅤㄴ 북한 미사일 시리아 인도.

　이제 (7ㄱ~ㄷ)의 ㉯와 같이 명사가 서술어로 바뀌는 데 대한 규칙을
세워 보기로 하겠다.

　첫째, (7ㄱ)에서 보아 알 수 있듯이 서술어가 명사로 되기 위해서는
서술어에 대한 명사가 있어야 한다. 만일 없을 때는 그 서술어는 명사
법으로 바뀐다.

　(8)　ㄱ. ㉮ 그는 빨리 읽는다.

ㅤㅤㅤㅤㅤㅤ⇓　⇓

ㅤㅤㅤㅤㄴ 그의 빨리 읽기

　위의 (8ㄱ)에서 보면 ㉮의 주어는 ㉯에서는 관형어가 되고 ㉮의 부사
어 '슬프게'는 ㉯에서는 관형어 '슬픈'으로 바뀐다. 그리고 ㉮의 서술어
'울었다'는 ㉯에서는 '울음'으로 바뀌어 전체적으로는 (8ㄱ)의 ㉮가 ㉯
로 바뀌었다.

　(8ㄴ)의 ㉮를 ㉯와 같이 바꾸려고 하면, ㉮의 목적어를 ㉯에서와 같
이 관형어로 하든지 아니면 목적어를 그대로 두기도 한다. 이때의 서
술어는 '명사+하다'로 된 것인데 그럴 때는 접미사 '-하다'를 떼고
앞의 명사만을 쓰게 된다.

　(8ㄷ)의 ㉮에서 보면 '목적어+위치어+서술어'로 된 짜임새에서는
목적어와 위치어는 그대로 두고 서술어 '명사+하다'에서 접미사 '하
다'만 떼어내면 (8ㄷ)의 ㉯와 같이 된다.

　이렇게 살펴보면 우리말의 명사는 '+동사성'의 자질을 가지는 것이
있고 순수한 '+명사성'의 자질을 가지는 것이 있음을 알 수 있다. 이
제 이들을 몇몇 예시하면 다음과 같다.

(9) 명사성 명사: 여기에는 사물의 이름을 나타내는 것이 속한다.

　　사람, 집, 책, 연필, 길, 소, 말, 돼지, 학교, 나무, 신발, 책, 공책, 하늘,

　　바람, 밥, 떡, 고기, 생선, 수박, 참외, 이순신, 종각, …

　　명사성 명사가 서술어의 성질을 가지려면 그 뒤에 '이다'가 생략된 경우에 한하고 '하다'는 올 수 없다. 그러나 동사성 명사가 서술어의 성질을 가질 때는 그 자체가 동사가 되거나 그 뒤에 '이다'나 '하다'가 와서 서술어가 될 수 있을 때이다.

(10) 동사성 명사: 이에는 추상명사 및 한자말로 된 명사가 속한다.

　　웃음, 울음, 기쁨, 슬픔, 믿음, 아름다움, 고마움, 환영, 노력, 연구, 건

　　설, 신용, 정확, 운송, 경영, 정진, …

　　위에서 살핀 것들 이외에도 형용사가 서술어가 되는 경우도 그 문장을 구(phrase)로 줄이는 현상이 나타나는데 그것은 서술어에 대한 명사, 즉 형용사성 명사도 서술적 자질을 가지기 때문이다.

　　지금까지 살펴본 바에 따르면 국어의 명사에는 동사성 명사, 형용사성(상태성) 명사, 명사성 명사 등이 있는데, 이와 같은 명사의 자질 때문에 문장을 구(phrase)로 줄일 수 있는 것이다. 다만 서술어에 대한 명사가 없는 경우에는 그 서술어가 명사법 '-음/ㅁ', '-기'로 바뀌면서 문장 전체가 구가 된다.

1.1.3.2. 명사의 내재적 성질

　　명사는 통어적, 의미적 특질의 묶음으로 이루어져 있는데 이 특질은 명사의 종류에 따라 다르다. 먼저 보통자질과 고유자질을 판정하는데 있어서 수사와 복수를 나타내는 '들'을 적용해 보면 알 수 있다.

(11) ㄱ. 많은 학생들이 놀고 있다.

ㄴ. 많은 이순신들이 놀고 있다.

(11ㄱ)은 문법적이나 (11ㄴ)은 성립되지 않는다. 이것은 보통자질과 고유자질은 수에 의하여 판정되므로 이들은 서로 배타적인 특질이 된다. 따라서 고유자질은 달리 '−보통자질'로 나타낼 수 있으므로 이 이항적 대립을 '±보통자질'로 나타내면 된다. 여기에서 '+보통자질'은 그냥 '보통자질'이라 읽고 '−보통자질'은 '비보통자질'이라 읽기로 한다. (이하 다른 자질에 관해서도 같은 방법으로 읽는다.)

(12) ㄱ. 아이들은 하나, 둘, 셋…하고 자동차를 헤아렸다.

ㄴ. *아이들은 하나, 둘, 셋…하고 물을 헤아렸다.

(12ㄱ)은 문법적인데, (12ㄴ)은 그렇지 못하다. 그 까닭은 '자동차'는 헤아릴 수 있는 보통명사인 데 반하여 '물'은 헤아릴 수 없는 물질명사이기 때문이다. 따라서 '가산자질'과 '비가산자질'도 명사를 나누는데 있어서의 특질로 세워야 한다. 이 특질은 '±가산자질'로 나타내기로 한다. 가산명사는 다시 자세한 특질로 이루어진다. 그 하나는 생명자질이다.

(13) ㄱ. 사람이 밥을 먹는다.

ㄴ. 개가 밥을 먹는다.

ㄷ. *돌이 밥을 먹는다.

(13ㄱ~ㄴ)은 문법적인데 (13ㄷ)이 문법적이 아닌 것은 주어가 '−생명자질'인 '돌'이기 때문이다.

생명자질을 가지는 명사는 다시 인칭명사와 동물명사(또는 비인칭명사)의 하위류를 가지고 있다. 여기에 관계되는 '+사람자질'과 '−사람자질'의 구별은 삼인칭대명사 '이이, 이분, 그이, 그분, 저분 및 이것, 그것, 저것'과도 관련이 있다.

(14) ㄱ. ㉮ 철이는 철수에게 돈을 주었다.

　　　　㉯ 철이는 그에게 선물도 주었다.

　　ㄴ. ㉮ 그는 개에게 밥을 주었다.

　　　　㉯ 그는 그것을 키워서 잡아 먹었다.

　　ㄷ. ㉮ 철수는 거지에게 옷을 주었다.

　　　　㉯ *철수는 소에게 옷을 주었다.

(14ㄱ)의 ㉮의 '철수'를 ㉯에서는 '그'로써 받고 있는 데 대하여 (14ㄴ)의 ㉮의 '개'는 ㉯에서 '그것'으로 받고 있다. (14ㄷ)의 ㉮에서의 목적어는 '옷'인데 ㉯에서는 '옷'이 오니까 말이 이상하게 들린다. 이와 같이 '＋사람자질'의 명사와 '－사람자질'의 명사는 통어상 많은 차이를 나타낸다.

생명명사는 인칭명사와 동물명사로서 이루어진다고 하였는데 또 남성명사이냐 여성명사이냐에 따라서 통어상 차이를 나타내기도 한다.

(15) ㄱ. 남성명사: 소년, 아들, 남편, 아버지, 신랑, 수캐, 황소, …

　　ㄴ. 여성명사: 소녀, 딸, 아내, 어머니, 마누라, 암캐, 암소, …

인칭명사 중 남성명사는 '이이, 이분, 그이, 그분, 저이, 저분, 그, …' 등의 대명사로 대용되고 여성명사는 '이부인, 그부인, 이여자, 그여자, 저여자, 그미(그녀)' 등으로 대용된다. 따라서 이에는 '±높임자질'이 있다. 그러나 동물명사는 이와 같은 대용법이 없고 다만 '그것'으로 대용될 뿐이다. 가산명사는 '±생명자질', '±사람자질', '±남성자질', '±높임자질' 등의 특질이 있음을 알았는데, 가산명사는 '구체자질'과 '추상자질'을 가지기도 한다.

(16) ㄱ. 추상명사: 사랑, 꿈, 믿음, 보람, 속임수, 웃음, 미덕, 아름다움, 슬픔, 지식, 상식, 친절, …

ㄴ. 구체명사: 연필, 칼, 자동차, 수레, 신발, 옷, 책상, 만년필, 그릇, …

지금까지 설명해 온 명사의 내재적 특질을 요약하여 보면 다음과 같다.

(17) '±보통자질', '±가산자질', '±추상자질', '±생명자질', '±사람자질', '±남성자질', '±높임자질'로 되어 있다.

1.1.3.3. 명사의 한정적 성질[3]

국어의 명사는 그 앞에 오는 관형어에 따라 그 뜻이 애매하게 해석될 수 있는 경우가 많이 있다. 여기서는 명사가 명사를 꾸미는 한정성에 대하여 살펴보기로 하겠다.

명사의 한정성에는 '명사+(이다)'의 꼴로 되는 것과 '명사+의'의 꼴로 되는 것 및 '명사+명사'의 꼴로 되는 것이 있다.

1) '명사+(이다)'의 꼴로 되는 것

(18) ㄱ. 철학적(인) 희랍인들은 서로 이야기하기를 좋아한다.

ㄴ. <u>희랍사람들은 철학적인데</u> 서로 이야기하기를 좋아한다.

(18ㄱ)의 '희랍인들'은 '철학적인' 희랍인들에 한정되어 있다. 따라

---

3) 명사가 통어상에서, 다른 말을 한정하는 성질에 따라 한정적 용법으로 쓰이기도 하고, 비한정적 용법으로 쓰이기도 하는데, 이와 같은 성질을 '명사의 한정적 성질'이라 부르기로 한다.

서 (18ㄱ)의 전체적인 뜻은 희랍 국민들 중에서 철학적인 국민만이 이야기하기를 좋아한다는 뜻이 된다. 이에 대하여, (18ㄴ)의 밑줄 부분을 보면 전체 희랍국민은 철학적이라는 뜻이다. 따라서 (18ㄱ)과 같은 용법을 명사의 한정적 용법이라 하고 (18ㄴ)과 같은 밑줄 부분의 용법을 비한정적 용법이라 한다. 위에서와 같은 한정적 용법은 반드시 '[명사]+(인)+명사'의 구조로 된다.

2) '명사+의'로 되는 것

(19) ㄱ. <u>나의 살던 고향</u>은 꽃 피는 산골
　　 ㄴ. 부산의 송도
　　 ㄷ. 솔거의 그림

(19ㄱ)의 밑줄 부분의 심층구조는 '내가 살았던 나의 고향'으로 보고 이것이 표면구조화하면서 '내가'는 '살았던 나의 고향'에서 '나의 살던 고향'으로 바뀐 것으로 보아야 한다.[4] 외솔 선생은 '의'가 주격의 구실을 한다 하였으나 그것은 뜻으로 볼 때 그러한 것이고 실제로 '의'로 바뀐다든가 '이'가 '의'로 바뀌는 경우는 없다. (19ㄴ)의 '부산의'는 '송도'가 있는 지명을 나타내고 (19ㄷ)의 '솔거의'는 '솔거가 그린'의 뜻을 나타내는 것에서도 뒷받침이 될 것이다.

3) '명사+명사'로 되는 것

'목적어+서술어'의 짜임새로 되어 앞 명사가 뒤 명사를 한정함

(20) ㄱ. 환경 정비　　　　　　 ㄴ. 고향 생각

---

4) 최현배, 『우리말본』, 정음문화사, 1991, 763쪽 참조.

(20ㄱ)의 서술어에 해당되는 명사는 한자말인 경우이나 ㄴ은 토박이 말이다. 본래의 짜임새대로 고쳐 써 보면 '환경을 정비하다', '고향을 생각하다'로 된다. 이와 같은 짜임새가 (20)의 ㄱ과 ㄴ의 짜임새로 바뀌어서 '환경'이 '정비'를 한정하고 '고향'이 '생각'을 한정하고 있는 것이다. 이와 같은 경우, 앞 명사가 어떤 뜻으로 뒤 명사를 꾸미는지 분석해 보면 다음과 같다.

① 앞 명사가 위치를 나타내면서 뒤 명사를 꾸민다.

(21) ㄱ. 서울 거리   ㄴ. 남포동 거리
     ㄷ. 포항 제철

② 앞 명사가 '-에 대한/관한'의 뜻으로 한정함을 나타낸다.

(22) ㄱ. 부산 브루스   ㄴ. 고향 소식

③ 앞 명사가 '-을 하는'의 뜻으로 한정함

(23) ㄱ. 상봉 장소   ㄴ. 씨름 대회

④ 앞 명사가 '-를 위한'의 뜻으로 한정할 경우

(24) ㄱ. 독서 주간   ㄴ. 납세 기간
     ㄷ. 어린이 놀이터

⑤ 앞 명사가 '-마다 -하는'의 뜻으로 한정함

(25) ㄱ. 일간 신문   ㄴ. 월간 잡지

⑥ 앞 명사가 '-으로 되어 있는'의 뜻으로 한정함

(26) ㄱ. 산림 지대 ㄴ. 평야 지대

⑦ 앞 명사가 존재의 주체가 되어서 한정함

(27) ㄱ. 광산 지대 ㄴ. 온천 지대

⑧ 앞 명사가 '-에서 -하는'의 뜻으로 한정함

(28) ㄱ. 고교 교육 ㄴ. 대학 교육

⑨ 앞 명사가 생산지를 나타내면서 한정함

(29) ㄱ. 안성 유기 ㄴ. 개성 인삼
ㄷ. 여주 도자기

⑩ 앞 명사가 '-에 있어서의'의 뜻으로 한정함

(30) ㄱ. 국내 경제 ㄴ. 미국 경제

⑪ 앞 명사가 행위주체로서 한정함

(31) ㄱ. 어린이 노래자랑 ㄴ. 고교 야구시합

⑫ 앞 명사가 뒤 명사의 기준점이 된다.

(32) ㄱ. 대문 앞 ㄴ. 책상 위

⑬ 앞 명사가 뒤 명사의 성질이나 정신을 나타내면서 한정함

(33) ㄱ. 총알 택시   ㄴ. 번개식 통과
      ㄷ. 새마을 청소   ㄹ. 애국 운동

⑭ 앞 명사가 뒤 명사의 모양을 나타내면서 한정함.

(34) ㄱ. 개구리 참외   ㄴ. 올챙이 국수

⑮ 앞 명사가 뒤 명사의 자격, 신분을 나타내면서 한정함

(35) ㄱ. 중학교 교장   ㄴ. 초등학교 학생

⑯ 앞 명사가 시간이나 계절을 나타내면서 뒤 명사를 한정함

(36) ㄱ. 가을 환경정비   ㄴ. 정월 대보름

⑰ 앞 명사가 뒤 명사의 재료가 되어 한정함

(37) ㄱ. 소머리 국밥   ㄴ. 메기 매운탕

⑱ 앞 명사가 뒤 명사의 수단, 방법, 연모를 나타내면서 한정함

(38) ㄱ. 숯불 갈비   ㄴ. 솥뚜껑 불고기

위에서 설명한 이외에도 더 있을 수 있을 것이다.

1.1.3.4. 보통명사와 존칭명사

보통명사에는 보통명사와 존칭명사가 있는데, 이들을 바르게 구별하여 사용하여야 어법에 맞게 된다.

다음에 몇 개만 예시한다.

존칭명사	보통명사	존칭명사	보통명사
댁	집	산소	무덤
말씀	말	생신	생일
병환	병	성씨	성
부인	아내	성함	성명
자당	남의 어머니	염	수염
글월	편지	두발	머리(카락)
자부	며느리	찬	반찬
존함	이름	신관	얼굴
수저	숟가락과 젓가락	메	제삿밥
손님	손	연세	나이
스님	중	진지	밥
약주	술	치아	이
안력	시력	부군	남편
자제	남의 아들	언성	말소리
자녀	남의 아들과 딸	조반	아침(밥)
대소변	똥, 오줌	냉수	찬물
수족	손발	두상	머리

존칭명사에 대하여 비칭명사가 있는데, 말할이가 남에게 대하여 자기가 하는 '말'을 낮추어 '말씀'이라 하고, 자기 '아내'를 남의 어른들 앞에서 '처'라고 하며, '아들'을 '소생'이라고 하는 것과 같은 따위이다.

1.1.3.5. 명사와 수

1) 수의 문법 범주 문제

영어에서는 수가 어형 변화의 문법 형식에 반영되는 문법 범주로 되어 있으나 국어에서는 그러한 범주가 성립되지 않는다. 그러나 대명사에 있어서는 다음과 같이 단수 형태에 대하여 복수형태가 있으나 명사에는 그러한 것이 없다.

(39) ㄱ.

가리킴 ＼ 수	단수	복수
일인칭	나, 내, 저, 제	우리, 저희
이인칭	너, 네	너희
삼인칭	이, 그, 저	이(그, 저)들

ㄴ. ㉮ 여기에 많은 책들이 있다.
　　㉯ 여기에 많은 책이 있다.

(39ㄱ)에서 보이는 바와 같이 대명사에는 단수 형태에 대하여 복수형태가 있으나 서술어의 활용과는 아무런 문법적 관계를 성립시키지 않는다. (39ㄴ)의 ㉮와 ㉯는 다 문법적인데 이와 같은 일은 국어에서는 수가 문법 범주로 성립되지 않음을 보이는 증거이다. 그런데 국어에서는 재미나는 현상이 있는데 먼저 보기를 보이고 설명하면 다음과 같다.

(40) ㄱ. 에라, 잘들 한다.
　　ㄴ. 모두들 뭣들 하느냐?

(40ㄱ)의 '잘들'은 부사 '잘'에 복수를 나타내는 접미사 '−들'이 와서 행동하는 사람들이 많음을 나타내고 있으며 (40ㄴ)에서의 '모두들 뭣들'은 '모두'가 여럿임을 나타내기 위하여 '−들'을 붙였고 '뭣들'도 여

러 사람이 여러 가지 '무엇(일)'을 잘못하고 있기 때문에 이들을 합쳐서 '뭣들'이라고 나타내고 있다. 그런데 (40ㄴ)을 '모두 뭣들 하느냐?'라고 하여도 문법적인데 이와 같은 사실은 국어에 있어서는 수에 관한 표현은 수의적이라는 것을 뜻한다.

2) 복수명사의 연결 문제

수는 문법 범주로 보기 어려우나 때로는 복수로 명사를 나타내면서 둘 이상을 접속사로 연결하여 말하는 경우가 있는데, 이럴 때는 어떻게 나타내는가에 대하여 알아보기로 한다.

(41) ㄱ. 많은 ┌㉮ 남자들과┐ 여자들이 모여서 흥겹게 구경하고 있었다.
           └㉯ 남자와 ┘

      ㄴ. 남학생들과 여학생들이 수학여행을 떠났다.

      ㄷ. ㉮ 칼, 연필, 공책 등을 학용품이라 한다.
           ㉯ 시장에는 쌀, 보리쌀, 수수, 조 등등 곡식이 얼마든지 있었다.

사실 복수명사의 연결은 (41ㄱ)의 ㉮와 같이 하여야 옳으나 국어의 문법에서는 수가 수의적이기 때문에 (41ㄱ)의 ㉯와 같이 표현하는 것도 보통이다. 이런 경우에는 '남자'도 복수이요, '여자'도 복수인데 보기에 따라서는 '남자'에는 '들'이 없기 때문에 '남자'는 단수이오, '여자'만 복수인 것으로 이해할 수도 있다. 그러므로 정확하게 하기 위해서는 (41ㄴ)과 같이 표현하여야 한다. 그런데 (41ㄷ)의 ㉮는 '칼, 연필, 공책'들은 물론 그 이외에도 여러 가지가 있음을 '등'으로 나타내었다. 이럴 때는 '등(들)'을 띄어써야 한다. 그대로 두면 '공책'만이 복수가 된다.

(41ㄷ)의 ㉯에서의 '등등'은 '쌀, 보리쌀, 수수, 조' 이외에 여러 가지 곡식이 있었는데 그들을 다 말할 수 없을 경우에 그들을 줄여서 나타

낸 말이다. 이때 '등, 들, 등등'은 띄어써야 한다.

1.1.3.6. 명사의 대표성

1) 대표성의 정의와 형식

대표성이란 서술의 대상이 어떤 사물의 종류 전체를 가리키는 것을 말한다.

(42) ㄱ. 인삼은 우리 몸에 좋다.
ㄴ. 어머니는 위대한 교육자다.
ㄷ. 고기는 물속에서 산다.

(42ㄱ)의 '인삼'은 '백삼, 홍삼, 미삼, …' 등을 다 합하여 일컫는 말로서 여러 종류의 인삼을 총망라하여 가리키는 말이다. (42ㄴ)의 '어머니'는 이 세상의 모든 어머니를 대표하여 가리키는 말로서 대표성에 해당한다. (42ㄷ)의 '고기'는 이 세상의 모든 고기를 총칭하는 말이다. 왜냐하면, 물 속에 사는 고기에는 온갖 고기가 다 있기 때문이다.
또 대표성에는 다음과 같이 습관이나 영원한 진리를 나타내는 일도 있다.

(43) ㄱ. 학생은 매일 학교에 간다.
ㄴ. 비는 여름철에 많이 온다.

(43ㄱ)에서는 학생이 매일 학교에 가는 것은 학생으로서의 한갖 생활이므로 관습에 해당하며 (43ㄴ)은 불변의 진리를 나타낸다.
(42), (43)에서 본 바에 따르면 대표성에는 그 나타내는 일정한 형식이 잇는가 하는 점인데, 아무런 문법적 형식은 없다. 다만 의미적 특질

에 그친다는 사실을 알아야 한다. 그러나 대표성에 대하여 좀 분석하면 다음과 같은 형식적 차이를 찾아볼 수 있다.

2) 대표성과 비대표성의 통어적 관련성

이에 대하여 분석 검토하면 다음과 같다.

🗂 비대표성을 나타낼 때는 그 앞에 어떤 제한을 두는 관형어가 오는데 대하여 대표성을 나타낼 때는 그렇지 않으면서 모든 사람이 다 함께 인식하고 있는 일을 나타내어야 한다.

(44) ㄱ. 이곳의 공기는 참 맑구나.
　　　ㄴ. 공기가 없으면 사람은 살 수 없다.

🗂 우리가 말을 할 때, 주어가 그 종류에 속하는 명사 전체를 다 가리킨다는 인식을 확실히 심어 줄 때 대표성을 나타낸다.

(45) ㄱ. 영웅은 (다) 죽는다.
　　　ㄴ. 나폴레옹도 죽었다.

(45ㄱ)의 '영웅'은 이 세상 모든 영웅을 다 가리키는 말이나 (45ㄴ)의 '나폴레옹'은 특수적, 개별적이다. 따라서 비대표성에 해당된다.

🗂 대표성의 명사는 단수대명사의 선행사가 될 수 있다.

(46) ㄱ. 개는 육식성 동물이다. 그러나 그것은 식물성 먹이도 먹는다.
　　　ㄴ. 모든 개는 육식성 동물이다. 그러나 그들은 식물성 먹이도 먹는다.

(46ㄱ)의 '개'와 (46ㄴ)의 '개'는 그 성질이 다르다. 앞엣것은 모든 개의 대표성을 띠고 있으나, (46ㄴ)의 '개'는 그 앞에 '모든'이란 관형어가 옴으로써 '개' 전체를 나타내기 때문에 대표성을 띠지 못한다. 따라서 '그들'은 모든 개를 다 나타낸다.

📁 대표성 표현의 개별적 성질

가산명사를 문장의 주요부로 하여 명사의 대표성을 나타내는 개별적 성질에는 다음과 같은 것이 있다.

📁 두 개의 대표성 명사는 등위접속이 가능하다.

(47) ㄱ. 해리와 수달피는 댐을 만든다.
     ㄴ. ?해리와 한 마리의 수달피는 댐을 만든다.

'해리'는 대표성을 나타내나 '수달피'는 비대표성을 나타내므로 등위접속이 되지 않는다. 따라서 (47ㄴ)은 성립하지 않는다.

📁 대표성의 명사는 진행시와 가려잡을 수 없다.

(48) ㄱ. 해리는 뚝을 쌓고 있다.
     ㄴ. 어머니는 아들에게 글을 가르치고 있다.

📁 명사가 '±사람성'일 때, 서술어가 현재를 나타내는 동사일 때는 그 명사는 대표성을 상실하게 된다.

(49) ㄱ. 어머니는 밥을 하고 계신다.
     ㄴ. 개가 달려간다.

ㄷ. 개는 밥을 먹는다.

　(49ㄱ~ㄴ)의 '어머니'와 '개'는 어떤 특정한 움직임을 나타내고 있기 때문에 모든 '어머니'와 '개'를 대표하지 않는다. 그러나 (49ㄷ)의 '개'는 '개'의 성격의 일면을 나타내므로 이때의 '개'는 대표성을 띠게 된다. 따라서 서술어도 그 동사의 성질에 따라 주어와의 의미적 관계에 따라서 그 주어가 되는 명사로 하여금 대표성을 띠게 하기도 하고 하지 않게 하기도 한다.

　📁 대표성의 뜻을 띠게 하는 요인

　앞에서도 말했지마는 대표성은 일정한 자격을 갖춘 명사구나 동사구에 부여된 의미적 특징이다. 이 의미적 특징은 심층구조에서 결정할 수는 없다. 대표성은 문장 전체의 뜻풀이를 할 때 비로소 밝혀지는 의미특질이다.

　가. 서술어가 현재가 되면 대표성을 나타내는 일이 있다.

(50)　ㄱ. 어머니는 위대한 교육자이다.
　　　ㄴ. 타조는 빨리 달린다.
　　　ㄷ. 개는 밥을 먹는다.

　(50ㄱ)의 '이다'는 현재며 (50ㄴ~ㄷ)의 '달린다'와 '먹는다'도 현재이다. 따라서 이들 서술어에 대한 주어는 다 그 종류를 대표하고 있다. 그런데 보기에 따라서는 (50ㄴ~ㄷ)의 '달린다', '먹는다'는 어떤 '타조' 또는 '개'가 그런 행동을 하고 있는 것을 보고 그렇게 말했다면 그 '타조'와 '개'는 대표성을 띠지 않는다. 그러므로 서술어가 현재라고 하여 반드시 그 주어로 하여금 대표성을 띠게 한다고는 할 수 없다. 어디까

지나, 앞뒤 문맥에 따라서 결정되어야 할 것이다.

　나. 대표성의 뜻을 구별하는 데 관여하는 서술어에는 다음과 같은 것이
있다.

　㉠ '명사+이다'로 된 것.

　(51) ㄱ. 고래는 젖먹이 짐승이다.
　　　　ㄴ. 어머니는 위대한 교육자이다.

　위와 같은 서술어는 '정의definition'나 '귀속' 등을 나타내는 일이 많으
며 대표성의 뜻을 이끌어낸다.

　㉡ 사물의 종류를 나타내는 주어를 요구하는 서술어가 오면 그 주어는
대표성을 나타낸다.

　(52) ㄱ. 종려나무는 흔하다.
　　　　ㄴ. 한라란은 희귀하다.

　이와 같은 서술어에는 다음과 같은 것이 있다.

　귀하다, 맛있다. 향기롭다, 달다, 시다, 쓰다, 좋다, 줄다, …

　㉢ 서술어가 특질을 나타내는 형용사가 되면, 그 주어는 대표성을 가지
게 된다.

　(53) ㄱ. 기린은 목이 길다.
　　　　ㄴ. 여우는 교활하다.

ㄷ. 난초는 향기롭다.

위의 서술어와 같은 형용사에는 다음과 같은 것들이 있다.

아름답다, 길다, 영리하다, 미련하다, 사납다, 빠르다, …

위의 형용사들이 서술어가 될 때는 그 앞의 주어는 그 앞뒤 관계에 따라서 대표성을 가지게 된다. 그러나 다음과 같은, 구체적인 상태를 나타내는 말은 비대표성의 뜻을 나타낸다.

아프다, 고프다, 피곤하다, 빈틈없다, 취하다, 게으르다, 부지런하다, 둔하다, 행복하다, 불행하다, 고달프다, …

㉣ 부사어가 긴 시간이나 습관성을 나타내는 말이 올 때는 대표성을 나타낼 수 있다.

(54) ㄱ. 학생은 매일 공부한다.
      ㄴ. 학자는 일생을 통하여 연구한다.
      ㄷ. 선생은 언제나 학생들을 가르친다.

(54ㄱ~ㄷ)에서의 '매일', '일생을 통하여', '언제나' 등은 긴 시간을 나타낸다. 그렇기 때문에 이들 문장의 주어는 대표성을 띠게 된다.

1.1.4. 고유명사

1.1.4.1. 고유명사의 특성

1) 세상에서 하나밖에 없는 사람이나 사물의 이름을 나타내는 명사를

고유명사라 한다. 따라서 이는 복수를 나타낼 수 없다.

(55) ㄱ. 사람 이름: 이순신, 곽망우당, 이퇴계, …

ㄴ. 산 이름: 금강산, 태백산, 지리산, …

ㄷ. 건물 이름: 삼일빌딩, 보신각, 한글회관, …

ㄹ. 기타: 우리문법, 한강, 하이트(맥주), 살수대전, 잔탁(약), 백구(옛날 담배), 동대문시장, 종로, 태평양, 서울의 찬가, …

(55ㄱ)의 사람 이름 '이순신'은 여러 사람이 있을 수 있으나, 각각의 이순신은 혈통, 성격 등이 다 다르므로 이순신 한 사람 한 사람이 다 고유명사가 되며 (55ㄹ)의 '하이트'는 다른 맥주에 대하여 고유하므로 고유명사이며 태평양도 하나밖에 없는 바다이므로 고유명사이다.

2) 고유명사는 보통명사처럼 대표성을 가질 수 없다.

(56) ㄱ. 물은 우리 생명의 근원이 된다.

ㄴ. 노래는 우리에게 기쁨을 준다.

ㄷ. 이순신은 위대한 장군이다.

(56ㄱ~ㄴ)의 '물'과 '노래'는 여러 가지 물과 노래를 대표하나 (56ㄷ) 의 '이순신'은 여러 '이순신'을 대표할 수 없다. 개성, 모습, 혈통 등이 다 다르기 때문이다.

3) 고유명사는 대표성을 가지는 보통명사를 하나하나 분석하여 얻는 특수한 하나하나의 이름을 나타내는 사물의 명사이다.

(57) ㄱ. 물: 낙동강, 대동강, 압록강, 두만강, …

ㄴ. 노래: 서울의 찬가, 고향의 봄, …

ㄷ. 시계: 로렉스, 엘진, 돌체, …

4) 세상에서 유일무이한 것이라도 '해'와 '달'은 보통명사이며 고유명
사가 아니다.

그 까닭은 첫째, 이름 그 자체가 보통명사 식으로 되어 있으며 둘째,
'해'와 '달'은 매일 우리와 대하게 되므로 친밀하며 관습상 보통명사의
성격을 가지기 때문이다. 이와 같이 '동양', '서양'도 보통명사로 보아
야 한다.

1.1.4.2. 고유명사의 짜임새

고유명사는 단어가 되기도 하고, 구(phrase)가 되기도 하며, 절이 되
기도 한다.

1) 고유명사가 단어로 된 것

📁 '고유명사＋보통명사'로 된 것

(58) ㄱ. 몽고간장 (제품 이름)
　　ㄴ. 세종호텔 (호텔 이름)
　　ㄷ. 서울대학교 (학교 이름)

📁 '보통명사＋보통명사'로 된 것

(59) ㄱ. 구름재 (호)
　　ㄴ. 달빛 (지명)
　　ㄷ. 나라문법 (책)

📂 '보통명사＋고유명사'로 된 것

(60) ㄱ. 호텔서울 (호텔 이름)　　ㄴ. 주막경상도 (가게 이름)

　　ㄷ. 대도임꺽정 (책 이름)　　ㄹ. 의사지바고 (책 이름)

(60ㄱ)은 외래어와 우리말이 합하여 된 고유명사인데 이런 종류의 것은 많다.

📂 '고유명사＋의존명사(접미사)'로 된 것

(61) ㄱ. 안동댁 (택호)　　　　　ㄴ. 부산호 (배 이름)

📂 하나의 단어가 고유명사를 이루는 일이 있다.

(62) ㄱ. 겔포스 (약 이름)　　　ㄴ. 아시나요 (제품 이름)

　　ㄷ. 돌체 (시계 이름)　　　ㄹ. 제네바 (술집 이름)

　　ㅁ. 호랑이 (특정인의 별명)

(62ㄱ~ㅁ)에서 보면 우리말도 있지마는 외래말로 된 것이 많다.

📂 외국말과 외국말로 되거나, 우리말과 외국말로 된 것

(63) ㄱ. 해피랜드 (외국말 형용사＋외국말)

　　ㄴ. 아기밀 (보통＋외국말)

　　ㄷ. 서울랜드 (고유＋외국말)

　　ㄹ. 서울호텔 (고유＋외국말)

📂 '고유명사＋외국말 고유명사'로 된 것

(64) ㄱ. 부산뉴욕(고유 + 고유)

　　　ㄴ. 서울뉴욕(고유 + 고유)

2) 구(phrase)가 고유명사가 된 것

(65) ㄱ. 바람과 함께 사라지다.

　　　ㄴ. 메밀꽃 필 무렵.

　　　ㄷ. 샤갈의 마을에 내리는 눈.

3) 하나의 문장이 고유명사로 된 것

(66) ㄱ. 일본은 있다.　　　　　ㄴ. 일본은 없다.

위에서 본 바와 같이 고유명사의 짜임새는 다양한데, 위에서 보인 짜임새 이외에도 다른 짜임새로 된 것이 있을 수 있을 것이다.

1.2. 대명사

사람이나 물건이나 장소 및 방향을 이름으로 나타내지 아니하고 그에 대응되는 말로 나타내는 말을 대명사라 한다. 따라서 대명사는 체언 가운데의 형식체언의 한 가지로서 일정한 사물을 나타내지 아니하고, 어떤 사물을 형식적으로 일반적으로 나타내는 품사이다. 명사와 대명사의 다름은 표와 같다.[5]

---

5) 최현배, 위의 책, 226~243쪽에 의지할 것임.

구분	명사	대명사
1	① 명사는 사물의 이름을 나타낸다. ② 그 사물에 대한 사람의 개념, 즉 사물에 대하여 사람이 지은 이름을 나타낸다. ③ 그 이름은 간접적인 성격을 띤다.	① 대명사는 사물과의 사이에 이름이란 게재자를 넣지 아니하고 바로 가리키므로 대명사의 사물에 대한 관계는 직접적이다.
2	① 명사는 가리키지 않는다. ② 사람에 의하여 붙여진 이름은 바로 말하면 되는 품사이다.	① 대명사는 이름 대신에 가리켜야 비로소 대명사가 된다.
3	① 명사는 그것이 들어내는 일정한 실체가 있다. ② 따라서 임의적으로 나타낼 수 없다.	① 일정한 실체가 없다. 다만 그 실체를 드러내는 주관적 형식에 지나지 않는다. ② 대명사는 주관적 형식이므로 그것이 가리키는 대상은 일정한 것이 아니요 가리키는 사람의 주관에 따라 한 가지 말로써 여러 가지 사물을 가리킬 수 있으며 또 한 가지 사물을 여러 가지 말로 가리킬 수가 있다. 예 '이것'으로써, 책, 개, 연필 등을 가리킬 수 있고 연필을 가지고 '이것, 그것, 저것'으로 가리킬 수가 있다.
4	① 명사에도 존대어와 하대어 두 가지가 있는 것이 있으나 네 가지 높임의 등분은 없다. 예 밥-진지, 술-약주.	① 대명사에는 네 가지 높임의 등분이 있다. 예 어르신, 당신, 자네. 너

이는 그 가리키는 대상에 따라 인칭대명사와 지시대명사의 두 가지로 가른다. 인칭대명사란 사람을 가리키는 데만 쓰이는 대명사이므로, '나, 너, 그대, 이분, 이이, 그분, 그이, …' 등과 같은 말들이요, 지시대명사는 사람 이외의 사물은 물론, 곳, 쪽, 때를 나타내는 대명사를 말한다.

예를 들면, '이것, 그것, 저것, 여기, 거기, 저기, 이리, 그리, 저리, 이때, 그때, 접때' 등이 그것이다. 그런데 인칭대명사에 대하여 주의할 것은 영어의 인칭대명사와 다르다는 점이다. 왜냐하면, 첫째 가리킴과 이인칭의 대명사는 다같이 사람을 나타내는 점이 같으나 삼인칭의 대명사, 'he, she, it'는 사람은 물론 사물까지도 나타내기 때문이다.

1.2.1. 인칭대명사

이는 그 인칭을 따라서 일인칭, 이인칭, 삼인칭, 재귀칭의 네 가지로 가른다.

1.2.1.1. 일인칭 인칭대명사

일인칭 인칭대명사는 주격과(문장에 따라 목적격, 여격 등도 됨. 이하 같음) 관형격을 나타내는 형태적 구별이 있고 또 단수, 부수의 구별 및 높임의 등분이 있다.

격	주격				관형격	
대우의 등분	극비칭	보통비칭	보통존칭	극존칭	극비칭	보통비칭
단수	저, 제	나, 내, 여, 짐(朕)			제	내
복수	저희	우리, 우리네				

1) 일인칭 대명사의 대우법

(1) 주격 단수의 극비칭 대명사

빈도(貧徒): 중이나 도사가 자기를 겸손하게 일컫는 말.

빈승(貧僧): =빈도. (극비칭)

비인(鄙人): 촌사람. 대명사로는 저. (극비칭)

시생(侍生): 웃어른께 대하여 자기를 일컫는 말. (극비칭)

애손(哀孫): 할머니의 상중에 있는 손자가 자기를 일컫는 말 (극비칭)

유자(猶子): 편지에서 조카가 나이 많은 작은아버지에게 자기를 일컫는 말. (극비칭)

전: '저는'이 준말. (극비칭)

저: ①'나'의, 단수 극비칭 '가' 조사가 붙으면 '제'로 된다.

②'자기'의 낮춤말. 주격조사 '가'가 오면 '재'가 된다.

제: ①'나'의 낮춤말인 '저'의 바뀜말. 주격조사 '가' 앞에서 쓰인다.

②자기의 낮춤말인 '저'의 바뀜말. 주격조사 '가' 앞에 쓰인다.

고자(孤子): 아버지가 죽고 어머니만 있는 상중에 있는 사람이 자기를 일컫는

말. (극비칭)

소생(小生): 윗사람에 대하여 스스로 '자기'를 겸손하게 일컫는 말.
　　(극비칭) 🄑하생.

소첩(小妾): 여편네가 '자기.'를 극히 낮추어 일컫는 말. (극비칭)

인질(姻姪): 고모부에 대하여 '자기.'를 일컫는 말.
　　(극비칭) 🄑고장. 부질.

졸처(拙妻): 아내가 남편에 대하여 '자기 스스로'를 낮추어서 일컫는 말.
　　(극비칭)

천신(賤臣): 임금께 대하여 신하가 제 몸을 낮추어 일컫는 말. (극비칭)

천첩(賤妾): 부인이 남편에게 자기를 낮추어 일컫는 말.

한생(寒生): 자기를 겸손하게 일컫는 말.

(2) 주격 단수의 보통비칭 대명사

나: 평교간이나 아랫사람인 상대방에게 말하는 이가 스스로를 가리켜 일컫는
　　말.

여(予/余): = 나.

짐(朕): 천자가 스스로를 일컫는 말.

소생(小生): 정승들 사이에 서로 '자기'를 겸손하게 일컫는 말.
　　(보통비칭) 🄑하생(下生).

인말(姻末): 편지에서 이질 또는 처질에게 자기를 일컫는 말.

오인(吾人): = 나.

제(弟): 평교간 편지에서 '아우'의 뜻으로 자기를 낮추어 쓰는 말.

(3) 단수 관형격의 극비칭 대명사

제: 자기의 극비칭인 관형격 '저의'의 준말.

(4) 단수 관형격의 보통비칭 대명사

내: '나의'의 준말.

(5) 복수 주격의 극비칭 대명사

저희: 우리의 극비칭. 때로는 '저희들'로 쓰이는 일이 있다.

(6) 복수 주격의 보통비칭 대명사

아배(我輩): 우리네.

아등(我等): 우리들.

여등(余等): =우리들.

여배(余輩): 우리네.

오등(吾等): 우리들.

오배(吾輩): 우리의 무리.

오인(吾人): =우리.

이네: 이 무리의 사람.

우리: 말하는 사람이 자기편의 여러 사람을 일컫는 말. 준울. 비오인.

우리네: 우리의 무리. 비아배(我輩). 오배(吾輩).

우리들: 우리 여러 사람.

울: '우리'의 준말.

1.2.1.2. 이인칭 인칭대명사

격	주격				관형격			
대우법	극비칭	보통비칭	보통존칭	극존칭	극비칭	보통비칭	보통존칭	극존칭
단수	너 네	귀군 자네 그대	어른 당신	어르신	네	자네의	그대네 당신네	어르신네
복수	너희 너희들	그대들 자네들 귀군들	당신들	어르신들	너희 너희들	자네들의	그대네들 당신네들	어르신네들

※ 어르신네와 비슷한 말: 가존, 어르신, 영존, 존장, 춘당, 춘부, 춘부장, 춘장, 춘정.

1) 주격 단수의 극비칭 대명사

너: ①바로 대하고 말하는 손아랫사람이나 친한 사람을 가리키는 말.

네: '너'의 변이형태. 주격조사 '가' 앞에 쓰인다.

여(汝): 너.

이년: ①'이 여자'를 욕으로 일컫는 말. 좌요년. ③'이 계집아이'를 귀엽게 일 컫는 말. 좌요년.

요놈: '요 남자'를 욕으로 일컫는 말. 큰이놈. ②'요 사내아이'를 귀엽게 일컫 는 말. 큰이놈.

요년: ①'요 여자'를 욕으로 일컫는 말. 큰이년. ②'요 계집아이'를 귀엽게 일 컫는 말. 큰이년.

2) 주격 단수의 보통비칭 대명사

자네: '하게' 할 자리에 상대자를 가리키며 일컫는 말. 비군(君).

여(汝): 자네.

군(君): 자네.

귀군(貴君): 그대.

그대: ①벗 사이나 아랫사람을 점잖게 대접하여 일컫는 말. ②주로 글에서 대

상을 친근하게 일컫는 말.

3) 주격 단수의 보통존칭 대명사

당신: ①예사높임에 상대방을 가리키는 말. ③부부 사이에 서로 높이어 이르
　　 는 말.

이녁: 하오 할 사람을 마주 대하여 공경하는 뜻이 없이 그이를 좀 대접하여
　　 일컫는 말.

동덕(同德): 〈천도〉 천도 교인끼리 서로 높이어 부르는 말.

임자: ①친한 사람끼리 '자네'라고 하기가 좀 거북할 때 부르는 말. ②부부 사
　　 이에서 상대방을 가리키는 말.

어른: 남의 아버지를 조금 높여 이르는 말.

존형(尊兄): 같은 또래 사이에서 '상대방'을 높여 부르는 말.

4) 주격 단수의 극존칭 대명사

어르신: 어르신네.

어르신네: 남의 아버지의 높임말.

안전(案前): 하급 관리가 '관원'을 높이어 일컫는 말.

　　 (예) 어느 안전이라고 숨기려 하느냐?

옹(翁): 남자 노인에 대한 높임말.

5) 주격 복수의 극비칭 대명사

너희: 너의 복수.

너희들: 너희 여러 사람.

여등(汝等): 너희들.

여배(汝輩): 너희들.

6) 주격 복수의 보통비칭 대명사

자네들: '자네'의 복수. 또 '자네네'.
군(君)들: 자네들.
그대들: '그대'의 복수.
귀군(貴君)들: '귀군'의 복수.

7) 주격 복수의 보통존칭 대명사

당신들: '당신'의 복수.
제씨(諸氏): 주로 누구누구라고 열거한 성명 또는 직업과 관련된 명사 아래에
　　　　붙여 '여러분'의 뜻으로 쓰는 말.
제위(諸位): 여러분.
첨좌(僉座): '여러분 앞'의 뜻. 주로 편지의 앞에 쓰인다.
어른들: 여러 어른.
임자들: '임자'의 복수.

8) 주격 복수의 극존칭 대명사

어르신들: 여러 어르신네.
어르신네들: '어르신네'의 복수.

9) 단수 관형격의 대명사

　국어의 관형격 인칭대명사에는 단수 극비칭에는 '네'가 있고 복수에
는 '너희'가 있으나 그 이외에는 인칭대명사에 관형격조사 '의'를 붙여
서 사용하는 경우도 있고 붙이지 않고 쓰는 경우도 있다. 그런 까닭에
단수와 복수의 보통비칭과 보통존칭, 극존칭에는 각각 그렇게 알아서

쓰면 된다.

1.2.1.3. 삼인칭 인칭대명사

이에는 주격과 관형격의 형태적 차이가 없고 다만 정칭인칭대명사
와 부정칭인칭대명사의 둘로 나누어지는데, 정칭대명사는 그 가리켜
지는 자리의 멀고 가까움을 따라서 가까움, 떨어짐, 멀음의 세 가지로
나누는데 '가까움'은 말할이에 대하여 위치상 가까운 사람을 나타내고
'떨어짐'은 들을이에게 가까운 사람을 나타내며 '멀음'은 양자에서 다
먼 사람을 나타낸다.

셈 높임의 등분 구분		단수				복수			
		극비칭	보통비칭	보통존칭	극존칭	극비칭	보통비칭	보통존칭	극존칭
정칭	가까움	이애	이사람	이분 이이	당신	이애들	이사람들 이들	이분들 이이들	당신들
	떨어짐	그애	그사람	그분 그이	당신	그애들	그사람들 그들	그분들 그이들	당신들
	멀음	저애	저사람	저분 저이	당신	저애들	저사람들 저들	저분들 저이들	당신들
부정칭	모르거나 똑똑하지 아니함	누구 아무 뉘 누	어느사람 누구 아무	어느분 아무분 어떤분 어떤이	어느어른 아무어른 어떤어른	누구들 아무들	어느사람들 누구들 아무들	어느분들 아무분들 어떤분들 어떤이들	어느어른들 아무어른들 어떤어른들

※ 앞에서 말하였지만 삼인칭 인칭대명사에는 주격과 관형격의 형태적 구별이 없기 때문에 주격으로 쓰일
때는 주격조사를 그 뒤에 붙여 쓰면 되고, 관형격으로 쓰일 때는 그 뒤에 '의'를 붙이면 된다.

여기서는 위 표에 없는 대명사들을 예시하고 설명하기로 하겠다.

1) 극비칭 대명사

(1) 여자의 극비칭 대명사

저년: '저 여자'를 욕으로 일컫는 말. 좌조년.
조년: .'조 여자'를 욕으로 일컫는 말. 큰저년.

(2) 남자의 극비칭 대명사

저놈: '저 남자'를 욕으로 일컫는 말. 좌조놈.
조놈: '조 남자'를 욕으로 일컫는 말. 큰저놈.
그자(者): 그 사람의 낮은 말.
너: 이인칭 대명사이나 삼인칭으로 쓰이는 일이 있다. 즉 바로 대하고 말하는
　　　사람 이외의 대상.
　　　(예) 너 나 할 것 없이 모두가 똑 같다.
이놈: '이 사람'의 낮은 말.

2) 삼인칭의 극비칭 대명사

이것: '이 아이'를 다정하게 일컫는 말.
저년: '저 계집아이'를 귀엽게 일컫는 말. 좌조년.
조년: '조 계집아이'를 귀엽게 일컫는 말. 큰저년.
저놈: .'저 사내아이'를 귀엽게 일컫는 말. 좌조놈.
조놈: '조 사내아이'를 귀엽게 일컫는 말. 큰저놈.
천솔(賤率): ①남에게 자기의 첩(妾)을 낮추어 일컫는 말.
　　　　　　②남에게 자기 가족을 낮추어 일컫는 말.
천식(賤息): 자기 자식을 남에게 대하여 낮추어 일컫는 말.
궐자(厥者): '그 사람' 또는 '그 자'라는 뜻. 준궐.

그것: ①'그 사람'을 낮잡는 말. ②'그 아이'를 다정하게 일컫는 말. 준그거.

남: 자기에 맞서는 사람을 두루 가리키는 말.

걔: '그 아이'의 준말.

걘: '그 아이는'의 준말.

걜: '그 아이를'의 준말.

얘: '이 아이'의 준말.

쟤: '저 아이'의 준말.

쟨: '저 아이는'의 준말.

쟬: '저 아이를'의 준말.

우식(愚息): '어리석은 자식'이라는 뜻으로 자기 아들을 겸손하게 이르는 말.

우처(愚妻): 자기 처의 낮춤말.

3) 삼인칭의 보통존칭 대명사

이: '이이'의 준말.

저: '저이'의 준말.

중형(仲兄): 자기의 둘째 형님. 비중씨.

종백(從伯): 남에게 대하여 자기 삼촌의 맏형을 일컫는 말. 비종백씨.

종중씨(從仲氏): 남에게 대하여 자기의, 또는 그이의 사촌 둘째 형을 일컫는
     말.

중씨(仲氏): ①남의 둘째 형을 높여서 일컫는 말. ②중형.

4) 삼인칭의 극존칭 대명사

여기서는 다음 하나만을 설명하기로 한다.

당신: 이야기 되는 제3자를 높이어 가리키는 말.
    (예) 부처님 당신께서….

5) 삼인칭의 부정칭 대명사

모(某): = 아무.

아무: 누구라고 지정하지 아니 하고 막연히 가리키는 말.

아무개: '아무'를 낮게 이르는 말.

아무아무: 누구들이라고 둘러대지 않고 가리키는 말.

누구: 알지 못할 의문의 사람. 또는 이름을 꼭 집어 말할 수 없는 어떤 사람
　　　을 가리키는 말.

누: '누구'의 변이 형태. 주격조사 '가'와 목적격조사 'ㄹ'과 함께 쓰인다.
　　　(예) 눌 기다리나?

누구누구: ①꼭 집어 말할 수 없는 모르는 사람들을 모두 가리키는 말. ②'누
　　　구'를 강조하는 말.

뉘: '누구의'가 줄어든 말.

1.2.1.4. 재귀칭의 인칭대명사

　재귀칭의 인칭대명사를 외솔 선생은 통칭이라 하였으나(우리말본,
237쪽), 지은이는 위와 같이 부르기로 한다. 이를 복수로 하려면 그 뒤
에 '-들'을 붙이면 된다.

대명사 ＼ 대우의등분	극비칭	보통비칭	보통존칭	극존칭
재귀칭	저, 남, 자기, 자신, 자기 자신		자기, 자기 자신, 자신	당신

민(民): = 화민. 전날 조상의 산소가 있는 제 고장의 원에 대하여 '자기'를 일
　　　컫는 말.

저: '자기'의 낮춤말. '가' 조사가 오면 '제'가 된다.

제: '자기'의 낮춤말인 '저'의 바뀜말. 주격조사 '가' 앞에 쓰인다.

제: '자기'의 낮춤말.

1.2.2. 사물대명사

1.2.2.1. 사물대명사의 갈래와 부정칭 사물대명사

사물대명사는 그 가리키는 대상에 따라 일몬(사물), 곳, 쪽, 때의 네 가지로 가른다. 사물대명사는 높임의 등분이 없이 삼인칭과 통칭의 둘이 있는데, 삼인칭에는 정칭과 부정칭의 두 가지가 있으며 정칭에는 가까움, 떨어짐, 멂의 세 가지가 있다. 이것을 표로 나타내면 다음과 같다.

가리킴 \ 갈래			일몬	곳	쪽	때
삼인칭	정칭	가까움	이것(-들), 이	여기	이리	이때
		떨어짐	그것(-들), 그	거기	그리	그때
		멂	저것(-들), 저	저기	저리	접때
	부정칭		무엇(부지) 어느것(불명) 아무것(불택) 어떤 것(부정)	어데(어디)(부지) 아무데(불택) 어떤데(부정)	어느쪽(불명) 아무쪽(불택) 어떤쪽(부정)	언제(부지) 어떤때(부정) 아무때(불택) 어느때(불명)
통칭			그것, 다른것	거기, 다른데		다른때

1.2.2.2. 사물대명사의 작은말

사물대명사 중 사물의 '이것, 그것, 저것'과 곳의 '여기, 거기, 저기' 쪽의 '이리, 그리, 저리' 때의 '이때, 그때, 접때' 등은 작은말이 있음이 부정칭 사물대명사와 다르다. 이들을 표로 보이면 다음과 같다.

가리킴\갈래	일몬		곳		쪽		때	
구분	큰말	작은말	큰말	작은말	큰말	작은말	큰말	작은말
정칭 가까움	이것	요것	여기	요기	이리	요리	이때	요때
정칭 떨어짐	그것	고것	거기	고기	그리	고리	그때	고때
정칭 멀음	저것	조것	저기	조기	저리	조리	접때	조때

사물대명사도 위 표에 없는 것만 여기서 다루기로 한다.

1) 일몬(사물)을 가리키는 사물대명사

아무것: 그 어떤 것(불택).

어느것: 어느 물건.

요것: '이것'을 얕잡거나 귀엽게 또는 축소하여 일컫는 말. **준**요거.

이것저것: 이것과 저것.

이것: ①말하는 이에게 가까이 있는 사물을 가리키는 말. ②바로 전에 말하였
거나 알면서 사물을 가리키는 말.

요거: '요것'의 준말.

이거: '이것'의 준말.

고것: '그것'을 얕잡거나 귀엽게 또는 축소하여 일컫는 말.

저건: '저것은'의 준말.

저걸: '저것을'의 준말.

저걸로: '저것으로'가 줄어든 말.

차(此): 이 또는 이것.

2) 장소를 가리키는 사물대명사

거시키 = 거시기: 말하고자 하는 사물의 이름이 얼른 떠오르지 않거나 바로 말
하기가 거북스러울 때 그 대신으로 일컫는 말.

어디: ①꼭 정하지 아니 하였거나 모르는 곳. ②밝혀서 말할 필요가 없는 곳.
③무엇이라 말하기 어려운 어떤 점. ④어떤 수량이 대단할 때 쓰는 말.
⑤부사로 쓰이어 반문함이나 부인함을 강조하는 말. ⑥남의 주의를 끄
는 말. ⑦'어딜'로 쓰이어 금하는 뜻을 나타냄.

여: '여기'의 준말.

여기: 이곳. 줄여. 예.

거: '거기'의 준말.

저: '저기'의 준말.

저기: 저곳. 줄저. 제.

당처(當處): 이곳.

거기: ①그곳. 줄거. 게. ②이미 말한 대상을 '그것' 또는 '그점'의 뜻으로 가
리키는 말.

거: '거기'의 준말.

게: '거기'의 준말.

고기: '거기'를 범위를 좁혀서 이르는 말.

1.2.2.3. 부정칭 사물대명사

부정칭 사물대명사는 관형사 '무슨, 어느, 아무, 어떤'의 뜻에 따라
그것이 분명하여 지는데 이들을 알아보면 다음과 같다.

(67) ㄱ. 무슨: 모르는 일이나 물건을 나타냄.
ㄴ. 어느: 여럿 가운데 막연하며 어떤, 확실히 모름을 나타냄.
ㄷ. 아무: 꼭 지정하지 아니 하고, 감추거나 가정하여 일컬음.
ㄹ. 어떤: 꼭 집어내어 말하기 막연함.

위와 같은 관형사의 뜻을 지닌 부정칭 사물대명사를 보면 다음과
같다.

(68) ㄱ. 모름(부지)

　　　　㉮ 무엇　　　　㉯ 어디　　　　㉰ 언제

　　ㄴ. 선택이 똑똑하지 아니함

　　　　㉮ 어느것　　　㉯ 어느쪽　　　㉰ 어느때

　　ㄷ. 가리지 않음(불택)

　　　　㉮ 아무것　　　㉯ 아무데　　　㉰ 아무쪽　　　㉱ 아무 때

　　ㄹ. 정하지 못함(부정)

　　　　㉮ 어떤 것　　　㉯ 어떤데　　　㉰ 어떤쪽　　　㉱ 어떤때

1.2.2.4. 사물대명사의 수

사물, 곳, 쪽, 때의 사물대명사는 복수를 나타낸다.

(69) ㄱ. ㉮ 이것들을 가지고 가시오.

　　　　㉯ ?이들을 가지고 가시오.

　　ㄴ. ㉮ 그것들을 가지고 가자.

　　　　㉯ *그들은 좋은 연장이다.

　　ㄷ. ㉮ 저것들을 여기에 버려 두자.

　　　　㉯ ?저들은 이 공사에 쓰이는 연장들이다.

　　ㄹ. ㉮ 무엇들 하느냐?　　　㉯ 언제들 오시오?

　　ㅁ. ㉮ 여기들 계셔요.　　　㉯ 거기들 노세요.

　　　　㉰ 다 저기들 있다.　　　㉱ 어데들 가시오.

　　ㅂ. ㉮ 이리들 오시오.　　　㉯ 그리들 가시오.

　　　　㉰ 저리들 가시오.

(69ㄱ~ㅂ)에서 보아 알 수 있듯이 정칭은 다 복수가 되지마는 부정
칭은 '무엇', '어데(어디)', '언제'에 한하여 복수가 될 수 있음을 알 수
있다.

1.2.3. 인칭대명사의 쓰임

지금까지의 문법에서는 인칭대명사의 쓰이는 경우에 대하여 설명해 놓은 책이 하나도 없었기 때문에 문법을 공부하여도 말을 제대로 할 줄을 몰랐다. 그러므로 여기서는 인칭대명사의 용법을 상세히 밝힘으로써 올바른 말법을 구사할 수 있도록 하고자 한다.

1.2.3.1. 일인칭 대명사의 쓰임

1) '나'의 쓰임

'나'는 노소를 가리지 아니 하고 친구 사이에 쓸 수 있다. 이때 '나'의 등급은 보통비칭이다.

(70) ㄱ. 자네가 미국 간 줄 알았네.
　　 ㄴ. 나는 학교에 간다.

'나'는 집안의 어른이 그 아랫사람에 대하여 자기를 말할 때 쓴다.

(71) ㄱ. 나는 오늘 서울 다녀 오마.
　　 ㄴ. 나는 김선생을 만나러 가겠다.

집안의 아랫사람은 '아들, 딸, 며느리, 조카, 질녀, 질부, 종질, 종질녀, 종질부, 손자, 손녀, 손부, 증손, 종손녀, 종손부, …'들을 말한다.
남자의 경우, 나이가 많더라도, 고종의 며느리와 외사촌의 며느리를 보고 '나'를 쓰되 서술어는 삼가말로 해야 하고, 부인의 경우, 질서를 보고 '나'를 쓰되 서술어는 삼가말로 해야 한다.

(72) ㄱ. 나는 서울 다녀왔습니다. 그 동안 어른 모시고 잘 계셨습니까?

(고종의 며느리에게, 외사촌의 며느리에게)

ㄴ. 나는 서울서 어제 왔습니다. 잘 계셨어요?

(부인이 질서에게)

면복친당(9촌 이상)의 부인, 외사촌의 손부, 고종의 손부, 처남의 며느리, 처남의 손부, 처제, 처질녀, 처질녀의 며느리에게는 '나'를 쓰되 서술어는 삼가말을 써야 한다.

(73) ㄱ. 할아버님, 언제 오셨습니까? (면복친당의 35세 부인)

ㄴ. 예, 나는 어제 왔습니다. (75세의 할아버지)

(74) ㄱ. 고모부님, 언제 오셨습니까?

ㄴ. 나는 오늘 왔습니다. (처질부, 처질녀에게)

시아버지의 외사촌형이 고종아우의 며느리에 대하여 '나'를 쓸 수 있다.

(75) ㄱ. 외아주버님, 몇 시 차로 오셨습니까?

ㄴ. 나는 9시 차로 왔습니다.

시아버지의 고종형이 외사촌 아우의 며느리에 대하여 '나'를 쓸 수 있다.

(76) ㄱ. 아주버님, 언제 오셨습니까?

ㄴ. 나는 어제 왔습니다.

시동생이 형수에 대하여 '나'를 쓸 수 있다.

(77) ㄱ. 아주버님, 언제 오셨어요?

　　　ㄴ. 나는 어제 왔습니다.

주격의 '내'도 '나'와 그 쓰임은 동일하기 때문에 별도로 그 쓰임을
밝히지 아니 하기로 한다.

2) 관형격 '내'의 쓰임

'내'는 부당 사람말[6] 앞에 쓰인다.

이는 들을이가 말할이보다 하급 사람일 경우에 한한다. 그러나 들을
이가 말할이와 동급일 경우에는 '내' 대신 '우리'를 써야 한다.

(78) 내 아들, 내 며느리, 내 질녀, 내 질부, 내 종질, 내 종질녀, 내 종질부,
　　　내 손자, 내 종손, … 또는 우리 아들, 우리 질부, 우리 며느리, …

들을이가 말할이보다 하급 사람이라 할지라도 친당 사람말[7] 앞에
는 '내'는 쓸 수 없다.

(79) *내 할아버지, *내 아버지, *내 맏아버지, *내 형, *내 제수, *내 오라버
　　　니, *내 동생댁, …

또, 척당사람말 앞에도 '내'라는 말을 써서는 안 된다.

---

6) 부당 사람은 '아들, 딸, 며느리, 조카, 질녀, 질부, 종질, 종질녀, 종질부, 재종질, 재종
　질녀, 재종질부, 삼종질, 삼종질녀, 사종질부, 손자, 손녀, 손부, 종손자, 종손녀, 종손
　부, 재종손, 재종손녀, 재종손부' 등을 말한다.

7) '친당 사람'이란 남자 형제와 그의 아내, 나와 누이로부터 아버지 계열 사람들과 어머
　니, 할머니를 모두 포함하여 일컫는다(여증동, 『한국가정언어』, 시사문화사, 1991,
　35~36쪽에 의거함).

(80) *내 외손자, *내 생질부, *내 사위, …

(79), (80)과 같은 경우에 '내'를 쓰게 되면 불손한 말이 되기 때문에 '내' 대신에 '우리'를 사용하여 '우리 할아버지, 우리 외손자, 우리 아버지, 우리 생질부, 우리 사위, …'식으로 말하여야 한다. 손위 어른이 집안의 아랫사람에게 대하여는 물론 '내'를 쓸 수 있다.

(81) ㄱ. 이것이 내 만년필이다.
ㄴ. 내 차는 이것이다.

나이 많은 사람이 젊은 사람에 대하여서나 기관장이 부하 직원에 대하여는 물론 선배가 후배에 대하여 '내'를 쓸 수 있다.

(82) ㄱ. 내 책은 아주 좋은 책이네.
ㄴ. 김 아씨, 내 도장 못 보았어요?
ㄷ. 내 차를 자네가 좀 이용하게.

처질부, 고종의 며느리, 외사촌의 며느리에게 대하여는 '내'를 쓸 수 있다.

(83) ㄱ. ㉮ 이것이 고모부님 책입니까? (처질부)
㉯ 예, 내 책입니다. (고모부)
ㄴ. ㉮ 이것이 아주버님 책입니까? (외사촌 며느리)
㉯ 예, 내 책입니다. (시아버지 고종)
ㄷ. ㉮ 이것이 아주버님 책입니까? (고종 며느리)
㉯ 예, 내 책입니다. (시아버지 외사촌)

처제에 대하여도 '내'를 쓸 수 있다.

(84) ㄱ. 이것이 형부 책입니까? (처제)

　　 ㄴ. 예, 내 책입니다. (형부)

‘내’의 쓰임은 ‘나’의 경우와 같다. 따라서 ‘내’에서 제시하지 못했던 것은 ‘나’의 쓰임을 참고하여 원용하면 될 것이다.

3) ‘우리’의 쓰임

‘나’의 복수를 나타낼 때 쓰인다.

(85) ㄱ. 우리들은 학교에서 기술을 배웠다.

　　 ㄴ. 우리는 대한민국의 아들딸, 죽음으로써 나라를 지키자.

‘우리’는 말할이의 집단을 나타낼 때 쓰임은 (85ㄱ~ㄴ)으로써 알 수 있다.

말할이와 들을이가 동급 사람일 경우에는 본당 사람들 앞에 ‘내’를 쓰지 말고 ‘우리’를 써야 한다.

(86) 우리 아들, 우리 딸, 우리 며느리, 우리 조카, 우리 질부, 우리 손자, …

들을이가 말할이보다 하급 사람일지라도 친당 사람말 앞이나, 척당 사람말 앞은 물론 췌객 사람말 앞에는 ‘우리’를 써야 한다.

(87) 우리 아버지, 우리 어머니, 우리 맏아버지, 우리 제수, 우리 외손자, 우리 생질, 우리 사위, …

4) '저/제'의 쓰임

어른이나 기관장 및 스승에 대하여 말할 때는 '저/제'를 쓴다.

(88) ㄱ. ㉮ 이것이 누구의 책이냐?
　　　　㉯ 예, 저의(제) 책입니다.
　　ㄴ. ㉮ 이것이 너의 것이냐?
　　　　㉯ 예, 제 것입니다.

들을이가 말할이보다 상급 사람일 경우에는 본당 사람말 앞에는 '제'를 쓴다.

(89) 저의 아들, 저의 딸, 저의 며느리, 저의 조카, 저의 질녀, 저의 손자, …

집안의 어른들에 대하여 자신을 '저/제'라고 한다.

(90) ㄱ. 할아버지, 제가 이것을 처리하겠습니다.
　　ㄴ. 아버님, 제가 이 책을 사 가지고 오겠습니다.
　　ㄷ. 맏아버님, 이 책을 제가 가져 왔습니다.

손아래 동서가 손위 동서에게 '제'를 쓴다.

(91) ㄱ. 형님, 제가 시장에 갔다 올까요?
　　ㄴ. 형님, 제가 장 보러 가면 어떻소?

외숙부모, 고모부, 이모부, 고모, 이모에게는 '제'를 쓴다.

(92) ㄱ. 외아저씨, 제가 이것을 가지고 가겠습니다.

ㄴ. 고모님, 제가 태워 드리겠습니다.

ㄷ. 이모님, 제가 이것을 가지고 가겠습니다.

장인, 장모, 처백부, 처숙부, 처백모, 처숙모에 대하여는 '제'를 쓴다.

(93) ㄱ. 장인어른, 제가 모시겠습니다.

ㄴ. 처삼촌, 제가 이것을 가져 왔습니다.

ㄷ. 처백모님, 제가 어제 왔습니다.

처남의 댁은 시누 남편에게 '제'를 쓴다.

(94) 박 사방 오십니까? 저의 어머님은 서울 가셨습니다.

처외조부와 처외조모에게는 '제'를 쓴다.

(95) ㄱ. 처외조부님, 제가 이것을 가져 가도 되겠습니까?

ㄴ. 처외조모님, 제가 내일 가겠습니다.

사장어른에 대하여는 '제'를 써야 하고 사돈끼리도 '제'를 써야 한다.

(96) ㄱ. 사장어른, 제가 왔습니다.

ㄴ. 사돈 제가 실수하더라도 이해하십시오.

1.2.3.2. 이인칭 대명사의 쓰임[8]

1) '당신'의 쓰임

가. 별로 좋지 않은 뜻으로 상대방을 예사 높여서 가리킨다.

(97) ㄱ. 당신이 나에게 주었지 않소?
ㄴ. 당신은 이것을 가지시오.

나. 예사로 높여서 상대를 가리킨다.

(98) ㄱ. 당신은 누구시오?
ㄴ. 당신은 언제 왔어요?

(98ㄱ~ㄴ)의 '당신'은 예사로 높인 말이다. 혹 성경에서는 하나님을 '당신'이라 하여 쓰는 일이 있으나, 이는 특수한 용법으로 우리의 일상에서는 잘 쓰지 않는다.

그런데 오늘날 부부 사이는 물론, 친한 친구 사이에서도 흔히 쓰는 일이 있으나 부부 사이에는 본래 호칭법이 없으나 지방에 따라 '임자'(아내에게), '자네'(아내에게)를 쓰는 일이 있다.

2) '그대'의 쓰임

이 대명사는 그리 많이 쓰이지 않는데 친근하게 말할 때 쓰인다. 예를 몇 들어 보면 다음과 같다.
애인에 대하여 쓰는 일이 있다.

---

8) 최현배, 『우리말본』, 정음문화사, 1983, 235쪽에 의거할 것임.

(99) ㄱ. 그대에게 드립니다. 받아 주소서.

ㄴ. 그대 모습 보고 싶어 잠 못 이뤄 합니다.

손위 어른이 아래 사람에게 쓰는 일이 있다. 개화기에는 애인에게
쓰는 일이 있었다.

(100) ㄱ. 그대들이 이 나라를 짊어지고 가야 한다.

ㄴ. 이 나라를 건설하는 것은 그대들의 임무이다.

ㄷ. 그대에게 드립니다. 받아 주소서.

‘그대’는 ‘당신’과 같이 친근하게 쓰이기는 하나 ‘당신’이라고 하기
가 좀 어색할 때 쓰는 것 같다.

3) ‘자네’의 쓰임[9)]

‘자네’의 쓰임은 그 범위가 넓은데, 거의 모든 경우에 쓰인다.

형이 아우에게, 손위 동서가 손아래 동서에게, 시누나가 손아래 올
케에게, 올케가 손아래 시누이에게 ‘자네’를 쓴다.

(101) ㄱ. ㉮ 형님, 오늘은 무슨 일을 하시겠소.

㉯ 자네는 집에 있게, 나만 밭을 매겠네.

ㄴ. ㉮ 형님, 시장 갔다 올게요. (손아래 동서가)

㉯ 자네, 시장 가면 빨래비누 몇 장 사다 주게. (손위 동서가 손아
래 동서에게)

ㄷ. ㉮ 자네, 잘 있었나? (시누나가→손아래 올케에게)

㉯ 자네, 별고 없었는가? (올케가→손아래 시누에게)

---

9) 이에 대하여는 여증동, 『한국가정언어』(1991)에 의지할 것임을 밝혀 둔다.

장인, 장모, 처삼촌, 처숙모가 사위, 질서에게 '자네'를 쓴다.

(102) ㄱ. 자네, 잘 있었는가? (장인→사위)

ㄴ. 김 서방, 자네 왔는가? (처삼촌→질서)

ㄷ. 자네, 별고 없었는가? (장모→사위)

처남이 매부에 대하여는 물론, 처가 쪽의 남자들은 그 췌객에 대하여 '자네'를 쓴다.

(103) ㄱ. 자네는 그간 별고 없었나? (처남)

ㄴ. 박 서방, 자네 잘 있었나? (처가 쪽 남자가)

타성의 어른이 손아래 사람에게 '자네'를 쓴다.

(104) ㄱ. 자네, 어디 갔다 오는가?

ㄴ. 자네 농사는 참 잘 되었네.

남편이 부인에 대하여 '자네'를 쓴다.

(105) 자네는 내일 친정에 다녀 오지.

시삼촌이 질부에 대하여, 외삼촌이 생질부에 대하여 '자네'를 쓴다.

(106) ㄱ. 자네는 어디 갔다 왔나? (시삼촌이)

ㄴ. 자네 잘 있었는가? (시외삼촌이)

종제, 재종제, 삼종제, 족제(10, 12, 14촌, …)에게 '자네'를 쓴다. 고종, 종고종, 외사촌, 외육촌, 이종에게 '자네'를 쓴다. 시사촌댁, 시육촌댁,

시팔촌댁에게 '자네'를 쓴다. 종동서, 재종동서, 삼종동서에게 '자네'를 쓴다. 시고종댁, 시종고종댁, 시외사촌댁, 시외육촌댁, 시이종댁에게 '자네'를 쓴다.

위에 제시한 이외에도 '자네'를 써야 할 경우가 있지만, 조부모, 부모, 숙부모, 처조부모는 자기 자녀, 조카, 질녀, 손서를 보고 '자네'라는 말은 쓰지 아니 한다.

4) '너'의 쓰임

아이들이 친구끼리 서로 '너'를 쓴다.

(107) ㄱ. 너는 학교 안 가니?
　　　 ㄴ. 나는 너와 같이 공부하고 싶어.

집안의 어른들이 손자, 손녀, 아들, 딸, 조카, 질녀, 생질, 기타 집안의 젊은이에게 '너'를 쓴다.

(108) ㄱ. 철수야, 너는 학교 가지 않느냐? (할아버지가)
　　　 ㄴ. 길동아, 너는 언제 서울 가지? (둘째아버지가)

선생이 초·중·고등학교 학생에게 '너'를 쓴다. 그러나 대학생에 대하여 교수가 '너'를 쓸 수 없고 '자네'를 써야 한다.

(109) ㄱ. 너는 왜 숙제를 하지 아니 하였지? (선생이)
　　　 ㄴ. 자네 언제 서울 갔다 왔지? (교수가)

타성의 어른이라도 어린이(초·중·고등학생 정도)에 대하여는 '너'를 쓸 수 있다.

(110) ㄱ. 너는 어디 갔더냐? (타성 어른이)

　　　ㄴ. 나는 네가 제일 착하다는 말을 들었다. (타성 어른이)

1.2.3.3. 삼인칭 대명사의 쓰임

1) '당신'의 쓰임

삼인칭에 쓰이는 '당신'은 극존칭에 쓰인다.

(111) ㄱ. 우리가 가면, 당신들께서도 오시겠지.

　　　ㄴ. 석가모니, 당신께서 크게 깨달으셨다.

2) '이이/이분, 그이/그분, 저이/저분'의 쓰임

이들은 같은 보통존칭이나 '이분, 그분, 저분'이 '이이, 그이, 저이'보다는 더 높여 말하는 셈이 된다.

1.2.3.4. 재귀대명사의 대용 표현

재귀대명사는 어느 인칭 할 것 없이 앞에 한 번 말한 사람을 다시 돌이켜 가리키는 대명사를 말하는데, '저, 남, 자기, 자신, 자기 자신, 당신' 등이 있다. 그 쓰임은 다음과 같다.

1) '저'의 쓰임10)

'저'에는 세 가지가 있는데 첫째는, 일인칭의 '저我'이요, 둘째는 삼

---

10) '저'는 짐승에 대하여도 쓰이는 일이 있으나 극히 제한되어 쓰인다.
　　(예) 이 개는 제 주인을 잘 따른다.

인칭의 '저彼'이며 셋째는 통칭의 '저自己, 自身'이다. 재귀대명사의 근본은 삼인칭의 '저'인데 말할이가 스스로를 낮추어 말할 적에는 그것으로 일인칭으로 삼아서 재귀칭의 뜻으로 쓰게 된다.11)

(112) ㄱ. 나도 제 허물을 압니다.

　　　ㄴ. 너도 제 이익만 생각지 말라.

　　　ㄷ. 철수도 제 속은 따로 있다.

(112ㄱ)의 '제'는 '나의'를 나타내고 (112ㄴ)의 '제'는 '너의'를 나타내며 (112ㄷ)의 '제'는 '철수의'를 나타낸다. (112ㄱ~ㄷ)에서 보면 '저'는 재귀대명사로 쓰일 때는 '제'로 쓰인다.

2) '남'의 쓰임

(113) ㄱ. 네(그)가 왜 남(나)의 것을 가져 가느냐?

　　　ㄴ. 그이가 왜 남(너)의 옷을 입느냐?

　　　ㄷ. 내가 왜 남(저 사람)의 것을 가지려고 하겠느냐?

3) '자기, 자신, 자기 자신'의 쓰임

(1) '자기'와 '자신'의 차이점

가) '자신'은 가리킴(인칭)에 관계없이 대명사 바로 다음에 쓰일 수 있으나 '자기'는 일인칭, 이인칭에는 쓰이지 못한다.

(114) ㄱ. 너(나, 그)도 자신의 일을 잘 알고 있다.

_____

11) 최현배, 『우리말본』, 정음문화사, 1983, 235쪽에 의거함.

ㄴ. *너(나)는 자기의 일을 잘 알고 있다.

ㄷ. 그는 자기의 일을 잘 알고 있다.

나) ‘자신’은 사람단수명사 바로 다음에 쓰일 수 있으나 ‘자기’는 그렇지 못하다. 이때 단수명사 뒤에 조사가 쓰일 수도 있고 그렇지 않을 수도 있다.

(115) ㄱ. 영수는 철수가 {자신, *자기}이/가 일하게 하였다.

ㄴ. 철수는 영미 {자신, *자기}에게 책을 주었지?

(115ㄱ~ㄴ)에서 보듯이 ‘자신’ 앞에 단수명사가 거듭 쓰일 수 있는데, 앞의 ‘철수’에는 조사가 쓰이기도 하고 안 쓰이기도 하며, 뒤의 영미에는 조사가 쓰이지 아니 하였음을 보이고 있다.

(2) ‘자기’, ‘자신’, ‘자기 자신’의 쓰임

이들의 쓰임이 제일 문제가 되는 경우는 내포문에 쓰일 때이다. 왜냐하면, ‘그 선행사를 어느 것으로 보아야 하는가?’ 하는 문제가 있기 때문이다. 따라서 여기서는 내포문에서의 이들의 쓰임을 주로 다루기로 하겠다.

가) 내포문에서 ‘자기’, ‘자신’이 그 바로 뒤에 조사 ‘은/는’, ‘이/가’를 취하면 그 선행사는 ‘자기/자신’ 바로 앞의 단수명사가 되며 ‘자기 자신’은 그 의미상 그 바로 앞의 인칭 단수명사가 선행사가 된다.

(116) ㄱ. 철수는 영희가 {자기는, 자신은} 잘난 것으로 {알고 있더라고, 알고 뽐내더라고} 말하였다.

ㄴ. 철수가 영희는 {자기가, 자신이} 착한 사람으로 알고 있더라고 들었다.

ㄷ. 철수가 영희는 {자기가, 자신이} 능력이 있는 것으로 알더라고 들었다.

ㄹ. 철수가 영희는 자기 자신이 착한 사람이라고 알고 있더라고 하였다.

나) 내포문에서 '자기, 자신, 자기 자신' 뒤에 목적격조사가 오면 '자기'는 두 가지 뜻으로 이해되어 애매하나, 나머지 둘은 그렇지 아니하다. 그 의미 때문이다.

(117) ㄱ. 철수는 영희가 자기를 사랑한다고 믿고 있다.

ㄴ. 철수는 영희가 자신을 사랑한다고 믿고 있다.

ㄷ. 철수는 영희가 자기 자신을 사랑하고 있다고 믿는다.

(117ㄱ)의 '자기'는 그 자체를 뜻과 문장 전체의 뜻으로 보아 그 선행사가 '철수'로 보아지며, (117ㄴ)은 '자신'의 뜻으로 보아 그 선행사는 '영희'로 보아진다. 그런데 (117ㄷ)의 '자기 자신'은 보기에 따라서는 그 선행사를 '영희'로 볼 수 있다. 이럴 때는 '자기, 자기 자신' 그 자체의 뜻에 따라 그 선행사를 정해야 한다.

다) 내포문에서 재귀대명사 뒤에 보조조사 '이야말로, 조차, 마저, 까지, 만' 등이 올 때도 그 선행사가 어느 것인지 애매할 때가 있다.

(118) ㄱ. ㉮ 철수는 영희가 자기야말로 {조차, 마저, 까지, 만} 능력이 있는 것으로 믿는다고 말하였다.

㉯ 철수는 영희가 자기야말로 {조차, 마저, 까지, 만} 잘 났다 하더라고 말하였다.

ㄴ. 철수는 영희가 자신이야말로 {조차, 마저, 까지, 만} 능력이 있는 것으로 믿더라고 말하였다.

ㄷ. 철수는 영희가 자기 자신이야말로 {조차, 마저, 까지, 만} 능력이 있는 것으로 믿는다고 말하였다.

(118ㄱ)의 ㉮의 선행사는 '철수'로도 볼 수 있고 '영희'로도 볼 수 있어 애매하나 '영희'를 가리키고 ㉯는 선행사가 '영희'임은 내포문의 서술어 '잘 났다 하다'로 미루어 알 수 있다. (118ㄴ~ㄷ)에서의 선행사는 재귀대명사 그 자신의 뜻에 따라 '영희'임이 분명하다.

라) '자기 자신'은 삼인칭에 쓰이고 '자신'은 일인칭, 이인칭, 삼인칭에 쓰이며 '자기'는 삼인칭에만 쓰인다. 그리고 '누구'는 '자기, 자신, 자기 자신' 등과 다 같이 쓰일 수 있다.

(119) ㄱ. ㉮ *너도 자기 자신의 잘못을 알아라.
　　　 ㉯ 그도 자기 자신의 잘못을 안다.
　　ㄴ. ㉮ 나도 나 자신의 장점을 알고 있다.
　　　 ㉯ 너도 너 자신의 일을 알지?
　　　 ㉰ 그는 (그) 자신의 잘못을 모르고 있다.
　　ㄷ. ㉮ 그는 자기도 이 일을 할 수 있다고 한다.
　　　 ㉯ 그도 자기의 일을 해야 한다.
　　ㄹ. 누구든지 자기{자신, 자기 자신}의 잘못을 아시오.

마) 재귀대명사가 내포문에 쓰이어 어느 것이 그 선행사인지 애매할 때는 문맥에 의하거나 아니면 내포문의 서술어나 또는 내포문의 서술어에 따라 결정하기도 하나, 대체로 그 바로 앞의 단수명사 또는 대명사가 선행사가 된다.

(120) 철수는 영희가 자기를(자신을) 너무 잘났다 한다고 흉을 보았다.

위에서 '자기', '자신'의 선행사는 '영희'임이 분명한데 그것은 밑줄 친 내포문의 서술어에 기인하기도 하기 때문이다.

4) '당신'의 쓰임

재귀대명사 '당신'은 일인칭과 이인칭에는 쓰일 수 없고 삼인칭에만 쓰일 수 있는데 극존칭에 쓰인다.

(121) ㄱ. ㉮ *나도 당신 일이나 하면 좋겠다.
　　　　㉯ 아버지도 당신 일을 먼저 해 놓으시면 좋겠다.
　　ㄴ. 선생님은 당신 몸은 돌보지 않으신다.

(121ㄱ)의 ㉮가 성립될 수 없는 까닭은 '나'를 '당신'이 받을 수 없기 때문이다. (121ㄱ)의 ㉯와 (121ㄴ)에서 보아 알 수 있듯이 '아버지'와 '당신', '선생님'과 '당신'에서의 '당신'은 극존칭이다. (121ㄱ) ㉯의 경우는 '아버지는 아버지의 일을 먼저 해 놓으시면 좋겠습니다'는 식으로 말함이 예사이다.

1.3. 수사

1.3.1. 수사의 뜻12)

수사란 수를 들어내는 체언이다. 수사는 실체가 있는 것이 아니고, 다만 실체가 있는 것으로 생각되는 형식이므로 꼴체언(형식체언)이며 동시에 실체의 간접적, 객관적 형식을 나타내는 체언으로서 수를 들어 낸다. 따라서 날수를 나타내는 '하루, 이틀, 사흘, …', 달수를 나타내는 '정월, 이월, 삼월, 사월, 오월, …', 사람 수를 나타내는 '한이, 두이, 서이, 너이, 다섯이, 여섯이, 일곱이, 여덟이, 아홉이, 열이, …' 따위는 수사가 아니고 명사이다. 수사는 수의 이름으로 쓰일 뿐 아니라, 또

---

12) 이에 대해서는 최현배, 위의 책, 244~250쪽에 의지할 것임.

무엇을 세는 일 곧 동적 특질을 가진 말이다.

(122) ㄱ. <u>하나</u>, 셋, <u>다섯</u>, <u>일곱</u>은 단수이오, 둘, 넷, <u>여섯</u>, <u>여덟</u>, 열은 짝셈이다.

ㄴ. 무궁화가 피었다. <u>하나</u>, 둘, 셋, 넷, <u>다섯</u>, <u>여섯</u>, <u>일곱</u>, <u>여덟</u>, <u>아홉</u>, <u>열</u>, 모두 열이 피었다.

(122ㄱ)의 밑줄 부분은 다 수사요, (122ㄴ)의 밑줄 부분은 수를 나타내는 것이 아니고 세는 일을 나타낸다. 수사를 독립된 한 종류의 체언<u>으로</u> 보아야 할 까닭을 들면 다음과 같다.

첫째, 명사는 실질체언이나 수사는 형식체언이다.

둘째, 수사는 부사처럼 쓰이는 용법이 있음이 그 특색이다.

(123) ㄱ. 나는 사과를 셋 먹었다.

ㄴ. 너는 몇 보았니?

ㄷ. 나도 하나 주셔요.

셋째, 수사는 순우리말로 된 것과 한자말로 된 것 등이 있음이 특이하다.

넷째, 수사는 꼴이 바뀌는 일이 있다.

(124) ㄱ. 한 사람, 두 사람, 세 사람, 네 사람, 댓 사람, 여덟 사람

ㄴ. 서 말, 비단 석 자

ㄷ. 너 말, 비단 넉 자

ㄹ. 닷 말, 닷 되

ㅁ. 엿 말, 엿 되

ㅂ. 스무 말

(124ㄱ~ㅂ)에서 보면 수사는 관형사처럼 쓰이어 그 다음에 오는 명

사에 따라서 그 꼴이 여러 가지로 달라지는 일이 있다. 종래는 이러한 수사를 관형사로 다루었으나, 여기서는 수사의 일종으로 다루기로 한다. 왜냐하면, 다음과 같은 까닭이 있기 때문이다.

첫째, 꼴은 바뀌어도 수를 나타낸다.

둘째, 명사도 명사 앞에 와서 관형사 구실을 하는데, 수사도 명사 앞에 와서 관형사와 같은 구실을 함은 명사와 같다고 보아진다.

셋째, '다섯, 여섯, 일곱, 아홉, 열, …' 같은 수사가 명사 앞에 와서 그 명사를 매긴다고 하여 관형사로 보는 것은 이치에 맞지 않다. 그렇다면, '집 장수'에서 명사인 '집'도 관형사로 보아야 하나 그렇지 않음과 같다. 따라서 (124ㄱ~ㅂ)의 수를 나타내는 품사는 어디까지나 수사로 보아야 한다.

1.3.2. 수사의 종류

수사는 원수사와 서수사의 두 가지로 가른다.

1.3.2.1. 원수사

이는 정수와 부정수의 두 가지로 가른다.

1) 정수

📁 우리말로 된 수사

하나, 둘, 셋, 넷, 다섯, 여섯, 일곱, 여덟, 아홉, 열, 스물, 서른, 마흔, 쉰, 예순, …
온, 즈믄, 골(萬), 잘(億), 울(兆), …

📁 로마 수, 우리말 수, 한자 수(다음 페이지 표를 참고로 할 것)

2) 부정수사

한둘, 두서, 서넛, 너덧 또는 너더댓(四, 五), 댓 또는 대여섯(五, 六), 예닐곱, 일여덟, 열아홉, 여남은(여람), 스무남은, 일이백, 이삼천, 여럿, 다, 모두, 다수, 소수, 전수, 반수, 얼마, 몇, …

정수

로마 수	우리말 수	한자 수	로마 수	우리말 수	한자 수
10^0	일	一	10^{32}	구	溝
10^1	십	十	10^{36}	간	澗
10^2	백	百	10^{40}	정	正(鄭)
10^3	천	千	10^{44}	재	載
10^4	만	萬	10^{48}	극	極
10^8	억	億			
10^{12}	조	兆	10^{52}	항하사	恒河沙
10^{16}	경	京	10^{56}	아승기	阿僧祇
10^{20}	자	秭	10^{60}	나유타	那由他
10^{24}	해	垓	10^{64}	불가사의	不可思議
10^{28}	양	穰	10^{68}	무량대수	無量大數

분수

로마 수	우리말 수	한자 수	로마 수	우리말 수	한자 수
10^{-1}	푼	分	10^{-13}	모호	模糊
10^{-2}	리	厘	10^{-14}	준순	逡巡
10^{-3}	모	毛	10^{-15}	수유	須臾
10^{-4}	사	絲	10^{-16}	순식	瞬息
10^{-5}	홀	忽	10^{-17}	탄지	彈指
10^{-6}	미	微	10^{-18}	찰나	刹那
10^{-7}	섬	纖	10^{-19}	육덕	六德
10^{-8}	사	沙	10^{-20}	공허(허)	空虛 또는 虛
10^{-9}	진	塵	10^{-21}	청정(공)	淸淨 또는 空
10^{-10}	애	埃	10^{-22}	청	淸
10^{-11}	묘	渺	10^{-23}	정	淨
10^{-12}	막	漠 또는 莫			

외국의 배수 및 분수

배수 및 분수	접두어	기 호
1000 000 000 000 000 000 = 10^{18}	exa(엑사)	E
1000 000 000 000 000 = 10^{15}	peta(페타)	P
1000 000 000 000 = 10^{12}	tera(테라)	T
1000 000 000 = 10^9	giga(기가)	G
1000 000 = 10^6	mega(메가)	M
1000 = 10^3	kilo(킬로)	k
100 = 10^2	hecto(헥토)	h
10 = 10^1	deca(데카)	da
1 = 10^0		
0.1 = 10^{-1}	deci(데시)	d
0.01 = 10^{-2}	centi(센티)	c
0.001 = 10^{-3}	milli(밀리)	m
0.000 001 = 10^{-6}	micro(마이크로)	m
0.000 000 001 = 10^{-9}	nano(나노)	n
0.000 000 000 001 = 10^{-12}	pico(피코)	p
0.000 000 000 000 001 = 10^{-15}	femto(펨토)	f
0.000 000 000 000 000 001 = 10^{-19}	atto(아토)	a

1.3.2.2. 서수사

이는 첫째, 둘째, 셋째, … 등과 같이 차례의 수를 나타내는 수사인데
이에도 정수와 부정수 두 가지가 있다.

1) 정수

🗂 우리말 서수사

첫째, 둘째, 셋째, 넷째, 다섯째, 여섯째, 일곱째, 여덟째, 아홉째, 열째, 스무째, …, 쉰
째, 예순째, 일흔째, 여든째, 아흔째, 온째, 즈믄째, 골째, 잘째, …

🗂 한자말 서수사

제一, 제十, 제二十, 제百, 제千, …

사실 한자말 서수사는 위와 같이 써야 하나 편의상 다음과 같이 아라비아 숫자로 쓰기도 한다.

제1, 제2, 제3, …, 제10, … 서수사가 체언 앞에 쓰이는 경우에는 '제'를 줄이는 일이 있다.

(가) 제일 호(일호), 제이 호(이호), 제삼 호(삼호), …

(나) 제일 등(일등), 제이 등(이등), 제삼 등(삼등), …

(다) 제일 차, 제이 차, 제삼 차, …

본래는 '제'를 써야 하나, 요즈음은 위의 (가)의 경우는 접두사 '제'를 쓰기도 하고 안 쓰기도 하며 (나)의 경우는 '제'를 쓰지 아니하는 것이 일반적이다. 그러나 (다)에서는 반드시 '제'를 써야 한다. 만일 '제'를 쓰지 아니하고 '1차, 2차, …'라고 하면 명사가 된다. 또 '제'를 전혀 쓰지 아니하는 수사가 있다. '서기 일천 사백 사십 육년 시월 구일'과 같다.

2) 부정수사

📑 우리말 부정서수사

한두째, 두셋째, 서너째, 너댓째, 댓째, 여남은째(여람은째), 여러째, 몇째

부정수사의 경우 한자말의 서수사는 잘 쓰이지 아니한다. '1~2째, 3~4째' 등과 같이 쓰일 수도 있으나 대체적으로는 이렇게 쓰지 아니한다.

1.3.3. 수사의 형태음소론

국어의 수사 '하나, 둘, 셋, 넷, 다섯, 여섯, 스물'은 그 뒤에 오는 명사

에 따라 여러 가지 형태로 달라진다.

1.3.3.1. 하나

'하나'는 명사 앞에 올 때는, '한'으로 바뀐다.

(125) ㄱ. 한 사람   ㄴ. 한 말(되, 섬)
     ㄷ. 한 길   ㄹ. 한 장
     ㅁ. 한 상(床)

(125ㄱ~ㅁ)에서 보면, '하나'는 모든 명사 앞에 와서 그 명사를 꾸미면서 그것이 줄어들어 '한'으로 변한다. 그 까닭은 '하나 사람'이라고 하면 말하기가 힘들고 또 말이 이상하기 때문이다. 말이란 하기에 편하도록 하는 것이 사람의 심리이기 때문이다.

1.3.3.2. 둘

이 '둘'도 명사 앞에 와서 그 명사를 꾸밀 때 '두'로 바뀐다. 이러한 현상 또한 발음의 편의를 위해서이다.

(126) ㄱ. 두 사람   ㄴ. 두 말(되, 홉)
     ㄷ. 두 달   ㄹ. 두 발(길)
     ㅁ. 두 마리

1.3.3.3. 셋

'셋'은 그 뒤에 오는 명사의 종류에 따라 '세, 서, 석' 등으로 바뀐다.

(127) ㄱ. 세 사람(발, 길, 마리, 채, 질, 치(寸), 척, …)

ㄴ. 서 말(되, 홉, 돈, 근, 마지기, …)

ㄷ. 석 섬(냥, 달, 장, 단, 동(棟), 자, …)

(127ㄱ~ㄷ)에서 보면 '서' 뒤에 오는 명사와 '석' 뒤에 오는 명사가
대개 일정해 있다. 이들 명사 이외의 명사 앞에는 모두 '세'가 온다고
생각하면 된다. '셋'이 (127ㄱ~ㄷ)에서와 같이 세 가지 변이행태를 취
하는 것은 그 뒤에 오는 명사와의 발음상의 이유에서임은 앞에서 말한
바와 같다.

1.3.3.4. 넷

(128) ㄱ. 네 살(사람, 마리, 발, 길, 채, 척, 치, 질, …)

ㄴ. 너 말(되, 홉, 돈, 마지기, 근, …)

ㄷ. 넉 섬(냥, 달, 동, 장, 단, 자, …)

(128ㄱ~ㄷ)의 경우도 발음상의 편의에 의한 변이 형태인데 '네 살'
할 것을 '너 살'이나 '넉 살'로 발음하면 어색하고 또 '너 말'할 것을
'네 말'이나 '넉 말'로 발음하면 어색하다. 그리고 '넉 섬'할 것을 '네
섬'이나 '너 섬'으로 발음하면 또한 이상하다. 따라서 우리 조상들은
발음하기에 알맞게 수사를 적절히 변이시켜 사용하였던 것이다.

1.3.3.5. 다섯

(129) ㄱ. 다섯 사람(마리, 살, 달, 돌, 자, …)

ㄴ. 닷 말(되, 냥, 섬, 곱, 마지기, 근, …)

'다섯'도 (129ㄱ~ㄴ)에서 보듯이 그 뒤에 오는 명사와의 발음상 '다

섯'과 '닷'의 두 꼴로 나타난다. '닷'의 뒤에 오는 명사는 (129ㄴ)에서 보인 것에 한정되어 있다.

1.3.3.6. 여섯

(130) ㄱ. 여섯 살(사람, 마리, 장, …)
　　　 ㄴ. 엿 말(되, 냥, 섬, 마지기, …)

'여섯'도 '다섯'의 경우와 같다. 지금까지 살펴본 바에 따르면, '한, 두, 서, 석, 너, 넉, 닷, 엿' 등은 주로 곡식이나 쇠붙이의 양을 나타내는 명사 앞에서 쓰인다는 점이다. 이에 반해 '셋, 넷, 다섯, 여섯' 등은 일반 명사 앞에 쓰인다. 이와 같은 일은 대체적으로 이들 수사와 그 뒤에 오는 명사와의 발음상 이유 때문인 것으로 보인다.

1.3.3.7. 스물

'스물'은 모두 명사 앞에서 쓰일 때 '스무'로 된다.

(131) ㄱ. 스무 사람(마리, 살, 달, 돌, 자, …)
　　　 ㄴ. 스무 말(되, 홉, 섬, 마지기, 장, 냥, 돈, 근, …)

(131ㄱ~ㄴ)에서 보면 '스물 사람, 스물 말, …' 등은 그 발음이 부드럽지 못하다. 따라서 발음이 부드러운 '스무 사람', '스무 말'과 같이 '스물'의 받침 'ㄹ'은 줄이고 발음하게 된 데서 굳어진 하나의 언어현상으로 보아야 할 것이다.

1.3.4. 수사의 통어적 구실

1.3.4.1. 수사는 조사를 취하여 문장의 성분이 된다.

이때, 수사는 명사의 대용으로 쓰이기도 하고 단순히 수를 들어내기도 한다.

(132) ㄱ. 셋이 어디로 가나? (주어)
 ㄴ. 셋이 모자란다. (주어)

(132ㄱ)의 '셋'은 분명히 '사람'의 수를 나타낸다. '세 사람이 어디로 가나?'에서 '세 사람'이 줄어서 '셋'으로 표현되었다. (132ㄴ)의 '셋'은 어떤 물건이나 사람을 나타내었다고 볼 수도 있고, 어떤 수와 수를 견주어서 '셋'이 모자란다는 뜻으로 쓰인 것으로 볼 수 있다. (132)에서의 '셋'은 사람과 사물의 수를 나타낸다.

1.3.4.2. 수사는 '명사+수사'의 형태로 나타난다.

수사는 '명사+수사'의 형태로 나타나서, 앞 명사의 수를 나타낸다. 이때 수사는 그 명사의 꾸밈을 받는다고 볼 수 있다.

(133) ㄱ. 우산 셋이 나란히 걸어갑니다.
 ㄴ. 너희 셋이서 어디로 가나?
 ㄷ. 우리 둘이 도망가자.
 ㄹ. 인부 셋만 구해 주시오.
 ㅁ. 남자 셋에 여자 셋이 놀러 가더라.

1.3.4.3. 수사는 다음과 같은 구조로도 쓰인다.

(134) ㄱ. 논 서 마지기　　　　　ㄴ. 보리 닷 되

(134ㄱ~ㄴ)은 '명사+수사+명사'의 짜임새로 됨이 수사의 통어적 특성이다. 그것은 앞 명사의 양을 뒤의 '수사+명사'가 나타내기 때문이다.

1.3.4.4. 관형어 중에서 수식을 받는 명사에 가장 가까이 온다.

(135) ㄱ. 이 착한 세 학생이 상을 받았다.
　　　ㄴ. 아름다운 두 송이 꽃이 피어 있다.

(135ㄱ~ㄴ)에서 보면 '세'와 '두'는 명사 '학생'과 '송이' 바로 앞에 각각 와 있다. 이와 같은 일은 수사와 명사의 관계가 아주 밀접한 것임을 보이는 것이다.

1.3.4.5. 수사가 보통명사를 꾸밀 때는 관형격조사 '의'를 취할 수 없다. (136ㄴ)의 경우는 일반적으로 쓰이는 형식이다.

(136) ㄱ. ㉮ *셋의 학생이 달려간다.
　　　　㉯ 세 학생이 달려간다.
　　　ㄴ. ㉮ 셋의 세 배는 아홉이다.
　　　　㉯ 열의 열 사람이 다 찬동하였다.

(136ㄱ)의 ㉮는 '셋'에 '의'가 왔으므로 비문이다. (136ㄴ)의 ㉮에서 '셋의 세 배'는 '셋에 대한 세 배'라는 뜻이고, (136ㄴ)의 ㉯의 '열의 열 사람'은 '열 가운데 열 사람'이란 뜻이므로 가능하다. 일반적으로

'수사+의+수사'의 형식은 많이 쓰인다.

(137) ㄱ. 둘의 마음을 누가 아느냐?

ㄴ. 우리는 하나의 나라로 통일하였다.

(137ㄱ)의 '둘의'는 '두 사람'의 뜻이요, (137ㄴ)의 '하나의'는 '나라'를 꾸미고 있다.

1.3.4.6. 모두, 다, 다수, 여럿, 몇, 얼마

이들 수사는 통어상에 있어서 다음과 같은 특성이 있다.

(138) ㄱ. ㉮ *모두 사람이 모여 든다.

㉯ 모두가 모여 든다.

ㄴ. ㉮ *다 사람이 모인다.

㉯ 다 모여라.

ㄷ. ㉮ 다수 의견이 옳다.

㉯ 다수가 찬동하였다.

㉰ *다수 사람이 모여 들었다.

㉱ 다수의 사람이 모여 들었다.

ㄹ. ㉮ *여럿 학생이 떠든다.

㉯ 여럿이 모여 떠들었다.

ㅁ. ㉮ 몇 사람이 모였나?

㉯ 몇이 모였나?

㉰ 사람이 모두 몇이냐?

ㅂ. ㉮ *얼마 사람이 모였나?

㉯ 사람이 얼마가 모였나?

㉰ 얼마가 적정선이냐?

(138ㄱ)의 ㉮에서 보는 바와 같이 '모두'는 명사 앞에 쓰일 수 없음이 다른 수사와 다른 점이다. (138ㄱ)의 ㉯와 같이 오직 독자적으로만 쓰일 뿐이다. '다'도 (138ㄴ)의 ㉯에서 보는 바대로 독자적으로만 쓰이고, 명사 앞에서는 쓰일 수 없다.

이에 반하여 (138ㄷ)의 ㉮와 ㉯에서 보는 바대로 '다수'는 제한된 범위 안에서 명사 앞에 쓰이고 독자적으로도 쓰인다. '다수' 뒤에 올 수 있는 명사에는 '의견, 회원, 광원, …' 등의 단체 구성원을 나타내는 명사가 올 뿐이다.

따라서 (138ㄷ)의 ㉰는 문법적이지 않으며 (138ㄷ)의 ㉱에서와 같이 뒤에 조사 '의'가 오니까 명사 앞에 쓰일 수 있다. (138ㄹ)의 ㉮와 같이 '여럿'은 명사 앞에서는 절대로 쓰이지 못하나 단독으로만 쓰인다. (138ㅁ)의 ㉮~㉰는 명사 앞은 물론 단독으로도 쓰임이 특징이다. (138ㅂ)의 ㉮에서 보면 '얼마'는 명사 앞에는 쓰이지 못하나 ㉯~㉰에서와 같이 독자적으로는 쓰일 수 있다.

위에서 본 바와 같이 수사 중 어떤 것은 명사 앞에 쓰이지 못하는데 이런 점으로 볼 때 이런 것은 수사로 보기 어렵고 명사로 보아야 할 것 같기도 하다.

1.4. 조사

1.4.1. 조사의 구실

1.4.1.1. 조사의 문법적 기능

첫째, 조사의 문법적 기능으로서 첫째가는 것은 조사의 분류를 들 수 있고 다음으로 격조사가 문장에서 가지는 여러 가지 문법적 기능을 들 수 있다.

둘째, 조사는 문장의 성분을 결정하여 준다. 대개, 문장의 성분은 격조사에 의하여 결정된다.

셋째, 성분의 연결 차례와 성분 서로 사이의 관계를 들 수 있다.

문장의 중심이 서술어이므로 이에 따라서 성분이 대개 결정되는데, 하나의 문장 안에서 같이 쓰이지 못하는 성분이 있는가 하면 반드시 같이 쓰이지 않으면 안 되는 성분이 있고, 같이 쓰이기도 하고 같이 쓰이지 않기도 하는 성분이 있다.

그 첫 번째 성분을 배타적 성분이라 하고 두 번째 성분을 필수적 성분이라고 하며 세 번째 성분을 수의적성분이라고 한다.

배타적 성분에는 비교어와 공동어, 목적어와 비교어가 있고 필수적 성분에는 주어와 서술어, 목적어와 서술어, 서술어와 공동어, 위치어, 서술어(같다, 다르다 등일 때)와 비교어 등이 있고, 수의적 성분에는 관형어와 부사어가 있다. 그리고 문장의 주축이 되는 성분을 주요 성분이라 하고 이에 부수되는 성분을 부수성분이라 한다.

1.4.1.2. 조사의 의미기능

1) 조사의 기본적 의미기능

조사의 의미기능이란, 국어의 조사가 독자적으로 지니고 있는 사전적 뜻을 가지고 하는 구실을 말하는 것인데, 이 기본적 뜻을 지니고 있는 조사에는 보조조사, 특수조사 등을 비롯하여 격조사로는 비교격조사, 위치격조사, 공동격조사, 방향격조사, 연유격조사, 호격조사가 있다.

이들이 기본적 뜻을 지니게 된 이유는 대개가 어원으로 보면 보조조사의 경우, 체언에서 발달하여 왔거나 용언에서 발달하여 왔거나 아니면 체언에 용언이 합하여 발달하여 왔기 때문이다.

다음에서 각 조사의 기본적 뜻을 알아보기로 하자.

조사	기본적 뜻	조사	기본적 뜻	조사	기본적 뜻
(이)가	가리킴, 주체	(에)게	상대, 위치	(은)는	지정
같이	견줌, 동일	께서	'이'의 존대	대로	그대로
(에)게	상대, 위치	그려	감탄	더러	이름
도	역시, 또한	부터	시발	(으)로써	가지고, 방편
(이)라고	특별	분	한정	(으)ㄹ랑	지적
을/를	선택, 부림	시피	같이	의	소유
마는	뒤집음, 조건	씩	배당	(이)고	지정, 연결
마다	하나하나, 각자	아/야	느낌, 부름	(이)나	선택
마저	마지막	(에)서	장소	(이)나마	불만
만	유일	한테(서)	상대, 위치	(이)든지	선택, 불택
만큼	정도, 견줌	요	지정, 높임	(이)라서	무관, 까닭
말이야	입버릇	와/과	공동, 연결, 견줌	(이)며	연결, 열거
보다	견줌	(으)로	방향, 방편, 까닭	(이)야	제시, 부름
		(으)로서	자격	(이)여	부름
야말로	특수, 강조			하고	함께, 연결
(이)시여	부름(존대)	처럼	비슷함	하며	연결
까지	미침	치고	종류	밖에	한도
조차	더보탬, 추종	커녕	고사		

그러면, 이와 같은 기본적인 뜻은 어떠한 구실을 하느냐 하면 첫째로, 조사의 용법을 정해 준다고 보아진다. 다시 말하면, 뜻을 지니고 있는 범위까지는 조사가 쓰일 수 있다는 것이다.

둘째로는 조사를 분류하는 기준이 되어 주기도 한다.

셋째로는 이 기본적 뜻은 더 확대되어 문맥적 뜻과 아울러 정서적 뜻과도 관계를 가진다.

2) 조사의 문맥적 의미기능

조사는 기본적 뜻을 지니고 있다.

이들은 문장에 따라서 기본적 뜻이 더 확대되기도 하고, 새로운 뜻이 붙어나기도 하여, 여러 가지 뜻을 나타내게 된다. 이러한 뜻을 조사의 문맥적 뜻이라 부르기로 한다.

이것을 보이면 다음과 같다.

조사	문맥적 뜻	조사	문맥적 뜻	조사	문맥적 뜻
(이)가	변성, 가리킴, 주체	같이	견줌, 동일	(에)게	상대, 위치
께서	주체	마저	까지, 마지막	아, 야	느낌, 부름
그려	감탄	만	유일	(에)서	정처, 행위처
(은)는	지정, 구별	만큼	정도, 견줌	요	지정, 강조
대로	동일	말이야	입버릇	와/과	공동, 비교, 연결
더러	이름, 상대	보다	견줌	(으)로	방향, 시발, 변성
도	역시, 또한	부터	시발		원인, 상태. 관계
(이)라고	특별	분	한정		수단, 방법
을/를	선택, 부림	밖에	한도	(으)로서	자격
				(으)로써	가지고(자료, 기구)
마는	뒤집음, 조건	시피	같이	(으)ㄹ랑	지적
				(은)	지정
마다	하나하나, 각자	씩	배당	의	소유, 소속, 소생
(이)나	과장, 선택	야말로	특수, 강조		소작, 대상
(이)나마	불만	(이)시여	부름(존대)	(이)고	연결
(이)든지	불택, 미흡, 선택	까지	미침	커녕	고사
(이)라서	무관	조차	더보탬		
(이)며	연결	처럼	비슷	하고	함께, 연결, 견줌
(이)야	열거	치고	종류	하며	연결
(이)여	제시, 부름, 감탄			한테	상대, 장소, 행위처
				께	상대, 장소, 방향

　이 문맥적 의미기능은 첫째, 조사의 용법은 기본적 뜻에 의하기도 하지마는, 특히 문맥적 뜻에 의하여 이루어지기도 한다.

　둘째, 이 용법에 따라서 조사의 분류가 이루어지기도 하는데, 이 문맥적 뜻은 어디에서 유래되느냐 하면, 문장 안의 명사나 동사(서술어)에 의하여 이루어진다. 따라서 이 문맥적 뜻은 상당히 많이 유래되어질 수 있다. 정서적 뜻이 감정의 자세한 면을 나타내어 주는 것이라면, 문맥적 뜻은 문장 안에서 이루어지는 것이기 때문에 앞엣것은 말할이가 미리 예감하고 있는데 대하여 뒤엣것은 말할이 자신도 그 뜻 내용을 잘 모르는 경우가 많다. 따라서 문장에서 이 문맥적 뜻을 추출해 내기란 여간 어려운 것이 아니다.

　셋째, 위와 같은 사실로 미루어 보면 새로운 조사의 발달은 이 문맥적 의미기능에서 이루어지는 것이다. 따라서 조사의 발달은 문장에서의 위치가 전도되어서 이루어지는 일은 절대로 없다.

예를 들면

(139) 나보러 바보라 한다.

에서 '보러'는 '나 보고'에서 '보고'가 어조상 '보러'로 바뀐 데 불과하다. 여기에서 '보라'는 조사가 된 것이다. 오늘날 구어에서 널리 쓰이고 있다. 이처럼 문맥적 뜻은 새로운 조사가 발달하는 요인이 된다.

3) 조사의 정서적 의미기능

조사의 발달은 문맥적 의미기능에서 이루어진다. 따라서 조사의 발달은 그에 의하여 이루어지는 것이 틀림없지마는 이것이 한번 발달되고 나서는 여기에 다시 정서성이 부여되어지고, 거기에서 정서적 의미기능이 생겨나게 되는데, 특히 이 구실을 잘 나타내어 주는 조사에는 보조조사가 있다. 그러면 보조조사와 이에 의한 정서적 구실을 알아보기로 한다.

보조조사	뜻	보조조사	뜻	보조조사	뜻
그려	감탄	도	역시, 또한	마다	각자, 하나하나
(은)는	지정, 구별	마는	뒤집음	만	유일
말이야	입버릇	을랑	지정(적)	조차	더보탬
부터	시발	이나	과장, 선택, 불만	커녕	고사
시피	같이	이나마	불만, 미흡	마저	최종
밖에	불과	(이)든지	선택	요	강세, 지정, 높임
씩	배당, 균일	(이)야말로	특수, 강조	까지	미침

위 표에서 보인 보조조사는 다음과 같은 정서적 구실을 나타낸다. 첫째, 보조조사는 여러 가지 격을 나타내기도 하지마는 어떤 느낌을 나타낸다. 따라서 이 조사는 자세한 감정을 나타내기 위하여 명사 등에 붙기도 하고 부사에 붙기도 하며 어미와 문장 끝에 붙기도 한다.

(140) ㄱ. 그는 가느냐?

ㄴ. 노래를 잘도 부른다.

ㄷ. 눈이 오는지는 몰라도…

ㄹ. 비가 온다마는 나는 가겠다.

위와 같이 밑줄 친 조사는 어떤 감정(정서)을 나타내기 위하여 쓰여 있다.

다음으로 조사의 정서적 의미기능은 복합조사를 발달하게 한다. 복합조사를 발달하게 하는 까닭은 많은 말을 줄여서 복합조사에 함의시킴으로써 미묘한 감정을 나타내고자 하기 때문이다. 아래에 몇몇 복합조사를 보이겠는데, 복합조사는 두겹, 세겹, 네겹 조사가 있다.

에서부터가, 로부터가, 한테서부터, 로부터는, 에설랑은, 에서밖에는, 에서부터는, 로밖에는, 한테밖에는, 에게서밖에는. 와밖에는, 한테서밖에는, 에서와는, 하고밖에는, 에서밖에도, 로부터(까지)도, 으로부터커녕(은), 에서까지라도, 까지에서조차도, 에게서까지도, 한테서부터도, 에게서부터도, 한테서조차도, 에게서조차도, 로밖에라도, 로밖에서(라)도, 하고밖에도, 한테서밖에(라)도, 에서마저도, 한테서부터, 로부터서야, 까지로써야, 에게서의, 로부터의, 께서로부터의, 한테서부터의, 한테서의, 에세(한테)밖에서야, 한테(에게)(서)밖에야, 에게서커녕, 한테서커녕, 한테서(에게서)밖에는, 에게서밖에라도, (으)로밖에야

모든 복합조사에서 분석하여 보면 먼저 주격조사, 관형격조사, 목적격조사, 호격조사 넷만은 모든 복합조사에서 맨 끝에 온다.

다음으로 세 겹 이상의 복합조사에서 보면 '는, 도, 커녕, 야' 등이 맨 끝으로 온다.

이상에서 보면, 참된 격조사는 주격조사, 관형격조사, 목적격조사, 호격조사의 넷에 그치고, 나머지는 모두 그 결합 방식에 따라서 보면 보조조사에 유사함을 알 수 있다. 이는 그 어원과 관계가 있는데, 이들은 대개가 용언이나 체언 또는 체언과 동사가 합하여 이루어진 것

들이다.

　그러면 이러한 복합조사들은 어떠한 격을 나타내느냐 하는 것이 문제인데, 대체로 다음과 같이 규정지어질 수 있을 것이다.

① 주격조사 '이/가, 께서, 에서' 등은 그 앞에 어떠한 조사가 오든지 주격이 된다. 따라서 성분도 주어가 된다.

② 목적격조사는 그 앞에 어떠한 조사가 와도 목적격이 되며, 그 성분은 목적어가 된다.

③ 관형격조사는 그 앞에 어떠한 조사가 와도 관형격이 되며, 그 성분도 관형어가 된다.

④ 호격조사는 그 앞에 격조사나 보조조사가 오면 모든 경우에 강조조사의 구실을 한다. 그리고 그것이 나타내는 격은 그 바로 앞에 오는 조사의 격에 의하여 결정된다. 따라서 성분도 그에 의하여 결정된다. 그러므로 이때의 호격조사는 일종의 강조조사로서의 성격을 지니게 되는데, 이런 점으로 볼 때, 이는 보조조사에 비슷하다.

⑤ 비교격조사 '보다'는 어떤 복합조사에서든지 비교격을 나타내나, '만큼의, 만큼을, 만큼에서'는 끝의 조사에 의하여 그 격이 결정되고, 기타의 경우에는 비교격을 나타낸다. 따라서 그 성분도 이에 의하여 결정된다.

⑥ 접속사의 경우를 보면 '과(와)가, 과(와)의, 하고의, 과(와)를, 하고를, 과(와)에게, 하고에게' 등에서는 앞 조사를 그 뒤에 오는 격조사에 이어주는 접속사가 되고, 기타의 경우에는 '함께'의 뜻을 나타낸다. 따라서 성분도 그에 따라서 결정된다.

⑦ 위치격조사 '(에)서' 뒤에 '처럼, 만큼, 같이' 등이 올 때는 이들은 모두 비교격이 되고, 기타의 경우에는 모두 위치격이 된다. 따라서 성분도 비교어와 위치어의 둘이 된다.

⑧ '에게' 뒤에 '서, 의' 등이 오면 위치격, 관형격이 된다.

⑨ 연유격조사의 경우를 보면, 그 뒤에 '부터가' 오면 주어가 되고, '의'가 오면 관형어가 된다. 그 외의 경우는 모두 연유어가 된다.

⑩ '으로서'는 그 뒤에 '가, 는(은), 의'가 오면, 주격, 관형격이 되고, 기타의 경우에는 연유격을 나타낸다.

⑪ 끝으로, 특수조사의 발달을 들 수 있다. 이것도 앞의 보조조사, 복합조사와 같이 정서의 표현을 위하여 발달된 것으로 보고자 한다.

예를 들면

(141) ㄱ. 너도 알다<u>시피</u>, 그는 착하다.
　　　ㄴ. 너도 아는 바와 같이 그는 착하다.

에서 보면 ㄱ 쪽이 더 부드러움을 알 수 있다. 또 하나 예를 보자.

(142) ㄱ. 비가 오지<u>마는</u>, 집으로 가자.
　　　ㄴ. 비가 온다. 그러나 집으로 가자.

에서 보면 ㄱ 편이 문장도 짧으면서, 더 자연스러움을 느끼게 된다.

1.4.2. 조사의 분류

1.4.2.1. 조사 분류의 기준

품사를 분류하는데 그 기준이 있듯이 조사를 분류하는 데도 그 기준이 있는데, 이에는 구실, 형태, 뜻의 세 가지가 있다.

1) 문법적 기능에 의한 조사의 분류

첫째, 문법적 기능을 가장 두드러지게 하는 조사에는 격조사가 있고 다음으로 접속사가 있으며 문장에서 어떤 뜻을 나타내면서 다음 문장과의 문법적 관계를 나타내기도 하고 문장 끝에 붙어서 대우법의 구실을 하는 특수조사가 있다. 단 독자적으로 쓰이어 하나의 독립 성분을 이루는 감탄조사가 있다.

(143) ㄱ. 내가 누구냐?
　　　ㄴ. 너와 나는 학생이다.
　　　ㄷ. 네가 알다시피 그는 착한 학생이다.
　　　ㄹ. 오늘은 날씨가 춥습니다요.
　　　ㅁ. 철수야, 어서 오너라.

(143ㄱ)의 '가'는 '내'를 주어가 되게 하는 주격조사요, (143ㄴ)의 '와'는 '너'와 '나'를 이어서 이들이 주어가 되게 하는 접속사이며 '는'은 의미기능을 주로 하나 여기서는 주격조사의 구실도 하고 있다. (143ㄷ)의 '시피'는 앞 절에 와서 '~와 같이'의 뜻을 나타내면서 다음 절에 이어서 하나의 완전한 문장이 되게 하고 있다. 그리고 (143ㄹ)의 '요'는 문장 끝에 와서 보통존대의 대우법을 나타내고 있다. 또 (143ㅁ)의 '-야'는 호격조사로서, 독립어를 만드는 구실을 한다.

2) 의미 기능에 의한 조사의 분류

(144)에서와 같이 뜻을 나타내어 주는 것을 그 주된 구실로 하는 조사를 보조조사라 한다. 본래 의미적으로 돕는다는 뜻에서 붙여진 이름이다.

(144) ㄱ. 나는 아무 것도 없다.
　　　ㄴ. 여기부터 저기까지 네가 가져라.
　　　ㄷ. 너조차 나를 의심하느냐?

(144ㄱ~ㄷ)까지의 조사 '는, 도, 부터, 까지, 조차' 등은 그 주된 목적이 뜻을 나타내어 주는 데 있다. 따라서 성분을 따지려면 서술어와의 관계에 따라서 결정하여야 한다. 앞에서 말한 특수조사도 뜻을 나타내기는 하나, 문법적 기능도 하므로 '문법적 기능에 의한 조사'에 소속시켰다.

3) 형태에 의한 조사의 분류

조사는 형태론적으로 어근이 없으며 활용을 하지 아니하고 체언에 붙어서 그것으로 하여금 문법적 기능을 하게 하는, 한 종류의 품사이다. 그러므로 조사는 의향법이나 대우법 및 시제법 등의 문법적 기능을 하지 못한다. 따라서 오늘날 '이다'를 조사로 처리한 것은 더 연구하여 보아야 할 것이다. 위에서 조사의 상위 단위를 설명하여 온 것을 묶음으로 보이면 다음과 같다.

조사 ┬ 낱말에 붙음 ┬ 격을 나타냄: 격조사
　　　│　　　　　 └ 격을 나타내지 않음 ┬ 뜻을 나타냄: 보조조사
　　　│　　　　　　　　　　　　　　　 └ 낱말을 이어줌: 연결조사
　　　├ 문장에 붙음: 특수조사
　　　└ 간접기능: 호격조사

1.4.3. 격조사

1.4.3.1. 격조사란?

체언에 붙어서 그 체언으로 하여금 서술어의 통어자질에 부응하는 격만을 차지하게 하는 조사를 격조사라 한다.

국어의 '격'이란 문장을 이루는 성분이 그 문장에서 차지하는 격인데, 달리 말하면 한 성분의 다른 성분에 대한 관계를 말한다. 따라서

'격'은 관계 개념에 따라 규정되어야 한다.13) 이와 같은 격을 매겨 주는 조사가 격조사이다. 그러므로 격조사의 종류는 문장 성분의 종류와 일치하여야 한다.

1.4.3.2. 격조사의 분류

격조사는 다음과 같은 원리에 따라 분류되어야 한다.

첫째, 체언에 와서, 문장에서 격을 나타내는 구실에 따라 분류되어야 한다.

둘째, 의미역 공기 제약 등도 고려하여 분류하여야 한다.

(145) ㄱ. 철수는 이 책으로 공부하여 성공하였다.

ㄴ. 간밤의 눈으로 기온이 많이 내려 갔다.

ㄷ. 영희는 수영이와 함께 서울로 떠났다.

ㄹ. 얼음이 물로 변하였다.

(145ㄱ)의 '으로'는 기구, (145ㄴ)은 원인을 나타내고, (145ㄷ)은 방향, (145ㄹ)은 변성을 나타낸다. 엄밀히 보면, '기구, 방편, 자료, 원인, 수단, 자격' 등은 행위자가 '~을 가지고'로 풀이하여도 의미적으로 조금도 어색하지 아니하나, '방향, 변성'은 '~을 가지고'로 풀이하면, 의미적으로 도저히 성립되지 않는다. 따라서 (145ㄱ~ㄴ)과 (145ㄷ~ㄹ)은 의미역이 다르다. 따라서 둘은 다른 격으로 보아야 할 가능성이 높다. 그런데 다음 공기 제약의 경우와 함께 살펴보면

(146) ㄱ. *철이는 서울로 떠났고, 영희는 사랑으로 그들을 보살폈다.

ㄴ. *철수는 차로 떠났고, 영희는 서울로 떠났다.

---

13) 허웅, 『20세기 우리말의 형태론』, 샘문화사, 1995, 198~199쪽 참조.

(146ㄱ~ㄴ)에서의 '으로'는 앞 절과 뒷 절이 의미면으로 보면 아무런 관련성이 없다. 그러므로 서로 공기 제약을 할 수 없다. 이는 무엇을 말하느냐 하면, 앞 절과 뒷 절은 격이 다르다는 것을 말하는 것이다. 따라서 위와 같은 두 가지 원리를 바탕으로 하여 국어의 격조사를 나누면 다음과 같다.

1) 주격조사

'이, 가, 께(옵)서, 에서'의 넷이 있는데 이들은 문장에서 체언에 붙어서 그 체언으로 하여금 어떤 행위의 주체가 되게 하기도 하고 상태의 주체가 되게 하기도 하므로 주격조사라 한다. '이', '가'는 체언이 폐음절이냐 아니냐에 따라 구별되어 쓰이므로 한 형태소의 변이 형태이다. '께(옵)서'는 말할이보다 손위 어른이 주어가 될 때 쓰이고 '에서'는 단체의 주격조사이다.

(147) ㄱ. 사람이 간다.
　　　ㄴ. 개가 뛰어간다.
　　　ㄷ. 아버지께서 서울 가신다.
　　　ㄹ. 우리학교에서 이겼다.

(147ㄱ~ㄷ)에서 보면 '이, 가'는 [±유정물]에 두루 쓰이나 '께옵서'는 [+유정물]에만 쓰이고 특히 하늘이나 신 기타 신성하게 일컬어야 할 사물을 의인화하여 말할 때 쓰임이 다르다. '에서'는 (147ㄹ)과 같이 단체에 쓰인다. 따라서 주격조사의 자질을 요약하면 다음과 같다.

(148) 이/가: [+보통, ±목숨성, ±가산성]
　　　께(옵)서: [+높임, +목숨성, +사람]
　　　에서: [+보통, +단체]

2) 목적격조사

이에는 '을/를'의 둘이 있는데 '를'은 어원으로 볼 때 '을'의 변이 형태이다. 이들은 자음－모음에 따라 '을'과 '를'이 구별 사용되나 때로 모음 밑에서 '를'이 줄어서 'ㄹ'로 쓰이는 일이 있다. 이들 조사는 (147ㄱ)에서 '무엇을'의 격에 와서 서술어 '어찌한다(타동사)'에 이끌리면서 서술어에 대한 '대상'이나 '상대', '선택물' 등을 나타내는 목적어를 만들기 때문에 목적격조사라 한다.

(149) ㄱ. 무엇이 무엇을 어찌한다.
ㄴ. 학생이 책을 읽는다.
ㄷ. 나는 너를 보면 기분이 좋다.
ㄹ. 너는 하필이면 죽을 먹느냐?

(149ㄴ~ㄹ)의 '책', '너', '죽'은 (149ㄱ)의 '무엇을'의 격에 와서 서술어 '어찌한다'의 대상, 상대, 선택물을 각각 나타내고 있다.

3) 위치격조사

이에는 '에, 에서, 에게, 한테(서), 께, 더러, 엘랑' 등이 있다. 이들은 체언이 유정물이냐 무정물이냐 또는 '＋높임'이냐 '－높임'이냐에 따라 구별·사용되는데, 서술어에 이끌리면서 서술어의 자질에 따라 항상 일정한 격을 차지한다. 그리고서 시간상, 공간상의 위치를 나타내는 위치어를 만들기 때문에 위치격조사라 한다.

(150) ㄱ. ㉮ 나는 학교에 간다.   (목적지)
ㄴ ㉯ 서울엘랑 가지 마오.   (장소의 선택 또는 제한)
ㄴ. ㉮ 그는 집에서 놀고 있다.   (행위 장소)

     ㉴ 나는 부산에서 왔다.   (출발점)

ㄷ. ㉮ 나는 이것을 친구에게 주었다.   (대상)

     ㉴ 그는 친구에게 놀러 갔다.   (존재 장소)

ㄹ. ㉮ 그는 이것을 친구한테 주었다.   (대상)

     ㉴ 나는 친구한테서 놀다 왔다.   (존재 장소)

ㅁ. ㉮ 이것을 선생님께 드렸다.   (상대)

     ㉴ 나는 선생님께 놀러 갔다.   (존재 장소)

ㅂ. ㉮ 그는 나더러 가라고 하였다.   (대화 상대)

     ㉴ 나더러 바보라 한다.   (대화 상대)

(150ㄱ~ㅂ)에서 쓰인 위치격조사의 의미적 변별성을 알아보면 다음과 같다.

(151) ㄱ. 에: 존재의 장소, 목적지, 때문, 공간성

    ㄴ. 에서: 행위의 장소, 출발지, 시발의 때, 범위, 공간성

    ㄷ. 에게: 행위, 화제의 상대, 존재하는 곳, 행위 방향, 유정성, 공간성, 예사

    ㄹ. 한테(서): 행위, 화제의 상대, 행위대상, 존재하는 곳, 출처, 행위방향, 유정성, 공간성, 예사성

    ㅁ. 께: 유정성, 행위상대, 화제상대, 존재하는 곳, 행위방향, 공간성, 존대성

4) 연유격조사

'으로(써)', '으로(서)'는 '기구, 방편, 자료, 원인, 수단, 자격' 따위를 나타내는 연유어를 만들므로 연유격조사라 한다.

(152) ㄱ. 그는 칼로 연필을 깎는다.   (연모)

ㄴ. 그는 묘한 꾀로 여우를 잡았다.　　　　(수)

ㄷ. 간밤의 비로 뚝이 무너졌다.　　　　　(때문)

ㄹ. 용한 의술로 사람을 고친다.　　　　　(방편)

ㅁ. 학생으로서 술을 마시느냐?　　　　　(자격)

ㅂ. 어려운 몸으로서 이 일을 해내었다.　(형편)

5) 방향격조사

'으로'는 '방향', '변성'을 나타내는 방향어를 만들므로 방향격조사라 한다. 글쓴이가 '으로'를 연유격조사에서 따로 떼어내어서 방향격조사로 인정한 것은 아무리 생각하여도 '방향'이나 '변성'은 '방편'으로 보기는 어려울 뿐 아니라, 이 조사는 언제나 '으로'로만 쓰이지 '으로써'로는 쓰이지 않으며 문장의 짜임새도 다르기 때문이다. 즉 연유격조사는 대개의 경우 연유어와 목적어를 문장 안에 같이 취하나 방향어의 경우는 그렇지 아니하고 방향어만을 취한다. 더구나 의미역, 선택제약, 공기관계 등에서 볼 때도 연유격조사로 볼 수 없다. 따라서 방향격조사는 구실에 따라 설정하기로 한 것이다.

(153) ㄱ. 그는 어제 서울로 떠났다. (방향)

　　　ㄴ. 아사녀가 이 못 안의 돌탑으로 변하였다고 한다. (변성)

(153ㄱ~ㄴ)에서 보면 문장의 짜임새가 (152ㄱ~ㅂ)과 다르고 또 '방향'이나 '변성'은 어느 쪽으로 향해서 가거나 변하는 것은 그 뜻이 향하는 면에서는 같기 때문에 방향격조사로 묶었다.

6) 비교격조사

'과/와', '보다', '처럼', '같이', '만(큼)', '하고', '마따나' 따위는 견줌의 뜻을 나타내는 비교어를 만들기 때문에 비교격조사라고 한다. 비교어를 이끄는 서술어는 '같다, 다르다, 크다, 작다, 많다, 적다, …' 등의 형용사나 때로는 동사가 쓰일 때도 있다.

(154) ㄱ. 그는 키가 철수와(하고) 같다.　　　　　　　(대등)

　　　ㄴ. 그는 철수보다 키가 크다.　　　　　　　　　(우위)

　　　ㄷ. 그는 그의 아버지처럼 일을 잘 한다.　　　　(비슷한)

　　　ㄹ. 이것은 저것같이 생겼다.　　　　　　　　　(동일)

　　　ㅁ. 그도 너만큼은 한다.　　　　　　　　　　　(대등 양)

　　　ㅂ. 내가 너만 못하겠느냐?　　　('만'은 '만큼'의 준 것)14)

　　　ㅅ. 네 말마따나, 그는 착하다.　　　　　　　　(동일)

(154ㄱ~ㅅ)에서 보는 바대로 '와/과, 보다, 처럼, 만(큼)', '마나따' 따위는 서술어에 이끌리어 여러 가지 비교의 뜻을 나타내는 비교어를 만든다. (154ㄱ)의 '그'를 비교 주체, '철수'를 비교어라 하고 서술어 '같다'를 비교 척도, '키'를 비교 보부라 부르기도 한다.15) 그런데 '만'은 '만큼'의 '-큼'이 줄어든 것으로 보아지는데 서술어가 '하다, 못하다'일 때 주로 쓰임이 '만큼'과 다르다.

7) 공동격조사

'과/와', '하고'는 서술어에 이끌리어 '함께'의 뜻을 나타내면서 그 앞의 체언을 공동어로 만들므로 공동격조사라 한다. 이들 조사가 공동격조사가 되느냐 비교격조사가 되느냐는 서술어에 의하여 결정되는데 서술어가 이동동사나 동작동사일 때는 공동격조사가 되고 비교서

---

14) '만큼'은 그 뒤에 다시 '만'을 더하여 쓰이는 일이 있다.

15) 김승곤, 『국어통어론』, 건국대학교 출판부, 1991, 359~360쪽 참조.

술어가 오면 비교격조사가 된다. 그리고 부사 '함께, 같이' 등이 쓰이는 경우가 많다.

(155) ㄱ. 나와 함께 놀러 가자.
　　　ㄴ. 그는 그의 어머니와 같이 산다.
　　　ㄷ. 바둑아, 바둑아, 나하고 놀자.
　　　ㄹ. ㉮ 그는 나와 함께 왔다.
　　　　　㉯ 그는 나하고 같이 왔다.

(155ㄱ)에서 보면 공동격조사는 부사 '함께'와 같이 쓰였고 (155ㄴ)은 '같이'와 쓰였으며 (155ㄹ)의 ㉮와 ㉯도 그러하다. (154)와 견주어 보면 비교격조사는 그 서술어와 '같고, 다름'을 나타내는 형용사가 오거나 그밖에 견줌의 뜻으로 쓰일 수 있는 동사가 올 때에 쓰이나 공동격조사는 서술어가 반드시 동사라야 하는데 양자의 차이점이 있다. 그리고 공동격조사 '하고'는 중첩, 선택, 제한의 뜻을 나타내고 '과/와'는 '함께'의 뜻을 나타내는 것도 비교격조사와 다르다.

다음에 비교격조사와 공동격조사의 차이점을 표로 보이기로 한다.

조사 항목	비교격조사	공동격조사
형태상 차이	과/와, 같이, 처럼, 만큼, 보다	과/와, 하고
부사	어느 조사나 '함께, 같이' 하고는 안 쓰임	'함께, 같이' 하고 쓰임
서술어	과/와: 형용사 보다: 형용사 같이: 형용사, 동사 처럼: 형용사, 동사 만큼: 형용사, 동사 만: 하다, 못하다	과/와: 동사 하고: 동사

8) 관형격조사

'의'는 그 뒤에 오는 체언에 이끌리면서 관형어를 만들므로 관형격조사라 한다.

(156) ㄱ. 나의 고향은 산이 아름답다.
　　　 ㄴ. 나의 살던 고향은 꽃피는 산골.
　　　 ㄷ. 나의 아름다운 고향은 꽃피는 산골.

(156ㄱ~ㄷ)의 '의'는 모두 그 다음의 '고향'에 이끌려 있으면서 관형어를 이루고 있다.

9) 호격조사

부름의 뜻을 나타내는 조사로서 '아/야', '이여', '이시여' 따위가 있다.

(157) ㄱ. 철수야, 어서 가자
　　　 ㄴ. 복돌아, 이리 오너라
　　　 ㄷ. 주여, 복을 내려 주옵소서
　　　 ㄹ. 하나님이시여, 우리에게 복을 주옵소서

(157ㄱ~ㄴ)의 '이야'와 '아'는 모음－자음에 의한 변이 형태이며 높임이 아닌 경우에 두루 쓰인다. (157ㄷ)의 '여', '이여'는 감탄을 나타내는 호격조사로서 '±높임'에 두루 쓰인다. (157ㄹ)의 '이시여'는 높임에 쓰인다.

지금까지 풀이한 격조사를 묶어서 표로 나타내면 다음과 같다.

격조사 ┬ 직접기능 ┬ 1. 주격조사　이/가: 두루, 예사, ±사람
　　　　　(문법기능)　│　　　　　　　께서, 께옵서: 높임, +사람
　　　　　　　　　　│　　　　　　　에서: 단체
　　　　　　　　　　├ 2. 목적격조사　을: 자음 다음에
　　　　　　　　　　│　　　　　　　를(ㄹ): 모음 다름에
　　　　　　　　　　├ 3. 위치격조사　에다(가): 때, 행위 존재의 장소, 공간
　　　　　　　　　　│　　　　　　　에서: 행위지, 출발지, 공간
　　　　　　　　　　│　　　　　　　에게(서): 예사, 행위 대화의 상대, 유정성
　　　　　　　　　　│　　　　　　　한테다(가), 한테서: 위치, 대상, 출발지
　　　　　　　　　　│　　　　　　　께: 높임, 행위, 대화의 상대, 유정성, 방향
　　　　　　　　　　├ 4. 연유격조사　으로써: 연모, 방편, 원인, 수단
　　　　　　　　　　│　　　　　　　으로서: 자격, 형편, 신상
　　　　　　　　　　├ 5. 방향격조사　으로: 방향, 변성
　　　　　　　　　　├ 6. 비교격조사　과/와: 대등비교
　　　　　　　　　　│　　　　　　　보다: 우위비교
　　　　　　　　　　│　　　　　　　처럼: 비슷함
　　　　　　　　　　│　　　　　　　같이: 동일함
　　　　　　　　　　│　　　　　　　만큼: 대등함
　　　　　　　　　　│　　　　　　　만: '하다, 못하다' 앞에 쓰임
　　　　　　　　　　│　　　　　　　마따나: 동일
　　　　　　　　　　├ 7. 공동격조사 ┬ 과/와: 동사 앞에 쓰임
　　　　　　　　　　│　　　　　　　　　　　(부사 '같이, 함께'와 가려잡음)
　　　　　　　　　　│　　　　　　　　└ 하고: 동사 앞에 쓰임
　　　　　　　　　　│　　　　　　　　　　　(부사 '같이, 함께'와 가려잡음)
　　　　　　　　　　└ 8. 관형격조사　의: 소유, 생산지, 소재지……
　　　　　└ 간접기능 ── 호격조사　야/아: 예사, 모음 – 자음에 따라 구분됨
　　　　　　　　　　　　　　　　　　이시어/이여: '±높임', 모음 – 자음에 따
　　　　　　　　　　　　　　　　　　　라 구분

1.4.3.3. 격조사의 쓰임

1) 주격조사

이에는 보통의 '이/가'와 높임에 쓰이는 '께서', '께옵서'가 있고, 단

체에 쓰이는 '에서'가 있다.

🗂 주격조사 '이/가'의 쓰임

주어가 의문사 '무엇, 어느것, 누구, …' 등인 의문문에서는 언제나 이자 격조사 '이/가'가 쓰인다.

(158) ㄱ. 무엇이 여기에 있나?

ㄴ. 누구가 김 선생입니까?

ㄷ. 어느것이 나의 책이냐?

위의 (158ㄱ~ㄷ)의 답문장에서는 주어에는 반드시 '이/가'가 온다.

(159) ㄱ. 연필이 여기 있습니다.

ㄴ. 저 키가 큰 분이 김 선생님이시다.

ㄷ. 이 책이 선생님 것입니다.

주어가 두 개 있을 때, 그 중에서 하나를 선택시키는 의문문에서는 언제 나 주어에 '이/가'가 온다.

(160) ㄱ. 저 붉은 건물이 공과대학입니까? 저 흰 건물이 공과대학입니까?

ㄴ. 저 붉은 건물이 공과대학입니다.

ㄷ. 이번 발표회에서는 김교수가 합니까? 이교수가 합니까?

ㄹ. 이교수가 합니다.

(160ㄱ, ㄷ)의 의문문에 대한 답문장 (160ㄴ, ㄹ)에서는 주어에도 반 드시 조사 '이/가'가 온다.

'-보다 -쪽이 -니까', '-중에서 -이 제일 -습니까'와 같은 문장은 주어에 대하여 묻는 문장인데, 이와 같은 문장에서는 언제나 주어에 조사 '이/가'가 쓰인다.

(161) ㄱ. 역전까지 가는데 버스보다 <u>택시가</u> 빠릅니까?

　　　ㄴ. 아니요, <u>택시 쪽이</u> 빠릅니다.

　　　ㄷ. 3시 10분발 기차와 3시 20분발 기차가 다 부산행이네요. 3시 10분 발 <u>기차가</u> 더 빨리 갑니까?

　　　ㄹ. 3시 20분발 <u>기차가</u> 더 빨리 도착합니다.

(161ㄱ, ㄷ)의 질문에 대하여 (161ㄴ, ㄹ)과 같은 문장의 주어에는 조사 '이/가'가 온다.

서술어가 대비하지 않으면서 형용사일 때는 그 앞의 주어에는 조사 '이/가'가 쓰인다.

(162) ㄱ. 여기에는 꽃이 아름답게 피었다.

　　　ㄴ. 돈이 많은 사람이 반드시 행복한 것은 아니다.

　　　ㄷ. 그는 코가 아주 크다.

서술어에 '누군가', '무엇인가', '어느 것인가', '어디인가' 등이 있으면 주어에는 주격조사 '이/가'가 온다. 이때는 문장이 서술문일 때이다.

(163) ㄱ. ㉮ 서울이 <u>어디인가</u> 모르겠다.

　　　　 ㉯ <u>누군가가</u> 떨어뜨렸음에 틀림없다.

　　　ㄴ. 서울역에서 친구를 기다리고 있는데, 무엇인가 이상한 <u>것이</u> 나의 앞을 지나갔다.

주어가 '모르는 사람', '많은 사람', '새로운 유학생 몇 명'과 같은 명사가 주어가 될 때는 '이/가'가 온다.

(164) ㄱ. <u>모르는 사람</u>이 나를 찾아 왔다.

ㄴ. <u>많은 사람</u>들이 추석에 고향으로 떠났다.

ㄷ. 새로운 <u>유학생 세 명</u>이 들어왔다.

서술어에, 앞에 나온 명사와 같은 명사가 있고, 상대방에게 전하고 싶은 부분이 주어일 때는 주어에 '이/가'가 온다.

(165) ㄱ. ㉮ 여기서 <u>삼각산</u>이 보입니까?

㉯ 예, <u>저것</u>이 삼각산입니다.

ㄴ. ㉮ 누군가가 김군의 전화번호를 압니까?

㉯ <u>이군</u>이 김군의 전화번호를 압니다.

서술어에, 앞에 나온 동사와 같은 동사가 있고, 전하고 싶은 부분이 주어일 때는 주어에 '이/가'를 붙인다.

(166) ㄱ. 누군가가 김군의 전화번호를 <u>아십니까?</u>

ㄴ. 아마 <u>이군</u>이 <u>알 것입니다.</u>

주어가 '사물'이면서 동사, 예를 들면 '있다', '보이다', '오다', '받다' 등을 사용하여 사건을 나타내는 문장에서는 주어에 '이/가'를 붙인다. 이때, 주어는 지금까지의 이야기 속에 나온 적이 없는 명사인 경우가 많다.

(167) ㄱ. 아, 서울이다. <u>삼각산</u>이 보인다.

ㄴ. 전화벨이 울리고 있다. <u>누가</u> 나와 받아라.

ㄷ. 어제 오래간만에 철수한테서 <u>편지가</u> 왔다.

ㄹ. 어제 밤에 부산에 <u>해일이</u> 있었다.

주어가 '오다', '-어 오다' 등. 즉 '들어왔다', '말을 걸어 왔다' 등을 사용하여 남이 자기 앞에 나타난 것을 본 대로 서술하는 문장이나 '-있다', '-고 있다' 등, 즉 '자고 있다', '서 있다' 등을 사용하여 남이 자기 앞에 있는 것을 본 그대로 서술하는 문장에서는 주어에 '이/가'가 온다.

(168) ㄱ. 서울역에서 손님을 기다리고 있는데 어떤 <u>여자가</u> 말을 걸어 왔다.
　　　ㄴ. 어떤 <u>학생이</u> 내 방에 들어 왔다.

'돌아가다', '입원하다' 등 뜻밖의 사건이나 놀란 사건이 일어난 것을 서술하는 문장에서는 주어에 '이/가'가 온다.

(169) ㄱ. 어제 오후 <u>철수가</u> 입원하였다.
　　　ㄴ. <u>선생이</u> 갑자기 쓰러졌다.

'평소와는 다르나, 지금 -하다'라는 사실을 나타내는 형용사를 이용하여 놀란 일을 나타내는 문장에서는 주어에 '이/가'를 붙인다. 이것은 본 일을 사건으로서 그대로 나타내는 문장이다.

(170) ㄱ. 아, 서쪽 <u>하늘이</u> 빨갛다.
　　　ㄴ. <u>옆방이</u> 아주 시끄럽다.

'급살병이 나다, 불통이다, 위독하다, …' 등을 사용하여 뜻밖의 사건이 일어난 것을 나타내는 문장에서는 주어에 조사 '이/가'를 붙인다.

(171) ㄱ. 이 <u>전화가</u> 불통이다.
　　　ㄴ. 그의 <u>어른이</u> 위독하시다.

어떤 능력이 있는가 없는가를 나타내는 '–ㄹ 수 있다', '뛰어나다', '잘하다', '서툴다', '알다' 등을 서술어로 한 문장에서는 능력의 소유자에게는 '은/는'을 붙이고 능력의 내용에는 보통 '이/가'를 붙인다.

(172) ㄱ. 김군은 <u>스키가</u> 뛰어나다.
　　　ㄴ. 그의 언니는 <u>계산이</u> 서툴다.

동사의 피동법, 즉 '먹어지다, 읊어지다, …' 등이 서술어가 될 때는 능력의 소유자에게는 '은/는'이 오고, 능력의 내용을 나타내는 부분의 명사에는 '이/가'가 온다.

(173) ㄱ. 그는 매운 <u>요리가</u> 먹어지나?
　　　ㄴ. 그는 어려운 <u>시조가</u> 읊어지나?

'재미있다, 좋다, 싫다, 부럽다, 싶다, 그립다, 무섭다, 기쁘다, 부끄럽다, 걱정이다, …' 등이 서술어가 된 문장에서는 감정의 소유자에게는 '은/는'이 오고, 감정의 대상에는 '이/가'를 붙인다.

(174) ㄱ. 나는 외국 소설을 읽는 <u>것이</u> 재미있다.
　　　ㄴ. 나는 어디서나 곧 잠자는 <u>사람이</u> 부럽다.
　　　ㄷ. 그는 노동하는 <u>것이</u> 부끄럽다.
　　　ㄹ. 나는 <u>고향이</u> 그립다.
　　　ㅁ. 나는 <u>김 선생이</u> 무섭다.

어떤 명사 N¹의 성질을 나타내기 위하여 'N¹은＋N²＋형용사'와 같은 문장에서는 N¹과 N² 사이에는 다음과 같은 관계가 있다.

첫째, N¹이 N²를 소유하고 있는 듯이 느껴지는 관계

둘째, N²가 사고 방법, 탄생, 영향 등 동사적인 명사이고, N¹이 그것에 관계하는 명사일 때는 N²에는 '이/가'를 사용한다.

(175) ㄱ. 이 버스는 <u>다루기가</u> 좋다.

ㄴ. 이 카메라는 <u>쓰기가</u> 간단하다.

ㄷ. 이 다리는 <u>길이가</u> 길다.

ㄹ. 이 문제는 <u>풀기가</u> 어렵다.

ㅁ. 이 기계는 <u>다루기가</u> 힘들다.

ㅂ. 그 사람은 <u>사고방식이</u> 고루하다.

ㅅ. 동경은 <u>물가가</u> 비싸다.

어떤 명사 N¹의 성질을 나타내기 위하여 'N¹은 +N²+N³이다'와 같은 문장에서는 '이다'로 끝나는 문장의 주어에는 '이/가'가 온다.

(176) ㄱ. 나는 의학도이므로 <u>내과가</u> 전공이다.

ㄴ. 이 사전은 새로운 어휘를 많이 실어 놓은 <u>것이</u> 특징이다.

이미 알고 있는 명사에는 '은/는'이 오고, 상대방에게 알리고 싶은 사람 이름에는 '이/가'가 온다.

(177) ㄱ. 이것은 아름다운 꽃이다. 이것은 <u>누가</u> 가져 왔나?

ㄴ. 그것은 <u>철수가</u> 가져 왔다.

흥정이나 값이 '싸다, 비싸다'라고 할 때의 '값'에는 '이/가'를 붙인다.

(178) ㄱ. 이 차는 좋으나 <u>값이</u> 비싸다.

ㄴ. 이 집을 사는데 <u>얼마가</u> 듭니까?

ㄷ. 이 책은 <u>값이</u> 싸다.

다음과 같은 부정문에도 '이/가'를 사용한다.

(179) ㄱ. 야, <u>지갑이</u> 없어졌다.

      ㄴ. 오늘은 <u>소음이</u> 들리지 않는다.

      ㄷ. 이 사과는 사과다운 <u>맛이</u> 없다.

'-때', '-까지', '-고 나서부터' 등과 같은 때를 나타내는 연결절의 주어와 종결절의 주어가 다를 때는 종결절의 주어에는 언제나 '이/가'를 붙인다.

(180) ㄱ. 이웃에 큰 건물이 서고 나서부터 <u>햇볕이</u> 쪼이지 않는다.

      ㄴ. 철수는 친구로부터 전화가 걸려 왔을 때 <u>일이</u> 있어 집에 없었다.

'-므로', '-아서', '-했기 때문에', '-한 대로' 등과 같이 조건이나 목적, 이유, 정도 등을 나타내는 경우, 주절과 주어가 다를 때는 종속절의 주어에는 '이/가'를 붙인다.

(181) ㄱ. <u>버스가</u> 늦어서 학교에 지각하였다.

      ㄴ. <u>선생이</u> 말한 대로 그것은 좋은 논문이다.

명사를 꾸미는 관형절의 주어와 주절의 주어가 다를 때 관형절의 주어에는 '이/가'를 사용한다.

(182) ㄱ. 이것은 <u>김군이</u> 그린 그림이다.

      ㄴ. 나는 어제 모임에서 <u>김 선생이</u> 춤을 잘 추는 것을 보았다.

이동을 나타내는 동사의 주어에는 '이/가'가 쓰인다.

(183) ㄱ. 어떤 <u>여자가</u> 와서 내 책을 가져갔다.

ㄴ. <u>자동차가</u> 잘 달린다.

이때, 종속절의 주어와 주절의 주어가 같고 종속절와 주절이 동작을 사건으로 나타내거나, 형용사로써 놀라운 일을 나타내는 문장이어야 한다.

'-이라는 것', '-라는 이야기'와 같이 '-라는' 뒤에 명사가 있을 때 '-한다는 것'의 절 안에서는 주격조사 '이/가'가 쓰인다.

(184) ㄱ. <u>차가</u> 없다는 것은 차를 타고 나갔다는 것이다.

ㄴ. <u>돈이</u> 없다는 것은 낭비했다는 것이다.

'-것 같다', '-는지 모르겠다' 등이 쓰인 종결절에서는 주어에 '이/가'가 온다.

(185) ㄱ. 저 일이 끝나면 많은 <u>보수가</u> 있을 것 같다.

ㄴ. 구름이 많이 끼었는데, <u>비가</u> 올지 모르겠다.

주어의 문법 범주

글쓴이는 위에서 주격조사의 쓰임을 설명하였거니와 그 결과로써 여기서는 주어의 문법 범주에 관하여 설명하기로 하겠다.

주어의 문법 범주는 첫째, 존칭화 현상을 유발하여야 하고, 둘째는 재귀칭화 현상을 유발하여 주격조사 '이/가', '께서/께옵서'를 수반하여야 한다. 셋째는 기본 어순에 있어서 문장머리에 오는 문법적 특징에 의하여 주어임이 분명해진다. 이제 다음에서 존칭화 현상과 재귀칭화 현상을 유발하는 예를 보이기로 하겠다.

(186) ㄱ. 선생님<u>께서</u> 이리 오<u>신</u>다.

ㄴ. 선생님<u>께서</u> <u>당신</u>이 직접 책을 읽으<u>신</u>다.

ㄷ. 선생<u>님이</u> 조용히 말씀<u>하셨</u>다.

(186ㄱ)의 '선생님께서'는 서술어에 주체존대어 '시'를 취하므로 주어이며, (186ㄴ)의 '선생님께서'는 그 다음에 재귀칭대명사 '당신'이 옴으로써 주어이다. 그리고 (186ㄱ~ㄷ)의 문장머리에 와 있는 명사 '선생님'에게 주격조사 '께서'와 '이'가 와 있으므로 (186ㄱ~ㄷ)의 '선생님'은 주어임이 분명하다. 이와 같이 볼 때, 하나의 문장 안에서 이중주어 운운하는 것은 있을 수 없으며, 있다손 치더라도 그 의미 관계 여하에 따라 견줌, 관계 등의 뜻을 나타내며 구조적으로 볼 때 내포문이 되든지 한다. 특히 (186ㄴ)에서 이중주어를 인정하여 주장한다면 '선생님이 자신이 직접 책을 읽으신다'는 어법이 성립되지 않는다. 따라서 이중주어는 성립되지 않는다.

위의 용법 이외에 더 자세한 것을 보려면 도서출판 경진의 『21세기 국어 토씨 연구』에 의지하기 바란다. (이하 모든 조사도 같다.)

📁 '께서, 께옵서, 에서'의 쓰임

이들 조사는 높임과 단체에 쓰일 뿐 '이/가'와 같은 복잡한 쓰임은 없다.

(187) ㄱ. 할아버지께(옵)서 서울에 가셨다.

ㄴ. 이번 시합은 우리 학교에서 이겼다.

ㄷ. 이번 단체상은 너희 학교에서 탔더구나.

2) 목적격조사

서술어와 관련하여 타동사의 어떤 동작의 대상을 나타낸다.

(188) ㄱ. 나는 그를 믿는다.
　　　ㄴ. 나는 그이를 사랑한다.
　　　ㄷ. 그는 매일같이 하늘을 바라본다.

서술어의 동작이 직접 미치는 대상을 나타낸다.

(189) ㄱ. 나는 밥을 먹는다.
　　　ㄴ. 그는 나의 손목을 잡았다.
　　　ㄷ. 그는 공을 찼다.
　　　ㄹ. 그는 시간을 맞추었다.

어떤 동작의 결과 생기거나 생긴 대상을 나타낸다.

(190) ㄱ. 나는 한 편의 시를 썼다.
　　　ㄴ. 그는 편지를 써서 부치겠다.
　　　ㄷ. 그는 하나의 책상을 만들었다.
　　　ㄹ. 철이는 새 집을 지었다.

여러 대상물 중에서 어떤 것을 선정함을 나타낸다.

(191) ㄱ. 너는 왜 하필이면 죽을 먹니?
　　　ㄴ. 불고기 백반, 냉면, 갈비탕 중에서 무엇을 먹겠니?

'죽'과 '무엇'은 많은 음식물 중에서 굳이 '죽'을 먹으며, 또 '무엇'을 먹겠는지 먹을 것을 지정하라는 뜻으로 묻고 있다. 그러니까 (191ㄴ)의 선정권은 들을이에게 있으나, 들을이의 선정이 말할이 편에서 보아 미흡할 때는 (191ㄱ)과 같이 말할이가 이야기할 수도 있다.

절이나 구를 선정하여야 할 경우에도 '을/를'을 사용한다.

(192) ㄱ. 이기느냐 지느냐를 누가 결정하리오?
      ㄴ. 그가 오기를 기다리고 있소.

절이나 구가 목적어가 될 때는 간접적 행위의 대상이 되고 직접적인 행위의 대상이 되지는 않는다.

위치어를 굳이 선정할 필요가 있을 때는 '에게' 대신에 '을'을 사용한다.

(193) ㄱ. 그는 나를 돈을 준다.
      ㄴ. 아버지께서는 아우를 재산을 맡기셨다.

(193ㄱ)의 '나를'과 (193ㄴ)의 '아우를'은 위치어인데 굳이 이들에게 돈을 맡긴 것은 이들을 믿기 때문이다. 그런데 다음과 같은 경우에서는 어느 것을 굳이 선정하려고 하는 것인지 알아보자.

(194) ㄱ. 그는 굳이 돈을 나를 맡긴다.
      ㄴ. 아버지는 돈을 나를 맡기신다.

위의 예에서 보면 목적어가 둘이 있을 때는 뒤엣것을 굳이 선정함을 나타냄을 알 수 있다. 왜냐하면 위치어가 앞에 올 때는 중점이 위치어에 놓일 뿐 아니라, 더구나 위치어에 '을/를'이 올 때는 거기에 중점이 놓이기 때문이다. 즉 '아버지는 돈을 남에게 맡기지 아니하시고 굳이

나를 선정하여 맡기신다'로 풀이되기 때문이다.

자동사 앞에도 '을/를' 조사를 취하는 명사가 오는 일이 있다.

(195) ㄱ. 비행기가 하늘을 난다.
　　　ㄴ. 그는 학교를 다닌다.

(195ㄱ)의 예에서 보면 '비행기가 나는 곳은 다른 데가 아닌 하늘임'
을 나타내고 있으며, (195ㄴ)의 예에서 보면 '그가 다니는 곳은 다른
데가 아니라 학교임'을 선정하여 나타내고 있다. 이때의 동사는 타동
사로 보아야 한다.

목적어를 취하지 아니하여도 될 경우에도 굳이 동족목적어를 취하는 수
가 있다.

(196) ㄱ. 그는 꿈을 잘 꾸었다.
　　　ㄴ. 그는 잠을 잔다.

(196ㄱ~ㄴ)에서 굳이 '꿈을'과 '잠을'을 사용할 필요가 없으나 이처
럼 사용하는 예가 많은데 이것은 언어습관상의 문제이다.

목적의 대상이 되는 것에는 제한이 없다. 즉, 추상물, 구체물, 사물, 시
간, 사람, 동물, 물질 등 한이 없다.

(197) ㄱ. 그는 책을 샀다.
　　　ㄴ. 그는 시간을 맞추었다.
　　　ㄷ. 그는 식사를 주문했다.
　　　ㄹ. 그는 신을 샀다.

ㅁ. 철수는 옷을 사고, 나는 가방을 샀다.

기점을 나타내기도 한다.

(198) ㄱ. 그는 서울을 아침 8시에 떠났다.

ㄴ. 우리는 9시를 기하여 떠났다.

경로를 나타낸다.

(199) ㄱ. 그는 이 길을 통하여 달아났다.

ㄴ. 철수는 고속도로를 통하여 대구로 왔다.

ㄷ. 우리는 철로를 지나서 왔다.

우리말에서는 이중·삼중목적어를 사용하는 일이 있다. 이때 위치어에 '을/를'이 오면 선정의 뜻을 나타낸다.

(200) ㄱ. 그는 <u>나를</u> 돈을 준다.

ㄴ. 아버지는 돈을 <u>나를</u> 주신다.

ㄷ. 선생님은 책을 세 권을 <u>나를</u> 주신다.

ㄹ. 나는 떡을 <u>영희를</u> 먹었다.

ㅁ. 아버지는 재산을 <u>큰아들을</u> 안 주시고 <u>작은아들을</u> 주셨다.

ㅂ. 그는 돈을 천원을 <u>아들을</u> 주었다.

ㅅ. 아버지는 순희를 시집을 <u>서울을</u> 보냈다.

ㅇ. 아버지는 <u>딸을</u> 옷을 세 벌을 사 주었다.

말에 리듬과 멋을 더하기 위하여 동사에 붙이는 일이 있다.

(200′) ㄱ. 목을 놓고 울어 본다. <u>찾아를</u> 본다.

ㄴ. 모르면 길을 <u>물어를</u> 가거라.

ㄷ. 모두 <u>먹어를</u> 보게.

3) 위치격조사

📂 '에'의 쓰임

동작·작용이 일어나는 공간적, 시간적 장소의 정한 위치를 나타낸다.

(201) ㄱ. 나는 집에 있었다.

ㄴ. 그는 서울에 산다.

ㄷ. 우리는 9시에 일어났다.

ㄹ. 그들은 12월에 올 것이다.

동작·작용이 일어나는 추상적인 장소(위치)를 나타낸다.

(202) ㄱ. 그 일에 지나친 비용이 들었다.

ㄴ. 나는 꿈에 그를 만났다.

ㄷ. 그이와의 문제에 많은 어려움이 있다.

어떤 경우나 상태를 나타낸다.

(203) ㄱ. 이런 경우에 어떻게 하지?

ㄴ. 그가 차에서 내리는 순간에 갑자기 쓰러졌다.

ㄷ. 그의 참석 하에 동창회가 성대히 이루어졌다.

할당·비율을 나타낸다.

(204) ㄱ. 하루에 한번씩만 먹여라.

ㄴ. 이것은 10분에 한번씩 돌아간다.

ㄷ. 우리는 약을 한번에 하나씩 먹는다.

동작이나 작용의 도달하는 지점이나 상태를 나타낸다.

(205) ㄱ. 우리는 방학에도 학교에 간다.

ㄴ. 우리는 수영복을 입자 곧 풀에 뛰어 들어갔다.

ㄷ. 지금에 와서 무슨 말을 하겠니?

ㄹ. 그는 가요 베스트 텐에 들어가서 좋아했다.

ㅁ. 요즈음은 증권에 인기가 쏠리고 있다.

지위나 계급을 나타낸다.

(206) ㄱ. 그는 대통령에 당선되었다.

ㄴ. 그는 대장에 승진되었다.

ㄷ. 그는 학장에 취임하였다.

동작이나 작용이 이루어지는 대상이 사람이나 사물임을 나타낸다.

(207) ㄱ. 그는 신문 기자단에 다음과 같이 말하였다.

ㄴ. 그는 친구에 대하여 욕설을 퍼부었다.

ㄷ. 나는 그이 이외에 많은 사람에게 인사를 하였다.

ㄹ. 곧 작업에 착수하자 그는 쉴 줄을 몰랐다.

ㅁ. 그는 선거대책에 착수하였다.

동작이나 작용이 이루어지는, 또는 존재하는 목적을 나타낸다.

(208) ㄱ. 우리는 사회의 현실과 이것을 개선하는 데에 필요한 수단과 조건에
　　　　관하여 논의하였다.

　　　ㄴ. 우리는 세계평화에 최선을 다한다.

　　　ㄷ. 그는 철수의 치료에 성의를 다했다.

동작이나 작용의 유래를 나타낸다.

(209) ㄱ. 강대국의 협정에 의하여 세계는 움직인다.

　　　ㄴ. 그는 비에 젖으면서 걸어간다.

　　　ㄷ. 그는 약속에 따라 앞으로 나쁜 일은 하지 않기로 했다.

동작이나 상태를 구성하는 내용을 나타낸다.

(210) ㄱ. 혈기에 찬 젊은이들은 공부를 열심히 하여야 한다.

　　　ㄴ. 우리는 생명의 존중과 인생을 즐기는 관념에 너무 인색하다.

'-에 불과함'을 나타낸다.

(211) ㄱ. 그는 빈약한 작가에 불과하다.

　　　ㄴ. 나는 소년에 지나지 않는다.

평가의 기준이 된다.

(212) ㄱ. 이것은 어린이의 발육에 필요한 성분이 부족하다.

　　　ㄴ. 우리의 건강에 유해하지 않은 것을 먹어야 한다.

　　　ㄷ. 대학이란 이름에 손색없는 연구를 하여야 한다.

'-에 있어서', '-에 대하여'의 경우에 쓰인다.

(213) ㄱ. 그에 있어서는 돈이 최고다.

　　　 ㄴ. 비평가에 있어서는 폭넓은 지식이 필요하다.

　　　 ㄷ. 우리는 그에 대하여 말하지 않는다.

수단, 방법을 나타낸다.

(214) ㄱ. 멧돼지가 총에 맞아 죽었다.

　　　 ㄴ. 그는 나의 꾐에 빠져 들었다.

서술어에 걸리어 연장을 나타낸다.

(215) ㄱ. 도끼에 발이 쪼였다.

　　　 ㄴ. 돌에 걸리어 넘어졌다.

　　　 ㄷ. 흙에 묻히어 죽었다.

　　　 ㄹ. 그는 병에 걸리어 죽었다.

서술어에 걸리어 이유나 원인을 나타낸다.

(216) ㄱ. 바람에 집이 넘어졌다.

　　　 ㄴ. 홍수에 집이 떠내려갔다.

　　　 ㄷ. 가난에 먹지 못하여 죽었다.

　이 '에'는 외부적 연장이나 원인에 의하여 말미암음을 나타냄이 '으로' 및 '으로써'와 다르다. 여기서 하나 덧붙여 둘 것은 '으로(써)'의 기본형은 '으로' 및 '으로써'이지 '로'나 '로써'가 아니라는 사실이다. 왜냐하면, 글쓴이가 밝혔듯이 우리말에는 조성음이 없기 때문이다.16)

---

16) 김승곤, 「한국어 고룸소리의 어원연구」, 『한글』 176호, 1982, 41쪽 참조.

대비를 나타낸다.

(217) ㄱ. 이것은 저것에 못지않다.
ㄴ. 이 책은 그 책에 버금간다.
ㄷ. 영희를 금이에 비할려고?

📁 '에서'의 쓰임

외부에서 내부로 향하여 어떤 행동이 일어남을 나타낸다.

(218) ㄱ. 그들은 운동장에서 교실로 들어갔다.
ㄴ. 길에서 가게로 뛰어 들어갔다.

어떤 장소에서의 동작이나 행동을 나타낸다.

(219) ㄱ. 그는 집에서 잠만 잔다.
ㄴ. 나는 서울에서 살고 있다.
ㄷ. 그는 방안에서 장난을 한다.

출발점을 나타낸다.

(220) ㄱ. 그는 부산에서 왔다.
ㄴ. 미국에서 일본을 거쳐 귀국했다.
ㄷ. 하늘에서 눈이 내린다.

'어떤 상태나 상황으로부터'의 뜻을 나타낸다.

(221) ㄱ. 그는 병에서 일어났다.

ㄴ. 그는 파산에서 재기하였다.

ㄷ. 그는 이제 고생에서 벗어나게 되었다.

ㄹ. 그는 이제사 잠에서 깨어났다.

'어떤 상태나 상황에 있어서'의 뜻을 나타낸다.

(222) ㄱ. 이런 상황하에서 어떻게 살겠니?

ㄴ. 서모 밑에서 살기 힘든다.

ㄷ. 지나친 조건에서 이 일을 해 낼 수 없다.

'어떤 일을 해서'의 뜻을 나타낸다.

(223) ㄱ. 그는 증권에서 재미를 보았다.

ㄴ. 그는 이 장사에서 한 밑천을 건졌다.

ㄷ. 그는 과외수업에서 돈을 벌었다.

어떤 사실의 유래를 나타낸다.

(224) ㄱ. 그 말은 이 고사에서 유래하였다.

ㄴ. 그 전설에서 이런 풍습이 생겼다.

ㄷ. 그의 말에서 이 사실을 알았다.

'-을 듣고', '-을 보고'의 뜻을 나타낸다.

(225) ㄱ. 네 말에서 무엇을 믿겠니?

ㄴ. 이 책에서 얻은 것이 무엇이냐?

'-을 받고'의 뜻으로도 쓰인다.

(226) ㄱ. 그의 가르침에서 무엇을 배우겠니?

　　　ㄴ. 아버지의 유산에서 덕본 게 뭐냐?

'-에 있으면서'의 뜻을 나타낸다.

(227) ㄱ. 그는 매일 집에서 엄마만 괴롭힌다.

　　　ㄴ. 그들은 방학 중에도 학교에서 놀고 지낸다.

　　　ㄷ. 그들은 직장에서 일은 하지 않고 빈둥거린다.

대비를 나타낼 때 사용된다.

(228) ㄱ. 이것은 저것에서 백배 낫다.

　　　ㄴ. 이 땅의 토질은 저 땅의 토질에서 훨씬 뛰어난다.

위에서와 같이 '에'와 '에서'의 차이가 생기는 것은 '에서'의 '서' 때문이다. 따라서 이들 차이를 한말로 말한다면, '에'는 정지성, 목적지 등을 나타낸다면 '에서'는 동작성, 내향성(밖에서 안으로 동작함)을 나타낸다.

　'에다가'의 쓰임

확실한 공간적 위치를 나타낸다.

(229) ㄱ. 이것을 집에다가 갖다 놓아라.

　　　ㄴ. 이것은 거거에다(가) 둘까?

　　　ㄷ. 이것은 여기에다(가) 두어라.

(229ㄱ~ㄷ)에서 보는 바와 같이 '에다가'는 경우에 따라서 끝의 '-가'가 줄어드는데 그 정확한 이유는 알 수 없으나, 말버릇에 의하여

그리되는 듯하다(수의적이다).

경우에 따라서는 불분명한 공간적 위치를 나타내기도 한다.

(230) ㄱ. 그 책을 어디에다 갖다 놓았니?
     ㄴ. 어디에다 두었는지 잘 모르겠다.

시간적 위치를 나타낸다.

(231) ㄱ. 몇 시에다 맞추었나?
     ㄴ. 네 시에다 맞추었다.

표준적인 사물을 위치적으로 나타낸다.

(232) ㄱ. 누구 시계에다 맞추었니?
     ㄴ. 철수 시계에다 맞추었다.

금액·도량형의 단위를 나타낸다.

(233) ㄱ. 이 시계를 얼마에다 샀느냐?
     ㄴ. 삼만원에다가 샀다.
     ㄷ. 이것은 한 개에 얼마에다 팔았나?

이 위치격조사는 정한 위치보다 화폐·도령형의 단위 등에 주로 많이 사용되는 듯하다.

📑 '에게'의 쓰임

'에게'는 평칭의 사람이나 의인화되거나, 안 된 사물에 쓰여 수여를 나타낸다.

(234) ㄱ. 이것을 너에게 줄까?
  ㄴ. 이것은 목신에게 바쳐라.
  ㄷ. 모든 일은 우리에게 맡겨라.

기도의 대상을 나타낸다.

(235) ㄱ. 신에게 빌어라.
  ㄴ. 범바위에게 복을 빌어라.

어떤 일의 원인이나 결과의 귀착점을 나타낸다.

(236) ㄱ. 이 일을 그에게 돌려라.
  ㄴ. 이 일의 모든 결과를 그이에게 맡겨라.

의문이나 답의 상대를 나타낸다.

(237) ㄱ. 이 문제는 그이에게 물어 보아라.
  ㄴ. 이 해답을 철수에게 알려 주라.

사물의 있는 곳을 나타낸다.

(238) ㄱ. 돈은 그이에게 많다.
  ㄴ. 이 문제의 열쇠는 그에게 있다.

어떤 일의 요구의 대상을 나타낸다.

(239) ㄱ. 아버지에게 돈을 달라 하여라.
　　　 ㄴ. 그이에게 이 일의 손해를 배상하라.

어떤 일의 의지를 나타내는 사람을 가리킨다.

(240) ㄱ. 이 일은 그에게 달려 있다.
　　　 ㄴ. 이 일의 성패는 철수에게 달려 있다.
　　　 ㄷ. 모든 사람이 그에게 의지하여 있다.

'-에 대하여'의 뜻을 나타낸다.

(241) ㄱ. 너는 형에게 편지를 써라.
　　　 ㄴ. 철수에게 소개장을 써 주어라.

승부의 적수(상대)를 나타낸다.

(242) ㄱ. 철수는 영수에게 이겼다.
　　　 ㄴ. 영수는 철수에게 졌다.

피동서술어의 행위자를 나타낸다.

(243) ㄱ. 철수는 선생님에게 맞았다.
　　　 ㄴ. 그는 형에게 꾸지람을 들었다.

'-로부터'의 뜻으로 쓰인다.

(244) ㄱ. 너는 그이에게 얻어먹어라.

　　　ㄴ. 철수는 영희에게 돈을 빌렸다.

이야기의 상대를 나타낸다.

(245) ㄱ. 이 말을 그에게 하여라.

　　　ㄴ. 이 말을 그에게 물어 보자.

📎 '께'의 쓰임

존칭의 수여자를 나타낸다.

(246) ㄱ. 아버님께 이것을 드려라.

　　　ㄴ. 할머님께 진지를 올려라.

이야기의 상대를 나타낸다.

(247) ㄱ. 선생님께 여쭐 말씀이 있습니다.

　　　ㄴ. 아버님께 이 사실을 아뢰어라.

기도의 대상을 나타낸다.

(248) ㄱ. 하나님께 기도하옵니다.

　　　ㄴ. 신령님께 비나이다.

어떤 일의 원인이나 결과의 귀착점을 나타낸다.

(249) ㄱ. 나쁜 일을 어른께 돌려서 되느냐?

ㄴ. 모든 원인을 어른께 미루느냐?

사물이 있는 곳을 나타낸다.

(250) ㄱ. 아버님께 있는 것이 무엇이냐?
ㄴ. 모든 것이 아버님께 있다.

어떤 일의 요구의 대상을 나타낸다.

(251) ㄱ. 할머니께 돈을 달라 하여라.
ㄴ. 아버님께 그 일을 돌봐 주십사고 여쭈워라.

어떤 일을 좌우함을 나타낸다.

(252) ㄱ. 이번 일은 아버님께 달려 있습니다.
ㄴ. 모든 식구가 아버님께 의지하고 있습니다.

'-에 대하여'의 뜻을 나타낸다.

(253) ㄱ. 아버님께 글월을 올려라.
ㄴ. 선생님께 연하장을 부쳐라.

승부의 적수(상대)를 나타낸다.

(254) ㄱ. 나는 씨름을 하여 선생님께 이겼다.
ㄴ. 나는 바둑을 두어 아버님께 졌다.

피동사의 행위자를 나타낸다.

(255) ㄱ. 나는 선생님께 꾸중을 들었다.

ㄴ. 그는 아버님께 매를 맞았다.

피동, 사동의 대상을 나타낸다.

(256) ㄱ. 이 옷을 아버님께 입혀 드려라.

ㄴ. 할아버님께 진지를 떠 먹여 드린다.

(256)의 경우는 나이가 높은 어른이 행동을 마음대로 못해서 받들어야 할 때 흔히 쓰는 말이다.

'-로부터'의 뜻을 나타낸다.

(257) ㄱ. 아버님께 들은 이야긴데, 너는 미국으로 간다며?

ㄴ. 저 분께 들으니, 서울은 이 길로 가야 한대.

이와 같은 뜻은 '에게'의 경우도 마찬가지인데 여기에서 보는 바와 같이, 조사의 문맥적 뜻은 서술어와의 관계 여하에 따라 다르다는 것을 알 수 있고, 하나 더 흥미로운 것은 '+유정성'의 조사는 동사하고만 쓰이지, 형용사나 '이다' 하고는 쓰이지 아니 한다는 사실이다.

📁 '한테'의 쓰임

'한테'는 사람에게는 비칭, 평칭, 존칭에 두루 쓰이는 두루위치격조사라서 동물, 사물한테도 두루 쓰이는 조사이다.

사람이나 동물, 사물에 쓰이어 수여의 뜻을 나타낸다.

(258) ㄱ. 이것을 아버지한테 갖다 드려라.

ㄴ. 뼈다귀는 개한테 주어라.

ㄷ. 범바위한테 갖다 바쳐라.

누가 있는 곳(목적지)을 나타낸다.

(259) ㄱ. 할아버지한테 가자.

ㄴ. 나는 오늘 선생님한테 가야 한다.

대화, 질문, 답변의 상대를 나타낸다.

(260) ㄱ. 그이한테 이것을 물어 보아라.

ㄴ. 나는 그이한테 이 사실을 이야기했다.

ㄷ. 철수한테 물어 보아라.

ㄹ. 선생님한테 답을 여쭤워라.

'-로부터'의 뜻을 나타낸다.

(261) ㄱ. 나는 그이한테 이 말을 들었다.

ㄴ. 이것은 그이한테 얻었다.

피동, 사동의 행위자임을 나타낸다.

(262) ㄱ. 철수는 깡패한테 맞았다.

ㄴ. 그는 친구한테 꼬이었다.

'-에 대하여', '-에 향하여'의 뜻을 나타낸다.

(263) ㄱ. 철수는 친구한테 욕설을 퍼부었다.

ㄴ. 그는 선생님한테 편지를 썼다.

어떤 일에 대한 결과의 귀착점을 나타낸다.

(264) ㄱ. 이번 일의 실패 책임은 그이한테 있다.

ㄴ. 이 공은 그이한테 돌려라.

사물이나 어떤 권한 등의 소지자를 나타낸다.

(265) ㄱ. 돈은 그이한테 많다.

ㄴ. 이 일의 권한은 장관한테 있다.

ㄷ. 이 일의 결재권은 그한테 있다.

승부의 상대자를 나타낸다.

(266) ㄱ. 나는 그한테 이길 자신이 있다.

ㄴ. 철수는 순희한테 졌다.

📁 '한테다가', '에게다가'의 쓰임

이 조사는 많이 쓰이지는 아니하나 일부 사람들에 의하여 사용되기도 하는데 그 쓰임은 '한테' 및 '에게'와 같으나 상당히 그 범위가 제한되어 쓰인다.

'-에게 대하여'의 뜻을 나타낸다.

(267) ㄱ. 이것을 누구한테다가 물어 볼까?

ㄴ. 이것을 누구에게다가 물어 볼까?

이 경우는 어떤 일의 해결책을 몰라서 중얼거릴 때에 쓰이는 수도 있다.

어떤 행위의 귀착점을 나타내거나, 혹은 장소를 나타낸다.

(268) ㄱ. 이것은 아버지한테다가 갖다 놓아라.
     ㄴ. 이것은 아버님에게다가 갖다 드려라.

수여의 대상을 나타낸다.

(269) ㄱ. 이것을 너한테다가 줄까?
     ㄴ. 이것을 그이에게다가 줄까?

수여의 대상이나 '-에 대하여', '-에 향하여'의 뜻으로 쓰일 때는 동물이나 사물에게도 쓰인다.

(270) ㄱ. 개한테다가 물어 보아라.
     ㄴ. 소한테다가 주어라.
     ㄷ. 개에게다 주고 말아라.

대체적으로 '한테다가'나 '에게다가'는 비칭으로 쓰이는 듯하며 불확실한 상대를 나타낼 때 쓰이기도 한다.

대상이 일정하지 않음을 나타낸다.

(271) ㄱ. 누구한테다가 물어 보아라. 네가 잘했는지 못했는지?

ㄴ. 여러 사람한테다가 알아 보아라.

📁 '더러'의 쓰임

'더불어'의 뜻으로 쓰인다.

(272) ㄱ. 네가 나더러 등산 가자고 했지?
ㄴ. 누가 너더러 물어 보더냐?

'보고'의 뜻으로 쓰인다.

(273) ㄱ. 나더러 바보라 한다.
ㄴ. 나는 너더러 어리석다고 했다.

피동의 주어나 적수의 대상이 될 수 없다.

(274) ㄱ. *철수는 영희더러 졌다.
ㄴ. *철수는 영희더러 맞았다.
ㄷ. *너는 그이더러 이겼다.
ㄹ. *그이는 언니더러 물리었다.
ㅁ. *닭이 개더러 쫓기었다.

상대격에만 쓰인다.

(275) ㄱ. 이것을 그이더러 물어 보아라.
ㄴ. 그이더러 이리 오라고 하여라.
ㄷ. 나는 너더러 오라고 했다.

'더러'는 상대격에만 쓰이나 부사, 동사, 형용사, '이다'에는 쓰이지 못함이 '뿐'과 같다.

4) 연유격조사

📂 '으로'의 쓰임

정도나 비율을 나타낸다.

(276) ㄱ. 뜻이 변하지 않을 정도로 다시 잘게 끊어 보면 몇 개의 성분으로 나눌 수 있다.

ㄴ. 온산 공장을 국내용으로 건설하는 것이 공해의 파급을 최소한으로 줄이는 길이 아닌지 다시 한번 검토하여 볼 가치가 있다. (중앙일보 2301호, 사회면)

ㄷ. 어쩌면 손주도 하나쯤 있을 법한 나이로 보였다. (『난파선』, 36쪽)

ㄹ. 우리가 58 : 50으로 이겼다.

ㅁ. 윤화는 마찬가지로 신부를 보던 조오지의 시선과 마주쳤다. (『난파선』, 12쪽)

한정을 나타낸다.

(277) ㄱ. 그가 살아 있는 것으로 감사하십시오. (『난파선』, 307쪽)

ㄴ. 오늘 오전으로 떠난다고 들었는데 (『난파선』, 22쪽)

ㄷ. 80년을 첫 번째 시한으로 잡은 조선 능력 확충계획이 실현되면 … (중앙일보 3285호, 3면)

위의 예들은 모두 한도나 비율을 나타내는 점에 있어서 공통적이므로 크게 하나의 범주로 잡아 보았다. 그런데 위의 예들에서 보면 (277)

에서 보면 '으로'의 쓰임은 반드시 서술어에 의해서만 결정되는 것이 아님을 알 수 있으니, 그것은 다음 예로 미루어 더욱더 분명히 알 수 있을 것이다.

(278) ㄱ. 오늘 안으로 떠나라.

　　　ㄴ. 오늘 안으로 이것을 마치겠다.

　　　ㄷ. 오늘 안으로 그에게 이것을 전달하겠다.

위 예에서 '안으로' 다음에는 어떠한 종류의 동사가 와도 한도(한정)를 나타내는 것은 이 사실을 증명하는 일이 될 것이다. 그런데 이것으로 미루어 보면 '한정'을 다시 공간적 한정과 시간적 한정의 둘로 하위 구분할 수 있다. 이것을 공식으로 묶어 보면,

(279) 공간적 의미의 명사 ⎫
　　　시간적 의미의 명사 ⎭ + 으로 + VP

국면이나 범위를 나타낸다.

(280) ㄱ. 국어에는 시대적으로 차이가 있었다. (건국대, 『대학국어』, 33쪽)

　　　ㄴ. 의학적으로 창자의 세척과 같은 뜻으로 사용하기도 한다. (건대신문 408호, 4면)

　　　ㄷ. 그는 사회적으로 학문적으로 이름난 사람이다.

　　　ㄹ. 판에 박은 상투어, 신문쟁이의 과정, 직업적으로 신랄해져야 할 의무가 있을 땐 … (『난파선』, 14쪽)

　　　ㅁ. 경기도 부분적으로 이상과열을 빚고 있고 … (조선일보 16026호, 2면)

국면도 방향의 하나로 볼 수 있을 것 같으나 다만 방향과 조금 다른

점은 국면은 '어떠한 면으로 또는 범위로 볼 때'의 뜻을 나타내고 방향은 '어떤 동작의 나아가는 쪽'을 나타내는 데 있다.

'기준하여'의 뜻으로 쓰인다.

(281) ㄱ. 구어체는 음성언어 곧 구두어를 중심으로 하는 문학언어이다. (건국대, 『대학국어』, 28쪽)

ㄴ. 현행 맞춤법에서는 어절을 중심으로 띄어쓰도록 되어 있다. (건국대, 『대학국어』, 28쪽)

ㄹ. 100점 만점으로 채점한다. (글쓴이)

ㅁ. 그들은 여기를 기점으로 출발하였다.

이 기준점은 체언으로 하여금 어떤 동작이 일어나는 중심점이 됨을 나타내어 보이는 것을 말한다.

귀결점을 '가지고'의 뜻을 나타낸다.

(282) ㄱ. 새마을 사업이 궁극적으로 농촌 소득의 향상에 있는 것이라면 … (중앙일보 2361호, 사설)

ㄴ. 새마을 사업이 자칫 형식과 외형 위주로 흐리게 될 여지를 철저히 배제하고 … (중앙일보 2361호, 사설)

ㄷ. 그 민족의 언어는 필연적으로 현존 형태를 갖출 것이오. (건국대, 『대학국어』, 16쪽)

ㄹ. 언어는 민족의 전성원을 한 개의 정신 공동사회로 결합하는 유대이다. (건국대, 『대학국어』, 16쪽)

ㅁ. 흐슨하니 하나로 묶은 머리와 프린트 무늬의 목면옷이 왜소하고 어린애 같이 보였다. (『난파선』, 304쪽)

시간(시기)을 나타낸다.

(283) ㄱ. 빈 바다의 들 위에 때때로 구름을 던져 넣은 커다란 그림자 (푸르스트의 문)

　　　ㄴ. 53년 초에 반공 포로 석방 결심을 최초로 원용덕 헌병 총사령관에게 밝혔다. (중앙일보 2375호, 3면)

　　　ㄷ. 현대로 접어들면서 우리의 국어는 과학적 기반 위에서 정리되었다.

'-을 타고'의 뜻을 나타낸다.

(284) ㄱ. 같은 배로 왔다는 얘기는 죠오지가 했을 것 같지 않아 슬며시 빼버렸다. (『난파선』, 10쪽)

　　　ㄴ. 택시로 가겠어. (『난파선』, 31쪽)

　　　ㄷ. 가까스로 입수한 지프로 피난대열과는 역행하여 북상하던 도중이었다. (『난파선』, 32쪽)

　　　ㄹ. 그는 비행기로 떠났다.

조건을 나타낸다.

(285) ㄱ. 급격한 수입 증가를 전제로 수출이 늘고 경기가 과열 기미까지 띠어가며 … (조선일보 16029호, 2면)

　　　ㄴ. 그것을 그에게 주기로 하고 이것을 받아 왔다.

　　　ㄷ. 수필은 플로트나 클라이맥스를 필요로 하지 않는다.

'-을 따라(서)'의 뜻을 나타낸다.

(286) ㄱ. 이 길로 가시오.

　　　ㄴ. 작은 다리가 북으로서 끝없는 길로 통해 있지. (『난파선』, 305쪽)

ㄷ. 이 철도로 가면 된다.

재료, 인정, 기구 등을 나타낸다.

(287) ㄱ. 국어라 하면 일반적으로 국가를 배경으로 하여 성립되는 것으로서 국가를 배경으로 하지 않을 때는 국어라 할 수 없다. (건국대, 『대학국어』, 26쪽)
ㄴ. 그대로 실행하라는 것은 아니지만 참고로 삼아 준다면 다행으로 생각한다. (대학생활의 회상기)
ㄷ. 음성언어는 입으로 낸 음성을 소재로 하여 표현하면 귀의 청각으로 이해한다. (건국대, 『대학국어』, 23쪽)

목적을 나타낸다.

(288) ㄱ. 온산 공장을 국내용으로 건설하는 것이 공해의 파급을 최소한으로 줄이는 길이 아닌지 다시 한번 검토하여 볼 가치가 있다. (중앙일보 2361호, 사설)
ㄴ. 개인용으로 만든 이 보트는 참 아담하다.

'-을 -으로 삼는다'는 뜻을 나타낸다.

(289) ㄱ. 독서하는 것을 낙으로 세월을 보낸다.
ㄴ. 그를 대장군으로 삼아 진지로 나아갔다.

어떤 동작의 이유나 원인을 나타낸다.

(290) ㄱ. 이는 제군이 최후의 승리자가 될 것이기로이다.
(대학생활의 회상기)

ㄴ. 피난민의 행렬로 차의 속도를 늦추어야 했다. (『난파선』, 32쪽)

ㄷ. 어떤 신비로운 작용으로 그런지 물결에 잠긴 태양의 어떤 화려한 유해로 말미암아 그런지 사람은 그것을 알지 못한다. (푸르스트의 산문)

ㄹ. 시인은 한편의 시를 씀으로 해서 자신의 억눌린 정서에서 벗어날 수가 있고 (건대신문 408호, 4면)

서술어에 걸리어 구분이나 분할을 나타낸다.

(291) ㄱ. 특별활동 등으로 나누었던 교과구조를 이원화··· (중앙일보 2375호, 3면)

ㄴ. 조선 공업을 일으키는 의도는 네 가지로 풀이된다. (중앙일보 2385호, 3면)

ㄷ. 뜻이 변하지 않을 정도로 다시 잘게 끊어 보면, 몇 개의 성분으로 나눌 수 있다. (건국대, 『대학국어』, 28쪽)

ㄹ. 강물은 두 쪽으로 갈라지고 ··· (『성서이야기』, 69쪽)

ㅁ. 자음과 모음으로 이루어진 음절, 모음 단독으로 이루어진 음절 등 몇 가지 유형으로 나눌 수 있다. (건국대, 『대학국어』, 31쪽)

지정의 뜻을 나타낸다.

이 경우는 '-이라고' 또는 '-으로 하여' 등으로 풀이된다.

(292) ㄱ. 대학 생활을 취직할 때까지의 과도기로 생각하게 된다. (건국대, 『대학국어』, 12쪽)

ㄴ. 경종을 울려 주는 현상으로 우리는 풀이한다. (조선일보 16029호, 2면)

ㄷ. 이 기회에 고도 성장과 교육수출 기반을 확실히 다져 놓자는 계산에서

사태를 관망해 보는 것으로 평가된다. (중앙일보 2363, 사설)

ㄹ. 동양인들은 모두 손금쟁이로 착각하는 것과 비슷하게 들리는군요.
(『난파선』, 12쪽)

표방(제목)을 나타낸다.

(293) ㄱ. 지금까지의 정부는 쌀의 자급자족을 최대문제로 내세워 왔다.
(중앙일보 2363호, 사설)

ㄴ. 소년 범죄의 문제는 최근 더 커지는 사회적 두통거리로 생각되고
있는 것이다. (한국일보 7549호, 사설)

서술어의 대상이나 상대가 됨을 나타낸다.

(294) ㄱ. 조정에서는 크게 군사를 동원하여 병부 우시랑 양웅창으로 경략을
삼고 병부원 외령 유황상과 주사 원황으로 군무를 맡게 하여 요동
에 머무르게 하고 … (『징비록』 권지2)

ㄴ. 그로 하여금 반장으로 삼았다.

ㄷ. 전체 농가를 대상으로 한 다수확 농가 시상제도는 그 기준이 비현
실적으로 너무 높아 소기의 성과를 기대하기 어렵다. (중앙일보
2363호, 사설)

ㄹ. 교육연구원 등 모두 4백 개조를 대상으로 질문지 법에 의한 여론조
사를 거쳐 확정되면 … (중앙일보 2375로, 3면)

서술어에 걸리어 상황이나 상태를 나타낸다.

(295) ㄱ. 시상제도는 시상 기준이 비현실적으로 너무 높아 소기의 성과를 기
대하기 어렵다. (중앙일보 2363호, 사설)

ㄴ. 이러한 기대와 희망이 대학에서 전적으로 충족된다는 것은 극히 드

문 일이다. (대학의 관계)

ㄷ. 전신을 내던져 사는 사람들에겐 의외로 행운이 따른다. (『난파선』, 29쪽)

ㄹ. 시민들은 실질적으로 서울의 포기를 모르고 있었다. (『난파선』, 32쪽)

ㅁ. 그가 왔다는 말인가, 끝내 없더란 말인가, 기계적으로 여자의 등을 두드려 주며 그는 겨우 질문을 삼갔다. (『난파선』, 305쪽)

ㅂ. 여자는 사무적으로 돌아갔다. (『난파선』, 23쪽)

서술어에 걸리어 결정이나 결과를 나타낸다.

(296) ㄱ. 문제를 몇 가지 골라 검토하기로 한다. (건대신문 408호, 2면)

ㄴ. 김두한의 조직을 이용하기로 했다고 한다. (중앙일보 2369호, 3면)

ㄷ. 거기서부턴 걷기로 했다. (『난파선』, 302쪽)

ㄹ. 그것은 날 필요로 하지 않았고 … (『난파선』, 18쪽)

ㅁ. 그들 사이의 작별의 인사는 필연적으로 듣기에도 섭섭한 good- night가 아니요, 쾌활하고 신선한 good-morning이 될 것이다. (사랑은 눈오는 밤에)

ㅂ. 윤희는 갈 수 있는 데까지 가보기로 결정했다. (『난파선』, 23쪽)

서술어에 걸리어 자격을 나타낸다. 이것은 '으로서'가 준 것이다.

(297) ㄱ. 3종 언어를 국어로 삼고 있으며 영어는 영국과 미국에서 국어로 삼고 있는 것 같다. (건국대, 『대학국어』, 26쪽)

ㄴ. 우리는 그를 스승으로 하여 공부에 정진했다.

순서를 나타낸다.

(298) ㄱ. 여러 개의 음이 일정한 순서로 연결되어 발음되고 있으며 (건국대,
『대학국어』, 28쪽)

ㄴ. 첫째로 의존 경제성의 심화 문제를 들 수 있다. (건대신문 408호,
2면)

ㄷ. 처음으로 이 젊은 여자의 머리 속을 의심했다. (『난파선』, 10쪽)

ㄹ. 마지막으로 본 서울은 지난 겨울 유난히도 눈이 많이 덮인 거리였
다. (『난파선』, 39쪽)

ㅁ. 갖가지 방법을 쓰고 최후적으로는 이 대통령의 '만'자 '사인'까지 내
보여 협력을 얻어내는데 성공했다. (중앙일보 2375호, 3면)

위의 예문에서 보는 바와 같이 순서를 나타내는 '으로'는 그 앞에
순서를 나타내는 명사나 수사가 오면 자연히 차례를 나타낸다. 따라서
이때의 '으로'는 서술어와는 별 관계없이 그 의미를 나타낸다. 그러므
로 국어 조사의 의미직능을 굳이 서술어에 의하여 판단하려 하는 것은
절대적이 아니다.

간주를 나타낸다.

(299) ㄱ. 학문은 의미상으로 하나의 전체이다. (건국대, 『대학국어』, 11쪽)

ㄴ. 경제적으로 그가 제일 부자이다.

ㄷ. 그가 사회적으로 명성이 가장 높다.

여기서의 '으로는'은 '-으로 보면'의 뜻이 되는데, 이때의 조사는
대체적으로 '으로는'과 같은 복합조사의 경우에 이렇게 풀이된다. 그
러나 다음과 같이 '으로' 단독으로도 이런 뜻으로 쓰인다.

ㄹ. 국내 출판물을 가지고 유일한 상대로 생각한다면, 한국의 실정으로
큰 인물되기 어려운 것이 아니랴? (대학생활의 회상기)

ㅁ. 언어라는 것이 일의적으로 민족과 민족을 명확하게 구별하는 유일한 표준이 아니라는 것을 실증한다. (중앙일보 2361호, 사설)

추정을 나타낸다.

(300) ㄱ. 그는 서울에 갈 것으로 보인다.
ㄴ. 그는 대의원에 출마할 것으로 추정된다.
ㄷ. 그는 꼭 올 것으로 믿어지더니 그만 오지 않았다.
ㄹ. 보고야 떠나겠다는 고집들인 것으로 보아 월이의 얼굴이나 한번 보았으면 하는 모양이었다. (중앙일보 임꺽정 74)

이 경우의 '으로'는 '-처럼', '-과 같이' 등으로 풀이되어 추측을 나타낸다. 그런데 이때의 추정은 서술어, 특히 동사에 의하여 그 의미가 결정되어진다. 다시 말하면, 동사가 '으로'로 하여금 추정의 뜻을 추출해 주는 특성을 가지고 있다는 것이다.

수단을 나타낸다.

(301) ㄱ. 문학에 의한 언어는 어디까지나 음성에 의한 언어를 기반으로 이루어졌음을 잊어서는 안 된다. (건국대, 『대학국어』, 23쪽)
ㄴ. 전화를 매개물로 하여 두 사람은 일을 이루게 되었다.
ㄷ. 작업으로 외에는 세상에 발을 담지 못하고 있다. (『난파선』, 15쪽)

'으로'의 파생직능(대체로 부사를 파생시킨다)을 가지고 있다.

먼저 예문을 보기로 하자.

(302) ㄱ. 어머니에 대한 그의 신뢰는 참으로 한이 없습니다. (「모송론」)

ㄴ. 그렇게도 긴밀한 사이를 가지고 있는 결합은 실로 어느 곳에서도 발견되지 않습니다. (「모송론」)

ㄷ. 새 노래는 공으로 들으려오. (「남으로 창을 내겠소」)

ㄹ. 나는 진실로 그를 싫어한다.

ㅁ. 나는 그것을 사실로 믿었다.

ㅂ. 억지로 집을 떠났다.

이와 같은 예는 참으로 많다. 이들 부사는 본래 '명사'와 '으로'가 합하여 이루어진 것인데, 이들이 이미 부사로 파생되어 고정되어진 이상, '으로'는 접미사로 다루지 않을 수 없는 것이다.[17] 왜냐하면, '으로'는 파생력이 있기 때문이다.

그러나 경우에 따라서는 '으로'가 접미사인지 조사인지 구별하기 어려운 경우가 더러 있다.

(303) ㄱ. 나는 그것을 사실로 믿었다.

ㄴ. 나는 그것을 진실로 믿었다.

이들 (303ㄱ~ㄴ)에서 '사실로', '진실로'는 '참으로'의 뜻으로도 풀이되며, 경우에 따라서는 '사실로서', '진실로서'로 풀이될 수 있다. 이들은 문맥의 전후관계에 의하여 풀이되지 않으면 아니 될 것이다.

📁 '으로써'의 쓰임

이것이 '으로'로 사용되더라도 기본형이 '으로써'인 것으로 볼 수 있는 것은 모두 합하여 여기에서 다루기로 한다. 그런데 최현배 박사는 이 조사를 기구격조사라 하여 이를 다시 '기구, 도구, 자료, 방편, 이유'

---

17) 김계곤, 『현대국어의 조어법(word-formation) 연구: 접미사에 대한 파생법』, 박이정, 1996, 53쪽 참조.

등을 나타낸다고[18] 하였는데 사실 이 조사의 직능은 매우 복잡하다. 이하에서 이를 자세히 알아보기로 한다.

서술어에 걸리어 기구를 나타낸다.

(304) ㄱ. 금토끼로(써) 찍어 내어 옥도끼로(써) 다듬어서 초가 삼간 집을 지
　　　　어 … (동요)

　　　ㄴ. 칼로(써) 연필을 깎는다.

　　　ㄷ. 지게로써 짐을 나른다.

서술어에 걸리어 방편을 나타낸다.

(305) ㄱ. 그는 비행기로(써) 떠났다.

　　　ㄴ. 그는 자가용으로(써) 떠났다.

　　　ㄷ. 롤러스케이트로(써) 미대륙을 횡단하였다.

서술어에 걸리어 수단이나 조건을 나타낸다.

(306) ㄱ. 병은 약으로써 고쳐야 한다.

　　　ㄴ. 민족 공동사회를 개별적 특징으로써 파악하려 함에는 언어의 공동
　　　　만 이 시야 중에 들어오기가 가장 쉽다. (민족과 언어)

　　　ㄷ. 한일 합작으로 일산 60만 배럴 규모의 정유공장이 온산에 세워지
　　　　게 되었다. (중앙일보 2363호, 사설)

　　　ㄹ. 생산되는 유류 전량을 수출한다는 조건으로써 허가된 정유공장의
　　　　건설이 한국 경제에 어떠한 득과 실을 가져 올 것인지 지금으로서
　　　　는 속단하기 어렵다. (중앙일보 2363호, 사설)

---

18) 최현배, 『우리말본』, 정음사, 1959, 605쪽 참조.

서술어에 걸리어 이유나 원인을 나타낸다.

(307) ㄱ. 결국 수출용 정유공장의 건설러 얻는 이득은 부산물의 가치에 국한
된다고 보아서 그리 큰 잘못은 아닐 것이다.
(중앙일보 2363호, 사설)

ㄴ. 공해로 파생되는 손실이 그 부산물 이용으로써 얻는 이득보다 장기
적으로 클 수도 있음을 직시하여야 한다. (중앙일보 2363호, 사설)

ㄷ. 팔레스타인 게릴라들이 포격과 폭탄 투척을 재개하고 이에 대한 보
복으로써 레바논 공군기가 팔레스타인 요새를 공격함으로써 재연
되었다. (한국일보 7549호, 2면)

ㄹ. 술이는 그의 저축에서 어머니의 약값으로 쓰다 남은 이십여 원을
하룻밤에 술과 도박으로 없애 버리고는, 그날부터 곧 환장한 사람
이 되어 버렸다. (바위)

ㅁ. 중풍으로써 반신불수가 되어 거리에 돌아다닌다고 하고 (바위)

서술어에 걸리어 재료를 나타낸다.

(308) ㄱ. 콩으로써 메주를 쑨다. (속담)

ㄴ. 문은 문장의 집합으로 이루어진다. (건국대, 『대학국어』, 28쪽)

ㄷ. 쌀로써 술을 빚는다.

ㄹ. 벽돌로써 건물을 짓는다.

자료는 어떤 물건이나 물질을 이루는 감이 되는 것만에 국한시켜야
할 것으로 생각된다.

서술어에 걸리어 물자나 사실을 나타낸다.

(309) ㄱ. 수통의 물로써는 어림도 없다. (『난파선』, 34쪽)

ㄴ. 비통과 절망으로써 밤을 맞은 때가 한두 번이었던가?
    (『난파선』, 20쪽)

ㄷ. 폐음절은 자음으로써 끝난다.

ㄹ. 밥만으로써 사람은 살 수 없다.

ㅁ. 해방 후 나라 안은 혼란으로써 뒤덮였었다.

서술어에 걸리어 근거를 나타낸다.

(310) ㄱ. 그것이 제 나라라는 이유만으로써 이 배와 운명이 같습니다.
    (『난파선』, 19쪽)

ㄴ. 허생원은 동이가 왼손잡이라는 사실로써 동이가 누구인지를 알게
    되었다.

ㄷ. 체력 향상으로써 국력이 배양되었음이 입증되었다.

상태를 나타낸다.

(311) ㄱ. 알아 본 듯한 표정도 없는 얼굴로써 소리 질렀다. (『난파선』, 35쪽)

ㄴ. 고의를 벗어 띠로 등에 얽어 메고 반 벌거숭이의 우스꽝스런 꼴로
    써 물속에 뛰어들었다. (『메밀꽃 필 무렵』)

ㄷ. 여인은 귀찮은 빛으로써 더 나무라지 않고 강아지를 안아 들었다.
    (『난파선』, 303쪽)

ㄹ. 짤막한 속옷바람으로 빠진 것이 없나 어정거리며 다시 죠오지를 불
    렀다. (『난파선』, 25쪽)

오관으로 느낌을 나타낸다.

(312) ㄱ. 26일 오후 의정부는 반격 뉴우스로써 한심했으나 (『난파선』, 31쪽)

ㄴ. 그것을 봄으로써 만족하였다.

ㄷ. 나는 그의 편지로써 그의 안부를 알게 되었다.

ㄹ. 맛으로써, 그것이 무엇인지를 알 수 있다.

위의 예들은 얼핏 방편이나 수단 혹은 이유 등을 나타낸다고도 볼 수 있으나, '뉴우스'는 '뉴우스를 듣고'로 될 것이오, '봄으로써'는 '보고서'로, '편지로써'는 '편지를 읽고'로, '맛으로써'는 '맛을 보고' 등으로 풀이됨으로써 이들을 따로 항목을 세워 다룬 것이다.

'-에 의하여'를 나타낸다.

(313) ㄱ. 온 산이 눈으로써 뒤덮였다.

ㄴ. 개구리들의 모세의 명령으로써 전부 죽어 버리자 (『성서이야기』, 67쪽)

ㄷ. 아침 일찍 모세의 명령으로써 강물은 두 쪽으로 갈라지고 (『성서이야기』, 69쪽)

ㄹ. 그의 한 마디 말로써 만사가 무사히 되었다.

위의 예문을 보면, 모든 결과가 어떠한 동작에 의지하여 이루어졌음을 알 수 있다.

서술어에 걸리어 한도 또는 기한을 나타낸다.

(314) ㄱ. 내일로써 그가 간 지 꼭 한달이 된다.

ㄴ. 사원 모집은 15일로써 마감된다.

ㄷ. 오늘로써 방학은 끝난다.

서술어에 걸리어 시발을 나타낸다.

(315) ㄱ. 기아 사태는 날씨가 가뭄으로(써)부터 시작되었다.

ㄴ. 6·25는 괴뢰군의 선공으로써(부터) 비롯되었다.

ㄷ. 말다툼으로써 시작된 싸움이 드디어는 패싸움으로까지 되었다.

📂 '으로서'의 쓰임

이 조사는 서술어에 걸리어 어떤 자격을 보인다.

지위(신분)를 나타낸다.

(316) ㄱ. 그는 유명한 대통령으로서 후세에 이름을 남겼다.

ㄴ. 그는 우리나라의 대표선수로서 활약이 매우 크다.

ㄷ. 학생으로서 그래서야 되겠니?

ㄹ. 관리로서 부정을 해서야 되겠나?

ㅁ. 결혼날 신랑으로서 할 수 없는 말을 끄집어 낼 참인가. (『난파선』, 16쪽)

관계를 나타낸다.

(317) ㄱ. 그는 나의 아우로써 매우 착하다.

ㄴ. 나는 여러분의 스승으로서 열심히 가르쳐야 할 책임이 있다.

ㄷ. 요놈의 각서리 요래도 정승·판서 자제로 팔도감사 마다고 …

ㄹ. 나는 그를 나의 사위로 삼았다.

출신(출생)이나 성분을 나타낸다.

(318) ㄱ. 내가 동국인으로 누구를 얻을 수 있었기에 … (『난파선』, 14쪽)

ㄴ. 아마도 그 시대 뼈대 있는 집안 출신으로 예능계에 발을 디딜 때

반대를 받지 않은 사람은 없었을 것이다. (한국일보 7549호, 3면)

ㄷ. 미국인으로는 결코 이해조차 할 수 없이 가난하고 무력한 …

(『난파선』, 31쪽)

ㄹ. 그는 선비 출신으로서 지조 있는 애국자였었다.

추대나 자격을 나타낸다.

(319) ㄱ. 우리는 그를 회장 후보로 지명하였다.

ㄴ. 그는 국회위원 입후보로서 출마하였다.

ㄷ. 그는 의사로서 남의 인정을 받고 있다.

ㄹ. 언어는 언제나 국어로서만 그 생명을 보유한 것이요. (건국대, 『대학
국어』, 19쪽)

ㅁ. 그는 그 학교의 교장으로서 취임하였다. (『우리말본』, 606쪽)

ㅂ. 시민의 한 사람으로서 공공도덕을 지키지 못하랴.

이것은 '-의 자격을 가지고', '-이 되어서' 그리고 '-에 추대되어
서'의 뜻을 나타낸다.

처지, 형편 등을 나타낸다.

(320) ㄱ. 윤화로선 그런 필요를 느끼지 못하고 있었다. (『난파선』, 26쪽)

ㄴ. 나로서는 백만원의 회사금을 낼 수가 없다.

ㄷ. 그 일은 S사장으로서도 어쩔 수가 없었다.

ㄹ. 정유공장의 건설이 한국경제에 어떠한 득과 실을 가져올 것인지 지
금으로서는 속단하기 어렵다. (중앙일보 2363호, 사설)

이 경우의 의미는 대체적으로 '으로서도'와 같은 복합조사에 의하여
도 나타난다.

수단이나 방법을 나타낸다.

(321) ㄱ. 이에 대한 보복으로서 레바논 공군기가 팔레스타인 요새를 공격함
　　　으로써 재연되었다. (한국일보 7549호, 사설)
　　ㄴ. 그를 살리는 길로서는 이것밖에 없다.
　　ㄷ. 술이는 그의 저축에서 어머니의 약값으로서 쓰다 남은 이십여 원을
　　　하룻밤에 술과 도박으로 없애버리고 … (바위)

지정이나 인정을 나타낸다.

(322) ㄱ. 어머니의 눈에는 언제든지 아들이란 그가 얼마나 나이 먹었어도 결국
　　　어린 아이로서 밖에는 비추이지 않는 까닭으로 어머니는 이때 적지
　　　않은 불안을 느끼기 시작하는 것입니다. (『모송론』)
　　ㄴ. 나는 그를 어른으로서 대접할 수가 없다.
　　ㄷ. 사회주의 이론가 카우츠키도 민족을 언어공동체로서 파악하였다.
　　　(『민족과 언어』)
　　ㄹ. 사람으로서 누가 그것을 좋아하랴.
　　ㅁ. 무엇보다도 종자개량, 비배관리 등의 미흡이 주된 원인으로 지적되
　　　고 있다. (중앙일보 2363호, 사설)
　　ㅂ. 증산 유인책으로서 정부가 지금까지 실시해 온 것은 고미가 정책이
　　　다. (중앙일보 2363호, 사설)

이 '인정'이나 '지정'은 '-로 여기다', '-으로 치다', '-이라고' 또는
'-으로 정하다'의 뜻으로 해석되는 것을 모두 포함한다.

근거를 나타낸다.

(323) ㄱ. 낮보다 밤이 더 호화스러운 이유로(서)는 언덕배기 판자촌이 촘촘히

박힌 불빛만으로 위장된다는 이유도 있다. (『난파선』, 310쪽)

　ㄴ. 그가 성공한 이유로서는 불철주야로 노력한 데 있다.

이 '근거'는 '-가 되는 것'으로 풀이될 것이며, 대체적으로 '으로서는'의 형태를 취한다.

어떤 특수한 가치를 가지는 존재를 나타낸다.

(324) ㄱ. 불가분의 정신적 실체로서 하나의 생성하는 전체를 이룰진대 … (『대학의 과제』)

　ㄴ. 한국어를 통하여 사고하고 생활하며 인간으로서 성장하여 가는 것이므로 … (건국대, 『대학국어』, 27쪽)

　ㄷ. 문법은 문법 전체로서 그 하위단위와 유기적 통일체를 이루고 있는 것과 같이 문학도 그 전체로서 하위단위와 유기적 통일체를 이루고 있다. (건국대, 『대학국어』, 28쪽)

　ㄹ. 수많은 개별언어의 하나로서 몽고어, 중국어니 하는 여러 언어와 같은 의미에서 말하는 것인데 (건국대, 『대학국어』, 26쪽)

비율이나 정도를 나타낸다.

(325) ㄱ. 백원은 천원의 1할로서 십원의 열배가 된다.

　ㄴ. 한달치로서는 부족하다.

　ㄷ. 이것의 십분지 일로서는 좀 모자라는 듯하다.

5) 방향격조사: 으로

방향격조사에는 '으로'가 있다. 이 조사는 절대로 '으로써'로는 되지 않으며 이동동사나 변성동사와 같이 쓰이어 방향, 변성 등을 나타낸다.

서술어에 걸리어 방향이나 향진을 나타낸다.

(326) ㄱ. 군용 트럭이 남으로 스쳐갔다. (『난파선』, 36쪽)

ㄴ. 염천교로 통하는 뒷전 거리는 음산한 시간도 지나 (『난파선』, 302쪽)

ㄷ. 반대로 그가 너를 혼돈에 빠뜨릴 권리도 없다.

ㄹ. 무대 뒤로 숨어 버렸다. (중앙일보 2363호, 5면)

ㅁ. 메밀밭께로 흘러간다. (『메밀꽃 필 무렵』)

ㅂ. 동경으로 옮기도록 해 주겠소. (『난파선』, 22쪽)

ㅅ. 우리는 앞으로 앞으로 나아갔다.

ㅇ. 홀 안의 떠들썩함은 계속 윤화를 밖으로 몰아 재촉하였다. (『난파선』, 15쪽)

위의 예들에서 보는 바와 같이 방향이나 향진은 그 명칭만 다를 뿐이지 실제 의미는 별로 다를 바가 없음을 알 수 있다. 따라서 방향을 나타내는 '으로'는 동작의 나아가는 행방을 나타내고 있다.

서술어에 걸리어 변화나 전환을 나타낸다.

(327) ㄱ. 'mal'은 고음으로 발음하면 '馬'란 뜻이 되고 저음으로 발음하면 '言語'란 뜻으로 되어 고저음의 뜻을 변변하게 되어 …
(건국대, 『대학국어』, 32쪽)

ㄴ. 학문 대신에 오직 교화를 구하고 강단을 제단으로 대치하려 한다. (『대학의 관계』)

ㄷ. 점진적으로 바뀌던 것이 결과적으로 다른 모습으로 나타나는 것이다. (『난파선』, 27쪽)

ㄹ. 신부의 놀란 표정은 턱없이 헤푼 미소로 번졌다. (『난파선』, 10쪽)

ㅁ. 예전의 서울 모습으로 돌아가지 않을 게다. (『난파선』, 301쪽)

서술어에 걸리어 목적지를 나타낸다.

(328) ㄱ. 나는 학교로 가고 그는 집으로 갔다.

　　　 ㄴ. 우리는 동구릉으로 소풍을 갔다.

서술어에 걸리어, 통과 경유지를 나타낸다.

(329) ㄱ. 그는 부산으로 해서 서울로 왔다.

　　　 ㄴ. 그는 부산으로 대구로 다녀서 왔다.

　　　 ㄷ. 음성언어는 입으로 낸 음성을 소재로 하여 표현한다. (건국대, 『대학

　　　　　 국어』, 23쪽)

어떤 행동이 되풀이되는 장소를 나타낸다.

(330) ㄱ. 그는 매일 아침 공주릉으로 산보를 한다.

　　　 ㄴ. 그는 매일 여기로 온다.

6) 비교격조사

📂 '보다'의 쓰임

동작, 상태에 관한 비교의 표준, 기준을 나타낸다.

(331) ㄱ. 재판관 중 판사보다도 높은 자격을 요구하는 것에 재직한 자는 판

　　　　　 단능력이 뛰어나야 한다.

　　　 ㄴ. 너보다 내가 이 방면에는 뛰어났다.

어떤 사물에 대하여 말할 때 비교, 대조를 나타낸다.

(332) ㄱ. 너는 그이보다 관대한 것 같다.

　　　ㄴ. 너에게는 양복보다 한복이 더 어울린다.

　　　ㄷ. 당신은 시보다 그림을 공부하시오.

위치, 시간, 정도 등에 관하여 경계를 세워서 그 한쪽의 범위를 총괄하여 말할 때 경계가 되는 시간, 시기를 나타낸다.

(333) ㄱ. 나는 그이보다 이전에 졸업했다.

　　　ㄴ. 나는 너보다 뒤에 시작했다.

'보다'는 지역에 따라서는 '보담'으로 쓰기도 한다.

📁 '에'의 쓰임

주어에 중점을 둘 때 쓰인다.

(334) ㄱ. 나라의 말이 중국에 다르다.

　　　ㄴ. 우리는 그들에 다르다.

주어를 '명사＋에'에 견줌을 나타낸다.

(335) ㄱ. 저것이 이것에 같다.

　　　ㄴ. 네가 원숭이에 닮았다.

📁 '처럼'의 쓰임

주어가 비교어에 유사함을 나타낸다.

(336) ㄱ. 풍신수길은 원숭이처럼 생겼더란다.

　　　ㄴ. 그 시인은 큰바위 얼굴처럼 생겼었다.

서술어 뒤에 쓰이어 유사함을 나타내면서 성분으로서는 비교어가 된다.

(337) ㄱ. 그는 젊어서처럼 일만 한다.

　　　ㄴ. 일하고 나서처럼 기분 좋은 일은 없다.

📁 '같이'의 쓰임

주어와 동일함을 나타낸다.

(338) ㄱ. 그는 그의 아버지같이 생겼다.

　　　ㄴ. 너는 나같이 걸어라.

'처럼'과 '같이'의 차이는 '처럼'은 대조적 비교를 나타내고, '같이'는 동질적인 것의 비교를 나타낸다.

(339) ㄱ. 그는 중국 사람처럼 중국말을 잘한다.

　　　ㄴ. 그는 중국 사람같이 중국말을 잘한다.

(339ㄱ)에서의 '처럼'은 사실 '그'는 중국 사람이 아닌데 중국 사람인 것처럼 중국말을 잘한다는 뜻이요, (339ㄴ)의 '그가 하는 중국말'과 '중국 사람이 하는 중국말'이 동일할 만큼 유창하다는 뜻이다. 따라서 (339)의 '처럼'은 '한국 사람'과 '중국 사람'의 견줌이요, (339)의 '같이'는 '한국말'과 '중국말'의 견줌이다. 그러므로 '처럼'이 이질적 비교라면 '같이'는 동질적 비교라고 할 것이다.

📁 '만큼'의 쓰임

대개의 분량·정도를 나타낸다.

(340) ㄱ. 십 미터만큼 깊이 파라.
      ㄴ. 하루에 그이만큼 일할 사람이 있나?

정도를 비교하는 기준을 나타낸다.

(341) ㄱ. 그때만큼 돈이 많이 들지 않는다.
      ㄴ. 이것만큼 큰 잉어를 보았느냐?

📁 '만'의 쓰임

'-만 같지 못하다', '-만 하다'의 형식으로 쓰이어 대등함을 나타낸다.

(342) ㄱ. 그는 너만 같지 못하다.
      ㄴ. 그는 너만 하다.

📁 '과/와'의 쓰임

주어가 비교어와 대동(동일)함을 나타낸다.

(343) ㄱ. 그는 성적이 너와 같다.
      ㄴ. 철수는 성격이 그의 아버지와 같다,

'-에서와 같이'의 형식으로 쓰이어 동일함을 나타낸다.

(344) ㄱ. 그는 집에서와 같이 잘 논다.

ㄴ. 철수는 미국에서와 같이 일을 잘한다.

서술어에 쓰이어 동일함을 나타낸다.

(345) ㄱ. 그는 살아서와 같이 저승에서도 일만 할 것이다.

ㄴ. 그는 그의 어머니가 죽고서와 같이 이번에도 슬피 운다.

(345)에서 보면 '어미＋과/와 같이'의 형식으로 되어 있다.

📁 '하고'의 쓰임

주어와 비교어가 동일함을 나타낸다.

(346) ㄱ. 그는 그의 아버지하고 같다.

ㄴ. 너는 너의 누나하고 닮았다.

'-에서와 같이'의 형식으로 쓰이어 동일함을 나타낸다.

(347) ㄱ. 그는 집에서하고 꼭 같이 까분다.

ㄴ. 철수는 학교에서하고 같이 집에서도 열심히 공부한다.

'하고'는 '-고' 때문에 중첩적인 견줌의 뜻을 나타낸다.

(348) ㄱ. 너는 너의 어머니하고 꼭 같다.

ㄴ. 철수는 영희하고 꼭 같이 생겼다.

(348)의 '하고'는 주어가 비교어와 같은 것이 아니고 주어와 비교어

가 서로 같다는 뜻이다. 즉 (348ㄱ)에서 보면 '너는 너의 어머니를 닮았고, 너의 어머니는 너를 닮았다'의 뜻으로 이해된다.

서술어의 뒤에 와서 동일함을 나타낸다.

(349) ㄱ. 그는 살아서하고 같이 저승에서도 열심히 살 것이다.
ㄴ. 철수는 집에 있어서하고 같이 태연하다.

(349ㄱ~ㄴ)과 같은 예는 혹 사투리에서 쓰이기는 하나 서울에서는 잘 쓰이지 않는다.

📁 '마따나'의 쓰임

'말마따나'의 형식으로만 쓰이어 동일함을 나타낸다.

(350) ㄱ. 그의 말마따나 오늘은 비가 오겠다.
ㄴ. 네 말마따나 과연 오늘은 따뜻하다.

'에', '만', '과/와', '하고'는 본래 비교격조사가 아니나, 서술어가 견줌을 나타내는 서술어가 올 때 쓰이고, '보다, 처럼, 만큼, 같이, 마따나' 등은 이들 조사의 의미적 자질에 의하여 견줌을 나타낸다. '마따나'는 (350ㄱ~ㄴ)과 같은 경우에 한하여 쓰인다. 사투리에는 '마도'도 있다.

7) 공동격조사

어떤 행위를 말할이와 함께 함을 나타내는 조사를 공동격조사라 하는데 이때의 서술어는 동사임이 특이하다.

📁 '과/와'의 쓰임

'과/와'는 '동시에'의 뜻을 나타내는 공동격조사이다.

(351) ㄱ. 너는 나와 같이 가자.
　　　 ㄴ. 그는 아버지와 함께 산다.
　　　 ㄷ. *순희는 철수와 같이 논다.

　위 예에서 보면 '과/와'가 공동격조사가 되기 위해서는 '동시'의 뜻을 나타내는 부사 '같이, 함께 동시에' 등과 함께 사용되거나 될 수 있는 때이다.

📁 '하고'의 쓰임

중첩적 '함께'의 뜻을 나타낸다.

(352) ㄱ. 여러분 다같이 나하고 삽시다.
　　　 ㄴ. 그는 할아버지하고 또 같이 살았다.

제한적 '함께'의 뜻을 나타낸다.

(353) ㄱ. 바둑아 바둑아 나하고 놀자.
　　　 ㄴ. 너는 나하고만 살자.

(353ㄱ~ㄴ)의 '하고'는 그 상황적 의미상 제한적 뜻으로 느껴진다.

8) 관형격조사: 의

뒤 체언이 앞 체언에 딸려 있으면서 여러 가지 뜻이나 관계를 나타낸다.

소유주를 나타낸다.

(354) ㄱ. 그칠 줄 모르고 타는 나의 가슴은 누구의 밤을 지키는 약한 등불입니까?
　　　ㄴ. 나는 아직 나의 봄을 기다리고 있을 테요.

소속을 나타낸다.

(355) ㄱ. 전 세계의 어느 곳을 가도 찾아볼 수 있습니다.
　　　ㄴ. 한글학회의 회원들은 한글을 전용하기로 결의하였다.

(354)와 (355)의 다른 점은 다음과 같다. 즉 (354)의 경우는 분명히 앞 체언이 독립성이 있는데 반하여, (355)에서는 뒤 체언이 앞 체언의 한 부분이 되어 있다는 점이다. (355)의 해석으로는 '―에 있는' 또는 '―에 딸려 있는'으로 될 것이다.

소생을 나타낸다.

(356) ㄱ. 독일의 시인 라이너 마리아 릴케는 이렇게 말했다.
　　　ㄴ. 인도의 시성 타고르는 우리나라를 동방의 등불이라 했다.

이때의 소생은 '출생', '―이 낳은', '―이 생각해 낸' 등으로 풀이가 되는 경우를 말하는 것이다.

생산, 산출을 나타낸다.

(357) ㄱ. 안성의 유기
　　　ㄴ. 제주의 귤
　　　ㄷ. 충무의 상선

이 경우는 체언이 생산지일 때이다.

집필자, 저작자, 제작자, 가창자, 주연자, 작성자, 주체자, 발신자 등의
행위를 나타낸다.

(358) ㄱ. 충무공의 난중일기(거북선)
　　　ㄴ. 최현배의 우리문법
　　　ㄷ. 신 양의 연주회

이들 예는 한없이 많다. 그 의미는 앞에서 말한 대로 '-가 집필한',
'-가 만든', '-가 저술한' 등으로 된다.

존재를 나타낸다.

(359) ㄱ. 부산의 태종대
　　　ㄴ. 동래의 온천
　　　ㄷ. 제야의 종소리

이 경우의 풀이는 '-에 있는', '-에서 있었던' 등으로 될 것 같다.

위치와 방향을 나타낸다.

(360) ㄱ. 태백산맥의 서쪽 사면에는 …

　　　ㄴ. 소백산의 중간에 진안 고을을 이루고 있다.

　　　ㄷ. 서울은 우리나라의 중앙에 있다.

(360ㄱ)은 방향, (360ㄴ~ㄷ)은 위치를 나타낸다.

어떤 관계의 기점을 나타낸다.

(361) ㄱ. 스란스키의 미망인은 당시의 상황을 다음과 같이 말하고 있다.

　　　ㄴ. 우리의 조상들은 합리적인 민족이었다.

　　　ㄷ. 나의 누나는 시집을 갔다.

이때의 관계는 주로 인간 관계를 뜻하고자 한다.

시간·시기를 나타낸다.

(362) ㄱ. 현재의 상황에 만족하고 있다.

　　　ㄴ. 우리가 최초의 기안자라는 것을 잊지 맙시다.

　　　ㄷ. 가을의 꽃이 한창이다.

이때의 체언은 시간, 시기, 계절을 나타내는 체언이다.

비율을 나타낸다.

(363) ㄱ. 우리의 국민소득은 북한의 다섯 배를 넘는다.

　　　ㄴ. 재산의 일부를 팔아서 빚을 갚는다.

　　　ㄷ. 삼분의 일을 네가 가져라.

선택의 범위를 나타낸다.

(364) ㄱ. 물질과 정신의 세계라고 해도 좋다.

ㄴ. 이것의 범위 안에서 가져가거라.

발생을 나타낸다.

(365) ㄱ. 장래의 위협을 삼제하려 하면

ㄴ. 미소의 전쟁은 있어서는 안 된다.

ㄷ. 남북한의 대화가 시급하다.

사실의 관계를 나타낸다.

(366) ㄱ. 토의의 기술을 습득해야 한다.

ㄴ. 논문의 제목이 좋아야 한다.

ㄷ. 우리 양 진영은 과학의 공포가 아니라 과학의 신비성을 찾아냅시다.

ㄹ. 인간에게는 표현 본능의 욕구가 있다.

(366ㄱ~ㄴ)의 '의'는 '-에 관한'의 뜻이오, (366ㄷ~ㄹ)의 '의'는 '-에 대한'의 뜻으로 해석된다.

앞 체언이 뒤 체언의 행동의 주체임을 나타낸다.

📁 앞 체언에 '하다'를 붙일 수 있는 경우

(367) ㄱ. 남의 충고에 의하여 그것을 뜯어고친다.

ㄴ. 그의 행동은 참으로 위험하다.

ㄷ. 인류사회의 발전에 공헌하게 된다.

위의 세 예문의 경우를 보면 뒤 체언에 붙은 '하다'를 생략하면서 앞 체언에 '의'를 붙여서 단축시킨 것이다. 대표적으로 (367ㄱ)을 도시하면 ㄹ과 같다.

> ㄹ. 남이 <u>하는</u> 충고에 의하여
>   ↓ (마디) ↓
>   남의 <u>충고○에</u> 의하여

와 같이 된다. 따라서 이때의 '의'는 '―이 하는'으로 풀이될 것이다. 그런데 다음과 같은 경우를 보자.

> ㅁ. 너의 편지 잘 받았다.

이때는 '네가 한 편지 잘 받았다'로 해석될 것이나

> ㅂ. 너로부터의 편지 잘 받았다.

(367ㅂ)에서 '의'는 분명히 '―으로부터 온'으로 해석해야 할 것이다. 그러고 보면 '의'의 뜻을 확실히 알아보는 법은 복합조사로 만들어 시험해 보는 일이다. 그런데 (367ㄹ)의 경우 한결같이 '의'를 '하다'로 해석함이 가능한 것은 '하다'가 우리말에서는 대용동사이기 때문이다. 그러나 구체적인 뜻은 그 문장에 따라 다를 것이나 위와 같이 '하다'로 통일하여 보아도 이해하는 데는 별 무리가 없을 것으로 보아 (367ㄱ)을 (367ㄹ)과 같이 공식화한 것이다.

뒤 체언에 일정하게 '하다'를 붙일 수 없고 문장에 따라 적당한 풀이를 해야 할 경우

① 수여를 나타낸다.

(368) ㄱ. 우리는 하나님의 축복과 은총을 빕니다.
　　　 ㄴ. 다른 사람의 도움을 받아라.

② '의'가 '이/가'의 뜻으로 보이면서 앞 명사의 어떤 성격이나 사실을 나타내는 경우

(369) ㄱ. 민족적 존영의 장애됨이 무릇 기하이며 …
　　　 ㄴ. 아 조선의 독립국임과 아 조선인의 자주민임을 선언하노라.

위의 두 경우를 보면 '체언＋의＋용언의 명사법'으로 공식화할 수 있는데 (370ㄱ~ㄴ)의 심층구조를 보면 다음과 같이 볼 수도 있다.

(370) ㄱ. 민족적 존영이 장애가 됨이 무릇 기하이며 …
　　　 ㄴ. 아 조선이 독립국임과 아 조선인이 자주민임을 선언하노라.

(371) ㄱ. <u>우리의 행복됨이</u> 곧 나라의 행복이다.
　　　 ㄴ. <u>그의 착함이</u> 그를 훌륭한 사람이 되게 하였다.

③ 뒤 체언과 같은 뜻을 나타낸다.

(372) ㄱ. 두브체크의 미소
　　　 ㄴ. 금일 오인의 소임은 다만 자기의 건설이 유할 뿐이요.

(372ㄱ)의 뜻은 '두브체크가 웃는 미소'로 풀이되며, (372ㄴ)은 '금일 오인이 맡은 소임'으로 풀이되므로 ③과 같은 제목을 세웠으나, 다음과 같이 앞뒤 체언과의 관계로 보아 다양하게 해석될 수 있는 경우가

있다.

     ㄷ. 우리의 최선을 다하자. (의=가능)

     ㄹ. 우리의 고생도 끝났다. (의=경험)

     ㅁ. 우리의 처지를 지지하여 (의=당면)

     ㅂ. 우리의 집 (의=거주)

     ㅅ. 시인의 사명 (의=의무)

앞 체언에 붙어서 뒤 체언의 속성을 나타낸다.

상태를 나타낸다.

(373) ㄱ. 가능한 최선의 결론을 내려야 한다.
      ㄴ. 토론에서 최대의 위험은 토론이 변하기 쉽다는 것이다.
      ㄷ. 이천만 각개가 인마다 방촌의 인을 회하고

수량을 나타낸다.

가. 수사에 붙어서 수량을 나타낸다.

(374) ㄱ. 다른 하나의 위험은 그 고비를 어떻게 넘길까 하는 일이다.
      ㄴ. 이것은 하나의 이루어내기 어려운 이상이다.

나. 수적 명사에 붙어서 수량을 나타낸다.

(375) ㄱ. 발언이 잦은 소수의 사람에게 토의가 지배되기 쉽다.
      ㄴ. 대개의 연구발표회는 진지하다.

다. 도량형의 단위나 어떤 사물의 수를 나타내는 의존명사에 붙어 수량을 나타낸다.

(376) ㄱ. 겨우 열 줄의 좋은 시

ㄴ. 백 마지기의 농사를 짓는다.

ㄷ. 보리쌀 한 말의 값

ㄹ. 월 오푼의 사채만 십만원을 넘는다.

차례수나 체언에 붙어 차례를 나타낸다.

(377) ㄱ. 제2의 청춘

ㄴ. 첫 번째의 질문은 토론으로, 두 번째의 질문은 토의로 이끌어 갈 것이다.

ㄷ. 하나님의 다음 가는 창조자

비교의 뜻을 나타낸다.

(378) ㄱ. 우리의 세 배나 우수하다.

ㄴ. 나의 두 배나 되는 수입

정도를 나타낸다.

(379) ㄱ. 천 미터 이상의 높이를 가진 공원

ㄴ. 고도의 인격 양성을 위한 최소한도의 교양을 말한다.

'-안'의 뜻을 나타낸다.

(380) ㄱ. 의류의 일부를 팔아서

ㄴ. 전세계의 인류

재료를 나타낸다. (이 경우는 '－으로 만든'의 뜻이다.)

(381) ㄱ. 철근 콘크리이트의 건물
　　　ㄴ. 순금의 반지

명칭을 나타낸다.

(382) ㄱ. 예루살렘의 성지
　　　ㄴ. 백두의 별명을 가진 사람

'－에 대하여 지은'의 뜻을 나타낸다.

(383) ㄱ. 가을의 노래
　　　ㄴ. 서울의 찬가

준수의 뜻을 나타낸다.

(384) ㄱ. 토의에 있어서의 질서
　　　ㄴ. 참석자의 임무

비유를 나타낸다.

이에는 두 가지가 있는데, 하나는 비교가 되는 말이 앞에 올 경우요, 다른 하나는 뒤에 오는 경우이다. 전자를 정치비유라 하고, 후자를 도치비유라 한다.

가. 정치비유

(385) ㄱ. 흔히 발표회의 형식을 취한다.
　　　ㄴ. 논설조의 어조를 쓰지 않도록 하여야 한다.

나. 도치비유

(386) 무슨 솜씨가 피 속에서 시의 꽃을 피어나게 하느뇨?

이런 경우는 흔하지 않으나 특수한 수사의 경우에 한한다.

필요성을 나타낸다.

(387) ㄱ. 언어는 생활의 한 수단이다.
　　　ㄴ. 노력은 성공의 비결이다.

주효를 나타낸다.

(388) ㄱ. 결핵의 약으로는 이것이 제일이다.
　　　ㄴ. 아스피린은 감기의 약이다.

동격으로서 꾸민다.

이때는 '-인'으로 해석할 수 있을 것이다.

(389) ㄱ. 올해 우물이 마르지 않은 섬은 여미리와 육동부락 및 소마도의 셋
　　　　뿐이다.
　　　ㄴ. 영화감독의 홍성기

명사의 대상을 나타낸다.

이때는 '-을 하는'의 뜻으로 이해된다.

(390) ㄱ. 전쟁의 기구가 평화의 기구보다도 훨씬 발당한 시대가 되었다.
      ㄴ. 그 혁명의 횃불은 금세기에 태어나서, 전쟁을 겪고 …

관형어의 기능을 나타낸다.

(391) ㄱ. 구래의 억울을 선창하려 하면 …
      ㄴ. 차별적 불평과 통계 숫자상의 허식 밑에서는 …

이때는 특별한 뜻보다는 그저 꾸미고 있음을 나타내는데 지나지 않는다.

'N+의' 뒤의 관형사형 어미로 끝날 때 주어의 뜻을 나타낸다.

(392) ㄱ. 자가의 말한 바가 모인 사람의 의견에 부합되어야 한다.
      ㄴ. 나의 사랑한 조국의 동포여!

위의 두 구조는 다음과 같이 볼 수 있다.

(393) ㄱ. 자기의 (말한) 바가 모인 사람의 …
      ㄴ. 나의 (사랑하는) 조국의 동포여!

뒤 체언의 목적어가 됨을 나타낸다.

(394) ㄱ. <u>시간의 낭비</u>가 없어야 한다.

ㄴ. <u>혁명의 계승자</u>라는 사실을 잊지 맙시다.

(394ㄱ~ㄴ)의 밑줄 친 부분을 그 심층구조로 고치면,

(395) ㄱ. 시간을 낭비함.
　　　ㄴ. 혁명을 계승하는 자

등으로 되는데, (395ㄱ~ㄴ) 말을 줄여서 하려니까 (395ㄱ~ㄴ)으로 된 것이다. 이러고 보면 '의'는 말을 줄이는 데 중요한 구실을 하는 조사임을 알 수 있다.

'-(을) 하는'의 대용으로 쓰인다.

(396) ㄱ. 토의의 방법을 잘 모른다.
　　　ㄴ. 협동의 거점이 상호불신의 비밀을 제거해 준다.
　　　ㄷ. 연구의 방향이나 방법
　　　ㄹ. 의사전달의 기능이 갖추어져 있기 때문이다.

(395)에서도 말했듯이 '의'는 어떤 말을 줄이기 위해서 쓰인다고 한 바와 같이, (396ㄱ~ㄷ)의 '의'는 '~하는'의 뜻을 대신하고 있으며, (396ㄹ)의 '의'는 '-을 하는'의 뜻을 나타내고 있다. 아무튼 '의'가 대신하는 말은 모두가 관형어의 구실을 하는 말임을 보아도 '의'는 관형격조사임이 분명하나 그 용법이나 뜻이 하도 다양하여 위에서 설명한 것 이외의 용법이나 문맥적 뜻이 더 있을 수 있다.

　📁 '의'의 뜻이 모호한 경우

일반적으로 다음과 같은 경우의 뜻은 두 가지 또는 세 가지 뜻으로

해석된다고 하나, 글쓴이의 생각으로는 다음 (397ㄱ)은 한 가지인 것
이 원칙이고, (397ㄴ~ㄷ)의 뜻은 여러 가지로 유추하여 해석하는 방법
이다. 왜냐하면, 실제 언어생활에서는 (397ㄱ)의 말은 (397ㄱ)의 괄호
안 뜻으로만 쓰고 (397ㄴ~ㄷ)의 뜻으로는 다르게 말하기 때문이다.

(397) ㄱ. 어머니의 사진(어머니를 찍은 사진)
　　　ㄴ. 어머니의 사진(어머니가 찍은 사진)
　　　ㄷ. 어머니의 사진(어머니가 소유한 사진)
　　　ㄹ. 어머니의 편지

(397ㄱ~ㄷ)의 말은 일반적으로 (397ㄱ)의 뜻으로만 쓰고 (397ㄴ~ㄷ)
의 '어머니의 사진'은 각각 그 뒤의 괄호 속에 잇는 식으로 말을 하는
것이 보편적이다. 그 이유는 (397ㄷ)과 비교하여 보면 알 것이기 때문
이다. 즉, (397ㄹ)의 뜻은 '어머니가 쓰신 편지'라는 뜻이지 '어머니가
소유한 편지'나 '어머니를 쓴 편지'라는 뜻은 아니다.[19]

(398) ㄱ. 나의 <u>사랑하는</u> 조국의 동포여!
　　　ㄴ. 나의 <u>살던</u> 고향

(398ㄱ~ㄴ)의 기본구조는 각각 다음과 같기 때문이다. 즉 (398ㄱ~
ㄴ)의 밑줄 부분이 준 것이다.

(399) ㄱ. 나의 조국의 동포여!
　　　ㄴ. 나의 고향

(399ㄱ~ㄴ)은 (399ㄱ)의 '나의' 다음과 (399ㄴ)은 '나의' 다음에 각각

---

19) 김승곤, 「관형격조사고: 현대어를 중심으로」, 『문호』 제5집, 건국대 국어국문학회,
　　1969, 67~74쪽까지를 전재한 것임.

관형어 '사랑하는'과 '살던'을 삽입하여 이루어졌다. '의'는 다른 조사와 달라서 주는 일도 있고 줄 수 없는 일도 있다. 다음의 5), 6)을 참조하기 바란다.

📁 '의'가 줄어드는 경우

소속, 소생, 생산, 저작자, 존재, 위치, 시간 등을 나타내는 '의'는 주는 일이 있다.

한글학회의 회원	→	한글학회 회원(소속)
인도의 시인	→	인도 시인(소생)
안성의 유기	→	안성 유기(생산)
최현배의 우리문법	→	최현배 우리문법(저작자)
태백산의 서쪽	→	태백산 서쪽(위치)
현재의 상황	→	현재 상황(시간)

차례 비교, 안ㅅ의 뜻일 때, 재료. '-에 대하여 지은', 주효, 동격의 뜻을 나타낼 때도 줄 수 있다.

제2의 청춘	→	제2 청춘(차례)
나의 세배	→	나 세배(비교)
전세계의 인류	→	전세계 인류('~안'의 뜻)
순금의 반지	→	순금 반지(재료)
가을의 노래	→	가을 노래(~에 대하여 자은)
감기의 약	→	감기 약(주효)
영화감독의 홍성기	→	영화감독 홍성기(동격)

위에서 보아 알 수 있듯이 '의'가 줄었을 때의 말을 보면 합성어적

성격을 띠고 있다. 즉 '제2 청춘, 순금반지, 가을노래, 나 세배, 영화감독 홍성기, …' 등과 같이 '의'가 줄어도 앞뒤말이 조금도 어색하지 않게 하나의 단어처럼 느껴진다. 따라서 '의'는 앞뒤 말이 합성어적 성격을 띨 때 줄어질 수 있다.

📁 '의'가 줄어질 수 없는 경우

소유주, 관계, 비율, 선택의 범위, 발생, 사실의 관계 등의 경우는 줄 수 없다.

누구의 밤(소유주)	→	*누구 밤
그의 누나(관계)	→	*그 누나
삼분의 일(비율)	→	*삼분 일
이것의 범위(선택의 범위)	→	*이것 범위
장래의 위협(발생)	→	*장래 위협
과학의 공포(사실의 관계)	→	*과학 공포

뒤 명사에 '하다'를 붙일 수 있는 경우

남의 충고	→	*남 충고

복합조사의 경우

너로부터의 편지	→	*너로부터 편지

수여

남의 도움	→	*남 도움

'의'가 '명사+됨(임)'과 같은 짜임새로 된 경우

민족적 존영의 장애됨   →   *민족적 존영 장애됨

뒤 체언과 같은 뜻을 나타낼 때

두브체크의 미소   →   *두브체크 미소

상태의 경우

최선의 결론   →   *최선 결론

수량을 나타낼 때

하나의 위험   →   *하나 위험
소수의 사람   →   *소수 사람

정도를 나타낼 때

고도의 인격   →   *고도 인격

명칭을 나타낼 때

백두의 별명   →   *백두 별명

준수의 뜻을 나타낼 때

도의에 있어서의 질서   →   *도의에 있어서 질서

비유를 나타낼 때

논설조의 어조   →   *논설조 어조

시의 꽃   →   *시 꽃

명사의 대상을 나타낼 때

혁명의 횃불   →   *혁명 횃불

관형사의 구실을 할 때

구래의 억울   →   *구래 억울

'명사' + '의' + '관형어' + '명사'의 경우

자기의 말한 바   →   *자기 말한 바

뒤 명사의 목적어가 됨을 나타낼 때

혁명의 계승자   →   *혁명 계승자

'하다'의 대용으로 쓰일 때

협동의 거점   →   *협동 거점

이상에서 본 바와 같이 크게 보아서 뒤 명사의 관형어가 되거나 복합조사가 되거나, 어떤 말의 대신에 쓰인 '의'는 줄일 수 없다. 즉 합성어적 성격을 띨 수 없는 경우는 '의'를 줄일 수 없다. '의'에 관하여는

도서출판 경진에서 2007년에 나온 『관형격 조사 '의'의 통어적 의미 분석』을 참고하기 바란다.

9) 호격조사

📁 호격조사의 종류

이 조사는 격조사로 보기 어려운 일면이 있으나 조사 분류의 치계상 격조사로 다루었는데, 사실 호격어는 서술어와 관계가 있기 때문이기도 하다. 이 조사는 고유명사에 붙어서 호격어가 되게 하는데, 모음 뒤에서는 보통으로는 '아', '야'가 쓰이고, '여'는 높임에 쓰이며, 모음 뒤의 높임으로는 '시여'가 쓰이며, 자음 뒤에는 보통으로는 '아'가 쓰이고, 높임으로는 '이시여'가 쓰인다.

(400) ㄱ. 정미야, 나하고 놀자. (보통)

ㄴ. 아버지시여, 이 자식을 용서하소서. (높임)

ㄷ. 주여, 어디로 가시나이까? (높임)

ㄹ. 친구여, 굳세어 다오. (보통)

ㅁ. 임이여, 어디로 가셨나요? (높임)

ㅂ. 하나님이시여, 굽어 살피소서. (높임)

📁 호격어의 문법적 특성

호격어를 여기에서 다룸은 좀 벗어난 듯하나 호격조사와 유관하므로 여기서 다루기로 한다. 호격어를 직접 호격어와 간접 호격어의 두 가지로 나눈다.

(401) ㄱ. 임이시여, 어디로 가시나이까?

ㄴ. 정숙아, 내가 도와줄까?

(401ㄱ)의 '임이시여'는 '어디로 가시나이까'의 행위자로서 주어로 볼 수 있으므로 직접적이나 (401ㄴ)의 '정숙아'는 주어가 아니므로 '도와줄까?'의 행위자가 될 수 없다.

따라서 서술어에 대하여는 간접적이다. (401ㄱ)과 같은 호격어를 직접 호격어라 한다면 (446ㄴ)과 같은 호격어를 간접 호격어라 부르기로 한다. 따라서 직접 호격어는 주어가 되나 간접 호격어는 주어가 될 수 없다.

호격어는 문장의 맨 앞에 오는 것이 일반적이나 때에 따라서는, 문장의 뒤에 오는 일도 있다. 문장 앞에 오는 것을 원칙으로 하고 문장 뒤에 오는 것을 변칙으로 보고자 한다.

(402) ㄱ. 달아, 높이 떠서 멀리멀리 비쳐 다오. (원칙)
　　　 ㄴ. 아버지께서 부르신다. 정숙아 (변칙)

감탄사와 호격어가 같이 쓰일 때는 감탄사가 호격어 앞에 쓰인다.

(403) ㄱ. 야, 금순아, 오너라.
　　　 ㄴ. 아니, 김순경, 무슨 말을 그리 해?

(403ㄱ~ㄴ)에서 보듯이 감탄사가 호격어 앞에 오는 까닭은 감탄사는 호격어보다도 독립어로서의 독립성이 강하기 때문이다.

호격조사는 '-님, -씨, -양, 어르신, 여러분, 당신, 너, 자네, …'들 뒤에서는 줄어든다.

(404) ㄱ. 선생님, 어디로 가십니까?

　　　ㄴ. 어르신, 이리 오십시오.

　　　ㄷ. 여러분, 나라를 사랑합시다.

　　　ㄹ. 자네, 이리 오게.

📁 호격조사의 쓰임

호격어를 만든다.

(405) ㄱ. 창수야, 어디 가나?

　　　ㄴ. 하나님이시여, 복을 주옵소서.

호격조사에 의한 호격어와 의향법과의 제약

가. 존칭호격조사가 쓰인 호격어가 오면 청자존대법이 쓰인다.

(406) ㄱ. 선생님, 비가 옵니다.

　　　ㄴ. 하나님이시여, 저희를 축복하여 주소서.

　　　ㄷ. 김씨(여), 이게 어때요?

나. 비칭호격조사가 쓰인 호격어가 오면 들을이 낮춤법이 쓰인다.

(407) ㄱ. 정숙아, 어서 가자

　　　ㄴ. 김군아, 이게 뭐야?

다. 직접 호격어는 서술법과는 쓰일 수 없다.

(408) ㄱ. *하나님이시여, 축복하여 주십니다.

ㄴ. *임이시여, 같이 갑니다.

ㄷ. *김군아, 일을 한다.

(408ㄱ~ㄷ)은 성립되지 않는다. 그러나 의문법, 명령법, 권유법과는 쓰일 수 있다.

(409) ㄱ. 하나님이시여, 추복하여 주소서. (명령법)

ㄴ. 임이여, 어디로 가십니까? (의문법)

ㄷ. 정숙아, 같이 가자. (권유법)

간접 호격어가 문장의 주어와 다르면 권유법, 명령법과는 가려잡을 수 없다.

(410) ㄱ. *선생님이시여, 철수가 같이 가자. (권유법)

ㄴ. *이이여, 철수는 공부하여라. (명령법)

그러나 간접 호격어와 문장의 주어가 같을 때는 문장은 성립된다.

(411) ㄱ. 철수야, 너는 어서 가거라. (명령법)

ㄴ. 철수야, 너도 빨리 가자. (권유법)

1.4.4. 보조조사

1.4.4.1. 보조조사의 분류[20]

이 조사는 의미조사라 하여야 옳으나 의미적으로 돕는 조사라는 뜻

---

20) 보조조사의 분류는 허웅, 『20세기 우리말의 형태론』(샘문화사, 1995)의 보조조사의 분류법에 따라 내 나름대로 나누어 보았다.

에서 보조조사라 한 것이므로 종래의 이름을 그대로 따르기로 한다. 글쓴이의 가설인 '한국어 조사의 발달원리'에 의하면 보조조사는 명사, 동사, 형용사, 부사에서 발달되므로 어떤 일정한 뜻을 가지고 있다. 따라서 이들 보조조사의 분류는 그 포괄적인 뜻에 따라 다음과 같이 나누기로 한다.

① 지정보조조사: 은/는, 을랑/일랑
② 동일보조조사: 도, 대로
③ 선택보조조사: 이나, 이든지(가), 이거나
④ 한정보조조사: 만, 뿐, 밖에
⑤ 시발과종착보조조사: 부터, 까지, 꺼정, 토록
⑥ 미흡보조조사: 이나마, 이라도
⑦ 추정보조조사: 인가, 인지, 이고, 인들, 이라도, 쯤, 깨나, 이라면
⑧ 확정보조조사: 이야, 이야말로, 이라야/이어야, 이사, 인즉(슨), 이면, 이라고, 따라, 이라, '곧', '서'
⑨ 유사보조조사: 마다, 서껀, 마저, 조차, 씩
⑩ 불구보조조사: 커녕
⑪ 만족보조조사: 이나
⑫ 범위보조조사: 에서 ~까지, 부터 ~까지
⑬ 단정보조조사: 치고, 치곤(치고는)
⑭ 정도보조조사: 깨나
⑮ 혼합보조조사: 서껀

1.4.4.2. 보조조사의 쓰임

1) 지정보조조사 '은/는', '을랑/일랑'의 쓰임

📁 은/는

가. 서술어에 의문사 '누구, 언제, 어디, 어느 곳, 어느 것, …' 등을 위시하여 '얼마, 어떤 책, 어떤 사람, 누구의 시계' 등이 있는 의문문에서는 주어에 '은/는'이 쓰인다.

> (412) ㄱ. ㉮ 저 사람은 누구이냐?
>   ㉯ 저 사람은 세무서원이다.
>   ㄴ. ㉮ 생일은 언제이냐?
>   ㉯ 생일은 3월 3일이다.

(412ㄱ~ㄴ)의 ㉯는 물음에 대한 답문장인데, 이때의 주어에는 언제나, 조사 '은/는'이 온다.

나. 서술구의 일부에 조사가 붙은 의문사 '무엇을', '누구에게', '누구와', '어디에서', '몇시에', '얼마로', '어떤 책을', '어느 버스에' 등이 있는 의문문에서는 주어의 조사는 언제나 '은/는'이 되고, 그 답문장의 주어도 조사 '은/는'을 취한다.

> (413) ㄱ. ㉮ 김선생은 어떤 음악을 잘 듣느냐?
>   ㉯ 그는 클래식을 잘 듣는다.
>   ㄴ. ㉮ 학교는 몇 시에 시작하느냐?
>   ㉯ 학교는 9시에 시작한다.

다. 서술구의 일부에 조사가 붙은 의문사 '어느 것을', '어떤 곳으로', '누구에게', '어디에서' 등이 이는 의문문에서는 주어에 '은/는'을 붙이고 그 답문장의 주어에도 '은/는'을 붙인다.

(414) ㄱ. ㉮ 김군은 육류와 생선 중 어느 것을 먹느냐?
　　　 ㉯ 그는 육류를 더 좋아한다.
　　 ㄴ. ㉮ 김군은 영어책과 프랑스어책 가운데 어느 책을 더 많이 가지고 있나?
　　　 ㉯ 그는 영어책을 더 많이 가지고 있다.

라. 서술어가 두 개일 때, 그 중에서 하나를 선택케 하는 의문문에서는 언제나 주어에는 조사 '은/는'이 오고 그 답문장에서도 '은/는'이 쓰인다.

(415) ㄱ. ㉮ 그것은 간장이냐, 참기름이냐?
　　　 ㉯ 그것은 간장이다.
　　 ㄴ. ㉮ 김군은 산에 가고 싶은가, 바다에 가고 싶은가?
　　　 ㉯ 그는 바다에 가고 싶어 한다.

마. 서술어가 주어의 내용이 어떤가를 묻는 의문문에서는 주어에 언제나 '은/는'이 오고 그 답문장에도 '은/는'이 온다.

(416) ㄱ. ㉮ 이 사과는 맛이 있느냐?
　　　 ㉯ 이 사과는 맛이 있다.
　　 ㄴ. ㉮ 이 택시는 어느 회사제이냐?
　　　 ㉯ 이 택시는 현대회사제이다.

바. 서술어를 선택하여 상대에게 전하는 문장에서는 주어에는 조사

'은/는'이 온다.

(417) ㄱ. ㉮ 네가 제일 좋아하는 운동은 무엇이냐?

ㄴ. ㉯ 내가 제일 좋아하는 운동은 야구이다.

ㄴ. ㉮ 그의 집은 어떠하냐?

ㄴ. ㉯ 김군의 집은 넓고 깨끗하다.

　사. 주어가 다음의 각 예문 ㉮에서 나온 명사와 같은 명사이고, 그 명사에 관하여 뭔가를 전하고 싶을 때, 주어에는 '은/는'을 붙인다. 그리고 주어가 앞에 나온 명사를 가리키는 '그, 그이, 그미, 이것, 그것, 그~, 저~' 등이고, 그 명사에 관하여 뭔가를 전하고 싶을 때는 주어에 '은/는'이 온다.

(418) ㄱ. ㉮ 한국에서 제일 긴 강은 낙동강이다.

ㄱ. ㉯ 낙동강은 경상남북도를 걸쳐서 흐르고 있다.

ㄴ. ㉮ 철수는 오늘 쉬느냐?

ㄴ. ㉯ 아니요, 그는 오늘 출근합니다.

ㄷ. ㉮ 철수는 오늘 출근하느냐?

ㄷ. ㉯ 아니요, 그는 교통사고로 입원했습니다.

　아. 주어가 앞에 나온 명사와 관계가 있는 말이고 그 명사에 관하여 뭔가를 전하고 싶을 때는 주어에는 '은/는'을 붙인다.

(419) ㄱ. ㉮ 이것은 금년에 나온 사전이다. 수록 어휘 수는 30만 개로써 값은 만 원이다.

ㄱ. ㉯ 이 사전의 특징은 새로운 말과 외래어를 많이 수록한 것이다.

ㄴ. 나는 아이가 둘이 있다. 첫째 아이는 계집애인데 결혼하여 지금 서울에서 살고 있다. 둘째는 아들인데 대학교에 다니고 있다.

자. '사물'인 주어와 유관한 서술어를 사용한 문장이라도 어떤 사건을 전하는 것이 아니고, 그 '사물'에 관하여 뭔가를 나타내는 문장에서는 주어에 '은/는'이 온다.

(420) ㄱ. ㉮ 화장실은 어디 있습니까?

　　　㉯ 신사용은 3층에 있습니다.

　　ㄴ. ㉮ 이 편지는 언제 왔느냐?

　　　㉯ 이 편지는 아래 왔다.

　　ㄷ. ㉮ 어제 어머니의 위 수술이 있었다.

　　　㉯ 수술은 아침 10시에 시작하여 두 시간 정도 걸렸다.

차. 어떤 사건이 한번에 그친 것이 아니고 '언제나 ~한다'는 것을 나타내는 문장에서는 주어에 '은/는'을 붙였다.

(421) ㄱ. 서울행 밤열차는 10시에 부산을 떠나 서울에는 다음날 새벽 3시에 도착한다.

　　ㄴ. 지구는 태양의 주위를 돌고 있다.

카. 어떤 사람의 습관, 즉 '언제나 ~한다'는 것을 나타내는 문장에서는 주어에 '은/는'을 붙인다.

(422) ㄱ. 나의 할아버지는 매일 밤 9시에 주무시고 새벽 5시에 일어나신다.

　　ㄴ. 한국 사람은 봄에는 꽃놀이를 하고 가을에는 단풍놀이를 한다.

　　ㄷ. 아버지는 어려서 매일 걸어서 통학하셨대.

타. '생각하고 있다', '-인가 보다', '-할 생각(예정)이다', '사랑하고 있다', '싫어한다', '느끼고 있다', '놀랐다' 등을 사용하여 마음속에서 생각하고 있는 것을 나타내는 문장에서는 주어에 '은/는'을 붙인다.

(423) ㄱ. 철수의 아버지는 도회지보다도 농촌이 살기 좋다고 생각한다.

ㄴ. 영희는 취직하지 아니하고 대학원에 진학할 예정인가 봐.

(423ㄱ~ㄴ)의 문장은 다른 사람의 생각을 말할이가 머리 속에서 판단하여 베푸는 문장이다.

파. '언제나 －이다', '어느 것이나 －이다'라는 것을 나타내는 형용사를 사용한 문장에서는 주어에는 '은/는'을 붙인다. 이것은 말할이가 머리 속에서 판단하여 나타내는 문장이다.

(424) ㄱ. 소방차는 모두 붉다.

ㄴ. 서울의 명동이나 한남동은 밤중이라도 대단히 붐빈다.

ㄷ. 철수 아버지는 영어 선생님이시다.

하. 능력의 유무를 나타내는 '할 수 있다', '잘 한다', '뛰어나다', '서툴다', '안다' 등을 서술어로 한 문장에서는 능력의 소유자에게는 '은/는'을 붙이고 능력의 내용에는 '이/가'를 붙인다.

(425) ㄱ. 철수는 스키가 뛰어나다.

ㄴ. 철수는 매운 것이 먹어지나?

ㄷ. 그 아이가 자기가 쇼핑하러 갔다.

가´. '좋다', '싫다' 등을 서술어로 한 문장에서는 감정의 소유주에게는 '은/는'을 붙인다. 그리고 감정의 대상에는 '이/가'를 붙인다.

(426) ㄱ. 나는 외국 소설을 읽는 것이 좋다.

ㄴ. 나는 어디서나 잠을 잘 자는 사람이 부럽다.

ㄷ. 나는 김교수의 강의가 듣기 좋다.

나. 어떤 명사 N^1의 성질을 나타내기 위하여 'N^1은 N^2가 형용사'로 된 문장을 사용하는 일이 있다. 이때 N^1과 N^2는 첫째, N^1이 N^2를 소유하는 관계에 있다. 둘째, N^2가 '사용법', '사고 방법', '탄생', '영향' 등 동사적인 명사로서 N^1이 그것에 관계하는 명사일 때는 N^1에는 '은/는'을 붙인다.

(427) ㄱ. 이 버스는 창이 크다.

ㄴ. 이 카메라는 쓰기가 간단하다.

다. 어떤 명사 N^1의 성질을 나타내기 위하여 'N^1은+N^2가+N^3'와 같은 문장을 사용하는 일이 있다. 이때 N^3는 보통 '~의 N^3'라는 형식으로 사용되는 명사로서 N^1과 N^2와 N^3은 'N^1의 N^3은 N^2이다'라는 관계가 있다.

(428) ㄱ. 나는 토목공학이 전공이므로 건축에 관해서는 아무 것도 모른다.

ㄴ. 이 사전은 새 어휘를 많이 실은 것이 특징이다.

라. '–은 –한 일이 있다', '–은 –하는 일이 있다', '–은 –하는 일이 많다'는 문장에서는 '–했다', '–한다'라는 동작을 하는 사람에게는 '은/는'을 붙이고 '–는 것'에는 '이/가'를 붙인다.

(429) ㄱ. 그는 학회에서 연구발표를 한 적이 한두 번 있다.

ㄴ. 간장이 나쁜 사람은 술을 마시지 않는 것이 좋다.

마. '한량이다', '멋쟁이다' 등과 같은 관용구의 동작주에는 '은/는'을 붙인다.

(430) ㄱ. 철수는 멋쟁이다.

ㄴ. 그는 돈 잘 쓰는 한량이다.

바. '은/는'을 사용한 문장에서는 '은/는' 앞에 있는 부분은 상대에게 묻거나 전하거나 하고 싶은 것이다. 이때 '은/는' 뒤에 있는 명사에는 '이/가'를 붙인다.

(431) ㄱ. ㉮ 아주 아름다운 꽃이다. 이것은 누가 가져 왔느냐?
　　　　㉯ 그것은 철수가 가져 왔다.
　　　ㄴ. ㉮ 미안합니다. 국제전화를 하고 싶은데요.
　　　　㉯ 국제전화는 당신이 저 쪽의 전화를 이용하십시오.

사. 존재를 나타내는 동사나 형용사를 사용한 문장에서는 알고 있는 장소에 관하여 뭔가를 전하고 싶을 때는 '에'에 '은/는'을 붙인다. 그리고 그 장소에 존재하는 것에는 '이/가'를 붙인다.

(432) ㄱ. ㉮ 이 도서관에는 책이 몇 권 있나?
　　　　㉯ 이 도서관에는 책이 십만 권 있다.
　　　ㄴ. 이 강에서는 붕어가 잘 낚인다.
　　　ㄷ. 산에는 진달래가 핀다.

아. 대비적인 두 문장을 '-하나', '그러나'로써 연결할 때 대비되는 명사에는 '은/는'을 붙인다.

(433) ㄱ. 철수는 홍차는 좋아하나, 커피는 싫어한다.
　　　ㄴ. 이 기계는 사용법은 간단하나, 고장은 잘 난다.

자. 종속절과 주절이 서로 상반되는 성질로 대비가 될 때는 주어에는 '은/는'을 사용한다.

(434) ㄱ. 이 차는 성능은 좋으나 값은 비싸다.

ㄴ. 산은 높고 물은 깊다.

차. '−할 수 없다', '아니다'와 같은 말이 쓰여 부정을 나타내는 문장에서는 주어에 '은/는'을 사용한다.

(435) ㄱ. ㉮ 너는 한문을 읽을 수 있나?

㉯ 아니요, 나는 한문은 전혀 읽을 수 없습니다.

ㄴ. ㉮ 저것이 독도인가요?

㉯ 저것은 독도가 아닙니다.

(435ㄴ)의 ㉯와 같은 부정문에서는 언제나 'A는 B가 아닙니다' 식으로 주어 '은/는'＋주어 '이/가'의 차례가 됨에 유의할 필요가 있다. 왜냐하면, '무엇이 아니다'라고 부정을 하려고 하면, 부정의 대상이 되는 물건을 정해 놓을 필요가 있기 때문이다.

카. '−때', '−전에', '−까지', '−고 나서' 등과 같이 때를 나타내는 종속절의 주어와 주절의 주어가 같을 때는 주어에는 '은/는'을 사용한다.

(436) ㄱ. 나는 일본에 있을 때, 논문을 세 편 썼다.

ㄴ. 입사하기 전에, 나는 조그마한 책방을 경영하였다.

타. '−면', '−므로', '−위하여', '−대로' 등과 같이 조건, 목적, 까닭, 정도 등을 나타내는 종속절의 경우도 종속졸의 주어와 주절의 주어가 같을 때는 주어에 '은/는'을 붙인다.

(437) ㄱ. 나는 집을 짓기 위하여 보너스를 거의 저축하였다.

ㄴ. 한번 약속하였으면, 나는 꼭 그 약속을 지킬 것이다.

파′. 명사를 꾸미는 마디의 주어와 주절의 주어가 같을 때 그 주어에는 '은/는'을 붙인다.

(438) ㄱ. 나는 결혼 축하로 언니한테서 받은 목걸이를 (나는) 분실하였다.
　　　ㄴ. 나는 수업 중에 만화를 그리고 있는데, (나는) 선생님께 들켰다.

하′. '-하고'로 이어지는 앞뒤 두 마디의 주어에는 '은/는'을 붙인다.

(439) ㄱ. 주인은 고기를 싫어하고, 아이들은 생선을 싫어한다.
　　　ㄴ. 그는 일을 하고, 그는 공부를 한다.

가″. 종속절이 '-므로', '-니까', '-그러나'로 이어지면서 주어가 주절의 주어와 같을 때는 그 주어에는 '은/는'을 붙인다.

(440) ㄱ. 철수는 장남이므로, 그는 부모를 봉양하여야 한다.
　　　ㄴ. 철수는 방학 중 낮에는 잠을 자니까, 그는 밤에 공부를 한다.

나″. '-라고', '-고' 등과 같은 인용조사로 이어지는 인용절 다음에 오는 서술어가 '생각하다', '말하다', '자랑하다' 등일 때는 인용절 안의 주어에는 '은/는'을 붙인다.

(441) ㄱ. 철수는 졸업을 연장할 것이라고 선생님이 말하였다.
　　　ㄴ. 그는 독일어를 잘 한다고 자랑한다.

다″. '-였기 때문이다', '-여서이다' 등을 사용한 문장에서는 사실을 나타내는 부분 뒤에는 '은/는'을 사용한다. 이유를 나타내는 부분

중의 주어에는 '이/가'를 붙인다.

(442) ㄱ. 철수가 논문 제목을 바꾼 것은 선생님이 제목이 어렵다고 하신 때문이다.

ㄴ. 그가 늦어진 것은 차가 늦어졌기 때문이다.

라″. 부사, 서술어에 쓰이어 그것을 지정, 한정하는 뜻을 나타낸다.

(443) ㄱ. 그는 일을 잘은 한다.

ㄴ. 그가 일을 잘한다고는 합니다마는 직접 경험하지 못해서…

ㄷ. 영희는 착하다고는 인정하나, 채용할 수 없어요.

마″. 주어를 자칭하여 어떠하다는 것을 말할 때는 '은/는'이 쓰인다.

(444) ㄱ. 그들은 너무나 시대착오적임을 알아야 한다.

ㄴ. 너는 네 자신이 깨달아야 한다.

📁 **을랑/일랑(은)**

(445) ㄱ. 널랑은 집에 가거라 (주어)

ㄴ. 근심일랑(은) 하지 말아라 (목적어)

ㄷ. 집엘랑(은) 가지 말자 (위치어)

ㄹ. 자줄랑(은) 오지 말게 (부사에 쓰임)

ㅁ. 지금껏 놀다갈랑 어떻게 할래? (서술어에)

이 조사는 폐음절 다음에 쓰일 때는 '으/이'가 쓰이나, 개음절 다음에 쓰일 때는 '으/이'는 준다. 그리고 용법은 '은/는'과 비슷하니 '은/는'의 쓰임과 대조·참고하기 바란다.

2) 동일보조조사 '도', '대로'의 쓰임

📁 도

가. 같은 종류의 것으로서 공존하는 것을 제시한다.

ⅰ) 주어를 나타낸다.

(446) ㄱ. 피도 눈물도 없는 이야기를 한다.
ㄴ. 이것도 저것도 다 내 것이다.

ⅱ) 목적어를 나타낸다.

(447) ㄱ. 이렇게 추운데 연탄도 쌀도 살 수 없는 형편이다.
ㄴ. 그는 죽도 밥도 못 먹는다.

ⅲ) 사정이 딱한 몇 개의 판단을 공존시켜 표현할 경우 각각의 주제를 서로 같은 것으로 제시한다.

(448) ㄱ. 비도 오고 눈도 온다.
ㄴ. 옷도 없고 신도 없다.
ㄷ. 돈도 없고 쌀도 없다.

ⅳ) 대표적 제시를 나타낸다.

㉠ 한 쌍의 말을 들고 그것을 대표로 하는 다른 모든 경우에도 통하게 한다.

(449) ㄱ. 대도시 한복판에 갖다 놓으면 동쪽도 서쪽도 모르는 것은 당연하다.

　　　ㄴ. 이 안은 너도 나도 찬성할 것임에는 틀림없다.

　　　ㄷ. 이것도 저것도 다 못 쓸 것뿐이다.

　ⓛ 부정의 지시어에 붙어서 긍정하는 말과 호응하여 전체적으로 긍정을 나타낸다.

(450) ㄱ. 민주주의라면 아무라도 알고 있다. 그러나 참된 민주주의의 뜻을 아는 사람은 몇이나 될까?

　　　ㄴ. 지도적 위치에 있는 사람은 누구도 개인적 이해에 관심을 가져서는 안 된다.

　　　ㄷ. 이 원칙에 대해서는 누구도 이론이 없을 것이다.

　ⓒ 부정의 지시어, 수, 분량 및 정도를 나타내는 말에 붙어서 부정어와 호응하여 전체를 부정한다.

(451) ㄱ. 나는 그와 아무런 관계도 없다.

　　　ㄴ. 놀라운 일은 한 사람의 정치적 비평가도 존재하지 않는다는 일이다.

　　　ㄷ. 눈을 닦고 보아도 한 마리의 꿩도 보이지 않는다.

　나. 사정이 비슷한 다른 사물의 존재를 암시하여 유추시키는 형식으로 하여 어떤 사물을 제시한다.

　ⅰ) 당면한 사물이 이미 알고 있는 것은 물론 예상된 것과 같음을 나타낸다.

　ⓐ 주어를 나타낸다.

(452) ㄱ. 그는 영어가 유창하여 그것도 크나큰 취미라고 생각된다.

　　　ㄴ. 어떤 사람이 그미와 친해져서 결혼했다는 이야기도 있었다.

　　　ㄷ. 여기에 든 두 품종은 어느 것이나 중생종으로 이삭수가 중간적인

　　　　품종이나 시험의 결과도 동일한 경향을 나타낸다.

ⓛ 목적어를 나타낸다.

(453) ㄱ. 미국에서는 이 방법에 의하여 레다도 가하여 태풍의 진로를 측정하

　　　　였다.

　　　ㄴ. 일본에서 1950년도의 예산안은 일반회계에서 적자공채를 배제하

　　　　고 복금채 발행도 정지하였다.

　　　ㄷ. 이런 점도 생각하여 경찰의 기동성을 발휘하여 중앙경찰과 지방경

　　　　찰의 연락이 잘 되도록 개혁을 고려하였다.

ⅱ) 부사적 수식어의 구실을 한다. 즉 어떤 사태를 제시한다.

(454) ㄱ. 그것은 사회 전체에 있어서도 다같이 생각되어도 좋은 것이다.

　　　ㄴ. 여기서도 영·미·불이 어려운 문제에 당면할 것은 당연하다.

　　　ㄷ. 이 호수쪽에서도 그쪽을 향하여 오는 두 사람에 대하여 차가운 바

　　　　람이 불어닥쳤다.

다. 당면한 사물을 어떤 타당한 영역에 포함되는 것으로 보고 함축
적으로 제시할 뿐 무엇과 같은가는 분명히 제시하지 않는다.

ⅰ) 주어를 나타낸다.

(455) ㄱ. 기나긴 중국의 내전도 이제는 급속히 종결에 가까워지고 있다.

　　　ㄴ. 이 신제 대학을 법적으로 뒷받침할 국립대학 설치법도 국회에 제출

되었다.

ㄷ. 이게 옳은가 저게 옳은가 당황하는 것도 무리가 아니다.

ㄹ. 영화구경 가는 것이 좋을지도 의문이다.

ㅁ. 억지로 울려고 하였으나 그것도 입언저리가 부자연스럽게 벌어졌을 뿐이다.

ii) 목적어를 나타낸다.

(456) ㄱ. 이렇게 하면 여름철의 더위도 안심할 수 있다.

ㄴ. 이런 사실에서 공전이 발생하는 것도 쉽게 이해할 것이다.

ㄷ. 일을 가을까지 늦추라는 이유도 아시겠지요?

iii) 부사적 수식어가 된다.

(457) ㄱ. 이제 봉쇄 해제에 응한 소련의 의도에 관해서는 서구 측에도 여러 가지 관측이 있다.

ㄴ. 판매 방법에도 여러 가지로 익숙해져서 장사도 이제 원활해져 간다.

ㄷ. 민주주의에 대한 열정의 깊이를 입증하고 있다고도 할 수 있다.

ㄹ. 이것은 하나의 속박이며 자유의 제한이라고도 생각할 수 있다.

ㅁ. 그것은 서구 측과의 국교 조정을 희망하는 데 이르렀다고도 볼 수 있다.

라. 너무 눈에 띄지 않거나 극단적으로 생각되지 않는 사례를 제시함에 의하여, 내포되는 영역이 그것에까지 미친다고 하는 과장된 뜻을 나타낸다.

(458) ㄱ. 제 아무리 뭐하다는 남자도 두 사람의 마음에 의하여 완전히 그 기분을 달리 하게 되었다.

ㄴ. 사회적 동물인 인류에 있어서는 서로 돕지 않으면 단순한 생존도 곤란하게 된다.

ㄷ. 필요하다면 그것마저 빌려 주려는 것도 생각하고 있다.

마. 서술어를 제시하여 부정의 뜻을 가진 말을 수반하여 강한 부정적 주장을 나타낸다.

(459) ㄱ. 그들은 돌아보지도 아니하고 짐을 쌓고 있더라.

ㄴ. 그들은 고개를 숙인 채 아무리 말하여도 꼼짝하지도 아니하였다.

바. 대체적인 정도를 예시한다.

(460) ㄱ. 15미터도 넘는 높은 나무 위에서 그들은 장난을 하고 있다.

ㄴ. 우리 재산을 다 모으면 아마 천원도 될 것이라는 바보가 있었다.

사. 강조를 나타낸다.

(461) ㄱ. 그는 너무나도 형식에 치우치다 보니 내실을 기하지 못했다.

ㄴ. 그는 조금의 쉴 사이도 없이 공부만 한다.

ㄷ. 중공은 자국선의 부족을 감안하여 현재보다도 더 많은 외국 선박의 출입을 희망하고 있다.

아. '도'는 시간부사 중 '가끔, 비로소, 처음, 드디어' 등에는 바로 쓰일 수 없고, 상태부사 중 '잘, 천천히, 빨리, 가만히' 등에는 물론 정도부사 중 '조금, 약간' 등에 쓰이어 강조를 나타낸다.

(462) ㄱ. 어지간히 천천히도 온다.

ㄴ. 가만히도 있다.

ㄷ. 천천히도 왔다.

ㄹ. 그는 뭐든지 잘도 한다.

ㅁ. 그는 아직도 오지 않았다(오고 있다).

(462ㅁ)에서 '도'가 '아직' 다음에 쓰이면 문맥에 따라 부정이 되기도 하고 긍정이 되기도 한다.

자. '도'는 의미적으로 극단적인 것을 나타내기도 한다.

(463) ㄱ. 그는 나에게 한 푼도 주지 않았다.

ㄴ. 괴뢰군이 어린이도 다 죽였대.

ㄷ. 벌레도 밟으면 꿈틀거린다.

차. 양보, 허용을 나타낸다.

(464) ㄱ. 노처녀도 괜찮다.

ㄴ. 보리밥도 고맙게 먹겠다.

ㄷ. 헌 옷가지도 상관없다.

카. '도'는 격조사와 보조조사에 올 수 있다.

(465) ㄱ. 우리 학교에서도 이겼다.

ㄴ. 아버지께서도 안녕하시다.

ㄷ. 그 소리는 우리 집까지도 들렸다.

위와 같은 격조사와 보조조사를 보면 '에게, 한테, 더러, 께, (에)서, 에게서, 한테서, 으로, 에게로, 한테로, 께로, 로서, 으로써, 와, 과, 하고, 대로, 같이, 만큼, 만, 보다'의 격조사와 '만, 부터, 까지, 조차, 마저,

나마' 등의 보조조사가 있는데 '도'는 위의 모든 조사의 뒤에 옴이 다른 보조조사와 다른 점이다.

타. 당연히 할 것을 안 할 때 쓰임

(466) ㄱ. 그는 일도 하지 않는다.
　　　 ㄴ. 월이는 밥도 먹지 않는다.

📁 대로

가. 체언 밑에 쓰여 '－와 같이'의 뜻으로 쓰인다.

(467) ㄱ. 너는 네 뜻대로 하여라.
　　　 ㄴ. 네 마음대로 하여라.

나. '－에 따라서'의 뜻으로 쓰인다.

(468) ㄱ. 그는 형편대로 살아간다.
　　　 ㄴ. 철수는 시세대로 땅을 팔았다.

다. 조금도 더하거나 덜하지도 아니하고 그와 꼭 같이 그대로의 뜻을 나타낸다.

(469) ㄱ. 그는 성경대로 모든 일을 행한다.
　　　 ㄴ. 그는 선생님의 지시대로 하였다.
　　　 ㄷ. 나는 너 뜻대로 해 주었다.

라. '대로'는 부사, 동사, 형용사, '이다' 뒤에는 쓰이지 아니한다.

(470) ㄱ. *그는 공부해서대로 시험을 치렀다.

ㄴ. *그는 아주대로 하였다.

ㄷ. *그 꽃은 아름다워서대로 곱다.

ㄹ. *이게 네 것이다대로 가져가거라.

마. '대로'는 체언에 와서 비교어, 목적어, 부사어를 만든다.

(471) ㄱ. 너는 생각대로 먹어라. (비교어)

ㄴ. 그는 성경대로 행한다. (목적어)

ㄷ. 그는 뜻대로 행동한다. (부사어)

3) 선택보조조사 '이나', '이든지(가)', '이거나'의 쓰임

📁 이나

가. 말할이나 들을이의 선택을 나타낸다.

(472) ㄱ. 밥이나 죽이나 아무거나 먹겠다. (말할이 선택)

ㄴ. 밥이나 죽이나 아무거나 주시오. (들을이 선택)

나. 사물이나 시간을 나타내는 말에 쓰이어 가리지 않음을 나타낸다.

(473) ㄱ. 밤이나 낮이나 일만 한다.

ㄴ. 국어나 영어나 다 잘 한다.

다. 부사나 동사 어미에 쓰여 강조를 나타낸다.

(474) ㄱ. 제발 빨리나 오너라.

ㄴ. 팔고나 가자.

ㄷ. 먹고나 보자.

라. '이나'는 부정선택 보조조사이다.

(475) ㄱ. 아무것이나 가져 오너라.

ㄴ. 무엇이나 먹자.

ㄷ. 어디나 가자.

(475ㄱ~ㄷ)에서 보면 부정대명사에도 쓰일 수 있다.

마. 어림을 나타낸다.

(476) ㄱ. 이게 십원이나 되나?

ㄴ. 벌써, 열 살이나 되었나?

이든지(가)

가. 의문대명사에 쓰이어 말할이나 들을이의 자유 선택을 나타낸다.

(477) ㄱ. 누구든지(든가) 오너라. (말할이 선택)

ㄴ. 무엇이든지 먹어 보자. (말할이 선택)

ㄷ. 무엇이든지(든가) 주세요. (들을이 선택)

나. 양쪽 중 어느 한쪽을 택할 때 쓰인다.

(478) ㄱ. 낮이든지(든가) 밤이든지(든가) 네가 좋아하는 대로 일하라.

ㄴ. 밥이든지 죽이든지 먹고 싶은 대로 먹어라.

(478ㄱ~ㄴ)에 의하여 보면 '이든지(가)'가 부정대명사에 쓰일 때는 '누구', '무엇', '어디', '언제' 등에 쓰이고 '이나'는 '누구', '아무것', '무엇', '어디', '언제', '어느 쪽'에 쓰인다. 양자에 어떤 제약은 없다.

📁 이거나

가. 명사나 대명사에 쓰이어 아무거나 가리지 않고 벌여 놓음을 나타낸다.

(479) ㄱ. 떡이거나 밥이거나 상관없다.

ㄴ. 죽이거나 밥이거나 가리지 않는다.

ㄷ. 무엇이거나 가져오너라.

ㄹ. 언제거나 상관없다.

'-이'는 개음절 다음에서는 줄어든다.

나. 말할이나 들을이의 자유 선택을 나타낸다.

(480) ㄱ. 내일이나 모래나 언제든지 오너라.

ㄴ. 밤이거나 낮이거나 관계하지 않는다.

ㄷ. 오전이거나 오후이거나 네 좋은 때에 오너라.

다. 시간이나 속도를 나타내는 부사에 쓰이어 부사어를 만든다.

(481) ㄱ. 언제거나 상관없다.

ㄴ. 더디거나 빨리거나 어서 오너라.

4) 한정보조조사 '만', '뿐', '밖에'의 쓰임

📂 만

가. '만'은 체언에 붙어서 유일, 한정의 뜻을 나타낸다.[21]

(482) ㄱ. 너만 오너라.
　　　 ㄴ. 하나만 먹어라.
　　　 ㄷ. 살만 먹자.

(482ㄱ, ㄷ)에서는 '너'와 '살'을 유일하게 한정하고 있는데, (482ㄴ)의 '하나만'의 '하나'는 수사이다. 즉 어떤 사물의 수 하나를 유일하게 한정하고 있다.

나. '만'은 서술어에는 물론 격조사, 보조조사에도 쓰일 수 있다.

(483) ㄱ. 그를 나쁘게만 말하지 말아라.
　　　 ㄴ. 우리는 그저 보아만 주자.
　　　 ㄷ. 그는 너를 죽도록만 기다렸다.
　　　 ㄹ. 그는 가면서만 먹는다.

(484) ㄱ. 집으로만 가거라.
　　　 ㄴ. 집에서만 공부한다.
　　　 ㄷ. 편지로만 찾아 오너라.
　　　 ㄹ. 말로만 하지 말아라.
　　　 ㅁ. 영희하고(와)만 논다.

---

21) '만'의 용법 및 의미는 홍사만, 『특수조사의 의미분석』(학문사, 1983)에 의지함이 많음을 밝혀둔다.

ㅂ. 그게 나에게만 있다.

ㅅ. 책만이 나의 재산이다.

ㅇ. 이것만으로(는) 만족할 수 없다.

ㅈ. 이것만으로도 족하다.

ㅊ. 이것만으로써 되겠니?

ㅋ. 15일에만 오너라.

(483)은 서술어의 연결어미에 온 보기인데 '만'을 취할 수 있는 연결어미에는 '아, 게, 지, 고, 아서, 아야, 면서, 되도록, …' 등이 있다. (484)는 '만'이 보조조사, 격조사와 어울리는 예를 보인 것인데, '만'과 같이 쓰일 수 있는 격조사에는 '이, 께서(께옵서), 에서, 에, 에게, 한테, 더러, 께, 에게서, 서, 한테서, 로, 에게로, 한테로, 께로, 로(써), 로서, 와, 하고, 처럼, 대로, 같이, 만큼, (이)라고' 등이 있고, 보조조사에는 '은, 씩, 도, 까지' 등이 있다. 그런데 '만'이 연결어미에 오면 강조의 뜻을 나타내기도 한다.

다. '만'은 다음과 같은 명사에 쓰이어 축소, 제한의 뜻을 나타낸다.

(485) ㄱ. 오천 원만 더 쓰세요.

ㄴ. 두 개만 더 주세요.

ㄷ. 한 십 분만 기다려 주세요.

ㄹ. 한 번만 더 보아 주겠다.

ㅁ. 단 둘이만 있자.

(485ㄱ)은 최소한 오천 원만 쓰면 해결이 되는 것이다. 즉 오천 원이 해결되는 최소한의 한도액이다. (485ㄴ) 또한 그러하고 (485ㄷ~ㅁ)이 다 그렇게 해석되는 것이다.

라. 용언의 '-기'명사법에 쓰이어 한정을 나타낸다.

(486) ㄱ. 그는 먹기만 한다.
　　　ㄴ. 오늘밤은 고요하기만 하다.
　　　ㄷ. 그미는 말없이 웃기만 하였다.

(486)의 '-기만'이 지속, 한결같음의 뜻을 나타내는 것은 어미 '-기'의 뜻 때문인 것으로 보인다. '-기'가 지속, 진행의 뜻을 나타내기 때문이다.

마. '만'이 부사에 쓰이면 강조를 나타낸다.

(487) ㄱ. 빨리만 오너라.
　　　ㄴ. 너는 조용히만 있거라.
　　　ㄷ. 그와 같이만 오너라.

(487ㄱ~ㄷ)에서 부사를 한정하는 데서 강조의 뜻이 파생되는 것이다. 그런데 부사 중에서 '만'을 취할 수 있는 것에는 시간부사 중 '어제, 그러께, 그저께, 이제, 인제, 방금, 금방, 오늘, 내일, 훗날, 잠시, 잠깐, 오래, 일찍, 같이, 함께, 한꺼번에, 매일, 매번, 자주, …' 등이 있고, 상태부사 중에는 '잘, 천천히, 빨리, 가만히, …' 등이 있으며, 정도부사 중에는 '조금, 약간' 등이 있다. 의혹, 가정부사에는 '만'이 쓰일 수 없다.

바. '만'은 다음과 같이 관용적으로 쓰이기도 한다.

(488) ㄱ. 그는 나를 보기만 하면, 영희의 안부를 묻는다.
　　　ㄴ. 생각만 해도, 소름이 끼친다.
　　　ㄷ. 너만 해도 그렇지, 그럴 수가 있니?

관용구적 쓰임으로 쓰일 때는, (488ㄱ)에서 보면 '—만 하면'의 형식으로 되어 있음에 주의하여야 한다. 그리고 (488ㄴ~ㄷ)을 보면, '명사+만+하다'의 형식을 취하고 있다. 이와 같은 예를 몇 개만 더 들어 보기로 하겠다.

(489) ㄱ. 상상만 하여도, 가슴이 설레인다.
　　　 ㄴ. 믿음만 하여도, 너 못지 않다.

그런데 (489)와 같이 명사 뒤에 '—만 하다'가 올 때의 뜻을 보면 다음과 같다. 우선 예를 몇 개 들어보고 설명하기로 하겠다.

(490) ㄱ. 듣기만 하여도, 몸서리가 친다.
　　　 ㄴ. 가기만 하여도, 반색을 한다.

(490ㄱ)에서 '—만 하여도'의 뜻을 풀어 보면, '듣기만 들어도'로 되고, (490ㄴ)은 '가기만 가도'의 뜻이 된다.

📂 뿐

가. '뿐'은 명사에 쓰여 명사만이 유일한 것을 나타낸다. 따라서 궁정 문장만 형성한다. (이것이 '밖에'와 다른 점이다. '밖에'는 대개 부정문장에 쓰인다.)

(491) ㄱ. 돈은 이것뿐이다.
　　　 ㄴ. 네가 좋아하는 것은 돈뿐이다.

나. '뿐'은 지정사 앞에만 온다.

(492) ㄱ. *돈뿐 제일이다.

ㄴ. 나를 도울 사람은 너뿐, 누가 또 있니?

ㄷ. 성공하는 길은 공부하는 일뿐이다.

이 조사 '뿐'은 부사, 동사, 형용사 다음에는 쓰이지 못함이 특징이며 긍정에만 쓰임이 부정에만 쓰이는 '밖에'와 대조를 이룬다.

📂 밖에

가. 특정한 사물을 한정하여 그 이외의 것은 모두 부정하는 뜻을 나타낸다.

㉠ 주격을 나타내면서 다른 것은 부정할 때 쓰인다.

(493) ㄱ. 너밖에 없다.

ㄴ. 국민당 정규군은 모두 50만밖에 남아 있지 않다.

㉡ 주격 이외에 붙어서는 특정한 것만을 한정한다.

(494) ㄱ. 네 눈에는 이것밖에 보이지 않느냐?

ㄴ. 높은 산에는 누구도 반밖에 올라가지 못한다.

ㄷ. 이 책밖에 읽을 것이 어디 있니?

나. '밖에'는 의문문 및 동사 뒤에도 쓰이어, 그것을 한정하는 뜻을 나타내면서 부정의 뜻을 나타낸다. (그때만 쓰인다.)

(495) ㄱ. 일해서밖에 더 갚겠느냐?

ㄴ. 죽어서밖에 사죄할 길이 더 있겠느냐?

5) 시발과 종착보조조사 '부터', '까지/꺼정', '토록'의 쓰임

📁 부터

가. 시간적 출발점, 기점 등을 나타낸다.

(496) ㄱ. 아침부터 저녁까지 일만 한다.

   ㄴ. 7시부터 작업이 시작된다.

   ㄷ. 지금부터 공부를 시작하자.

나. 출발 지점을 나타낸다.

(497) ㄱ. 여기부터 몇 시간이나 걸릴까?

   ㄴ. 대구부터 내내 고생을 했다.

다. 추상적 기점, 출처를 나타낸다.

(498) ㄱ. 마음부터 바로 가져라.

   ㄴ. 천리길도 한 걸음부터 시작된다.

   ㄷ. 정신적 자세부터 바로 가지자.

   ㄹ. 결과부터 말하면, 그는 착하다.

라. '으로부터'와 '부터'의 다름

'으로부터'는 지금을 기점으로 하여 과거로 거슬러 올라갈 때에 쓰이고 '부터'는 지금을 기점으로 하여 미래 쪽으로 나아갈 때에 쓰인다.

(499) ㄱ. 지금으로부터 100년 전에 이 절이 세워졌다.

   ㄴ. 지금부터 1992학년도 신입생 입학식을 시작하겠습니다.

(499)에서 보는 바대로 '으로부터'나 '부터' 앞에는 시간의 체언이 쓰임이 특이하다.

📁 까지/꺼정

동작, 일들이 이르는 곳, 도달의 종점을 나타낸다.
가. 장소를 나타낸다.

(500) ㄱ. 우리가 미국까지(꺼정) 와서 서로 다투어서 되겠느냐?
　　　ㄴ. 왜 여기까지 왔습니까?
　　　ㄷ. 어디까지 갑니까?

나. 시기, 기한을 나타낸다.

(501) ㄱ. 금년 봄까지는(꺼정은) 이 일을 마치자.
　　　ㄴ. 내일까지 우리는 기다려야 한다.
　　　ㄷ. 언제까지 이렇게 살겠니?

다. 정도, 한도를 나타낸다.

(502) ㄱ. 이 길의 반까지를 필요로 한다.
　　　ㄴ. 열 근까지 얼마나 합니까.
　　　ㄷ. 이것의 1/3까지 먹어라.

극단적인 경우(심리적 극한)를 들어서 강조하고 기타의 경우는 말 밖으로 암시하는 일이 있다.

(503) ㄱ. 유족의 주소, 성명, 나이까지 자세히 나타내어 기록하라.

ㄴ. 최면술사는 말의 습성까지 자세히 나타내어 시늉을 한다.

ㄷ. 항상 그리던 나의 고향을 꿈에서까지 그릴 때 나의 마음은 미친 것 같았다.

'까지'는 동사, 부사에도 쓰인다.

(504) ㄱ. 철이는 일하면서까지(꺼정) 공부하였다.

ㄴ. 그는 걸어가면서까지 책을 읽는다.

ㄷ. 철수는 규칙을 어기면서까지 이기려고 한다.

ㄹ. 그는 아직까지 공부하느냐?

'까지'가 올 수 있는 부사에는 시간부사와 장소부사뿐이다.

'까지'는 격조사는 물론 보조조사와 합하여 복합조사를 만든다. 다음에 몇 가지 예문을 들어 보기로 하겠다.

(505) ㄱ. 여기까지가(꺼정이) 네 것이다.

ㄴ. 이것까지를(꺼정을) 가져 가거라.

ㄷ. 이것까지도(꺼정도) 너에게 주겠다.

이제 복합조사를 보면 '까지', '꺼정' 앞이나 뒤에 오는 자리 및 보조조사에는 '가, 의, 에, 에게, 한테, 께, 로(써), 와, 처럼, 만, 야, 를, 은, 도, 만, 조차' 등이 있다.

📁 토록

가. 체언에 붙어 "그 정도가 수량에 다 차기까지"(즉 목표지점까지는 미치지 못함)의 뜻을 나타낸다.

(506) ㄱ. 그의 재산이 그토록 많은가?

ㄴ. 자네는 종일토록 무엇을 하였나?

ㄷ. 그들은 저토록 일을 하였다.

ㄹ. 그는 평생토록 연구만 하였다.

ㅁ. 저이는 십년토록 저기에서만 살았다.

6) 미흡보조조사 '이나마', '이라도'의 쓰임

📁 이나마

가. 체언에 쓰여 미흡의 뜻을 나타낸다.

(507) ㄱ. 죽이나마 많이 잡수시오.

ㄴ. 비록 소이나마 무시해서는 안 된다.

ㄷ. 개고기이나마 많이 드셔요.

'이나마'의 '이'가 조성모음이 아니라는 근거는 (552ㄴ~ㄷ)의 예가 보이는 바로써 알 수 있다.

나. 손님에게 사양이나 겸손을 나타낼 때 쓴다.

(508) ㄱ. 찬이 소찬이나마 진지 많이 드세요.

ㄴ. 보리밥이나마 많이 드세요.

ㄷ. 박주나마 마음껏 드세요.

이 '이나마'는 항상 체언에만 쓰이는 것이 특이하다.

📁 이라도

가. 무엇이라도 가리지 않음을 나타낸다.

(509) ㄱ. 아무거라도 먹자.
     ㄴ. 막걸리라도 마시자.

나. 누구라도 할 수 있는 주체를 나타낸다.

(510) ㄱ. 누구라도 갈 수 있다.
     ㄴ. 너라도 해 낼 수 있다.

다. 가리지 않는 위치, 장소를 나타낸다.

(511) ㄱ. 잔디밭에서라도 쉬자.
     ㄴ. 빈집에서라도 자고 가자.

(511ㄱ~ㄴ)에서 보는 바와 같이 위치나 장소를 가리지 않을 때, '이라도' 앞에 위치격조사가 온다.

라. 심심풀이를 나타낸다.

(512) ㄱ. 화투라도 쳐 볼까?
     ㄴ. 텔레비전이라도 보아 볼까?

마. 권유할 때도 쓰인다.

(513) ㄱ. 조금이라도 먹어라. (환자에게)

ㄴ. 잠깐이라도 쉬어 가자.

바. 아쉬움을 나타낸다.

(514) ㄱ. 마음이라도 편안히 가져라.

　　 ㄴ. 자식이라도 있었더라면.

　　 ㄷ. 돈이라도 실컷 한번 써 보았으면 좋겠다.

사. 답답함을 나타낸다.

(515) ㄱ. 소리라도 질러 볼까?

　　 ㄴ. 울음이라도 울어 볼까?

　　 ㄷ. 싸움이라도 해 볼까?

　　 ㄹ. 여행이라도 떠나고 싶다.

7) 추정보조조사 '인가', '인지', '이고', '인들', '이라도', '쯤', '깨나', '이라면'의 쓰임(즉 추정, 가리지 않음 등을 나타낸다.)

인가

가. 체언에 복합조사로도 쓰이어 여러 성분을 나타낸다.

(516) ㄱ. 누군가가 나를 찾아 왔다. (주어)

　　 ㄴ. 그는 무엇인가를 생각하고 있다. (목적어)

　　 ㄷ. 철수는 어디엔가 가고 있다. (위치어)

　　 ㄹ. 그미는 어디론가 가 버렸다. (방향어)

　　 ㅁ. 누군가처럼 그는 말을 많이 한다. (비교어)

　　 ㅂ. 그는 누군가의 흉내를 내고 있다. (관형어)

나. 부사와 용언에 쓰인다.

(517) ㄱ. 그는 웬가 이런 소리를 늘어놓으면서 뒤를 돌아보았다.
　　　ㄴ. 그는 어제 밤 1시나 되어선가 집에 왔다.
　　　ㄷ. 그는 나쁜 일을 해서인가 얼굴빛이 창백하였다.

📁 인지

이 조사는 그 용법이 '인가'와 비슷하다

가. 체언에 쓰이어 여러 가지 성분을 나타낸다.

(518) ㄱ. 누구인지 그의 주소를 묻길래 모른다고 하였다. (주어)
　　　ㄴ. 그는 어디에서인지 돈을 잃었다고 한다. (위치어)
　　　ㄷ. 저 개는 어디론지 사라져 버렸다. (방향어)

나. 부사와 서술어에 쓰인다.

(519) ㄱ. 나는 웬지 그가 보기 싫다.
　　　ㄴ. 날이 어두워서인지 그는 길을 잘 걷지 못하였다.
　　　ㄷ. 그는 술을 많이 마셔서인지 비틀거렸다.

📁 이고

가. 체언에 쓰이어 여러 가지 성분을 나타낸다.

(520) ㄱ. 언제고 간에 묻지 말아라. (위치어)
　　　ㄴ. 누구고 간에 네가 상관할 바가 아니다. (위치어)

ㄷ. 그는 무엇이고 잘 따진다. (목적어)

ㄹ. 그는 어디서고 못 찾아가는 데가 없다. (위치어)

나. 부사에 붙어서 부사어를 만든다.

(521) ㄱ. 빨리고 더디고 간에 어서 가자.

ㄴ. 잘이고 잘못이고 따지지 말라.

다. 서술어에 쓰인다.

(522) ㄱ. 술을 마셔서이고 안 마셔서이고 간에 실수가 많았다.

ㄴ. 그미가 예뻐서이고 안 예뻐서이고 간에 네가 실수를 하였다.

인들

가. 말할이가 가리지 않음을 나타낸다.

(523) ㄱ. 죽인들 못 먹으며 깨떡인들 못 먹으랴!

ㄴ. 죽을 바에야 무엇인들 못 먹으랴?

나. 소용없음을 나타낸다.

(524) ㄱ. 금인들 무엇하며 옥인들 무엇하랴?

ㄴ. 네가 장군인들 어디에다 써 먹으리?

다. 마찬가지임을 나타낸다.

(525) ㄱ. 넨들 그놈이나 다를 게 뭐냐?

ㄴ. 그인들 사람이 아니래?

라. '−이라고'의 뜻을 나타낸다.

(526) ㄱ. 이것인들 뭐라 할까?
　　　ㄴ. 그인들 별것 있나?

위의 예에 의하면 '인들'은 제시하여 가리지 않음 또는 미흡을 나타
내는 보조조사임을 알 수 있다.

📁 이라도

가. 가리지 않음을 나타낸다.

(527) ㄱ. 아무 거라도 먹자.
　　　ㄴ. 막걸리라도 마시자.

나. 누구라도 할 수 있는 주체를 나타낸다.

(528) ㄱ. 누구라도 갈 수 있다.
　　　ㄴ. 너라도 해 낼 수 있다.

다. 심심풀이를 나타낸다.

(529) ㄱ. 화투라도 칠까?
　　　ㄴ. TV라도 볼까?

라. 권유할 때도 쓰인다.

(530) ㄱ. 조금이라도 먹어라.

ㄴ. 잠깐이라도 쉬어가라.

마. 아쉬움을 나타낸다.

(531) ㄱ. 돈이라도 많이 있었으면 좋겠다.

ㄴ. 마음이라도 편안했으면 좋겠다.

사. 답답함을 나타낸다.

(532) ㄱ. 고함이라도 질러 볼까?

ㄴ. 울음이라도 울어 볼까?

아. 양보나 강조를 나타낸다.

(533) ㄱ. 넋이라도 있고 없고 임 향한 일편단심이야 가실 줄이 있으랴?

ㄴ. 밥 대신 떡이라도 좋다.

ㄷ. 돌이라도 먹겠다.

쯤

가. 체언에 쓰이어 여러 가지 성분이 된다.

(534) ㄱ. 어저께쯤 그는 미국에 도착하였을 것이다. (위치어)

ㄴ. 너는 언제쯤 오겠느냐? (부사어)

ㄷ. 그는 농사를 얼마쯤 짓느냐? (목적어)

ㄹ. 한 달포쯤 전인가 싶다. (관형어)

📁 깨나

가. 체언에 쓰이어 몇몇 성분을 나타낸다.

(535) ㄱ. 심술깨나 있어 보인다. (주어)

ㄴ. 그는 돈깨나 있는지 까분다. (주어)

ㄷ. 저이는 말깨나 하는지 제법 으시댄다. (목적어)

ㄹ. 그는 힘깨나 쓰겠다. (목적어)

📁 이라면

가. 체언에 쓰이어 몇몇 성분을 나타낸다.

(536) ㄱ. 네라면 그 일을 해 낼 수 있을 것이다. (주어)

ㄴ. 그것이 떡이라면 먹겠다. (목적어)

ㄷ. 거기까지라면 나도 가겠다. (위치어)

ㄹ. 낚시라면, 그는 자다가도 일어난다. (독립어)

나. 서술어에 쓰인다.

(537) ㄱ. 거기까지 걸어서라면 나는 못 가겠다.

ㄴ. 나라를 위해서라면 목숨까지 바치겠다.

ㄷ. 배워서하면 나도 그것을 할 수 있겠다.

8) 확정보조조사 '이야', '이야말로', '이라야/이어야', '이사', '인즉 (슨)', '이면', '이라고', '따라', '이라', '곧', '서'의 쓰임

📁 이야, 이야말로, 이사

가. '이야'는 체언, 부사, 용언에 쓰이나 '이야말로'는 체언에 쓰임이 다르다. 그러나 '이야말로'는 '이야'의 눌림꼴이다. '이야말로'는 지정사 어간 '이'에 '−야말로'가 붙어서 지정, 확인, 강조하는 뜻을 나타낸다. '이사'는 '이야'의 변형으로 체언에만 쓰이어 몇몇 성분을 나타낸다.

(538) ㄱ. 그는 꼴이야 좋다. (주어)

ㄴ. 너는 말이야 잘 한다. (목적어)

ㄷ. 너야말로 착하다. (주어)

ㄹ. 철수야말로 모범생이다. (주어)

ㅁ. 순이야말로 요조숙녀이다. (주어)

ㅂ. 내사 그 일을 안 하겠다. (주어)

ㅅ. 서울에사 가겠지마는 그는 안 찾겠다. (위치어)

ㅇ. 밥이사 먹지마는 죽을 안 먹겠다. (목적어)

나. '야'는 물론 '는야'로 되어 특별히 지적하여 강조를 나타낼 때 쓰인다.

(539) ㄱ. 너야 착한 학생이다.

ㄴ. 너야말로 애국자이다.

ㄷ. 집에 간 후에야 알았다.

ㄹ. 나는야, 열아홉 살 송화강 큰아기.

다. 부사에 쓰이어 불만이나 제한적 강조를 나타낸다.

(540) ㄱ. 그는 잘이야 있다.

　　　ㄴ. 지금이야 좋은 때지.

　　　ㄷ. 저쪽이야 좋지 않다.

라. 용언에 쓰이어 강조를 나타낸다.

(541) ㄱ. 그는 기어이 가고야 말았다.

　　　ㄴ. 나는 이 일을 마치고야 가겠다.

　　　ㄷ. 그 꼴을 보고야 어찌 있겠더냐?

'이야'는 주어 이외에도 목적어, 위치어, 방편어, 비교어로도 쓰이는 데 목적어를 제외하고는 이럴 때는 복합조사로 쓰임이 보통이다. 즉 '한테야, 에야, 로야, 으로서야, 보다야, …' 등과 같다.

📁 이라야/이어야

(542) ㄱ. 이 약이라야 병을 고칠 수 있다. (주어)

　　　ㄴ. 그 일에는 너여야 한다. (주어)

　　　ㄷ. 아플 때는 미염이어야 먹을 수 있다. (목적어)

　　　ㄹ. 전기톱으로라야 이 큰 나무를 벨 수 있다. (연유어)

　　　ㅁ. 알고서라야 먹어야 되지 않겠나? (서술어)

📁 인즉(슨)

(543) ㄱ. 네 말인즉(슨) 일리가 있다. (주어)

　　　ㄴ. 꼴인즉(슨) 명물이지 (주어)

　　　ㄷ. 말인즉(슨) 잘 하여라. (목적어)

위에서 보면 '인즉(슨)'은 주로 체언에 쓰이어 '곧'의 뜻을 나타낸다.

📁 이면

(544) ㄱ. 철수라면 그 일을 잘 처리했을 텐데 (주어)

　　　ㄴ. 돈이면 모든 일이 해결되나? (연유어)

　　　ㄷ. 내일이면 늦으리. (위치어)

📁 이라고

(545) ㄱ. 뉘라고 좋아하지 않겠니? (목적어)

　　　ㄴ. 우등생이라고 다 착한가? (주어)

　　　ㄷ. 지금이 어느 때라고 잠꼬대 같은 말을 하니?

'이라고'는 '이라＋고(따옴표)'로 된 보조조사인데 그 뒤에는 부정적인 말이 주로 쓰인다.

📁 따라

시간을 나타내는 명사에 붙어 경우에 별나게 특별히 따위의 뜻을 나타낸다.

(546) ㄱ. 오늘따라 비가 온다.

　　　ㄴ. 그 날따라 차가 늦었다.

　　　ㄷ. 날씨따라 경기 일정을 정하자.

📁 이라

이 조사는 두 가지로 볼 수 있는데 하나는 '이라고'의 준 것, 또 하나는 '이라서'의 준 것이다. '이라고'는 앞에서 다루었는데 '이라서'는 사람 명사 뒤에 쓰인다. 문맥에 따라서는 부정, 불능을 나타내기도 한다.

(547) ㄱ. 사람의 죽음을 뉘라 막을쏘냐?

ㄴ. 누구라 알리오 백마강 탄식을.

ㄷ. 그 일을 선생이라 막겠느냐, 학생이라 막겠느냐?

'이라서'는 특별히 가리켜 강조하는 뜻을 나타낸다.

📁 곧

이 조사는 주로 체언에 붙어 그것을 다짐 강조하는 뜻을 나타낸다.

(548) ㄱ. 농부는 날곧 새면 들로 나간다.

ㄴ. 너곧 아니면 이 문제는 풀 수 없다.

ㄷ. 새 잎곧 나면 우리는 회치를 한다.

📁 서

이 조사는 사람의 수효를 나타내는 말에 붙어 그 뜻을 강조한다.

(549) ㄱ. 혼자서 무엇을 하니?

ㄴ. 몇이서 의논하였다.

ㄷ. 여럿이서 뜻을 같이하였다.

ㄹ. 우리는 셋이서 학교에 갔다.

9) 유사보조조사 '마다', '서껀', '마저', '조차', '씩'의 쓰임

위의 조사들은 각각 뜻이 조금씩 다르지마는 귀착되는 뜻은 전체를 나타내는 점에서 비슷하다는 생각에서 이름을 유사보조조사로 하였다.

📁 마다

가. '마다'는 체언에 쓰이어 여러 가지 성분의 구실을 한다.

(550) ㄱ. 그는 날마다 공부만 한다. (위치어)

　　　ㄴ. 그는 가는 곳마다 사랑을 받는다. (위치어)

　　　ㄷ. 사람마다 태극기를 들었다. (주어)

　　　ㄹ. 그는 책마다 열심히 읽는다. (목적어)

다음의 예를 보면 '마다'는 '전체'의 뜻을 나타냄을 알 수 있다.

(551) ㄱ. 사람마다 손을 든다. = 사람사람이 손을 든다.

　　　ㄴ. 가는 곳마다 사랑을 받는다. = 가는 곳곳에서 사랑을 받는다.

　　　ㄷ. 그는 날마다 공부한다. = 그는 나날이(매일매일) 공부한다.

(551ㄷ)에서의 '날마다'는 '날'을 반복하다 보니 접미사 '이'를 붙여서 부사 '나날이'가 되었는데 '날마다'가 문장에서 부사어의 구실을 하는데 기능면에서 동일하게 된 것이다.

나. '마다'는 체언에만 쓰이고, 명사법이나 부사에는 쓰이지 않음이 다른 보조조사와 다르다.

(552) ㄱ. *공부하기마다 요령이 있다.

ㄴ. *먹음마다 맛이 다르다.

ㄷ. *잘마다 좋다.

다. 서술어 '같다, 다르다' 앞에 오는 '마다'는 '마다가'의 뜻을 나타낸다.

(553) ㄱ. 얼굴이 사람마다 다르다.

ㄴ. 증언이 사람마다 같다.

라. '마다'는 다음과 같이 쓰이면 비문이 된다.

(554) ㄱ. *사람은 얼굴마다 같다.

ㄴ. *사람은 증언마다 같다.

마. '마다'는 '각각 모두'의 뜻을 나타내므로 다양성을 뜻하기도 한다.

(555) ㄱ. 아이마다 얼굴빛이 다르다.

ㄴ. 꽃마다 향기가 다르다.

(555ㄱ)의 '아이'는 다양한 아이임을 알 수 있고, (555ㄴ)의 꽃도 여러 가지 꽃임을 알 수 있다. 그러므로 '마다'는 명사법이나 부사 및 서술어 등에는 쓰일 수 없고, 오직 여러 가지 종류를 나타낼 수 있는 체언에만 쓰일 수 있다.

바. 체언 중에서도 '그, 그미, 그이, 이이, 저이' 등과 같이 홀수 대명사에는 '마다'는 쓰일 수 없는데, 그 까닭은 '각각 전체'의 뜻을 나타내기 때문이다.

(556) ㄱ. *그마다 말이 다르다.

　　ㄴ. *이이마다 착하다.

　　ㄷ. *저이마다 말씨가 다르다.

　　ㄹ. 장관 하나마다 호위병이 따른다.

이에 대하여 수사에는 '마다'가 붙는데, 이때는 사물의 수를 나타낼 경우임을 유념하여야 한다. 즉 수대명사의 구실을 할 때임을 주의해야 한다.

📁 서껀

이 조사는 무엇이 여럿 가운데 섞여 있음을 보이는 보조조사이다.

가. 둘 이상의 체언에 쓰이어 여럿이 섞여 있음을 나타낸다.

(557) ㄱ. 아이서껀 어른서껀 막 떠들어 댄다.

　　ㄴ. 밥에 돌서껀 뉘서껀 섞이어 먹을 수가 없다.

(557ㄱ)의 '아이서껀 어른서껀'은 아이와 어른이 섞이어 있음을 나타내고 (557ㄴ)의 '돌서껀 뉘서껀'은 밥에 돌도 섞이어 있는데 뉘마저 섞이어 있음을 나타낸다.

나. 하나의 주어에 쓰이어 그것 이외의 것이 섞여 있는데 그것까지 섞이어 있음을 나타낸다.

(558) ㄱ. 떡서껀 먹어 놓으니까 꼼작을 못 하겠다.

　　ㄴ. 술까지서껀 먹었으니까 실수를 하지.

(558ㄱ)의 '떡서껀'은 다른 먹거리도 많이 먹었는데 그 위에 떡도 먹어 놓으니까 꼼작도 못 한다는 뜻이요 (558ㄴ)의 '술까지서껀'은 다른 먹거리를 먹은 위에 술도 섞어서 마셔 놓으니까 실수를 한다는 뜻이다.

📁 마저

가. '어떤 것까지도 포함시켜'의 뜻을 나타낸다.

ⅰ) 주격을 나타낸다.

(559) ㄱ. 그것이 측후소의 기록과 거의 일치한다는 보고마저 있다.
　　　ㄴ. 너마저 나를 업신여기느냐?
　　　ㄷ. 90세를 먹은 오늘날마저도 조금도 쉬지 않고 책을 읽는다.

ⅱ) 주격 이외의 격을 제시한다.

(560) ㄱ. 그는 어깨를 삐어서 야구마저 그만두지 않으면 안 되게 되었다.
　　　ㄴ. 중학교마저 화학실험실이 있어 공부하기에는 너무도 시설이 좋다.
　　　ㄷ. 어른마저 위장병을 앓는 이가 많으므로 민감한 어린이의 위장은 조금만 하여 탈이 난다.

나. 어떤 하나의 조건이 있을 때 그것으로써 충분한 결과를 발생시킬 것이 기대되면 '마저 －하면'의 형식으로 그 조건을 나타낸다.

(561) ㄱ. 탈곡기마저 밟을 수 있다면 누구든지 이 일을 하여도 좋다.
　　　ㄴ. 기구마저 가지고 있으면 어린이가 있는 가정도 가능하다.

다. 첨가의 뜻을 나타낸다.

(562) ㄱ. 눈이 오면서 비마저 온다.

ㄴ. 그도 애를 먹이는데 너마저 애를 먹이느냐?

ㄷ. 어머니도 도망갔는데 아버지마저 집을 나가셨다.

ㄹ. 너마저 울려 주나요?

라. '최후 마지막', 즉 '하나도 남김없이'의 뜻을 나타낸다.

(563) ㄱ. 마지막 한 권마저 다 가져 갔다.

ㄴ. 성마저 다 팔아 먹었다.

ㄷ. 이것마저 다 가져 가겠니?

마. '마저'는 다음과 같은 복합조사를 만든다.

복합조사에는 '마저가, 마저를, 에서마저, 께서마저, 께옵서마저, 마저야, 에게마저, 마저도' 등이 있다.

📁 조차

가. 무엇에 포함됨을 나타낸다.

ⅰ) 주격을 제시하면서 강조한다.

(564) ㄱ. 너조차 하는 말의 의미를 모르겠느냐?

ㄴ. 나조차 몰랐는데 다른 이야 알 리가 없지.

ⅱ) 주격 이외의 격을 나타내면서 강조한다.

(565) ㄱ. 그는 밥조차 먹지 않는다. (목적격)

ㄴ. 그는 학교조차 가지 않는다. (위치격)

나. 동사 어미 뒤에 와서 강조의 뜻을 나타낸다.

(566) ㄱ. 유자광은 죽어서조차 소인배란 말을 면하지 못하고 있다.

ㄴ. 그는 굶어 가면서조차 공부만을 일삼는다.

다. '아주 완전히 ~하다'는 뜻을 나타낸다.

(567) ㄱ. 나는 그를 이름조차 모른다.

ㄴ. 그의 성조차 잊어버렸다.

ㄷ. 나무를 뿌리조차 캐어 갔다.

라. '최후 마지막 것까지'의 뜻을 나타낸다.

(568) ㄱ. 왜놈들이 성은 물론 이름조차 빼앗아 갔다.

ㄴ. 달은커녕 별조차 보이지 않는다.

ㄷ. 용돈조차 다 털어 갔다.

마. 확장 또는 축소의 뜻을 나타낸다.

(569) ㄱ. 아름답기(까지)조차 하다.

ㄴ. 빌어 먹기(까지)조차 되었다.

(569)에서 보는 바와 같이 확장이나 축소의 뜻을 나타낼 때는 '까지'와 같이 쓰이기도 하나 그렇지 않을 때도 있다.

📁 씩

가. 수를 나타내는 체언 뒤에 쓰이어 낱낱을 나타낸다.

(570) ㄱ. 하나씩 둘씩 나비 춤춘다. (주어)

　　　ㄴ. 천천히 하나씩 먹어라. (목적어)

이 조사는 부사, 동사, 형용사, '이다' 등에는 쓰일 수 없고 수사에만 쓰임이 특이하다.

10) 불구보조조사 '커녕'의 쓰임

가. 어려운 것을 그만두고(고사하고) 그보다 쉬운 것을 들어 말하는 경우

(571) ㄱ. 백 원커녕 십 원도 없다.

　　　ㄴ. 밥커녕 죽도 못 먹는다.

나. 쉬운 것은 그만 두고 그보다 어려운 것을 들어 말하는 경우

(572) ㄱ. 억 원커녕 일조 원도 받겠다.

　　　ㄴ. 삼 년커녕 십 년도 지났다.

다. 기대한 것은 얻지 못하고 도리어 반대되는 것을 들어 말하는 경우

(573) ㄱ. 돈커녕 아무 것도 못 받았다.

　　　ㄴ. 칭찬커녕 꾸지람만 들었다.

'가'의 경우는 문장이 부정이 되고 '나'의 경우는 긍정문이나 그 내용이 불만을 띠고 있고 '가', '나'의 '커녕' 앞뒤의 체언은 같은 종류의 것이 쓰임이 특이하다. '다'의 경우는 '커녕' 앞뒤의 체언이 다른데 서술어는 '커녕' 뒤의 체언에 대해서만 걸리는 것이 특이하다.

11) 만족보조조사 '이나'의 쓰임22)

이 조사는 선택, 추량, 강조, 조건·양보, 말할이의 느낌 등 다양한 뜻을 나타내는데 글의 내용을 보면 미흡하나마 만족한다는 뜻이 풍기므로 위와 같이 이름하였다. 선택에 대해서는 앞에서 다루었으므로 여기서는 기타의 뜻만 예시하기로 한다.

(574) ㄱ. 여기 모인 사람이 몇이나 될까? (추량)
ㄴ. 퍽이나 상냥했다. (강조)
ㄷ. 꽃이나 한 송이 주시오. (조건·양보)
ㄹ. 벌써 백 명이나 모였다오. (느낌)

(574ㄱ~ㄹ)의 개별 뜻은 각각 다르나 결국 미흡하나마 만족할 수밖에 없으므로 모두 묶어서 만족보조조사라 하였다.

12) 범위보조조사 '에서(으로)부터 ~까지', '부터 ~까지'의 쓰임

📁 에서(으로)부터 ~까지

가. 시간적·공간적 범위를 나타낸다.

---

22) 허웅, 앞의 책, 1455쪽에서 따왔음.

(575) ㄱ. 여기서부터 저기까지가 내 땅이다.

ㄴ. 8시에서부터 밤 10시까지 부지런히 일만 한다.

ㄷ. 여기로부터 서울까지는 몇 시간이 걸립니까?

ㄹ. 밤 11시로부터 새벽 1시까지를 자시라 한다.

나. 인적·수적 범위를 나타낸다.

(576) ㄱ. 너로부터 수희까지 청소당번이다.

ㄴ. 하나에서부터 열까지를 보면 알 수 있다.

ㄷ. 첫째부터 셋째까지를 우등생으로 하자.

다. 도량형의 단위적 범위를 나타낸다.

(577) ㄱ. 10리로부터 100리까지를 단시간에 걸었다.

ㄴ. 1전에서부터 100전까지를 1원이라 한다.

ㄷ. 하나로부터 열까지를 보면 그의 사람됨을 알 수 있다.

라. 추상적 상태의 범위를 나타낸다.

(578) ㄱ. 그는 미숙한 상태로부터 이렇게까지 성장하였다.

ㄴ. 철수는 막연한 생각에서부터 이 지경에까지 이르렀다.

📁 부터 ~까지

가. 공간적·시간적 범위를 나타낸다.

(579) ㄱ. 여기부터 서울까지는 5백리나 된다.

ㄴ. 여기부터 저기까지 청소하여라.

ㄷ. 여기서부터 저기까지가 우리 땅이다.

ㄹ. 너는 이것부터 저것까지를 다 치워라.

ㅁ. 우리는 아침부터 밤까지 일한다.

나. 인적·수적 범위를 나타낸다.

(580) ㄱ. 너부터 철수까지는 이리 오너라.

ㄴ. 하나부터 열까지를 10단위라 한다.

13) 단정보조조사 '~치고', '~치곤'의 쓰임

이 조사는 이중부정으로 긍정을 나타낼 때 쓰인다.

(580′) ㄱ. 학생치고 공부 못 하는 학생이 없다.

ㄴ. 사람치곤 나쁜 사람은 없다.

14) 정도보조조사 '깨나'의 쓰임

(580″) ㄱ. 그는 나이깨나 먹어 보인다.

ㄴ. 그는 돈깨나 있나 보다.

15) 혼합보조조사 '서껀'의 쓰임

이 조사는 무엇이 여럿 가운데 들어 섞이어 있음을 나타낸다.

(580‴) ㄱ. 떡서껀 먹어 놓으니까, 밥맛이 없지.

ㄴ. 술서껀 많이 먹었다.

1.4.5. 접속조사

접속조사에는 '과/와', '하고', '이고', '이며', '이랑', '이냐/이영', '에', '에다', '하며' 등이 있다.

📁 과/와

어원적으로는 '과'가 기본적인 접속조사이고 '와'는 변이 형태로서 모음 다음에 쓰인다.

가. 같은 문장 성분을 이어 준다.

(581) ㄱ. 책과 연필을 사 왔다. (목적어)
　　　ㄴ. 소와 말을 잘 기른다. (목적어)
　　　ㄷ. 선생과 학생은 공부를 한다. (주어)
　　　ㄹ. 개와 고양이가 싸운다. (주어)

나. 절을 이어 준다.

(582) ㄱ. 그가 잘했다고 말하는 것과 아니라고 말하는 것과를 들으니 판단이
　　　　　잘 가지 아니한다.
　　　ㄴ. 달이 밝음과 꽃이 향기로움과는 잘 어울린다.

절을 이어 줄 때도 성분이 같아야 함은 말할 나위가 없다.

다. 무엇을 나열할 때도 접속조사를 사용한다.

(583) ㄱ. 공책과 지우개와 연필과 칼을 학용품이라 한다.

ㄴ. 보리와 조와 콩과 기장과 피를 오곡이라 한다.

📁 하고

가. 모음·자음의 구별 없이 접속조사로 쓰인다.

(584) ㄱ. 밥하고 떡하고 먹었다.
　　　ㄴ. 술하고 아주하고 많이 먹었다.

(584)에서 보듯이 '하고'는 '과/와'와는 달리 두 번째 체언 다음에도 쓰임이 특이하다. 그리고 같은 성분끼리 이어 줌은 물론이다.

나. 중첩의 뜻을 나타낸다.

(585) ㄱ. 쌀하고 보리하고 밀하고 그 집에는 없는 게 없다.
　　　ㄴ. 떡하고 술하고 밥하고 많이 먹었다.

다. 나열할 때도 쓰인다.

(586) ㄱ. 칼하고 연필하고 지우개하고 막 사 왔다.
　　　ㄴ. 종이하고 붓하고 먹하고 다 사 왔다.

라. 절을 이어 줌도 '과/와'와 같다.

(587) ㄱ. 날씨가 좋은 것하고 그가 장가 가는 것하고 무슨 상관이 있나?
　　　ㄴ. 쌀이 몸에 좋은 것하고 보리가 몸에 좋은 것하고 어떻게 다르나?

(587ㄱ~ㄴ)에서 보듯이 '하고'는 그 앞뒤 절을 서로 견주는 뜻도 아

울러 나타내고 있다.

📁 이고

가. '이고'는 폐음절 다음에 쓰이고 '고'는 개음절 다음에 쓰인다.

(588) ㄱ. 떡이고 밥이고 다 먹었다.
　　　 ㄴ. 개고 소고 안 치는 짐승이 없다.

나. '이고'는 '─이고＋이고…체언(부사)＋용언'의 형식으로 쓰이어 벌임을 나타낸다.

(589) ㄱ. 술이고 떡이고 고기고 간에 아무 것도 먹기 싫다.
　　　 ㄴ. 술이고 떡이고 많이 먹었다.
　　　 ㄷ. 술이고 고기고 모두 맛있다.

다. 그 뒤에 격조사를 취할 수 있다.

(590) ㄱ. 술이고 고기고를 가리지 말라.
　　　 ㄴ. 밥이고 죽이고를 가릴 처지가 아니다.

📁 이며

가. '이며'는 폐음절 다음에 쓰이고 '며'는 개음절 다음에 쓰인다.

(591) ㄱ. 책이며 지우개며 없는 것이 없다.
　　　 ㄴ. 집이며 농이며 모두가 다 탔다.

나. 위의 '가'에서 보면 '-이며-이며+서술어'의 형식으로 쓰이나 '-이며+체언'의 형식으로도 쓰인다.

(592) ㄱ. 돈이며 옷을 다 잃어 버렸다.
　　　ㄴ. 금이며 다이아를 다 도둑 맞았다.

다. '-이며-이며+부사+용언'의 형식으로도 쓰인다.

(593) ㄱ. 금이며 돈이며 많이 가져 갔다.
　　　ㄴ. 밥이며 술이며 너무 먹었다.

📁 이랑

가. '이랑'은 폐음절 다음에 쓰이고 '랑'은 개음절 다음에 쓰인다.

(594) ㄱ. 떡이랑 밥이랑 많이 먹었다.
　　　ㄴ. 머루랑 다래랑 먹었다.

나. '이랑'도 '이며'와 쓰이는 형식이 같다.

(595) ㄱ. 너랑 나랑 둘이 둥실 놀자.
　　　ㄴ. 떡이랑 술이랑 많이 먹었다.
　　　ㄷ. 밥이랑 떡을 많이 먹었다.

다. '이랑'은 그 다음에 격조사를 취할 수 있으나 '이며'는 그것이 되지 않는 점이 그 쓰임상 차이이다.

(596) ㄱ. 떡이랑 밥이랑을 많이 먹었다.

ㄴ. *떡이며 밥이며를 많이 먹었다.

📁 이냥/이영

가. '이냥/이영'은 다음의 노래말에 한하여 쓰일 뿐이다.

(597) ㄱ. 너영(냥) 나영(냥) 둘이 둥실 놀고요. 낮이 낮이나 밤이 밤이나 참
　　　　사랑이로구나.

이 조사는 제주민요에서 두루 쓰이고 있다.

📁 에, 에다

'에', '에다'의 쓰임도 '이며'와 같은데 그 뒤에 격조사와 보조조사를
취할 수 없다.

(598) ㄱ. 밥에 떡에 술에 많이 먹었다.
　　　ㄴ. 술에 고기에 없는 것이 없다.
　　　ㄷ. *술에 고기에 밥에를 많이 먹었다.
　　　ㄹ. 술에다 밥에다 많이 먹었다.
　　　ㅁ. *술에다 밥에다를 많이 먹었다.

📁 하며

'하며'는 '이며'와 그 쓰임이 같다. 따라서 그 뒤에 격조사를 취할
수 없다.

(599) ㄱ. 술하며 밥하며 없는 게 없다.

ㄴ. 술하며 떡하며 모두가 맛있다.

ㄷ. 술하며 고기하며 많이 먹었다.

ㄹ. *술하며 고기하며를 많이 먹었다.

'하며'도 벌이어 나타내는 데 쓰인다.

📁 접속조사의 복합조사

접속조사 \ 뒤에 오는 조사	이/가	를/을	은/는	만	도
이 고		○			
이 며					
이 랑		○	○		
에					
하 고	○	○	○	○	○
하 며	○	○			

1.4.6. 특수조사

이에는 문장을 끝맺는 종결특수조사와 연결절에 오는 절연결특수
조사 및 인용특수조사의 세 종류가 있다.

1.4.6.1. 종결특수조사

1) 감탄특수조사 '그려'의 쓰임

📁 '그려'는 감탄을 나타내면서 문장 끝에 온다.

(600) ㄱ. 비가 옵니다그려.

ㄴ. 값이 아주 쌉니다그려.

2) 존칭특수조사 '요'의 쓰임

🗂 이 조사는 점잖은 사람들은 쓰지 아니하고 하찮은 사람들이 윗사람에게 공경의 뜻을 더하고자 할 때 쓴다.

(601) ㄱ. 총장님, 비가 옵니다요.

　　　ㄴ. 회장님, 손님이 오셨습니다요.

🗂 요즈음은 이 '요' 앞에 '는'이 와서 '는요'의 형식으로 주격에 쓰는 일이 있다.

(602) ㄱ. 나는요 떡이 먹고 싶어요.

　　　ㄴ. 나는요, 집에 종류요.

　　　ㄷ. 떡은요 다음에 먹을게요.

이것은 들을이를 높인다는 뜻이 작용하여 쓰이는 것으로 보이나 '은/는'을 강조할 때는 '은/는+야'의 형식으로 쓰이는 일이 있다.

(603) ㄱ. 나는야 열아홉 살 송화강 큰아기.

　　　ㄴ. 나는야 너만 할 때, 이보다 더한 일도 하였다.

🗂 '요'는 체언 및 대개의 연결어미와 같이 쓰이어 음조를 올리면 의문문이 되고 낮추면 서술문이 되어 구어에서 많이 쓰이나 점잖은 어법은 아니다.

(604) ㄱ. 나는요? 나는요.

　　　ㄴ. 밥을 먹어서요.

　　　ㄷ. 밥을 잘 먹는데요.

ㄹ. 그는 길을 가면서요

위와 같은 문장은 물음에 대한 답으로 자주 쓰인다.

📁 '요'는 '-가요', '-도요', '-만요', '-에서요', '-께요' 등 격조사, 보조조사 뒤에 쓰이어 여러 가지 성분을 나타낸다.

(605) ㄱ. 내가요 어제 받았어요. (주어)

　　　ㄴ. 그도요 참 착해요. (주어)

　　　ㄷ. 그는 집에서요 공부해요. (위치어)

1.4.6.2. 절연결특수조사

1) 비교특수조사 '시피'의 쓰임

'견줌'의 뜻을 나타낸다.

(606) ㄱ. 네가 보다시피 곡식이 잘 되었다.

　　　ㄴ. 얼굴이 곱다시피 마음도 곱다.

주절을 수식한다. 즉, '시피'가 와 있는 절은 부사절의 구실을 한다.

(607) ㄱ. 네가 알다시피 그는 잘못이 없다.

　　　ㄴ. 그가 알다시피 이곳은 살기 좋은 곳이다.

　　　ㄷ. 네가 보다시피 그는 착하다.

　　　ㄹ. 그는 매일이다시피 여기에 놀러 온다.

2) 조건특수조사 '마는'의 쓰임

서술어 뒤에 쓰이어 조건을 나타낸다.

(608) ㄱ. 밥을 주겠다마는 돈을 안 주겠다.
ㄴ. 이 일은 하지마는 저 일은 안하겠다.

연결법의 서술어 뒤에 쓰이어, 어떤 실망, 불만을 나타낸다.

(609) ㄱ. 오늘도 걷는다마는 정처없는 이 발길.
ㄴ. 너는 좋겠다마는, 나는 기분 나쁘다.

1.4.6.3. 인용특수조사

1) 인용특수조사의 쓰임

인용문에는 직접인용문과 간접인용문 둘이 있는데, 인용특수조사 '-고'는 /ㅏ/음절 다음과 직접인용 및 간접인용에 두루 쓰이고 '-라고'는 /ㅏ/ 이외의 음절 다음에 쓰이면서 직접인용에만 쓰인다. 이하에서 설명하기로 한다.

　　◌ 직접인용문에서의 인용특수조사의 쓰임

남이 한 말을 그대로 되풀이하여 전하는 문장을 직접인용문이라 한다.

가. 포유문의 주어가 일인칭인 경우

(610) ㄱ. 나는 '내가 집에 있겠다'고 말했다.

ㄴ. 우리는 '우리가 잘못했음을 깨달았다'고 친구에게 고백했다.

ㄷ. 내가 '우리는 동의하지 않겠다'고 말했다.

ㄹ. 나는 '이것이 신라시대의 왕관이라'고 설명하였다.

(610ㄱ~ㄹ)에서 따옴표 안에 있는 문장을 인용문이라 하고 인용문을 안고 있는 문장을 포유문(包有文)이라 하는데, 포유문에는 '은/는' 주어와 '이/가' 주어가 와 있으나 '은/는' 주어가 오는 것이 일반적이다. 그리고 서술어는 '말했다', '설명했다', '친구에게 고백했다' 등과 같이 담화동사가 옴이 보통이다. (610)에서 보인 것은 포유문과 인용문의 '은/는' 주어와 '이/가' 주어는 모두 일인칭일 때의 것을 보였다.

나. 포유문의 '은/는' 주어가 이인칭인 경우

(611) ㄱ. 너는 '내가 그에게 무엇을 주었다'고 나에게 말했다.

ㄴ. 여러분은 '우리들이 잘했다'고 그들에게 주장했다.

ㄷ. 너는 '내가 고향에 간다'고 말했다.

ㄹ. 너는 '나의 아버지에게 돈을 드렸다'고 나에게 자랑했다.

포유문의 주어가 이인칭일 때는 말할이는 인용문의 '이/가' 주어로 '너'를 사용하여 대화하는 경우가 일반적이다.

(612) ㄱ. 너는 '네가 이 일을 해 내겠다'고 말하지 않았느냐?

ㄴ. 여러분은 "여러분의 직분을 알고 일해야 한다"고 결심한 바 있습니까?

ㄷ. 당신은 "당신이 이 일을 했다"고 자백하였다.

(612ㄱ~ㄷ)은 말할이가 상대방을 대상으로 하여 상대가 한 말을 이인칭으로 하여 대화한 것을 나타낸 것이다.

다. 포유문의 주어가 삼인칭인 경우

예를 먼저 보기로 하자.

(613) ㄱ. 그는 "내가 서울에 갔다 왔다"고 말하였다.
    ㄴ. 그미는 "이게 뭐냐"고 물었다.
    ㄷ. 그는 "나의 아버님은 훌륭하시다"고 하였다.
    ㄹ. 그는 "'이걸 뭐라'고 하느냐"고 물었다.
    ㅁ. 그들은 "우리가 '이것을 뭐라'고 해야 하느냐"고 되물었다.

(613ㄱ)은 '그'가 한 말을 그대로 따온 것으로 별 설명이 필요 없으나, (613ㄴ)의 인용문은 '그미'가 말할이인 '나'에게 '이것이 무엇이냐'고 물은 말을 그대로 따온 것이요, (613ㄷ)은 '그'가 '그의 아버지가 훌륭하시다'고 한 것을 그대로 따온 문장이다.

그런데 (613ㄹ)과 (613ㅁ)은 인용문 안에 또 인용문이 안겨 있다. 한 번 분석해 보면 (613ㄹ)의 심층구조는 [그는 "그가 나에게 '이것을 뭐라'고 하느냐"고 물었다]로 된다. 이것은 (613ㅁ)과 같이 인용문이 안겨 있으므로 이런 인용문을 복인용문이라 부르기로 하겠다. 이와 같은 복인용문의 내포문의 주어는 '이/가' 주어가 됨을 그 심층구조 분석에서 알 수 있다. 포유문의 주어가 '은/는' 주어가 됨은 (659)에서 알 수 있다.

(614) ㄱ. 나는 『내가 "내가 이것이 무엇이라고 하느냐"고 철수에게 물었다』고 말했다.
    ㄴ. 나는 『내가 "내가 '내가 철수가 잘 했다'고 칭찬했다"고 말했다』고 너에게 말하지 않던?
    ㄷ. 너는 『내가 "내가 '내가 이것을 팔아 먹었다'고 철수에게 말했다"고 순희에게 전했다』고 나에게 말했다.

그리고 직접인용문의 의향법은 서술법, 의문법, 명령법, 권유법 등이 다 쓰일 수 있으며, 대우법도 쓰일 수 있음은 다른 문장에서와 마찬가지이다.

(615) ㄱ. 나는 '내가 가자'고 말했다.
ㄴ. 너는 '내가 이겼다'고 나에게 말했다.
ㄷ. 그는 '내가 이겼느냐?'고 물었다.
ㄹ. 나는 '내가 그에게 가거라'고 말했다.
ㅁ. 그는 '나도 보았소'라고 말하였다

(615ㅁ)의 의향법은 과거 서술법으로 끝났음을 보임과 아울러 어미가 모음 '-아'가 아닌 모음으로 끝났을 때는 인용특수조사가 '라고'가 옴을 보인 것인데, 이 '라고'는 직접인용문에서만 쓰이는 것이 특징이다.

라. 인용문의 서술어가 '-아/야'로 끝날 때는 인용특수조사는 '-라고'가 쓰인다.

(616) ㄱ. 철수는 '내가 좋아'라고 물었다.
ㄴ. 그는 '내가 어떻게 할거야'라고 말했다.

마. 인용문의 서술어가 '-냐'로 끝날 때는 인용특수조사는 '고'가 쓰인다.

(617) ㄱ. 그는 '이게 뭐냐'고 물었다.
ㄴ. 그는 '잘 있느냐'고 물었다.

🗂 간접인용문에서의 인용특수조사의 쓰임

남이 한 말을 말할이가 자기와의 관계 여하에 따라 인용문의 주어를 바꾸거나 때를 나타내는 말을 달리 바꾸어 나타내는 문장을 간접인용문이라 한다.

가. 포유문의 '은/는' 주어가 사람의 이름일 경우

(618) ㄱ. 철수는 '그가 서울 갔다 왔다'고 자랑하였다.
　　　 ㄴ. 영희는 '그미가 잘 났다'고 까불대더라.
　　　 ㄷ. 철이는 '그가 영희와 여행했다'고 거짓말을 했다.

(618ㄱ~ㄷ)에서 보면 인용어의 '이/가' 주어는 남자냐 여자냐에 따라 대명사 '그'와 '그녀'가 됨이 직접인용문의 주어와 다르다.

나. 포유문의 '은/는' 주어가 대명사일 경우

(619) ㄱ. 그는 '그가 이 시를 썼다'고 자랑하였다.
　　　 ㄴ. 너는 '네가 저 사람을 속였다'고 나에게 말하였다.
　　　 ㄷ. 나는 '내가 잘했다'고 주장했다.

(619ㄱ)에서 보면 포유문의 '은/는' 주어가 '그'일 때는 인용어의 '이/가' 주어도 '그'가 되고, (619ㄴ)에서 포유문의 '은/는' 주어가 '너'일 경우는 인용문의 '이/가' 주어도 '네'임을 알 수 있다. (619ㄷ)의 간접인용문에서의 포유문의 '은/는' 주어와 인용문의 '이/가' 주어가 '나'일 때는 인용문은 직접인용문이 되고, 간접인용문은 될 수 없음을 알 수 있다.

다. 시간을 나타내는 말에 의한 간접인용문의 경우

(620) ㄱ. 철수는 어제 '모레 비가 오겠다'고 말했다.
     ㄴ. 영희는 어제 '내일 그가 올것이다'라고 말했다.

(620ㄱ)에서 포유문의 시간을 나타내는 말은 '어제'인 데 반해 인용문의 시간을 나타내는 말은 '모레가 되었으며', (620ㄴ)의 포유문에서의 시간을 나타내는 말은 '어제'이나 인용문의 시간을 나타내는 말은 '내일'로 되었다. 위의 '나'에 의하여 보면 간접인용은 직접인용에서 인용문의 '이/가' 주어 여하에 따라 결정되므로 간접인용문은 직접인용문에서 파생된다고 보아진다. (620ㄴ)의 경우, 인용문이 '이다'로 끝나니까 인용특수조사는 '라고'가 되었다.

라. 추상적 간접인용의 서술어가 '-까'로 끝나면 인용조사는 '-라고'가 쓰인다.

(621) ㄱ. 그들은 '그가 그러지 않았을까'라고 생각했다.
     ㄴ. 철수는 '영희가 꽃을 꺾었을까'라고 의심하였다.

2) 인용문과 포유문의 서술어

인용문과 포유문의 서술어에는 어떠한 자질의 용언이 올 수 있는지 알아보면 주로 담화동사, 즉 '말하다, 묻다, 이야기하다, 명령하다, 자랑하다, 주장하다, 떠들다, 자백하다, 보고하다, 고백하다, 요구하다, 증언하다, 제안하다, 약속하다, 제의하다' 등을 비롯하여 인지동사 '믿다, 알다, 생각하다, 후회하다, 보다, 듣다, 손짓한다, 느끼다, 판단하다, …' 등이 있다.

인용특수조사는 그 뒤에 보조조사 '만, 도, 는, 밖에는' 등을 취할 수 있다.

(622) ㄱ. 그는 '나는 가겠다'고만 말했다.

ㄴ. 그는 '나는 가겠다'고도 하다가 '안가겠다'고도 하였다.

ㄷ. 철수는 '그는 있겠소'라고는 하지 않았다.

ㄹ. 나는 '나는 있겠다'고밖에는 말하지 않았다.

3) 인용특수조사가 없이도 말을 따올 수 있다.

사람이름, 사물, 흉내말, 독립어, 상대방과의 대화 등 다양하다.

(623) ㄱ. ㉠ 네 이름이 무엇이냐?

㉡ 네! "바구"입니다.

ㄴ. 철수가 "아이구"하며 넘어졌다.

ㄷ. 팽이가 "빙빙" 잘 돈다.

ㄹ. ㉠ "스님" 혹시 손전등 있습니까?

㉡ "네, 있습니다. 잠깐 기다리세요."

ㅁ. "호텔 예약이 안 돼 있다니, 여행사는 뭘 하는거야!"

내가 불평을 하였다.

ㅂ. "'슈케씨, 치약 하나 살 수 있을까'요."

"'아래층, 초대소 매점에 있을꺼라'요."

1.4.7. 복합조사

1.4.7.1. 복합조사가 이루어지는 이유

조사가 각각 그 고유의 뜻을 지닌 하나의 독립 단어면서 의미적 기능이나 정서적 기능을 지니고 있는데, 이런 기능들에 의하여 미묘한 감정이나 뉘앙스 등을 나타내어야 할 필요성이 있기 때문에 복합조사가 이루어지는 것이다. 합성명사가 새로운 단어의 필요상 이루어지는 데 비하면, 이와 같은 일은 아주 묘한 인간의 감정의 발로를 나타내기 위하여 일어나는 현상이다.

복합조사의 일람표

격조사	보조조사	은/는	마다	만	도	뿐	까지	조차	마저	씩
주격	이/가	○	○			○	○	○	○	○
목적격	을/를	○	○				○	○	○	○
위치격	에	△		△	△		△			
	에서	△		△	△		△	△	△	
	에다가	△		△	△			△		
	한테다가	△		△	△			△		
	에게	△		△	△		△	△	△	
	에	△		△	△		△	△	△	
	한테	△		△	△		△	△	△	
연유격	으로써	△		△	△					
	에	△		△	△					
	로서	△		△	△					
	으로서	△		△	△					
비교격	보다	△			△					
	에	△								
	처럼	△		△	△					
	같이	△		△	△					
	만큼	△		△	△					○
	만	△			△					
	과	△		△	△					
	하고	△		△	△					
	마따나									
공동격	과	△		△	△					
	하고	△		△	△					
방향격	으로	△		△	△		△			
출발조사	에게서	△					△	△	△	
	한테서	△					△	△	△	
	으로부터	△			△					
	에서부터	△		△	△					
	부터서	△		△	△					
	에서	△		△	△					

격조사＼보조조사		은/는	마다	만	도	뿐	까지	조차	마저	씩
관형격	의		○	○			○			
호격	아									
	야	○	○		○		○			
	이시여									
	이여									
비고		○표는 보조조사가 앞에 옴을 표기하고 △표는 보조조사가 뒤에 오는 것을 나타냄.								

1.4.7.2. 격조사와 보조조사 및 특수조사와의 복합조사

먼저 다음에서 격조사와 보조조사, 보조조사와 격조사로 되는 복합조사의 일람표를 보이고 설명하기로 하겠다((613) 참조).

위의 설명에 의하면 다음과 같은 사실을 알 수 있다.

첫째, 주격, 목적격, 관형격조사, 호격조사만 보조조사 뒤에 온다. 따라서 참된 의미에서의 격조사는 이들 넷뿐임을 알 수 있다. 더구나, 이 네 격조사 앞에 오는 보조조사는 일정하다.

둘째, 위치격, 연유격, 비교격, 공동격, 시발보조조사는 일정한 뜻이 있어서 격조사가 보조조사 앞에 오는데, 이들은 다시 격으로 따지면 그대로 위치격, 연유격 등이 되는데, 이들 조사의 격기능은 보조조사 앞에 오기 때문에, 어떤 면에서 보면, 참된 의미의 격기능은 약하다고 할 수 있겠다.

셋째, 연유격, 비교격 뒤에 올 수 있는 보조조사는 일정하여 '은/는, 만, 도'의 셋만이 올 수 있다.

넷째, 보조조사 '마다'는 주격조사와 관형격조사 앞에만 올 수 있을 뿐이고, 다른 조사와는 복합조사를 만들 수 없다. 그리고 보조조사 '뿐'은 주격조사 '이' 앞에만 와서 복합조사를 만들 뿐, 어떠한 조사와도 복합조사를 만들 수 없다.

다섯째, 위치격조사 '한테다가', 비교격조사 '마따나', 호격조사는 복합조사를 만들 수 없으나 '한테다가야', '마따나야'로는 될 수 있다.

여섯째, 격조사에 오는 보조조사는 그 격조사에 따라 대체적으로 한정되어 있다. 이와 같은 사실은 오늘날을 살고 있는 사람들의 문체나 감정 여하에 따라서 그리 된 것이다. 따라서 역사적으로 보면, 복합조사는 시대에 따라 매우 다르게 나타남이 그 특징이다.

다음에는 보조조사끼리의 복합조사를 표로 보이기로 하겠다.

보조조사끼리의 복합조사 일람표

보조조사＼보조조사	마다	만	부터	까지	조차	마저	밖에	대로	에다가	더러	뿐	서	씩	이야	이든지	이란도	인들	이나마	이야말로	을랑
은/는	△	△	△	△	△	△	△	△	△	△		△	△	△						△
도		△	△	△	△	△	△	△	△	△		△	△					△		△
만			△	△			△	△		△		△								△

보조조사＼격조사	에게서	한테서	으로부터	에서부터	부터서	에서
은/는	△	△	△	△	△	△
만	△	△	△	△	△	△
도	△	△	△	△	△	△
까지	△	△	△			
조차	△	△	△			
마저	△	△	△			
의	○	○	○	○		

이 보조조사끼리의 복합조사도 이 시대를 사는 사람들의 감정이나 문체에 따라 형성되는 것이므로 시대에 따라서 달려질 수 있음은 앞 '여섯째'에서 설명했을 때와 마찬가지이다. 그런데 '서'는 '부터' 뒤에 와서 '부터서'가 될 수 있고 '씩'은 '은'과 '도'의 앞에만 온다.
다음에는 보조조사와 '이다'와의 관계를 보기로 한다.

보조조사와 '이다'와의 복합조사

보조조사＼보조조사	마다	만	부터	까지	조차	마저	대로	분	씩
이 다	○	○	○	○	○	○	○	○	○
비 고	○표는 '보조조사+이다'를 뜻한다.								

'이다'는 체언과 결합하여 체언으로 하여금 서술어가 되게 한다.

특수조사와 보조조사와의 복합조사

특수조사＼보조조사	은/는	도	이나	이든지	이라도	마다	만	까지	마저	조차	씩	서	대로	부터	에서부터
요	○	○	○	○	○	○	○	○	○	○	○	○	○	○	○

특수조사 '요'는 거의 대부분의 보조조사 뒤에 와서 문장을 끝맺되, 이때의 문장은 대개 의문문이나 서술문이 된다.

지금까지 보인 복합조사는 이중조사나 삼중·사중조사도 있음은 앞에서 이미 말하였다.

2. 굴곡법

용언은 문장에서 의향법, 대우법, 시제법 등의 문법적 기능을 하기 위하여 그 어미가 여러 가지 모양으로 바뀌는데 이런 현상을 굴곡이라 하고, 굴곡을 하는 법을 굴곡법이라 한다.

2.1. 용언의 종류와 쓰임

이에는 동사, 형용사, 지정사의 셋이 있다.

2.1.1. 동사

2.1.1.1. 동사의 종류와 쓰임

동사는 그 자립성 여부에 따라서 본동사와 의존동사 두 가지로 가르고, 이 밖에 활용이 완전하지 못한 불구동사가 있다.

1) 본동사

본동사는 문법적 자질에 따라서 타동사와 자동사로 나뉜다.

📁 타동사

타동사에는 그 자질에 따라서 다음과 같이 통어상으로 차이를 일으키는 두 가지가 있다.

(1)　ㄱ. 그는 밭을 간다.
　　　ㄴ. 그는 철이에게 돈을 준다.

(1ㄱ)의 타동사 '간다'는 그 앞에 목적어 '밭'만을 취하고 있는데 대하여 (1ㄴ)의 '준다'는 목적어 앞에 위치어 '철이에게'를 취하고 있다. 이와 같은 타동사는 수여의 뜻을 나타내는 동사로서 이때의 위치어는 '±목숨성', '±사람'의 자질을 가진다.

(2)　ㄱ. 그는 전자에 대하여 연구를 한다.
　　　ㄴ. 철이는 고대사에 관하여 연구를 한다.

(2ㄱ~ㄴ)의 타동사 '하다'는 그 앞에 목적어를 취하고 또 그 앞에 구(phrase) '전자에 대하여'와 '고대사에 관하여'를 취하고 있다. 이와

같은 구를 취하는 타동사에는 '하다류'가 있다. 만일 '하다' 앞의 목적어와 '하다'를 합하여 '연구하다'라는 서술어로 바꾸면 (2ㄱ)과 (2ㄴ)은 다음과 같이 된다.

(3) ㄱ. 그는 전자에 대하여 연구한다.
    ㄴ. 그는 고대사에 관하여 연구한다.

(3ㄱ~ㄴ)에서 보는 바와 같이 (2ㄱ~ㄴ)의 타동사 '하다'는 여기서 그 앞에 구를 취하면서 타동사 '연구하다'로 바뀜에 따라 문장의 짜임새도 달라졌다.

(4) ㄱ. 그는 학교에 간다.
    ㄴ. 그는 학교를 간다.

'가다'는 본래 자동사인데 경우에 따라서는 (4ㄴ)과 같이 타동사로도 쓰인다.
이때는 그 뜻에 차이가 생기는데 (4ㄱ)의 '학교에'는 도달점, 또는 목적지의 뜻을 나타낸다면 (4ㄴ)의 '학교를'은 주어가 직접 부리는 곳, 즉 본래의 목적을 이루는 곳임을 나타낸다.

(5) ㄱ. ㉮ 비행기가 하늘에 날아간다.
      ㉯ 비행기가 하늘을 날아간다.
    ㄴ. ㉮ 철이는 산에 오른다.
      ㉯ 철이는 산을 오른다.

우리는 (5ㄱ)의 ㉮로는 말하지 아니하고 ㉯로 말하는 것이 일반적이며 (5ㄴ) ㉮의 '산에'는 오르는 장소를 나타내고 (5ㄴ) ㉯의 '산을'은 오르는 데 대한 직접적인 이용물로 생각하고 하는 말이다. 이와 같이 자동사 '가다, 날다, 오르다'는 타동사로도 쓰이는데 이와 같은 동사를 중립동사라 부르기로 한다.[1] 이 중립동사에는 다음과 같은 것이 있다.

(6)　　놀다, 불다, 가다, 오다, 오르다, 자다, 뛰다, 다하다, 움직이다[2]

(7)　ㄱ. ㉮ 아이가 논다.
　　　　 ㉯ 아이들이 윷을 논다.
　　ㄴ. ㉮ 바람이 분다.
　　　　 ㉯ 아이가 불을 분다.
　　ㄷ. ㉮ 그는 학교에 간다.
　　　　 ㉯ 그는 학교를 간다.
　　ㄹ. ㉮ 그는 잘 잔다.
　　　　 ㉯ 그는 12시간을 잤다.
　　ㅁ. ㉮ 학생들이 뛴다.
　　　　 ㉯ 학생들이 뜀을 뛴다.
　　ㅂ. ㉮ 그는 힘이 다해서 넘어졌다.
　　　　 ㉯ 그는 힘을 다하였다.
　　ㅅ. ㉮ 그는 요즈음 살살 움직인다.
　　　　 ㉯ 그는 나라를 움직인다.

　지금까지 살펴본 바와 같이 타동사는 일반타동사, '＋목숨성'의 위치어를 취하는 타동사, 구(phrase)를 취하는 타동사, '±타동사'의 자질을 가지는 것 등이 있음을 알 수 있다.
　끝으로, 뜻으로 볼 때, 사동사가 있다. 문장의 구조는 타동사와 같으

---

1) Halliday(1976)는 동사 중에서 자동사 구문이나 타동사 구문에 자연히 나타나는 동사를 중립동사라 하고 다음과 같이 예를 들었다.
　The Stone moved.
　Thou moved the Stone.
2) 최현배, 『우리말본』, 정음문화사, 1983, 253~254쪽 참조.

므로 여기서 다룬다. 사동사의 접미사에는 '이, 히, 기, 리, 구, 우, 추, 애, 으키/이키' 등이 있다.

(7′)　　타동사　　　　　　　사동사
　　　ㄱ. 먹다　　→　　먹이다(밥을 먹이다)
　　　ㄴ. 읽다　　→　　읽히다(책을 읽히다)
　　　ㄷ. 맡다　　→　　맡기다(일을 맡기다)
　　　ㄹ. 들다　　→　　들리다(국기를 들리다)
　　　ㅁ. 지다　　→　　지우다(짐을 지우다)

(7″)　　자동사　　　　　　　사동사
　　　ㄱ. 녹다　　→　　녹이다(얼음을 녹이다)
　　　ㄴ. 앉다　　→　　앉히다(손님을 앉히다)
　　　ㄷ. 남다　　→　　남기다(이름을 남기다)
　　　ㄹ. 살다　　→　　살리다(아이를 살리다)
　　　ㅁ. 솟다　　→　　솟구다(매가 몸을 솟구다)
　　　ㅂ. 돋다　　→　　돋우다(소리를 돋우다)

(7‴)　　형용사　　　　　　　사동사
　　　ㄱ. 높다　　→　　높이다(소리를 높이다)
　　　ㄴ. 밝다　　→　　밝히다(등불을 밝히다)
　　　ㄷ. 늦다　　→　　늦추다(시간을 늦추다)

(7⁗)　ㄱ. 없다　→　없애다
　　　ㄴ. 일어나다　→　일으키다

위에서 같이 타동사나 자동사, 형용사에 사동의 접미사를 삽입하여 사동사를 만드는 법을 사동법이라 하는데, 이는 조어법에서 다루는 문제이며 서술어가 사동사로 되는 문장을 사동문이라 한다.
　사동어가 나타내는 뜻은 다음과 같다.

ㄱ. 주어의 뜻으로 여격어에게 구속하는 뜻을 나타내는 일이 있다.

㉮선생님이 학생에게 글을 읽히었다.

ㄴ. 허용의 뜻을 나타낸다.

㉮학생들에게 영화를 보인다

ㄷ. 불행 운수의 뜻을 나타낸다.

㉮그는 돈을 빼앗기었다.

이 외에 '돌이키다'가 있고 본래 사동사인 '시키다'가 있다.

📁 자동사

앞에서도 설명하였듯이 자동사란 목적어를 취하지 않는 동사를 말하는데 자동사도 그 바탕에 따라서 서로 다름이 있음을 알 수 있다.

(8) ㄱ. ㉮ 기차가 달린다.

㉯ 사람이 달린다.

ㄴ. ㉮ 세월이 잘도 간다.

㉯ 그는 학교에 간다.

ㄷ. ㉮ 꽃이 핀다.

㉯ 얼굴이 핀다.

ㄹ. ㉮ 비가 온다.

㉯ 친구가 온다.

(8ㄱ~ㄹ)에서 각 ㉮의 주어는 '－목숨성'이고 ㉯의 주어는 '＋목숨성'이다. 이와 같은 현상은 ㉮의 경우는 사람의 하는 행위를 본떠서 표현하기 때문이다.

(9) ㄱ. 벼가 익는다.

ㄴ. 감이 많이 연다.

ㄷ. 해가 돋는다.

ㄹ. 달이 뜬다.

ㅁ. 물이 솟는다.

(9ㄱ~ㅁ)의 주어는 모두 '－목숨성'으로서 서술어는 '＋목숨성'의 주어는 취할 수 없다. 따라서 자동사는 주어로서 '±목숨성'의 명사를 취한다는 것을 알 수 있다. 그런데 자동사의 마지막에서 하나 덧붙여 설명하여 두어야 할 것은 '있다, 없다, 계시다'의 소속 문제이다. '있다, 계시다'는 의문법, 명령법, 권유법이 다 가능하나 '없다'는 그것 중 일부가 불가능하다. 그러므로 '있다', '계시다'는 자동사로 '없다'는 형용사로 보아야 한다.

낱말	서술법	의문법	명령법	권유법	판정
있다	있는다	있느냐?	있거라	있자	동사
계시다	계신다	계시느냐?	계십시오	계시자	동사
없다	없는다	없느냐?	없어라	없자	형용사

자동사의 끝으로 피동동사가 있음을 밝히어두기로 한다. 피동동사를 만드는 접미사에는 '이, 히, 기, 리'가 있는데, 이것도 조어법에서 다루어야 한다.

피동사를 만드는 법을 피동법이라 하고, 피동법을 사동법과는 달리 반드시 타동사에만 접사가 붙어 이루어진다. 피동동사도 문장의 구조가 자동사와 같으므로 여기에서 다루는 것이다.

(9')　　　타동사　　　　　　　　　피동사

ㄱ. 밥을 먹는다　　→　　먹이 먹힌다

ㄴ. 달을 보다　　　→　　달이 보인다

ㄷ. 국기를 손에 들다 →   국기가 손에 들린다
ㄹ. 매가 꿩을 쫓는다 →   꿩이 매에게 쫓긴다.

위 'ㄱ~ㄴ'에서 보아 알듯이 타동사로 된 문장의 목적어는 피동문에서 주어가 된다는 것과 'ㄹ'에서 보는 바와 같이 타동사문의 주어는 피동문에서는 여격어가 되고 목적어는 피동문에서는 주어가 된다는 것이다.

위에서 본 바와 같이 모든 피동사는 자동사가 되며 피동사로 되는 문장을 피동문이라 한다.

존대의 등분에 따라 존칭동사와 비칭동사로 나눈다.
국어의 본동사에는 다른 나라 동사와는 달라서 타동사와 자동사를 막론하고 존칭동사와 비칭동사가 있다.

📁 존칭동사

말씀하시다, 행보하시다, 행차하시다, 주무시다, 잡수시다(극존칭), 돌아가시다(죽다), 계시다, 자시다(보통존칭), 분부하시다, 드리다, 올리다, 거동하시다, 바치다, 납시다, 좌중하시다, 탄생하시다

📁 비칭동사

아뢰다, 사뢰다, 여쭈다(여쭙다), 모시다, 뵈옵다, 삶다

등과 같다.

의미기능에 따라 사동사와 피동사로 나눈다.

국어의 동사 중 파생접미사 '이, 히, 기, 리, 구, 우, 추'에 의하여 된 동사 중에는 사동이나 피동의 뜻을 나타내는 동사가 있다.

　　사동사: 먹이다, 입히다, 높이다, 돋구다, 낮추다, 돋우다, 돌리다

　　피동사: 들리다, 보이다, 먹히다, 쫓기다

파생접사 중 '이, 히, 기, 리, 구, 우, 추'는 사동사를 만들고 '이, 히, 기, 리'는 피동사를 만든다.

2) 의존동사

📁 의존동사의 종류

의존동사는 여러 가지 기준(뜻이라든가 본동사의 어미 여하에 따른 연결 여부에 의하는 등)에 따라 나누는데 여기서는 의존동사 자신의 뜻이나 문맥적 뜻에 따라 나누고 그 용법을 설명하기로 하겠다.[3]

(10)　ㄱ. 부정의존동사: 아니하다, 못하다, 말다

　　　ㄴ. 사동의존동사: 하다('~게' 다음에 쓰임), 만들다

　　　ㄷ. 성취의존동사: 지다, 되다

　　　ㄹ. 진행의존동사: 가다, 오다

　　　ㅁ. 완료의존동사: 나다, 내다, 버리다

　　　ㅂ. 봉사의존동사: 주다, 드리다, 바치다, 달다

　　　ㅅ. 시행의존동사: 보다('- 어/아' 다음에 쓰임).

　　　ㅇ. 강조의존동사: 대다, 쌓다, 재끼다, 재치다, 치우다, 떨어지다, 터지다, 빠지다, 죽다, 못살다

---

3) 여기서는 『우리말본』의 체계를 따르되 그 이름은 물론 다소의 가감이 있을 것이다.

ㅈ. 당연의존동사: 하다('~야' 다음에 쓰임)

ㅊ. 승인의존동사: 하다('~기는' 다음에 쓰임)

ㅋ. 가식의존동사: 체(척)하다, 양하다

ㅌ. 가능의존동사: 뻔하다,

ㅍ. 두기의존동사: 두다, 놓다, 가지다

ㅎ. 희망의존동사: 싶어하다4)

ㄱ'. 이행의존동사: 먹다5)

ㄴ'. 양상의존동사: 있다, 계시다

ㄷ'. 성취의존동사: 말다

ㄹ'. 반복의존동사: 하다

ㅁ'. 의도의존동사: 하다

뜻에 따른 의존동사는 이상 19가지가 있다. 본래 의존동사는 시대에 따라 있던 것이 없어지기도 하고 없던 것이 새로 생겨나기도 하는데 그 까닭은 그 시대를 살아가는 사람들의 의식의 변화에 따르기 때문이다.

📁 부정의존동사

이에는 '아니하다. 못하다. 말다'의 셋이 있다.

가. 아니하다: 이 의존동사는 '±사람', '±목숨성'의 자질을 가진 명사가 주어가 될 때, 본용언의 부정의존법 '-지' 뒤에 쓰이어, 어떤 행위를 하지 아니함의 뜻을 나타내므로 명령법이나 권유법으로 쓰이지 아니한다.

---

4) 박지홍, 『우리현대문법』, 과학사, 1986, 119쪽에 의함.

5) 김창주, 「조동사 '먹다'에 대한 연구」(건국대학교 석사논문, 1979)에서는 이름을 '홀대성 의존동사'라 하였다.

(11) ㄱ. 나(너, 그)는 공부를 하지 아니한다.

　　 ㄴ. 비가 오지 아니하느냐?

　　 ㄷ. 황소가 잘 먹지 아니한다.

　　 ㄹ. 나무가 잘 자라지 아니하느냐?

　　 ㅁ. *우리 모두 공부를 하지 아니하자(아니하여라).

(11)에서 보면 '아니하다'는 주어의 지시에 관계없이 두루 쓰이며 명령법, 권유법으로는 쓰일 수 없다.

　나. 못하다: 이 의존동사는 '±목숨성', '±사람'의 자질을 가진 명사가 주어가 될 때 본용언의 부정의존법 '－지' 뒤에 쓰이어 어떤 행위를 할 수 없음을 나타내어 준다. 그러므로 '못하다'는 명령법이나 권유법으로는 쓰이지 못한다.

(12) ㄱ. 나(너, 그)는 거기를 가지 못한다.

　　 ㄴ. 철수는 공부하지 못하여 학교를 그만 두었다.

　　 ㄷ. 차가 빨리 가지 못한다.

　　 ㄹ. 여기서는 나무가 잘 자라지 못한다.

　　 ㅁ. *비가 오지 못한다.

　　 ㅂ. 물이 흐르지 못한다.

　　 ㅅ. *나무야, 자라지 못하여라(못하자).

위의 (12ㅁ)은 성립되지 않는데 그것은 비가 오고 안 오고는 그 속성에 달려 있지 않기 때문이다. 따라서 '비, 눈, 해, 달' 등은 '못하다'의 주어로 쓰일 수 없다. (12ㅅ)도 같은 이유로 성립되지 않는다.

　다. 말다: 이 의존동사의 주어는 '＋사람'의 자질을 가진 명사나 대명사만이 될 수 있는데, 경우에 따라서는 동식물을 이야기의 대상으로 삼거나 의인화하여 쓸 때는 이들 명사도 주어가 될 수 있다. '말다'는 본용언의 부정의존법 '－지' 뒤에 쓰이어, '금지'의 뜻만을 나타내면서 명령법과 권유법으로만 쓰이므로, 형용사나 '이다' 다음에는 쓰이지 못한다.

(13) ㄱ. 너는 여기에 오지 말아라.

ㄴ. 우리는 내일 학교에 가지 말자.

ㄷ. 멍멍 개야 짖지 말고 꼬꼬 닭아 우지 말아, 우리 아기 잘도 잔다.

(14) ㄱ. 철수는 말고 영희를 오라 하여라.

ㄴ. 부디 게을리 말고 열심히 하여라.

ㄷ. 제발 걱정 마십시오.

(14ㄱ~ㄴ)과 같은 문장에서의 '말다'는 자동사요, (4ㄷ)의 '말다'는 타동사이다. 이와 같이 '말다'는 본동사와 의존동사 등으로 쓰인다.

📁 사동의존동사

가. 하다: 본동사의 사동의존법 '~게' 뒤에 쓰이어 구속, 허용의 뜻을 나타낸다. 그러므로 이 의존동사가 서술어가 될 때의 주어는 '＋사람'의 자질을 가진 명사만이 될 수 있다.

(15) ㄱ. 나(너, 그)는 그를 하루에 두 시간씩 공부하게 했다. (구속)

ㄴ. 소금이 그 맛을 잃으면 어찌 다시 짜게 하리오. (구속)

ㄷ. 김 선생님이 그도 가게 하셨다. (허락)

나. 만들다: 이 의존동사도 '하다'와 같이 본동사의 사동의존법 '－게' 뒤에서 쓰이어 구속, 허가의 뜻을 나타내는데 반드시 '±사람'의

자질을 가지는 명사가 주어가 될 때에 한하여 쓰인다.

(16) ㄱ. 그가 철수를 강제로 일하게 만들어다. (구속)

ㄴ. ㉮ 내가 그를 부자 되게 만들었다. (허락)

㉯ 미국은 일본을 잘 살게 만들었다. (허락)

📂 성취의존동사

이에는 '지다', '되다'가 있다. '지다'는 본동사, 본형용사 뒤에 쓰이어 할 수 있음, "절로 됨", "피동"의 뜻으로 쓰이고 '되다'는 본동사 뒤에서만 쓰이어 "할 수 있음", "이해", "절로됨", "성취"의 뜻을 나타낸다.[6]

가. 지다: 본동사나 본형용사의 가능의존법 '-아/어' 뒤에 쓰인다.

(17) ㄱ. 밤중에 글이 잘 쓰여진다. (할 수 있음)

ㄴ. 이런 덫에도 범이 잡아진다. (할 수 있음)

ㄷ. 밥이 잘 먹어진다. (할 수 있음, 피동)[7]

ㄹ. 날씨가 점점 따뜻하여 진다. (절로 됨)

'지다'가 그 앞에 본용언으로 취할 수 없는 동사나 형용사가 많은데, 예를 몇몇 들어 보면 다음과 같다.

(18) ㄱ. 동사: 주무시다, 잡수시다, 돌아가시다, 행차하다, 거동하다, 드시다, 미워하다, 슬퍼하다, 공부하다,[8] 달리다, 죽이다, 먹이다, …

---

6) 이들에 대하여는 종래의 입음매인움직씨에서 가능매인움직씨로 그 이름을 바꾸게 되었는데, 그것은 허웅 교수의 『국어학』, 샘문화사(1981)에서부터이다.

7) 허웅, 『국어학』, 샘문화사, 1981, 215쪽 참조.

ㄴ. 형용사: 계시다, 게을러빠지다, 게을러터지다, 가풀막지다, 각별나
다, 감짝같다, 감쪽같다, 안녕하다, 무고하다, …

이상에서 보면 존칭동사나 '하다' 따위 동사, 형용사 등이 '지다'를
취하는데 제약을 가진다.

나. 되다: 동사의 성취의존법 '−게' 아래에서만 쓰이고 형용사의 부
사법 '−게' 다음에 쓰이면 본동사가 된다.[9]

(19) ㄱ. 나는 이제 미국에 가게 되었다. (성취)

ㄴ. 너는 성공하게 되었다. (성취)

ㄷ. 그가 장관이 되게 되었다. (이루어짐)

ㄹ. 그들도 이제는 자유를 잃게 되었다. (그리 됨)

ㅁ. 물이 이제는 담지 못하게 되었다. (불가능)

📁 진행의존동사

이에는 '가다', '오다'가 있다. 이들의 나아감에는 두 가지가 있는데
'오다'는 과거부터의 진행을 나타내는 의존동사요. '가다'는 현재에서
미래에 걸쳐 진행을 나타내는 의존동사다. 이 의존동사는 동사 뒤에만
쓰이지 형용사 뒤에는 쓰이지 못한다.

가. 오다: 이는 본동사의 진행의존법 '−어/아' 뒤에만 쓰이는데, 과거
부터 지금까지 어떤 움직임이 나아오고 있음을 나타낸다.

---

8) '하다' 따위 동사의 많은 것들이 그 뒤에 '지다'를 취하지 못한다. 그것은 '하다'의
의미자질 때문인 것 같다.
9) ㄱ. 그는 자라면서 건강하게 되었다.
ㄴ. 그이가 크게 되었다.
여기에서 '건강하게', '크게'는 '되었다'를 한정하는 것으로 보아야 한다.

(20) ㄱ. 나는 아직껏 이곳에서 살아 온다.

ㄴ. 너는 지금도 우리말을 연구하여 오느냐?

ㄷ. 그는 어려서부터 노력하여 왔다.

ㄹ. 이곳은 해마다 물이 담아 왔다.

ㅁ. 비가 매일같이 쏟아져 온다.

나. 가다: 본동사의 진행의존법 '-아/어' 뒤에 이어지며 미래를 향하여 진행의 뜻을 나타낸다.

(21) ㄱ. 너도 점점 늙어 간다.

ㄴ. 일이 아주 잘 되어 간다.

ㄷ. 우리는 서울에 다 와 간다.

ㄹ. 나는 점점 젊어 간다.

(21ㄱ, ㄹ)의 '늙어'와 '젊어'는 '가다' 앞에 쓰이면 동사임을 알아야 한다. 동사가 아니면 나아감의 움직임을 할 수 없기 때문이다.

◫ 완료의존동사

이에는 '나다', '내다', '버리다'의 셋이 있다. 이들은 본동사의 완료의존법 '-아/어' 뒤에 쓰이어 어떤 동작이 완료를 나타낸다.

가. 나다: 이 의존동사가 보조용언이 될 때의 주어는 대개의 명사가 될 수 있다.

(22) ㄱ. 우리는 온갖 어려움을 견뎌 났다.

ㄴ. 그는 이 일 때문에 죽어 났다.

ㄷ. 너는 튼튼히 자라났다.

ㄹ. 어린이가 튼튼히 자라난다.

ㅁ. 날씨가 따뜻하니까 곡식이 잘 자라난다.

(22ㄹ~ㅁ)에서 보면 '나다'가 현재로 쓰일 때는 나아감의 뜻을 나타낸다.

나. 내다: 이 의존동사는 끝남의 뜻을 나타내는데 주어는 대개의 명사가 될 수 있다.

(23) ㄱ. 우리는 여러 가지 어려움을 이겨 내었다.

　　 ㄴ. 미국은 이차대전에서 일본을 이겨 내었다.

　　 ㄷ. 개가 방에서 닭을 쫓아 내었다.

　　 ㄹ. 우리의 기술이 일본의 기술을 이겨 내었다. {낸다}

　　 ㅁ. 우리 축구팀이 브라질팀을 이겨 낼 것이다.

'내다'는 '나다'보다 그 쓰이는 범위가 넓은 듯하다.

다. 버리다: 이 의존동사는 끝남의 뜻만을 나타내는데 보조용언이 된다. 주어는 '±사람', '±목숨성', '±헤아림'의 자질을 가진다.

(24) ㄱ. 나는 숙제를 순식간에 해 버렸다.

　　 ㄴ. 우리팀이 일본팀을 꺾어 버렸다.

　　 ㄷ. 사냥개가 늑대를 쫓아 버렸다.

　　 ㄹ. 홍수가 이 도시를 휩쓸어 버렸다.

　　 ㅁ. 배가 풍파에 가라앉아 버렸다.

📁 봉사의존동사

이에는 '주다', '드리다', '바치다', '달다' 등이 있다. 이들은 본동사의 봉사의존법 '-어/아' 뒤에 쓰이면서 보조용언이 된다. 주어의 자질에 차이가 있다.

가. 주다: 이 의존동사는 보통비칭이나 극비칭 등에 두루 쓰이면서 이것이 보조용언이 될 때의 주어는 많은 명사가 될 수 있다.

(25) ㄱ. 나는 그를 도와주었다.
　　 ㄴ. 자네는 철이를 좀 지도해 주게.
　　 ㄷ. 미국이 우리나라를 도와주었다.
　　 ㄹ. 개가 주인을 도와 집으로 인도해 주었다.
　　 ㅁ. 이 약이 그를 살려 주었다.

나. 드리다: 이 의존동사는 보통존칭과 극존칭에 두루 쓰이며 그 앞에 오는 본동사는 별 제한이 없는데 이것이 보조용언이 될 때의 주어는 '±사람'의 자질을 가지는 명사에 한한다.

(26) ㄱ. 나는 언제나 아버지를 도와 드린다.
　　 ㄴ. 학생이 선생님을 도와 드린다.
　　 ㄷ. 그는 매일 아버지 방에 불을 때어 드린다.
　　 ㄹ. 철수는 항상 맛있는 음식을 부모님께 사 드린다.

※ 여기서 '드리다'와는 직접적인 관계는 없으나 '드리다'가 나왔으니 다루기로 한다. 오늘날 존대어를 쓴다고 생각하고 '감사 드립니다', '부탁 드립니다', '약속 드립니다' 등 추상명사에 '드리다'는 말을 붙여서 쓰나 잘못이니 '감사합니다', '부탁합니다', '약속합니다' 등으로 써야 한다.

다. 바치다: 이 의존동사는 극존칭에 쓰임이 원칙이다. 이 동사가 보조용언이 될 때의 본동사는 주로 담화동사와 '올리다'에 한한다. 그리고 주어의 자질은 '+사람'이 된다.

(27) ㄱ. 그가 우리들의 비밀을 선생님께 다 외어 바쳤다.
　　　ㄴ. 이 일을 얼른 할아버지께 고해 바치어라.
　　　ㄷ. 이것을 할머니께 올려 바쳐라.

라. 달다: 본동사의 봉사의존법 '―아/어' 뒤에 쓰이어 무엇을 어떻게 하여 주기를 요구하는 의존동사이다. 따라서 명령법으로만 끝난다. 이때의 주어는 '+사람'의 자질을 가지나 목적어는 '±사람'의 자질을 가진다.

(28) ㄱ. 철수야, 어서 나를 도와 다오.
　　　ㄴ. 언니가 편지를 써 달라.

📂 시행의존동사

이에는 '보다' 하나가 있는데 본동사의 시행의존법 '―아/어', '―어나/아나' 뒤에서 쓰이는데, 이것이 보조용언이 될 때의 주어는 모든 명사가 될 수 있다.

(29) ㄱ. 내가 아무리 애써 보아도 소용이 없다.
　　　ㄴ. 네가 가 보아야 소용이 없을 것이다.
　　　ㄷ. 비가 와 보아도 이제는 모심기를 할 수 없다.
　　　ㄹ. 나무가 자라나 보아야 그 쓸모 여하를 판단할 수 있다.

📑 강조의존동사

이에는 '쌓다', '대다', '재끼다', '제치다', '제끼다', '재치다', '치우다', '빠지다', '떨어지다', '터지다', '죽다', '못살다' 등이 있는데, 이들 중 '대다, 제끼다, 제치다, 재치다, 떨어지다, 쌓다'는 본동사 뒤에 쓰이고 '터지다', '죽다'는 본형용사 뒤에, '빠지다', '못살다'는 본동사와 본형용사 뒤에 쓰인다.

가. 쌓다: 이것은 '수 많음', '넉넉함', '정도 높음'의 뜻을 나타낸다.[10] 이것이 서술어가 될 때의 주어의 자질에는 별 제약이 없다.

(30) ㄱ. 학생들이 모여 <u>쌓는다</u>. (수 많음)

ㄴ. 비가 많이 와 <u>쌓는다.</u> (양 많음)

ㄷ. 사람들이 싸워 <u>쌓는다</u>. (정도 높음)

ㄹ. 이만하면 남아 <u>쌓겠다.</u> (넉넉함)

나. 대다: 이것이 서술어가 될 때의 주어의 자질에는 별 제약이 없는 듯하다.

(31) ㄱ. 너는 왜 그리도 먹어 대니?

ㄴ. 그는 그리도 웃어 댄다.

ㄷ. 그는 날마다 술만 마셔 댄다.

ㄹ. 바람이 불어 댄다.

'대다' 앞에 오는 본용언은 식음동사, 작위동사 등이 오면 자연스럽다. 이에는 선어말어미 '-시-'가 쓰이지 않는다.

───────────

10) 최현배, 『우리말본』, 정음사, 1959, 392쪽에 의거함.

다. 제끼다, 재끼다, 제치다, 재치다,[11] 치우다: 이것은 무엇을 해 버림의 뜻을 나타낸다.

(32) ㄱ. 나는 밥을 먹어 제꼈다.
     ㄴ. 불도저가 여기를 밀어 재꼈다.
     ㄷ. 우리는 한바탕 웃어 재쳤다{제쳤다}

이는 본동사 뒤에만 쓰이는데 '-시-'를 취하지 못한다.

라. 치우다: 무슨 일을 단번에 해버림의 뜻을 나타내거나 어려운 일의 수행을 뜻한다.

(33) ㄱ. 그들은 한 바탕 싸움을 해 치웠다.
     ㄴ. 우리는 순식간에 점심을 먹어 치웠다.

마. 떨어지다: 심한 상태에 빠짐을 나타내되 '-시-'를 취하지 못한다.

(34) ㄱ. 그는 잠에 곯아 떨어졌다.
     ㄴ. 철수는 그의 사기에 녹아 떨어졌다.

바. 빠지다, 터지다: 이도 심한 상태에 빠짐을 나타내나, '-시-'를 못 취한다.

(35) ㄱ. 이것은 시어 빠졌다.
     ㄴ. 그의 정신은 썩어 빠졌다.

---

11) 허웅, 『20세기 우리말의 형태론』, 샘문화사, 1995, 379쪽에 의거함.

ㄷ. 그는 게을러 터졌다.

ㄹ. 이 술은 시어 터졌다.

'빠지다', '터지다'는 본용언이 동사, 형용사일 때 다 쓰인다.

사. 죽다, 못살다: '죽다'는 '싫어 죽는다', '좋아 죽는다'식으로 형용사 뒤에서만 쓰이어 견딜 수 없는 상태를 나타낸다. 선어말어미 '-시-'를 취하지 못한다.

(36) ㄱ. 그는 좋아 죽는다.

ㄴ. 그는 고향에 가고 싶어 못산다.

'못살다'는 또 '그는 고향에 가고 싶어 죽고 못산다' 식으로 쓰이는 수도 있다. 의존동사 '못살다'는 '싶다', '죽다' 뒤에 쓰임이 특이하다.

📁 당연의존동사

이에는 '하다'가 있는데 이는 본동사, 본형용사의 당연의존법 '-어야/아야' 뒤에서만 쓰인다.

(37) ㄱ. 너(나)는 공부하여야 한다.

ㄴ. 달아난 개가 돌아와야 하는데 걱정이다.

ㄷ. 비가 와야 한다.

ㄹ. 나무가 잘 자라야 한다.

📁 시인의존동사

이에는 '하다'가 있는데 이것은 본동사의 시인의존법 '-기' 뒤에 쓰이는데 '-기'는 보조조사 '는, 도'를 반드시 취하여야 한다.

(38) ㄱ. 나는 공부하기는 한다.
ㄴ. 소가 먹기는 하나, 병이 난 것 같다.
ㄷ. 꽃이 피기는 하나, 아름답지가 못하다.
ㄹ. 비가 오기도 하나 아직 부족하다.

본동사 '-하다'로 끝나는 것은 경우에 따라서는 '-하기는(도)'가 줄고 그 앞의 명사만이 쓰이고 그 뒤에 '하다'가 쓰이는 일이 있다. 이럴 때는 '하기'를 끼워 넣어야 올바른 서술어가 될 수 있다.12)

(39) ㄱ. 철수가 영희를 사랑(하기)은 한다.
ㄴ. 영희가 공부(하기)는 한다.

(39)와 같은 경우에 '-하기'를 **빼면** '사랑'과 '공부'는 그대로 선택으로 보고 풀이하는 것이 합리적일 것이다.

📁 가식의존동사

가식의 뜻을 나타내는 의존동사인데 '체하다, 척하다', '양하다' 등이 있다. 이들은 본동사, 본형용사 뒤에 쓰인다.

가. 체(척)하다: 이것은 본용언의 현재의 관형법 '는'과 '은/ㄴ' 및 과거의 관형법 '은' 뒤에서만 쓰인다.

(40) ㄱ. 나는 자는 척(체)하였다.

---

12) 최현배, 앞의 책, 394쪽 참조.

ㄴ. 저 개가 밥을 먹는 척하더니 안 먹는다.

ㄷ. 그는 제법 점잖은 체한다.

ㄹ. 철수는 공부를 많이 한 체한다.

나. 양하다: 이것도 '체(척)하다'와 같이 본용언의 현재와 과거 관형법 다음에 쓰이는데 주어는 '±사람'의 자질을 가진다.

(41) ㄱ. 그는 공부하는 양한다.

ㄴ. 철이는 식사를 한 양한다.

ㄷ. 그는 정직한 양한다.

이 '양하다'는 주어가 다음과 같이 추상명사, 가산명사 등에도 쓰일 듯하지만, 요즈음은 그리 잘 쓰이는 것 같지 않다.

(42) ㄱ. 비가 오는 양하다.

ㄴ. 소가 풀을 먹는 양하더니 먹지 않는다.

(42)의 '양하다'는 요즈음은 '듯하다'로 쓰임이 일반적이다.

📁 가능의존동사

이에는 '뻔하다'가 있는데 이것은 '무엇을 할 듯하다가 그렇게 되지 않음'의 뜻을 나타내므로 위와 같이 이름을 붙여 보았다.

(43) ㄱ. 나는 자칫하면 실수할 뻔하였다.

ㄴ. 개가 차에 칠 뻔하였다.

ㄷ. 비가 너무 와서 홍수가 날 뻔하였다.

ㄹ. 차가 낭떠러지에서 떨어질 뻔하였다.

(43)에서 보듯이 이 의존동사는 본동사의 가능의존법 '-을' 다음에만 쓰이면서 반드시 과거형으로만 쓰인다는 점이 특이하다.

📁 두기의존동사

이에는 '두다', '놓다', '가지다' 등이 있는데 이는 실제적 결과를 보유함의 뜻을 나타낸다.

가. 두다: 이것은 본동사의 두기의존법 '-어/아' 뒤에 쓰인다.

(44) ㄱ. 나는 그의 책을 받아 두었다. (둔다; 두마; 둘까?)
　　　ㄴ. 너는 이것을 먹어 두어라. (두었구나; 두느냐?)
　　　ㄷ. 그는 이것을 잘 처리하여 둔다. (두었구나; 두느냐?)

(44ㄱ)에서 보면 주어가 일인칭일 때는 의향법은 서술법, 약속법, 의문법으로만 되고 (44ㄴ)에서와 같이 주어가 이인칭일 때는 명령법과 의문법, 서술법이 쓰이고 (44ㄷ)에서와 같이 주어가 삼인칭일 때는 서술법과 의문법으로만 각각 쓰임을 알 수 있다.

나. 놓다: 이것은 본동사의 두기의존법 '-어/아' 뒤에만 쓰이는데 가리킴에 제한 없이 쓰인다.

(45) ㄱ. 나는 이 글을 써 놓았다. (놓는다; 놓으마; 놓을까?)
　　　ㄴ. 너는 이 책을 사 놓아라. (놓았구나; 놓았느냐?)
　　　ㄷ. 그는 돈을 많이 벌어 놓았다. (놓았구나; 놓았느냐?)

다. 가지다: 이 의존동사는 연결법으로만 쓰이는데 본동사의 두기의존법 '-아/어' 뒤에 쓰인다.

(46) ㄱ. 나는 책을 사 가지고, 집으로 갔다.

　　ㄴ. 너는 공부해 가지고 무엇 할래?

　　ㄷ. 그는 일해 가지고 돈을 많이 벌었다.

(46ㄱ~ㄷ)에서 보면 '가지고'와 같이 연결법의 나열법 '-고'로만 쓰임이 특이하다. 만일 종결법으로 쓰이면 본용언이 된다.

🗀 희망의존동사

이에는 '싶어하다'가 있는데 본동사의 희망의존법 '-고' 뒤에서만 쓰인다.

(47) ㄱ. 나는 미국에 가고 싶어한다.

　　ㄴ. 너는 떡을 먹고 싶어한다.

　　ㄷ. 그는 잠을 자고 싶어한다.

　　ㄹ. 저 개가 달아나고 싶어한다.

　　ㅁ. 소가 풀을 먹고 싶어한다.

🗀 이행의존동사

이에는 '먹다'가 있다. 이것은 본동사의 이행의존법 '-어/아' 뒤에 쓰인다. 이것은 좋지 않은 뜻으로 쓰인다.

(48) ㄱ. 철수는 유산을 모두 팔아 먹었다.

　　ㄴ. 나는 숙제할 것을 깜박 잊어 먹었다.

　　ㄷ. 저 강아지는 에미를 잊어 먹었나 보다.

　　ㄹ. 이것을 어디에 써 먹겠니?

'먹다'는 '-하다'로 끝나는 동사 다음에서는 극히 제한되어 쓰이며, '팔다, 놀다, 잊다, 망하다, 머슴살다, 일하다, 도둑질하다' 등과 같이 좋지 못한 뜻으로 동사 뒤에 쓰이는 것이 특이하다.

🗀 양상의존동사

'있다'로서 본용언의 양상의존법 '-어/아'에 이어지면 완료 상태를 나타내고, '-고' 뒤에 쓰이면 보기에 따라서는 완료 상태와 진행의 뜻을 나타낸다. 또 '계시다'가 쓰이면 존대를 나타낸다.
이것은 본동사와 본형용사 뒤에 두루 쓰인다.

(49) ㄱ. 삼각산이 우뚝 솟아 있다. (완료 상태)
ㄴ. 시냇물이 흐르고 있다. (진행)
ㄷ. 그는 새 옷을 입고 있다. (진행, 완료 상태)
ㄹ. 철수는 원고를 쓰고 있거라. (진행)
ㅁ. 감이 붉어 있다. (상태)
ㅂ. 탱크가 이쪽을 향하고 있다. (상태)
ㅅ. 아버지가 더 주무시고 계신다. +(진행)

(49ㄱ)의 '솟다'는 '물이 솟는다' 하면 산출(생산)동사이나 '산이 솟다' 하면 이것도 '솟는다'는 점에서는 산출동사인데 산출이 되면 그 결과가 남는다. 따라서 '솟아 있다' 하면 끝난 상태의 뜻을 나타내고 '솟고 있다' 하면 진행의 뜻을 나타낸다. (49ㄴ)의 '흐르다'는 이동동사인데 이런 동사가 '~고 있다'의 형식을 취하면 진행의 뜻, 즉 진행 상태의 계속을 나타낸다. 따라서 (49ㅂ)의 '향하고 있다'고 하면 '향한 대로 있다'의 뜻이 된다. (49ㄴ)의 '입다'는 착용동사인데, 이것이 '~고 있다' 형식을 취하면 말할 때의 상황에 따라 끝난 상태와 진행의 두 가지 뜻 중 어느 하나를 나타낸다. 왜냐하면, 이들 동사는 착용하는

행동을 하여야 하고, 그 착용동작을 끝내고 나면, 착용의 결과가 남기 때문이다. (49ㄹ)의 '쓰다'는 기록동사로서 계속성을 지니고 있기 때문에, 이것이 '~고＋있다'의 형식을 취하면 언제나 진행만을 나타낸다.[13] 특히 (49ㅅ)은 존대의 진행을 나타낸다.

📁 성취의존동사

이에는 '말다'가 있는데, 본동사의 성취의존법 '-고' 뒤에 쓰이어, 무슨 일을 해내고 마는 뜻을 나타낸다. 그러므로 이것은 모든 의향법에 따 쓰이며, 부정의존동사 '말다'와는 다르다.

(50) ㄱ. 나는 이것을 해 내고(야) 말겠다.
　　 ㄴ. 그는 서울로 가고 말았다.
　　 ㄷ. 너는 끝을 보고 말겠니?

📁 반복의존동사

이에는 '하다'가 있는데, 본동사의 반복의존법 '-락-락' 뒤에 쓰이어, 본동사의 동작이 되풀이됨을 나타낸다.

(51) ㄱ. 갈매기만 오락가락 한다.
　　 ㄴ. 잠이 올락말락 한다.
　　 ㄷ. 왜 자꾸 들락날락 하느냐?

---

13) '있다' 앞에는 (1)에서 예시한 이외의 동사도 얼마든지 올 수 있다.

의도의존동사

의도의존동사 '-ㄹ까', '-(고)자' 다음에 오는 '하다'로서 이들은 서로 합하여 무엇을 하고자 하는 뜻을 나타낸다.

(52) ㄱ. 그는 이 일을 할까 하더라.(하더냐?)
  ㄴ. 나는 그를 용서할까 한다.
  ㄷ. 나는 여기서 머물고자 한다.
  ㄹ. 너는 미국으로 가고자 하는구나.(하느냐?)

지금까지 다룬 의존동사 중 명령법과 권유법이 될 수 없는 것에는 '아니하다, 못하다, 지다, 되다, 떨어지다, 빠지다, 터지다, 죽다, 못살다, 하다(마땅함), 뻔하다, 싫어하다, 하다(되풀이, 의도)' 등이 있고 '달다'는 서술법, 의문법, 권유법이 될 수 없고, '가지다'는 명령법, 권유법, 의문법이 될 수 없다. 다음에 의존동사의 일람표를 보기로 하겠다.

의존동사의 일람표

의존동사의 종류	본동사의 어미	의존동사	주어의 자질	의존동사의 뜻	비고
부정 의존동사	-지	아니하다, 못하다, 말다	[±목숨성] [±사람]	하지 아니 함 할 수 없음, 금지	
사동 의존동사	-게	하다, 만들다	[±사람]	구속, 허용	
가능 의존동사	-어, -게	지다, 되다	모든 자질의 명사	절로 됨, 피동, 할 수 있음, 이해	
진행 의존동사	-어, -어	오다, 가다	모든 자질의 명사	나아옴, 진행, 끝난 상태	
완료 의존동사	-어	나다, 내다, 버리다	모든 자질의 명사	완료	
봉사 의존동사	-어	주다, 달다, 드리다, 바치다	모든 자질의 명사	섬김	
시행 의존동사	-어	보다	모든 자질의 명사	시도	

의존동사의 종류	본동사의 어미	의존동사	주어의 자질	의존동사의 뜻	비고
강조 의존동사	- 어	쌓다, 대다, 제끼다, 빠지다, 제치다, 떨어지다, 터지다, 치우다, 죽다, 못살다	모든 자질의 명사	수많음, 강조, 넉넉함, 정도 높음	
당연 의존동사	- 어야	하다	모든 자질의 명사	마땅함	
시인 의존동사	- 기(는, 도)	하다	[±가산성] [±목숨성] [±사람]	그리 여김	본동사, 본형용사 뒤에 두루 쓰임
가식 의존동사	- 는, - 은(현재), - 은(과거)	척(체)하다, 양하다	[±목숨성] [±사람]	가식	
가능 의존동사	- 을	뻔하다	모든 자질의 명사	될 뻔함	'뻔하다'는 항상 '-었-'과 같이 쓰인다.
두기 의존동사	- 어	두다, 놓다, 가지다	[±사람]	두기	
희망 의존동사	- 고	싶어하다, 지다	[±목숨성] [±사람]	희망	
이행 의존동사	- 아	먹다	[±사람]	되어감	본동사는 좋은 뜻을 안 가짐
양상 의존동사	- 아, - 고	있다, 계시다	[±목숨성] [±사람] [±가산성]	존대 진행	동사, 형용사 뒤에 쓰임
성취 의존동사	- 고	말다	[±사람] [±목숨] [±가산성]	꼭 해냄	동사 뒤
반복 의존동사	- 락 - 락	하다	[±사람] [±목숨] [±헤아림]	되풀이함	동사 뒤
의도 의존동사	- 을까, - 고자	하다	[±사람]	생각함	동사 뒤

[의존동사의 거듭 쓰임]

국어의 의존동사는 두 개, 세 개가 거듭하여 쓰이는 일이 있다.

두 개가 거듭되어 쓰일 수 있는 의존동사에는 '아니하다, 못하다, 만들다, 되다, 보다, 체하다, 양하다, 죽다, 못살다' 등이 있다.

가. 아니하다: 이것은 거의 모든 의존동사 뒤에 쓰이어 부정의 뜻을 나타내지만, 다음과 같은 경우에는 쓰지 못하거나 어떤 제약을 받는다.

(53) ㄱ. 그는 이것을 사 가지지 아니한다.
     ㄴ. *이것을 먹기는 하여야 아니한다.
     ㄷ. 너는 이것을 가져야 하지 아니하느냐?

(53ㄱ)에서 보면 두기의존동사 '가지다' 뒤에 '아니하다'가 오니까, 문장이 이상하게 느껴지고 시인의존동사 '하다' 뒤에는 쓰일 수 없으며 당연의존동사 뒤에 쓰이면 '아니하다'는 의문형이 되어야 한다.

나. 못하다: 이것도 거의 모든 의존동사 뒤에 쓰일 수 있으나 다음과 같은 경우, 즉 (54ㄱ~ㅁ)에는 쓰이지 못한다.

(54) ㄱ. *너는 학교에 가지 말지 못한다.
     ㄴ. *그는 밥이 먹어 가지 못한다.
     ㄷ. *너는 학교에 가야 하지 못한다.
     ㄹ. *여기에 있기는(도) 하지 못한다.
     ㅁ. *그는 일등을 할 뻔하지 못했다.
     ㅂ. 그는 이것을 사 가지지 못한다.
     ㅅ. 그는 아주 되어 먹지 못했다.

이상에서 보면 '못하다'는 부정의존동사 '말다', 가능의존동사 '지다', 당연의존동사 '하다', 시인의존동사 '하다', 가능의존동사 '뻔하다' 등의 뒤에는 쓰이지 못한다. 그러나 (54ㅅ)과 같이 이행의존동사 뒤에 와서 과거가 되니까 성립된다.

다. 만들다: 이것은 모든 의존동사 뒤에 다 쓰이나 두기의존동사 '가지다' 뒤에 쓰이면 상당한 제약을 받게 된다.

(55) ㄱ. 그는 그미로 하여금 책을 사 가지게 만들었다.
ㄴ. 철이는 그를 가지 못하게 만들었다.

(55ㄱ)의 경우는 아주 자연스럽고 (55ㄴ)도 자연스럽다. '만들다' 앞에 오는 의존동사에는 '지다, 오다, 있다, 가다, 나다, 내다, 버리다, 주다, 드리다, 바치다, 보다, 쌓다, 대다, 치우다, 빠지다, 떨어지다, 하다, 체하다, 양하다, 뻔하다, 두다, 놓다, 먹다' 등이 있다.

라. 되다: 이것은 사동의존동사 '만들다'와 두기의존동사 '가지다' 뒤에 쓰이면 상당히 제약되나 다른 모든 의존동사 뒤에는 다 쓰일 수 있다.

(56) ㄱ. *선생님은 그를 성공하게 만들게 되었다.
ㄴ. *철수는 그에게 책을 사게 만들게 되었다.
ㄷ. 그는 새 옷을 얻어 가지게 되었다.

(56ㄱ~ㄴ)의 '만들다' 다음에는 '되다'가 쓰일 수 없으나, (56ㄷ)의 경우 '되다'가 쓰이니까 '가지다'는 본동사가 되었다.

마. 보다: 이것은 부정의존동사 뒤에 쓰이면 이들 의존동사의 어미가 '-ㄹ까'로 될 때 쓰이고, 가능의존동사, 당연의존동사 등이 어미가 '-아/어'일 때는 같이 쓰이지 못한다.

(57) ㄱ. 이번에는 가지 아니할까 보다.
ㄴ. 그들은 가지 못하는가 보다.
ㄷ. 이번에는 가지 말까 보다.

ㄹ. *그는 일이 잘 되어 지어 보다.

ㅁ. *일이 성공하게 되어 보다.

ㅂ. *그 일이 잘 되어야 하여 보다.

ㅅ. *일이 잘 될 뻔하여 보다.

ㅇ. 이 땅을 팔아 가져 보자.

(57ㄱ~ㄷ)은 가능하나 (57ㄹ~ㅅ)은 불가능한데 의존동사의 어미를 '-나'로 바꾸면 가능하다. 이것으로 보면 어미 여하에 따라 성립 여부가 결정됨을 알 수 있다.

바. 체하다, 양하다: 이들 가식의존동사는 모든 의존동사의 관형법 뒤에서 다 쓰인다.

(58) ㄱ. 그는 가지 〔아니하는〕 체하다(양하다).
　　　　　　　　　 { 못하는 }
　　　　　　　　　 〔 마는 〕

ㄴ. 그 일이 잘 되어 지는 양하다.

ㄷ. 온갖 어려움을 견뎌 내는 체한다.

ㄹ. 그는 누워 있는 양한다.

사. 죽다, 못살다: '죽다'는 형용사 뒤에, '못살다'는 동사, 형용사 뒤에 쓰인다.

(59) ㄱ. 그는 놀고 싶어 죽는다.

ㄴ. 그는 밥이 먹고 싶어 못산다.

[세 개 또는 네 개가 거듭하여 쓰일 수 있는 의존동사]

'아니하지 못하게 되다(만들다)', '만들지 아니하지 못하다', '만들지 아니하지 못하게 되다', '되지 아니하지 못하다', '-게 되지 아니하지 못하다', '-지 못하게 하다' 등이 있다. 다음에서 그 보기를 들어 보겠다.

(60) ㄱ. 그는 공부하지 아니하지 못하게 되었다.
     ㄴ. 그는 철이가 이 일을 하게 만들지 아니하지 못하게 하였다.
     ㄷ. 그는 철수를 공부하게 만들지 아니하지 못하게 되었다.
     ㄹ. 그는 서울로 가게 되지 아니하지 못한다.
     ㅁ. 그는 일을 해 쌓게 되지 아니하지 못한다.
     ㅂ. 그는 이 일이 잘 되어 지지 못하게 하였다(만들었다).
     ㅅ. 선생님은 그를 공부하지 아니하지 못하게 만들었다.

가. 아니하지 못하다: 이것은 부정의존동사 두 개가 거듭 쓰이어 어떤 일을 하여야 함의 뜻을 나타낸다.

(61) ㄱ. 그는 공부하지 아니하지 못한다.
     ㄴ. 철수는 일하지 아니하지 못한다.

또 이를 거꾸로 하여 '못하지 아니하다'의 형식으로 쓰이어 '무엇을 잘 한다'는 뜻을 나타내기도 한다.

(62) ㄱ. 그는 공부를 잘 하지 못하지 아니한다.
     ㄴ. 철수는 철이에게 이기지 못하지 아니한다.

3) 불구동사 및 그 활용

불구동사란? 동사 중에는 활용을 함에 있어서 의향법과 연결법의 활용을 다 하지 못하고 그 중 몇 가지 활용만을 하는 동사를 형태론적으로 불구동사라 부르기로 한다.

국어의 불구동사에는 다음 넷이 있다.[14)]

(63) 달다(與), 다그다(接近), 더불다(與), 가로다(曰)

(63)에서 제시한 불구동사들은 모두 두 자격법으로는 활용을 하지 못하나 의향법과 연결법으로만 한정된 형태로 활용하는 것이 일반 동사(이런 동사를 불구동사라 함)와 다르다.

가. 달다: 이는 극비칭의 명령법 '다오, 달라'로만 활용한다.

(64) ㄱ. 그것을 나에게 다오.
　　 ㄴ. 그것을 달라 하나 주지 않는다.

나. 다그다: 이 동사는 (65ㄱ~ㄹ)에서 보이는 명령법과 (65ㅁ)에서 보이는 연결법으로만 활용한다.

(65) ㄱ. 이리 좀 다가라. (극비칭)
　　 ㄴ. 이리 좀 {다그시오.} (보통존칭)
　　　　　　　　{다그오.　} (보통존칭)
　　 ㄷ. 이리 좀 다그십시오. (극존칭)
　　 ㄹ. 여러분, 이리 다가(서) 앉으시오. (연결법)

---

14) 최현배, 『우리말본』, 정음문화사, 1983, 384쪽에 의거함.

다. 더불다: 이 동사는 연결법의 나열법 '-고'와 제약법 '-어(서)' 등으로만 활용한다.

(66) ㄱ. 나는 처술을 더불고, 백제의 옛 서울 부여를 찾았다.

ㄴ. 나는 영희와 더불어, 이 연구를 이루어 내었다.

ㄷ. 그와 더불어서, 이 일을 간신히 해 내었다.

라. 가로다: 이 동사는 연결법의 서술법 '-대', '-되'로만 활용한다.

(67) ㄱ. 선생님 가라사대, 이는 공자의 말씀이라 하셨다.

ㄴ. 그가 가로되, 부자유친이라 하더라.

(67ㄱ)의 '가라사대'는 옛말투로서 오늘날 많이 쓰이고 있으며 (67ㄴ)의 '가로되'는 예나 지금이나 두루 쓰인다. (67ㄱ)은 현대어로 바꾸어 '가로사대'로 써야 마땅하다.

2.1.2. 형용사

2.1.2.1. 형용사란?

사물이나 일의 정질, 모양의 어떠함을 나타냄과 함께 말할이의 심적 상태나 감정 등을 나타내는 한 무리의 용언을 형용사라 한다.

(68) ㄱ. 무궁화가 <u>아름답다</u>.

ㄴ. 풍년이 들어 참으로 <u>기쁘다</u>.

ㄷ. 대한민국의 어린이는 <u>튼튼하다</u>.

ㄹ. 우리나라는 땅이 <u>좁다</u>.

ㅁ. 그의 주장은 <u>이러하다</u>.

(68ㄱ~ㅁ)의 밑줄 그은 서술어가 모두 형용사이다.

일과 사물의 성질, 모양 등을 나타내므로 상태성의 형용사이다. 그러므로 서술어가 될 때는 현재의 때 형태소 '-는-'을 취하지 아니 한다.

(69)　ㄱ. 오늘은 아침부터 날씨가 차차 맑는다.

　　　ㄴ. 이 소는 아주 잘 큰다.

　　　ㄷ. 등불을 켜니, 방이 점점 밝는다.

형용사 중에는 (69ㄱ~ㄷ)에서 보인 것과 같이 동사인 것도 있다. (70)에서 보인 형용사는 동시에 동사이기도 하다.

(70)　맑다, 밝다, 묵다, 크다, 검다, 굽다, 곧다, 감궂다, 시다

2.1.2.2. 형용사의 종류와 쓰임[15]

형용사는 제 홀로 서술력이 있고 없음에 따라 본형용사와 의존형용 사의 둘로 가른다.

1) 본형용사

이는 완전한 뜻을 가지고 있으므로 제 홀로 서술어가 될 수 있는 형용사이다.

이에는 그 뜻으로 보아 감각형용사, 정의적 형용사, 평가형용사, 이지형용사, 신구형용사, 비교형용사, 수량형용사, 지시형용사의 여 덟으로 가른다.

---

15) 최현배, 『우리말본』, 정음사, 1959, 469~476쪽 참조.

이들 중 감각형용사, 정의적 형용사, 평가형용사, 이지형용사, 신구 형용사는 사물의 성상이 어떠한가를 나타내는 데 대하여 비교형용사는 일과 사물 서로 사이의 관계를 견주는데 그 본래의 구실이 있으므로, 전자를 상태성 형용사라 하고 후자를 비상태성 형용사라 한다.

그리고 수량형용사는 객관성을 띤 형용사이므로 비주관적 형용사라 하고, 지시형용사는 말할이의 주관에 따라 가리키므로 주관적 형용사라 한다. 이제 위에서 설명한 바를 표로 보이면 다음과 같다.[16]

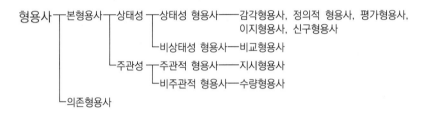

📄 감각형용사

오관에 의하여 느껴지는 감각을 나타내는 형용사를 말한다.

가. 시각형용사

희다, 검다, 푸르다, 누르다, 붉다, 거무스레하다, 검붉다, 누르스레하다, 불그레하다, 새빨갛다, 파랗다.

나. 미각형용사

달다, 쓰다, 시다, 고소하다, 떫다, 짜다, 맵다, 덤덤하다, 새곰하다, 달짝지근하다

---

16) 위의 책, 470쪽에 의거하였음.

다. 청각형용사

시끄럽다, 고요하다, 조용하다, 왁짝지근하다, 소란하다, 떠들썩하다(소리), 높다, 낮다, 길다. 짧다(가락)

라. 후각형용사

지리다, 비리다, 냅다, 쌔하다, 매캐하다, 구리다

마. 촉각형용사

누름: 미끄럽다, 맨지럽다, 까끄럽다, 거칠다, 날카롭다, 둔하다, 무디다, 단단하다, 연하다, 말랑말랑하다, 굳다, 무르다, 무겁다. 딴딴하다

온도: 따뜻하다, 따스하다, 차다, 덥다, 춥다, 시원하다, 선선하다, 미지근하다, 따끈따끈하다, 쌀쌀하다, 서늘하다, 싸늘하다

사. 평형감각형용사

어지럽다, 어지리하다, 어질어질하다

아. 유기감각형용사

답답하다, 아니꼽다, 뻐근하다, 마렵다, 고프다, 부르다, 식상하다

자. 시공감각형용사

시간: 빠르다, 더디다, 지리하다, 급하다, 늦다, 이르다, 늦다

거리: 멀다, 가깝다

물형: 크다, 작다, 길다, 짧다, 좁다, 둥글다, 모나다, 바르다, 비뚜름하다, 곧다, 곱다,

상하: 높다, 낮다, 깊다. 얕다, 뾰족하다, 옴축하다

이제 위에서 예를 보인 감각형용사로 예문을 들어 이들이 서술어로 쓰였을 때의 문장의 구조적 특질을 알아보기로 하겠다.

(71) ㄱ. 이 사과는 빛이 푸르다.

ㄴ. 너의 얼굴은 거무스레하다.

ㄷ. 날이 매우 어둡다.

ㄹ. 이 약은 맛이 매우 쓰다.

ㅁ. 엿맛은 달고 잣맛은 고소하다.

ㅂ. 거리가 몹시 시끄럽다.

ㅅ. 소리가 너무 높다.

ㅇ. 이 고기는 비리다.

ㅈ. 이 길은 미끄럽다.

ㅊ. 나는 어지럽다.

ㅋ. 나는 아니꼽다.

ㅌ. 서울은 여기서 멀다.

ㅍ. 이 소는 몸집이 크다.

(71ㄱ~ㅍ)까지에서 보면 감각형용사는 모두가 말할이가 느끼는 것을 나타내는데 주어는 반드시 말할이가 아니라도 상관없다. 그리고 감각형용사 중 명령법으로 활용할 수 있는 것은 비상태성 형용사라고 하나[17] 상태성 형용사 중에는 '조용하다'와 같이 명령법으로 활용할 수 있는 것도 있다. 그것은 자제 가능하기 때문이다.

---

17) 安井穗, 「現代の英文法7」, 『形容詞』, 東京: 硏究社, 1976, 113쪽 참조.

📁 정의적 형용사

기쁘다, 슬프다, 즐겁다, 분하다, 반갑다, 섭섭하다, 사랑스럽다, 다정하다, 정답다, 무정하다, 그립다, 냉정하다, 안타깝다, 시들하다, 시들시들하다, 고맙다, 야속하다, 상냥스럽다, 무뚝뚝하다.

이들 형용사가 서술어가 될 때의 문장의 구조를 보면, '주어＋부사어(비교어)＋서술어'로 된다.

(72)　ㄱ. 나는 한없이 기쁘다.
　　　ㄴ. 이 애기는 참으로 사랑스럽다.
　　　ㄷ. 철수는 참 다정하다.
　　　ㄹ. 돌이는 너무도 야속하다.
　　　ㅁ. 철이는 그 일에 대하여 섭섭해 하였다.

📁 평가형용사

참되다, 거짓되다, 착하다, 모질다, 악하다, 어질다, 아름답다, 예쁘다, 이롭다, 해롭다, 좋다, 나쁘다, 귀하다, 천하다, 세다, 든든하다, 튼튼하다, 씩씩하다, 여리다, 약하다, 굳다, 굳세다, 삭삭하다, 비싸다, 싸다, 못나다, 헐하다, 눅다, 옳다, 그르다, 험하다, 가파르다, 어렵다, 쉽다, 까다롭다, 강하다, 약하다, 말랑말랑하다, 물렁물렁하다, 땐땐하다, 딴딴하다, 녹진녹진하다, 민첩하다, 느리다, 재다, 재빠르다.

위의 예에서 보면 알 수 있듯이 평가형용사는 대립되는 말이 다른 형용사보다 많이 있음이 특이한데 평가를 하려면 서로 대립되는 말이 있어야 하기 때문이다.

(73)　ㄱ. 그의 말은 참되다.

ㄴ. 이 짐승은 참으로 모질다.

ㄷ. 그는 머리가 좋다.

ㄹ. 나는 몸이 튼튼하다.

ㅁ. 이 길은 험하고 가파르다.

ㅂ. 한라산은 참으로 높다.

(73ㄱ~ㅂ)에서 보면 평가형용사가 서술어가 된 문장의 주어는 정의적 형용사 때와는 달라서 주어는 '±가산성', '±목숨성', '±사람'의 자질을 가지는데 그 까닭은 사람은 이 세상 모든 사물에 대하여 평가할 수 있기 때문이다.

📁 이지형용사

슬기롭다, 티미하다, 둔하다, 아둔하다, 어리석다, 어리눅다, 이리빗다, 숫덥다, 고지식하다, 약다, 총명하다, 영리하다

이지형용사도 반대말이 있는데, 이들 형용사가 문장의 서술어가 될 때, 주어는 대개 '±사람'의 자질을 가지지만은 '짐승'이 주어가 될 수도 있다.

(74) ㄱ. 철수는 참으로 슬기롭다.

ㄴ. 그는 언제나 몸이 약하다.

ㄷ. 저 개는 좀 둔하다(어리석다).

ㄹ. 철이는 영수보다 약하다.

📁 신구형용사

새롭다, 낡다, 헐다, 젊다, 늙다, 싱싱하다, 생생하다, 팔팔하다, 신선하다

이 형용사가 서술어가 되면 주어는 '±가산성', '±목숨성', '±사람'의 자질을 가진다.

(75) ㄱ. 그 일은 참으로 새롭다.

　　　ㄴ. 이 건물은 낡았다.

　　　ㄷ. 우리들은 아직 젊었다.

　　　ㄹ. 나뭇잎이 참으로 싱싱하다.

　　　ㅁ. 이것이 저것보다 더 팔팔하다.

　　　ㅂ. 저 개는 너무 늙었다.

📁 비교형용사

같다, 다르다, 비슷하다, 유사하다, 판이하다, 낫다, 못하다, 우수하다, 뛰어나다, 우월하다, 수월하다

(76) ㄱ. 이것이 저것과 같다.

　　　ㄴ. 이 꽃이 저 꽃과 비슷하다.

　　　ㄷ. 너는 나와 다르다.

　　　ㄹ. 이 소의 값은 저 소의 값보다 월등하게 낫다.

　　　ㅁ. 이 개가 저 개보다 뛰어났다.

(76ㄱ~ㅁ)에서 보면 주어는 '±가산성', '±목숨성', '±사람'의 자질을 가지고 있으며 기타 문장 성분으로서는 비교어와 부사어가 쓰인다.

📁 수량형용사

셈: 많다, 적다, 수많다, 수적다, 막대하다

슭: 작다, 크다, 많다, 풍부하다, 풍성하다, 광대하다, 방대하다, 두텁다, 얇다

넓이: 광활하다, 넓다, 좁다, 망망하다, 너르다

(77) ㄱ. 올해는 곡식이 많다.

　　　ㄴ. 이 사람이 저 사람보다 작다.

　　　ㄷ. 일이 너무나 방대하여 엄두가 나지 않는다.

　　　ㄹ. 시베리아 벌판은 너무나 광활하다.

　　　ㅁ. 이 운동장이 대단히 넓구나.

(77ㄱ~ㅁ)에서 보듯이 주어는 '±가산성', '±목숨성', '±사람' 등의 자질을 가지며 다른 성분으로는 위치어, 부사어, 비교어 등이 쓰인다.

지시형용사

지시형용사에는 정칭과 부정칭 두 가지가 있는데 이는 다음과 같다.

가. 정칭지시형용사

가리키는 거리의 가깝고 멀음을 따라 다음과 같이 구분한다.

가. 가까움: 말할이가 눈앞에서 직접 가리키며 나타내는 형용사: 이러하다

나. 떨어짐: 들을이에 가까움을 나타내거나 말할이와 들을이가 다 같이 눈앞
　　에 보이지 않는 것을 상상하며 가리킴: 그러하다

다. 멀음: 말할이와 들을이에서 같이 멀리 떨어져 있으면서 보이는 것을 가리
　　킴: 저러하다

나. 부정칭지시형용사(모르거나 불확실함을 가리킴)

어떠하다, 아무러하다(아무렇다 〈줄말〉)

(78) ㄱ. 사람의 하는 일은 언제나 <u>이러하다</u>.

ㄴ. 그는 언제나 <u>그러하니까,</u> 대접을 받지 못한다.

ㄷ. 세상 일이 다 <u>그렇다</u>.

ㄹ. 저 소가 또 <u>어떠한</u> 짓을 하는지 모르겠다.

ㅁ. 저 사람이 또 <u>저렇다</u>.

ㅂ. 소나무는 <u>어떻게</u> 생겼고 잣나무는 <u>어떻게</u> 생겼다.

2) 의존형용사

📁 희망의존형용사

본동사 다음에 쓰이어 희망의 뜻을 나타내는 의존형용사로서 '싶다'
와 '지다'의 둘이 있다.

• 싶다

이것은 바람의 뜻을 나타내는 의존형용사로서 본용언이 타동사도
되고 자동사도 되는데 본용언의 어미 '-고', '-을까' 뒤에서만 쓰인
다. 주어는 반드시 '+사람'의 자질을 가진 명사만이 될 수 있다.

(79) ㄱ. <u>나는</u> <u>밥이</u> 먹고 싶다.
         ①   ②

ㄴ. <u>철수는</u> "<u>영희가(를)</u> 보고 싶다"고 하더라.
       ①   ②

ㄷ. <u>영희는</u> "<u>하나님(멍멍이)이(를)</u> 보고 싶다"고 하더라.
       ①   ②

ㄹ. <u>그는</u> "<u>백두산에</u> 오르고 싶다"고 하더라.
       ①   ②

ㅁ. <u>나는</u> <u>백두산에</u> 오르고 싶다.
       ①   ②

(79ㄱ~ㅁ)에서 보면 밑줄 그은 ①은 다 '+사람'의 자질만을 가지되 ②는 모든 자질을 가지는 명사가 옴을 알 수 있고 (79ㄹ~ㅁ)에서 보듯이 위치어가 쓰일 수 있음을 알 수 있는데, 연유어도 쓰일 수 있다. '나는 연필로 편지를 쓰고 싶다'에서와 같다. 그런데 (79ㄱ~ㄷ)에서 보면 ②에는 주어가 오기도 하고 목적어가 오기도 하는데 목적어가 오는 까닭은 본용언에 의식되어 말하기 때문이요, 주어가 오는 까닭은 보조용언에 관련되어 말하기 때문이다.

(79ㄱ~ㄷ)을 보면 본용언 앞에 주어가 오니까 더 자연스럽게 느껴진다. 이때의 주어는 '싶다'와 관계를 갖는다.

(80) ㄱ. 나는 밥이 먹고 싶다.
　　 ㄴ. 나는 누나가 보고 싶다.
　　 ㄷ. 나는 그의 이야기가 듣고 싶다.

· 지다

이것은 바람을 나타내면서 본용언은 타동사이든 자동사이든 다 취할 수 있는데 타동사의 어미 '-고'와 자동사의 어미 '-어', '-고' 뒤에 쓰인다.

(81) ㄱ. (나는) 보고 지고 보고 지고 이도령이 보고 지고.
　　 ㄴ. 제발 집안이 천자 억손으로 벌어 져라.
　　 ㄷ. 나는 억만장자가 되어 져라.

(81ㄱ)의 '이도령이 보고 지고'에서 타동사 '보고' 앞에 주어가 온 것은 '지다'와 관련을 맺기 때문이다.

📁 부정의존형용사

본형용사 아래에 쓰이어 그 뜻을 지우는 뜻을 나타내는 의존형용사로서 '아니하다', '못하다'가 있다.

• 아니하다

이것은 본형용사의 부정의존법 '-지' 뒤에 쓰인다.

(82) ㄱ. 나는 키가 크지 아니하다.
ㄴ. 철이는 너처럼 머리가 좋지 아니하다.
ㄷ. 이곳 시냇물은 옥만큼 더 맑지 아니하다.
ㄹ. 철수는 학생으로서 점잖지 아니하다.

• 못하다

이것은 부정의존형용사로서 본용언의 부정의존법 '-지'와 상태를 나타내는 어미 '-다' 뒤에 쓰이는데 이것이 보조용언이 되면 주어의 자질에는 별 제약이 없으며 다른 성분으로서는 비교어, 연유어를 가진다.

(83) ㄱ. 그는 정직하지 못하다.
ㄴ. 너는 철수보다 우수하지 못하다.
ㄷ. 하늘이 맑지 못하다.
ㄹ. 그미는 예쁘다 못하여, 밉기까지 하다.
ㅁ. 고요하다 못하여 무섭기까지 하였다

'못하다'는 '그렇지 못하다'(불능)의 뜻을 나타낸다.

📁 시인의존형용사

본형용사, 지정사 다음에 쓰이어 그 뜻을 시인하여 주는 뜻을 나타내는 의존형용사인데 '하다'가 있다.

• 하다

이것은 시인의존형용사로서 본형용사와 지정사의 어미 '-기는', '-기도', '-기야' 다음에만 쓰인다.

(84) ㄱ. 철수는 영수보다 착하기는 하다.
ㄴ. 사이다 맛은 물 맛보다 좋기야 하나 몸에는 좋지 못하다.
ㄷ. 이것이 훌륭한 보물이기는 하다.
ㄹ. 홍삼은 맛이 좋기도 하고 건강에 좋기도 하다.

'하다'는 다음 ㉮와 같은 문장에서 서술어가 되풀이되는 번거로움을 피하기 위하여 ㉯에서와 같이 '하다'를 쓰기도 한다.

(85) ㄱ. ㉮ 그는 키가 크기는 크다.
㉯ 그는 키가 크기는 하다.
ㄴ. ㉮ 이것이 보석이기는 보석이다.
㉯ 이것이 보석이기는 하다.

(86) ㄱ. ㉮ 어린이가 유순하기는 하다.
①   ②
㉯ 어린이가 유순은 하다.
①   ②
ㄴ. ㉮ 그것이 약이기는 하다.
①   ②

④ 그것이 <u>약은</u> <u>약이다.</u>
               ①   ②

(86ㄱ)의 ㉮의 ①을 줄여서 (86ㄱ) ④의 ①과 같이 하면 ②의 '하다'는 '유순은 하다'로 되어 버리나 (86ㄴ)의 ㉮의 ①을 ④의 ①과 같이 줄이니까 ②는 의존형용사 '하다'가 쓰일 수 없다. 이런 형식의 (86ㄴ) ④는 아주 감탄하여 칭찬할 때 쓰이는 말투이다.

📂 추정의존형용사

이것은 동사, 형용사, 지정사, 아래에 쓰이어 추측하는 뜻을 나타내는 의존형용사로 '싶다', '보다', '듯하다', '듯싶다', '법하다' 등이 있다.

• 싶다

이 의존형용사는 말할이가 무엇을 추측하는 뜻을 나타낼 때 쓰이는 의존형용사로서 주어의 자질에는 별 제약이 없다.

(87) ㄱ. 이것이 저것보다 나은가 싶다.
      ㄴ. 이것이 보물인가 싶다.
      ㄱ. 밥이 제일 가는 보약인가 싶다.
      ㄹ. 그는 내일 떠나는가 싶다.

(87ㄱ~ㄷ)에서 보는 바대로 '싶다'는 추측의존법 '는가/은가', '-을까' 다음에 쓰임을 알 수 있다.

• 보다

이 의존형용사는 말할이의 추측을 나타낸다.

(88) ㄱ. 네가 나보다 일을 잘 하는가 보다.

ㄴ. 이것이 아름다운가 보다.

ㄷ. 그분은 서러워서 우시나 보다.

'보다'도 (88ㄱ~ㄷ)에서 보듯이 추측의존법 '는가/은가', '-나' 다음에 쓰임을 알 수 있고 주어의 자질에는 별 제약이 없다.

• 듯하다

이 의존형용사도 추측을 나타내는데 주어는 '±가산성', '±목숨성', '±사람'의 자질을 가진다.

(89) ㄱ. 내가 이번에 미국에 갈 듯하다.

ㄴ. 너는 이번 시험에 합격할 듯하다.

ㄷ. 그는 착할 듯하다.

ㄹ. 이 고기는 맛이 있을 듯하다.

ㅁ. 올해는 그의 해인 듯하다.

(89ㄱ~ㅁ)에서 보면 추정의존법 '-을/ㄹ', '은/ㄴ' 다음에 쓰임을 알 수 있다.

• 듯싶다

이 의존형용사도 추측을 나타내는데 앞의 '듯하다'와 같은 주어의 자질을 가진다.

(90) ㄱ. 나는 이번에 미국에 갈 듯싶다.

ㄴ. 너는 마음이 착할 듯싶다.

ㄷ. 그는 거기에 잘 안 갈 듯싶다.

ㄹ. 그는 밥을 먹은 듯싶더라.

ㅁ. 이것은 돈일 듯싶다.

(90ㄱ~ㅁ)에서 보면 '듯싶다'도 '듯하다'와 같이 추측의존법의 '올/
ㄹ', '은/ㄴ' 다음에 쓰여 추측을 나타낸다.

• 법하다

이 의존형용사도 '-할 만함'의 추측을 나타내는데 주어의 자질에는
별 제약이 없다.

(91) ㄱ. 내가 이길 법하다.

ㄴ. 네가 승진할 법하다.

ㄷ. 그가 장관일 법하다.

ㄹ. 홍수가 날 법하다.

ㅁ. 비가 올 법하다.

이 의존형용사는 본용언의 어미 '을/ㄹ' 다음에 쓰임을 알 수 있다.

📁 가치의존형용사

본용언 아래에 쓰이어 그 동작이나 상태를 나타내기에 가치가 있음
을 나타내는 의존형용사인데 '만하다', '직하다'가 있다.

• 만하다

이 의존형용사는 가치의 뜻을 나타내는데 주어의 자질에는 별 제약

이 없다.

(92) ㄱ. 우리가 이 일을 할 만하다.

　　ㄴ. 너는 일을 할 만하겠다.

　　ㄷ. 사람은 잘날 만하다.

　　ㄹ. 나라가 아름다울 만하다.

　　ㅁ. 우리는 훌륭한 존재일 만하다.

(92ㄱ~ㅁ)에서 보듯이 본용언의 어미가 '-을/ㄹ' 다음에 쓰임을 알 수 있다.

- 직하다

이 의존형용사는 가치의존법 '-음' 다음에 쓰이어 어떤 가치의 뜻을 나타낸다. 본용언이 타동사일 때, 그 목적어에 '을/를'을 취하지 않는 경우도 있다.

(93) ㄱ. 대통령이 됨 직하다.

　　ㄴ. 누구나 벼슬만은 함 직하다.

　　ㄷ. 이 법은(이) 먹음 직하다.

　　ㄹ. 사람은 누구든지 삼각산에 오름 직하다.

　　ㅁ. 이 험한 시대에는 누구나 집에 개를 기름 직하다.

(94) ㄱ. 이 책은(이) 읽음 직하다.

　　ㄴ. 이 사람은(이) 믿음 직하다.

　　ㄷ. 저 책은 한번 봄 직하다.

　　ㄹ. 이 학생은 용서함 직하다.

　　ㅁ. 가르쳐 보면 철수는 가르침 직하다.

(94ㄱ~ㅁ)까지의 예를 보면 '본동사＋직하다'는 자동사성 뜻을 가지기 때문에 타동사인 본동사 앞에도 목적어를 취하지 아니하고 주어를 취하고 있는 것이다.

📁 의존형용사의 거듭 쓰임

가. 의존형용사 뒤에 '아니하다'가 오는 경우

의존형용사 '싶다, 듯하다, 듯싶다, 법하다, 만하다, 직하다' 뒤에 부정의존형용사 '아니하다'가 와서 부정의 뜻을 나타낸다. 다만 '못하다'는 본용언에 따라 가려잡는다.

(95) ㄱ. 나는 거기에 가고 싶지 아니하다.
      ㄴ. 그는 잘 있는가 싶지 아니하다.
      ㄷ. 그는 잘 있는 듯하지 아니하다.
      ㄹ. 철수는 공부하는 듯싶지 아니하다.
      ㅁ. 그는 여기 있을 법하지 아니하다.
      ㅂ. 여기서는 공부할 만하지 아니하다.
      ㅅ. 이 밥은 먹음직하지 아니하다(못하다).

나. 의존형용사 뒤에 의존동사가 올 수 있는 경우

이 경우에 대하여는 표로써 나타내어 보이기로 한다.

의존형용사	그 어미	의존동사	보기
싶다(희망)	-게	만들다, 되다, 하다	가고 싶게 만들었다.(하였다) 가고 싶게 되었다.
	-은	체하다, 양하다, 척하다	가고 싶은 체한다.(양한다)

의존형용사	그 어미	의존동사	보기
하다(시인)	-게	만들다, 되다, 하다	아름답기는 하게 하였다.
	-은	체하다, 양하다, 척하다	아름답기는 한 체한다.
싶다, 듯하다, 듯싶다, 법하다(추측)	-게	하다	아름다운가 싶게 하였다.
	-은	체하다, 양하다, 척하다	아름다운 듯한 체한다. 아름다운 법한 척한다.
만하다, 직하다(가치)	-게	만들다, 되다, 하다	아름다울 만하게 되었다.
	-은	체하다, 양하다, 척하다	먹음직한 체한다.(척한다) 먹음직한 양한다.

위의 표에서 보인 이외의 의존동사는 의존형용사 다음에 잘 쓰이는 것 같지 아니하다. (형용사 분류에 관해서는 졸저『국어 형용사 분류』를 참조하기 바란다.)

2.1.3. 지정사

2.1.3.1. 지정사란?

국어의 '이다', '아니다'는 명사와 합하여 서술어가 될 때, '무엇이 무엇이라'고 정해 주는 뜻을 나타내므로 지정사라 하는데 '이다'를 긍정지정사라 하고 '아니다'를 부정지정사라 한다.

2.1.3.2. 지정사 '이다'의 '이-'는 어간이다.

앞 '총설'에서 자세히 논하였지마는 여기서는 더 자세히 설명하겠다.

첫째, '이-'는 어간이므로 그 다음에 선어말어미 '-시-, -었/았-, -겠-, -더-'를 취하는데, '-시-, -었/았-'이 올 때 '이-'가 쓰이지 아니하면 말이 되지 않는다.

(96) ㄱ. 그분이 나의 아버지(이)시다.

ㄴ. ㉮ *내가 기른 개는 진돗개었다.

　　㉯ 내가 기른 개는 진돗개였다.

(96ㄱ) '아버지(이)시다'는 말을 더 분명히 그리고 존경의 뜻으로 말할 때는 반드시 '이-'를 넣어서 사용하여야 한다. (96ㄴ)의 ㉮는 성립되지 않는데 ㉯는 성립된다. 그것은 '이-'가 어간인 증거이다.

둘째, '이다'가 '명사+이다'로 되어 서술어가 될 때만 명사의 어미라 하고 주어, 목적어, 위치어, 연유어, 비교어, 방향어, 공동어가 될 때는 왜, '이다'를 명사의 어미라 하지 않는가? '이다'가 명사의 어미라면 위의 경우에도 마땅히 '이다'는 붙어 다니며 쓰여야 한다.

(97)　ㄱ. *개임(갬)은 충복한 짐승이다.(개는…)

　　　ㄴ. *소임은 꾸준하다.(소는…)

　　　ㄷ. *나임은 개임보다 소임을 더 좋아한다.(개보다 소를…)

　　　ㄹ. *소임은 밭임을 간다.(소로…)

(97ㄱ~ㄹ)의 밑줄 부분에 대한 설명이 되지 아니하면, 명사는 어떤 때는 어미가 붙기도 하고 어떤 때는 붙지 않는 둔갑하는 품사인지 모를 일이다.

셋째, '명사+이(다)'가 명사법이 될 때는 반드시 '이-'는 붙어야 한다.

(98)　ㄱ. ㉮ *그가 솜을 어찌하랴?

　　　　㉯ 그가 소임을 어찌하랴?

　　　ㄴ. ㉮ *저것은 개기가 분명하다.

　　　　㉯ 저것은 개이기가 분명하다.

(98ㄱ~ㄴ)의 ㉮는 성립되지 않는데 ㉯는 성립된다. 그런데도 '이-'를 조성모음이라 한다면 용언의 경우도 명사와 같이 그 명사법에는

조성모음이 와야 하는데 오지 않는 까닭은 무엇인가를 설명하여야
한다.

(99) ㄱ. ㉮ *나는 편지를 쓰음을 좋아한다.

　　 ㉯ 나는 편자를 씀을 좋아한다.

　ㄴ. ㉮ *영수는 학교에 가음을 싫어한다.

　　 ㉯ 영수는 학교에 감을 싫어한다.

(99ㄱ~ㄴ)의 ㉮는 그 명사법에 조성모음이 오니까 성립되지 않음을
보이나, ㉯는 조성모음이 쓰이지 아니하니까 문법적이다. 이에 대한
충분한 설명이 있어야 한다.

넷째, '이다'는 명사에만 쓰이는 것이 아니라, 동사, 형용사, 부사와
조사 등에도 쓰이는데, 그렇다면 이들 품사도 명사로 보아야 하나 이
는 사실과 다르다.

(100) ㄱ. ㉮ 그는 술이 얼마나 취하였나?

　　 ㉯ 아주입니다.

　ㄴ. ㉮ 그는 왜 결근하였나?

　　 ㉯ 어제 술을 많이 마셔서입니다.

　ㄷ. ㉮ 그는 왜 영희와 헤어졌지?

　　 ㉯ 영희가 너무 미워서입니다.

　ㄹ. 방학은 언제부터이냐?

다섯째, '이다'는 파생되어 조사가 된다.

(101) ㄱ. 불이야! 불이야!

　ㄴ. 하나님이시여! 미천한 놈에게 복을 주소서.

　ㄷ. 이 개이든지 저 개이든지, 마음대로 가져 가거라.

ㄹ. 떡이며 술이며 많이 먹었다.

용언의 어미는 파생 능력이 없는데 그것은 분명한 뜻이 없기 때문이다. 조사는 본래 독립된 단어에서 파생된다는 그 발달가설로 볼 때 '이다'는 독립된 단어이요, '이-'는 어간임이 분명하다.

여섯째, '이다'의 '이-'는 다음과 같은 문장에서 줄면 문장이 되지 않는다.

(102) ㄱ. ㉮ *조국이여, 영원히 빛나는 나라어라.

　　　　㉯ 조국이여, 영원히 빛나는 나라이어라.

　　　ㄴ. ㉮ *우리나라는 빛나는 나라도다.

　　　　㉯ 우리나라는 빛나는 나라이도다.

일곱째, '이다'는 사동, 피동을 만들 수 있다.

(103) ㄱ. 주여, 우리나라를 복된 나라이게 하소서.

　　　ㄴ. 그는 자우 부자이게 되었다.

(103ㄱ~ㄴ)에서 '나라이게', '부자이게'에서 '이-'를 줄이면 문장이 되지 않는다.

여덟째, '이다'가 연결법이 될 때, '이-'가 줄면 문장이 성립되지 않는다.

(104) ㄱ. ㉮ *그것이 개어서 놓아 주었다.

　　　　㉯ 그것이 개여서 놓아 주었다.

　　　ㄴ. ㉮ *약으로 하려면 황구어야 한다.

　　　　㉯ 약으로 하려면 황구이어야 한다.

　　　ㄷ. ㉮ *아브라함의 일을 행할 터어늘…

　　　　㉯ 아브라함의 일을 행할 터이어늘…

ㄹ. ㉮ *저 괴물은 소다가 개다가 한다.

　　㉯ 저 괴물은 소이다가 개이다가 한다.

ㅁ. ㉮ *그는 나의 아울뿐더러…

　　㉯ 그는 나이 아우일뿐더러…

(104ㄱ~ㅁ)에서 ㉮는 성립되지 않으나 ㉯는 성립된다.

아홉째, 다음과 같은 의향법에는 반드시 '이-'가 쓰여야 말이 된다.

(105) ㄱ. ㉮ *저것은 소오.

　　　　㉯ 저것은 소이오.

　　ㄴ. ㉮ *저이는 누구오?

　　　　㉯ 저이는 누구이오?

열째, 다음과 같은 명사 뒤에는 반드시 '이-'가 와야 한다.

(106) ㄱ. ㉮ 그이면 일이 되겠느냐?

　　　　㉯ 그이 이면 일이 되겠느냐?

　　ㄴ. ㉮ *글 것 같으면, 너를 좋아하겠니?

　　　　㉯ 그일 것 같으면, 너를 좋아하겠니?

　　ㄷ. ㉮ *그어서, 일을 처리하였다.

　　　　㉯ 그이어서 일을 처리하였다.

　　ㄹ. ㉮ *그는 개므로, 나는 상대하지 않는다.

　　　　㉯ 그는 개이므로, 나는 상대하지 않는다.

　　ㅁ. ㉮ *이것이 좋은 소어서, 내가 샀다.

　　　　㉯ 이것이 좋은 소이어서, 내가 샀다.

　　ㅂ. ㉮ *네가 착한 아이어야 내가 채용하겠다.

　　　　㉯ 네가 착한 아이이어야 내가 채용하겠다.

　　ㅅ. ㉮ *뛰어난 그건마는, 일을 처리하지 못했다.

ㅁ 뛰어난 그이건마는, 일을 처리하지 못했다.

ㅇ. ㉮ *그가 솔지라도 어떻게 하겠니?

　　㉯ 그가 소일지라도 어떻게 하겠니?

ㅈ. ㉮ *글지언정 이 일을 어찌 하겠니?

　　㉯ 그일지언정 이 일을 어찌 하겠니?

ㅊ. ㉮ *그련마는 이 일을 하지 못한다.

　　㉯ 그이련마는 이 일은 하지 못한다.

ㅋ. ㉮ *영수가 학자되, 이것은 모른다.

　　㉯ 영수가 학자이되, 이것은 모른다.

ㅌ. ㉮ *그는 소자, 곰이다.

　　㉯ 그는 소이자, 곰이다.

ㅍ. ㉮ *그는 부자다가, 거지가 되었다.

　　㉯ 그는 부자이다가, 거지가 되었다.

위에서 다룬 첫째에서 열째까지에서 알아 본 바와 같이, '이다'의 '이-'가 조성모음이라면 같은 조건, 같은 환경인데도 어떤 데는 어간도 하고 어떤 데서는 줄면 말이 안 되므로 반드시 쓰여야 하니 우리말에는 그런 조성모음은 없다. 그러므로 '이-'는 절대로 조성모음으로 볼 수 없다. 더구나 다음과 같이 때때로 명령법으로 쓰이기도 한다.

(107) ㄱ. 동포 여러분, 굳센 국민이어라.

　　ㄴ. 여러분은 착한 어린이이어라.

(107ㄱ~ㄴ)에서 보는 바와 같이 허사가 어떻게 명령법으로 될 수 있는지 모를 일이다. 이런 점으로 보아도 '이다'는 하나의 단어로 보아야 한다.

2.1.3.3. '이다'가 동사와 활용이 다른 점

여기에서는 '이다/아니다'에만 있는 어미와 동사에만 있고 '이다'에는 없는 어미만을 보기를 들어 보이기로 한다.

	'이다'에만 있는 어미	동사에는 있고 '이다'에는 없는 어미
서술법	-라, -로다, -로구나, -러라, -올시다, -로소이다, ㄹ세, -ㄴ데	-ㅁ세, -마, -느니라, -노라, -는데
의문법	-냐	-느냐, -느뇨
관형법	-을/ㄹ(현재), -ㄴ(현재), -을(미래)	-는(진행), -은(과거)
연결법	-요(개요, 소이다), -라(개가 아니라 소다)	
목적법		-려(뜻한꼴), -러(목적꼴)
구속법	-라	-는지라
종결, 반복법		-도록, -락-락

위의 표에서 '이다'에만 있는 어미를 가지고 보기를 들면 다음과 같다.

(108) ㄱ. 이것이 책이라.

ㄴ. 이것이 돈이로다.

ㄷ. 이것이 금이로구나.

ㄹ. 그는 훌륭한 장군이러라.

ㅁ. 나는 왕이로소이다.

ㅂ. 그는 거지올시다(거지일세).

ㅅ. 이것이 무엇이냐?

ㅇ. 학생일 적에 공부를 많이 하자.

ㅈ. 학생인 그는 공부를 잘 한다.

ㅊ. 장차 위대한 학자일 그가 왜 연구를 하지 않느냐?

ㅋ. 그는 학자인데, 이번에 상을 받는다.

ㅌ. 그는 학자이라, 도무지 사교술이 없다.

2.1.3.4. '이다'의 쓰임

첫째, 체언에 와서 그 체언과 함께 서술어가 된다.

(109) ㄱ. 사람은 마음이 최고이다.
　　　ㄴ. 훌륭한 이는 바로 그분이시다.
　　　ㄷ. 둘에 둘을 더하면 넷이다.

둘째, 동사, 형용사의 어미가 '－아서/어서' 다음에 와서 그와 함께 서술어가 된다.

(110) ㄱ. 그가 병이 난 것은 술을 많이 마셔서이다.
　　　ㄴ. 그미와 결혼한 것은 예뻐서이다.

셋째, 보조조사 다음에 와서 서술어나 두자격법이 된다.

(111) ㄱ. 방학은 내일부터이다.
　　　ㄴ. 방학이 내일까지인 줄 아느냐?
　　　ㄷ. 그가 실수한 것은 집에서부터임을 몰랐다.

넷째, 부사에 와서 그와 같이 서술어가 된다.

(112) ㄱ. ㉮ 그런 일이 자주 있니?
　　　　　㉯ 아니, 가끔이다.
　　　ㄴ. ㉮ 일이 다 끝났니?
　　　　　㉯ 아직이다.

2.1.3.5. '아니다'의 쓰임

'아니다'는 언제나 '주어＋아니다'의 꼴로 서술어에 쓰인다. 이때 주어에는 '이', '가', '은/는' 조사가 다 쓰인다.

(113) ㄱ. 이것은 <u>상</u>이 아니다.
　　　ㄴ. 내가 그를 좋아하는 것은 <u>예뻐서가</u> 아니다.
　　　ㄷ. 그가 낙방한 것은 <u>잘못해서가</u> 아니다.
　　　ㄹ. 그가 한 것은 <u>잘은</u> 아니나 그래도 괜찮다.

(113ㄴ~ㄹ)에서 보면 '아니다' 앞에 오는 용언에 주격조사가 오면 그 용언의 어미는 '―아서'가 되어야 한다. (113ㄹ)에서 보면 '아니다' 앞의 부사에는 반드시 조사 '은/는' 등이 쓰이어야 문장이 성립된다.

2.2. 굴곡법

2.2.1. 종결어미의 활용 범주

우리말 용언의 어미는 문장에서의 문법적 기능에 따라 몇 가지 범주로 나누어진다.

(114) ㄱ. ㉮ 철수는 학교에 <u>간다</u>.
　　　　　㉯ 철수는 학교에 <u>가느냐</u>?
　　　　　㉰ 철수는 학교에 <u>가거라</u>.
　　　　　㉱ 철수는 학교에 <u>가자</u>.
　　　ㄴ. ㉮ 상을 받<u>음</u>이 쉽지 않다.
　　　　　㉯ 우리가 먹<u>을</u> 밥을 주시오.
　　　　　㉰ 그는 날이 새<u>도록</u> 자지 않았다.

ㄷ. ㉮ 밥을 먹고 학교에 간다.

　　 ㉯ 비가 오는데 일을 한다..

　　 ㉰ 길을 가면서 책을 읽는다.

　(114ㄱ)의 밑줄 그은 어미들은 문장을 끝맺는 한 가지 구실만 하고 (114ㄴ)의 밑줄 그은 어미들은 풀이하는 구실과 함께 명사, 관형사, 부사처럼 작용하는 두 가지 구실을 하고 있다. (114ㄷ)의 밑줄 그은 어미들은 앞 절을 뒷 절에 이어서 앞뒤 절과 합하여 하나의 문장을 이루는 구실을 하고 있다. (114ㄱ)과 같이 문장을 끝맺는 굴곡법을 종결 법이라 하는데 종결법은 말할이의 들을이에 대한 의향(태도)을 나타내므로 달리 의향법이라고도 한다.18) (114ㄴ)과 같이 서술어의 구실을 하면서 명사, 관형사, 부사의 두 가지 구실을 하는 굴곡법을 연결법이라 한다. 종결법, 자격법, 연결법을 이루는 어미들은 그 이상 다른 어미를 그 뒤에 연결시킬 수 없으므로 종결어미라 하고 '-시-', '-었-', '-겠-', '-더-' 등과 같이 어근 바로 다음에 와서 그 뒤에 종결어미를 더 연결시킬 수 있는 어미를 선어말어미라 한다.

　(115) ㄱ. 아버지께서는 글을 읽으시었다.

　　　 ㄴ. 비가 많이 오겠더냐?

　(115ㄱ~ㄴ)의 밑줄 그은 부분의 어미가 선어말어미이다. 종결어미 중 종결법과 연결법은 문장을 끝맺거나 앞 절을 뒷 절에 이어주는 구실만 수행하기 때문에 한자격법이라 하고 (115ㄴ)과 같이 풀이의 구실과 아울러 체언, 수식언의 두 가지 구실을 겸해서 가진 어미범주를 두자격법이라 한다.

　한자격법에서의 종결법과 연결법의 다른 점은, 종결법은 말할이의

---

18) 허웅, 『국어학』, 샘문화사, 1983, 225쪽 참조.

들을이에 대한 의향(태도)을 나타낸다. 따라서 종결법은 말이 쓰이는 환경에 관여하는 문제를 제기하게 된다. 그러나 연결법은 다음 말과의 이음관계를 나타내므로 순수히 통어상의 문제에 그친다. 두자격법은 (115ㄴ)의 ㉮ '받음'처럼 체언의 자격을 겸해 가지는 것을 명사법이라 하고 (115ㄴ)의 ㉯ '먹을(는)'과 같이 관형어의 자격을 겸해 가지는 것을 관형법, (115ㄴ)의 ㉰ '새도록'처럼 부사어의 자격을 가지는 것을 부사법이라고 한다. 종결어미의 활용 범주19)를 표로 보이면 다음과 같다.

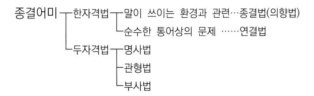

위에서 연결법과 의향법의 차이를 간단히 말하였지마는 이 두 법의 문법적 차이를 더 자세히 밝혀 보면 다음과 같다.

첫째, 의향법(종결법)은 말이 쓰이는 환경과 관련이 있으나 연결법은 순수한 통어상의 문제임은 이미 앞에서 말하였다. 둘째, 의향법은 들을이에 대한 공경의 태도가 나타나나, 연결법에는 그러한 것이 나타나지 않는다. 셋째, 의향법에는 선어말어미 '-시-, -었-, -겠-, -더-' 등이 쓰이어 대우법과 때매김법이 나타나는데 연결법에는 '-시-'는 비교적 제약 없이 쓰이나 '-었-, -겠-, -더-' 등은 상당한 제약을 받는다.20) 이와 같은 차이가 있으므로 연결법을 종결법의 하위범주인 서술법의 범주에 넣어 동일하게 다루는 것은 옳은 태도가 아니다.

---

19) 위의 책, 224쪽에 의거함.

20) 이에 대하여는 이음법을 다룰 때 자세히 논할 것이다.

2.2.1.1. 한자격법

1) 종결법(의향법)

종결법은 들을이에 대한 말할이의 태도에 따라 크게 두 가지로 나눈다. 하나는 들을이에 대하여 어떠한 요구를 하는 일이 없이 자기의 의견이나 느낌을 나타내거나 또는 약속을 하면서 문장을 끝맺는 방법인데 이러한 법을 서술법이라 한다. 다른 하나는 말할이가 들을이에게 무엇을 요구하면서 문장을 끝맺는 법인데 이에는 다시 대답을 요구하나, 어떤 행동을 요구하나에 따라 두 가지로 나눈다.

대답을 요구하는 법을 의문법이라 한다. 어떤 행동을 요구하는 법은 들을이의 행동을 요구하는 법과 말하는 자신과 어떤 행동을 들을이가 함께 하기를 요구하는 법으로 나누어진다. 앞의 것을 명령법, 뒤의 것을 권유법이라 한다.

```
종결법 ┬ 들을이에게 요구 없음 ················································ 서술법
       └ 들을이에게 요구 있음 ┬ 대답을 요구함 ······························ 의문법
                            └ 행동을 요구함 ┬ 들을이만의 행동을 요구함 ······ 명령법
                                          └ 함께 행동함을 요구함 ·········· 권유법
```

종결법은 들을이 대우법에 따라 실현된다.

종결법은 말할이의 들을이에 대한 태도를 나타내므로 종결법에는 들을이에 대한 공경의 태도가 아울러 나타나는데 이것을 "들을이 대우법"이라 한다.[21] "들을이 대우법"에는 들을이를 대우하는 등분에 따라 극비칭, 보통비칭, 보통존칭, 극존칭, 반말[22]의 다섯 가지 등분이 있다.[23]

---

21) 허웅, 앞의 책, 225~225쪽 참조.
22) 반말의 어미에 관해서는 권유법 다음에 가서 한꺼번에 다룰 것이다.

📑 서술법

서술법의 들을이 대우법을 보면 다음과 같다.

(116) ㄱ. 극비칭: −(는)다, −라, −네, −다나, −다고, −다니까, −단다,
　　　　−아라, −구만(먼), −느니라, −거든, −(는)구나/로구나, −도다
　　　　/로다, −으마, −을게, −는걸/은걸, −는데/은데, −을걸, −을래
　　ㄴ. 보통비칭: −다네, −네, −으이, −ㄹ세, −음세
　　ㄷ. 보통존칭: −으오, −소, −지요, −어요/아요, −(는)구려, −다나
　　ㄹ. 극존칭: −습(읍)니다, −나이다, −올시다, −로소이다, −(사, 사
　　　　오, 더)이다, −디다
　　ㅁ. 반말

이들 하나하나에 대하여 살펴보기로 한다. 다만, 반말은 서술법, 의
문법, 명령법, 권유법에 공통이므로 맨 끝에 가서 한꺼번에 다루기로
한다.

가. 극비칭: 극비칭은 다정한 친구나 손아래 사람에 대하여 직접 쓰
는 어법으로서 극비칭에는 '−(는)다, −라, −네, −다나, −다고, −다
니까, −단다, −구만(먼), −아라, −으니라, −느니라, −거든, −(는)
구나, −로구나, −도다, −로다, −은걸, −은(는)데, −을걸, −을라,
−을래, −으마, −을게' 등이 있다.

㉠ −는다/∅다: 모든 선어말어미를 그 앞에 취할 수 있으며 '−∅다'
는 형용사, 지정사의 어간에 바로 쓰이고 동사에는 특별한 경우 즉
역사적 사실, 강조 등을 나타낼 때에만 쓰인다. 그리고 일반적으로 동

---

23) 이에 대한 자세한 것은 김승곤, 『21세기 국어 의향법 연구』(박이정, 2011)를 참조하기
　　바란다.

사가 서술어가 될 때는 현재를 나타내는 '-는-'이 반드시 '-다' 앞에
붙어서 쓰인다. 그 까닭은 동사가 서술법으로 쓰일 때는 본질적으로
현재의 동작을 나타내기 때문이다.

(117) ㄱ. 꽃이 아름답다.

　　　ㄴ. 이것은 책이다.

　　　ㄷ. 그는 지금 밥을 먹는다.

　　　ㄹ. 그는 공부한다.

　　　ㅁ. 중국대륙을 가다.

(117ㄱ)은 서술어가 형용사이고 (117ㄴ)은 지정사이므로 어미는 'Ø
다'가 쓰였으나 (117ㄷ)은 서술어가 동사이므로 '먹는다'는 현재를 나
타내는 선어말어미 '-는-'이 어간 다음에 쓰였다. 이 '-는-'은 (117
ㄹ)에서 보는 바와 같이 어간이 개음절일 때에는 '-ㄴ-'으로 된다.
(117ㅁ)의 '가다'는 어간 다음에 '-는-'을 취하지 않았는데 '-는-'
이 올 때는 이전에 어떤 동작을 진행하고 있음을 나타내고 '-는-'이
안 쓰였을 경우에는 역사적인 사실을 나타낸다. 즉, (117ㅁ)의 '중국대
륙을 가다'는 무시제 표현으로 되어 있는데, 이런 경우는 그 뜻을 강조
하거나 역사적인 사실 또는 포괄적인 시제를 나타낸다. 따라서 시제로
서는 현재도 되고 과거도 될 수가 있다. 그런데 종결어미 '-다' 앞에
는 '-시-, -었-, -겠-, -더-' 등이 쓰이는데 이들 선어말어미
중 '-았/었-, -겠-, -더-'가 올 때, '-는-'은 줄어든다. 그것은
'-는'이 서술어미가 아니기 때문이다.

(118) ㄱ. 비가 옵니다.

　　　ㄴ. 할아버지께서 서울에 가신다.

　　　ㄷ. 그들은 이제 부산으로 떠났다.

　　　ㄹ. 나는 내일 이 일을 마치겠다.

ㅁ. 그들은 어제 이맘때 점심을 먹더라.

(118ㄱ)에서는 극존칭의 선어말어미 '-ㅂ(니)-'가 오니까, '-는-'
이 줄어들었는데 (118ㄴ)에서 보면 '가시-ㄴ-다'로 분석되는데 '-시
-' 다음에는 '-ㄴ-'이 나타나서 현재에 '가심'을 나타내고 있다. (118
ㄷ~ㅁ)에서는 '-는-'이 '-았-, -겠-, -더-'와는 같이 쓰일 수 없
는데 그것은 때가 서로 맞지 않기 때문이다. 이는 '-는'은 서술법이
될 수 없음을 입증하는 것이다. 더구나, 의문법과를 대비하여 보면 다
음과 같다.

(119) ㄱ. ― 는가 (현재의 물음)

ㄴ. ― 을까 (추측의 물음)

ㄷ. ― 았는가 (완료를 현재에 물음)

ㄹ. ― 았느냐 (완료를 현재에 물음)

ㅁ. ― 겠는가 (추측을 현재에 물음)

ㅂ. ― 겠느냐 (추측을 현재에 물음)

ㅅ. ― 었을까? (완료를 추정하여 물음)

ㅇ. ― *겠을까? ('-겠-'과 '-을-'이 중첩되므로 통합불능)

ㅈ. ― *었겠을까? (완료추정을 다시 추정함은 맞지 않으므로 통합불능)

(119ㄹ, ㅂ)에서 보면 '-느냐'는 의문어미가 분명하다. 그렇다면 서
술법에서 '-았다', '-겠다'에서는 왜 '-는'이 나타나지 않을까? 그것
은 '-는'이 서술어미가 아님을 입증하는 것으로밖에 볼 수 없다. 더구
나 '-는-'과 '-을-'은 대립이 된다.24) 그런데 경상도 사투리에서는
서술법에서 이런 현상이 있다.

---

24) 허웅, 앞의 책, 241쪽 참조.

(120) ㄱ. ㉮ 지금 연극을 시작할다. ('-ㄹ-'은 추측)

㉯ 지금 연극을 시작한다. ('-는-'은 현재)

ㄴ. ㉮ 내일은 비가 올다. ('-ㄹ-'은 추측)

㉯ 내일은 틀림없이 비가 온다. ('-ㄴ-'은 가까운 현재)

(120ㄱ)의 ㉮와 ㉯가 대립되고 (120ㄴ)의 ㉮와 ㉯도 대립된다. 이것뿐 아니라 두자격법의 관형법에서 과거에는 '-은/ㄴ'이 쓰이고 현재에는 '-는/은'이 쓰이며 미래에는 '-을/ㄹ'이 쓰이는 등의 언어사실과 대비할 때 '-는-'은 현재의 동작을 나타내는 형태소로 보아야 한다. 그러면, 왜 의향법의 서술법에서 동사가 올 때 반드시 '-는다'로 쓰이는가 하는 점인데, 그것은 동사는 언제나 현재의 움직임을 나타내면서 서술어가 되기 때문이다. 형용사와 지정사가 서술을 나타낼 때는 'Ø다'가 쓰이는데 그것은 형용사와 지정사는 비동작성이기 때문이다. 이에 대해, 동사가 서술법을 나타낼 때는 반드시 현재의 동작성을 띠어야 서술어가 될 수 있기 때문이다. 이와 같은 일은 영어의 'He reads book'에서처럼, 의향법으로서는 서술이나 여기에 현재시제의 's'가 동사에 나타나고 있음과 조금도 다를 바가 없다. 따라서 '-는'은 현재를 나타내는 형태소로 보아야 한다. 영어의 'reads'의 's'에 해당된다.

'-는다/다'에 조사 '요'나 '-야'를 결합할 수 있는데 '-요'가 올 때는 자인, 확인의 뜻을 나타내고 '-야'가 오면 감탄, 놀람을 나타낸다.

(121) ㄱ. 비가 온다요.

ㄴ. 눈이 온다야.

ㄷ. 그는 간다요.

(121ㄱ~ㄷ)의 어법은 지역에 따라 혼자 말할 때 쓰일 수도 있고 들을이에 대하여 말할 때 쓰일 수도 있다.

ⓛ -라: '-라'는 지정사의 어간 '이-' 다음이나 선어말어미 '-더-, -리-' 다음에 쓰이어 서술을 나타내기도 하고 동사, 형용사 및 지정사의 어간 다음에 오는 '-을/ㄹ'과 함께 쓰이어 우려를 나타내기도 한다.

(122) ㄱ. 이것이 책이라.
　　　ㄴ. 그는 일을 하고 있더라.
　　　ㄷ. 너도 훌륭한 사람이 되리라.
　　　ㄹ. 비가 올라.
　　　ㅁ. 길이 험할라.
　　　ㅂ. 이것이 폭발물일라.

(122ㄱ)의 '이-' 다음의 '-라'는 선어말어미 '-시-', '-었-', '-더-' 다음에만 쓰이고 '-겠-'(보기는 들지 않았으나 여기에 '-잡-'도 포함됨) 다음에는 쓰이지 못한다. '책이다' 할 때와의 차이를 알아보면 '-이다'는 확정하여 잘라 말할 때에 쓰이고 '-이라'는 모르는 것에 대하여 설명하면서 어떤 여운을 남길 때 쓰인다. '-이라, -일라, -을라'는 들을이 면전에서 쓰인다. '이라'는 다음과 같이 조사화하여 쓰이기도 한다.

(123) 서울<u>이라</u> 요술쟁이 찾아갈 곳 못되더라.

(123)의 '이라'는 제시의 뜻은 물론 운율을 맞춤과 동시에 강조의 뜻을 나타내고 있다. 지정사 '-이라' 뒤에 조사 '-요'를 결합하면 성근말로서 보통존칭이 된다.

(124) ㄱ. 이것이 책이라요.
　　　ㄴ. 여기가 포석정이라요.

위에서 보는 바 '(이)라요/다요'는 들을이에게 면전에서 바로 말할 때 쓰인다.

ⓒ -네: 어간 바로 뒤에 쓰이어 뜻밖의 일이나 놀라움, 다소의 느낌 등을 들을이에게 바로 베풀어 나타낼 때 쓰이는데, 선어말어미 '-시-', '-았-', '-겠-'만이 그 앞에 올 수 있다. 동사, 형용사, 지정사 등에 두루 쓰는데, 주어 제약 없이 쓰인다.

(125) ㄱ. 그가 또 오네.
　　　 ㄴ. 이것은 좋은 책이네.
　　　 ㄷ. 이 꽃은 향기롭네.

이 '-네'는 보통비칭의 '-네'와는 그 쓰이는 경우가 다르다.

(126) ㄱ. 네가 그럴 줄은 나는 몰랐네.
　　　 ㄴ. 이 꽃은 참 오래 피어 있겠네.
　　　 ㄷ. 그것은 한 바탕 꿈이었네.

(126ㄱ)의 '-네'는 '-았-' 뒤에 쓰이어 어떤 허탈감이나 놀라움을 나타내고 (126ㄴ)의 '-네'는 '-겠-' 뒤에 쓰이어 약간의 느낌이나 어떤 사실을 시인하고 있음을 나타내고 (126ㄷ)의 '-네'는 '-었-' 뒤에 쓰이어 서운함을 베풀어 나타내고 있다.
'-네'에 조사 '요'를 연결하면 성근말로 보통존칭이 된다.

(127) ㄱ. 꽃이 참으로 오래 피어 있네요.
　　　 ㄴ. 참으로 다행이네요.

이 '-네요'는 들을이에게 직접 말할 때 쓰인다. (말할이 혼자서 말할 때는 쓰일 수 없다.)

ㄹ. ‑다나: 동사의 어간 다음에는 ‘‑는다나’가 되고 형용사의 어간 다음에는 ‘‑다나’, ‘지정사’ 어간 다음에는 ‘‑라나’가 된다. 선어말어미 ‘‑시‑’, ‘‑었/았‑’, ‘‑겠‑’과만 말할 그때에 쓰인다.

(128) ㄱ. 그가 모레 온다나.

　　 ㄴ. 철수는 서울에 가겠다나.

　　 ㄷ. 그미가 예쁘다나.

　　 ㄹ. 이게 돈이라나.

　　 ㅁ. 그는 어려서 녹용을 먹었다나 어쩌나.

　　 ㅂ. 철수는 내일 미국으로 가겠다나 어쩌나.

ㅁ. ‑다고: 자기가 생각한 바를 들을이에게 단정적으로 말할 때 쓰인다. ‘이다’에 쓰일 때는 ‘이라고’가 된다. 선어말어미 ‘‑시‑’, ‘‑었/았‑’, ‘‑겠‑’과만 쓰이는데 ‘‑시‑’와 쓰일 때, 동사이면 ‘‑는다고’가 된다.

(129) ㄱ. 비가 온다고.

　　 ㄴ. 꽃이 아름답다고.

　　 ㄷ. 이것이 그 책이라고.

　　 ㄹ. 아버지께서 서울에 가신다고.

　　 ㅁ. 꽃이 피었다고.

　　 ㅂ. 비가 오겠다고.

이 어미는 주어 제약은 없다.

ㅂ. ‑다니까: ‘‑다니까’는 자기의 뜻이나 생각한 바를 강조하여 말

할 때 쓰인다. 선어말어미 '-시-', '-았-', '-겠-'과만 쓰이는데 '-시-'와 쓰일 때 동사이면 '-ㄴ다니까'로 되고 '이다' 다음에서는 '-이라니까'가 된다.

(130) ㄱ. 내가 간다니까.
　　　ㄴ. 꽃이 향기롭다니까.
　　　ㄷ. 이게 보물이라니까.
　　　ㄹ. 선생님이 가셨다니까.
　　　ㅁ. 그가 가 있다니까.
　　　ㅂ. 비가 오겠다니까.
　　　ㅅ. *네(그)가 가겠다니까.

'다니까'가 '-겠-'과 쓰일 때는 말할이의 판단을 미루어 말할 때만 쓰이고 (130ㅅ)과 같은 경우 주어가 이인칭, 삼인칭일 때는 성립하지 않는다.

Ⓐ -단다: '-단다'는 말할이가 남에게서 들은 이야기를 상대에게 말할 때 쓰이는데 주어가 삼인칭일 때만 쓰인다. 이것은 어원으로 보면 '-ㄴ다고 한다'가 준 것이다.
　선어말어미 '-시-', '-었-', '-겠-'과만 쓰이고 동사와 쓰일 때는 '-ㄴ단다'가 되고 지정사에서는 '-이란다'가 된다.

(131) ㄱ. 그가 서울에 간단다.
　　　ㄴ. 꽃이 아름답단다.
　　　ㄷ. 이것이 책이란다.
　　　ㄹ. 아버지께서 가신단다.
　　　ㅁ. 그가 이 일을 하겠단다.

◎ -아라/어라: 어간 바로 다음에 쓰이어 말할이가 현재의 심리상태를 베풀어 말할 때 쓰는데, 주로 형용사와 '있다/없다'에 붙는다. 그러므로 선어말어미와는 결합할 수 없다.

(132) ㄱ. 아이, 기분 좋아라.

　　　ㄴ. 아이, 맛있어라.

　　　ㄷ. 에이, 재미없어라.

　　　ㄹ. *너는 훌륭하여라.

'-아라/어라'는 형용사 및 '있다'에만 쓰인다. (132ㄹ)에서와 같이 이 어미는 이인칭에는 쓰이지 못한다. 시킴이 되기 때문이다.

ⓩ -구만/구먼: 동사, 형용사, 지정사의 어간에 바로 붙어 쓰이면서 선어말어미 '-시-, -었-, -겠-' 등과만 결합할 수 있다. '-시-'와 쓰일 때, 서술어가 동사일 때는 '-시는구먼'으로 쓰이기도 하고 '-시구먼'으로 쓰이기도 하나 주로 '-시구먼'으로 쓰임이 일반적인 듯하다. 그리고 조사 '-요'와 결합하면 보통존칭이 된다. 어떤 느낌의 뜻을 나타내되 말할이 혼자서도 말할 수 있지마는 대개는 상대방을 면전에서 보고 이야기할 때 쓴다.

(133) ㄱ. 철수는 고시에 합격하겠구만.

　　　ㄴ. 그의 상을 보니, 일이 잘 되었구만요.

　　　ㄷ. 비가 오시구만요.

　　　ㄹ. 비가 오는구만.

　　　ㅁ. 그미는 착하구만.

　　　ㅂ. 이게 다이아몬드이구만.

ⓩ -으니라: 동사, 형용사, 지정사의 어간에 붙어 쓰이는데 선어말

어미 '-시-, -았-, -더-' 등과 결합된다. 동사에 오면 습관적인 사실을 베풀어 나타내고 형용사나 지정사에 오면 확정적인 사실을 나타내게 된다. '-으니라'는 조사 '-요'와는 결합될 수 없으며 들을이의 면전에서 말할 때 주로 쓰는 것이 일반적이다.

(134) ㄱ. 그는 여기 자주 오니라.

ㄴ. 여기가 아름다우니라.

ㄷ. 여기가 바로 포석정이니라.

ㄹ. 저 어른은 여기 자주 오시니라.

ㅁ. 그 어른이 늘 오셨느니라.

ㅂ. 투정을 부리는 것이 그의 습관이었느니라.

ㅅ. 이곳도 옛날은 아름다웠느니라.

ㅇ. 그가 이곳에 도깨비가 나온다고 가끔 이야기하더니라.

㋥ -느니라: 동사의 어간에만 쓰일 수 있는데 '-니라'는 그저 습관적인 것이나 확정적인 사실을 베풀어 말하는 어미라면 '-느니라'는 다지거나 명령이나 금지조의 뜻이 섞인 느낌으로 베풀어 말할 때에 쓰인다. '-느니라'는 조사 '-요'와 결합될 수 없다. 그리고 '-느니라'는 들을이 면전에서 말할 때 쓰는 것이 일반적이다. 선어말어미 '-었/았-, -겠-, -시-' 등과만 쓰일 수 있다.

(135) ㄱ. 네가 그래서는 안 되느니라.

ㄴ. 잘 가꾸면 이 풀도 여기서는 살 수 있겠느니라.

ㄷ. 동백꽃은 겨울에 피느니라.

ㄹ. 나는 거기에 갔느니라.

㋣ -거든: 용언 어간에 바로 붙어서 그 뒤에 오는 어떤 말을 잘라 버리고 끝맺을 때 쓰이는 반말 어미로 그 앞에 '-시-, -았-' 등을

연결할 수 있다. '-거든'은 동사, 형용사 지정사에 두루 쓰이면서 그 뒤에 조사 '-요'를 연결하여 보통존칭을 나타낸다. '-거든'은 들을이 면전에서 말할 때만 쓰인다.

(136) ㄱ. 어제는 비가 많이 왔거든.
　　　ㄴ. 가을의 풍경은 참으로 아름답거든.
　　　ㄷ. 이것은 아주 소중한 보물이거든.
　　　ㄹ. 왜 그를 울리니? 너무 까불거든요.

'-거든'은 서술법에서는 조건, 까닭의 뜻으로 쓰인다.

ⓘ -(는)구나: '-(는)구나'는 동사 어간에 바로 붙고 '-구나'는 형용사, 지정사 어간에 바로 붙어 쓰인다. 동사의 어간 다음에 선어말어미 '-시-'를 제외하고 '-았/었-, -겠-, -더-'가 오면 '-(는)구나'의 '-는-'은 줄어든다. '-(는)구나'는 좋은 느낌으로나, 다소 좋지 않거나 평범한 기분으로 느낌을 나타낼 때 쓰인다. 조사 '-요'와는 연결되지 못한다.

(137) ㄱ. 오늘도 비가 오시는구나.
　　　ㄴ. 겨울날씨에 해는 지고 길은 아직 멀었구나.
　　　ㄷ. 여기가 이름난 그 박달재구나.

ⓗ -로구나: 지정사에 붙어 쓰이는데 그 앞에 선어말어미를 취할 수가 없고 조사 '-요'와도 연결될 수 없다. '-로구나'는 흥겨움을 나타낼 때 쓰인다. 혼자말로 할 때도 쓰이나 들을이에 대하여 말할 때도 쓰인다.

(138) ㄱ. 봄이로구나, 봄이로구나, 봄이로구나 이팔청춘 반끗하는 봄이로구나.

ㄴ. 여기가 이름있는 해운대로구나.

⑦′ -도다/로다: '-도다'는 동사, 형용사, 지정사 등의 어미에 붙어 쓰이고 '-로다'는 지정사에만 쓰이는데 느낌을 나타낸다. '-도다'는 '-시-, -았/었-, -겠-'을 결합시킬 수 있으며 주어는 일인칭이 되며 간절한 느낌이나 서술을 나타낸다. 그리고 어떤 조사와도 연결되지 않는다. '-노라'는 말할이 혼자서 느낌을 나타낼 때 쓰기도 하나 상대에게 대하여 말할 때 쓰이기도 한다.

(139) ㄱ. 가노라 삼각산아 다시 보자 한강수야.
　　　ㄴ. 부디 너희 내외 건강하기를 바라노라.
　　　ㄷ. 나는 네가 잘 되기를 바라노라.
　　　ㄹ. 내일은 비가 오겠노라.

ⓛ′ -으마: 어간 바로 뒤에 붙어서 들을이에게 직접 약속을 나타내므로 동사에만 쓰이면서 어떠한 선어말어미와도 결합할 수 없고 주어는 일인칭에 한한다. 그리고 조사는 연결될 수 없다.

(140) ㄱ. 내가 내일 10시에 가마.
　　　ㄴ. 보내 준 물건 잘 받으마.

ⓒ′ -을게: '-을 것이어'가 줄어들어 된 것으로 앞으로의 일을 들을이에게 직접 약속하는 뜻을 나타내며 선어말어미는 연결할 수 없고, 특수조사 '요'가 오면 성근말이 된다.

(141) ㄱ. 이것을 너에게 줄게.
　　　ㄴ. 나는 내일 갈게.
　　　ㄷ. 내일 갈게요.

(141ㄱ~ㄴ)에서 보듯이 '-을게'는 주어로서는 일인칭이어야 하고 동사에만 쓰인다.

ㄹ' -는걸/은걸: 이는 '-는/은 것을'이 줄어서 된 것인데 그 뒤에 오는 말을 줄이면서 강조하거나 의지를 나타낼 때 쓰인다. 그 앞에 '-시-, -았/었-, -겠-, -더-'를 취할 수 있다.

(142) ㄱ. 나는 여기 있겠는걸.

ㄴ. 이 꽃이 참 향기로웠던걸.

ㄷ. 그미는 참으로 착하겠는걸.

ㄹ. 너는 학교시절에 우수한 학생이었는걸.

ㅁ. 그는 착한걸.

(142ㄱ)에서 보면 주어가 일인칭일 때는 '-는걸'은 어떤 의지를 나타내고 (142ㄴ~ㅁ)의 것은 강조나 단정의 뜻을 나타내고 있다. (142ㄷ~ㄹ)에서 보면 형용사라도 '-았-, -겠-' 다음에는 '-는-'이 쓰임을 알 수 있다. 관형법이기 때문이다.

ㅁ' -은데/는데: '-은데'는 형용사에 '-는데'는 동사에 쓰인다. '-시-, -었/았-, -겠-, -더-' 등과 같이 쓰이는데 '-시-'와 쓰일 때는 동사냐 형용사냐에 따라 '-는데', '-은데'가 쓰이고 '-았/었-', '-겠-'과 쓰일 때는 동사, 형용사, 지정사를 가리지 않고 '-는데'가 쓰인다.

(143) ㄱ. 아버지는 여기 계시는데,

ㄴ. 너는 어릴 때 착했겠던데.

ㄷ. 이것이 보물이겠는데.

ㄹ. 그분은 참으로 훌륭하신데.

ⓗ′ -을걸: 이는 '-을 것을'이 줄어서 된 것으로 '-시-, -었/았-'
과만 쓰이고 조사 '-요'를 취할 수 있다. 추측의 뜻을 나타낸다.

(144) ㄱ. 그가 내일 올걸.
　　　ㄴ. 네가 이길걸.
　　　ㄷ. 내가 가게 될걸.
　　　ㄹ. 그가 왔을걸.
　　　ㅁ. 선생님이 오실걸(요).

ⓢ′ -을래: 이것은 일인칭·이인칭하고만 쓰이는데 의지를 나타내
다. 어떤 선어말어미와도 연결도지 않는다. 조사 '요'를 취하면 성근말
이 된다.

(145) ㄱ. 나는 여기 있을래.
　　　ㄴ. 나는 공부할래.
　　　ㄷ. 나도 종류.

(145ㄱ~ㄷ)에서 보듯이 의지를 나타내기 때문에 동사에만 쓰인다.

나. 보통비칭: 보통비칭은 장성한 아우나 제자나 종질부, 생질부, 중
년기 이상의 친구 사이나 타성의 장성한 후배에게 대하여 쓰는 어법으
로 보통비칭에는 '-네, (-는)다네, -으이, -ㄹ세, -음세' 등이 있
다.[25] 이들 보통비칭은 들을이의 면전에서 쓰인다.

㉠ -네: 어간 바로 다음에 쓰이는데 들을이를 덜 낮추어 말할 때
쓰인다. 선어말어미 '-시-, -았/었-, -겠-'을 그 앞에, '-요'를

─────────────

25) 이에 대하여 자세한 것은 대우법을 참고하여 주기 바란다.

뒤에 연결할 수 있다.

(146) ㄱ. 나는 이만 집으로 가네.

ㄴ. 자네가 나보다 낫네(겠네).

ㄷ. 이 사람, 이게 내가 말하던 그 책이네.

ㄹ. 어른께서 가시(셨)네요.

ⓛ -(는)다네: 종결어미 '-(는)다'에 다시 '-네'가 연결된 것으로 그 앞에 '-시-, -었/았-, -겠-'만 연결될 수 있으며 서술 및 느낌의 뜻을 나타낸다.

(147) ㄱ. 나는 어제 왔다네.

ㄴ. 나는 꽃이 핀다네.

ㄷ. 이 꽃은 아름답다네.

ㄹ. 이것은 책이라네.

(147ㄹ)에서 보면 지정사에는 '-라네'가 된다.

ⓒ -으이: 형용사의 어간에만 붙어서 쓰이는데 그 앞에 선어말어미 '-더-'만이 올 수 있다. 이때는 '-더이'로 되어 주로 물음에만 쓰인다. 만일 '-데'로 되면 '-으이' 하고는 관계가 없는 어미가 되고 만다.

(148) ㄱ. 날씨가 매우 좋으이.

ㄴ. 날씨가 매우 좋더이?

ㄷ. 건강이 어떠하이?

ㄹ. 오늘은 기분이 상쾌하이?

ㅁ. 나는 건강이 괜찮으이.

경우에 따라서는 '-데'가 극비칭으로 쓰이기도 한다. 이때의 문장 가락은 아주 낮다.

㉣ -ㄹ세: 지정사 '이다, 아니다'와 동사, 형용사의 어간에 쓰이는데 어떠한 선어말어미도 그 앞에 결합시킬 수 없다.

(149) ㄱ. 이건 국보일세.
　　　ㄴ. 여기에는 그는 안 올세.
　　　ㄷ. 우리나라는 전도가 유망할세.

'-ㄹ세'는 '-네'보다 다소 운율적이어서 부드러운 느낌을 주며 추정의 뜻도 함유하고 있다. 만일 동사, 형용사에 와서 문장가락을 낮추어 말하면 극비칭의 서술법이 된다.

㉤ -음세: 현재의 약속을 나타내므로 어간에 바로 붙어 쓰이는데 그 앞에는 어떠한 선어말어미도 결합될 수 없다. 물론 동사에만 쓰인다. 주어는 일인칭에 한한다.

(150) ㄱ. 그래, 내가 가짐세.
　　　ㄴ. 내일 내가 그곳으로 감세.
　　　ㄷ. 그것을 내가 받음세.

다. 보통존칭: 보통존칭은 형, 선배에 쓰는 어법인데 이 보통존칭에는 '-으오, -소, -지요, -아요/어요, -데요, -(는)구려, -다오, -로소이다' 등이 있다. 이는 그 뒤에 조사 '-요'를 연결시킬 수 없다. 왜냐하면, 보통존칭이 되기 때문이다. 보통존칭을 들을이의 면전에서 쓰는 것이 일반적이다.

㉠ -으오: '-오'는 모음 어간 다음에 쓰이고 '-으오'는 자음 어간 다음에 쓰인다. '-으오'는 현재일 때만 쓰이므로 선어말어미는 '-시-'만이 결합될 수 있으며 모든 용언에 다 쓰일 수 있다.

(151) ㄱ. 나는 매일 10시간씩 일을 하오.
　　　 ㄴ. 소는 풀만 먹으오.
　　　 ㄷ. 아버지는 내일 떠나시오.
　　　 ㄹ. 그미는 아주 착하오.
　　　 ㅁ. 인생은 뱃길과 같으오.
　　　 ㅂ. 나는 왕이오.
　　　 ㅅ. 저것은 책이 아니오.

㉡ -소: 동사, 형용사가 자음으로 끝날 때 앞의 '-오' 대신에 그 어간 다음에 쓰이는데 지정사에는 '-오'만이 쓰인다. '-소'가 동사의 어간 바로 다음에 쓰이면 명령법이 된다. '-소' 앞에는 '-았/었/, -겠-'만이 결합될 수 있다.

(152) ㄱ. 나는 편지를 잘 받았소.
　　　 ㄴ. 이곳은 참으로 아름답소.
　　　 ㄷ. 당신의 웨딩드레스는 정말 아름다웠소.
　　　 ㄹ. 그는 장차 훌륭한 사람이겠소.

(152ㄹ)에서 보듯이 지정사의 어간 '-이' 다음에 '-었-, -겠-' 등이 올 때는 종결어미는 '-소'가 쓰일 수 있다.

㉢ -리다: '-리다'의 '-다'는 추정의 선어말어미 '-리-'와 합하여 말할이의 어떤 의지를 나타낸다. 따라서 '-시-, -았/었-, -겠-, -더-'는 결합될 수 없고 동사에만 쓰인다.

(153) ㄱ. 제가 가리다.

　　　ㄴ. 제가 이 일을 처리하리다.

　ⓔ －지요: 모든 용언에 따 쓰이는데 '－지'에 조사 '－요'가 합하여
된 것으로 그 앞에 '－시－, －았/었－, －겠－'이 결합될 수 있다.

(154) ㄱ. 내가 이것을 찾아내었지요.

　　　ㄴ. 그미는 참으로 착하지요.

　　　ㄷ. 이것이 내가 사고 싶어하던 책이지요.

　　　ㄹ. 언젠가는 그이도 후회하시겠지요.

　ⓜ －어요/아요: 이것은 '－아/어'에 조사 '－요'가 합하여 된 것으로
폐음절나 개음절 아래에서 두루 쓰인다. '－어요/아요'는 그 앞에 선어
말어미 '－시－, －았－, －겠－'을 취할 수 있다.

(155) ㄱ. 그이가 갔어요.

　　　ㄴ. 영희가 아주 부지런해요.

　　　ㄷ. 이것이 책이어요.

　　　ㄹ. 비가 오겠어요.

　　　ㅁ. 선생님이 가시어요.

　ⓗ －네요: '－네'(이것은 보통비칭의 '네'가 아니고 극비칭의 '－네'임)에
'－요'가 합하여 된 것으로 모든 용언에 두루 쓰이며 선어말어미 '－시
－, －았/었－, －겠－'을 그 앞에 결합시킬 수 있다.

(156) ㄱ. 날씨가 너무 가무네요.

　　　ㄴ. 그 어른이 가시네요.

　　　ㄷ. 무궁화는 참으로 아름답네요.

ㄹ. 이것이 이조시대의 돈이네요.

ㅁ. 비가 많이 오겠네요.

ㅂ. 사람들이 많이 몰려 왔네요.

ⓢ -데요: '-더+이+요'로 이루어진 것인데 모든 용언에 두루 쓰이며 선어말어미는 '-시-', '-았/었-'만이 결합될 수 있다. 과거의 경험을 베풀어 나타낼 때 이 어미가 쓰인다.

(157) ㄱ. 그가 열심히 공부하데요.

ㄴ. 경치가 참 아름답데요.

ㄷ. 그가 참으로 우대한 분이데요.

ㄹ. 많은 분들이 일하고 계시데요.

◎ -(는)구려: '-는구려'는 동사의 현재에 쓰이고 '-구려'는 형용사, 지정사의 현재에 쓰인다. 선어말어미 '-시-, -았/었-, -겠-'을 그 앞에 결합할 수 있으며, '-시-'가 동사어간에 오면 '-는구려'가 쓰이나 '-았/었-, -겠-'이 오면 '-는'은 준다.

(158) ㄱ. 이게, 울릉도 호박엿이구려!

ㄴ. 자네도 이 일을 해 내었구려.

ㄷ. 비가 많이 오겠구려.

ㄹ. 영달이 그네들의 소망이구려.

ㅁ. 보고 싶었던 그이가 오시는구려.

ⓩ -다오: 다져 말할 때 쓰이는데 '-시-, -았/었-' 등이 그 앞에 올 수 있다. '-다오'는 일인칭, 이인칭, 삼인칭에 관계없이 쓰인다.

(159) ㄱ. 나는 간다오.

ㄴ. 그는 잘 있다오.

ㄷ. 그분은 벌써 가셨다오.

ㄹ. 당신은 예뻤다오.

라. 극존칭: 극존칭은 들을이의 면전에서 쓰는 존대법인데, 조부모, 부모, 스승, 나이 많은 어른, 외조부모, 외숙들에 대하여 쓴다. 극존칭에는 '-습니다, -나이다, -(사, 사오, 더)이다, -디다, -올시다, -니이다' 등이 있다.

㉠ -습니다: 이것은 '-습-'을 반드시 취하여야 하므로 지금은 '-습니다'를 아주 높임의 어미로 잡았다. '-습니다' 앞에는 '-시-', '-았/었-', '-겠-'을 취할 수 있다.

(160) ㄱ. 철수는 사법고시에 합격하였습니다.

ㄴ. 아이가 젖을 먹습니다.

ㄷ. 물가가 비쌉니다.

ㄹ. 우리는 훌륭한 대한민국의 국민입니다.

ㅁ. 저는 내일 서울 가겠습니다.

(160)에서 보면 '-습'은 폐음절 다음에 쓰이고 '-ㅂ-'은 개음절 다음에 쓰이는데 지정사에는 언제나 '-ㅂ-'만이 쓰인다. 경우에 따라서는 (160ㅁ)에서와 같이 '-습니다'에 조사 '-요'가 와서 '-습니다요'로 쓰이는 일이 있으나 점잖은 말은 아니다.

㉡ -나이다: 어간 바로 다음에 쓰이며 주로 글말에 쓰이어 들을이를 극진히 높이어 대우할 때 쓰인다.

(161) ㄱ. 비나이다, 비나이다, 하느님께 비나이다.

486

ㄴ. 선생님, 영희는 착하나이다.

이 '-나이다'는 지정사에는 쓰이지 않고 '-올시다' 또는 '-올습니다'가 쓰인다. 경우에 따라서는 '-올시다'에 조사 '-요'가 와서 쓰이는 일이 있으나 아랫사람이 상전에 대하여 말할 때 쓰는 어법이다.

(162) ㄱ. 이것이 저의 소원이올시다.

　　　ㄴ. 이것이 책이올시다요.

　　　ㄷ. 우리의 소원은 통일이올습니다.

'-올시다', '-올습니다' 앞에는 선어말어미는 결합될 수 없다 '-올습니다'는 특히 드물게 사람에 따라 쓰인다.

　ⓒ -이다: 어간 바로 다음에 연결되지 못하고 앞에 화자비칭 선어말어미, '-오-', '-사오-'나 경험선어말어미 '-더-'를 반드시 취하여야 한다. 모든 용언에 두루 쓰이어 '-사오이다', '-았사오이다', '-겠사오이다' 등과 같이 '-시-, -았/었-, -겠-' 등의 선어말어미를 '-오-', '-사오-' 앞에 결합시킬 수 있다.

(163) ㄱ. 저 건너편 밭에서 어머니가 부르오이다.

　　　ㄴ. 저 어른이 우리들의 올바른 지도자임을 믿사오이다.

　　　ㄷ. 비행기가 원자탄을 떨어뜨리니, 불길이 온천지를 뒤덮더이다.

　　　ㄹ. 금강산은 참으로 아름답더이다.

　　　ㅁ. 백범은 참으로 위대한 애국자이더이다.

'-이다'는 구어에서는 잘 쓰이지 않고 가끔 글말에서나 쓰인다.

　ⓓ -디다: '-더이다'가 글말에서 쓰인다면 '-디다'는 구어에서 쓰

인다 '-디다'나 '-더이다'는 말할이가 직접 경험한 것을 들을이에게
말할 때 쓰인다. 그 앞에 '-십-, -습-' 등의 어느 것이 연결되어야
한다. 그리고 '-디다'에 조사 '-요'가 와서 '-디다요'로 쓰이는 일이
있으나 아랫사람이 자기 윗사람에게 하는 어법이다.

(164) ㄱ. 그가 내일 온다고 합디다.

ㄴ. 금강산은 참으로 아름답습디다.

ㄷ. 그는 착한 사람입디다.

ㄹ. 할아버지는 아까 서울에 가십디다.

ㅁ. 나는 꿈에 그미를 사랑하고 있습디다.

(164ㄹ)에서 보면, '-십-'은 '-시+ㅂ'으로 된 것이요 (164ㄷ)의
'이다'의 '-이'에는 '-ㅂ'이 쓰이며, 동사, 형용사의 폐음절 밑에는 '-
습-'이 쓰인다. 일인칭이 주어가 될 때는 제약되는데 (164ㅁ)에서와
같이 꿈 이야기나 지나간 일을 돌이켜 남의 일처럼 이야기할 때는 가
능하다.

※ 오늘날 극존칭어로 착각하고 '-ㄹ게요', '-나요' 등의 말을 쓰나 '-ㄹ게요'는 보통존
칭으로 볼 수 있으나 쓰지 않는 것이 좋겠고, '-나요'는 선근말로서 어른이 손아래 젊
은이를 보고 쓰는 말이니 존대어는 아니다.

🗂 의문법

의문법의 들을이 대우법의 등분은 다음과 같다.

(165) ㄱ. 극비칭: -나, -냐, -느냐/으냐, -니, -을쏘냐, -으랴, -을까,
-을래

ㄴ. 보통비칭: -는가, -을가, -던가, -는고, -을고, -던고, -을

손가

ㄷ. 보통존칭: −오(소), −아요/어요, −지요, −으리오, −나요, −는
가요

ㄹ. 극존칭: −습니까, −나이까, −오이까, −오니까, −디까

이들 의문법의 모든 등분은 들을이의 면전에서 바로 쓰이는 것이
원칙이다.

가. 극비칭: 극비칭의 대상은 서술법의 극비칭 때와 같은데 극비칭
에는 '−나, −냐, −느냐/으냐, −니, −을쏘냐, −으랴, −을까, −을래'
등이 있다.

㉠ −나: 동사와 형용사의 어간에 바로 붙어 쓰이는데 그 앞에 선어
말어미 '−시−, −았/었−, −겠−, −더−' 등을 결합시킬 수 있다. 그
리고 또 조사 '−요'를 연결하면 보통존칭의 의문법이 될 수 있는데
성근어법이 된다.

(166) ㄱ. 너도 가나?

ㄴ. 나도 가나?

ㄷ. 그들은 무엇을 하나?

ㄹ. 그것이 적나, 많나?

ㅁ. 그가 갔나?

ㅂ. 그미가 얼굴이 예쁘겠더나?

ㅅ. 선생님께서 가시나요?

㉡ −냐: 모든 용언의 어간에 바로 붙어 쓰이는데 그 앞에 선어말어
미 '−시−, −았/었−, −더−'를 결합시킬 수 있다. '−나'와의 차이는
'−냐'는 지정사에 쓰이나 '−나'는 쓰일 수 없다. 보기에 따라서는 '−

냐'는 '느냐'의 준 것이 아니냐는 생각을 할 수 있겠으나 '이다'에 올 때 '이느냐'는 쓰일 수 없기 때문에 '-냐'는 '-느냐'의 준 것으로 볼 수 없다. 점잖은 어법으로 쓰이지 아니한다. '-냐'에 조사 '-요'를 결합할 수 없다.

(167) ㄱ. 그가 있냐?

ㄴ. 요즈음은 형편이 어떠하냐?

ㄷ. 이것이 무엇이냐?

ㄹ. 선생님이 가시냐?

ㅁ. 형편이 괜찮더냐?

ㅂ. 밥 먹었냐?

ⓒ -느냐/으냐: '-느냐'는 동사에 쓰이고 '-으냐'는 형용사에 쓰이며 지정사에는 '-냐'가 쓰인다. 선어말어미 '-시-, -았/었-, -겠-' 등을 결합시킬 수 있다. '-느냐/으냐'는 어간 바로 다음에 붙어 쓰이나 조사 '-요'는 연결할 수 없다.

(168) ㄱ. 너도 가느냐?

ㄴ. 그가 갔느냐?

ㄷ. 이 꽃이 좋으냐?

ㄹ. 이것이 무엇이냐?

ㅁ. 비가 오겠느냐?

ㅂ. 나도 가느냐?

ⓔ -니: 모든 용언의 어간에 바로 붙어 쓰이며 선어말어미 '-시-, -았/었-, -겠-'을 결합시킬 수 있다. 그러나 조사 '-요'는 결합할 수 없다.

(169) ㄱ. 너도 가니?

ㄴ. 그도 갔었니?

ㄷ. 그미는 착하니?

ㄹ. 이게 뭐니?

ㅁ. 이 나무에 꽃이 피겠니?

ⓜ -을쏘냐: 모든 용언의 어간에 바로 붙어 쓰이는데 선어말어미 '-시'만 쓰일 수 있다. 뜻은 '무엇을 할 수 없음'을 뒤집어 말하여 나타낼 때 쓰인다. 조사 '-요'는 결합할 수 없다.

(170) ㄱ. 내가 그에게 질쏘냐?

ㄴ. 이 늙은 나이에 어찌 얼굴이 고울쏘냐?

ㄷ. 이 아니 경사일쏘냐?

ㄹ. 선생님이 어찌 오실쏘냐?

ⓗ -으랴: 뒤집음 말에만 쓰이는데, 모든 용언의 어간에 바로 붙어 쓰인다. 선어말어미는 '-시-, -았/었-'만 쓰이고 물론 조사 '-요'는 결합할 수 없다.

(171) ㄱ. 어디로 가랴?

ㄴ. 우리가 어찌 애국자가 아니랴?

ㄷ. 그분이 왜 착하지 않으시랴?

ㄹ. 그가 어찌 착하랴?

ㅁ. 이것을 어찌 먹었으랴?

ⓢ -을까: 이것은 말할이의 의도를 나타내는데, 자신에게 묻고나 들을이에게 묻기 때문에 주어는 일인칭이라야 한다.

(172) ㄱ. 술을 한잔 먹을까?

    ㄴ. 우리 같이 갈까?

(172ㄱ~ㄴ)에서 보는 바대로 '-을까'는 동사에만 쓰인다.

그러나 말할이의 추측, 가능을 물을 때는 동사, 형용사, 지정사에 두루 쓰이는데 주어 제약은 없다.

(173) ㄱ. 그도 부자가 되었을까?

    ㄴ. 너는 자라면 예쁠까?

    ㄷ. 이것이 보물일까?

    ㄹ. 선생님께서 가실까?

이 '-을까'에는 선어말어미 '-시-', '-았/었-'이 쓰인다.

◎ -을래: 의도를 나타낼 때 서술법에도 쓰이는데, 의문법으로 쓰일 때는 억양이 올라간다. 들을이의 의사를 물을 때 쓰이므로 동사에만 쓰이고 주어는 이인칭이어야 한다.

(174) ㄱ. 이것 먹을래?

    ㄴ. 너도 같이 먹을래?

나. 보통비칭: 보통비칭의 대상은 서술법의 보통비칭 때와 같은데 보통비칭에는 '-는가/은가, -을까, -던가, -는고, -을고, -던고, -을손가' 등이 있다.

㉠ -는가/은가: '-는가'는 동사에, '-은가'는 형용사와 지정사에 쓰이는데 '-은가'는 폐음절, '-ㄴ가'는 개음절 다음에 쓰인다. 그런데 선어말어미 '-시-, -았/었-, -겠-, -던-'이 오면 동사, 형용사,

지정사, 할 것 없이 어미는 '-는가'로 된다. 그리하여 어떤 동작이나 상태를 묻는다. '-는가/은가'는 어간 바로 다음에 쓰이는데 '-는가/은가'에 조사 '-요'가 오면 성근말의 의문법이 된다.

(175) ㄱ. 자네는 어디 가시는가?

ㄴ. 어떻게 하면 좋겠는가?

ㄷ. 그곳은 날씨가 좋은가?

ㄹ. 이것은 무엇인가?

ㅁ. 어제는 날씨가 좋았는가?

ㅂ. 그는 옛날에 부자였는가?

ㅅ. 그는 옛날에 부자였던가?

ⓛ -을까: 모든 용언의 어간에 바로 붙어 쓰이며 선어말어미 '-시-', '-았/었-'만을 결합시킬 수 있고 추정의 동작이나 상태에 대하여 물을 때 쓰인다. '-을까'는 폐음절 다음에 쓰이고 '-ㄹ까'는 개음절 다음에 쓰인다. '-을까' 뒤 음절에 조사 '-요'가 오면 보통존칭의 의문어미가 된다. ('-요'가 와도 성근어법은 안 된다.)

(176) ㄱ. 나는 일을 할 수 있을까?

ㄴ. 그가 이 일을 할 수 있을까요?

ㄷ. 자네는 부자가 될까?

ㄹ. 이것이 훌륭한 작품일까?

ㅁ. 그분은 무사히 도착하셨을까?

ㅂ. 그들은 모두 기분이 좋았을까?

ㅅ. 그가 바란 것은 무엇이었을까?

ⓒ -(던)가: '-더-+ㄴ가'로 된 것인데 모든 용언의 어간 바로 뒤에 다 쓰이며 그 앞에 선어말어미 '-시-, -았/었-, -겠-' 등이 올

수 있고, 과거에 경험한 어떤 동작이나 상태를 물을 때 쓰인다. '-(던)가' 뒤에 조사 '-요'가 오면 보통존칭의 의문법이 된다.

(177) ㄱ. 그분이 어디 가셨던가?

　　　ㄴ. 내가 어디 가던가?

　　　ㄷ. 그가 정신을 차리겠던가?

　　　ㄹ. 선을 본 아가씨가 예쁘던가요?

　　　ㅁ. 어제 야유회가 재미었었던가?

　　　ㅂ. 그가 어떤 사람이(었)던가?

　　　ㅅ. 그렇게 말한 이가 누구이런가?

(177ㅅ)에서 보면 지정사 다음에서 '-던가'는 '-런가'로도 바뀌어 쓰임을 알 수 있다. 그리고 '-는가, -을가, -던가' 이외에 '-는고, -을고, -던고'가 잇는데 이들은 '-는가, -을가, -던가'와 그 쓰임은 같으나 다만 그 뜻에 있어서 다소의 위엄이 있는 것 같이 느껴지며 주로 글말에서 쓰인다.[26]

ⓔ -을손(쏜)가: 반문을 나타내는데 동사와 형용사, 지정사에 쓰이고 선어말어미는 취할 수 없다. 어간 바로 뒤에 쓰이며 조사 '-요'는 취하지 않는다.

(178) ㄱ. 그에게서 무엇을 얻을손가?

　　　ㄴ. 그가 어찌 착할손가?

(178ㄱ)은 '얻지 못 한다'는 뜻이요, (178ㄴ)은 '착하지 않다'는 뜻이다.

---

[26] 중세국어에서는 의문사 의문문에서는 '-는고, -을고, -던고'가 쓰이고, 그렇지 않을 때는 '-는가, -을가, -던가'가 쓰이는 구별이 있었으나 현대 국어에서는 그런 구별은 없어졌다.

다. 보통존칭: 보통존칭의 대상은 서술법의 보통존칭 때와 같은데 이에는 '-오/소, -아요/어요, -지요' 등이 있으며 이들 어미는 모두 어간 바로 뒤에 쓰이며 조사 '-요'는 취할 수 없다.

㉠ -오/소: '-오'는 개음절 다음에 쓰이고 폐음절 다음에서는 '-으오'와 '-소'가 쓰인다. '-오'는 모든 용언에 다 쓰이고 '-소'는 동사, 형용사에만 쓰이는데 '-소'가 개음절 다음에 쓰이면 의문법이 안 되고 명령법이 된다. '-오/소'는 '-시-, -았/었-, -겠-'의 선어말어미를 그 앞에 결합시킬 수 있다.

(179) ㄱ. 어디를 가시오?

　　　ㄴ. 그 학생이 참으로 착하겠소?

　　　ㄷ. 당신은 무슨 책을 읽으오?

　　　ㄹ. 당신은 무슨 책을 읽소?

　　　ㅁ. 왜 이 방이 이렇게 어둡소?

　　　ㅂ. 이것이 무엇이오?

　　　ㅅ. 당신은 어디로 갔소?

특히 (179ㄷ)과 (179ㄹ)을 보면 어떤 경우에 '읽으오?'가 쓰이고 어떤 경우에 '읽소?'가 쓰이느냐가 문제이나 등급에는 차이가 없으나 다만 어김에 차이가 있을 것으로 보인다. '-소'는 직설적인 느낌이 있고 '-으오'는 좀 우회적이면서도 부드러운 느낌을 준다.

㉡ -아요/어요: 반말어미 '-아/어'에 조사 '-요'가 붙어서 이루어진 것으로 모든 용언에 다 쓰이며 '-시-, -았/었-, -겠-'을 그 앞에 결합시킬 수 있다. 그런데 '-았/었-, -겠-, -던-' 다음에는 '-아요'는 쓰일 수 없고 '-어요'만이 쓰인다. '-어요/아요'가 오면 성근 말이 될 때도 있다. 이 어법은 명령법의 '-아요/어요'와 다른데 그것

은 억양이 있다.

(180) ㄱ. 무엇을 먹겠어요?

　　　ㄴ. 이 방이 왜 어두워요?

　　　ㄷ. 이것이 비디오예요?

　　　ㄹ. 이것이 보이어요?

　　　ㅁ. 식사를 하셨어요?

　　　ㅂ. 병이 나아요?

ⓒ －지요: 반말어미 '－지'에 '－요'가 와서 이루어진 것으로 모든 용언의 어간 바로 뒤에 쓰이며 '－시－, －았/었－, －겠－'을 결합시킬 수 있다. 이것은 주어 제약은 없으며 뜻은 무엇을 단정하여 묻는 데 있다. '－지요'는 문장가락을 낮추어 말하면 서술법이 된다(181ㅂ 참조).

(181) ㄱ. 어디 가(시)지요?

　　　ㄴ. 이 꽃이 향기롭지요?

　　　ㄷ. 이것이 도라지꽃이지요?

　　　ㄹ. 이 책을 다 읽었지요?

　　　ㅁ. 이번에는 합격하겠지요?

　　　ㅂ. 나는 늘 여기 있지요.

ⓔ －으리오: 선어말어미 '－리－' 다음에 '－어'가 와 있으므로 ㅈ; 정사에만 쓰인다. 따라서 선어말어미는 결합할 수 없으며 모든 용언에 두루 쓰인다.

(182) ㄱ. 그를 그리워한들 무엇하리오?

　　　ㄴ. 이렇게 비가 오는데 어찌 내일 날씨가 좋으리오?

　　　ㄷ. 어찌 내가 행운아이리오?

그리고 다음과 같은 어법은 좋지 않으므로 여기서 덧붙여 설명한다.

(182′) ㄱ. 선생님 계신가요?

　　　ㄴ. 어디 가는가요?

이 어법은 요즈음 사람들이 보통으로 쓰는데 아주 좋지 않은 어법이니 쓰지 않는 것이 좋다.

단, 어떤 사람들은 이 어법이 극존칭으로 생각하나 절대로 그렇지 아니하다.

ⓔ -나요: 선어말어미 '-시-' 다음에 쓰일 수 있으나, 이 어미에 의한 대우법은 '선근말'이 되기 때문에 어른에 대하여는 쓸 수 없고 자기보다 손아래 사람에게 써야 한다(선근 사이에 써야 한다).

(198″) ㄱ. 선생님 계신가요?

　　　ㄴ. 이것은 얼마 하나요?

　　　ㄷ. 무엇을 찾나요?

라. 극존칭: 극존칭의 대상은 서술법의 극존칭 때와 같은데 이에는 '-습니까, -나이까, -오이까, -오니까, -더이까' 등이 있다.

㉠ -습니까: 여기서 '-습-'은 말할이 비칭의 선어말어미인데 '-니까'는 반드시 이들 선어말어미를 취하여야만 극존칭의 구실을 할 수 있으므로 모두 어미로 다루었다. '-습니까'는 동사, 형용사에만 쓰이고 '이다'에는 '-ㅂ니까'가 쓰이며 그 앞에 '-시-, -았/었-, -겠-'의 선어말어미를 결합할 수 있다. 어간이 개음절이냐 폐음절이냐에 따라 '-ㅂ-'과 '-습-'으로 구별·사용된다. '-습-'은 폐음절이냐에 따라 '-ㅂ-'과 '-습-'으로 구별·사용된다. '-습-'은 폐음절 다음

에서만 쓰인다. 또 겸양 선어말어미 '-사옵-'이 '-니까'와 결합하여 극존칭으로 쓰일 수 있다. 주어 제약은 없다.

(183) ㄱ. 어디 가십니까?

ㄴ. 무궁화는 얼마나 아름답습니까?

ㄷ. 이것이 소중한 문화재입니까?

ㄹ. 언제 오셨습니까?

ㅁ. 이번 올림픽 대회가 얼마나 훌륭하였습니까?

ㅂ. 저를 믿사옵니까?

'-습니까' 다음에 조사 '-요'를 붙여서 '-습니까요'로 쓰는 일이 있으나 이 말은 신분이 낮은 사람들이 쓰는 말로서 점잖은 말로는 생각되지 않는다.

(184) ㄱ. 어디 가십니까요?

ㄴ. 어르신, 오셨습니까요?

ⓒ -나이까, -오이까, -오니까, -더이까: '-나이까'와 '-오이까' 는 동사, 형용사에 쓰이고 '-오니까'는 지정사에 쓰인다. '-오이까'가 형용사일 쓰일 때 '-사오이까?' 형식으로 많이 쓰인다. '-더이까'는 모든 용언에 다 쓰인다. 이들 어미는 글말에서 주로 쓰인다. '-나이까' 앞에는 '-시-, -았/었-, -겠-' 등이 연결될 수 있다.

(185) ㄱ. 여기에서 무엇을 하오이까?

ㄴ. 저도 동행하나이까?

ㄷ. 이 꽃이 얼마나 향기롭사오이까?

ㄹ. 그것이 무엇이오니까?

ㅁ. 언제 오셨나이까?

ㅂ. 그가 무엇을 하더이까?

📁 명령법

　명령법의 청자존대법의 등분은 다음과 같은데, 이들은 모두 들을이
의 면전에서 직접 사용되는 것이 특징이다. 이 명령법의 각 등분은
선어말어미와 결합되지 않는다. 그리고 동사에만 쓰임이 일반적이다.

(186) ㄱ. 극비칭: －으라, －아라/어라(너라, 거라), －려무나(렴)/려마
　　　ㄴ. 보통비칭: －게, －세
　　　ㄷ. 보통존칭: －으오/으소, －시오, －아요/어요, －구려
　　　ㄹ. 극존칭: －세요, －으소서, －십시오

　가. 극비칭: 극비칭의 대상은 서술법의 극비칭 때와 같은데 극비칭
에는 '－으라, －아라/어라(너라, 거라), －려무나(렴)/려마' 등이 있는
데, 이들 어미에는 조사 '－요'가 결합되지 않으며 선어말어미들도 연
결되지 않는다.

　㉠ －으라: 일반적으로 넓은 뜻으로 쓰인다. 즉 누구라고 지정하지
아니하고 여러 대상을 상대로 할 때 쓰인다.

(187) ㄱ. 다음 물음에 답하라.
　　　ㄴ. 소년들이여, 큰뜻을 가지라.
　　　ㄷ. 오라, 오라, 이 곳으로.

　㉡ －아라/어라: 이것은 분명히 지정한 상대에 대하여 쓰는 명령법
인데 '하다'에는 '－여라'가 쓰인다. 이 이외에 '가다, 있다, 자다, 나다'
따위동사의 명령법에는 '－거라'가 쓰이고 '오다' 따위에는 '－너라'가

쓰인다.

(188) ㄱ. 아가, 보아라.

ㄴ. 너는 밥을 많이 먹어라.

ㄷ. 공부를 많이 하여라.

ㄹ. 가거라, 38선아.

ㅁ. 철수야 빨리 밖으로 나오너라.

ⓒ –려무나(렴)/려마: '–으라'와 '–아라' 따위가 말할이 중심의 명령법이라면 '–려무나/려마'는 들을이의 의사에 따라 허락하는 마음에서 하는 시킴을 나타낼 때 쓰이기도 하고 말할이의 바람을 나타낼 때 쓰이기도 하고 말할이의 바람을 나타내는 시킴에도 쓰인다. '–렴'은 '–려무나'의 준 형태이다.

(189) ㄱ. 가려마, 어서 가려마.

ㄴ. 부디 좀 오려무나(오렴)

ㄷ. 먹고 싶으면 먹으려무나.

(189ㄱ)에서 보면 '–려마'가 오면 '–거라'는 쓰일 수 없으며 (189ㄴ)에서도 '–려무나'가 오니까 '–너라'는 쓰일 수 없다. 앞에서 말한 바와 같이 명령법이기 때문에 선어말어미는 연결될 수 없다.

나. 보통비칭: 보통비칭의 대상은 서술법의 경우와 같은데 보통비칭에는 '–게', '–세'가 있다.

(190) ㄱ. 이 뉴스를 좀 들어 보게.

ㄴ. 부디 이번에는 꼭 합격하세.

다. 보통존칭: 보통존칭의 대상은 서술법의 보통존칭 때와 같은데 보통존칭에는 '-으오/으소, -시오, -아요/어요, -구려' 등이 있다. 이 어미들에도 선어말어미와 조사 '-요'는 연결될 수 없다.

㉠ -으오/으소: '-오'는 개음절 밑에 쓰이고 '-으오'와 '-으소'는 폐음절 밑에 쓰인다.

(191) ㄱ. 잘 가오, 부디 잘 가오.
　　ㄴ. 이것을 받으오.
　　ㄷ. 잘 가오, 잘 있소.
　　ㄹ. 이것 좀 먹으소.

'-소'는('있소'는 예외) 때로는 '먹소'와 같이 쓰이나 표준어법은 아니다.

㉡ -시오: 이것은 '-오' 앞에 주체존대어 '-시-'를 더하여 '-오' 보다는 조금 높여서 말할 때 사용한다.

(192) ㄱ. 빨리 가시오.
　　ㄴ. 이것 좀 받으시오.

㉢ -아요/어요: 이것 또한 반말어미 '-아/어'에 조사 '-요'를 결합하여 된 것이다.[27] 이 어미가 오면 성근말이 될 때도 있다.

(193) ㄱ. 잘 부탁해요.
　　ㄴ. 맛이 없더라도 좀 많이 들어요.

---

27) 요즈음 젊은이들이 이 어미를 가지고 어른들에게 많이 사용하고 있으나 그것은 잘못이니 삼가야 할 것이다. 즉 '-습니다'로 써야 한다.

ⓔ -구려: 들을이의 뜻을 존중하여 내림조로 시킬 때 쓰이는데, 조사 '-요'는 연결되지 않고, '-시-'는 연결될 수 있다.

(194) ㄱ. 당신도 가(시)구려.
ㄴ. 당신의 뜻이 그러하면, 여기 있구려.

라. 극존칭: 극존칭의 대상은 서술법의 극존칭의 경우와 같은데, 극존칭에는 '-세요, -으소서, -십시오, -시지오' 등이 있다.

㉠ -세요: 이 어미는 어간에 바로 붙어 쓰이는데 서울에서 쓰던 사투리던 것을 표준말로 삼은 것으로 대중이나 개인을 대상으로 널리 쓰인다.

(195) ㄱ. 어서 오세요.
ㄴ. 이것을 받아 주세요.

㉡ -으소서: 이것은 글말투로 쓰이는데, 어간에 바로 붙어 쓰이나 오늘날 구어에서는 잘 쓰이지 아니한다.

(196) ㄱ. 당신에게 드립니다, 받아 주소서.
ㄴ. 우리에게 자유를 주옵소서. 아니면, 죽음을 내리옵소서.28)

(196ㄴ)에서 보면 '-으소서'는 그 앞에 말할이 비칭선어말어미, '-옵-'이 쓰일 수 있음을 보이고 있다.

㉢ -십시오: 이것은 '-오' 앞에 '-십시-'(-시+ㅂ+시-)를 덧붙여

---

28) 최현배, 『우리말본』, 정음사, 1959, 267쪽에서 따옴.

서 이루어진 것인데 들을이를 극히 높여서 말하기 위한 까닭이다. 어간에 바로 붙어 쓰인다.

(197) ㄱ. 선생님, 어서 오십시오.
　　　 ㄴ. 일을 너무 많이 하지 마십시오.

ㄹ. ─시지요: '─시지요'는 경우에 따라서는 권유도 되나 정중한 명령법에서 자주 쓰인다.

(198) ㄱ. 할아버지, 어서 가시지요.
　　　 ㄴ. 아버님께서는 그냥 누워 계시지요.

'─시지요'는 '시+지+요'로 된 것으로 어간에 바로 붙어 쓰이는데, 끝의 '─요'는 조사이다.
끝으로 덧붙여 둘 것은 본래 명령법은 동사에만 가능하나 오늘날은 형용사나 지정사에도 명령법을 쓰는 일이 있다.

(198′) ㄱ. 정직하여라.
　　　 ㄴ. 부지런하여라.
　　　 ㄷ. 착한 어린이어라.

(198′ㄱ~ㄴ)의 형용사는 자제 가능한 형용사이다. 즉 정직하고자 하거나 부지런하고자 하면 그렇게 할 수 있다. 따라서 자제 가능한 형용사에는 명령법을 적용할 수 있다.
그러나 '이어라'는 다소 무리가 없지 않으나, 국민들이 계속 많이 쓰게 되면 지정사에도 명령법이 정착될 수도 있을 것이다.
형용사 중에서 자제 가능한 것에는 '정직하다, 착하다, 부지런하다, 씩씩하다, 조용하다, 성실하다, 어질다, 알뜰하다, 공손하다, 얌전하다,

꾸준하다, …' 등이 있다.

📂 권유법

권유법의 들을이 대우법의 등분에는 다음과 같은 것이 있다. 이들 각 등분은 들을이의 면전에서 직접 쓰이는 것이 특징이다.

(199) ㄱ. 극비칭: -자.
ㄴ. 보통비칭: -세/음세.
ㄷ. 보통존칭: -읍시다/읍세다.
ㄹ. 극존칭: -으십시다/으십세다, -시지요.

가. 극비칭: 극비칭의 대상은 서술법의 극비칭 때와 같은데, 극비칭에는 '-자' 하나가 있다. 이것은 어간에 바로 붙어 쓰이며 그 뒤에 조사를 취하지 않는다.

(200) ㄱ. 비가 올라, 빨리 가자.
ㄴ. 학교 종이 땡땡 친다. 어서 모이자.

나. 보통비칭: 보통비칭에의 대상은 서술법의 보통비칭의 경우와 같은데 이에는 '-세/음세'가 있다. 이것은 어간에 바로 붙어 쓰이며 조사 '-요'를 취하지 못한다.

(201) ㄱ. 노세 노세 젊어 노세.
ㄴ. 자네도 같이 가세(감세).

이 '-세'는 때로는 '-음세'로 쓰이기도 한다.

(202) ㄱ. 자네도 같이 감세.

ㄴ. 그래, 이것을 받음세.

다. 보통존칭: 보통존칭의 대상은 서술법의 보통존칭 때와 같은데 보통존칭에는 '-읍세다/읍시다'가 있다. 이들은 어간에 바로 붙어 쓰이며 그 뒤에 조사 '-요'를 붙여서 높임을 더하는 일이 있으나 옳은 어법은 아니다.

(203) ㄱ. ㉮ 우리 학교에 갑세다.

㉯ 우리 학교에 갑시다.

ㄴ. ㉮ 이제 그만 쉽세다요.

㉯ 이제 그만 쉽시다요.

(203ㄱ~ㄴ)의 ㉮는 옛말투고 ㉯는 현대어에서 주로 쓰인다. 그리고 (203ㄴ)의 ㉮~㉯에는 '-요'가 와 있으나 점잖은 어법은 아니다.

라. 극존칭: 극존칭의 대상은 서술법의 극존칭의 경우와 같은데 극존칭에는 '-으십시다/으십세다, -시지요' 등이 있다. 이들은 어간에 바로 붙어 쓰이는데 '-으십시다/으십세다'에는 '-요'가 쓰일 수 있어 높임을 더하게 되나 점잖은 어법은 아니다.

㉠ -으십시다/으십세다: 이는 '으시+ㅂ+시+다/으시+ㅂ+세다'로 된 것이다.

(204) ㄱ. ㉮ 모두 같이 가십시다.

㉯ 모두 같이 가십세다.

ㄴ. ㉮ 같이 가십시다요.

㉯ 같이 가십세다요.

(204ㄱ~ㄴ)의 ㉮는 현대어에서 쓰는 말이요, ㉯는 옛말투로서 오늘날 잘 쓰이지 않는다. (204ㄴ)의 ㉮~㉯에는 조사 '-요'가 와서 높임을 더하고 있으나 좋은 어법은 아니다.

ⓛ -시지요: 이것은 '시+지+요'로 되어 들을이를 아주 높여서 권유하는 뜻으로 쓰인다.

(205) ㄱ. 할아버지, 버스를 타시지요.
　　　 ㄴ. 할아버지, 지금 출발하시지요.

앞에서 명령법의 경우는 형용사나 지정사도 가끔 시킴의 형식으로 쓰이는 일이 있다 하였는데, 권유법은 형용사만 이와 같이 쓰이는 일이 있다.

(206) ㄱ. 우리 모두 성실하자.
　　　 ㄴ. 여러분, 모두 부지런합시다.

(206ㄱ~ㄴ)에서의 '성실하다, 부지런하다'는 모두 자제 가능한 형용사이다. 이런 형용사는 권유법이 가능하다. 그러나 지정사의 경우는 권유법을 인정하기는 힘들 것 같다.

📁 반말

이것은 극비칭과 보통존칭 중간에 오는 어법으로 부부 사이나 친한 친구 사이에서 쓰거나 또는 집안 사람 사이에서 나이는 적고 촌수는 위인 사람이 촌수는 아래이나 나이를 더한 사람에게 대하여 하는 어법이다.

(207) ㄱ. ㉮ (손자벌 되는 나이 많은 사람) △△할아버지 어디 가십니까?

　　　㉯ (할아버지벌 되는 나이 적은 사람) 서울 가.

　　ㄴ. ㉮ (나이를 더한 조카벌 되는 사람) 아저씨 뭘 합니까?

　　　㉯ (나이 적은 아저씨벌 되는 사람) 콩밭 매고 있어.

반말법, 즉 서술법, 의문법, 명령법, 권유법의 것을 한데 모아 보면
다음과 같다.

품사 의향법	동사	형용사	지정사
서술법	-아/어, -지, -거든	-아/어, -지, -거든	-어, -지, -거든
의문법	-아/어, -지	-아/어, -지	-어, -지
명령법	-아/어	-아/어	
권유법	-아/어, -지	-아/어, -지	

위의 표에서 보면 세 용언의 반말어미는 서술법은 모두 같되 지정사
는 '-어', '-지'만 쓰이고 '-아'는 쓰이지 않는다. 의문법은 동사, 형
용사, 지정사('-아'는 안 쓰임)에 공통이고 명령법, 권유법의 반말법은
동사에만 쓰이는데, 특히 형용사의 경우는 자제 가능한 것은 명령법과
권유법이 다 가능하다. 이들 어법도 들을이의 면전에서 직접 쓰이는
것이 특징이다.

(208) ㄱ. ㉮ 할아버지께서는 방에 계셔. ↘

　　　㉯ 밖에는 비가 많이 오거든. ↘

　　ㄴ. ㉮ 꽃이 참 향기로워. ↘

　　　㉯ 그는 참으로 착하지. ↘

　　ㄷ. ㉮ 이것이 나의 저서야. ↘

　　　㉯ 여기가 포석정이지. ↘

　　ㄹ. ㉮ 그가 이겼어? ↗

ⓑ 그가 이겼지? ↗

ㅁ. ㉮ 이 꽃이 예쁘지? ↗

ⓑ 이 꽃이 향기롭지? ↗

ㅂ. ㉮ 여기가 경포대야? ↗

ⓑ 저것이 비비초지? ↗

ㅅ. ㉮ 좀 자주 놀러 와. ↘

ⓑ 어서 학교에 가지. ↘

ⓒ 좀 조용해. ↘

ㅇ. ㉮ 같이 가아 → (시킴보다는 좀 길게)

ⓑ 같이 가지 → (시킴보다는 좀 길게)

ⓒ 좀 조용하지 → (시킴보다는 좀 길게)

(208ㄱ~ㄷ)은 서술법에 있어서의 동사, 형용사, 지정사의 반말법의 보기이며 (208ㄹ~ㅂ)은 의문법에서의 동사, 형용사, 지정사의 반말법의 보기요 (208ㅅ~ㅇ)은 동사의 명령법과 권유법 및 형용사의 반말법을 보인 것이다.

2) 연결법

이것은 앞뒤 말의 관계를 나타내는 순수 통어상의 범주로서 그 통어적 관계는 매우 복잡하므로 연결법은 다양하게 발달하여 있다. 그러므로 각 법들은 뭇뜻을 가지고 있어서 그 쓰임도 다양하다. 그래서 이것들을 몇 가지의 한정된 범주로 나누기는 매우 어려운 일이나 그 구실과 중심뜻에 따라 다음과 같이 나눈다.

(209) **연결법**

㉮ 뒷 절에 이어짐: 절연결법

제약법, 불구법, 나열법, 설명법, 비교법, 선택법, 동시법, 전환법,

첨가법, 비례법, 의도법, 의문법, 처지법, 노력법, 아쉬움법, 추정
법, 반복법

㉯ 의존 서술어를 잇게 함: 의존연결법
부정의존법, 사동의존법, 가능의존법, 진행의존법, 완료의존법, 봉사
의존법, 시행의존법, 강조의존법, 당연의존법, 시인의존법, 가식의존
법, 가능의존법, 두기의존법, 희망의존법, 이행의존법, 양상의존법,
성취의존법, 반복의존법, 의도의존법, 추측의존법, 가치의존법

(209)에서 절연결법의 범주에 드는 어미를 연결어미라 하고 의존연
결법의 범주에 드는 어미를 의존연결어미라 부르기로 한다.

📁 절연결법

가. 제약법: 앞 절 서술어의 연결법이 뒷 절의 내용이 드러남을 제약
하는 조건이 되는 법을 제약법이라 하고 이에는 다음 여섯 종류가 있다.

㉠ 가정법: 아직은 들어나지 않았으나 들어나리라고 가상하는 뜻을
나타내는데, 다음과 같은 여러 어미로 된다.

ⅰ) -으면: 이제나 장차에 어떤 일이나 상태가 이루어질 것을 가정
하는 뜻을 나타낸다. 주어 제약은 없으며 선어말어미 '-시-,
-었/았-, -겠-'을 연결할 수 있다.

(210) ㄱ. 이 꽃이 피었으면, 얼마나 아름다울까?
ㄴ. 네가 아름답다면, 얼마나 기분이 좋을까?
ㄷ. 이것이 돈이(라)면 얼마나 좋을까?

(210ㄷ)에서 보면 지정사에 '-면'이 올 때는 '-라면'으로도 된다.

그런데 과거의 가정을 나타낼 때 '-더'가 오면 동사나 형용사에도 '-라면'이 쓰인다. 선어말어미와 쓰이면 '-시었더라면'이나 '-었더라면'으로 되거나 '-겠으면'의 꼴로 되나 '-겠으면'의 경우 종결절 의향법은 '-아라/어라', '-자', '-겠다' 등으로 된다.

(211) ㄱ. 네가 가겠으면, 가거라(가자).

ㄴ. 비가 일찍 왔더라면, 풍년이 들었을텐데.

ii) -는다면/은다면: 전혀 불가능한 것을 가정함을 나타낸다. 또 '-았/었-'이 오면 과거의 불가능했던 가정을 나타낸다.

(212) ㄱ. 만약에 천만원이 생긴다면(은), 다이아 목걸이를 사 줄 텐데.

ㄴ. 꿈에라도 그대를 보았다면(은) 한이 없겠는데.

iii) -을 것 같으면: 앞으로 다가 올 일이나 일반적인 일을 가정하거나 '-었/았-'을 취하여 지나간 일을 가상한다. 선어말어미는 '-았/었-' 이외에 '-시-'가 쓰이며 주어 제약은 없다.

(213) ㄱ. 기왕에 오실 것 같으면, 빨리 오시오.

ㄴ. 여름에 비가 올 것 같으면, 나는 늘 옛날을 회상하면서 시간을 보냈다.

ㄷ. 그가 왔을것같으면, 부모들이 얼마나 좋아하셨을까?

iv) -기만 -면: 이것은 '반드시 그렇게 되면'의 뜻으로 가상함을 나타낸다. '-면' 앞에 '-시-, -었/았-'을 취할 수 있고 주어 제약은 없다.

(214) ㄱ. 그분이 가시기만 가셨으면, 큰일 날 뻔하였다.

ㄴ. 예쁘<u>기만</u> 예쁘면, 나는 그미와 결혼하였겠다.

ㄷ. 이것이 돈이<u>기만</u> 하면 얼마나 좋을까?

'-기만 -면'이 지정사에 쓰이면 (214ㄷ)에서와 같이 반드시 '-기만 하면'의 형식으로 쓰인다. (214ㄱ~ㄴ)에서 보듯이 '-기만'에 오는 말이 '-면'에도 쓰이나 그것을 줄여서 '-면' 앞에는 대용용언 '-하'를 써서 '가기만 하면'식으로 말하기도 한다.

v) -을라치면: 이것은 어떤 행위나 상태가 되면 어떤 습관적인 일이나 가상 등을 나타낸다. 그 앞에 선어말어미 '-시-', '-았/었-'은 결합될 수 있다. 주어 제약은 받지 않는다.

(215) ㄱ. 비가 오실라치면, 그는 잠만 잔다.

ㄴ. 날씨가 좋을라치면, 으례히 우리는 그를 찾아갔다.

ㄷ. 그것이 돈일라치면, 얼마나 좋을까?

vi) -거든/거들랑: 선택적인 일이나 현실적으로 확실성이 있는 일을 조건으로 함을 나타낸다. 그 앞에 '-시-, -았/었-, -겠-' 등을 연결할 수 있다.

(216) ㄱ. 집에 가(시)거든, 어른께 나의 안부를 삻아 주게.

ㄴ. 네가 이겼거든(이겼거들랑), 진 사람을 위로해 주지 그래.

ㄷ. 비가 오겠거든(오겠거들랑), 집에 있자.

ㄹ. 그미가 예쁘거든, 아내로 삼아라.

ㅁ. 내가 가거든 돈을 주겠느냐?

다음에 '-거든'과 '-면'의 차이점을 보이기로 한다.

-거든	-면
확실성이 있는 일을 조건으로 함	일반적, 진리적인 사실을 가정
선택적 조건을 나타냄	그렇지 않은 일을 가정
현실적 사실을 조건으로 함	미래적 사실의 가정
'-았더라-'가 올 수 없음	'-았더라-'가 올 수 있다.
가정법 과거는 안 됨	가정법 과거가 됨
뒷 절이 명령법이 될 수 있음	뒷 절이 명령법이 될 수 있음

vii) -다가는: 부정적인 뜻으로 가정함을 나타내는데 그 앞에 '-시
-, -았/었-'를 연결할 수 있다.

(217) ㄱ. 만일 이것을 먹다가는, 너는 혼날 줄 알아라.

ㄴ. 만일 거짓말을 하였다가는 너는 쫓겨날 것이다.

ㄷ. 만일 가시다가는, 큰일납니다.

viii) -을진대: 이것은 모든 용언에 다 쓰일 수 있는데 앞뒤 절의 주
어가 다르거나 같음에 관계없이 쓰인다. 이것은 앞 절의 내용
에 따라 뒷 절도 그와 같이 하지 않을 수 없음을 말할 때 쓰이
는데, '-시-', '-았/었-'을 그 앞에 취할 수 있다.

(218) ㄱ. 네가 그리 할진대(댄), 난들 어찌하겠는가?

ㄴ. 폭우가 쏟아졌을진대, 어찌 비 피해를 막았으리오?

ㄷ. 이것이 적을진대, 그것은 말할 것도 없다.

ㄹ. 네가 학생일진대, 이럴 수가 있나?

ix) -(더)ㄴ들: 이것은 현재의 가상도 나타내나, 그 앞에 완결의 '-
았/었-'을 취하면 과거에 하였더라면 좋았을 것을 하지 않아
후회함을 나타낼 때 쓰인다. 동사, 형용사, 지정사에 두루 쓰임
은 물론이다.

(219) ㄱ. 나도 있었던들 일이 잘 되었을 걸.

ㄴ. 얼굴이 예뻤던들, 큰일 날 뻔했네.[29)]

ㄷ. 만약 내였던들, 가만히 있지 않았을 것이다.

ⓒ 까닭법: 순전히 까닭이나 때문을 나타내는데 '-므로, -매, -기에/길래, -건대' 등이 있다.

ⅰ) -므로: 이 어미는 논리적으로 따져서 순수히 까닭이나 때문을 나타내며 '-시-, -았/었-'을 취할 수 있다.

(220) ㄱ. 비가 오므로, 나는 집에 있었다.

ㄴ. 나라가 부유하므로, 우리는 행복하다.

ㄷ. 한글은 훌륭한 글이므로, 사랑하며 가꾸어야 한다.

ㄹ. 비가 알맞게 왔으므로, 풍년이 되었다.

ㅁ. 아버지께서 오시므로, 마중하러 나와야 한다.

ⅱ) -매: 이것은 어떤 일에 얽매임이 까닭이나 때문 또는 결과를 나타내며 '-시-'를 연결할 수 있다.

(221) ㄱ. 이 월사가 대제학을 천거하시매, 거절하였다.

ㄴ. 그가 얄미우매, 나는 그만 화를 내고 말았다.

ㄷ. 나와 보매, 말 위에 앉은 사람이 바로 김장군이었다.

ⅲ) -기에/길래: '-기에'와 '-길래'는 변이 형태로 보아진다. 모두 같은 문맥에서 사용될 뿐 아니라, '-기에'와 '-길래'를 바꾸어 보아도 문법적인 문장이 되기 때문이다. '-시-, -았/었-, -

─────────────

29) 위의 책, 491쪽에서 따옴.

겠-'을 연결할 수 있다. 구어에서는 '-길래'가 많이 쓰인다.

(222) ㄱ. 산너머 남촌에는 누가 사시길래, 해마다 봄바람이 남으로 올까?

ㄴ. 방안이 하도 조용하기에, 문을 열어 보니 모두 자고 있었다.

ㄷ. 너는 어디를 가겠기에, 그리 야단스러우냐?

ㄹ. 무슨 짓을 하였길래, 그리 야단을 맞았느냐?

(222ㄱ, ㄷ)에서 보면 '-기에/길래'는 의문대명사가 올 때에는 반드시 쓰인다는 점이 '-므로'나 '-매'와 다르다.

(223) ㄱ. A와 B가 같고 B와 C가 같으므로 A와 C는 같다.

ㄴ. *A와 B가 같고 B와 C가 같길래 A와 C는 같다.

ㄷ. 그가 하도 까불기에 나는 때려 주었다.

(223ㄱ)에서 보면 '-므로'는 논리적으로 따져서 까닭이나 때문을 유도하며 뒷 절에 가서 그 까닭이나 때문에 알맞게 끝을 맺는 문장에서 쓰이나 (223ㄴ)은 그렇지 않으므로 비문이 되었다.

(223ㄷ)에서 보는 바와 같이 '-기에/길래'는 행동적, 직설적(서술적)으로 제시하는 까닭이나 때문에 따라 뒷 절이 어떤 대응책을 제시하는 식의 문장으로 끝맺는다. '-기에/길래'는 '-므로, -매'가 '-겠-'과 쓰이지 못함을 보완하여 '-겠-'과 잘 쓰이는데도 차이가 있다.

iv) -건대: 이것은 앞뒤 절이 딴주어일 때 쓰이는데 '-기에/길래'와 그 쓰임이 같은데 까닭이나 때문을 나타낸다. 지정사에는 '-건대'보다는 '-길래'가 쓰이면 자연스럽다. 선어말어미 '-시-, -었/았-, -겠-'이 쓰일 수 있다.

(224) ㄱ. 갈 수 있겠건대 나가 보니, 비가 오고 있었다.

ㄴ. 요즈음 무엇 하셨건대, 얼굴을 볼 수가 없습니까?

ㄷ. 이게 소중한 물건이건대, 주워 왔다.

ⓒ 완료법: 이에는 '-아서/어서', '-러서/라서', '-아/어'가 있다. 지금까지 '-아서/어서', '-아/어'를 동일하게 다루어 왔으나 그 쓰임이 다르기 때문에 각각 다르게 다루기로 한다.[30] 이 글을 끝남으로 보아야 지속이나 방법을 나타내는 것도 다 포괄할 수 있다.[31]

ⅰ) -아서/어서: 이것은 '-아/어'에 '-서'가 합하여 된 것으로 완성 곧 '다 이루어지고 나서' 즉 '연후'의 뜻을 나타내는데 이 뜻이 번져 까닭이나 때문은 물론 상황, 상태 등을 나타낸다. '-아서'는 양성모음 다음에 쓰이고 '-어서'는 음성모음일 때 쓰인다. 선어말어미는 '-시-'만 쓰이며, 주어 제약은 없다.

(225) ㄱ. 선생님은 출세하셔서 오셨다.

ㄴ. 네가 하도 귀여워서 나는 어쩔 줄을 모르겠다.

ㄷ. 이것이 좋은 책이라서 내가 사왔다.

ㄹ. 산이 푸르러서 강산이 매우 아름답다.

(225ㄱ~ㄹ)에서 보면 '-아서/어서'는 어떤 상태가 되어 버리고 나서의 뜻을 나타내고 있는데 '-아/어' 때문에 '-았/었-'과는 가려잡을 수 없다.

'-어서'는 '-러'변칙과 '-르'변칙용언에서는 '-러서/라서'로 됨은 (225ㄹ)을 보아서 알 수 있고 또 지정사에서는 '-라서'로 됨은 (225ㄷ)으로 보아 알 수 있다. '-아서/어서'는 조사 '-도'를 취하여 '또한'의

---

30) 위의 책, 297~299쪽 참조.

31) 남기심, 『국어 연결어미의 쓰임』, 서광학술자료사, 1994, 50쪽; 김승곤, 「한국 이음씨 끝의 의미 및 통어기능(I)」, 『한글』 186호, 1984, 4~24쪽 참조.

뜻을 더하는 일이 많다.

(226) ㄱ. 보셔도 안 되고 잡수셔도 안 됩니다.

　　　ㄴ. 여자는 너무 예뻐서도 안 된다.

ⅱ) –아/어: 이것은 완료를 나타낸다. 동작의 완료는 그 결과가 어
떤 상태로 되는 것이 일반적이다. 그러므로 '–아/어'도 완료,
상태, 결과 등을 나타낸다. '–아'는 어간이 양성모음일 때 쓰이
고 '–어'는 음성모음일 때 쓰인다. 선어말어미는 쓰이지 않으며
주어 제약은 없다. '이다'에는 쓰이지 않는다.

(227) ㄱ. 이끼 되어 맺혔네.

　　　ㄴ. 강물아 흘러 흘러 어디로 가니?

　　　ㄷ. 까스트렌은 우랄어족과 알타이어족이라고 생각되는 언어만을 집중
　　　　 적으로 연구하여 우랄·알타이어족설을 진전시켰다.

　　　ㄹ. 람스테트는 한국어를 공부하기 시작하여 1928년에는 한편의 논문
　　　　 을 썼다.

　　　ㅁ. 주옥같은 연구가 쏟아져 나왔다.

　　　ㅂ. 푸른 잔디 푸르러, 봄바람은 불고 …

　　　ㅅ. 나는 글을 몰라 혼이 났다.

(227ㄱ~ㅁ)까지는 '–아'는 '–아서'로 하면 말이 좀 이상하다.
따라서 이런 문맥에서의 '–아'는 '–아서'의 준 것으로 볼 수 없다.
따라서 '–아서/어서'와 '–아/어'는 그 뜻이나 문맥에 따른 쓰임에
차이가 있다.

　ⓔ 결과법: 이에는 '–니까'와 '–니'가 있다.[32)]

ⅰ) -니까: 이것의 본뜻은 '결과'인데 그것이 번져서 조건, 상황, 때문, 까닭 등으로 이해된다. 위의 번진 뜻을 우리가 문맥에서 잘못 뜻풀이를 하기 때문에 그것이 본뜻처럼 보이나 본뜻은 어디까지나 결과로 풀어야 한다. 그리고 이 앞에는 선어말어미 '-시-', '-았/었-'이 오거나 '-겠-'이 오는 일도 있다.

(228) ㄱ. 내가 먹었으니까, 너도 먹어라.

ㄴ. 내가 판단해 보니까, 네가 잘못하였더라.

ㄷ. 그미가 예쁘니까, 영희는 시기를 하더라.

ㄹ. 이것이 너에게 주는 선물이니까, 가져 가거라.

ㅁ. 비가 오겠으니까, 우산을 가져 가거라.

ㅂ. 선생님께서 가시니까, 아이들이 인사를 한다.

ⅱ) -니: '-니까'와 쓰이는 경우가 다르므로 글쓴이는 구별하기로 하였다. 그 앞에 선어말어미 '-시-, -았/었-, -겠-, -사오-, -자오-, -오-, -더-' 등이 쓰일 수 있기 때문이다. 주어 제약은 없다.

(229) ㄱ. 그가 찾아 왔으니, 낸들 어찌 하랴?

ㄴ. 내가 내일 가겠으니, 그때까지 기다려라.

ㄷ. 그분이 가시더니, 아직 오시지 않는다.

ㄹ. 글월 받자오니, 기쁘기 한이 없나이다.

ㅁ. 저의 허물이오니, 용서하여 주소서.

ㅂ. 이것을 줄 터이니, 내 말을 듣겠느냐?

ㅅ. 살자 하니 고생이요, 죽자하니 청춘이라.

---

32) 남기심, 위의 책, 101~154쪽; 김승곤, 위의 논문, 24~26쪽 참조.

(229ㄱ~ㅅ)까지의 쓰임을 통하여 '-니'의 뜻을 파악하여 보면 결정이 본뜻으로 보이며 번진뜻으로는 결과, 상황(태), 조건, 때문, 까닭 등을 나타낸다.

'-니'는 '-니까'와는 달라서 말할이 비칭선어말어미 '-사오-'계의 말과 '-더-' 등에 쓰일 수도 있는데, (229ㄷ~ㅁ)에서와 같은 문맥에서 '-니'를 '-니까'로 쓰면 말이 이상하다.

ⓜ 즉시법: 이에는 '-은즉'이 있는데 이것은 본래 한문의 접속사 '則'에서 유래한 것으로 지금까지는 때, 까닭을 나타내는 것으로 풀이하여 왔으나, 여기에서는 그 어원을 따라 '-하니 곧(바로)'의 뜻을 나타내는 것으로 다루기로 한다.[33] '-은즉'은 그 앞에 '-시-', '-았/었-'을 결합시킬 수 있다.

(230) ㄱ. 내가 가 본즉, 그는 아주 위급하더니 완쾌되었다니 다행이다.

　　　ㄴ. 이 풀의 꽃이 아름다운즉, 모든 사람이 다 캐어 갔다.

　　　ㄷ. 이것이 별것이 아닌즉, 신경 쓰지 말아라.

　　　ㄹ. 선생님께서 가신즉, 아무도 없다고 하시더라.

　　　ㅁ. 일이 이렇게 되었은즉, 어떻게 하면 좋겠느냐?

(230ㄱ~ㄷ)에서 '-은즉'을 '-하니 곧(바로)'로 풀이하면 아주 자유스럽고 그 본뜻을 살리는 것이 된다.

그런데 지금까지는 이것을 까닭, 때문으로만 풀이하였으나 이것은 잘못이다.[34]

---

33) 국어의 연결어미를 보면, 어쩌면 까닭, 때문의 어미가 그렇게 많은지 그 까닭을 알 수 없다. 어미는 그 본뜻을 따라서 구별, 분류되어야 할 것이다.

34) 이것이 형용사, 지정사에 오면 까닭, 때문으로 볼 수 있어서 '-은즉'은 '므로'와 '-니까'의 둘로 대치할 수 있으나, 동사에 오면 그렇게 되지 아니하므로 여기서는 그렇게 보지 아니하기로 한다.

ⓑ 당연법: 이에는 '-아야/어야, -라야/러야, -아야만/어야만, -어야지/(아)야지' 등이 있는데, '마땅히 하여야 함'의 뜻을 나타낸다. 그 앞에 '-시-', '-았/었-' 등이 올 수 있다. 주어 제약은 없다.

ⅰ) -아야/어야: 마땅히 하여야 함을 나타낸다. 그런데 문맥에 따라서는 조건으로 해석될 수 있는 경우도 있다. 물론 번진 뜻으로 보아야 한다.

(231) ㄱ. 그분이 이것을 해 내셨어야, 체면이 선다.

　　　ㄴ. 그미가 예뻐야, 나는 결혼하겠다.

　　　ㄷ. 너는 착한 학생이라야, 선생님에게 사랑을 받는다.

　　　ㄹ. 산이 푸르러야, 봄이 온 줄 안다.

(231ㄴ)의 '-어야'는 보기에 따라서는 조건으로 볼 수도 있겠다.[35] 지정사의 경우는 '-라야'가 되고 러·르변칙용언의 경우는 '-러야/라야'가 된다.

ⅱ) -아야만/어야만: '-만' 때문에 '-아야/어야'보다 더 제한적인 뜻을 나타낸다. 즉 마땅함을 '-만'이 더 제한하고 있다. 이 어미는 지정사에 오면 '-라야만'이 되고 러·르변칙용언에 오면 '-러야만/라야만'이 된다.

(232) ㄱ. 이 약을 먹었어야만, 너의 병이 나았을 것이다.

　　　ㄴ. 길이 좋아야만, 차가 갈 수 있는 것이 아니다.

---

35) 어미 '-아야/어야'의 '-야'는 '-아서/어서', '-고서', '-면' 등에도 쓰이어서 강조의 뜻을 나타내기도 한다.
　　예 ㄱ. 이것을 먹어서야 병이 나았다.
　　　　ㄴ. 그는 밥을 먹고서야, 겨우 떠나갔다.
　　　　ㄷ. 이것을 하면야, 대가를 줄래?

ㄷ. 이것이 돈이라야만, 우리가 살 수 있다.

ㄹ. 산이 푸르러야만, 세상이 밝아지는 것 같다.

ⅲ) -어야지/(아)야지: 이것은 '-지' 때문에 마땅함을 더 확실히 하는 뜻을 나타낸다. 그리고 지정사의 경우는 '-야지'가 되고 르·러변칙용언은 '-라야지/러야지'로 되며, '-시-, -았/었-'이 올 수 있고 주어 제약은 없다.

(233) ㄱ. 공부를 열심히 하였어야지, 입시에 합격하였지.

ㄴ. 인물이 예뻐야지, 미스 코리아 선발대회에 나갈 수 있다.

ㄷ. 이번 일이 성공이야지, 나는 집에 들어갈 수 있다.

ㄹ. 산이 푸르러야지, 풍년이 든다.

나. 불구법: 이 법은 그 다음에 오는 절의 내용이나 사건이 들어남에는 아무 상관이 없다는 뜻을 나타내므로 불구법이라 하고, 이에는 다음과 같은 종류가 있다.

㉠ 가정불구법: 이에는 '-더라도, -을지라도, -은들'들이 있다.36)

ⅰ) -더라도: 이것은 '-도' 때문에 어떤 사실이 그렇게 되더라도 아무 소용이 없음을 나타낸다. 이 앞에는 '-시-, -았/었-, -겠-'이 올 수 있다.

(234) ㄱ. 네가 아무리 그를 이기겠더라도, 뜻대로 되지 않을 것이다.

ㄴ. 아무리 착하시더라도, 나는 그 어른이 싫다.

ㄷ. 아무리 이게 보석이더라도, 별로 값이 나가지 않을 것이다.

---

36) 최현배, 앞의 책, 293쪽 참조.

ㄹ. 밥을 먹었더라도, 이 일을 할 수 있을까?

ㅁ. 산이 푸르더라도 풍년이 들지 않을 것이다.

ii) -은들: '-은들' 앞에는 '-시-'만을 연결시킬 수 있다. '-은들'은 단독으로 쓰이기도 하나 그 앞에 '-는다고'를 취하면 그 뒤에는 '-한들'이 와서 쓰이는 일도 있는데 매이지 않음을 나타낸다. 주어 제약은 없다.

(235) ㄱ. 네가 간들, 그를 구해 낼 수 있을까?

ㄴ. 아무리 힘이 센들, 이 돌은 못 들 것이다.

ㄷ. 이것이 아무리 값비싼 귀중품인들, 나에게는 소용없다.

ㄹ. 그가 어렵다고 한들, 누가 도와 주겠나?

ㅁ. 아무리 경치가 아름다운들, 사람이 오지 않으면 무엇하랴?

ㅂ. 편작인들, 그의 병을 고칠까?

ㅅ. 그 어른이 가신들, 무슨 소용이 있겠나?

ⓛ 양보불구법: 이에는 '-을망정, -을지언정' 등이 있는데, 이들 앞에는 '-시-', '-았/었-'을 결합시킬 수 있다. 양보불구법은 어떤 일에 이르러도 다음 문장의 내용에는 아무런 효용이 없다는 뜻을 나타낸다. 주어 제약은 없다.

i) -을망정: 이것은 '-을+망정(의존명사)'으로 된 것인데 어려움은 물론 어떠한 상태가 되더라도 개의치 아니하고 뒷 절의 행위를 하지 않음을 나타낸다.

(236) ㄱ. 나는 죽을망정, 그 일은 안 하겠다.

ㄴ. 아무리 날씨가 좋을망정, 놀러 가지는 않겠다.

ㄷ. 그가 대통령일망정, 나는 존경할 수 없다.

ㄹ. 그분이 국회의원이 되셨을망정, 나는 그분을 훌륭하다고 보지 않는다.

 ii) -을지언정: '-을망정'은 '-하는 한이 있어도'의 뜻을 나타내
나, '-을지언정'은 어떤 행위나 상태를 인정하는 뜻을 내포하
고 있는 점이 다르다. '-을 망정'은 적극성을 강조하여 말할
때 쓰인다.

(237) ㄱ. 내가 장사를 할지언정, 그런 말을 했겠느냐?
　　　ㄴ. 아무리 마음이 넓을지언정, 그런 일에 대하여는 그도 참지 못했을
　　　　 것이다.
　　　ㄷ. 아무리 학생일지언정, 용공행위는 용서 받을 수 없다.
　　　ㄹ. 우리가 이겼을지언정, 더 훈련을 하여야 한다.

 ⓒ 사실불구법: 이는 '참'임을 인정하되 그것이 그 뒷 절의 내용과는
아무 상관이 없음을 보이는 것으로 다음과 같은 것들이 있다.

 i) -지마는/지만: 이것은 할 수 없이 함을 나타내는, 즉 불만족스럽
게 어떤 일이나 상태를 나타내나 경우에 따라서는 '-지오마는'
의 형식으로도 쓰인다. 그 앞에는 '-시-, -았/었-, -겠-'
등이 결합될 수 있다. 주어 제약은 없다.

(238) ㄱ. 비가 왔지(오)마는 풍년은 들지 않았다.
　　　ㄴ. 얼굴은 예쁘겠지마는 행실은 좋지 않은 듯하다.
　　　ㄷ. 이것은 그가 쓴 소설이지만, 나는 읽지 않는다.
　　　ㄹ. 할아버지께서는 어제 서울에 가셨지마는 그를 만나지 못할 것이다.

 ii) -건마는/건만: 어떤 사실이나 가능성, 즉 '-는데도 불구하고'의
뜻을 나타내는데 그 앞에 '-시-, -았/었-, -겠-' 등을 결합

할 수 있다. 주어 제약은 없다.

(239) ㄱ. 철수는 공부하러 서울로 갔건마는 잘 될까?

ㄴ. 철수는 부자이건마는 인심을 잃었다.

ㄷ. 그 어른은 훌륭하시건마는, 존경할 수 없다.

ㄹ. 그는 이 시험에 합격하겠건마는 앞일이 잘 풀릴까?

ⅲ) -거니와: '-하(였)지마는'이나 '-한데도 불구하고', '-하겠는데 또한' 등의 뜻을 나타내는데 그 앞에 '-시-, -았/었-, -겠-'을 결합시킬 수 있다. 주어 제약은 없다.

(240) ㄱ. 그는 가거니와 일이 잘 될까?

ㄴ. 영희는 착하거니와 성적은 좋지 않다.

ㄷ. 그 어른은 착하시거니와 성실하지는 아니하다.

ㄹ. 이것은 책이거니와 별 내용이 없다.

ㅁ. 나는 밥을 먹었거니와 이 일을 하지 못하겠다.

ⅳ) -아도/어도/라도/러도: 이들은 '-아/어+도'로 된 것인데 '-라도'는 지정사에 쓰이고 '-러도/라도'는 러·르변칙활용 용언에 쓰인다. '-아도/어도' 앞에는 '-시-', '-었-'을 결합시킬 수 있고 '-러/라' 뒤에는 '-었/았-'을 결합시킬 수 있다. 이들이 나타내는 뜻은 '-의 완성(결)에도 불구하고'가 된다.

(241) ㄱ. 세월이 아무리 흘렀어도 그는 변치 않았다.

ㄴ. 아무리 그 어른이 좋으셔도, 나는 존경하지 않는다.

ㄷ. 그가 아무리 대학생이어(라)도, 나는 부러워하지 않는다.

ⅴ) -으나: 불구의 뜻은 물론 반대의 강조 등을 나타내는데, 그 앞

에 '-시-, -았/었-, -겠-'을 결합할 수 있다. 다만 강조의 경우에는 선어말어미는 결합될 수 없다. 주어 제약은 없다.

(242) ㄱ. 밥을 많이 먹었으나, 배는 부르지 아니한다. (반대)

ㄴ. 술은 잘 먹겠으나, 다른 것은 못 먹을 것 같다. (반대)

ㄷ. 오늘이 장날이나, 장꾼이 별로 없다. (반대)

ㄹ. 괴로우시겠으나, 참고 견딥시다. (불구)

vi) -으나마: 이것은 불만이나 반대, 아쉬움을 나타내데 그 앞에 선어말어미를 결합할 수 없다. 주어 제약은 없다.

(243) ㄱ. 가기는 갔으나마 그냥 두지 않겠다.

ㄴ. 일은 하시나마 별 진척이 없다.

ㄷ. 적으나마 가지고 가시오.

ㄹ. 개떡이나마 있었으면 좋겠다.

vii) -는데도: 현실적으로 어떤 행동을 하거나 상태인데도 불구하고 뜻대로 되지 아니하고 사실과 다름을 나타낸다. 그 앞에 선어말어미 '-았/었-, -겠-'을 결합시킨다. 주어 제약은 없다.

(244) ㄱ. 밥을 먹었는데도 배가 많이 고프다.

ㄴ. 영희는 예쁘겠는데도 좋아하는 남자가 없다.

ㄷ. 그는 학생인데도 담배를 피우고 술을 마신다.

viii) -(는)다마는: 이것은 어떤 동작이나 상태에도 불구하고 실망이나 반대의 뜻을 나타내는 절을 그 뒤에 연결시킨다. 이는 그 앞에 '-시-, -았/었-, -겠-'을 결합시킨다. 주어 제약은 없다.

(245) ㄱ. 오늘도 걷는다마는 정처 없는 이 발길.

ㄴ. 날씨는 좋았다마는 흉년은 들지 않았다.

ㄷ. 여기가 역사의 유적지이다마는, 관리가 잘 되어 있지 아니하다.

ㄹ 추정불구법: 일이 그렇게 될 것을 추정하되 그것이 그 다음 말의 내용이 들어남에는 아무 상관이 없다는 뜻을 나타낸다. 이에는 '-으려니와, -으련마는', '-을지라도', '-자' 등이 있다.

ⅰ) -으려니와: 앞뒤 절에 딴주어가 오는 연결문이나 같은 주어가 오는 연결문에 쓰이는데 선어말어미 '-시-, -았/었-'을 그 앞에 결합시킬 수 있다. 주어 제약은 없다. 뜻은 '-하지마는 그런데'로 이해된다.

(246) ㄱ. 너는 지금 가려니와 나는 언제 가 볼까?

ㄴ. 꽃이 아름다우려니와 잎까지 아름다울까?

ㄷ. 이 보따리에 싸인 것은 보물이려니와 저 보따리에 싸인 것은 무엇이냐?

ㄹ. 저 어른은 성공하셨으려니와 그 보람이 없는 것 같다.

ⅱ) -으련마는: 이것은 '-으련만'으로 줄여 쓰는 때도 있는데 '-하겠지마는'을 나타내는데 그 앞에 '-시-, -았-'을 결합할 수 있다. 주어 제약은 없다.

(247) ㄱ. 서울에 가셔서 그를 만나셨으련마는, 아무 소식이 없다.

ㄴ. 꽃은 향기로우련마는, 아름답지는 않겠다.

ㄷ. 너는 나의 친구이련마는, 나에게는 조금도 도움이 되지 않는다.

ⅲ) -을지라도: 이것은 단독으로 쓰이기도 하고 그 앞에 '-는다고'

를 취하여 '-는다고-을지라도'의 형식으로 쓰이기도 하는데 '추량불구'의 뜻을 나타낸다. '-을지라도' 앞에는 선어말어미 '-시-', '-았/었-'을 취할 수 있다. 주어 제약은 없다.

(248) ㄱ. 내가 서울에 간다고 할지라도 그 일은 해결하기 어려울 것이다.

ㄴ. 이 약이 아무리 효과가 좋을지라도 그이는 고치지 못할 것이다.

ㄷ. 아무리 그가 박사일지라도 이 일은 해결하지 못할 것이다.

ㄹ. 그분이 미국에 간다고 하셨을지라도, 과연 가셨을까?

iv) -사: '-었-', '-었댔-' 등을 반드시 그 앞에 결합하여 쓰면서, '-한다고 한들'의 뜻을 나타낸다. 그리고 뒷 절에는 항상 부정적인 내용의 말이 오게 된다. 주어 제약은 없다.

(249) ㄱ. 네가 가 보았댔자, 그를 만날 수 없다.

ㄴ. 이것을 먹었자, 무슨 효과가 있을까?

ㄷ. 제 아무리 고왔자, 별 볼일 없다.

ㄹ. 그가 아무리 대통령이었댔자 아무도 존경하지 않는다.

다. 나열법: 이것은 그 뒤에 다른 말을 잇게 하여 생각의 나열을 나타내는 법으로 시간적인 면으로 볼 때 완료(또는 현재완료)를 나타내고, 달리 동시성, 이음, 방법 등의 뜻을 나타낸다.[37]

ⅰ) -으면서: 현재진행이나 동시성을 나타낸다. 선어말어미는 '-시-'와만 결합될 수 있고 '너는 밥을 먹었으면서, 그렇게 야단이냐?'와 같이 '-았/었-'이 쓰이는데, 이때는 '-하고 났는데'의 뜻을 나타낸다. 주어 제약은 없다.

---

37) 위의 책, 265쪽; 허웅, 『국어학』, 샘문화사, 1983, 233쪽 참조.

(250) ㄱ. 선생님은 가시면서, 책을 읽으신다. (한 임자)

ㄴ. 비가 오면서, 볕이 난다. (다른 임자)

ㄷ. 영희는 착했으면서, (영희는) 얼굴도 예뻤다. (한 임자)

ㄹ. 그는 학자이면서, 국회의원이다. (한 임자)

(250ㄱ, ㄷ, ㄹ)은 앞뒤 두 절이 한 주어일 때 쓰인 보기요, (250ㄴ)은 두 주어일 때 쓰인 것을 보이고 있다.

ii) -으며: 이것은 '-시-, -았/었-'과 결합될 수 있으며 동시에 두 가지 이상의 행위를 하거나 상태를 갖추어 있음을 나타내기도 하고 연결의 뜻을 나타내기도 한다.

(251) ㄱ. 그는 놀며 먹는다. (한 임자)

ㄴ. 하늘을 나는 구름도 가며 오며 한다. (한 임자)

ㄷ. 착하며 바르다. (한 임자)

ㄹ. 이것은 책이며 저것은 연필이다. (딴 임자)

ㅁ. 철수는 책을 읽었으며 영화는 수를 놓았다. (딴 임자)

ㅂ. 영희는 착하며 철이는 성실하다. (딴 임자)

ㅅ. 아버지는 일을 하시며 공부도 하신다. (한 임자)

iii) -고서: 동사에 오면 '어떤 행동을 하고 나서'의 뜻이요, 형용사 지정사의 경우는 '어떤 상태가 되고 난 연후에'의 뜻이므로 이를 하나로 묶어 연후의 뜻을 나타내는 것으로 보고자 한다. 이는 그 앞에 '-았/었-, -겠-, -더-' 등은 결합할 수 없는데, '-고서'가 연후 곧 '완료 후'의 뜻을 나타내기 때문이며 오직 '-시'와만 결합된다.

(252) ㄱ. 그는 수업을 마치고서, 자기 할 일을 한다. (한 임자)

ㄴ. 네가 착하고서, 남도 착하기를 바라라. (한 임자)

ㄷ. 우리나라가 복지국가이고서야, 약소국가를 도와 줄 수 있다. (한 임자)

ㄹ. 아버지가 식사를 마치시고서, 아들이 밥을 먹는다. (딴 임자)

ㅁ. 비가 오고서야, 곡식이 잘 된다. (딴 임자)

'-고서'는 딴 임자인 경우, 형용사와 지정사에는 쓰이지 못하며 조사 '-야'를 취하여 '-고서야'로도 쓰임은 (252ㅁ)이 보이는 바와 같다. (252ㄱ~ㅁ)에서 보면 '-고서'는 분명히 연후의 뜻을 나타내고 있으며 (252ㄷ)에서 보면 지정사는 '-고서야'로 되어야 자연스러움을 알 수 있다.

iv) -고: 이것은 동사에 오면 완료, 수단, 차례 벌임(이음), 거듭 등의 상황뜻을 나타내며 앞에 '-시-, -았/었-, -겠-'을 결합시킬 수 있다. 형용사와 지정사에 올 때는 차례, 거듭, 벌임을 나타낸다. 그리고 주어가 다를 때 '-고-'는 연결(동시 나열)을 나타낸다. 주어 제약은 없다.

(253) ㄱ. 철수는 공부를 마치고 집으로 간다. (한 임자)

ㄴ. 영희는 식사를 하고 학교에 갔다. (한 임자)

ㄷ. 영희는 시험을 잘 치렀고 철수는 잘 치르지 못했다. (딴 임자)

ㄹ. 내일은 비가 오겠고 모레는 날이 개이겠다. (딴 임자)

ㅁ. 이 꽃은 아름답고 향기롭다. (한 임자)

ㅂ. 이것은 연필이고(요) 저것은 공책이다. (딴 임자)

ㅅ. 선생은 가르치시고 학생은 배운다. (딴 임자)

ㅇ. 술도 먹었다. 그리고 고기도 먹었다. (한 임자)

(253ㄱ~ㄷ)까지의 '-고'는 완료를 나타내고 (253ㄹ~ㅅ)까지의 '-고'는 연결(차례 나열)의 뜻을 나타내는데 '-이고'는 (253ㅂ)에서처럼

'-이요'로 되기도 한다. '-고'는 동사에 쓰일 때 수단, 방법을 나타내기도 한다. '-고'를 취하는 서술어의 시제는 뒷 절의 시제와 다를 수도 있다(254ㄱ). 그러므로 (253ㅇ)과 같이 '-고'를 '-그리고'로 고쳐서 풀이해도 문장의 뜻에는 아무 변동이 없다.

(254) ㄱ. 그들은 기차를 타고 간다. (한 임자)
　　　ㄴ. 철수는 매일같이 놀고 지낸다. (한 임자)
　　　ㄷ. 아이가 어머니의 손을 잡고 간다. (한 임자)

(254ㄱ~ㄷ)의 보기에서의 '-고'도 자세히 분석하면 완료로 보아진다. '타고 간다'는 말은, 사람이 먼저 타고 나서 차가 가므로 탄 상태를 유지하면서 차가 가기 때문에 '-고'가 수단이나 방법을 나타내는 것으로 느껴지는 것이지 동작의 차례를 보면 그렇지 아니하다.
오히려, 수단 방법의 '-고'는 연결(차례 나열)로 풀이하여도 조금도 어색하지 아니하다.38)

ⅴ) -고서도: 이것은 '-고서+도'로 된 것으로 '-고서 또한'의 뜻을 나타내며 그 앞에 '-시-'를 결합시킬 수 있다. 주어 제약은 없다.

(255) ㄱ. 선생님은 장관이 되시고서도 제 하고 싶은 일을 하지 못하셨다.
　　　ㄴ. 그미는 얼굴이 저렇게 예쁘고서도 일등 미인으로 뽑히지 못하였다.
　　　ㄷ. 대통령이 아니고서도 얼마든지 나라일을 할 수 있다.

앞에서도 말하였지마는 '-고서도' 앞에 '-았/었-, -겠-, -더-'는 '-았겠더(완료+추량+경험)'의 차례로 연결되는 것이 우리말의 시

---

38) 하나의 어미를 가지고 너무 여러 가지 종류로 분류하면 문법이 어지러워지므로 '-고'의 기본뜻을 완료로 보고 그 나머지 뜻은 번진 뜻으로 풀이함이 합리적일 것이다.

제법이므로 '-겠고서'는 '추량+완료+서'의 차례가 되니까 문법에 어긋나고 '-더고서'도 '경험+완료+서'로 되어 또한 문법에 어긋나기 때문이다.

vi) -고도: '-고'는 그 앞에 '-시-, -았/었-, -겠-'을 연결할 수 있으나 '-고도'는 그렇지 못함이 서로 다르다. 다만 '-시-'는 결합할 수 있다. 뜻은 '완료하고 또한 그 위에 더하여'를 나타내기 때문이다. 주어 제약은 없다.

(256) ㄱ. 그는 밥을 먹고도 배가 고프다고 한다.
　　　ㄴ. 영희는 착하고도 아름답다.
　　　ㄷ. 그는 대통령이 아니고도 나라일을 많이 하였다.

vii) -으면서도: 이 앞에는 '-시-'를 결합할 수 있고 혹 '-았(었)으면서도'의 식으로도 쓰이는데 '-을 한데도 또한'의 뜻을 나타낸다. 주어 제약은 없다.

(257) ㄱ. 그분은 일을 하시면서도 불평이 많다.
　　　ㄴ. 영희는 착하면서도 영리하다.
　　　ㄷ. 그는 경관이 아니면서도 교통정리를 잘 한다.
　　　ㄹ. 그는 좋은 일을 하였으면서도 하지 않은 것처럼 한다.

viii) -다느니: 두 개 이상의 절을 벌이는 구실을 하므로 그 앞에 선어말어미 '-시-, -았/었-, -겠-'을 연결할 수 있다. 주어 제약은 없다.

(258) ㄱ. 그분은 미국에 가셨다느니 안 가셨다느니 야단들이다.
　　　ㄴ. 이 소에는 용이 살겠다느니 지킴이가 살겠다느니 말이 많다.

라. 설명법: 연결문의 앞 절에서 한 일을 설명한 다음, 뒷 절에서 그 상황을 계속 설명함을 나타내는 법으로 이 법에는 '-는데/은데, -는다고/라고, -는대서야, -는(을)것같은데, -되, -는바, -느라고'들이 있다.

㉠ -는데/은데: '-는데'는 동사에 쓰이고 '-은데'는 형용사와 지정사에 쓰인다.

(259) ㄱ. 비가 오는데, 아이들이 떠들고 야단이다.
　　　ㄴ. 영숙은 침착한데, 금순이는 털털하다.
　　　ㄷ. 이것은 귀중한 책인데, 값이 너무 비싸다.

(259ㄱ)의 '-는데'는 현재의 사실을 설명하고 있으며, (259ㄴ)은 반대나 대립을 나타내고, (259ㄷ)은 현재의 사실을 설명하고 있다.

(260) ㄱ. 나는 밥을 많이 먹었는데, 배가 고프다.
　　　ㄴ. 내일은 비가 오겠는데, 하루 쉬기로 하자.
　　　ㄷ. 영숙은 착했는데, 시집을 잘 갔다.
　　　ㄹ. 남이는 훌륭한 장군이었는데, 모함을 받아 죽었다.

'-는데/은데'는 딴주어나 한 주어에 두루 쓰이는데 '-시-, -았/었-, -겠-' 다음에 쓰이면 동사, 형용사, 지정사 구별 없이 '-는데'로 쓰인다.

㉡ -는다고/라고: '-는다고'는 동사에 쓰이고 형용사에는 '-다고'가 쓰이며 지정사에는 '-라고'가 쓰인다. 어떤 일을 단정함을 뜻하며 주어에 제약 없이 쓰인다.

(261) ㄱ. 그들은 물을 막는다고, 밤낮을 가리지 않는다.

ㄴ. 나는 고시 준비를 한다고, 침식을 잃은 적이 한두 번이 아니었다.

ㄷ. 지도자가 토색질을 한다고 국민들이 시위를 하였다.

ㄹ. 꽃이 아름답다고, 사람들이 모여 들었다.

ㅁ. 그가 도둑이라고, 사람들이 고발하였다.

'-는다고/라고' 앞에 '-시-, -았/었-, -겠-' 등이 올 수 있는데 '-았/었-, -겠-'이 오면 '-는다고/라고'는 모두 '-다고'가 도고 특히 '-리-'가 지정사에 오면 '-었으리라고'가 된다.

(262) ㄱ. 영희는 합격하였다고 기뻐하였다.

ㄴ. 영수는 착하겠다고 칭찬이 자자하다.

ㄷ. 이것이 당시로는 유명한 책이었다고 선생님이 말씀하셨다.

ㄹ. 그는 일제 때 경찰서장이었으리라고 우리들은 믿고 있다.

ⓒ -는대서야: 이것은 '-는다고 하여서야'가 줄어서 된 것으로 어떤 제한적인 뜻(연결어미의 뜻은 앞뒤 절에 의한 문맥적 뜻임)을 나타내는데, 그 뒷 절은 부정적인 문장으로 됨이 보통이며 때로는 반의적인 문장이 온다. 주어 제약은 없다.

(263) ㄱ. 그가 이번 일에 빠지겠대서야 말이 되느냐?

ㄴ. 그미가 예쁘대서야 누가 믿겠느냐?

ㄷ. 그들이 이겼대서야, 누가 믿겠니?

ㄹ. 선생이 가신대서야, 말도 안 된다.

ㅁ. 그가 과거에는 큰 부자였대서야 말이 되느냐?

(263)에서 보면 '-는대서야' 앞에는 '-시-', '-았/었-', '-겠-'이 올 수 있는데 지정사, 동사, 형용사에 '-았/었-'이 오면 '-는대서

야'는 '-대서야'로 쓰인다.

ㄹ -는(을)것같은데: 이것은 하나의 어미로 보기는 어려우나 '-는 것같은데', '-을것같은데'로 쓰이므로 그렇게 잡아 보았다. 이는 추정을 현재에 설명함을 나타낸다. '-시-, -았/었-' 등이 앞에 올 수 있는데 '-았/었-'이 오면 '-았(었)을것같은데'로 된다. 주어 제약은 없다.

(264) ㄱ. 거기는 비가 올것같은데, 여기는 안 온다.
ㄴ. 영희는 예쁠것같은데, 영수는 그렇지 않을 것 같다.
ㄷ. 그 일이 잘 되었을것같은데, 아직까지는 잘 모르겠다.

ㅁ -되: 어떤 조건적 설명을 하며 선어말어미는 '-시-'만이 연결될 수 있다. 주어 제약은 없다.

(265) ㄱ. 글씨를 쓰시되 여간 잘 쓰는 것이 아니오. (순설적)
ㄴ. 이것을 가져다 드리되, 공손스레 드려야 한다. (순설적)
ㄷ. 철수는 공부하되, 너는 일하여라. (역설적)
ㄹ. 이것은 보화이되, 저것은 아무 것도 안다. (역설적)
ㅁ. 이 김치는 맛이 좋되, 저 김치는 맛이 없다. (역설적)

ㅂ -는바: '-는바'는 동사에만 쓰이는데 그 앞에 '-시-, -았/었-, -더-' 등을 연결할 수 있다. 이것은 '-는-'에 의존명사 '바'가 연결되어 이루어진 것으로 '-하는데, -하였는데'의 뜻을 나타낸다. 주어 제약은 없다.

(266) ㄱ. 선생님이 그를 찾아 가셨던바, 그는 공부하고 있었다. (순설적)
ㄴ. 경찰이 그를 잡으러 갔던바, 그는 도망가고 집에 없었다. (역설적)

ㄷ. 환경운동을 개최하였던바 의외에도 잘 이루어졌다. (순설적)

Ⓐ -느라고, -니다: '-느라고'는 동사에만 쓰이는데 선어말어미는 연결하지 못한다. '-니다'는 '아니다'에 쓰인다.

(267) ㄱ. 그들은 여행 가느라고, 기뻐서 떠들며 야단이다.

ㄴ. 철수는 공부하느라고, 정신이 없다.

ㄷ. 그는 착할 분 아니라 공부도 잘한다.

◎ -더니: 지난 일을 돌이켜 설명하는 뜻을 나타낸다.

(267') ㄱ. 그는 누워 있더니, 갑자기 일어났다.

ㄴ. 그는 그림을 보더니, 좋아하였다.

마. 비교법: 이것은 앞뒤의 일을 견줌을 나타낸다. 이 법에는 '-거든'이 있다.

• -거든: 앞말에서 어떤 사실을 제시하고 그와 견주어 뒤의 일은 더 말할 나위도 없음을 나타낸다. 그 앞에 '-시-, -았/었-, -겠-' 등을 연결시킬 수 있다. 주어 제약은 없다.

(268) ㄱ. 선생이 이러하시거든, 학생이야 말해 무엇하겠나?

ㄴ. 자네도 나를 믿지 아니하였거든, 누간 나를 믿어 주었겠니?

ㄷ. 나는 그의 소식을 못 듣겠거든, 어찌 만나 볼 수 있으랴?

바. 선택법: 이 법에는 '-거나', '-든지', '-으나-으나'의 셋이 있다. '-든지'는 들을이 선택을 나타낸다.39) 이들 어미는 '-시-, -았/었-'을 그 앞에 연결할 수 있다.

㉠ -거나: 말할이 자신이 선택함을 뜻하는데 때로는 '-는다거나'로도 쓰인다.

(269) ㄱ. 누르거나 붉은 비단을 사 오너라.

　　　ㄴ. 그 어른이 가셨거나 안 가셨거나 나는 모른다.

　　　ㄷ. 있거나 가거나 합시다.

　　　ㄹ. 그가 국회의원이거나 장관이거나 나와는 아무 상관이 없다.

(269ㄱ)의 '누르거나 붉은 비단'에서의 선택은 말할이가 직접 한 것이므로 '-든지'는 쓸 수 없다.

(269ㄴ)은 말할이가 '가거나 가지 않거나'를 들을이에게 일임한 것이며 (269ㄹ)의 '있거나 가거나'는 말할이가 들을이에게 자신의 마음을 제시하고 어느 것을 택하여도 좋으니 당신도 그렇게 하자고 권유하고 있다.

(269ㄹ)의 '-거나'는 말할이의 한 말이고 '그'가 할 수 있는 선택은 아님을 나타낸다.

(270) ㄱ. 일을 한다거나, 하지 않는다거나가 문제가 아니다.

　　　ㄴ. 꽃이 아름답다거나, 아름답지 않다거나를 따질 것이 아니다.

㉡ -든지: 들을이의 뜻에 따라 선택됨을 나타낸다. 때로는 '-든지 간에'로 쓰이기도 하나, '-간에'는 특별한 문법적 기능이 없으므로 '-든지'와 함께 다루면서 무시하여도 좋다.

(271) ㄱ. 그가 거기 갔든지 안 갔든지 나는 모른다.

　　　ㄴ. 굶든지 먹든지 같이 삽시다.

---

39) 김승곤, 「선택형어미 '거나'와 '든지'의 화용론」, 『연세대 말』 제4집, 1979, 1~28쪽 참조.

ㄷ. 죽을 먹든지 밥을 먹든지 당신 마음대로 하시오.

ㄹ. 그 어른이 착하시든지 악하시든지 나하고는 상관없다.

ㅁ. 이것이 은이든지 금이든지 무엇이든지 나는 모른다.

(271ㄱ~ㄹ)까지의 선택은 들을이 선택임이 분명하다.

(271ㄹ)의 '-든지'는 들을이 중심으로 한 말이며 (271ㅁ)의 '-든지'
는 '무엇'에 쓰임이 '-거나'와 다른데 이것이 바로 '-거나'가 지정선
택이라면 '-든지'는 임의선택임을 나타내는 증거로 볼 수 있다.

이것은 본래 들을이 선택을 나타내었으나 지금은 혼동하여 쓰인다.

ⓒ -으나-으나: 말할이가 주관적으로 나타내는 선택을 나타낸다.

(272) ㄱ. 나는 자나 깨나, 아들 생각뿐이다.

ㄴ. 앉으나 서나, 당신 생가에 잠긴다.

ㄷ. 괴로우나 즐거우나, 나라 사랑하세.

ㄹ. 가시나 안 가시나, 상관하지 말아라.

이에는 선어말어미 '-시-'만이 쓰일 뿐이다.

사. 동시법[40]: 한 행동이 일어남과 동시에 그에 상응하여 다른 행위
가 일어남을 나타내는 법이다. 이에는 '-자'가 있는데, 그 앞에 '-시
-'만을 연결할 수 있다. 주어 제약은 없다.

(273) ㄱ. 까마귀 날자 배 떨어지기.

ㄴ. 그미는 착하자 귀엽자.

ㄷ. 그는 국회의원이자 장관이다.

---

40) 허웅, 앞의 책, 233쪽에 의거함.

ㄹ. 선생님께서 가시자 그가 찾아왔다.

ㅁ. 내가 가자 말자 그는 떠나갔다.

'-자'는 (273)에서 보면 동사, 형용사, 지정사 등에 다 쓰인다.

아. 전환법[41]: 이 법에는 '-다가'가 있는데 하나의 움직임이나 상태에서 다른 움직임이나 상태로의 전환을 나타내되, '-시-', '-았/었-'을 연결할 수 있다. 동사와 형용사에만 쓰인다.

(274) ㄱ. 나는 집에 갔다가, 다시 돌아왔다.

ㄴ. 저분이 일을 하시다가 갑자기 쓰러지셨다.

ㄷ. 그는 예쁘다가 갑자기 보기 싫어졌다.

자. 첨가법: 뒷 절에서 앞 절의 뜻에 어떤 뜻을 더하게 하는 법으로 '-을뿐더러', '-는데다가', '-을뿐아니라' 등이 있고 '-시-, -았/었-'을 연결할 수 있다.

㉠ -는데다가, -을뿐더러: '-는데다가'에는 '-겠'을 연결할 수 있다.

(275) ㄱ. 그 어른은 고생을 하셨는데다가, 화재마저 당하게 되었다.

ㄴ. 그는 착하겠는데다가, 이런 변을 당했다.

ㄷ. 그는 학생인데다가, 이런 일을 했으니 용서 받을 수 있을까?

ㄹ. 그는 착할뿐더러, 인물도 예뻤다.

㉡ -을뿐(만)아니라: 이것은 하나의 형태소로 다루기는 어려우나, 첨가의 뜻을 나타낼 때는 항상 이런 형식으로 쓰이므로 하나의 형태소

---

41) 위의 책, 232쪽에 의거함.

로 다루었다. '-시-, -았/었-'을 그 앞에 연결할 수 있다. 주어 제약
은 없다.

(276) ㄱ. 그는 공부를 잘 할분아니라, 일도 잘한다.

ㄴ. 영희는 착할분아니라, 성실하기도 하다.

ㄷ. 그는 우리학교의 보배일분아니라, 나라의 보배이기도 하다.

ㄹ. 그분은 일을 지나치게 하셨을분아니라, 술도 너무 많이 드셨다.[42]

차. 비례법[43]: 이 법에는 '-을수록'이 있는데 앞 일이 되어 가는 정
도에 비례하여 뒷일도 그에 상응하여 되어 가는 뜻을 나타낸다. 선어
말어미 '-시-'만 연결할 수 있다.

(277) ㄱ. 날씨가 추울수록 정신이 난다.

ㄴ. 그는 늙을수록 망령이 난다.

ㄷ. 네가 국회의원일수록 행동을 조심하여야 한다.

ㄹ. 할아버지께서는 연세를 잡수실수록 정신이 더 맑아지신다.

카. 의도법: 희망, 의도, 목적 등을 나타낸다. 의도법에는 '-으려
(고), -으러, -고자, -자, -건대' 등이 있다. 이들은 동사에 쓰이고
선어말어미는 '-시-'만 연결될 수 있다.

㉠ -으려(고): '-으려' 또는 '-으려고'의 두 형태로 쓰이는데 희망,
의도를 나타낸다. 주어 제약은 없다.

---

42) '-는가 하면'도 문맥에 따라서는 첨가의 뜻을 나타낸다.
   (예) 그는 술을 마시는가 하면 담배도 피운다.
   앞으로 이것도 첨가어미로 다루어야 할 날이 곧 올 것으로 보인다.
43) 허웅, 앞의 책, 233쪽에 의거함.
   외솔은 이 어미를 '더해감꼴'이라 하였다(최현배, 앞의 책, 321쪽 참조).

(278) ㄱ. 그분은 공부하시려고 서울로 가셨다.

ㄴ. 영희는 아름다워지려고 단식을 자주 한다.

ㄷ. 그는 공부만 하려 한다.

ⓛ －으러: 목적을 나타낸다.

(279) ㄱ. 그는 공부하러 매일 학교에 간다.

ㄴ. 무엇 하러 이곳에 왔는가?

ⓒ －고자: '－고자'는 '－고'에 '－자'가 와서 된 것인데 이 '－자'는 권유의 뜻을 지니고 있는 데서 '－고자'는 뜻함의 뜻을 나타내게 된 것이다.

(280) ㄱ. 그는 공부하고자 미국으로 떠났다.

ㄴ. 아들을 낳고자 절에 가서 불공을 드렸다.

(278)과 (280)을 견주어 보면 '－려(고)'는 객관적 의도를 나타내고 '－고자'는 주관적 의도를 나타내는 것으로 보인다. 그것을 뒷받침할 수 있는 것은 오늘날 '이다'에 '－고자'를 가끔 쓰는 경우가 있다는 사실이다.

(281) ㄱ. 나는 너의 사랑이고자 한다.

ㄴ. 나는 아버지의 귀한 아들이고자 열심히 공부한다.

ⓔ －자: 이것은 '－고자'의 '－고'가 준 것이 아닌가 한다.

(282) ㄱ. 살자 하니 고생이요, 죽자 하니 청춘이라.

ㄴ. 그를 보자 하니, 만나 주지 않는다.

(282ㄱ~ㄴ)에서 보아 알듯이 '-자'는 그 뒤에 반드시 '하니'가 오는 것이 특징이므로 '-고자 한다'는 물론 '-자 한다'로 쓰일 때의 '하다'는 의존동사로 보아야 할 것이다.

ⓜ -건대: '바라다, 원하다, 빌다' 등 희망동사에 쓰임이 특이하다. 일인칭하고만 쓰인다.

(283) ㄱ. 바라건대, 부디 성공하여라.
      ㄴ. 원하건대, 너의 무사하기를 빌 뿐이다.

타. 의문법: 이 법에는 '-는지, -을지(는) -을는지, -을까' 등이 있는데 불확실, 잘 모름, 의아함 등의 뜻을 나타낸다.

ⓖ -는지: 이것은 현실적으로 잘 모름을 나타낸다. 형용사와 지정사에 올 때는 '-은/ㄴ지'로 되며 '-시-, -았/었-, -겠-' 등을 연결시킬 수 있다.

(284) ㄱ. 그분은 집에 계셨는지, 어디 가셨는지 잘 모르겠다.
      ㄴ. 영희가 착한지 유리가 착한지 나는 잘 모르겠다.
      ㄷ. 이게 금이겠는지 은이겠는지 무엇이겠는지 잘 알 수가 없다.

ⓛ -을지(는): 모름을 추정하거나 미래의 일로 생각하여 나타내는 데 '-시-, -았/었-'을 연결할 수 있다.

(285) ㄱ.비가 올지 눈이 올지 알 수가 없다.
      ㄴ. 이게 좋을지 저게 좋을지 분간하기 어렵다.
      ㄷ. 그게 무엇일지 누가 예언할 수 있겠나?
      ㄹ. 그곳에는 혹 선생님이 오셨을지 알 수 없지 않느냐?

ⓒ -을는지, -을까: 모르는 일을 추정하여 의문을 나타낼 때 쓰인다. '-시-, -았/었-'을 연결할 수 있다.

(286) ㄱ. 그분이 오실는지 나는 알 수 없다.

ㄴ. 철이는 미국으로 갔을는지 모른다.

ㄷ. 며느리 감이 착할까 한번 보았으면 좋겠다.

ㄹ. 이게 금은 보화일는지 누가 알겠니?

파. 처지법: 이 법에는 '-는 데 있어서'가 있는데 이것을 하나의 형태소로 볼 수 있을까 의심이 가나 뜻으로 보면, 그렇게 보는 것이 좋을 것 같아서 이렇게 다루기로 하였다. 그 앞에는 어떠한 선어말어미도 연결할 수 없다.

(287) ㄱ. 이 일을 다루는 데 있어서, 우리는 어떻게 하면 좋을까?

ㄴ. 그가 공부하는 데 있어서, 문제가 되는 것은 건강이다.

'-는 데 있어서'는 동사에만 쓰인다.

하. 노력법: 이 법에는 '-다 -다'가 있는데 같은 동사가 되풀이되어 애를 쓰는 뜻을 나타내는 것이 특징이다. 선어말어미와의 연결은 어렵다.

(288) ㄱ. 견디다 견디다 견디지 못하여, 집으로 갔다.

ㄴ. 참다 참다 더 이상 참을 수가 없어서, 나는 고함을 지르고 말았다.

ㄷ. 어쩌면 좋을지, 가다 오다 집으로 돌아왔다.

갸. 아쉬움법: 이에는 아쉬움을 뜻하는 법으로 이 법에 쓰이는 어미에는 '-다니'가 있다.

• -다니: 이것은 동사, 형용사에만 쓰이며 그 앞에 '-시-', '-었/
았-'을 공통으로 연결할 수 있다.

(289) ㄱ. 그가 죽다니, 말도 안 된다.

ㄴ. 철수가 고시에서 떨어졌다니, 믿을 수 없다.

ㄷ. 그분이 착하시다니, 말도 안 된다.

나'. 추정법: 이에는 '-거니'가 있고 그 앞에 '-시-, -았/었-, -
겠-'을 연결할 수 있는데 추정을 나타낸다. 이것은 '-거니-, -았/었
-는데'의 형식으로 자주 쓰인다.

(290) ㄱ. 나는 그분이 잘 사시겠거니 생각했는데 사실은 그렇지 않았나 보다.

ㄴ. 나는 영희는 잘 살거니 믿었다.

ㄷ. 그가 잘 도착하였겠거니 여기고 있었는데 아마 고생을 많이 한 것
같다.

다'. 반복법: 이에는 '-거니 -거니'가 있는데 어떤 행위를 거듭하여
함을 나타낸다. 이것은 항상 '-거니 -거니'로 쓰인다. 선어말어미는
안 쓰인다.

(291) ㄱ. 우리는 앞서거니 뒤서거니 하면서 같이 갔다.

ㄴ. 그는 밥을 먹거니 말거니 하다가 잠이 들었다.

이것은 (290)의 '-거니'와 형태는 같으나 쓰이는 경우가 다르고 뜻
도 다르다.

📁 의존연결법

이 법은 본용언의 연결법에 보조용언이 이어지게 하는 구실을 하여, 본용언과 보조용언이 합하여 하나의 서술어가 되게 한다. 의존연결법에 따라 다음 두 가지로 가른다.

가. 본동사에 붙어 그 뒤에 의존동사만을 이어지게 하는 의존연결법

㉠ 두기의존법: 이에는 '-아/어'가 있는데, 그 뒤에 의존동사 '두다, 놓다, 가지다'를 연결시켜 본동사와 함께 서술어가 되게 한다.

(292) ㄱ. 그는 이 책을 받아 두었다.
　　　ㄴ. 나는 그의 선물을 받아 놓았다.
　　　ㄷ. 철수는 상을 받아 가지고 기뻐했다.

㉡ 이행의존법: 이에는 '-아/어'가 있는데, 그 뒤에 의존동사 '먹다'를 연결시켜 본동사와 합하여 서술어가 되게 한다.

(293) ㄱ. 그는 부모의 재산을 다 팔아 먹었다.
　　　ㄴ. 그들은 철수를 속여 먹었다.

㉢ 성취의존법: 이에는 '-고', '-고야'가 있는데 그 뒤에 의존동사 '말다'를 연결시켜 어떤 일을 기어이 하고 마는 뜻을 나타내게 하면서 본동사와 함께 서술어가 되게 한다. 성취의존법에 오는 의존동사에는 의향법의 모든 법이 다 쓰인다.

(294) ㄱ. 그는 기어코 미국에 가고 말았다.
　　　ㄴ. 철이는 드디어 소원을 달성하고 말았다.

ㄷ. 영희는 언제나 일등을 하고야 말겠느냐?

⑫ 완료의존법: 이에는 '-아/어'가 있는데, 그 뒤에 의존동사 '나다, 내다, 버리다'를 연결시켜 어떤 행위가 끝남을 나타내게 하면서, 본동사와 합하여 문장의 서술어가 되게 한다.

(295) ㄱ. 그는 어려운 세파를 견디어 냈다.
　　　 ㄴ. 그는 온갖 어려움을 이겨 내고 드디어 성공하였다.
　　　 ㄷ. 철수는 많은 돈을 다 써 버렸다.

⑩ 봉사의존법: 이 법에는 '-아/어'가 있는데, 그 뒤에 봉사의존동사 '주다, 드리다, 바치다, 달다' 등을 연결시켜 봉사의 뜻을 나타내게 하면서, 본동사와 함께 문장의 서술어가 되게 한다.

(296) ㄱ. 그는 나를 도와 주었다.
　　　 ㄴ. 철이는 아버지 일을 보아 드린다.
　　　 ㄷ. 철수가 이 일을 경찰에 고해 바쳤다.
　　　 ㄹ. 너는 나를 밀어 달라.

⑭ 시행의존법: 이 법에는 '-아/어'가 있는데, 그 뒤에 의존동사 '보다'를 연결시켜 '시도'의 뜻을 나타내게 하면서, 본동사와 합하여 서술어가 되게 한다.

(297) ㄱ. 나는 이번 시험을 한 번 치러 보겠다.
　　　 ㄴ. 그는 철수를 믿어 보았다.

나. 본동사나 본형용사, 지정사 뒤에 의존동사나 의존형용사를 취하는 의존연결법

ⓐ 의도의존법: 이 법에는 '−고자', '−을까', '−으면', '−고', '−어/
아' 등이 있는데, 그 뒤에 '하다', '싶다', '보다'를 연결시켜 의도나 추정
의 뜻을 나타내면서, 본동사와 함께 문장의 서술어가 되게 한다.

(298) ㄱ. 그는 영국으로 유학 가고자 한다.

　　　 ㄴ. 나는 이 일을 그만 둘까 보다.

　　　 ㄷ. 나는 갔으면 싶다. 그는 가고 싶어 한다.

ⓑ 부정의존법: 이 법에는 '−지'가 있는데, 그 뒤에 의존동사 '아니하
다, 못하다, 말다'와 의존형용사 '아니하다, 못하다'를 연결시켜, 그 앞
의 용언의 뜻을 지우면서, 본동사나 본형용사와 합하여 문장의 서술어
가 되게 한다.

(299) ㄱ. 그는 공부하지 아니한다.

　　　 ㄴ. 철수는 일을 잘 하지 못한다.

　　　 ㄷ. 이곳에는 들어오지 마시오.

　　　 ㄹ. 이 꽃은 향기가 좋지 아니하다(못하다).

ⓒ 진행의존법: 이 법에는 '−아/어', '−어서/아서', '−고'가 있는데,
그 뒤에 의존동사 '가다, 오다, 있다' 등을 취하여 진행의 뜻을 나타내
게 하면서, 본동사나 본형용사와 함께 서술어가 되게 한다.

(300) ㄱ. 그 일은 잘되어 간다.

　　　 ㄴ. 물이 이쪽으로 밀려서 온다.

　　　 ㄷ. 시간은 점점 흐르고 있다.

　　　 ㄹ. 물이 솟고 있다.

　　　 ㅁ. 그미는 점점 예뻐 가는구나!

　　　 ㅂ. 서울이 점점 가까워 온다.

② 강조의존법: 이 법에는 '-아/어'가 있는데 그 뒤에 강조의존동사 '대다, 쌓다, 재끼다, 재치다, 치우다, 떨어지다, 터지다, 빠지다, 죽다, 못살다' 등을 연결시켜 본용언과 합하여 문장의 서술어가 되게 한다. 강조의존동사 중 '대다, 쌓다, 재끼다, 재치다, 치우다, 떨어지다, 빠지다'는 본동사 뒤에 쓰이고, '터지다, 빠지다, 죽다, 못살다'는 본형용사나 본동사 뒤에 쓰인다.

(301) ㄱ. 아이들이 떠들어 댄다.

ㄴ. 어른들이 노래를 불러 쌓는다.

ㄷ. 그는 생선회를 마구 먹어 재끼었다.

ㄹ. 그는 자꾸 웃어 재친다(제친다).

ㅁ. 이것을 먹어 치우자.

ㅂ. 그는 곯아 떨어졌다.

ㅅ. 그는 정신이 썩어 빠졌다.

ㅇ. 이 음식은 시어 터졌다(빠졌다).

ㅈ. 영희는 시험에 붙어서 좋아 죽는다.

ㅊ. 그는 밥이 먹고 싶어 못산다(죽고 못산다).

⑤ 양상의존법: 이 법에는 '-아/어'가 있는데 그 뒤에 의존동사 '있다, 계시다'를 연결시켜, 본동사나 본형용사와 함께 서술어가 되게 한다.

(302) ㄱ. 백두산이 하늘 높이 솟아 있다.

ㄴ. 그미는 얼굴이 붉어 있다.

ㄷ. 아버지가 앉아 계신다.

⑥ 가능의존법: 이 법에는 '-을'이 있는데, 그 뒤에 가능의존동사 '뻔하다'를 연결시켜, 본동사나 본형용사와 함께 문장의 서술어가 되게 하다.

(303) ㄱ. 그는 잘 될 뻔하였다.

　　　ㄴ. 그미는 기분이 좋을 뻔하다가 말았다.

Ⓐ 반복의존법: '-락-락'은 동사와 형용사 어근에 와서 되풀이의 뜻을 나타내면서, 그 뒤에 의존동사 '하다'를 연결시켜, 본동사, 본형용사와 함께 서술어가 되게 한다.

(304) ㄱ. 서양에 갈매기만 오락가락 하더라

　　　ㄴ. 왜, 들락날락 하느냐?

　　　ㄷ. 그미는 얼굴이 붉으락푸르락 하더라.

　　　ㄹ. 손이 닿을락 말락 하다.

◎ 사동의존법: 이 법에는 '-게'가 있는데, 그 뒤에 의존동사 '하다', '만들다'를 연결시켜 사동의 뜻을 나타내게 하면서, 본동사나 본형용사 또는 지정사와 합하여 서술어가 되게 한다.

(305) ㄱ. 우리는 그를 잘 떠나게 하였다(만들었다).

　　　ㄴ. 그들은 학교를 아름답게 하였다(만들었다).

　　　ㄷ. 그는 우리가 제일이게 하였다(만들었다).

Ⓩ 가능의존법: 이 법에는 '-어', '-게' 등이 있는데, 그들 뒤에 가능의존동사 '지다, 되다'를 연결시켜 본동사나 본형용사 또는 지정사 '이다'와 합하여 서술어가 되게 한다. '-어'는 '지다'를, '-게'는 '되다'를 각각 그 뒤에 연결시킨다.

(306) ㄱ. 그미는 점점 예뻐 진다.

　　　ㄴ. 공부가 잘 되어 진다.

　　　ㄷ. 그미의 화장은 예쁘게 되었다.

ㄹ. 그는 잘 살게 되었다.

ㅁ. *그는 천하제일이어 진다.

ㅂ. 그는 천하제일이게 되었다.

가능의존동사 '지다' 앞에는 지정사 '이다'는 쓰이지 못한다.

㉻ 당연의존법: 이 법에는 '-아야/어야'가 있는데, 그 뒤에 의존동사 '하다'를 연결시켜 어떤 행위를 함이 마땅하다는 뜻을 나타내면서, 본동사나 본형용사 또는 지정사 '이다'와 합하여 문장의 서술어가 되게 한다.

(307) ㄱ. 이번 일은 잘 되어야 한다.

ㄴ. 너는 훌륭한 사람이어야 한다.

ㄷ. 너는 착해야 한다.

㉺ 시인의존법: 이 법에는 '-기는', '-다가', '-다'가 있는데, 그 뒤에 의존동사, 의존형용사 '하다', '보다'를 연결시켜 '그리여김'의 뜻을 나타내면서 본동사나 본형용사 또는 지정사 '이다'와 합하여 문장의 서술어가 되게 한다.

(308) ㄱ. 그는 공부하기는 한다.

ㄴ. 이 꽃은 아름답기는 하다.

ㄷ. 그가 착한 학생이기는 하다.

ㄹ. 첫 길이다(가) 보니까, 조심스럽다.

ㅁ. 공부하다가 보니까, 힘이 든다.

㉿ 가식의존법: 이 법에는 '-는/은'이 있는데, 그 뒤에 가식의존동사 '체(척)하다, 양하다'를 연결시켜 '사실과는 달리 그런 척하는 양을 하

는'의 뜻을 나타내게 하면서, 본동사나 본형용사, 지정사 '이다', '아니다'와 함께 서술어가 되게 한다.

(309) ㄱ. 그는 잘 난 체(척)한다.

ㄴ. 철수는 꽤 잘 난 양한다.

ㄷ. 그들은 일을 하는 체(척)한다.

ㄹ. 그미는 공부를 하는 양한다.

ㅁ. 그는 학생인 체(척)한다.

ㅂ. 영희는 학생이 아닌 양한다[체(척)한다].

ⓔ 희망의존법: 이 법에는 '-고'가 있는데, 그 뒤에 희망의존형용사 '지다, 싶다' 및 희망의존동사 '싶어하다'를 연결시켜 '바람'의 뜻을 나타내게 하면서, 본용언과 합하여 서술어가 되게 한다. 그런데 희망의존동사 '지다'와 '싶어하다'는 그 앞에 본용언으로서 지정사 '이다, 아니다'는 취하지 못하나, '싶다'는 취할 수 있다.

(310) ㄱ. 그는 서울에 가고 싶다고 하더라.

ㄴ. 보고 지고 보고 지고 서울 낭군 보고 지고

ㄷ. 철수는 미국에 가고 싶어한다.

ㄹ. 나는 일등 국민이고 싶다.

ⓗ 추측의존법: 이 법에는 '-은가', '-을까', '-나', '-을', '-은/는', '-지' 등이 있는데, 그 뒤에 의존형용사 '싶다, 보다, 듯하다, 듯싶다, 법하다' 등을 연결시켜 '추측'의 뜻을 나타내게 하면서 본용언과 함께 서술어가 되게 한다.

(311) ㄱ. 그는 잘 사는가 싶다(보다).

ㄴ. 그미는 아주 착한가 싶다(보다).

ㄷ. 이 밤은 먹을 법하다.

ㄹ. 그는 착한 듯하다(듯싶다)

ㅁ. 나는 고향에 갈까 싶다(보다).

ㅂ. 그미는 착할 듯싶다.

ㅅ. 이것이 금은보환가 싶다(보다).

ㅇ. 이것이 책인 듯싶다(듯하다)

ㅈ. 이것이 책인가 보다.

ㅊ. 그는 집에 있지 싶다.

ㅋ. 그들은 잘 있나 싶다(보다).

ㅌ. 그는 잘 사는 듯하다(듯싶다).

ㅍ. 이것이 책인 듯하다(듯싶다).

ㅎ. 이것이 책일 듯하다(듯싶다).

다만 다음과 같은 경우, 본형용사의 어미 '-나'와 '이다'의 '인', '이나', '일까'에는 쓰이지 못한다.

(312) ㄱ. *이것이 책이나 싶다(보다).

ㄴ. *그가 착하나 싶다(보다).

ㄷ. *사람은 누구나 부자인 법하다.

ㄹ. *사람은 천하 제일인 법하다.

ㅁ. *그는 착할까 싶다(보다).

ㅂ. *이것이 책일까 싶다(보다).

㉠′ 가치의존법: 이 법에는 '-을, -음' 등이 있는데, 그 뒤에 가치의 존형용사 '만하다, 직하다'를 연결시켜 '어떤 가치가 있음'의 뜻을 나타내게 하면서, 본용언과 합하여 서술어가 되게 한다.

(313) ㄱ. 이 옷은 입을 만하다.

ㄴ. 이 떡은 먹음 직하다.

ㄷ. 강산이 아름다울 만하다.

ㄹ. *강산이 아름다움 직하다.

ㅁ. 그는 과연 일등 학생일 만하다.

ㅂ. *우리는 일등 국민임 직하다.

위의 보기(313ㄹ, ㅂ)에서 보듯이, '형용사어근+음+직하다'와 '지정사어근+ㅁ+직하다'의 형식은 쓰이지 못함을 알 수 있다.

2.2.1.2. 두자격법

1) 명사법

📁 명사법의 쓰임

가. '형용사의 명사법+형용사(서술어)'로 되는 문장

(314) ㄱ. ㉮ 부끄럽기가 그지없다.

ㄴ. ㉯ 부끄러움이 그지없다.

ㄴ. ㉮ 부지런하기가 남다르다.

ㄴ. ㉯ 부지런함이 남다르다.

명사법이 주어가 될 때는 — 어떤 용언이 명사법이 되어 주어로 되느냐에 따라 — 그 서술어로 쓰일 수 있는 용언이 있고 없는데 (314)와 같이 주어가 감정·감각형용사나 평가형용사의 명사법일 때 그 서술어가 될 수 있는 형용사를 몇몇 보기를 들면 다음과 같다.

(315) 그지없다, 남다르다, 한량없다, 뛰어나다, 대단하다, 자랑스럽다, 비슷

하다, 같다, 다르다, 이러하다, 그러하다, 저러하다

(315)에서 보면 (314ㄱ~ㄴ)이 같은 문장의 서술어가 될 수 있는 형용
사는 상태성 형용사 중 평가형용사와 비교형용사, 지시형용사들임을
알 수 있다.

나. '동사의 명사법 + 형용사(서술어)'로 되는 문장

(316) ㄱ. ㉮ 공부하기가 좋다.
　　　　㉯ 공부함이 좋다.
　　ㄴ. ㉮ 성공하기가 어렵다.
　　　　㉯ 성공함이 어렵다.

(316ㄱ) ㉮의 '공부하기'는 '공부하는 데 있어서의 조건이나 형편,
환경이 좋다'는 뜻이요, (316ㄱ) ㉯의 '공부함'은 '공부를 하지 않는 것
보다는 공부하는 것'이 좋다는 뜻이다. (316ㄴ) ㉮의 '성공하기'는 '성
공하는 행위, 성공을 성취하는 것'의 뜻을 나타내고 (316ㄴ) ㉯의 '성공
함'은 '성공한다는 것', '성공 그 자체'의 뜻으로 이해된다.
(316)과 같은 문장에서의 서술어가 될 수 있는 형용사에는 다음과
같은 것들이 있다.

(317) 좋다, 어렵다, 쉽다, 즐겁다, 아깝다, 답답하다, 지루하다, 편안하다, 곤
　　　란하다, 고달프다, 억울하다, 민망하다

(317)은 주관적인 심적 상태를 나타내는 형용사들임을 알 수 있다.

다. '형용사의 명사법 + 동사(서술어)'로 되는 문장

(318) ㄱ. ㉮ 그는 어둡기를 틈타서 집으로 들어갔다.

　　　　㉯ 그는 어두움을 틈차서 집으로 들어갔다.

　　ㄴ. ㉮ 환경이 깨끗하기를 바란다.

　　　　㉯ 그는 깨끗함을 바란다.

　　ㄷ. ㉮ 몸이 튼튼하기를 원한다.

　　　　㉯ 몸이 튼튼함을 원한다.

(318ㄱ~ㄹ) ㉮의 '-기'의 뜻은 '어두워지기', '깨끗해지기', '튼튼해지기'의 뜻으로 이해되고 ㉯의 '-음'의 뜻은 '어두운 것', '깨끗한 것', '튼튼한 것'의 뜻을 가진 것으로 이해된다. 즉 이미 굳어진 어떤 상태를 나타낸다. (318)와 같은 문장에서의 서술어가 될 수 있는 동사에는 다음과 같은 것들이 있다.

(319) 바라다, 원하다, 좋아하다, 기다리다, 싫어하다, 기대하다

이에 해당하는 동사는 희망동사, 감정동사 등이다.

　라. '동사의 명사법＋동사(서술어)'로 되는 문장

(320) ㄱ. ㉮ 그는 거울에 가기를 싫어한다.

　　　　㉯ 그는 서울에 감을 싫어한다.

　　ㄴ. ㉮ 그는 일하기를 좋아한다.

　　　　㉯ 그는 일함을 좋아한다.

(320ㄱ) ㉮의 '가기'는 '가는 동작을 하는 것, 즉 가는 동작' 또는 장차 갈 행위를 뜻한다면, (320ㄱ) ㉯의 '감'은 '가는 것 그 자체'를 뜻한다. (320ㄴ) ㉮의 '일하기'는 '노동'의 뜻으로 이해된다.

　위에 보인 예문 (314), (316), (318), (320)까지에서 파악한 '-음'과

'-기'의 뜻을 요약, 정리하여 보면 다음과 같다.

> (321) ㄱ. '-음'의 뜻
> > ㉮ 무엇을 안 하는 것보다 하는 것이 좋음을 뜻함(택일적 뜻)
> > ㉯ 명사적 성질의 뜻 (실체성)
> > ㉰ 완결성, 확정성
> ㄴ. '-기'의 뜻
> > ㉮ 일을 하는데 있어서의 형편, 조건, 방법
> > ㉯ 동작, 행위, 성취(~게 되기)
> > ㉰ 동사적 성질의 뜻(서술성)
> > ㉱ 진행성, 미정성

📁 명사법의 통어적 기능

[명사법의 제한적 쓰임]

명사법은 앞 (321) ㉮의 '명사법의 뜻'에서 다룬 경우 이외에 명사법으로 된 용언(322ㄱ의 "왔음" 등)의 자질과 서술어(321ㄱ의 "알았다" 등)의 자질에 따라 또는 문장의 짜임새에 따라 명사법이 제한적으로 쓰이는 일이 있다. 앞 (314), (316), (318), (320)과 같은 쓰임을 '명사법의 비제한적 쓰임'이라 한다면 여기에서 다루는 쓰임은 '명사법의 제한적 쓰임'이라고 할 만하다.

가. '-음' 명사법을 취하는 용언

㉠ 동사의 '-음' 명사법을 목적어로 취하는 서술어인 동사

(322) ㄱ. 나는 그가 왔음을 알았다.

ㄴ. 그는 일을 쉽게 함을 자랑하였다.

ㄷ. 나는 그가 갔음을 여러 가지 일로 짐작하였다.

(322ㄱ~ㄷ)에서 '-음' 명사법을 취할 수 있는 용언은 주로 감정, 감각, 인지, 찬양 등의 동사임을 알 수 있는데 '-음' 명사법은 시제 형태소 '-었/았-'을 취하면 더 자연스럽다. (323ㄱ~ㄷ)과 같은 경우를 보자.

(323) ㄱ. 나는 그가 왔음을 알았다.

ㄴ. 그는 일을 쉽게 하였음을 자랑하였다.

ㄷ. 나는 그가 갔음을 여러 가지 일로 짐작하였다.

'-음' 명사법을 취하는 동사를 더 보기로 들면 다음과 같다.

(324) 찬양하다, 찬송하다, 기리다, 사랑하다, 자랑하다, 알다, 짐작하다, 여기다, 깨닫다, 이해하다, 양해하다, …

ⓛ 형용사의 '-음' 명사법을 목적어, 위치어로 취하는 서술어인 동사

(325) ㄱ. 그는 착함을 자랑한다.

ㄴ. 그의 뛰어남을 세상에 알렸다.

ㄷ. 나는 그의 끈질김에 놀랐다.

(325ㄱ~ㄷ)에서 보면 형용사의 '-음' 명사법을 취하는 동사는 감정, 감각, 인지동사 등이다. 보기를 더 들어 보면 다음과 같다.

(326) 이해하다, 말하다, 노래하다, 찬양하다, 부러워하다, 미워하다, 시기하다, 감탄하다, …

ⓒ 동사의 '-음' 명사법을 주어로 취하는 서술어인 형용사

(327) ㄱ. 우리의 만남이 자랑스럽다.

ㄴ. 그가 꾸준히 공부함이 대견스럽다.

ㄷ. 저렇게 자라 줌이 참으로 놀랍다.

(327ㄱ~ㄷ)에서 보아 알 수 있듯이 이런 경우의 형용사는 대개 정의적 형용사임을 알 수 있다. 보기를 더 들면 다음과 같다.

(328) 반갑다, 정답다, 고맙다, 참하다, 어질다, 옳다, 어리석다, 기특하다, 소중하다, 온당하다, 소중하다, …

ⓓ 형용사의 '-음' 명사법을 주어로 취하는 서술어인 형용사

(329) ㄱ. 그가 약함이 안타깝다.

ㄴ. 머리가 빼어남이 자랑스럽다.

ㄷ. 그미의 사랑스러움이 남다르다.

(329ㄱ~ㄷ)의 서술어인 형용사는 정의적인 것인데 보기를 더 들면 다음과 같다.

(330) 즐겁다, 기특하다, 기이하다, 창피하다, 부끄럽다, 대견스럽다, 갸륵하다, 미안하다, 밉살스럽다, …

나. '-기' 명사법을 목적어, 위치어, 방편어로 취하는 용언

㉠ 동사의 '-기' 명사법을 목적어로 취하는 서술어인 동사

(331) ㄱ. 모두 잘 살기를 바란다.

　　 ㄴ. 공부하기 위하여 유학을 떠났다.

　　 ㄷ. 노력하기에 따라서 장래가 좌우된다.

　　 ㄹ. 공부하기로 결심하였다.

　　 ㅁ. 공부하게 되기를 바란다.

(331ㄴ~ㄷ)에서 보면 '위하여, 따라서 …' 등은 반드시 '-기'를 취하며 (331ㄱ, ㄹ)의 '바라다, 결심하다, …' 등도 '-기'만을 취하는 동사이다. (331ㅁ)의 '-게'의 경우는 동사 '-기'를 취함이 일반적이다. 이런 동사를 더 들면 다음과 같다.

(332) 빌다, 소원하다, 사양하다, 기다리다, 기대하다, …

ⓛ 형용사의 '-기' 명사법을 목적어로 취하는 서술어인 동사

(333) ㄱ. 부지런하기를 바란다.

　　 ㄴ. 착하기를 원한다.

이 경우의 동사는 희망동사인 경우이다.

ⓒ 동사의 '-기' 명사법을 주어로 취하는 서술어인 형용사

(334) ㄱ. 나는 공부하기가 싫다.

　　 ㄴ. 놀고 먹기가 쑥스럽다.

　　 ㄷ. 놀고 먹기가 창피하다.

(334ㄱ~ㄷ)의 서술어인 형용사는 그 앞의 명사법을 취하는 동사와의 의미 관계에 따라 '-기' 뒤에 쓰였음을 알 수 있다.

이런 형용사에는 다음과 같은 것들이 있다.

(335) 고달프다, 황송하다, 가련하다, 괴롭다, 귀찮다, 아니꼽다, 무섭다, 답
답하다, 적적하다, …

ⓔ 형용사의 '-기' 명사법을 주어로 취하는 서술어인 형용사

(336) ㄱ. 감미롭기가 한량없다.
ㄴ. 빠르기가 비행기와 같다.
ㄷ. 아름답기가 그지없다.

(336ㄱ~ㄷ)에서 보면 '기-명사법'은 주어와 서술어인 형용사와의
자질에 따라 결정되는데, 이들 형용사를 더 들면 다음과 같다.

(337) 다르다, 못하다, 낫다, 덜하다, 심하다, …

다. '-는 것'을 목적어로 취하는 용언

㉠ '-는 것'만을 목적어로 취하는 서술어인 동사

(338) ㄱ. 그가 일하는 것을 보았다.
ㄴ. 그가 도망친 것을 몰랐다.

위와 같은 동사를 더 골라 보면 다음과 같다.

(339) 이르다, 느끼다, 감시하다, 고발하다, 대하다, 피하다, 잡다, 붙잡다, 발
견하다, 찾아내다, …

ⓛ '-기' 명사법과 '-는/을 것'을 목적어로 취하는 서술어인 동사

(340) ㄱ. ㉮ 그는 얻어 먹기를 좋아한다.

ㅤㅤㅤ ㉯ 그는 얻어 먹는 것을 좋아한다.

ㅤㅤ ㄴ. ㉮ 그는 착하기를 원한다.

ㅤㅤㅤ ㉯ 그는 착할 것을 원한다.

(340ㄱ~ㄴ)의 ㉯와 같이 쓰이는 동사를 더 들면 다음과 같다.

(341) 싫어하다, 바라다, 권하다, 강요하다, 주장하다, 요구하다, 재촉하다,
ㅤㅤㅤ…

ⓒ '-는/ㄴ 것'을 주어로 취하는 서술어인 형용사

(342) ㄱ. 그가 말하는 것이 사랑스럽다.

ㅤㅤ ㄴ. 노는 것이 귀엽다.

이들 형용사는 '-스럽다', '-답다' 등으로 되는 것이 많다.
보기를 더 들면 다음과 같다.

(343) 미련스럽다. 밉살스럽다, 얄밉다, 다정하다, 정성스럽다, …

ⓓ '-는/ㄴ 것'과 '-기'를 주어로 취하는 서술어인 형용사

(344) ㄱ. ㉮ 혼자 있기가 미안스럽다.

ㅤㅤㅤ ㉯ 혼자 있는 것이 미안스럽다.

ㅤㅤ ㄴ. ㉮ 혼자 먹기가 송구스럽다.

ㅤㅤㅤ ㉯ 혼자 먹는 것이 송구스럽다.

(344)에서와 같은 서술어가 될 수 있는 형용사를 더 들면 다음과
같다.

(345) 쉽지 않다, 어렵다, 쉽다, 괴롭다, 외롭다, 어색하다, 자연스럽다, 낫다,
　　　못하다, 까다롭다, 아쉽다, 애처롭다, 위태롭다, …

여기서도 보면 '-스럽다'로 끝나는 형용사가 많다.

ⓜ '-는/ㄴ 것'과 '-음'을 주어로 취하는 서술어인 형용사

(346) ㄱ. ㉮ 공손함이 남다르다.
　　　　　 ㉯ 공손한 것이 남다르다.
　　　 ㄴ. ㉮ 그가 성실함이 자랑스럽다.
　　　　　 ㉯ 그가 성실한 것이 자랑스럽다.

(346)과 같은 문장에서의 서술어가 되는 형용사를 더 들면 다음과
같다.

(347) 탐스럽다, 욕스럽다, 놀랍다, 뛰어나다, 심하다, …

이들 형용사는 평가형용사가 많은 듯하다.

라. '명사＋이다'의 명사법 다음에 오는 용언

(348) ㄱ. ㉮ 그가 착한 사람이기를 바란다.
　　　　　 ㉯ *그가 착한 사람임을 바란다.
　　　 ㄴ. ㉮ *그가 착한 사람이기를 어찌하랴?
　　　　　 ㉯ 그가 착한 사람임을 어찌하랴?

ㄷ. ㉔ *저것이 보물이기가 확실하다.

㉕ 저것이 보물임이 확실하다.

(348ㄱ)의 ㉔에서 보면 서술어 '바라다'는 '-기' 명사법을 취하고 (348ㄴ)의 ㉕에서는 서술어 '어찌하랴'는 '-음' 명사법을 취하였으며 (348ㄷ)의 ㉕에서도 '-음' 명사법을 취하였다. 이와 같은 일은 서술어가 동사냐 형용사냐에 따라서 또 그 서술어들의 자질에 따라서 명사법 '-기'와 '-음'의 어느 하나를 취하여 문법적이다. 더구나 '-임', '-이기' 대신에 '-인 것'의 꼴을 취하는 경우도 있다.

(349) ㄱ. ㉔ 그가 여우임을 어찌하랴?

㉕ 그가 여우인 것을 어찌하랴?

ㄴ. ㉔ 그가 사람이기는 어렵다.

㉕ *그가 사람인 것은 어렵다.

ㄷ. ㉔ 그가 우등생임을 자랑한다.

㉕ 그가 우등생인 것을 자랑한다.

ㄹ. ㉔ 그가 우등생이기를 바란다.

㉕ *그가 우등생인 것을 바란다.

(349ㄱ, ㄷ)은 다 가능하나 (349ㄴ, ㄹ)의 ㉔는 가능하고 ㉕는 불가능하다. 이로 보면 '-이기'와 '-인 것'은 '-이기', '-인 것'의 '이' 앞에 오는 명사와 서술어에 따라 서로 반대가 되는 듯하다. 즉 '-기'가 가능하면 '-인 것'은 불가능하고 '-인 것'이 가능하면 '-기'는 불가능한 듯하다.

(350) ㄱ. ㉔ 그가 우등생인 것을 어찌하랴?

㉕ *그가 우등생이기를 어찌하랴?

ㄴ. ㉔ 그가 장군이기를 소원한다.

ⓕ *그가 장군인 것을 소원한다.

(349), (350)에서 보아 알 수 있듯이 '-임', '-이기', '-인 것'의 경우, 문법적인 문장을 만들기 위한 서술어가 어떠하다고 꼬집어 말하기는 어렵다. 앞으로 더 연구하여야 할 것이다.

마. 명사법을 목적어로 전혀 취하지 못하는 서술어인 동사

(351) ㄱ. ㉮ *나는 그가 옴을 보았다.
　　　　ⓕ *나는 그가 오기를 보았다.
　　ㄴ. ㉮ *나는 그가 말함을 기록하였다.
　　　　ⓕ *나는 그가 말하기를 기록하였다.

(351)과 같은 동사에는 다음과 같은 것들이 더 있다.

(352) 생각하다, 묻다, 듣다, 말하다, 상상하다, 구상하다, 입다, 벗다, 끌다, 되다, 가다, 오다, …

이들 동사는 지각·착용·이동동사 등인데 '-거리다', '-지다', '-하다' 등에 의한 파생동사의 대부분도 이에 속한다.

바. 반드시 명사법을 취하는 통어형식

(353) ㄱ. 이 법은 만인 평등을 달성하기 위함을 목적으로 함.
　　ㄴ. 다음과 같은 일을 목적으로 함.
　　　　㉮ 일찍 일어나기.
　　　　ⓕ 열심히 공부하기.

(353ㄱ)은 어떤 규정을 조목조목 벌여 말할 때의 통어형식이요, (353
ㄴ)의 ⑦～⑭는 이럴 때는 반드시 이러한 통어형식을 취한다.

[명사법의 문장 성분 되기]

명사법은 문장의 여러 성분이 다 될 수 있다. 그것은 명사법이 된
용언과 서술어가 된 용언과의 자질에 따라 결정된다.

(354) ㄱ. ⑦ 공부함이 좋다. (주어)

⑭ 공부하기가 좋다. (주어)

ㄴ. ⑦ 우리의 목적은 잘 살기이다. (서술어)

⑭ *우리의 희망은 선진국 됨이다. (서술어)

ㄷ. ⑦ 수이 감을 자랑마라. (목적어)

⑭ 잘 가기를 바란다. (목적어)

ㄹ. ⑦ 노래를 부르기로 하였다. (연유)

⑭ 그는 새 옷을 입음으로써 잘나 보인다. (연유)

ㅁ. ⑦ 공부함보다 못하다. (비교)

⑭ 공부하기보다 낫다. (비교)

다만 방향어와 공동어는 잘 되는 것 같지 않다.

끝으로 하나 덧붙일 것은 용언의 어근에 선어말어미가 오면 명사법
이 더 자연스럽게 문장의 성분이 되는 일이 많다.

(355) ㄱ. 그가 왔음이 확인되었다.

ㄴ. ?그가 옴이 확인된다(되었다).

ㄷ. 그가 나았음이 알려졌다.

ㄹ. ?그가 나음이 알려졌다.

2) 관형법

용언이 그 앞의 주어에 대하여 서술어 노릇을 하면서 그 뒤의 말에 대하여는 관형사의 구실을 하는 법을 말한다. 이에는 다음과 같은 것들이 있다.

- -는: 동사에 쓰이며 현재를 나타냄
- -은/ㄴ: 형용사와 지정사에 쓰이며 현재를 나타냄
- -을/ㄹ: 동사, 형용사, 지정사에 쓰이며 미래를 나타냄
- -은/ㄴ: 동사에 쓰이며 과거를 나타냄
- -던: 이것은 선어말어미 '-더-'에 '-ㄴ'이 더하여 된 것으로 동사, 형용사와 지정사의 과거(완결)를 도로 생각하며 매기어 나타냄.

가. -는: 이 어미에는 '-시-'만을 연결할 수 있는데, 이것은 동사에 쓰이어 현재를 나타내는데, 다음과 같은 문맥적 의미를 나타낸다.

(356) ㄱ. 그는 뇌물을 받는 버릇이 있다. (습관)

ㄴ. 이 문제를 해결하는 자에게 상을 주겠다. (능력)

ㄷ. 자는 사람은 깨우지 말라. (진행)

ㄹ. 빛나는 졸업장 (보람, 가치)

ㅁ. 손해보는 장사는 말자. (결과)

ㅂ. 더 배워야 하는 기술 (미완)

ㅅ. 잘 되는 일이 없다. (성취)

ㅇ. 이 문제를 해결하는 법이 있니? (수단, 방법)

ㅈ. 네가 알아야 하는 일은 바로 문법 문제이다. (당연)

ㅊ. 그는 웃는 척한다. (추정)

ㅋ. 네가 그를 좋아하는 까닭을 알았다. (의도, 이유)

ㅍ. 사랑하는 국민 여러분 (매김)

ㅎ. 가는 정 오는 정 (상태, 매김)

ㄱ′. 네가 바라는 바가 무엇이냐? (희망)

ㄴ′. 꿈꾸는 백마강 (상상적 느낌)

나. -은/ㄴ: 형용사, 지정사에 쓰이는 관형어미로 '-은'은 폐음절 다음에 쓰이고 '-ㄴ'은 개음절 다음에 쓰이며 그 앞에 '-시-'를 연결할 수 있는데, 다음과 같은 문맥적 의미를 나타낸다.

(357) ㄱ. 아름다운 꽃 (상태)

　　　ㄴ. 그는 착한 학생이다. (단정)

　　　ㄷ. 그는 날카로운 눈빛으로 이것을 바라보았다. (두려움)

　　　ㄹ. 비싼 물건을 사지 말자. (정도의 더덜)

　　　ㅁ. 그는 우수한 성적으로 졸업하였다. (판정, 평가)

　　　ㅂ. 잘난 척하지 마라. (추정)

　　　ㅅ. 자세한 상황 (구체성, 매김)

다. -을/ㄹ: 용언의 어간에 쓰이어 미래, 추측, 의무, 의도, 가능성, 확실성, 지난일, 매김 등을 나타내며 그 앞에 '-시-, -았/었-'을 연결할 수 있다.

(358) ㄱ. 서울에 가실 분은 손을 드십시오. (의도 또는 추측)

　　　ㄴ. 내일은 비가 올 것이다. (미래)

　　　ㄷ. 착할 학생은 한 명 데려 오시오. (가능성)

　　　ㄹ. 우등생일 그에게 이 선물을 주자. (확실성)

　　　ㅁ. 너는 오늘 가야 할 일이 있다. (의무)

　　　ㅂ. 그는 어릴 때 일도 잘 기억한다. (지난일 또는 매김)

　　　ㅅ. 그는 할 일이 많다. (매김)

(358ㄱ~ㅅ)의 예를 보면 관형법의 어미 '-을'은 문맥에 따라 다양한 뜻을 나타냄을 알 수 있다.

라. -은/ㄴ: 이 관형어미는 형용사와 지정사에 쓰이면 현재의 어미와 용법이 같으나 동사에 쓰이면 과거를 나타낸다. '-은'은 폐음절에 쓰이고 '-ㄴ'은 개음절에 쓰이어 다음과 같은 문맥적 의미를 나타낸다.

(359) ㄱ. 죽은 자는 말이 없다. (결과)
　　　ㄴ. 도망간 자를 누가 잡을까? (사건)
　　　ㄷ. 흘러간 세월 (매김)
　　　ㄹ. 역경과 투쟁한 사람 (성취)
　　　ㅁ. 일등한 학생 (성과)
　　　ㅂ. 광맥을 찾은 보람 (성취)
　　　ㅅ. 병을 고친 비법을 아느냐? (업적)
　　　ㅇ. 이미 먹은 것을 어떻게 하란 말이냐? (완료)
　　　ㅈ. 히말라야 제일봉에 올라간 개가 (달성)
　　　ㅊ. 눈물 젖은 두만강 (상상적 느낌)

지금까지 다룬 관형어와 그 꾸밈을 받는 말 사이에는 통어·의미적으로 어떤 밀접한 관계에 의하여 통어관계가 이루어지므로 이상과 같이 여러 가지 문맥적 의미가 다양하게 나타낼 수 있다.

(360) ㄱ. 그는 내 일을 알은 척 하였다.
　　　ㄴ. 이것을 여기에 걸은 사람이 누구요?

(360ㄱ~ㄴ)의 '알은', '걸은'은 '안', '건'으로 쓰는 것이 올바른 것이다.

마. -던: 이것은 '-더+ㄴ'으로 되어 있는데 동사, 형용사, 지정사

에 쓰이는데 과거에 겪었던 사실을 현재에 와서 돌이켜 말할 때 쓰인다. 특히 형용사, 지정사의 지난 사실을 나타낼 때 쓰이는데, 이들 관형법에는 과거 형태소가 없기 때문이다.

(361) ㄱ. 아름답던 옛 동산은 간 데 없고 이제는 연기를 내뿜고 있는 공장만 빽빽이 들어 서 있다.

ㄴ. 옛날에, 곱던 양자 어디로 갔단 말인가?

ㄷ. 읽던 책을 가져 오너라.

ㄹ. 선생이던 그가 이제는 농부가 되었다.

(361ㄱ~ㄴ)과 (361ㄹ)의 '-던'은 형용사와 지정사의 과거의 상태가 어떠하였음을 회상하여 말함으로써 다음 말을 매기고 있다.

3) 부사법

다음과 같은 어미는 아무리 보아도 부사와 성격이 같아서 부사법으로 다루지 아니할 수 없다.[44]

가. -도록: 이 어미는 장차 어떤 상황에 다다르게 되기를 바라는 부사형 어미로 그 앞에 '-시-'만을 연결할 수 있다.[45]

(362) ㄱ. 동해물과 백두산이 마르고 닳도록 하느님이 보우하사 우리나라 만세.

ㄴ. 우리도 배가 부르도록 많이 먹었다.

(362ㄱ)의 '-도록'은 '우리나라 만세'를 꾸미어 '마르고 닳을 때까

---

44) 허웅, 『국어학』, 샘문화사, 1983, 238쪽 참조.

45) 김민수교수화갑기념문집간행위, 「국어학신연구」, 『약천김민수교수화갑기념문집』, 1981, 237~247쪽 참조.

지'의 뜻을 나타내고 (362ㄴ)의 '부르도록'은 '부른 정도가 되기까지'의 뜻으로 이미 그 지경에 다다랐음을 나타내고 있다. 따라서 '-도록'은 어떤 지경(상황)에 도달하기를 바라는 뜻의 어미인데 경우에 따라서는 도달할 수도 있고 도달하지 못할 수도 있을 경우에 쓰이는 부사어미임을 알 수 있다. 이 '-도록'은 지정사에는 쓰이지 못한다.

나. -게: 이 어미는 '-도록'과는 달리 이미 어떤 상황(지경)에 이르러 있어서 도저히 되돌릴 수 없음을 나타내는 부사형 어미로 그 앞에 '-시-'만을 결합시킬 수 있다.[46] '-게'는 지정사에는 잘 쓰이지 못한다. (요즈음은 가끔 쓰이는 일이 있기는 하나 무리이다.) '-게'에는 말할이의 의도가 내포되어 있다.

(363) ㄱ. 철수는 이미 잘 살게 되어 있다.
ㄴ. 그는 얄밉게 나는 버리고 떠났다.
ㄷ. 선생님께서 서울에 가시게 도와 드렸다.
ㄹ. 이 과일이 잘 익어, 먹게끔 되었다.

(363ㄹ)의 '-게끔'은 '-게'의 강조형이다. 그런데, 경우에 따라서는 '-게'가 '-할 수 있도록'의 뜻으로 쓰이는 일이 있다.

(364) ㄱ. 우리는 철수가 이기게 도와 주었다.
ㄴ. 그가 여기서 놀게 놓아 두어라.

다. -듯이: 이것은 흡사함, 즉 비유를 나타내는 부사형 어미로 그 앞에 '-시-, -았/었-' 등이 결합할 수 있다.

---

46) 위의 논문, 237~247쪽 참조.

(365) ㄱ. 구름에 달 가듯이 가는 나그네.

　　　ㄴ. 그는 거짓말을 밥 먹듯이 한다.

　　　ㄷ. 그가 위대한 학자이듯이 너도 훌륭한 사람이 되어야 하지 않겠느냐?

　　　ㅁ. 그미가 착하듯이 너도 착하여라.

　　　ㅂ. 그가 어려운 일을 하였듯이, 너도 그래야 한다.

(365ㄱ~ㅂ)에서의 '-듯이'는 '-한(하는) 것처럼', '-한(하는) 것 같이'의 뜻으로 이해된다. 그런데 '-듯이'는 경우에 따라서는 '-듯'과 같이 '-이'가 줄어지는 수가 있다.

(366) ㄱ. 그는 돈을 물 쓰듯 한다.

　　　ㄴ. 영희는 뭔가 알아차린듯, 아무 말없이 밖으로 나갔다.

　라. -이: '-과 같이', '-와 달리' 등과 같이 되어, 다음 절이나 구 (phrase), 그리고 서술어를 꾸민다.

　이에는 선어말어미는 연결될 수 없다.

(367) ㄱ. 이것은 보물과 같이 매우 소중하다.

　　　ㄴ. 이것은 저것과 달리 소중하다.

　　　ㄷ. 그는 돈도 없이 여행을 떠났다.

2.2.1.3. 서술어의 곡용법

　서술법, 의문법, 권유법, 연결법에는 격조사, 보조조사, 특수조사가 붙어서 자리를 매기거나 어떤 뜻을 더해 주는 일이 있는데, 이와 같은 일을 서술어의 곡용법이라고 한다.

1) 서술법의 곡용법

이에 오는 조사는 특수조사 '요'와 '그려', '야'가 있다. '요', '야'가 극비칭에 쓰이면 어떤 느낌을 나타낸다.

(368) ㄱ. 비가 옵니다요.

ㄴ. 비가 오오그려(*요).

ㄷ. 비가 오네요(그려).

ㄹ. 비가 온다요(그려).

ㅁ. 비가 온다야.

ㅂ. 비가 오오(그려).

(368ㄱ~ㅁ)에서 보듯이 서술법의 극존칭에는 '-요'가 쓰이는데, 보통존칭의 '-오'에는 '-그려'만 쓰이고 '-요'는 쓰이지 못한다. (368ㄴ, ㅂ), 그것은 모음충돌 때문인 것으로 보인다.

2) 의문법의 곡용법

(369) ㄱ. 비가 옵니까요?

ㄴ. 비가 오오그려?

ㄷ. 비가 오는가그려(오는가요)?

ㄹ. 비가 오나그려(오나요)?

(369ㄱ~ㄹ)에서 보면 의문법에서는 극존칭에는 '-요'만 쓰이고 보통존칭, 보통비칭, 극비칭에는 '-그려'와 '-요'가 쓰이는데, '-요'가 오면 성근말이 된다.

3) 권유법의 곡용법

(370) ㄱ. 같이 가십시다요(그려).

　　　ㄴ. 같이 가오그려.

　　　ㄷ. 같이 가세그려.

　　　ㄹ. 같이 가자그려.

권유법에는 존칭에만 '-요', '-그려'가 쓰이고 나머지에는 '-그려'만 쓰인다. 왜냐하면, '-요'가 쓰이는 어법은 없기 때문이다.

4) 절연결법의 곡용법

이에는 다음과 같은 어미가 있는데 그 어미에 따라 오는 조사도 다르다.

　🗀 가정어미: '-을진대' 다음에는 '-는'이 쓰인다.

(371) ㄱ. 비가 올진대는 집에 있자.

　　　ㄴ. 그를 도울진대는 제대로 돕자.

　🗀 완료어미: -어서/아서, -어/아, -러서/라서

-어서/아서: 이에는 '는, 도, 만, 까지' 등이 쓰인다.

(372) ㄱ. 문을 열어서는(도) 안 된다.

　　　ㄴ. 문을 닫아서도(만) 살 수 있었다.

　　　ㄷ. 일을 하여서만 살아갈 수 있다.

　　　ㄹ. 빚을 내어서까지, 갚을 필요는 없다.

- 러서/라서: 이에는 '는, 도'가 쓰인다.

(373) ㄱ. 나는 그가 누구인지 몰라서는 가만히 있었다.
    ㄴ. 그 길을 몰라서도 못 찾아 가겠다.

📂 결과어미: '-니까' 다음에는 '-는'이 쓰인다.

(374) ㄱ. 내가 찾아가니까는 그는 집에 있었다.
    ㄴ. 물으니까는 모른다고 하더라.

📂 즉시어미: '-은즉' 다음에는 '-은'이 쓰인다.

(375) ㄱ. 내가 간즉은 그는 없었다.
    ㄴ. 비가 온즉은 땅이 굳으리라.

📂 당연어미: '-어야/이야' '-라야/러야' 뒤에는 '-만'이 쓰인다.

(376) ㄱ. 너는 그것을 몰라야만 일을 잘 처리할 수 있다.
    ㄴ. 물은 흘러야만 깨끗해진다.

📂 추정불구어미: '-으련마는'에는 '-도'가 쓰인다.

(377) ㄱ. 비가 오련마는도 오지 않는다.
    ㄴ. 그가 가련마는도 가지 않고 애를 먹인다.

📂 전환어미: '-다가' 뒤에는 '-는, -도'가 쓰인다.

(378) ㄱ. 그는 일을 하다가는 쉬고 하다가는 쉰다.

ㄴ. 나는 그를 생각하다가도 괘씸한 생각이 들어서 다른데로 마음을 돌
린다.

📑 의문어미: '-을지, -는지'에는 '-를, -는, -도'가 쓰인다.

(379) ㄱ. 그가 갈지를 나는 모르겠다.
ㄴ. 그가 갈지는 나도 모르겠다.
ㄷ. 그가 갈지도 나는 모르겠다.

(379)에서 보면 어미 '-지'는 과연 연결어미로 보아야 할지 아니면,
두자격법의 명사법으로 보아야 할지 의문이나 연결어미로 다루었다.

5) 의존연결법의 곡용법

📑 부정의존연결어미: '-지' 뒤에는 '-가, -를, 도, 만' 등이 쓰인다.

(380) ㄱ. 그가 가지를(도) 아니한다.
ㄴ. 그는 가만히 있지만은 아니한다.
ㄷ. 그는 마음씨가 아름답지가 못하다.

(380ㄱ, ㄷ)에서 보는 바대로 '-지'는 격조사 '-가, -을'을 취함이
특이하다.

📑 상태의존연결어미: '-아/어' 뒤에는 '-는, -도, -만, -를'이 쓰
인다.

(381) ㄱ. 밥을 먹어는(도) 보아라.
ㄴ. 밥을 먹어를(만) 보아라.

📁 가치의존결어미: '-음직' 뒤에는 '-은, -도, -만' 등이 쓰인다.

(382) ㄱ. 이 밥이 먹음직은(도) 하다.

　　　ㄴ. 이 밥이 먹음직만 하면, 너에게 주겠는데 그렇지 못하다.

📁 희망의존연결어미: '-고'에는 '-는, -도, -만, -를'이 쓰인다.

(383) ㄱ. 밥이 먹고는(도) 싶다.

　　　ㄴ. 밥이 먹고만(를) 싶다.

📁 부사형 어미: '-도록' 뒤에는 '-은, -만, -까지'가 쓰이고, '-게' 에는 '-는, -도, -만, -까지'가 쓰인다.

(384) ㄱ. 혀가 닳도록까지 타일렀다.

　　　ㄴ. 그가 죽도록만 노력하면 성공할 것이다.

　　　ㄷ. 그가 잘 했더라면, 이런 처지에 이르도록은 되지 않았을 것이다.

　　　ㄹ. 그는 착하게는(도) 생겼다.

　　　ㅁ. 그는 착하게만 살았다.

　　　ㅂ. 그는 착하게까지 하다.

(384ㅂ)의 경우는 조사 '까지'가 빠지면 문장이 되지 않는다. 조사는 이와 같이 그 구실이 다양하다.

여기에서 덧붙여 설명하고 싶은 것은 관형법에는 곡용법이 있을 수 없는 까닭은 관형어와 수식을 받는 말 사이에는 문법적 구조와 의미 관계가 너무나 긴밀하기 때문이다. 다음 보기에서 그 분명한 까닭을 찾아볼 수 있다.

(385) ㄱ. 죽은 - 목숨

ㄴ. 큰 - 계집

ㄷ. 단 - 잠

ㄹ. 가는 - 베

ㅁ. 날 - 다람쥐

(385ㄱ~ㅁ)에서 보면 관형어와 수식을 받는 말은 서로 합하여 하나의 합성어를 만들 정도로 그 의미 관계가 너무나 밀접하기 때문에 관형어와 수식을 받는 말 사이에는 조사가 개입할 수 없다. 조사가 개입한다는 것은(실지로는 그저 할 수 없지만) 두 말 사이의 관계를 분리시켜서 서로 다른 성분으로 만들 수 있다는 것이 되는데, 관형법의 경우는 그러한 관계가 절대로 성립될 수 없기 때문이다.

2.2.3. 선어말어미의 활용 범주

2.2.3.1. 대우법[47]

우리가 집이나 사회에서 어른을 대하여 말을 할 때는 아주 높여서 말하고 형이나 선배에게는 보통 높여서 말을 하며, 후배나 친구끼리는 보통 낮추어서 말하고 아랫사람에게는 아주 낮추어서 말을 하는데, 이런 어법을 대우법이라 한다. 옛날부터 어른들은 대우법을 우리말로 말대접법이라고 불러 왔으나 여기서는 대우법으로 부르기로 한 것이다. 대우는 집안에서 쓰는 집안 어법과 사회에서 남남끼리 하는 남남 어법의 두 가지가 있으나,[48] 편의상 이들을 하나의 체계로 세워 다루기로 한다. 집안에서나 사회에서 어른을 높이어 공경스레 하는 어법을

---

47) 대우법에 대하여는 여증동, 『한국가정언어』, 시사문화사(1985)에 의지하여 다룰 것임을 미리 밝혀둔다. 그 까닭은 여증동 교수의 체계가 가장 옳은 것으로 판단되었기 때문이다.

48) 여증동, 위의 책, 362~363쪽 참조.

공경말이라 하고 처질부, 처질녀, 고종의 며느리 등에 대하여 삼가 하는 어법을 삼가말이라고 하며, 사회에서 성근 사람끼리 하는 어법을 성근말이라고 한다. 그리고 형제 및 선후배 사이에, 부부사이, 손아래 사람에 대하여 하는 어법은 대우할 사람에 따라 보통 높여서 하는 어법과 보통 낮추어서 하는 어법과 반말법 및 아주 낮추어서 하는 어법들이 있는데 이들 어법을 친근말이라 한다. 이를 표로 나타내 보이면 다음과 같다.

국어의 대우법은 형태적 방법, 통어적 방법, 어휘적 방법에 의하여 실현되는 세 가지가 있다. (체계상 의향법에 의한 것도 여기서 같이 설명한다.)

1) 형태적 방법에 의한 대우법

어미에 의한 대우법을 형태적 방법에 의한 대우법이라고 하는데 이에는 다음과 같은 대우법이 있다. 이 대우법은 들을이 대우법이다.

합쇼체(공경말)

아들, 딸, 손자, 손녀가 할아버지, 할머니, 아버지, 어머니, 맏아버지, 맏어머니, 둘째아버지, 둘째어머니, 종숙, 종숙모, … 등에 대하여 말하는 법인데, 며느리도 시가 어른에게 대하여는 공경말을 하여야 한다. 사회에서는 스승이나 상관 및 나이 많은 어른께 대하여 공경말을 해야 한다.

(386) ㄱ. ㉮ 할아버지 여기에 책이 있습니다.

　　　 ㉯ 아버지 어디에 가십니까?

　　 ㄴ. ㉮ 사장님 여기에 차가 있습니다.

　　　 ㉯ 어르신 서울에 가십니까?

　　 ㄷ. ㉮ 사장님 이 차를 타십시오.

　　　 ㉯ 선생님 이 차를 타시지요.

　　　 ㉰ 어르신 여기에 앉으십시오.

의향법에서의 공경말의 어미활용을 보이면 다음과 같다.

의향법	어미	등급
서술법	－습니다, －노이다	극존칭
의문법	－습니까, －나이까	
명령법	－십시오, －소서, －시지요	
권유법	－십시다, －시지요, －십세다	

공경말에서 말할이가 주어가 될 때는 반드시 '제'가 되어야 한다. 이것이 삼가말과 다른 점이다.

(387) ㄱ. 제가 도와 드리겠습니다.

　　 ㄴ. 제가 그에게 길을 가르쳐 주었습니다.

　　 ㄷ. 제가 도와 드릴까요?

　　 ㄹ. 제가 이것을 가져도 괜찮습니까?

위에서 (387ㄷ)의 '－을까요'는 말할이가 들을이의 의사를 물을 때 쓰이는 어미로서 '-요'가 있다 하여 성근말이 아님에 유의하여야 한다.

📂 삼가말체

말할이가, 처질부, 처질녀, 고종의 며느리, 외사촌의 며느리, 처제, 나이 적은 면복친 부인, … 등에게 삼가 말하거나, 부인이 나이 적은 시친당 면복친 남자, 질녀 남편, 생질녀 남편들에 대하여 말하는 법인데 이때의 주어는 반드시 '나'라야 한다. 이것이 공경말과 다르다. 삼가 어법은 사실은 통어적 방법에 의한 대우법이나 편의상 여기에서 다루기로 한다.

(388) ㄱ. ㉮ (고종의 30세 며느리) 서울 아주버님 오셨습니까?

　　　㉯ (시아버지의 70세 먹은 외사촌) 나는 아우를 보려고 왔습니다.

　　ㄴ. ㉮ (30세 처질부) 고모부님 오셨습니까?

　　　㉯ (60세 시고모부) 예, 나는 처남을 만나러 왔습니다.

　　ㄷ. ㉮ (처제) 형부 오셨습니까?

　　　㉯ (형부) 예, 나는 기차로 왔습니다.49)

　　ㄹ. ㉮ (질서) 처숙모님, 안녕하십니까?

　　　㉯ (처숙모) 예, 나는 잘 있습니다.

(388ㄱ~ㄹ)의 ㉯에서는 손위 어른이 손아래 여자에 대하여서나 처숙모가 질서에게 '나는 -습니다'라고 하는 것은 존대하여 한 말이 아니라 삼가 조심해서 한 말임을 알아야 한다. 요즈음 젊은이들이 처제를 보고 "해라"를 하는 것은 교양 없는 일이다. 이때의 의향법의 어미는 공경말의 경우와 같아서 서술법에는 '-습니다'가 쓰이고 의문법에는 '-습니까' 명령법에는 '-시지요, -세요' 권유법에 '-시지요, -

---

49) 요즈음은 형부가 처제에 대하여는 보통존칭으로 말하는 경향이 있다.

세요'가 쓰인다. 옛날 궁중에서 대왕대비가 왕에게 말하는 것은 삼가
말이다.

남남말에 있어서의 삼가말은 스승이 시집간 여제자나 상관이 시집
간 아래 여직원에 대하여 하는 어법이다.

(389) ㄱ. 김여사, 시집살이 재미가 어떻습니까?
　　 ㄴ. ㉮ 선생님, 오래간만입니다. 안녕하십니까?
　　　　 ㉯ 예, 나는 잘 있습니다.
　　 ㄷ. ㉮ 과장님 안녕하십니까?
　　　　 ㉯ 예, 나는 잘 있습니다. 부부생활이 재미있습니까?

이때도 주어는 '나'임은 집안말의 삼가말의 경우와 같다.

　📁 해요체(성근말)

성근 사이에 있어서 늙은이는 젊은이에게 삼가말 또는 성근말을 해
야 하고 젊은이는 늙은이에게 공경말을 해야 한다.[50]

(390) ㄱ. ㉮ (길가는 60세 늙은이) 역으로 가자면 어디로 가나요?
　　　　 ㉯ (길가는 20세 젊은이) 오른쪽으로 돌아서 줄곧 가시면 됩니다.
　　 ㄴ. ㉮ (군수) 김 과장, 어제 그 문제를 빨리 좀 알아 봐요.
　　　　 ㉯ (과장) 지금 곧 알아 보도록 하겠습니다.

(390ㄱ~ㄴ) 이외에도 '안녕하세요, 고마와요, 잘 가세요…' 등과 같
이 어미가 '-요'로 끝나는 어법이 성근어법이다.

요즈음 교육을 잘못 받은 젊은이들이 자기 부모나 어른들에 대하여

---

50) 여증동, 앞의 책, 362~368쪽 참조.

보통으로 해요체를 쓰는데 그것은 잘못이다.

　설명하면, 의문대명사나 명사 및 대부분의 연결어미에 '요' 또는 '게요'를 붙여서 서술법이나 의문법 또는 명령법으로 쓰면서 존대어로 착각하나 그것은 잘못이다. 특히 '-ㄹ게요'를 사용하여 서술법의 존대어로 생각하나 잘못이니 극존칭은 아니니 어른에 대하여 쓰지 말아야 한다.

(391) ㄱ. 누구요?

　　　ㄴ. 어디요? 또는 어디로(에)요?

　　　ㄷ. 언제요? 언제까지요?

　　　ㄹ. 집에요.(또는 의문법으로) 점심은요.(또는 의문법으로)

　　　ㅁ. 없다면요? 그가 올 것 같으면요?

　　　ㅂ. 부탁할게요.

　　　ㅅ. 기분이 나빠서요.

　　　ㅇ. 이것을 먹어요.(명령법)

　　　ㅈ. 비가 오더라도요?

　　　ㅊ. 그는 놀고서요, 안 가요.

　　　ㅋ. 밖에는 비가 오거든요.

　　　ㅌ. 그는 일을 하다가요 놀아요.

　특수한 연결법을 제외하고는 다 위와 같이 보통으로 쓰고 있으나 잘못이니 바르게 말을 하여야 한다.

하오체

　아우가 형에게, 후배가 선배에게 대하여 '제가 -오'식으로 하는 어법이다.

(392) ㄱ. 형님, 제가 이 일을 하겠소.

ㄴ. 선배님, 제가 여기 있겠소.

ㄷ. 형님, 어디 가오.

ㄹ. 선배님, 이것을 가지겠소?

ㅁ. 형님, 같이 가오.

하오체의 의향법 어미를 보이면 다음과 같다.

의향법	어미	등급
서술법	저 …… 오/소	보통존칭
의문법	저 …… 소/오?	
명령법	…… 오/소	
권유법	…… 오/소	

하게체

남자 형이 아우에게, 시누나가 동생댁에게, 백남댁(중남댁)이 시누이에게, 손위 동서가 손아래 동서에게, 장모가 사위에게, 선배가 후배에게 대하여 하는 어법이다.

(393) ㄱ. 나는 서울 가네. [형(선배)이 동생(후배)에게]

ㄴ. 자네는 어디 가는가? (위와 같음)

ㄷ. 자네, 이것을 가져 가게. (위와 같음)

ㄹ. 자네는 나하고 같이 가세(감세). (위와 같음)

하게체의 의향법 어미를 보면 다음과 같다.

의향법	어미	등급
서술법	-네	
의문법	-는가	보통비칭
명령법	-게	
권유법	-세(-ㅁ세)	

📁 하라체

집안의 할아버지, 할머니, 아버지, 어머니, 맏아버지, 맏어머니, … 등이 손자, 손녀, 아들, 딸 조카, … 등에게 대하여 하거나, 나이 많은 어른이 나이 어린 아이나 젊은이에게, 선생이 학생에게 대하여 하는 어법이다.

(394) ㄱ. 나는 서울 간다.

ㄴ. 너는 뭘 하느냐(나, 니)?

ㄷ. 이것을 가져 가거라.

ㄹ. 나하고 같이 일하자.

📁 해체(반말)

부모님 앞에서 남편이 아내에게, 아내가 남편에게, 집안의 나이 적은 손위 사람이 나이 많고 촌수가 아래인 사람에게, 친구 사이에 주고받는 어법이다.

(395) ㄱ. 나는 시장 가아.

ㄴ. 출근해?

ㄷ. 이것 먹어.

ㄹ. 나하고 같이 가아.

반말의 어미는 '-아', '-는데', '-지', '-거든' 등이 쓰이는데 '-아'

는 의향법 전체에 대하여 쓰이나, '−는데', '−거든'은 서술법에, '−지'는 서술법, 의문법, 명령법, 권유법에 두루 쓰인다. '−은데'는 설명을, '−거든'은 조건의 뜻을 나타낸다.

(396) ㄱ. 이게 좋은데. (서술법)

　　　ㄴ. 이것이 좋지. (서술법, 의문법)

　　　ㄷ. 같이 가지.(?) (명령법, 권유법, 서술법, 의문법)

　　　ㄹ. 나는 이게 좋거든. (서술법)

2) 통어적 방법에 의한 대우법(대우법)

통어적 방법에 의한 대우법에는 주체존대법이 있다.

📂 주체존대법

주어가 손위 어른이거나 이에 준하는, 의인화한 사물일 때, 주어를 높이는 형태소 '−시−'를 주체존대어라 하고, 이 '−시−'가 서술어의 선어말어미로 쓰이어 주어를 높이는 법을 주체존대법이라고 한다.

(397) ㄱ. 할아버지께서 서울에 가신다.

　　　ㄴ. 선생님 어디 가십니까?

　　　ㄷ. 선생님은 술이 좋으십니까?

　　　ㄹ. 할아버지께서는 귀가 밝으시다.

주체존대어의 문장에서의 위치

가. 서술어가 본용언일 때

주체존대어 '−시−'는 서술어의 어근 바로 다음에 쓰인다. 즉 선어말어미 중에 제일 앞에 쓰인다.

(398) ㄱ. 아버지께서 서울에 가시었다.

　　　ㄴ. 선생님은 벌써 미국에 도착하시었겠다.

　　　ㄷ. 선생님께서 서울로 가시겠다.

나. 서술어가 '본용언＋보조용언'일 때
이 경우에는 다음과 같은 경우가 있다.

(399) ㄱ. 주어에 관계없이 보조용언에 '-시-'가 오지 않는 경우

　　　　㉮ 성취의존동사 중 '-되다'에는 '-시-'가 안 옴.

　　　　㉯ 당연의존동사 '-하다'에는 '-시-'가 안 옴.

　　　ㄴ. 주어에 따라 '-시-'가 오기도 하고 안 오기도 하는 경우

　　　　㉮ 사동의존동사: -하다, 만들다

　　　　㉯ 두기의존동사: -가지다

　　　　㉰ 부정의존동사: 아니하다, 못하다, 말다

　　　ㄷ. '-시-'가 의존동사에 오는 경우

　　　　㉮ 진행의존동사: 가다

　　　　㉯ 완료의존동사: 나다, 내다, 버리다

　　　　㉰ 봉사의존동사: 주다, 바치다('드리다'는 그 자체가 존대어이므로 '-시'가 오지 않음.)

　　　　㉱ 시행의존동사: 보다

　　　　㉲ 강조의존동사: 쌓다

　　　　㉳ 두기의존동사: 놓다, 두다

　　　　㉴ 가식의존동사: 체하다, 양하다, 척하다

　　　　㉵ 성취의존동사: 뻔하다

위에 대하여 설명하기로 하겠다.

(400) ㄱ. 아버지는 서울에 가시게 되었다.

ㄴ. 선생님은 미국에 가시게 되었다.

ㄷ. ㉮ 선생님은 서울에 가셔야 한다.

㉯ 선생님은 서울에 가셔야 합니다.

(401) ㄱ. ㉮ 선생님은 아버지께 이유서를 쓰시게 하셨다.

㉯ 나는 선생님을 잘 가시게 하였다.

㉰ 선생님은 내가 잘 되게 하셨다.

ㄴ. ㉮ 선생님은 아버지가 잘 되시게 만드셨다.

㉯ 아버지는 그 일이 잘 되게 만드셨다.

㉰ 나는 선생님이 잘 가시게 만들어 드렸다.

ㄷ. ㉮ 아버지께서는 가시지 않는다(못하신다)[옷을 입지 않으신다].

㉯ 아버지께서는 가(시)지 마십시오.

ㄹ. 아버지는 이 일을 잘 처리해 가신다.

ㅁ. ㉮ 아버지는 그 어려움을 견디어 나셨다(내셨다)

㉯ 아버지는 그것을 철이에게 주어 버리셨다.

ㅂ. ㉮ 아버지는 그를 도와 주셨다.

㉯ 아버지는 그 일을 나라에 일러 바치셨다.

ㅅ. 아버지는 이것을 한 번 들어 보셨다.

ㅇ. 아버지는 공연히 아이들을 꾸짖어 쌓으신다.

ㅈ. ㉮ 아버지는 이것을 받아 놓으셨다.

㉯ 아버지는 이것을 받아 두셨다.

ㅊ. 할아버지는 눕지도 못하신다.

(401ㄷ~ㅊ)에서 보면, 각 문장의 주어인 '아버지'의 동작이 의존동사에 모두 관계하므로 '-시-'는 의존동사에 쓰이게 되었다. 물론 '아버지'의 동작이 본동사에도 관여하나, 우리의 말버릇이 이런 경우는 '-시-'는 의존동사에만 쓰여야 한다. 다음과 같은 말은 잘못이니 쓰지

말아야 한다. '-시-'를 너무 많이 쓰면 안 되기 때문이다.

※ 이것을 드셔 보셔요 → "이것을 들어 보세요"로 하여야 한다.

3) 어휘적 방법에 의한 대우법

어휘적 방법에 의한 대우법에는 주체존대법과 객체존대법이 있다.

📁 주체존대법

'-시-' 이외의 단어로써 주어(주체)를 높이는 법을 어휘적 방법에 의한 주체존대법이라 한다.

(402) ㄱ. 할아버지께서 집에 계신다.

ㄴ. 할아버지께서 지금 주무신다.

ㄷ. 할아버지께서 진지를 잡수신다.

ㄹ. 아버님께서 약주를 자주 드신다.

주어를 높이는 명사, 조사, 동사에는 각각 다음과 같은 말들이 있다.

존칭명사	존칭조사	존칭동사
말씀, 병환	께서	계시다
진지, 치아	께옵서	주무시다
약주, 염		잡수시다
안력		잡숫다, 자시다
연세, 춘추		돌아가시다, 분부하시다

위 표의 말들은 문장의 짜임새 여하에 따라서는 객체존대법에도 쓰일 수 있다. 다만, 조사 '께서', '께옵서'에 의한 대우는 어휘적이라 하기보다 형태론적 처지에서는 곡용법에 의한 대우법이라 하여야 한다.

📁 객체존대법[51]

문장에서 목적어나 위치어를 객체라 하고, 높임의 단어나 겸사의 단어에 의하여 객체를 높이는 법을 객체존대법이라고 한다. 다만, 조사 '께서', '께옵서'에 의한 것은 곡용법에 의한 대우법이다. 이때의 객체도 손위 어른에 한한다.

(403) ㄱ. 아버지께 진지를 드린다.

　　　ㄴ. 할아버지께 이 말씀을 여쭈어라.

　　　ㄷ. 나는 선생님을 찾아뵈었다.

　　　ㄹ. 나는 아버지를 모시고 있다.

위에서 조사 '께'에 의한 객체존대법은 곡용법에 의한 대우법이요, '-님'에 의한 것은 파생법에 의한 대우법이다.

4) 겸양법

말할이가 자기 자신을 낮추어 말함으로써 들을이를 높여 대접하는 법이다. 따라서 이와 같은 대우법을 겸양법이라 한다. 종래는 겸양법이라 하였다.

이 대우법은 겸양 선어말어미 '잡, 자옵, 자오', '삽, 사오', '습', '으옵, 으오' 등에 의하여 이루어진다.

(404) ㄱ. 아버지 제가 가겠사오니, 기다려 주시옵소서.

　　　ㄴ. 아버님 하서를 받자오니 기쁘기 한량 없사옵니다.

　　　ㄷ. 말씀 듣자옵고 어쩔 바를 몰랐습니다.

---

51) 권재일, 『한국어통사론』, 민음사, 1992, 118~131쪽 참조.

ㄹ. 아버님 말씀만 믿<u>사옵고</u> 있사옵니다.

ㅁ. 이제 저는 가<u>오니</u> 안녕히 계<u>시옵</u>소서.

(404ㄱ~ㅁ)에서 보듯이 겸양 선어말어미의 쓰이는 경우를 보면 다음과 같은데, 이들 선어말어미가 쓰일 때의 주어는 반드시 '제'가 되어야 한다.

📁 첫째 종류

-잡/자옵-

어근의 받침이 ㄷ, ㅈ, ㅊ이고 파열음으로 시작되는 연결어미 앞에 쓰이기도 하고 '-나이다, -니다'와 같은 어미 앞에 쓰이기도 한다. 그리고 이에는 선어말어미 '-았/었-', '-겠-' 등은 쓰이지 못한다.

(405) ㄱ. 선생님의 말씀을 쫓잡고자 애쓰고 있사옵니다.

ㄴ. 아버님 하서 받잡고 기쁘기 한량없나이다.

ㄷ. 고향 소식 자주 듣자옵나이다.

-자오-

어근의 받침이 ㄷ, ㅈ, ㅊ이고 연결어미 '-니' 앞에 쓰인다. 이에도 '-잡/자옵-'의 경우와 같이 '-았/었-', '-겠'이 쓰이지 못한다.

(406) ㄱ. 말씀을 듣자오니 저의 잘못인가 하옵니다.

ㄴ. 글월 받자오니 기쁘기 한이 없나이다.

'-자옵'계가 쓰이는 동사로는 '듣다, 받다' 등이 많이 쓰인다.

📂 둘째 종류

-삽/사옵 -

어근의 받침이 ㄷ, ㅆ, ㅈ, ㅊ이거나 기타 자음이고 파열음으로 시작되는 연결어미 앞이나 '-니다, -나이다'와 같은 어미 앞에 쓰인다.

(407) ㄱ. 아이는 밥을 먹었사옵(삽)고 어른은 죽을 드셨사옵니다.

ㄴ. 하나님 아버지를 믿사옵나이(니)다.

ㄷ. 요즈음은 좋은 일도 잦사옵고, 집안도 차차 정리되어 가옵니다.

- 사오 -

어근의 받침이 ㄷ, ㅆ, ㅈ, ㅊ이거나 기타 자음이고 '-니'로 시작되는 연결어미 앞에 쓰인다.[52] 그리고 이에는 '-았/었-', '-겠-'이 쓰인다.

(408) ㄱ. 그들은 잘 지냈사오니 안심하옵소서.

ㄴ. 밥도 잘 먹사오니 안심하옵소서.

ㄷ. 제가 그를 믿겠사오니 그리 아옵소서.

ㄹ. 제가 그를 좇사오니 잘 인도하여 줄 것이옵니다.

ㅁ. 옷이 젖사오니 조심하시기 바라옵니다.

📂 셋째 종류

-습 -

---

52) 이에 대하여는 예문 (405) 첫째 종류의 '-잡/자옵-', '-자오-'조를 참조할 것.

자음이 받침인 어근 다음에 쓰인다.

(409) ㄱ. 돈을 많이 받습니다.
 ㄴ. 저는 잘 있습니다.
 ㄷ. 우리는 그를 찾습니다.

📁 넷째 종류

- 으옵 -

모음 및 모든 자음으로 끝나는 어근 뒤에 쓰인다.

(410) ㄱ. 가옵니다.
 ㄴ. 가옵나이다.
 ㄷ. 받으옵나이다.

- 으오 -

'가오니, 받으오니' 등과 같이 연결어미 '-니' 앞에 쓰인다.
 겸양법은 글말에서, 특히 상대를 극히 존중하게 대우해야 할 경우에
쓰이고 구어에서는 별로 쓰이지 않는다.

2.2.3.2. 때매김법

우리말의 때매김법에는 '시제'와 '시상' 두 가지가 있다. 시제는 하
나의 선어말어미에 의하여 표시되는 때매김을 말하고, 시상은 두 선어
말어미에 의하여 표시되는 때매김을 말한다. 그러나 「-더」만은 시상
에 포함시킨다. 왜냐하면 과거회상은 시제와는 관계가 없기 때문이다.

1) 시제

이에는 의향법의 시제와 관형법에 의한 시제 두 가지가 있다.

> ㄱ. 의향법의 시제
>   ㉮ 현재: -는/ㄴ-
>   ㉯ 과거: -었/았-, -었었-/-았었-
>   ㉰ 미래: -겠-, -으리-
> ㄴ. 관형법의 시제
>   ㉮ 현재: -는-/-은-/-ㄴ-
>   ㉯ 미래: -을-/-ㄹ-
>   ㉰ 과거: -았을-/-었을-

여기서 덧붙여 설명할 것은 「-었었-/-았었-」은 두 선어말어미로 되어 있으나 통계를 내어 보면, 그 쓰임법은 규칙도 없이 일종의 조음적 구실을 하는 것이 대부분이다. 그리고 실제로는 많이 쓰이지도 아니하므로 일종의 과거의 이형태로 보고자 하기 때문이다.

📂 의향법의 시제법

가. 현재: -는/ㄴ-

㉠ '-는/ㄴ-'의 쓰임: '-는-'은 동사의 폐음절 다음에 쓰이고 '-ㄴ-'은 개음절 다음에 쓰인다. 그러나 형용사와 지정사에는 ∅로 나타난다.

(411) ㄱ. 철수는 지금 책을 읽는다.
　　　ㄴ. 영수는 학교에 다닌다.

ㄷ. 무궁화가 아름답다.

ㄹ. 세종대왕은 훌륭한 임금이시다.

(411ㄱ~ㄴ)에서 보면 '-는-'은 폐음절 다음에 쓰이고, '-ㄴ-'은 개음절 다음에 쓰여 있다. 그러나 (411ㄷ~ㄹ)에서 어간 다음에 ∅로 나타난다. 그러면, 왜 굳이 '-는/ㄴ-'을 현재의 시제어미로 보아야 하나, 그 까닭을 말해 보면 다음과 같다.

첫째, 우리의 언어직관으로는 '-는/ㄴ-'이 현재를 나타내는 것으로 보고 있음이 일반적이다.

(412) ㄱ. 철수는 학교에 간다.

ㄴ. 언니는 지금 책을 읽는다.

ㄷ. 영희는 밥을 먹는다.

둘째, '-는/ㄴ-'은 '-았-, -겠-, -더-' 다음에서는 줄어 드는데, '-는다' 전체를 서술법으로 보면 의문법의 종결어미와의 대비상 모순이 된다. 이와 같은 일은 '-는/ㄴ-'이 서술법의 종결어미가 아님을 입증하는 것이라 판단되기 때문이다.

(413) ㄱ. ㉮ 철수는 학교에 갔다.

㉯ 철수는 학교에 갔느냐?

ㄴ. ㉮ 철수는 학교에 갔다.

㉯ 철수는 학교에 갔냐?

(413ㄱ~ㄴ)의 ㉮, ㉯를 견주어 보면 '-다'와 대비되는 것은 '-느냐'와 '-냐'임을 알 수 있다. 따라서 '-다'가 서술법의 종결어미임을 알 수 있다.

셋째, 관형법에서 '-는-'은 현재를 나타내는 형태소로 보면서, 서술법에서 '-는/ㄴ-'을 현재의 시제어미로 보지 아니하고 종결어미로 본다면 앞뒤 모순이 아닐 수 없다.

(414) ㄱ. 영희는 학교에 <u>간</u>다.
　　　ㄴ. 학교에 <u>가</u>는 영희.

(414ㄱ)의 밑줄 부분은 (414ㄴ)의 밑줄 부분으로 그 자리를 바꾸었을 따름이다. 다만, 서술법에서는 동사 어간이 폐음절이면 '-는-'이 되고, 개음절이면 '-ㄴ-'이 되는데, 관형법에서는 언제나 '-는-'이 오는 것만 다를 뿐이다.

넷째, 앞에서 '-는/ㄴ-'은 형용사와 지정사에는 ∅로 된다 하였으나, 역사적으로 보면 형용사와 지정사에도 쓰이었는데,[53] 그것이 후대로 오면서 줄어들었으므로, 형용사와 지정사가 서술어가 되면 현재의 뜻으로 느껴지는 것은 그와 같은 역사적 사실 때문이다. 즉 ∅형태소를 가지고 있기 때문이다.

(415) ㄱ. 우리나라의 가을하늘은 매우 맑다.
　　　ㄴ. 이것은 철수가 나에게 준 선물이다.

다섯째, 역사적으로 '-ㄴ-'가 '-는/ㄴ-'으로 바뀌어 왔다.

(416) ㄱ. 일후믈 누니 보ᄂ다 훓딘댄(능엄 1: 101)
　　　ㄴ. 청렴ᄒ며 조심ᄒ다 호모로 사ᄅ미게 일콜이더라(번역소학 9: 51-2)
　　　ㄷ. 빗지면 거즛말 니ᄅ기 잘ᄒ다 ᄒᄂ니라(박통중, 상: 32)
　　　ㄹ. 네 아지 못ᄒ다(몽노걸, 3: 17)
　　　ㅁ. 기싱들을 식인다 ᄒ되(의유, 북산누)[54]

---

53) 허웅, 『우리옛문법(형태론)』, 샘문화사, 1975, 881쪽 참조.

(416ㄱ)은 15세기의 보기요, (416ㄴ)은 16세기, (416ㄷ)은 17세기, (416ㄹ)은 18세기, (416ㅁ)은 19세기의 보기이다. 여기에서 보면, '느다〉는다〉는다'로 바뀌어 오늘에 이르고 있음을 알 수 있는데, 이로써 '-는/ㄴ-'은 현재의 시제어미로 보아야 함을 알 수 있다.

여섯째, '-는/ㄴ-'이 올 때는 반드시 현재의 부사 '지금, 이제, 오늘, 올해, …' 등이 쓰이며 직업, 관습을 나타낼 때는 '늘, 항상, 언제나, 요즈음, 자주, …' 등이 쓰인다.

이상 여섯 가지 근거로 미루어 글쓴이는 '-는/ㄴ-'은 현대 우리말에 있어서 현재를 나타내는 시제어미로 보고자 한다.

나. 과거: -었/았-, -었었-/-았었-

㉠ '-었/았-'의 쓰임: 어떤 동작이 현재에 막 끝났거나(완결) 과거에 있었거나 끝난 것은 물론 과거의 어떤 상태의 결과가 현재에까지 남아 있음을 나타내는 시제법이다.55) 따라서 이것이 복합때에 쓰일 때는 주로 끝남의 뜻으로 쓰인다. '-었-'은 어간이 음성모음이거나 지정사의 어간 다음에 쓰이고, '-았-'은 양성모음 다음에 쓰인다.

(417) ㄱ. 영희는 스티븐슨의 보물섬을 읽었다. (완료)

ㄴ. 철수는 조금 전에 떠났다. (현재완료)

ㄷ. 어제는 비가 많이 왔다. (과거, 또는 완료)

ㄹ. 영수는 어려서는 참으로 예뻤다. (과거)

ㅁ. 너는 학생시절에는 지금보다 더 착했다. (과거)

ㅂ. 링컨은 훌륭한 정치가였다. (과거)

ㅅ. 그는 단순한 발명가가 아니었다. (과거)

---

54) 위의 책 참조.

55) 이에 대해서는 주시경, 『국어문법』, 박문서관, 1910, 100쪽 참조.

(417ㄱ~ㄴ)의 '−었/았−'은 완료, 즉 현재완료를 나타내나, (417ㄷ) 의 '−았−'은 보기에 따라서는 과거도 되고 완료도 되는데, 동작 그 자체로 보면 완료를 나타내지만, 문장 전체의 면으로 보면 과거가 된다. (417ㄹ~ㅅ)의 '−었−'은 형용사와 지정사에 쓰이어 있는데, 이 경우는 모두 과거이다. 왜냐하면, (417ㄹ)은 예쁜 모습은 과거에 끝나 버린 것이 아니라 지금도 그 예쁜 모습이 남아 있는데, 어려서가 더 예뻤다는 뜻이고 (417ㅁ)은 지금도 착하나 '학창 시절이 지금보다 더 착했다'는 뜻이며, (417ㅁ)은 링컨은 과거에 훌륭한 정치가였으나 지금도 그 훌륭한 정치가라는 평가는 남아 있다. 그는 죽었으나 그 평가마저 끝나 버린 것이 아니다. (417ㅅ) 또한 '그가 발명가인' 것은 과거에만 발명가였고 지금은 발명가로서 인정을 받지 않는 것이 아니고, 지금도 발명가로서 인정을 받고 있다. 따라서 '−었/았−'은 시제법으로서는 과거로 보아야 하는데 '−었−'이 끝남의 뜻으로 이해되는 것은 과거는 이미 동작이 끝난 때이기 때문이다.

(418) ㄱ. 내가 바란 것은 그것이 아니었는데, 아마 네가 오해한 듯하다.

ㄴ. 그는 너무나 부지런하였으므로 모든 사람으로부터 사랑을 받았다.

ㄷ. 그는 어제 떠났다.

ㄹ. 그는 10년 전에도 부자였고 지금도 부자이다.

(418ㄱ~ㄹ)의 '−었−'은 과거로 보기는 좀 어려울 듯하다. 특히, (418 ㄷ)에서 보면 '어제 떠났다'는 것은 어제 떠난 행위가 끝났다는 뜻보다는 떠난 때가 어제였다는 뜻이며, (418ㄹ)에서 보면 '−었−'은 끝남이 아니고 분명히 과거이다. 국어는 영어처럼 과거와 과거분사가 구분되어 있지 아니하므로, '−었−' 하나를 가지고, 시제를 나타낸다는 것을 생각지 아니하고, 그 문맥적 뜻에만 의존하여 완료라고 하나, 우리의 토박이들은 '−었/았−'은 과거를 나타내는 것으로 보고 있다. 사실, 영어에서는 과거와 과거분사가 나뉘어져 있으니까 그것으로 구분하나 우리는 그렇지 못

한 데 어려움이 있다. 그러나 과거는 끝남도 되나, 시제로는 과거로 보아야 한다.

다. 미래시제: −겠−, −으리

미래시제의 '−겠−'과 '−으리−'는 크게 의지미래(주관적 미래)과 여늬미래(객관적 미래), 추측 등 몇 가지 뜻을 나타내나 시제로는 미래를 나타내는 것으로 보아야 한다. 미래는 추측의 문맥적 뜻을 나타내는 일도 있다.

㉠ '−겠−'의 쓰임

(419) ㄱ. 저 영감 저러다가는 생죽음하겠어. (추측)

ㄴ. 저렇게 뜯어 가지고 못 쓰겠소. 어서 댁으로 가시오. (짐작)

ㄷ. 어느 상급학교엘 다니겠노라고 지금부터 조르고 있고 한데 …. (의지)

ㄹ. 내일은 비가 오겠다. (미래, 추측)

ㅁ. 모레까지는 다 되겠습니다. (미래, 가능)

ㅂ. 그가 처음 군산으로 올 때만 해도 집은 내것이겠다, 아이들이래야 셋이라지만 모두 어리고 또 그런대로 월급도 받거니와 …. (확인)

ㅅ. 정주사는 지위도 있겠다, 돈도 있겠다, 무슨 걱정이겠수? (나열, 또는 확인)

ㅇ. 고태수를 미워해야 하겠는데, 그러나 어쩐 일인지 그가 미워지질 않고 …. (의지)

ㅈ. 아이, 배고파 죽겠구먼. (형편)

ㅊ. 내 힘껏 노력해 보겠다. (약속)

ㅋ. 어떤 일이 있어도 이 일은 꼭 이루어내겠다. (결심)

(419ㄱ~ㅋ)에서 보면 '−겠−'은 추측, 짐작, 의지, 미래, 확인, 나열, 마땅함, 형편, 약속, 결심 등을 나타내는데[56] 이를 크게 묶으면 추측과

의지미래(가능, 의지, 확인, 형편, 약속, 짐작, 결심 등은 의지미래로 크게 묶을 수 있다)로 될 것이다. 이중 (419ㅂ~ㅅ)의 '-겠-'은 '-것-'이 이렇게 쓰인 것이다.57) 추측의 뜻은 다른 시제어미 '-었/았-' 등과 같이 쓰이면 나타나고 또 의문문, 서술문에 따라 나타나나, 주어가 일인칭이면서 서술문이 되거나 이인칭이 주어면서 의문문이 되면 의지미래 및 여늬미래(보통미래)를 나타낸다. 그런데 따지고 보면, 추측도 미래의 일종이므로 시제 범주로서는 '-겠-'은 미래를 나타내는 것으로 보고 뜻으로는 추측, 의지도 나타내는 것으로 보는 것이 문법적인 면으로 볼 때 좋으리라 생각된다.58)

다만 의지를 나타내는 동사(서술어) 다음에는 '겠'은 쓰일 수 없다. 왜냐하면 '의지'가 겹치는 표현인 까닭이다

    ㄱ. 바라겠습니다

    ㄴ. 축하하겠습니다

    ㄷ. 받겠습니다(현재에 말할 때)

    ㄹ. 감사하겠습니다(현재 인사할 때)

    ㅁ. (현재 부탁할 때)부탁하겠습니다 … 등은 잘못된 월이 된다.

ⓛ '-으리-'의 쓰임: '-으리-'는 폐음절 다음에 쓰이고 '-리-'는 개음절 다음에 쓰인다.

(420) ㄱ. ㉮ 나는 가리라. (의지)

      ㉯ 나는 가리로다. (의지)

      ㉰ 나는 책을 읽으리다. (의지)

---

56) 김승곤, 「시제보조어간고: 특히 겠에 대하여」, 『문호』 3집, 건국대학교 국어국문학과, 1964, 68~78쪽 참조.

57) 이에 대하여는 뒤의 「-것」조를 참조할 것.

58) 영어에서도 will, shall이 미래, 의지, 추정 등의 뜻을 나타내는데 이와 견주어 보면 미래는 본래부터 그런 뜻을 지니고 있는 것으로 보아진다.

ㄴ. 나라에 좋은 일이 있으리라. (미래, 추측)

ㄷ. 너는 장차 훌륭한 사람이 되리라. (미래, 추측)

ㄹ. 그는 이번에는 꼭 합격하리라. (미래, 추측)

(420ㄱ)의 ㉮의 '-리-'는 의도를 나타내면서 종결어미는 '-라'가 되었고, ㉯는 의도를 나타내면서 종결어미는 '-로다'가 되었으며 ㉰는 의도를 나타내면서 종결어미는 '-다'로 되어 보통존칭을 나타낸다. 그리고 어미가 '-라'나 '-로다'일 경우는 극비칭을 나타낸다. (420ㄷ)의 주어는 이인칭이요, (420ㄴ, ㄹ)은 삼인칭인데, 이 두 경우의 '-리-'는 미래 또는 추측 또는 가능을 나타낸다. 이 '-리-'는 그 용법이 '-겠-'과는 달리 상당히 제한된 범위에서만 쓰인다. 특히 노래말 등에서 운율을 살리고 어떤 함축미를 더하기 위해 쓰이는 일이 많다.

(421) ㄱ. 나는 가리로다 정처 없이.

ㄴ. 말 없이 고이 보내 드리오리다.

ㄷ. 아름 따다 가실 길에 뿌리오리다.

(421ㄱ~ㄷ)의 '-리-'는 시의 운율을 살리면서 말할이(일인칭)의 의도를 나타내고 있다. '-겠-'은 구어에 쓰이고 '-으리-'는 옛말투의 말과 글말에 주로 쓰임이 서로 다르다.

ⓒ '-으리-'의 형태 문제: '-으리-'는 현대국어에서 주로 글말에 쓰일 뿐 아니라, 그 쓰이는 경우도 극히 제한되어 가는 경향에 있음으로써 점점 어미화의 길을 걷고 있다.

(422) ㄱ. 나는 집으로 가리로다.

ㄴ. 네가 먹으랴?

ㄷ. 어디로 가리오(료)?

ㄹ. 옛임이여, 언제 오려나?

　　ㅁ. 나는 언제 가리?

　　(422ㄱ)에서 보면 '-리-'가 오면 어미는 반드시 '-로다'가 쓰인다는 점, (422ㄴ)의 '-으랴', (422ㄷ)의 '-리오', (422ㄹ)의 '-려나', (422ㅁ)의 '-리'가 이미 어미화되어 있거나 거의 어미화하는 단계에 있음을 알 수 있고, 특히 다음과 같은 어미와 유관함을 볼 때 앞으로 어미화할 가능성이 많다.

　　(423) ㄱ. 무엇을 <u>할소냐?</u>

　　　　　ㄴ. 무엇을 <u>할손가?</u>

　　　　　ㄷ. 무엇을 <u>먹을까?</u>

　　(423ㄱ~ㄷ)에서 밑줄 친 부분은 '-리'와 관계가 있을 것으로 볼 때, 이의 어미화의 가능성을 짐작할 수 있다.

　　라. 과거시제: -았었/었었-

　　(1) '-었었-/-았었-'의 쓰임

　　이 형태소는 우리나라 거의 모든 문법서에서 과거완료로 다루어 왔으나, 실제 많은 통계를 내어 보면 ① 강조의 뜻으로 많이 쓰이고 있으며 ② '-았었-' 중 뒤의 '-었-'은 조음소적으로 쓰인 경우도 많고, ③ 과거의 「-었-/-았-」을 써야 할 경우에 아무 까닭 없이 멋으로 쓰인 경우도 많다. 따라서 글쓴이는 '-었었-/-았었-'은 과거완료로서의 문법체계는 아직 확립되어 있는 것 같지 않으며 요즈음 신문이나 일반 글에서는 거의 쓰이지 않는 상태에 있다.

　　그러므로 '-었었-/-았었-'은 과거시제의 한 이형태로 보고 여기에서 다시 다룰 것이다.

(424) 여러 가지 뜻으로 쓰인 보기

ㄱ. 초등학교 입학과 동시에 국어 상용이라 해서 교내에서는 우리말 사용을 일제히 금지하고 일본말 전용을 <u>강요했었다</u>. (강조)

ㄴ. 심지어 자기 부모에게도 우리말을 사용하지 않고 통역자를 통해 일본말로 대화를 <u>했다는</u>① 황당한 일화도 있을 정도로 우리말 말살정책이 <u>철저했었다.</u>② (강조)

ㄷ. 월북한 박헌영은 이들과 달리 비운의 종말을 <u>맞이했었다</u>. (강조)

ㄹ. 우리는 혼자 남으신 아버지를 모시고 자주 나들이를 <u>했었다</u>. 어머니 산소에도 가고 어머니와 함께 생활했던 마을에도 갔었다. (습관 강조)

ㅁ. 마지막 날엔 크다란 가방을 짊어지고 털썩 주저앉아 <u>있었다</u>. 아쉬운 걸음을 기차역으로 <u>옮겼다</u>는 말을 <u>했었다</u>. 그미를 만나 나도 <u>그랬었노라</u>고 말하고 <u>싶은</u> 충동은 지금도 식지 않은 설렘으로 남아 있다. (계속 강조)

ㅂ. 함지박에 뜨거운 물로 담가온 빨래를 고무장갑도 안 낀 손으로 <u>빨았었다</u>. 할머니의 손은 벌겋게 얼은 것 같고 터져서 피가 나는 것도 <u>같았었다</u>. (계속 강조)

(424)의 ㄴ에서 밑줄 친 ①은 밑줄 친 ②보다 먼저 있었고 ②는 ①을 강조하기 위하여 사용하고 있으면서 사실 '우리말 말살정책'이 그때 없어진 것은 아니고 계속하여 있었으므로 제대로 표현하려면 '대화를 했었다는…'으로 되어야 하고 ②는 '철저했다'와 같이 과거형이 되어야 옳다고 생각한다. (422)의 ㄹ은 '-었었-'을 계속 사용함으로써 일종의 '강조'를 나타내고 있다. (422)의 ㅂ은 눈이 밤새도록 내려서 끝난 것이 아니고 계속 내리고 있었던 상황을 말하고 있다.

(425) 40년 전의 기술에도 기능공이 필요<u>했었는데</u>, 한 차원 더 나아간 지금의 한국 기술에 웬 짐꾼이 필요하단 말인가?

위의 밑줄 부분의 '했었는데'의 '였었' 중 뒤의 '-었-'은 말의 리듬을 살리기 위해 쓰였을 뿐 '필요'가 끝난 것은 아니다. 따라서 과거시제, 즉 '필요했는데'로 해야 옳다.

이상은 글쓴이가 여러 글에서 통계를 낸 것인데, 시나 운문 등에서 보면 뒤의 '-었-'이 조음소적으로 쓰인 예가 많을 뿐만 아니라, 형용사나 '이다'에는 잘 쓰이고 있지 않은 것을 보면 '-었었-/-았었-'을 과거완료로 보기 어렵다. 그러므로 과거의 이형태로 보고자 한다. 특히 영어에서는 어떤 시간부사는 완료와는 쓰일 수 없다는 규칙이 있는데, 우리말에는 아무런 규칙도 없이 사람에 따라 기분에 따라 '-었었-'을 쓰고 있는 것도 문제이다. 영어문법에 따르면 ㅂ의 시제는 과거라야 한다.

📁 관형법의 시제법

가. 현재: -는/-은/-ㄴ

'-는'은 개음절, 폐음절을 가리지 아니하고 동사에 쓰이고 '-은'과 '-ㄴ'은 형용사에 쓰이는데 '-은'은 폐음절 다음에 쓰이고 '-ㄴ'은 개음절 다음에 쓰이며 지정사에는 '-ㄴ'만이 쓰인다.

(426) ㄱ. ㉮ 거기 가는 사람이 누구냐?

　　　㉯ 걷는 사람은 튼튼하다.

　　ㄴ. ㉮ 마음이 굳은 청년은 유망하다.

　　　㉯ 착한 사람이 복을 받는다.

　　ㄷ. 위대한 정치가인 링컨은 노예를 해방시켰다.

현재시제법의 '-는', '-은/ㄴ'은 선어말어미 중 '-시-' 다음에만 쓰인다.

(427) ㄱ. 저기 가시는 어른이 김 선생님이시다.

ㄴ. 이 일에 관심이 ㅁ낳으신 분은 누구든지 참여하십시오.

나. 과거: -은/-ㄴ
이들 중 '-은'은 폐음절 다음에 쓰이고, '-ㄴ'은 개음절 다음에 쓰인다.

(428) ㄱ. 꽃이 핀 나무에 나비가 찾아든다.
　　　ㄴ. 그가 받은 선물은 귀금속이었다.
　　　ㄷ. 아름답던 추억에 잠긴다.

여기서 덧붙일 말은 형용사와 '이다/아니다'의 과거매김 형태소는 없기 때문에 일반적으로 '이던/아니던'이나 '착하던' 또는 '이었던'식으로 나타낸다. 이런 점으로 보면 지정사, 형용사에 대한 과거매김 형태소를 '-던'으로 하면 어떨까 한다. 이때의 '-던'은 단지 매기는 구실만 하는 듯하기 때문이다.
'-ㄴ'은 선어말어미 중 동사와 형용사의 어간 다음에 쓰이는 '-시-'에만 연결된다.

(429) ㄱ. 나를 버리고 가신 임은 십리도 못 가서 발병이 날 것이다.
　　　ㄴ. 저 어지신 어른이 이 교수이시다.

다. 미래(추정)시제: -을/-ㄹ
'-을'은 폐음절 다음에 쓰이고 '-ㄹ'은 개음절과 지정사에 쓰인다.

(430) ㄱ. ㉮ 상을 받을 사람을 선정한다.
　　　　㉯ 차를 탈 사람은 어서 오너라.
　　　ㄴ. ㉮ 돈이 많을 사람을 골라 보아라.
　　　　㉯ 마음이 착할 학생을 뽑아라.

ㄷ. ㉮ 우등생일 학생은 누구냐?

㉯ 우등생이 아닐 학생은 고르지 말라.

'–을/ㄹ'은 선어말어미 중 '–시–'와 '–었/았–'에만 연결될 수 있다.

(431) ㄱ. 가실 분은 빨리 차를 타십시오

ㄴ. 그가 받았을 상이 무엇일까?

(431ㄱ)의 '–ㄹ'은 미래를 나타내나 (431ㄴ)의 '–았을'의 '–을'은 추측의 뜻을 상실하고 단지 매김의 뜻만을 나타낸다.

(432) ㄱ. 그는 어렸을 때, 참으로 총명했다.

ㄴ. 너는 어려서도 이 일을 해 내었을 사람이다.

ㄷ. 내가 이겼을 바에는 더 이상 하지 않겠다.

(432ㄱ~ㄷ)에 쓰인 '–을'은 미래인데, 추측의 뜻은 없으나 편의상 미래(추정)의 '–을'로 다루기로 한다.

라. 과거관형시제: –았을/었을

복합시제법에는 이것 하나 밖에 없는데, 이 매김때는 의존명사 앞에 주로 쓰이나, 명사 앞에도 쓰인다.

(433) ㄱ. 그가 갔을 리 없다.

ㄴ. 철수가 그런 말을 했을 턱이 없다.

ㄷ. 그런 일을 했을 사람이 누구겠느냐?

2) 시상

ㄱ. 의향법의 시상

　㉮ 과거추정시상: -었겠-/-았겠-, -었으리-/-았으리-

　㉯ 회상시상: -더-

　㉰ 과거회상시상: -었더-/-았더-

　㉱ 추정회상시상: -겠더-

　㉲ 과거추정회상시상: -었겠더-/-았겠더-

ㄴ. 관형법의 시상

　㉮ 회상관형시상: -던-

　㉯ 과거회상시상: -었던-/-았던-

　㉰ 추정회상시상: -겠던-

　㉱ 과거추정회상시상: -었겠던-/-았겠던-

🗂 **의향법의 시상**

가. 과거추정시상: -었겠-/-았겠-, -었으리-/-았으리-

(434) ㄱ. 너는 그때 기분이 좋았겠다.

　　ㄴ. 너는 상을 탔겠다.

　　ㄷ. 그는 서울 갔렜다.

　　ㄹ. 그때 너는 이겼으리라.

　　ㅁ. 그는 아마 서울에 갔었으리라 믿어진다.

'-았겠-/-었겠-', '-았으리-/-었으리-'는 (434ㄱ~ㅁ)에서 보는 바대로 모두 과거의 추정을 나타내는데, '-었으리-'는 문어에 주로 쓰이며, 말할이의 주정을 나타내며, 종결어미는 '라'로 되고, '-었겠-'은 말할이의 추정을 나타내는데, 종결어미는 '-다'나 '-도다' 등이 쓰인다.

나. 회상시상: 더

㉠ '더'의 쓰임: 말할이가 과거의 어느때에 직접 경험하였거나, 판단하였거나, 알았거나, 인식한 사실의 때를 머리 속에 간직하고 있다가, 말할 때에 그때의 사실을 지금에 돌이켜서, 들을이에게 보고하거나(이때는 종결어미 '라'가 됨), 묻거나(의문어미 '냐/나'가 됨) 할 때에 쓰이는 시제법의 하나이다.

(435) ㄱ. 어제는 바람이 많이 불더라.
　　　 ㄴ. 영희는 잘 있더라.
　　　 ㄷ. 너는 종로에서 영희를 만나 이야기하고 있더라.

(435ㄱ)의 '더'는 '어제 바람이 분 그때'에, (435ㄴ)의 '더'는 영희가 '잘 있은 그때'에, (435ㄷ)은 '이야기한 그때'에 각각 경험한 말할이가 현재에 돌이켜서 이야기할 때 쓰는 형태소이다. 즉 회상시제이다. 그런데 '더'는 말할 때에 가까운 현재에도 쓰이는 일이 있다.

(436) ㄱ. 그는 방금 가더니, 다시 온다.
　　　 ㄴ. 눈이 오더니, 비가 온다.

㉡ '더'의 결합 제약: '더'는 여러 가지 종결어미는 물론 주어와의 가려잡기에 있어서 상당한 제약을 받게 된다.

ⅰ) 주어와의 결합 제약[59]

---

59) 김차균, 『우리말 시제와 상의 연구』, 태학사, 1990, 35쪽 이하 참조.
　　 남기심, 『국어문법의 시제문제에 관한 연구』, 탑출판사, 1978, 29쪽 이하 참조.
　　 박지홍, 『우리현대문법』, 과학사, 1986, 157~158쪽 참조.

(ㄱ) 일인칭 '나'가 주어가 되어 자기에게 보고하는 형식의 문장일 경우에는 그 문장은 성립되지 않는다.

(437) ㄱ. *나는 어제 책을 읽더라.
      ㄴ. *나는 어려서 잘 놀더라.
      ㄷ. *나는 어제 잘 자더라.

(437ㄱ~ㄷ)이 성립되지 않는 것은 모두가 자기 자신에게 말하는 형식으로 되어 있기 때문이다.

(438) ㄱ. 나는 꿈에서 그와 싸우더라.
      ㄴ. 성적표를 보니까, 나는 초등학교 때 공부를 잘 했더라.
      ㄷ. 그때, 나는 불을 밝히더라고 그가 말했다.
      ㄹ. 하숙 시절에 나는 밥이 참 잘 먹히더라.
      ㅁ. 그때, 나는 던이 잘도 벌리더라.
      ㅂ. 나는 그 옷을 입겠더라.
      ㅅ. 나는 그 영화를 벌써 보았더라.
      ㅇ. 내가 영희와 걸어서 가더란다.
      ㅈ. 나는 책을 읽었겠더라.

(438ㄱ~ㄴ, ㄹ, ㅁ~ㅅ)의 '-더-'는 '나 자신'이 과거에 겪었던 일을 현재에 와서 깨달아 보니까 그러하더라는 것이므로 문장이 성립되며 (438ㄷ, ㅇ)은 내가 불을 밝히던 일과 내가 영희와 걸어가던 일을 '그'가 돌이켜 말하고 있기 때문에 문법적이다. 이와 같이, 주어가 '나'이더라도 깨달음의 뜻으로 '-더-'가 쓰일 때는 문법적이다.[60] (438ㅈ)

---

[60] 이와 같은 문장은 어떤 경우라도 성립된다.
나는 집에 있었더라.
나는 그 일을 하겠더라.

은 좀 이상한 것 같으나 성립되는 것은, 그것은 '내'가 과거에 이미 이행한 것을 추량하여 깨달을 수 있기 때문이다.

    (439) ㄱ. *나는 아기를 눕히더라.

          ㄴ. *나는 그에게 밥을 먹이더라.

          ㄷ. *나는 안경의 도수를 자꾸 높이더라.

    (439ㄱ~ㄷ)이 성립되지 않는 것은 자신에게 보고하는 형식이 되어 있기 때문이다. 그러나 실제 대화에서 들을이에게 문장가락을 조금 올리면서 (439)를 말한다면 할 수 있는 것은 '나'에 대한 깨달음을 나타내기 때문이다.[61]

    (440) ㄱ. 철수야, 나는 어제 책을 읽더라.

          ㄴ. 영희야, 나는 그에게 밥을 먹이더라.

(ㄴ) 주어가 일인칭(나)이더라도 의문문일 때는 성립한다.

    (441) ㄱ. 내가 어제 욕을 하더냐?

          ㄴ. 내가 어제 술이 취했더냐?

          ㄷ. 내가 어제 그리로 자꾸 가더냐?

          ㄹ. 내가 방금 뭐라 하더냐?

          ㅁ. 내가 자면서 노래하더냐?

          ㅂ. 내가 정말 장발이더냐?

          ㅅ. 내가, 그는 내일 간다고 말하더냐?

    나는 그 책을 읽었더라.

61) (10)과 같은 식의 문장은 요즈음 젊은이들 사이에 간혹 쓰이고 있다.

(ㄷ) 서술어가 형용사일 경우: 형용사 중 감각형용사, 즉 온도형용사, 평형감각형용사, 유기감각형용사를 중심으로 하여 기타감각형용사가 서술어가 될 때는 주어가 일인칭이더라도 문장은 성립한다.

(442) ㄱ. 나는 간밤에 춥더라.
ㄴ. 나는 그때 참 기쁘더라.
ㄷ. 나는 오늘 아침에 몹시 덥더라.

(ㄹ) 감각형용사가 아닌 형용사가 서술어가 되어도 문장이 성립되는 경우가 많다.

(443) ㄱ. 거울을 보니까. 나는 아직 예쁘더라(곱더라).
ㄴ. 내가 생각하여도, 나는 놀랍더라.
ㄷ. 그에 비하면, 나는 착하더라.
ㄹ. 남촌서 남풍 불 때, 나는 좋데나.

(442), (443)의 문장들은 모두 말할이의 깨달음을 나타내기 때문에 문법적인 문장이 된다.

(ㅁ) 관형법에서의 '-더-'는 '너', '그'는 물론 '나'에게도 쓰인다.

(444) ㄱ. 서울로 가던 나는 다시 돌아왔다.
ㄴ. 책을 읽던 나는 사색에 잠기었다.
ㄷ. 그의 친구이던 나는 참으로 난감하였다.
ㄹ. 착하던 나는 그에게 사기를 당했다.
ㅁ. 그에게 시달리던 나는 하나의 꾀를 내었다.

ⓒ '-더-'의 형태 문제: 선어말어미인 '-더-'는 오늘날 점점 종결어미화해 가는 경향에 있다.

(ㄱ) 서술법의 경우

(445) ㄱ. 극비칭: -ㄴ데
　　　ㄴ. 보통존칭: -데요
　　　ㄷ. 극존칭: -(더)이다, -디다

(ㄴ) 의문법의 경우

(446) ㄱ. 보통비칭: -던가, -던고
　　　ㄴ. 극존칭: -디까

(445), (446) 이외에도 관형법의 경우, 형용사의 현재 관형법 '-은/ㄴ'은 과거를 나타내는 형태소가 없기 때문에 '-던'으로 쓰인다.

(447) ㄱ. 아름다운 나의 고향
　　　ㄴ. 아름답던 나의 고향

(447ㄱ)은 현재를 나타내고 (447ㄴ)은 '-던'은 과거에 경험한 것을 현재에 나타내고 있다. 그런데 언중들은 이것으로 형용사, 지정사의 과거 매김을 나타내는 것으로 여기고 쓰고 있다.

다. 과거회상시상: -았더/었더-[62]

---

[62] 우리말의 때매김에 '-었었더-'와 같은 것은 있지 아니한다고 보므로 다루지 않을 것이다.

㉠ '-았더/었더-'의 쓰임: 과거의 어느 때보다 먼저 끝난 것을 경험한 말할이가 그것을 깨닫거나 판단하거나 하여 경험하고, 현재에 말할 때 쓰이는 시제법이다.

(448) ㄱ. 나도 학생시절에는 예뻤더라.
　　　ㄴ. 생각해 보니 나는 책을 많이 읽었더라.
　　　ㄷ. 너는 자고 있었더라.
　　　ㄹ. 너는 공부를 참으로 잘 하였더라.
　　　ㅁ. 그는 어제 서울에 갔더라.

라. 추정회상시상: -겠더-('-리더-'는 쓰이지 아니한다.)

㉠ '-겠더-'의 쓰임: 말할이가 경험을 통하여 장차 그렇게 되리라는 것을 말하거나 들을이에게 장차 어떤 경험을 할 수 있을 가능성 여부를 말할 때 쓰인다.

(449) ㄱ. 너는 이 일을 해 내겠더라.
　　　ㄴ. 그는 바둑에서 이기겠더냐?
　　　ㄷ. 나는 도저히 모르겠더라.
　　　ㄹ. 비가 오겠더라.

㉡ '-겠더-'의 결합 제약: '-겠더-'는 '-더'의 경우와 그 제약관계가 같으므로 일일이 다루지 않겠거니와, 다만 다음 두 가지만 여기서 다루려 한다.

ⅰ) 의향법에서의 특수한 용법: '-더'는 '-습디다', '-ㅂ디다' 등으로 쓰일 수 있는데 '-겠더-'도 이와 같이 '-겠습디다'의 형태로 쓰일 수 있다.

(450) ㄱ. 비가 오겠습디다. (추정, 미래)

　　　ㄴ. 제가 할 수 있겠습디까? (가능)

　　　ㄷ. 선생님은 가실 수 있겠습디다. (가능)

ⅱ) 주어와의 결합 제약: '-더-'는 가리킴에 따라 어떤 제약이 있었
　　으나 여기서도 그런 제약이 있다.

(ㄱ) 일인칭과의 결합 제약: 주어가 일인칭이고 동사가 서술어가 되
　　어 '-겠더-'가 오면 별 제약이 없다. 왜냐하면, 이때의 '-겠더
　　-'의 '-겠-'은 가능을 나타내기 때문이다.

(451) ㄱ. 나는 이기겠더라.

　　　ㄴ. 나는 밥을 얼마든지 먹겠더라.

　　　ㄷ. 나는 거기서 얼마든지 공부하겠더라.

　이때의 '-겠-'은 분명히 "할 수 있음"을 나타낸다. 그러므로 '-겠
더-'는 별 제약 없이 쓰인다.

　일인칭의 '나'가 주어가 되고 형용사가 서술어가 될 때는, 형용사에
따라 가려잡을 수 있는 것이 있고 없는 것이 있다.

(452) ㄱ. 나도 예쁘겠더라.

　　　ㄴ. *나는 착하겠더라.

　　　ㄷ. *나는 성실하겠더라.

　　　ㄹ. 나는 좋겠더라.

　　　ㅁ. *나는 부지런하겠더라.

　(452ㄴ, ㄷ, ㅁ)은 가려잡을 수 없고 (452ㄱ, ㄹ)만 가능한데 평가형용
사 중 '좋다'와 비교형용사와 수량형용사의 일부와만 가려잡을 수 있

고 그 이외의 형용사와는 가려잡을 수 없다.

(453) ㄱ. 나는 그와 같겠더라.
　　　ㄴ. 나는 그보다 낫겠더라.
　　　ㄷ. 나는 일하기가 수월하겠더라.
　　　ㄹ. 나는 무리 중에서 뛰어나겠더라.
　　　ㅁ. 나는 그와 비슷하겠더라.
　　　ㅂ. 나는 너보다 돈이 좀 적겠더라.

(453ㄱ~ㅂ)에서 보면, 가능의 뜻인 '-겠-'과 의미적으로 연결 가능
한 형용사들이다.

(ㄴ) 이인칭과의 결합 제약: 이인칭에도 형용사가 서술어가 될 때 어떤
　　제약이 있다. 즉 시각형용사, 미각형용사, 청각형용사, 후각형용
　　사, 촉각형용사, 평형감각형용사, 시공감각형용사, 정의적 형용
　　사의 일부, 평가형용사의 일부, 이지적형용사의 일부, 신구형용
　　사, 수량형용사의 일부와는 연결되지 않는다.

(454) ㄱ. 너는 즐겁겠더라. (정의적 형용사)
　　　ㄴ. 너는 기쁘겠더라. (정의적 형용사)
　　　ㄷ. 너는 너무 억울하겠더라. (정의적 형용사)
　　　ㄹ. 너는 기분 나쁘겠더라. (평가형용사)

(454ㄱ~ㄹ)에서 보면 정의적 형용사가 제일 많고 평가형용사도 하
나 있다. 이들 형용사는 이인칭에 대하여 객관적으로 평가할 수 있는
것들이기 때문에 가능한 것이나 그렇지 못한 것은 연결되지 않는다.

(455) ㄱ. *너는 밉겠더라. (평가형용사)

ㄴ. *너는 다정하겠더라. (정의적 형용사)

ㄷ. *너는 고맙겠더라. (정의적 형용사)

'믿다, 다정하다'에 '-겠더-'가 올 때 삼인칭에 대하여는 말할 수 있으나 말할이의 상대자에 대하여는 쓸 수 없으며 '고맙다'는 이인칭에 대하여 미루어 말할 수 없는 형용사이다. 이로써, 평가·정의적 형용사와의 관계에 있어서 '-겠더-'가 와도 의미자질상 서로 맞아야 쓰일 수 있다는 사실을 알게 된다. 삼인칭과는 주어와 서술어와의 의미관계에 따라 제약 없이 쓰일 수 있으므로 설명을 줄이기로 한다.

마. 과거추정회상시상: -었겠더/았겠더-

㉠ '-었겠더/았겠더-'의 쓰임: 과거에 끝났을 것을 미루어 하여 짐작한 것을 현재에 와서 경험하여 말할 때 쓰는 시제의 한 가지이다. '-더' 뒤에 종결어미 '-다'가 오지 못하는 것은 '-더다'로 되면 동음충돌이 되기 때문이다.

(456) ㄱ. 그는 식사를 하였겠더라.

ㄴ. 그때는 날이 벌써 밝았겠더라.

ㄷ. *나는 돈이 많이 벌리었겠더라.

(456ㄷ)에서 보면 주어가 일인칭일 때는 전혀 쓰일 수 없음을 알 수 있는데 이인칭과 삼인칭과는 별 제약이 있는 것 같지 않다.

㉡ '-었겠더/았겠더-'의 제약: '-었겠더-'의 의향법 제약, 연결법 제약, 의존연결법 제약, 관형법 제약 등은 '-더-'와 같으므로 그에 대한 것은 제외하고 여기는 주어 제약에 관하여만 다루기로 한다.

ⅰ) 주어와의 결합 제약

(ㄱ) 일인칭과의 결합 제약: 이 경우에는, 서술어가 동사와 지정사일 때는 자기의 과거 행위의 경험을 미루어 경험한다는 것은 좀 이상하기 때문에, 많은 제약을 받는 것 같으나, 형용사일 때는 가능할 수도 있고 안 할 수도 있다. 그것은 과거에 '내'가 경험하지 못했거나 확실히 알지 못한 상태를 현재에 미루어 도로 생각할 수도 있고 없을 수도 있기 때문이다.

(457) ㄱ. *나는 그때 기분이 참 좋았겠더라. (평가형용사)

　　　ㄴ. *나는 그때 돈이 많이 벌리었겠더라.

　　　ㄷ. 나는 영희보다 키가 컸겠더라. (비교문장)

　　　ㄹ. *나는 그때 우등생이었겠더라.

(ㄴ) 이인칭, 삼인칭과의 결합 제약

(458) ㄱ. 너는 매우 슬펐겠더라.

　　　ㄴ. 너는 그때 몰랐겠더라.

　　　ㄷ. 선생님은 잘 모르셨겠습디다.

　　　ㄹ. 너는 어려서 착했겠더라.

　　　ㅁ. 그는 좀 아리송했겠더라.

(458ㄱ~ㅁ)에서 보면 이인칭과 삼인칭이 주어가 될 때는 별 제약은 있는 것 같지 않다.

관형법의 시상법

가. 회상시상: ─던

이는 말할이가 과거에 경험한 것을 이야기에 경험하여 그 다음 말을 꾸밀 때 쓰인다. 이는 가리킴에 아무 제약이 없다.

(459) ㄱ. 자고 있던 나는 그의 고함소리에 놀라 깨었다.

ㄴ. 점잖던 너는 왜 화가 났느냐?

ㄷ. 여기서 살던 그는 서울로 떠났다.

나. 과거회상시상[63]: ─었던/았던

이는 과거의 어느 때에 이미 끝난 것을 경험하고 이야기 때에 경험하여 다음 말을 매길 때 쓰인다. '─었던'은 어두운모음 다음에 쓰이고 '─았던'은 양성모음 다음에 쓰인다.

(460) ㄱ. 우리가 공부했던 시절은 참으로 어려운 시기였다.

ㄴ. 네가 다녔던 학교는 고향에 있었다.

ㄷ. 그분이 선생님이었던 시절에 우리는 공부하였다.

ㄹ. 꽃 피고 아름다웠던 봄날에 영희는 시집을 갔다.

다. 추정회상시상: ─겠던

이는 추정회상시제를 나타내면서 그 다음 말을 꾸민다.

(461) ㄱ. 그가 해 내겠던 연구를 그만 다른이에게 맡기고 말았다.

ㄴ. 참으로 착하겠던 신부감을 놓치고 말았다.

ㄷ. 훌륭한 선물이겠던 토속품이 품절이 되어 사지 못했다.

---

63) '─었으리던', '─았으리던'과 같은 관형법의 복합시제법은 없다.

(461ㄴ~ㄷ)을 통하여 '-겠던-'의 뜻을 분석하여 보면, '경험으로 미루어 보니까, 어떠 어떠하겠다'의 뜻이다.

라. 과거추정회상시상: -었겠던/았겠던

이는 과거에 이미 끝난 일이나 끝난 상태를 미루어 도로 생각하며 다음 말을 꾸민다.

(462) ㄱ. 전에는 부자였겠던 사람이 지금은 어렵게 살고 있다.

ㄴ. 공부를 많이 하였겠던 것으로 보이는 사람이 이상한 말만 한다.

'-었겠던/았겠던'은 일인칭은 꾸밀 수 없다. 만일 꾸미면 문장이 성립되지 않는다.

3) 통어적 방법에 의한 시상법

통어적 방법에 의한 시상법에는 진행시상법이 있다.

(1) 의향법의 진행시상법

의향법의 진행시상법에는 다음과 같은 시상법이 있는데, 이 시상법은 동사에만 있는 시상법이다. 왜냐하면, 진행은 동사에만 있을 수 있기 때문이다.

(463) ㄱ. 현재진행시상법

㉮ 현재진행시상: -고 + 있 -

㉯ 현재진행추정시상: -고 + 있겠 -

㉰ 현재진행회상시상: -고 + 있겠 -

㉱ 현재진행추정회상시상: -고 + 있겠더 -

ㄴ. 과거진행시상법

㉮ 과거진행시상: - 고 + 있었 -

㉯ 과거진행추정시상: - 고 + 있었겠 -

㉰ 과거진행회상시상: - 고 + 있었더 -

㉱ 과거진행추정회상시상: - 고 + 있었겠더 -

현재진행시상법

가. 현재진행시상: -고+있-

㉠ '-고+있-'의 쓰임: 이 시상법은 어떤 동작이 현재에 막 나아가고 있음을 나타낸다.

(464) ㄱ. 나는 공부하고 있다.

ㄴ. 너는 지금 일하고 있다.

ㄷ. 그는 글을 읽고 있다.

현재진행은 (464)와 같이 표현하면 되는데 다음과 같이 나타내는 수도 있다.

(465) ㄱ. 나는 물건을 팔고 있는 중이다.

ㄴ. 나는 물건을 파는 중이다.

(465)와 같은 표현법은 명사에 의한 것이므로 굴곡의 범주에서 다룰 성질의 것이 아니나 통어적 방법에 의한 한 진행시상으로 볼 수도 있지 않을까?

나. 현재진행추정시상: -고+있겠-

ⓐ '-고+있겠-'의 쓰임: 이 시상법은 현재 동작이 진행중일 것을 추정하고 있음을 나타낸다.

(466) ㄱ. 그는 지금 공부하고 있겠다.

ㄴ. 철수는 지금 놀고 있겠다.

ㄷ. 거기는 지금 비가 오고 있겠다.

다. 현재진행회상시상: -고+있더-

ⓐ '-고+있더-'의 쓰임: 말할이가 어떤 동작이 니아가고 있음을 미리 경험하고 그것을 경험하여 말하는 시상법을 말한다.

(467) ㄱ. 그는 책을 읽고 있더라.

ㄴ. 너는 어제 공부하고 있더라.

ㄷ. *나는 놀고 있더라.

(467ㄴ)은 성립되나 (467ㄷ)은 성립되지 않는다.

라. 현재진행추정회상시상: 고+있겠더-

ⓐ '고+있겠더-'의 쓰임: 어떤 행위가 나아가고 있을 것으로 추정한 말할이가 현재에 경험하여 말하는 시상법이다.

(468) ㄱ. *나도 그때쯤은 잘 살고 있겠더라.

ㄴ. *너는 그때쯤 잘 살고 있겠더라.

ㄷ. 그는 잘 살고 있겠더라.

ㄹ. 거기는 비가 오고 있겠더라.

(468ㄱ~ㄴ)은 성립되지 않는다.

618

ⓒ '고+있겠더-'의 결합 제약

(ㄱ) 주어와의 결합 제약: 의향법, 연결법, 의존연결법, 두자격법과의
제약은 '-더-'의 경우와 같으므로 여기서는 줄이고 주어 제약
에 대하여만 살피기로 한다.

(469) ㄱ. *나는 내년쯤 잘 살고 있겠더라.
ㄴ. *나는 책을 읽고 있겠더냐?
ㄷ. *너는 내년쯤 잘 살고 있겠더라.
ㄹ. *너는 아직 공부하고 있겠더냐?

(469ㄱ~ㄹ)에서 보면 주어가 일인칭과 이인칭이면 문장이 성립되지
않는데, 그것은 말할이 자신의 의지(주어가 '나'일 때에 오는 '겠'은 의지이
므로)를 추정하여 다시 생각하여 말하는 것은 있을 수 없기 때문이다.

(470) ㄱ. 풍문에 따르면 영희는 미국서 잘 살고 있겠더라.
ㄴ. 철수는 지금 뭘하고 있겠더냐?
ㄷ. 지금까지 그들은 거기서 놀고 있겠더라.

(470ㄱ~ㄷ)에서 보는 바와 같이 삼인칭이 주어가 되면 그 쓰임이
비교적 자연스러움을 알 수 있다.

📁 과거진행시상법

가. 과거진행시상: -고+있었-

㉠ '-고+있었-'의 쓰임: 어떤 동작이 과거에 나아가고 있었음을
나타내는 시상법이다.

(471) ㄱ. 나는 책을 읽고 있었다.

   ㄴ. 너는 그때 일을 하고 있었다.

   ㄷ. 그는 그때 공부하고 있었다.

나. 과거진행추정시상: -고+있었겠-

㉠ '-고+있었겠-'의 쓰임: 과거에 나아가고 있었음을 추정하는 시상법이다.

(472) ㄱ. 나는 아마 그때 일하고 있었겠다.

   ㄴ. 나는 그때 뭘 하고 있었겠니?

   ㄷ. 너는 그때 공부하고 있었겠다.

   ㄹ. 그는 열심히 공부하고 있었겠다.

다. 과거진행회상시상: -고+있었더-

㉠ '-고+있었더-'의 쓰임: 과거의 어느 시점(-고+있더-)보다 앞선 때에 어떤 동작이 나아가고 있었음을 경험한 말할이가 이야기때에 경험하여 말하여 나타내는 시상법이다.

(473) ㄱ. 나는 그때 잠을 자고 있었더라.

   ㄴ. 너는 학교시절에 자주 놀고 있었더라.

   ㄷ. 그는 언제나 일하고 있었더라.

   ㄹ. 그때는 비가 오고 있었더라.

㉡ '-고+있었더-'의 결합 제약

(ㄱ) 주어와의 결합 제약: 과거진행회상시상의 의향법, 연결법, 의존

연결법, 두자격법 등과의 제약은 '-더-'의 경우와 같으므로 거기를 참고하기를 바라면서, 여기서는 주어 제약에 관하여서만 설명하기로 한다.

(474) ㄱ. 나는 그때 일하고 있었더라?[64]

　　　ㄴ. 나는 그때 뭘하고 있었더라?

　　　ㄷ. 나는 어제 놀고 있었더라.

　　　ㄹ. 너는 어제 놀고 있었더냐?

　　　ㅁ. 그는 그때까지 놀고 있었더라.

　　　ㅂ. 서울은 그날까지 눈이 오고 있었더라.

　　　ㅅ. 서울은 그날까지 눈이 오고 있었더냐?

'-고+있었더-'는 '-고+있더-'보다 더 과거에 나아가고 있었던 동작을 이제에 와서 경험함을 나타내기 때문에 우리의 언어생활에서는 (474ㄴ~ㅅ)과 같이 쓰이고 있다. 일인칭이 주어라도 깨달음을 나타낼 때는 (474ㄱ)과 같이 쓰일 수 있다.

라. 과거진행추정회상시상: -고+있었겠더-

㉠ '-고+있었겠더-'의 쓰임: 어떤 행위가 과거에 나아가고 있었음을 추정한 것을 이야기 때에 다시 회상하여 나타내는 시상법이다.

(475) ㄱ. 그는 미국에서 잘 살고 있었겠더라.

　　　ㄴ. 너는 그때 공부하고 있었겠더라.

　　　ㄷ. 거기는 그때 눈이 오고 있었겠더라.

　　　ㄹ. 생각해 보니, 나는 그때 놀고 있었겠더라.

---

64) 서부 경남의 고장말에서는 '나는 그때 일하고 있었더라'와 같이 일상 언어생활에서 많이 쓰고 있다.

ⓛ '-고+있었겠더-'의 결합 제약: 여기서는 의향법, 두자격법, 연결법, 의존연결법 등과의 결합 제약은 '-더-'의 경우와 같으므로 거기를 참조하여 주기를 바라면서 여기서는 주어 제약에 대하여 설명하기로 한다.

ⅰ) 주어와의 결합 제약

(ㄱ) 일인칭과의 결합 제약

ⓐ 서술문일 때[65]

(476) ㄱ. *나는 아마 잘 살고 있었겠더라.
      ㄴ. *나는 그때 놀고 있었겠더라.
      ㄷ. 나는 네가 오기 전에 뭔가를 하고 있었겠더라.

(476)에서 보는 바와 같이 주어가 일인칭이고 서술문일 때는 성립되지 않으나, (476ㄷ)과 같이 과거의 어느 때보다 앞서서 무슨 일을 하였을 것을 추정하여 도로 생각함을 나타낼 때는 가능하다. (동사에 따라서는 그 가능성이 더 분명해진다.)

ⓑ 의문문일 때

(477) ㄱ. *내가 책을 읽고 있었겠더냐?
      ㄴ. *내가 그때 놀고 있었겠더냐?

의문문의 경우, (477ㄱ~ㄴ)에서 보이는 바와 같이 성립되지 않는다.

---

65) 명령문, 권유문은 아예 성립되지 않음은 「-더-」조에서 이미 설명하였다.

(ㄴ) 이인칭과의 결합 제약

ⓐ 서술문일 때

(478) ㄱ. 너는 그때 공부하고 있었겠더라.
　　　ㄴ. 당신은 어제 오전에 일하고 있었겠습디다.

(478)과 같이 이인칭이 주어고 서술문일 때는 성립한다.

ⓑ 의문문일 때

(479) ㄱ. *너는 어제 공부하고 있었겠더냐?
　　　ㄴ. *당신은 무엇을 하고 계셨겠습디까?

(479)에서 보는 바와 같이 의문문은 성립되지 않는다.

(ㄷ) 삼인칭과의 결합 제약

ⓐ 서술문일 때

(480) ㄱ. 그는 어제 일하고 있었겠더라.
　　　ㄴ. 서울에는 눈이 오고 있었겠더라.

(480)에서 보는 바대로 서술문일 때는 성립한다.

ⓑ 의문문일 때

(481) ㄱ. 그는 어제 일하고 있었겠더냐?

ㄴ. 설악산에는 눈이 오고 있었겠더냐(디)?

(481)에서 보는 바와 같이 의문문도 성립한다.

(2) 관형법의 진행시상법

이에는 다음과 같은 시상법이 있다.

(482) ㄱ. 관형법의 현재진행시상법

   ㉮ 현재진행시상: -고+있는

   ㉯ 현재진행회상시상: -고+있던

   ㉰ 현재진행추정시상: -고+있을

  ㄴ. 관형법의 과거진행시상법

   ㉮ 과거진행회상시상: -고+있었던

   ㉯ 과거진행추정시상: -고+있었을

📂 관형법의 현재진행시상법

가. 현재진행시상: -고+있는

(483) ㄱ. 나는 읽고 있는 책을 그에게 빌려 주었다.

  ㄴ. 너는 공부하고 있는 방을 청소하여라.

  ㄷ. 그는 알고 있는 사람을 친절히 대접하였다.

  ㄹ. 저 책을 읽고 계시는 분이 너의 아버님이시다.

(483ㄹ)에서 보면 '-고 있는'의 존대어는 '-고 계시는'임은 이미 앞에서 설명한 바와 같다.

나. 현재진행회상시상: −고＋있던

(484) ㄱ. 공부하고 있던 나는 졸리어 잠을 잤다. (*지금 잠을 잔다)

ㄴ. 밭을 갈고 있던 너는 쟁기를 풀고 쉬었다. (*쉬는구나)

ㄷ. 그때까지 놀고 있던 나는 이제 직장에 다니고 있다.

ㄹ. 일을 하고 있던 그는 지금 쉬고 있다.

ㅁ. 주무시고 계시던 아버지는 이제 일어나신다.

(484ㄱ~ㄹ)에서 보는 바와 같이 ‘−고＋있던’이 관형어가 되고 그 꾸밈을 받는 주어가 일인칭, 이인칭, 삼인칭일 때 그 문장의 시상은 과거가 되기도 하고 문맥에 따라서는 현재인 시상이 되기도 한다. (484ㄹ~ㅁ)에서 보면 문장의 시상은 현재이다.

다. 현재진행추정시상: −고＋있을

이것은 ‘−고＋있겠을−’이 쓰이지 못하니까 그 대신에 쓰이는 형식이다. 그런데 이것은 꾸밈을 받는 말에 따라 추정의 뜻을 상실하고 그저 매김의 구실만 하게 되기도 한다.

(485) ㄱ. 나는 공부하고 있을 그를 찾았다. (추정)

ㄴ. 너는 그 일이 잘 되어 가고 있을 것으로 믿었지? (추정)

ㄷ. 그는 영희가 잘 살고 있을 때, 그미를 찾았다. (매김)

(485ㄱ~ㄴ)은 추정의 뜻을 나타내나 (485ㄷ)은 추정보다는 그냥 꾸밈의 구실만 나타낸다.

(486) ㄱ. *일하고 있을 나를 찾아 왔다.

ㄴ. 공부하고 있을 너를 그들이 찾아 갔다.

ㄷ. 잠자고 있을 그를 영희가 찾아 갔다.

(486ㄱ)과 같이 '-고+있을-'은 일인칭의 '나'와 '우리'는 꾸밀 수 없다. '나/우리'의 일은 '나/우리'가 미루어 말할 수 없기 때문이다.

📁 관형법의 과거진행시상법

가. 과거진행회상시상: -고+있었던

(487) ㄱ. ㉮ 지금까지 놀고 있었던 나는 요즈음 직장에 다니고 있다.
　　　 ㉯ 작년까지 놀고 있었던 나는 이제는 직장에 다닌다.
　　　 ㉰ 책을 읽고 있었던 나는 무엇을 깨달았을까요?
　　 ㄴ. ㉮ 말을 하고 있었던 너는 어디에 갔다 왔나?
　　　 ㉯ 지금까지 놀고 있었던 너는 이제는 직장에 다니는구나.
　　　 ㉰ 미국에서 공부하고 있었던 너는 언제 귀국하였나?
　　 ㄷ. ㉮ 잠을 자고 있었던 철수가 이제 깬 모양이다.
　　　 ㉯ 쉬고 있었던 그는 이제 일을 한다(어딘가에 다니고 있다).
　　　 ㉰ 공부하고 있었던 그는 어제 미국에 갔다(내일 미국에 간다).

(487ㄱ)에서 보면 '-고+있었던-'의 꾸밈을 받는 '나'가 주어가 되고, 그 문장의 시제가 현재든 과거든 문맥에 따라 가능하고 '-고+있었던-'의 꾸밈을 받는 '너'(이인칭)가 주어가 되면, 그 문장의 시제가 현재든 과거든 문맥에 따라 가능하며, 삼인칭이 주어가 되고 '-고+있었던'의 꾸밈을 받을 때는 그 문장의 시제는 문맥에 관계없이 별 제약을 받는 것 같지 않다. (488ㄱ~ㄷ)과 같은 문장에서와 같이 형용사가 현재면서 문장의 서술어가 되면 제약을 받는 것 같다.

(488) ㄱ. *부모님을 돕고 있었던 나는 인내심이 강하다.
　　 ㄴ. *세월만 보내고 있었던 너는 마음이 너그럽다(너그러웠다).
　　 ㄷ. 공부만 하고 있었던 그는 키가 컸다(*크다).

나. 과거진행추정시상: ㅡ고＋있었을

(489) ㄱ. 그는 밤중에도 공부하고 있었을 것으로 생각하였다.
　　　ㄴ. 그때까지 공부하고 있었을 사람이 몇이나 되나(되겠느냐?)

'ㅡ고＋있었을'은 'ㅡ고＋있었겠는'이 쓰이지 못하므로 그 대신에 쓰이는 형식이다. (489ㄱ~ㄴ)에서 보듯이 'ㅡ고＋있었을'이 쓰인 문장 전체의 시상은 현재나 과거, 추정 등이 쓰인다.

(490) ㄱ. *공부하고 있었을 나를 그가 찾아 왔다(*찾아 온다).
　　　ㄴ. 공부하고 있었을 너를 그가 찾아 갔다(*찾아 간다).
　　　ㄷ. 공부하고 있었을 그를 영희가 찾아 갔다(*찾아 간다).

(490ㄱ)은 'ㅡ고＋있었을'이 '나'를 꾸미니까 비문이 되었고 (490ㄴ~ㄷ)에서 문장의 시제는 과거여야 함을 보이고 있다.66)

3.2.3.3. 다짐법67)

다짐법에는 시제법은 아니나 그 범주가 적고 또 'ㅡ겠ㅡ'과 가끔 혼동하여 쓰이기도 하기 때문에 여기서 다루기로 한다.

1) 다짐법이란?

어떤 움직임을 함을 다져서 말하는 뜻을 보이는 법인데, 그것을 실

---

66) 'ㅡ고 있겠던', 'ㅡ고＋있었겠던'의 시상은 현실적으로 쓰이는 것 같지 않으므로 여기서는 다루지 아니한다.
67) 최현배, 『우리말본』, 정음문화사, 1983, 361쪽; 허웅, 『국어학』, 샘문화사, 1983, 246 ~247쪽 참조.

현하는 선어말어미에는 '-것-'이 있다. 이 '-것-'은 아울러 버릇의 뜻으로도 쓰이는데 이때의 '-것-'은 '-겠-'으로 잘못 쓰이는 일이 많다. 그런데 오늘날은 '-것-'이 점점 자취를 감추어 가고 있으며 '-겠-'이 이를 대신한 경향에 있다.

(491) ㄱ. 너는 다시는 이런 일을 하지 않겠다고 하였것다.
　　　ㄴ. 그가 자주 여기 왔것다.
　　　ㄷ. 그와 이야기도 많아 하였것다, 이제 나는 가겠다.

(492) ㄱ. 너는 돈도 벌었겠다. 아들이 좋은 대학에 합격도 하였겠다 무슨 걱정이냐?
　　　ㄴ. 나는 시키는 대로 일도 하였겠다 심부름도 하였겠다, 다 했다.

이 '-었것'은 주어 제약이 별 있는 것 같지 않다. 그리고 서술법, 의문법에만 쓰임이 특징이다.

4장· 영굴곡법

4_장 영굴곡법

영굴곡법이란 본래부터 어미활용을 하지 않는 형태론적 범주를 말한다. 이에는 관형사, 부사, 접속사, 감탄사 등이 있다. 부사에는 가끔 조사가 와서 곡용을 하기도 하나, 그것이 본래의 문법적 기능이 아니므로 이 범주에 드는 것으로 하여 다루기로 하겠다.

1. 관형사

국어의 관형사에는 토박이말인 관형사와 한자말에 '-적' 접미사를 붙인 것의 두 가지가 있는데, 편의상 '-적'이 붙어 된 관형사를 "적-관형사"라 부르기로 하겠다. "적-관형사"는 그 수가 많아서 여기서 다룬 것은 460개가 된다. 우리말의 관형사 중 토박이말 관형사는 그 수가 너무 적다. 모두 76개 정도밖에 안 된다.

1.1. 관형사의 특징

관형사란 체언 앞에 와서 그 체언을 매기는 구실을 하는 한 동아리의 품사를 말한다. 관형사는 굴절을 하지 않으면서 오로지 체언만을 매기는 것이 그 특징이다.

(1) ㄱ. 이 책이 역사 책이다.
ㄴ. 저 사람이 기술자이다.

(1ㄱ~ㄴ)에서 '이, 저'가 관형사로서 명사 '책'과 '사람' 앞에 와서 그들을 매기고 있다. 그러면서 굴절을 전혀 하지 않았다. 서술어가 체언을 매기기 위해서는 굴곡을 하여 관형법이 되어야 하나 관형사는 그렇지 아니 한다. 그런데 지시관형사 '이', '그', '저'는 '요', '고', '조'의 작은말이 있음이 특징이다.

1.2. 관형사의 구실

첫째, 관형사는 명사, 대명사, 수사를 모두 매기는 구실을 한다.

(2) ㄱ. <u>새</u> 옷을 입어라.
ㄴ. <u>이</u> 셋을 나에게 주시오.
ㄷ. <u>어느</u> 누구도 놀라지 않을 수 없었다.

(2ㄱ~ㄷ)의 밑줄 그은 관형사는 각각 명사 '옷', 수사 '셋', 대명사 '누구'를 매기고 있다.

둘째, 지시관형사는 체언을 매기는 여러 관형사 중에서 제일 앞에 와서 체언을 매긴다.

(3) ㄱ. <u>이</u> <u>세</u> 송이를 주시오.
ㄴ. <u>저</u> <u>새</u> 옷을 좋아한다.

셋째, 지시관형사는 형용관형사를 꾸민다.

(4) ㄱ. 이 새 옷은 누구의 것이냐?

ㄴ. 저 헌 책은 소중한 것이다.

ㄷ. 그 모든 잡지를 한데 모아라.

1.3. 관형사의 갈래

관형사는 토박이말로 된 것과 한자말로 된 것으로 가를 수 있다. 그러나 그 뜻에 따라 형용관형사와 지시관형사의 두 가지로 가르는 것이 일반적이다.[1]

1.3.1. 형용관형사

이는 그 뒤 체언의 성질, 모양 등 그 체언의 속성이 어떠함을 실질적으로 나타내는 관형사이다.

(5) 새, 헌, 첫, 옛, 여러, 기나긴, 외, 온, 각, 왼, 오른, 뭇, 딴, 단(簞), 외딴, 온갖, 진(眞), 가(假), 공(公), 사(私), 순(純), 잡(雜), 만(滿), 별의별, 일대, 전(全), 현(現) 등이 있다.[2]

(6) ㄱ. 옛 어른의 말씀은 모두 옳다.

ㄴ. 너의 첫 사랑에 대하여 듣고 싶다.

ㄷ. 순 생맥주를 한자 주시오.

ㄹ. 옥수수밭은 일대 장관이었다.

ㅁ. 우리의 힘을 전 세계에 드높이자.

1) 최현배, 『우리말본』(열 번째 고침판), 정음문화사, 1983, 578~579쪽.

2) 정인승, 『표준고등말본』, 신구문화사, 1956, 144~145쪽 참조.

1.3.2. 지시관형사

말할이가 어떤 대상을 직접 가리켜서 말할 때 쓰이는 관형사인데 그 가리킴의 확실함과 확실하지 않음에 따라 정칭과 부정칭의 두 가지로 나눈다.

(7) ㄱ. 정칭
   ㉮ 토박이말: 이, 이까짓, 그, 그까짓, 저, 저까짓, 요, 요까짓, 고, 고까짓, 조, 조까짓, 여느.
   ㉯ 한자말: 해(該), 귀(貴), 본(本), 타(他), 동(同), 현(現), 내(來), 전(前), 후(後).
   ㄴ. 부정칭
   ㉮ 토박이말: 아무, 어느, 무슨, 웬.
   ㉯ 한자말: 모(某).

위의 지시관형사는 가리킴 구실은 물론 말받기 구실과 강조 구실을 한다.

(8) ㄱ. 여기에 많은 책이 있다. <u>이</u> 중에서 좋은 것을 하나 골라 가거라.
   ㄴ. <u>저</u> 일을 어떡하노? 큰일 났구나.
   ㄷ. <u>조</u> 못된 사람이 어디 있나.

(8ㄱ)의 밑줄 친 '이'는 '많은 책'을 받으므로 앞말받기(앞조응)이요, (8ㄴ)의 밑줄 친 '저'는 글 밖의 말받기이므로 밭말받기(밭조응)이다. (8ㄷ)의 '조'는 강조하기 위해서 쓰인 것이다.

여기서 하나 덧붙일 것은 종래 수관형사는 품사 분류에서 수사로 처리하였기 때문에 여기서는 다루지 아니 한다.

위에 설명한 것은 글쓴이의 『21세기 국어 형태론』의 것을 그대로 따온 것인데 여기서는 관형사에 따라서 토박이말 관형사와 한자말 관형사의 둘로 크게 가르고 토박이말 관형사는 형용관형사, 지시관형사, 수관형사, 시간관형사, 방향관형사 다섯으로 가른다. 그리고 한자말 관형사는 수관형사와 형용관형사의 둘로 나눈다. 이 분류를 간단히 표로 보이면 다음과 같다.

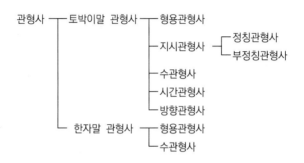

다음에서 『우리말사전』에서 일일이 통계를 낸 관형사를 위의 표에 따라서 분류하기로 한다.

1.4. 관형사의 분류

1.4.1. 토박이말 관형사

1.4.1.1. 형용관형사

갖은: 갖가지의 또는 온갖.
딴: 관계없이 다른.
매: 하나하나의 모든.
뭇: 어려 또는 많은.
별: 보통과 다른 게 두드러진.
별별: =별의별.

새: 새로운.

만: 제 돌이 꽉 찬.

아무: '아무런' 또는 '어떠한'의 뜻으로 하는 말.

약(約): 수와 관련되는 어떤 말 앞에서 쓰이어 '대강', '대략'의 뜻을 나타낸다.

어떤: ①'어떠한'의 준말. (예) 어떤 경우에도 진상을 말해야 한다. ②여럿 가운데의 일정하지 않은 하나인. (예) 돈, 명예, 정직 중에서 어떤 것이 제일 좋은가?

여느: 그 밖의 예사로운 또는 다른 보통의.

온근: 옹글게 된 그대로의.

오라질: '오라로 묶이는 벌을 받아야 할'의 뜻으로 욕하는 말. (예) 오라질 놈.

온가지: →온갖.

온: 전체의 또는 전부의 뜻.

외딴: 따로 떨어져 있는.

이내: '나의 몸'의 힘줌말.

일제: 여럿이 한시에 하는.

1.4.1.2. 지시관형사

1) 잡힌 지시관형사

그딴: 그 따위의.

요: '이'를 얕잡거나 귀엽게 또는 축소하여 일컫는 말.

이: 말하는 이에게 가까이 있거나 바로 전에 말하였거나 알려진 사물임을 가리키는 말.

요까짓: 겨우 요 정도밖에 아니 되는. 큰이까짓.

이까짓: 겨우 이 정도밖에 되지 못하는. 작요까짓.

이런: '이러한'의 준말. 작요런.

요런: '요러한'이 줄어든 말. 큰이런.

저: 말하는 이에게서 떨어져 있는 사물을 가리키는 말. **좌**조.

저런: '저러한'의 준말. **좌**조런.

저까짓: 겨우 저만한 정도의. **좌**조까짓.

조: '저'를 얕잡거나 귀엽게 또는 축소하여 일컫는 말. **큰**저.

조까짓: 겨우 조마한 정도의.

조런: '조러한'이 줄어든 말. **큰**저런.

저렇게: '저러하게'의 준말. (예) 저렇게 예쁜 처녀가 어디 있을까?

네까짓: 너처럼 하잘 것 없는.

그깟: '그까짓'의 준말.

그까짓: 겨우 그만한 정도의.

2) 안잡힌 지시관형사

아무아무: 어떠어떠한.

아무: '아무런' 또는 '어떠한'의 뜻으로 하는 말.

아무런: '아무러하다'의 줄어든 말.

어느: 여럿 가운데의 어떤.

어떤: '어떠한'의 줄어든 말.

이런저런: 이러하고 저러한.

웬: '어떠한', '어찌된'의 뜻을 나타내는 말.

1.4.1.3. 수관형사

1) 잡힌 수관형사

너: '네'의 바뀐 말. (예) 너 돈. 너 말.

넉: '네'의 바뀐 말. (예) 넉 달. 넉 냥.

네: '넷'의 뜻. (예) 네 가지. 네 마리.

닷: '다섯'의 준말. (예) 닷 섬. 닷 말.

두: '둘'의 뜻.

두어: 두엇의.

서이: →세.

서: '세'의 바뀐 말. (예) 서 돈. 서 말.

석: '세'의 바뀐 말. (예) 석 달. 석 냥. 석 섬.

세: '셋'의 뜻. (예) 세 개. 세 사람.

엿: 'ㄴ, ㄷ, ㅁ, ㅂ, ㅅ, ㅈ'들이 첫소리인 몇몇 단어 앞에 쓰이어 여섯임을
    나타내는 말. (예) 엿 되. 엿 말.

일개: 한낱.

한낱: ①단지 하나의. ②하잘 것 없는. 圓일개.

한: ①'하나'의 뜻. ②'대략'의 뜻. ③'같은'의 뜻. ④'어떤, 어느'의 뜻.

대: 다섯의 뜻. 길이를 나타내는 단위인 '자' 앞에 쓰인다. (예) 대 자.

2) 안잡힌 수관형사

두서너: 두서넛의.

두어서너: =두서너.

몇: 확실하지 아니 한 수효를 말할 때 체언 앞에 쓰이는 말.

몇몇: '몇'의 힘줌말.

모두: 모아서 다.

모든: 여러 가지의, 전부의.

스무남은: 스물 남짓한.

여러: 수효가 많은.

예수남은: 예순 남짓. 예순이 조금 더 되는 수.

1.4.1.4. 시간관형사

옛: 지나간 때의.
오랜: 동안이 오래된.

1.4.1.5. 방향관형사

오른: 오른쪽의 뜻. 반원. 비바른.
바른: 오른.
왼: 왼쪽의 뜻. 반오른.

1.4.2. 한자말 관형사

1.4.2.1. 형용 한자말 관형사

가공적(架空的): 터무니없는.
가상적(假想的): 어림으로 생각하는.
가정적(家庭的): 가정생활을 소중히 여기는.
가정적(假定的): 가정하는.
가족적(家族的): 가족끼리의 생활에서와 같은.
간접적(間接的): 간접으로 하거나 되는.
감각적(感覺的): 감각하거나 감각을 잘 나타내는.
감상적(感傷的): 지나치게 느끼고 쉽게 슬퍼하는.
감성적(感性的): 감성이 작용하는 또는 감성이 예민한.
강압적(强壓的): 강제로 누르는 방식으로 하는.
강제적(强制的): 강제하는.
개괄적(槪括的): 개요를 잡아 한데 뭉뚱그리는.
가변적(可變的): 변할 수 있거나 변하는.

개성적(個性的): 개성이 뚜렷한.

객관적(客觀的): 객관으로 존재하거나 객관에 바탕을 둔.

거시적(巨視的): 어떤 대상을 드러내는. 전체적 구조로 크게 보는. 반미시적.

거시적(擧市的): 모든 시가 하거나 모든 시가 할 만한.

거족적(擧族的): 온 겨레가 다 같이 힘을 모으거나 참가하는.

격정적(激情的): 격정을 나타내는.

결정적(決定的): 무엇을 결정지을 정도로 중요한.

경이적(驚異的): 놀랍고 이상히 여길 만한.

계절적(季節的): 계절을 따라 일어나거나 되는.

공간적(空間的): 공간에 속하거나 공간의 성질을 띤.

공격적(攻擊的): 공격하는.

공동적(共動的): 둘 이상이 함께 하거나 관계되는.

공리적(公利的): 자기의 공명과 이욕만을 생각하거나 구하는.

공상적(空想的): 아무런 근거도 없거나 이루어질 가능성이 없는.

공학적(工學的): 공학에 관련되는.

과도기적(過渡期的): 과거도의 특징을 띤.

과학적(科學的): 과학의 이치나 체계에 맞는.

관료주의적(官僚主義的): 관료주의를 내세우거나 부리는.

관용적(慣用的): 널리 습관적으로 쓰이는.

국가적(國家的): ①나라에 관계되거나 속하는. ②나라가 하거나 나라에서 하는.

국부적(局部的): 한 부분에만 있거나 일어나는.

굴욕적(屈辱的): 굴욕을 당하거나 느끼게 하는.

근시안적(近視眼的): 일의 앞날이나 전체를 내다보지 못하고 눈앞의 부분적인
　　　것에만 사로잡힌.

긍정적(肯定的): 긍정되거나 긍정할 만한.

기계적(機械的): 기계를 써서 하는.

기하급수적(幾何級數的): 거듭할수록 수량이 더욱 큰 비율로 많아지는 것.

기형적(畸形的): 기형으로 된.

남국적(南國的): 남쪽나라에 해당하는 또는 남쪽나라다운.

남성적(男性的): 남성다운. 앤여성적.

내벌적(內罰的): 일이 뜻대로 안 되거나 실패할 때 그 탓을 자기에게 돌리는.
　　(예) 내벌적 태도. 비자발적.

내성적(內省的): 겉으로 나타내지 않고 마음속으로만 생각하는.

내적(內的): 내부에 관한.

노골적(露骨的): 그대로 숨김없이 드러내는.

노예적(奴隷的): 노예와 같은.

논리적(論理的): 논리에 맞는.

능률적(能率的): 능률을 많이 내거나 능률이 많이 나는.

다각적(多角的): 여러 부분이나 방면에 걸친.

단(單): 수와 관련되는 명사 앞에서 '오직, 다만, 단지'의 뜻. (예) 단 한 명.

단계적(段階的): 일이 차례를 따라 나아가거나 차례대로 나누이는.

단독적(單獨的): 단독으로 하는.

단말마적(斷末魔的): 단말마와 같은.

단속적(斷續的): 끊어졌다 이어졌다 하는.

단정적(斷定的): 단정하는.

당(當): 바로 이. 바로 그.

단위적(單位的): 마땅히 그렇게 하여야 하는.

당파적(黨派的): 당파로 갈리는.

대국적(大局的): 크고 대체적인 판국에 따르는.

대국적(大國的): 큰 나라다운.

대내외적(對內外的): 나라나 사회 따위의 안팎에 두루 관련되는.

대내적(對內的): 나라나 사회 따위의 안에 관련되는.

대대적(大大的): 규모가 썩 큰.

대략적(大略的): 기본이 되는 큰 줄거리로 이루어진.

대량적(大量的): 분량이나 수량이 아주 많은.

대륙적(大陸的): ①대륙이나 대륙에 딸린 것들에만 특별히 있는. ②성질이 대범하고 인내심이 센.

대외적(對外的): 외부나 외국에 상관하는.

대체적(大體的): 일이나 내용의 기본인 큰 줄거리로 된.

대칭적(對稱的): 대칭을 이루고 있는.

대폭적(大幅的): ①수량의 줄거리나 느는 차이가 몹시 큰. ②어떤 일의 이루
    어지는 범위가 몹시 넓은.

대표적(代表的): ①어떤 사물의 특징을 가장 잘 나타내어 본보기가 될 만한.
    ②어떤 사물적 가운데서 으뜸이 되는.

도발적(挑發的): 도발하거나 또는 도발하는 것과 같은.

도식적(圖式的): 도식과 같은.

도의적(道義的): 도의가 있는.

도전적(挑戰的): 도전으로 보이거나 인정되는.

도피적(逃避的): 도망하는 것과 같은.

독보적(獨步的): 남이 따를 수 없이 뛰어난.

독선적(獨善的): 독선에 치우친.

독자적(獨自的): ①남과 어울리거나 남에게 기대지 않고 홀로 하는. ②남과
    같지 않고 혼자만의 독특한.

독단적(獨斷的): 독단으로 하는.

동질적(同質的): 질이 같은.

모(某): 아무. (예) 모 단체.

모범적(模範的): 모범이 될 만한.

무비판적(無批判的): 옳고 그름을 판단하지 않는.

민속적(民俗的): 민속에 관한.

반민족적(反民族的): 제 민족에 반역이 되는.

반민주적(反民主的): 민주주의에 반대되는.

반사회적(反社會的): 사회의 진보 발전에 반대되는 성질을 띤.

반정부적(反政府的): 정부를 반대하거나 정부의 시책과 어긋나는.

발전적(發展的): 발전하는 것으로 되는.

방관적(傍觀的): 방관하는.

배타적(排他的): 남을 배척하는.

법칙적(法則的): 법칙의 성질을 띤.

변태적(變態的): 변태에 딸리는.

보조적(補助的): 보조가 되거나 보조가 될 만한.

보충적(補充的): 보충이 되거나 보충이 될 만한.

복고적(復古的): 복고의 경향을 띤.

본성적(本性的): 본성으로 되는.

분석적(分析的): 분석해서 하는.

불균형적(不均衡的): 불균형한.

비공식적(非公式的): 공식적이 아닌.

비전문적(非專門的): 전문으로 하지 않거나 전문에 딸리지 않는.

독점적(獨占的): 독차지 하는.

독창적(獨創的): 스스로 새롭고 독특한 것을 생각해 내거나 만들어 내는.

돌변적(突變的): 갑자기 달라지는.

동(同): 위에 말한 것과 같은. (예) 동 학년.

동물적(動物的): 본능대로만 행동하는 동물 같은.

동양적(東洋的): 동양의 특수한.

동적(動的): 움직이는.

동정적(同情的): 동정하고 있는.

동지적(同志的): 동지로서의 또는 동지다운.

말초적(末梢的): 맨 끄트머리의.

망국적(亡國的): 나라를 망하게 하는.

매혹적(魅惑的): 매혹하는 힘이 있는.

맹목적(盲目的): 아무 분간 없이 덮어 놓고 행동하는.

명령적(命令的): 명령하는 투로 하는.

모모한(某某-): 아무아무하고 손잡을 만한 준재가 두드러진. (예) 모모한 재
　　주꾼들이 다 모였다.

모순적(矛盾的): 서로 모순된.

모욕적(侮辱的): 깔보고 욕되게 하는.

모험적(冒險的): 위험을 무릅쓰고 하는.

목가적(牧歌的): 목가처럼 평화롭고 한가한.

몽환적(夢幻的): 꿈이나 환상과 같은.

무벌적(無罰的): 일이 잘못되었을 때 그 책임을 아무에게도 묻거나 탓하지 아니 하는.

무의식적(無意識的): 무의식으로 하는.

무조건적(無條件的): ① 아무런 조건도 없는. ② 절대적인.

무형적(無形的): 꼴이 없는. 뺀유형적.

문법적(文法的): 문법에 관한.

문화적(文化的): 문화와 관련된.

물리적(物理的): 물리에 관한.

물리학적(物理學的): 물리학의 법칙이나 원리에 맞거나 이를 바탕으로 된.

물적(物的): 물질적인.

미술적(美術的): ①미술에 관련된. ②미술에 어울리는.

미신적(迷信的): 미신에 관하거나 미신에 기초한.

미온적(微溫的): 태도가 미적지근한.

미적(美的): 아름다움에 관한.

미학적(美學的): 미학을 기초로 한.

민주적(民主的): 민주주의에 맞는.

민주주의적(民主主義的): 민주적.

민중적(民衆的): 민중을 위주로 하거나 민중에 의한.

반국가적(反國家的): 제 나라를 반대하거나 새 나라의 방침, 시책과 어긋나는.

반동적(反動的): 사회운동에 있어서 진보적 세력에 맞서서 대드는 경향이 있는.

반항적(反抗的): 순하게 좇지 아니 하고 거슬러 대어드는.

발생적(發生的): 사물의 발생 및 생성과정에 관한.

발작적(發作的): 발작하는 것과 같은.

범국민적(凡國民的): 널리 국민 전체에 관계되는.

범죄적(犯罪的): 범죄의 행위로 되는.

변증법적(辨証法的): 변증법에 바탕을 두는 또는 변증법에 딸린.

변칙적(變則的): 변칙으로 되는.

병적(病的): ①병이 있는 듯한. ②정신적인 아닌 지나친.

본(本): 말하는 이의 편에서 '이'의 뜻.

본격적(本格的): 본격에 맞게 적극적인.

본능적(本能的): 본능에서 일어나는.

본질적(本質的): 본질을 이루는.

봉건적(封建的): 봉건제도나 봉건사상의.

부분적(部分的): 부분이 되는 또는 부분에 관계되는.

부수적(附隨的): 붙어 따르는.

부정적(否定的): 부정하거나 부정할 만한.

부차적(附次的): ＝이차적.

분절적(分節的): 마디나 절로 나누는.

불규칙적(不規則的): 불규칙한.

불법적(不法的): 법에 어긋나는.

비과학적(非科學的): 과학적이 아닌.

비관적(悲觀的): 비관하는.

비극적(悲劇的): 비극을 이루는 또는 비극처럼 비참한.

비논리적(非論理的): 논리에 맞지 않는.

비능률적(非能率的): 능률적인 아닌.

비량적(非量的): 〈철학〉 경험이나 추리·판단 등으로 따져 가며 점차적으로 느껴 아는(인식에 이르는).

비문화적(非文化的): 문화적이 아닌.

비생산적(非生産的): 생산적이 아닌.

비약적(飛躍的): ①빠르고 눈부시게 발전하는. ②올바르게 차례를 밟지 않고 껑충 뛰는.

비위생적(非衛生的): 위생에 좋지 않거나 알맞지 않은.

비이성적(非理性的): 이성적이 아닌.

비인도적(非人道的): 사람으로서의 도리에 어긋나는.

비정상적(非正常的): 정상이 아닌.

비타협적(非妥協的): 서로 양보하면서 뜻을 맞추도록 협의하지 않는.

비판적(批判的): 비판하는 처지에서 하는.

비평적(批評的): 비평하는 입자에서 하는.

비합리적(非合理的): 이치나 논리에 맞지 아니 하는.

비합법적(非合法的): 법률이 정하는 바에 어긋나는.

비현상적(非現象的): 현실과는 동떨어진.

비인간적(非人間的): 사람이라면 차마 할 수 없는.

사변적(思辨的): 순수한 이성에 의하여 인식하고 설명하는.

사상적(思想的): 어떠한 사상에 관계되는.

사실적(事實的): 실제의 상태를 그려내는 또는 그와 같은.

사적(史的): = 역사적.

사회주의적(社會主義的): 사회주의에 관계되는.

산문적(散文的): 산문과 같은.

상관적(相關的): 서로 관련을 가지는.

상대적(相對的): 서로 맞서거니 비교되는 관계에 있는.

상상적(想像的): 상상에 의한.

상습적(常習的): 늘 버릇이 된.

상식적(常識的): 상식으로 되는.

상투적(常套的): 늘 버릇이 되다시피 된.

생득적(生得的): 타고난.

생리적(生理的): 생리에 알맞거나 그에 따르는.

생물적(生物的): 생물의 생리작용에 따르는.

생산적(生産的): 생산에 관계되는.

생활적(生活的): 생활과 관련되는.

서사적(敍事的): 서사의 성질을 띤.

서정적(抒情的): 서정성을 띤.

선도적(先導的): 앞에 서서 이끄는.

선동적(宣動的): 선동을 하는.

선언적(選言的): 판단이 둘 이상의 빈사 가운데서 가리어 이루어지는.

선진적(先進的): 일정한 발전 수준에 비하여 앞서는.

선차적(先次的): 차례에서 먼저인.

선천적(先天的): 나면서부터 갖추고 있는.

선택적(選擇的): 여럿 중에서 골라 뽑는.

성격적(性格的): 성격에 관한.

성공적(成功的): 성공으로 여길 만한.

성적(性的): 성에 관계되는.

세계사적(世界史的): 세계 전체의 역사적 성격을 가지는.

세계적(世界的): 온 세계에 미치는.

세기말적(世紀末的): 사회가 부패와 퇴폐의 상태에 놓인.

세기적(世紀的): 세기에 걸치어 특기할 만한.

사실주의적(寫實主義的): 사실주의에 딸리는.

사회적(社會的): 사회에 관계되는.

산발적(散發的): 때때로 여기저기에서 일어나는.

산술적(算術的): 산술의 방법을 따른.

산업적(産業的): 산업에 관한.

상징적(象徵的): 무엇을 상징하는.

서민적(庶民的): 서민과 같은.

선험적(先驗的): 〈철학〉 경험에 앞서 선천적으로 있거나 이루어지는.

소극적(消極的): 활동적이지 못하고 박력이 모자라는. 펜적극적.

소재적(素材的): 소재로 되는.

숙명론적(宿命論的): 숙명론에 바탕을 둔.

숙명적(宿命的): 타고난 운명에 의한. 비운명적.

순간적(瞬間的): 순간에 있는.

습관적(習慣的): 버릇이 된.

시간적(時間的): 시간에 관한.

시범적(示範的): 모범을 보이는.

신사적(紳士的): 신사다운.

야만적(野蠻的): 야만스러운.

야생적(野生的): 산이나 들에서 자라 길들지 않은.

야수적(野獸的): 야수와 같이 모질고 사나운.

양심적(良心的): 양심에 거리끼지 않는.

역동적(逆動的): 역동하는.

세부적(細部的): 자디잔 부분의.

세속적(世俗的): 세속을 벗어나지 못한.

소규모적(小規模的): 크기나 범위가 작은.

소승적(小乘的): 너무 좁고 작은 일에 얽매이는.

소아병적(小兒病的): 유치하고 극단적 성향의.

속물적(俗物的): 속물과 같은.

수동적(受動的): 남에게서 움직임을 받는.

시기적(時期的): 시기에 따르는.

시대적(時代的): 그 시대의 특징인.

시적(詩的): 사물이 시의 정취를 가진.

신경질적(神經質的): 신경질을 부리거나 또는 그와 같이 하는.

신비적(神祕的): 신비한 상태를 띤.

실리적(實利的): 실제로 이익이 되는.

실무적(實務的): 실무와 관계되는.

실용적(實用的): 실제로 쓰기에 알맞은.

실제적(實際的): 실제하는.

실증적(實證的): 경험적 사실의 관찰과 실험에 따라 적극적으로 증명하는.

실체적(實體的): 실체와 관계되는.

심적(心的): 마음에 관한.

악마적(惡魔的): 악마와 같은.

악질적(惡質的): 악질이거나 악질 노릇을 하는.

안정적(安定的): 안정한 상태로 되는.

암적(癌的): 큰 장애가 되고 있는.

압도적(壓倒的): 남을 넘어뜨리고 눌러 버릴 만한 정도의.

애국적(愛國的): 제 나라를 사랑하는.

애상적(哀傷的): 애상하는.

야만적(野蠻的): 야만스러운.

야성적(野性的): 교양 없이 성질이 거친.

야심적(野心的): 야심을 품은.

양성적(陽性的): 양성을 띠는.

언어적(言語的): 말로 하는.

여성적(女性的): 여성다운. 반남성적.

여행용(旅行用): 여행에 쓰이는.

역설적(逆說的): 어떠한 이론을 역설하는 데 기본을 두는 것.

역학적(力學的): 역학의 원리나 성격을 띠는.

연속적(連續的): 연속하는.

연역적(演繹的): 연역으로 추리하는. 반귀납적.

열성적(熱誠的): 열성을 다하는.

열정적(熱情的): 열정을 다하는.

염세적(厭世的): 세상을 싫어하는 경향이 있는.

영구적(永久的): 영구히 변하지 아니 할 만한.

영속적(永續的): 영속성이 있는.

영적(靈的): 신령스러운.

예비적(豫備的): 미리 갖추는.

예술적(藝術的): 예술성을 지니는.

외교적(外交的): 외교와 관계된.

외벌적(外罰的): 일이 뜻대로 안 되거나 실패할 때 그 탓을 남에게로 돌리는. 쁘내벌적.

외부적(外部的): 외부에 국한하거나 관계되는. 쁘내부적.

외적(外的): ①외부에 관한. 쁘내적. ②외부에서 일어나는. 쁘내적. ③물질적인, 육체적인. 쁘내적.

우선적(優先的): 남이나 다른 것보다 먼저 하는.

우연적(偶然的): 우연성에 의한.

우의적(友誼的): 우의가 있는.

우호적(友好的): 사이가 좋은.

운명적(運命的): = 숙명적.

원시적(原始的): 원시 상태인.

원칙적(原則的): 원칙을 따르는.

위선적(僞善的): 겉으로만 착한 체하는.

위협적(威脅的): 으르고 협박하는.

유기적(有機的): 유기체 같은.

유물론적(唯物論的): 유물론에 바탕을 둔.

유형적(類型的): 유형에 딸리거나 유형을 이루는.

유혹적(誘惑的): 유혹하는 또는 유혹하는 듯한.

유희적(遊戱的): 놀이 삼아서 하는.

육체적(肉體的): 육체에 관한.

윤리적(倫理的): 윤리에 관한 또는 윤리를 따르는.

율동적(律動的): 율동성이 있는.

음성적(陰性的): 밖으로 나타나지 않는.

음악적(音樂的): 음악과 같거나 관계가 있는.

의례적(依例的): 예전부터 해 내려오는.

이례적(異例的): 보통과 다른.

이상적(理想的): 이상에 맞는.

이색적(異色的): 보통의 것과 특별히 다른.

이성적(理性的): 이성에 근거하거나 이성에 따르는.

이중적(二重的): 이중으로 되거나 하는.

이지적(理智的): 이지에 바탕을 두거나 이지의 힘이 센.

이차적(二次的): 이차와 같은. 🔳부차적.

기록적(記錄的): ①기록에 남아 있거나 남을 만한. ②새 기록에 남을 만한.

기술적(技術的): 기술에 관하거나 기술에 의한.

기술적(記述的): 기술에 관한.

내부적(內部的): 내부에 관계가 되거나 한정되는. 🔳외부적.

영웅적(英雄的): 영웅다운.

예외적(例外的): 예외에 속하는.

우발적(偶發的): 우연히 일어난.

원초적(原超的): = 원시적

위압적(威壓的): ①위엄이나 세력으로 누르는. ②을러메는.

이기주의적(利己主義的): 이기주의에 바탕을 둔.

이론적(理論的): 이론에 관한 또는 바탕을 둔.

인도적(人道的): 사람으로서 지켜야 할 도리나 도덕에 관계되거나 바탕을 둔.

인문적(人文的): 인문에 관한.

인습적(因襲的): 인습에 젖은.

인위적(人爲的): 사람이 일부러 하는. 🔳인공적.

일률적(一律的): 모두 한결같은.

일방적(一方的): 한쪽으로만 치우친.

자생적(自生的): 스스로 나거나 생기는.

작(昨): 날짜 앞에 쓰이어 '어저께인'의 뜻을 나타내는 말. (예) 작 칠일.

작가적(作家的): 작가로서 가지는.

잠정적(暫定的): 임시로 정하는.

재미(在美): 미국에 가 있는.

이질적(異質的): 바탕이 다른.

인격적(人格的): 인격에 바탕을 둔.

인공적(人工的): 인위적.

인상적(印象的): 인상이 두드러진.

인적(人的): 사람으로의 또는 사람에 관한.

일괄적(一括的): 한데 뭉뚱그린.

일대(一大): 굉장한 또는 광대한.

일반적(一般的): 일반에 공통된.

일정(一定): 정해진.

일제(一齊): 여럿이 한시에 하는.

일차적(一次的): 첫 번째의.

입체적(立體的): 입체감을 주는.

자각적(自覺的): 스스로 느끼거나 깨닫는.

자극적(刺戟的): 자극을 주는.

자동적(自動的): 다른 힘을 발리지 아니 하고 스스로 움직이거나 작용하는.

자립적(自立的): 스스로 하는.

자발적(自發的): 스스로 나서서 하는.

자벌적(自罰的): = 내벌적.

자본주의적(資本主義的): 자본주의와 같거나 자본주의에 바탕을 둔.

자연적(自然的): 인공이나 인위를 더하지 않은 자연 그대로의.

자율적(自律的): 스스로 저를 통제하는 절제하는.

자의적(恣意的): 일정한 질서를 무시하고 제 멋대로 하는.

자전적(自轉的): 자전의 성질을 띠고 있는.

자조적(自嘲的): 스스로 자기를 비웃는.

자족적(自足的): 스스로 만족할 만한.

자주적(自主的): 남의 힘을 빌거나 간섭을 받거나 하지 않고 제 일은 제 힘으
　　　　로 하는.

자치적(自治的): 자치를 하는.

작위적(作爲的): 의식적으로 행동을 하는.

잠재적(潛在的): 잠재하는.

장기적(長期的): 장기간에 걸치는.

각(各): 각각의. 낱낱의. 따로따로의.

간헐적(間歇的): 이따금 한번씩 되풀이 되는.

감격적(感激的): 감격할 만한.

감정적(感情的): 감정에 치우치거나 휩싸이는.

개방적(開放的): 트이거나 열린.

개별적(個別的): 하나하나 따로인.

개인적(個人的): 개인에 딸리거나 관계되는.

개체적(個體的): 개체에 관계되거나 개체에 딸린.

재일(在日): 일본에 가 있는.

재정적(財政的): 재정에 관한.

저돌적(猪突的): 앞뒤를 헤아리지 않고 내닫거나 덤비는.

적대적(敵對的): 적대하거나 적대되는.

전(全): 주로 한자말 명사 앞에 쓰이어 '온', '모든'의 뜻을 나타냄.

전격적(電擊的): 번개와 같이 갑작스럽게 냅다 지르는 또는 그런 기세로 하는.

전근대적(前近代的): 전근대의 수순이나 상태에 있는.

전기적(傳奇的): 기이하여 세상에 전할 만한.

전략적(戰略的): 전략에 관계되는.

전설적(傳說的): 전설에 나오거나 전설로 전할 만한.

전술적(戰術的): 전술에 관한.

전제적(專制的): 전제의 방식을 쓰는.

전체적(全體的): 전체에 관계되는.

전투적(戰鬪的): 전투를 하는 것과 같은.

전형적(典型的): 전형이 될 만한.

절망적(絶望的): 모든 희망이 끊어지다 시피한.

점차적(漸次的): '점차'의 힘줌말.

정력적(精力的): ①정력이 좋은. ②정력을 드려 하는.

정서적(情緖的): 정서를 띤.

정언적(定言的): 아무 제약이나 조건 없이 내세우는.

정열적(情熱的): 정열에 불타는.

정책적(政策的): 정책에 관한.

정치적(政治的): 정치에 관한.

전국적(全國的): 규모나 범위가 온 나라에 관계되는.

전반적(全般的): 전반에 걸치는.

전통적(傳統的): 전통으로 되는.

전폭적(全幅的): 전체에 걸쳐 남김없이 완전한.

절대적(絶對的): 절대의 상태에 있는.

점진적(漸進的): 점차로 나아가는.

정기적(定期的): 일정한 시기나 기한을 정하고 하는.

정략적(政略的): 정략을 목적으로 하는.

정상적(正常的): 상태가 정상인.

정적(靜的): 정지 상태에 있는.

제반(諸般): 모든.

종국적(終局的): 마지막인 또는 끝판인.

중간적(中間的): 중간에 해당하는.

중성적(中性的): 중성을 띤.

중심적(中心的): 중심을 이루는.

지배적(支配的): 지배하는 또는 지배하는 것과 같은.

진보적(進步的): 진보하거나 진보를 꾀하는.

진취적(進就的): 진취의 기상이 있는.

차별적(差別的): 차별이 있는.

천부적(天賦的): 타고난.

천재적(天才的): 재주를 날 때부터 지니고 있어 남보다 훨씬 뛰어난.

초월적(超越的): 어떤 한도나 표준을 벗어나거나 뛰어넘어 있는.

초인간적(超人間的): ①보통 사람으로서는 생각조차 할 수 없을 만큼 아주 뛰어난. ②인간 세계를 벗어나 그 위에 있는.

초자연적(超自然的): 자연을 넘어서 있는 존재나 힘에 의한.

축차적(逐次的): 차례대로 좇아 하는.

치욕적(恥辱的): 치욕스러운.

침략적(侵略的): 침략과 같은.

제(諸): 한자말로 된 명사 앞에 쓰이어 '여러'의 뜻을 나타내는 말.

조직적(組織的): 여러 사물 사이에 유기적인 체계와 질서가 있는.

종교적(綜敎的): 종교에 관한.

종속적(從屬的): 종속되어 있는.

종족적(種族的): 어느 종족에만 있거나 온 종족에 관계되는.

종합적(綜合的): 종합하는.

주기적(周期的): 일정한 시간을 두고 되풀이 되는.

주도적(主導的): 주동적인 처지에 있는.

주동적(主動的): 주동의 구실을 하거나 주동인 자리에 있는.

주체적(主體的): 주체를 이루는 또는 주체가 된.

중립적(中立的): 중립의 태도를 취하는.

중점적(重點的): 어떤 것에 특히 중점을 두어서 하는.

중추적(中樞的): 중추가 되는.

즉각적(卽刻的): 즉각에 하는.

즉흥적(卽興的): 그 자리에서 기분 나는 대로 하는.

지리적(地理的): 지리에 관한.

지리학적(地理學的): 지리학에 관계되는.

지방적(地方的): 지방에 한정되거나 지방에 관련된.

지사적(志士的): 지사와 같은.

지성적(知性的): 지성에 관한.

지역적(地域的): 지역에 관한.

지엽적(枝葉的): 중요한 본질적인 것이 아닌 부차적인 것. 비말초적.

지적(知的): 지식이나 지성에 관한.

직감적(直感的): 곧바로 느끼는.

직선적(直線的): 곧게 나아가는.

직설적(直說的): 곧바로 말하는.

직접적(直接的): 직접으로 하거나 되는.

진화적(進化的): 진화에 관한.

집약적(集約的): 하나로 모아서 뭉뚱그리는.

집중적(集中的): 한곳을 중심으로 모이거나 모으거나 하는.

찰나적(刹那的): 찰나와 같은.

창조적(創造的): 창조하는 특성이 있는.

천문학적(天文學的): ①천문학에 기초한. ②수가 엄청나게 큰.

천편일률적(千篇一律的): 천편일률의 성장을 띤.

철학적(哲學的): 철학에 기초한.

첨단적(尖端的): 첨단에 나서서 활동하는.

체계적(體系的): 체계를 이루는.

초보적(初步的): 초보인.

초인격적(超人格的): 초인간적.

초인적(超人的): 초인간적인.

총체적(總體的): 있는 것들을 통틀어 합치거나 묶은.

추가적(追加的): 추가되는.

추상적(抽象的): ①낱낱의 사물에서 공통되는 속성을 뽑아내어 종합한. ②사
    실이나 현실과 동떨어져 막연하고 일반적인.

충격적(衝擊的): 충격을 주거나 받는.

충동적(衝動的): 충동을 일으키는.

타산적(打算的): 따져 헤아리는.

타성적(惰性的): 버릇이 굳어진.

탐욕적(貪慾的): 탐욕이 많은.

토속적(土俗的): 그 지방에만 특별한 풍속의.

통계적(統計的): 통계에 따른.

통속적(通俗的): 대중적이며 보편적인.

통일적(統一的): 통일되어 있는.

퇴영적(退嬰的): 나서지 않고 망설이는.

퇴폐적(頹廢的): 퇴폐한.

투쟁적(鬪爭的): 투쟁하는 성격을 띤.

특징적(特徵的): 다른 것에 비겨서 특별히 눈에 뜨이는 표적이 되는.

파괴적(破壞的): 파괴하는 성질을 가진.

파국적(破局的): 파국으로 되는.

파생적(派生的): 파생한.

편향적(偏向的): 한쪽으로 치우친.

평균적(平均的): 많은 수나 양에서 평균이 되는.

평면적(平面的): 겉으로 나타난 일반적인 사상만을 논의하거나 표현하거나 하는.

평화적(平和的): 평온하고 화목한.

포괄적(包括的): 사물을 있는 대로 다 한 테두리 안에 휩쓸어 넣는 방식의.

폭력적(暴力的): 폭력을 쓰거나 폭력으로 하는.

폭발적(爆發的): 갑작스럽게 터지어 일어나는.

표면적(表面的): 표면으로 드러난.

표현적(表現的): 표현하는.

필사적(必死的): 죽기를 결심하고 하거나, 죽을 힘을 다하는.

필수적(必須的): 꼭 필요로 하는.

학문적(學問的): 학문에 바탕을 둔.

학자적(學者的): 학자로서의.

결과적(結果的): 결과로 되는.

결사적(決死的): 죽기를 각오하고 온 힘을 다하는.

계몽적(啓蒙的): 계몽하거나 계몽하는 방식으로 하는.

고(故): 죽은이의 성명 앞에 쓰이는 '이미 세상을 떠난'의 뜻.

고립적(孤立的): 고립하는 또는 고립되어 있는.

고압적(高壓的): 억누르는.

고의적(故意的): 일부러 하는.

합리적(合理的): 이치나 이론에 맞는.

합목적적(合目的的): 목적에 맞거나 맞게 하는.

합법적(合法的): 법령이나 규정에 맞는.

핵심적(核心的): 핵심이 될 만한.

향락적(享樂的): 향락을 누리는.

향토적(鄕土的): 향토의 특성을 띠는.

허무적(虛無的): 허무한.

현(現): '현재'의 뜻을 나타내는 말.

혈연적(血緣的): 핏줄로 맺어진.

협동적(協同的): 협동하여 하는.

협조적(協助的): 서로 잘 어울려 힘을 합하는.

형식적(形式的): 실질보다 형식만을 주로 하는.

타협적(妥協的): 타협하려는 태도가 있는.

파행적(跛行的): 일이 순조롭게 되어 가지 않는.

편파적(偏頗的): 치우쳐서 공평하지 못한.

표준적(標準的): 기준이 되는.

풍자적(諷刺的): 풍자의 성질을 띤.

피상적(皮相的): 겉으로 드러나 보이는 현상에만 관계하는.

필연적(必然的): 반드시 그리 될 수밖에 없는.

학적(學的): 학문에서의.

해학적(諧謔的): 익살스럽고 풍자가 섞인 것과 같은.

행동적(行動的): 행동하는.

헌신적(獻身的): 헌신하는.

혁명적(革命的): 혁명을 일으키거나 혁명을 지향하는.

현학적(衒學的): 학식의 두드러짐을 자랑하는.

호의적(好意的): 호의로 하거나 호의에서 나온.

호혜적(互惠的): 서로 도와 이익이 되게 하는 것.

화학적(化學的): 화학에 근거하거나 딸리는.

활동적(活動的): 활동력이 있는.

획기적(劃期的): 어떤 분야에서 새로운 기원이나 시기를 열어 놓을 만큼 두드
러진.

후천적(後天的): 성질, 체질, 능력 따위가 생후에 얻어진.

호전적(好戰的): 싸우기를 좋아하는.

확정적(確定的): 확정된 상태인.

환상적(幻想的): 환상과 같은.

획일적(劃一的): ①한결같은. ②쪽 고른.

횡적(橫的): 어떤 사물에 횡으로 관계되는 상태인.

효과적(效果的): 효과가 있는.

효율적(效率的): 쓸모 있는 비율이 큰.

희망적(希望的): 잘 될 가능성이 있는 또는 그러한 가능성이 있는 것으로 보는.

희생적(犧牲的): 희생하는 특성이 있는.

희화적(戲畵的): 희화와 같은.

고차적(高次的): 수준이나 정도가 높은.

공개적(公開的): 공개하는.

공적(公的): 사회의 여러 사람이나 단체에 두루 관계되는.

관습적(慣習的): 관습으로 되는.

광적(狂的): 미치거나 미쳤다시피한.

국제적(國際的): 나라 사이에 관계되는.

국지적(局地的): 한 지역에 한정된.

극단적(極端的): 몹시 한쪽으로 치우치거나 극도에 달하는.

극우적(極右的): 극단적으로 우익사상이나 당파.

극적(劇的): 연극을 보는 것처럼 큰 긴장이나 감동을 불러일으키는.

근(近): 수량을 나타내는 말 앞에 쓰이어 그 수량에 "거의 가까운"의 뜻.

기능성(技能性): 기능이 있거나 기능을 필요로 하는.

기하학적(幾何學的): 기하학에 관하거나 바탕을 둔.

단면적(斷面的): 어떤 단면만을 나타내는.

대규모적(大規模的): 규모나 범위가 큰. 뻔소규모적.

대승적(大乘的): = 대국적. 뻔소승적.

대중적(大衆的): 대중에 관한, 대중에 맞는.

도덕적(道德的): 도덕에 관한.

1.4.2.2. 수관형사

수적(數的): 숫자상으로 보는.

수리적(數理的): 수학의 이론으로 되는.

일체(一切): 모든 또는 온갖.

2. 부사

2.1. 부사의 특질

2.1.1. 부사란?

부사를 영어에서 adverb라고 하는데 라틴어의 접두사 ad-는 '-에 부가되어 있는', '-을 수식하는'의 뜻을 가지고 있었다. 따라서 adverb 는 '동사를 꾸미는 품사' 또는 '동사에 부가되어 있는 품사'의 뜻으로 풀이된다. 그런데 국어의 부사는 동사만을 꾸미는 것이 아니고 형용사, 지정사, 부사, 관형사, 체언, 문장, 마디 등을 꾸미는 한 종류의 품사이다. (자세한 것은 졸저 『국어 부사 분류』를 참조할 것.)

   (9) ㄱ. 그는 일을 잘 한다.

      ㄴ. 그미는 매우 아름답다.

      ㄷ. 그는 일을 아주 잘 한다.

ㄹ. 우리 아니 사나이이랴?

ㅁ. 겨우 한 푼을 벌었다.

ㅂ. 겨우 이틀을 쉬었다.

ㅅ. 조금 앞으로 오시오.

ㅇ. 그는 아주 속이 단단한 사람이다.

ㅈ. 너는 절대로 오지 말아라.

ㅊ. 다행히, 그는 무사하였다.

2.1.2. 부사의 형태

부사는 형태상으로 보면 접미사에 의하여 파생된 부사가 있는가 하면, 본래부터 부사(즉 접미사가 없는 부사)인 것의 두 가지가 있다.

(10) ㄱ. 조용히, 부지런히, 가까이, 깨끗이, 옳이, 온데간데없이, 옴포동이같이.

ㄴ. 꼭, 잘, 썩, 아주, 거의.

부사는 본래 어미활용을 하지 않으나 간혹 어떤 뜻을 더하거나 강조하기 위하여 조사를 취하는 일이 있다.

(11) ㄱ. 그는 열심히는 일한다.

ㄴ. 그는 밥을 잘도 먹는다.

ㄷ. 철수는 열심히도 일한다.

ㄹ. 그는 밥을 잘만 먹는다.

(11ㄱ~ㄹ)에서는 '는, 도, 만'을 보였으나 일반적으로 부사에 오는 조사에는 보조조사 중 '은, 만, 이야, 인들, 고, 이나마, 도, 이나, 이든지' 등이 있고, 격조사 '에', 특수조사 '요' 등이 있다.

부사 중 조사를 잘 취할 수 없는 부사를 보면 다음과 같다.

(12) ㄱ. 상태부사: 가뜩한데
　　　ㄴ. 정도부사: 고작, 하도
　　　ㄷ. 부정부사: 못
　　　ㄹ. 단정부사: 과시, 과연, 딴은, 물론, 무론, 똑, 마치, 천성, 천연, 절대로
　　　ㅁ. 의혹가설부사: 하물며, 가사, 가령, 설령, 설혹, 설사, 암만, 비록
　　　ㅂ. 희망부사: 부디, 제발

2.1.3. 부사의 문장에서의 위치 및 줄임

2.1.3.1. 부사의 위치

부사는 꾸밈을 받는 말 바로 앞에 오는 것이 원칙이다.

(13) ㄱ. 그는 공부를 잘 한다.
　　　ㄴ. 영희는 아주 착하다.
　　　ㄷ. 바로 앞에 차가 있다.
　　　ㄹ. 다행히, 그는 무사하였다.

그러나 (13)과 같지 않는 경우가 있다.

(14) ㄱ. 그는 자주 여기에 온다.
　　　ㄴ. 철이는 어제 서울에 갔다.
　　　ㄷ. 그는 요즈음 일을 잘 한다.
　　　ㄹ. 그는 매일 아주 열심히 일한다.
　　　ㅁ. 만일, 그가 서울에 간다면, 일이 잘 해결될까?

ㅂ. 그는 아주 그 아버지이다.

대체적으로 부사의 문장에서 오는 위치를 공식으로 보이면 다음과
같다.

(15) ㄱ. 시간부사＋위치어(목적어)＋상태부사＋서술어

　　 ㄴ. 시간부사＋지시부사＋정도부사＋상태부사＋목적어(위치어)＋서술어

　　 ㄷ. 시간부사＋목적어＋정도부사＋상태부사＋부정부사＋서술어

　　 ㄹ. 단정부사＋목적어＋서술어

　　　　 목적어＋단정부사＋서술어

　　 ㅁ. 의혹·가설부사＋서술어

　　 ㅂ. 정도부사(비교부사)＋명사＋이다.

(15ㄱ~ㅂ)에서 보인 것이 부사가 문장에서 올 수 있는 대체적인 위
치이다. 더 자세하고 정확한 것은 부사 하나하나에 대한 검토가 있어
야 할 것이다.

2.1.3.2. 부사의 생략

부사는 본래 문장에서 종속성분인 까닭에 쓰이지 아니하여도 상관없
다. 그러나 말할이의 생각을 가늘고 구체적으로 나타내기 위하여 쓰인
다. 여기서는 위의 (15ㄱ~ㅂ)에서 설명한 부사의 차례 중 어떠한 부사
가 먼저 줄어지고 어떤 부사가 나중 줄어지는가를 알아보기로 한다.

첫째, ‘시간부사＋위치어(목적어)＋상태부사＋서술어’의 짜임새에서
는 시간부사가 줄어진다.

(16) ㄱ. 그는 <u>요즈음</u> <u>자주</u> 여기에 온다.
　　　　　 ①　　 ②

ㄴ. 그는 <u>요즈음</u> <u>자주</u> 술을 마신다.
    　　　①　　②

  (16ㄱ~ㄴ)에서는 ①이 먼저 줄어지고 다음에 ②가 줄어진다. 만일 (16ㄱ~ㄴ)에서, ①만이 쓰이거나 ②만이 쓰일 때는 그 쓰인 것이 줄어도 기본적인 뜻에는 다름이 없다.

  둘째, '시간부사+지시부사+정도부사+상태부사+목적어(위치어)+서술어'의 짜임새에서는 시간부사가 먼저 줄고 다음에 지시부사, 정도부사, 상태부사의 차례로 줄어진다. 다시 말하면, 서술어에서 멀리 있는 깃의 차례로 차차 줄어진다.

  (17) ㄱ. 그는 <u>요즈음</u> <u>이리</u> <u>아주</u> 잘 공부하는 학생을 좋아한다.
　　　　　　　　①　　②　　③

        ㄴ. 철이는 <u>자주</u> <u>저리</u> <u>매우</u> <u>조용히</u> 사는 집에서 글을 쓴다.
　　　　　　　　①　　②　　③　　④

  (17ㄱ~ㄴ)에서도 ①②③④의 차례로 줄어질 수 있다.

  셋째, '①시간부사+목적어+②정도부사+③상태부사+④부정부사+서술어'의 경우도 ①②③④의 차례로 지워진다.

  (18) ㄱ. 그는 <u>어제</u> 일을 <u>아주</u> <u>많이</u> 아니 하였다.
　　　　　　　①　　　②　　③

        ㄴ. 그는 <u>어제</u> 일을 <u>아주</u> <u>많이</u> 하였다.
　　　　　　　①　　　②　　③

  (18ㄱ)에서 보면 부사는 ①②③의 차례로 지울 수 있으나 (18ㄴ)에서는 만일 (18ㄱ)의 ③의 부정부사를 지우면, 부정문의 기본 목적이었던 말할이의 뜻에 어긋나기 때문에 부정문에서는 부정부사는 지울 수 없음이 다른 부사와 다른 점이다. (만일 지우면 긍정문장이 되기 때문이다.)

넷째, '단정부사+목적어+서술어'의 짜임새와 '목적어+단정부사+서술어'의 짜임새에서는 단정부사를 지울 수 있다.

(19) ㄱ. 그는 <u>결코</u> 일을 하지 않는다.
            ①

    ㄴ. 그는 일을 <u>단연코</u> 하지 않는다.
                 ①

(19ㄱ~ㄴ)에서 ①을 지워도 문장의 뜻에는 변함이 없다.

다섯째, '정도부사(비교부사)+명사+이다'와 같은 짜임에서는 부사를 줄여도 본래의 뜻에는 변함이 없다.

(20) ㄱ. 그는 <u>아주</u> 부자<u>이다</u>.
            ①

    ㄴ. 그는 <u>천생</u> 여우<u>이다</u>.
            ①

2.2. 부사의 종류

부사는 크게 두 가지로 나누는데, 하나는 주로 문장 전체의 문법적 의미에 관여하는 것이고 다른 하나는 단어의 뜻을 꾸미는 것이다.

전자를 화식부사라 하는데 문장의 끝에 놓인 서술어의 말재와 서로 호응한다는 뜻이다. 후자는 단어수식부사라 한다.

2.2.1. 화식부사

단정부사, 의혹부사, 희망부사의 셋이 있다.

2.2.1.1. 단정부사

이는 다시 다음 네 가지로 하위분류된다.

① 강조적 단정부사: 과시, 과연, 마땅히, 모름지기, 물론, 무론, 실로, 정말,
   참말, 응당
② 단정적 단정부사: 기어이, 기필코, 꼭, 단연코, 반드시
③ 비교단정부사: 똑, 마치, 천성(天成), 천연
④ 부정단정부사: 결코, 도모지, 조금도, 좀처럼, 털끝만큼도, 졸대로

2.2.1.2. 의혹·가설부사

이는 다음의 세 가지로 하위분류된다.

① 의혹부사: 설마, 왜, 어찌, 하물며
② 추측부사: 아마, 글쎄
③ 가설부사: 만약, 만일, 가사, 가령, 설령, 설혹, 설사, 아무리, 암만, 비록

2.2.1.3. 희망부사

부디, 아무쪼록, 제발, 좀

2.2.2. 단어수식부사

이에는 시간부사, 공간부사, 정도부사, 방편부사, 부정부사, 지시부사, 상징부사 등이 있다.

2.2.2.1. 시간부사

오로지 때에 관하여 나타내는 부사로 다음과 같은 것이 있다.[3]

1) 시점부사

① 과거시간부사: 그러께, 그저께, 그제, 벌써, 아까, 어제, 이미, 일찍, 진작, 접때, 하마
② 현재시간부사: 금방, 방금, 오늘, 이제, 인제, 지금, 시방
③ 미래시간부사: 글피, 내일, 다음, 뒷날, 모레, 차차, 훗날

2) 기간부사

곧, 늘, 언제나, 얼핏, 영구히, 영영, 오래, 잠깐, 잠시, 항시, 항상, 오래오래, 길이, 영원히, 길이길이, 단숨에, 단박, 한참, 한때

3) 전후시간부사

① 앞선때: 먼저, 앞서, 일찍
② 같은때: 같이, 더불어, 함께, 한꺼번에
③ 뒤선때: 나중

4) 빈도시간부사

가끔, 가끔가다가, 드디어, 드문드문, 매일, 매번, 매양, 비로소, 번번이, 아직, 자주, 종종, 처음

---

3) 위의 책, 594~640쪽에 의거하여 설명하여 갈 것임.
  정인승, 『표준고등말본』, 신구문화사, 1956, 150~153쪽 참조.

2.2.2.2. 공간부사

곳과 쪽을 나타낸다.

곳곳이, 집집이, 여기저기, 요기조기, 이리, 그리, 저리, 멀리, 가까이

2.2.2.3. 정도부사

① 정도가 더한 것: 훨썩, 가장, 제일, 굉장히, 훨씬, 워낙, 너무, 대단히, 상당
히, 몹시, 꽤, 퍽, 제법, 더욱, 무척, 매우, 아주(주로 형용사를 꾸미나 때로
는 명사를 꾸미는 것도 있다.)
② 정도가 덜한 것: 조금, 약간, 덜, 겨우, 고작(이것은 동사를 꾸민다.)
③ 정도가 아주 낮은 것: 쬐끔(동사를 꾸민다.)

2.2.2.4. 방편부사

빨리, 천천히, 깊이, 높이, 가만히, 잘, 조용히, 슬그머니, 부지런히, 가벼이,
풍부히, 게을리, 스스로, 저절로

여기에는 우리문법의 상태부사가 이에 해당한다.

2.2.2.5. 부정부사

아니(안): 못

2.2.2.6. 지시부사

이리, 그리, 저리, 어찌, 아무리, 요리, 고리, 조리

2.2.2.7. 상징부사

이에는 동작의태부사와 상태의태부사, 의성부사 셋이 있다.

1) 동작의태부사

〈밑말〉	〈작은말〉	〈밑말〉	〈작은말〉
껑충껑충	깡총깡총	덜렁덜렁	달랑달랑
썰썰	쌀쌀	어정어정	아장아장
펄펄	팔팔	출렁출렁	촐랑촐랑
털털	탈탈		

2) 상태의태부사

〈밑말〉	〈작은말〉	〈밑말〉	〈작은말〉
번들번들	반들반들	울퉁불퉁	올통볼통
꺼칠꺼칠	까칠까칠	미끌미끌	매끌매끌
푸름푸름	포름포름		

3) 의성부사

① 사물의 의성부사: 덜거덕, 털거덕, 떨거덕, 댕댕, 탱탱, 땡땡, 칙칙폭폭, 쿵덕쿵덕, 쿵덕쿵, 펑, 펑펑, 빵빵, 쿵쿵, 졸졸, 딸랑딸랑

이에는 보통말, 거센말, 센말의 세 가지가 있다.

② 짐승·벌레의 소리시늉말: 꼬끼오, 꿀꿀, 개굴개굴, 음매, 멍멍, 쪽쪽, 캥캥, 까옥까옥, 깍깍, 구구, 맴맴, 짹짹, 귀똘귀똘, 야옹

2.3. 부사의 쓰임

1) 부사는 동사나 형용사를 꾸민다.

(21) ㄱ. 기차가 빨리 달린다.

ㄴ. 그는 밥을 많이 먹는다.

ㄷ. 그미는 매우 예쁘다.

2) 부사는 관형사를 꾸민다.

(22) ㄱ. 아주 새 차를 누가 샀느냐?

ㄴ. 이 옷이 가장 새 옷이다.

ㄷ. 내가 말한 것은 바로 이 책이다.

3) 부사는 명사, 대명사를 꾸민다.

(23) ㄱ. 그는 바로 이웃에 산다.

ㄴ. 그는 아주 바보야.

ㄷ. 그건 너, 아주 너, 바로 너.

4) 부사는 부사를 꾸민다.

(24) ㄱ. 그미는 매우 부지런히 일한다.

ㄴ. 그는 일을 상당히 잘 한다.

ㄷ. 철수는 아주 빨리 달린다.

부사를 꾸미는 부사는 비교부사이다. 즉 비교부사가 비교부사를 꾸미기도 하고 방편부사를 꾸미기도 한다.

5) 부사는 '명사＋지정사'로 된 서술어를 꾸민다.

(25) ㄱ. 철수는 아주 바보이다.

　　　ㄴ. 네가 바로 우등생이다.

　　　ㄷ. 저 사람은 매우 바보이다.

　끝으로 부사를 화식부사와 단어수식부사로 크게 나누었으나 사실 따지고 보면 단어수식부사도 서술어와 관계하게 되나 화식부사처럼 그렇게 긴밀하게는 호응하지 않음에 유의하여야 한다.[4]

3. 접속사

　문장에서 단어와 단어를 이어 주거나, 문장과 문장을 이어 주는 구실을 하는 한 동아리의 단어를 접속사라고 한다.

3.1. 접속사의 종류

3.1.1. 단어접속사

　이에는 '및, 또는, 곧'이 있다.

(26) ㄱ. 책 및 연필을 가져 가거라.

　　　ㄴ. 교과서 또는 공책을 가져 와야 한다.

　　　ㄷ. 국어 선생 곧 김 선생을 찾아갔다.

---

4) '부사의 분류'에 대해서는 졸저 『국어 부사 분류』(글모아, 2017)를 참조할 것.

3.1.2. 문장접속사

이에는 다음과 같은 여섯 가지가 있다.

3.1.2.1. 나열접속사

그 앞에 말한 것에다가 다른 것을 달아 벌이는 뜻을 나타내는 것.

① 더보탬접속사: 게다가, 거기다가, 거기에다, 또, 아울러, 그뿐 아니라, 더구
　나, 하물며, 그 위에
② 추종접속사: 그리하여, 그래서, 따라서, 그래야, 그래야만, 그러자
③ 차례접속사: 그리고, 그러고서

3.1.2.2. 구속접속사

그 앞에 말한 바에 매임의 뜻을 나타내는 접속사.

① 까닭접속사: 그런고로, 그러니까, 그런즉, 그러므로, 그러하매, 그러니
② 조건접속사: 그렇거든, 그러거든, 그러면

3.1.2.3. 불구속접속사

그 앞에 말한 바에 매이지 아니하고 딴판의 결과가 생기는 것을 나
타내는 접속사.

① 반대접속사: 하나, 그러나 그럴지마는, 하지마는, 그럴지라도, 그러더라도,
　그렇더라도, 그렇건만, 그래도, 그렇다고
② 선택접속사: 아니면, 오히려, 혹(은), 또는, 그렇다, 어떻든, 아니

③ 한도접속사: 적어도, 특히, 다만

④ 대립접속사: 반면(에), 한편

3.1.2.4. 보충접속사

앞의 말에 대하여 증명하거나 해명함으로써, 말을 보충하게 하는 접속사.

① 예시접속사: 예를 들면, 보기를 들면

② 해명접속사: 왜냐하면

3.1.2.5. 반복접속사

앞의 말을 되풀이하여 설명하게 하여 주는 접속사.

① 환언접속사: 즉, 다시 말하면, 곧

② 요약접속사: 결국, 요컨대

3.1.2.6. 말바꿈접속사

말을 바꾸어 함을 나타내는 접속사: 그건 그렇고, 각설하고

4. 감탄사

4.1. 감탄사란?

문장 앞에서 독립성을 가지면서 말할이의 느낌을 나타내는 말로서

조사의 도움을 받지 않는 품사를 말한다. 감탄사는 본래 문장 앞에 오는 것이 원칙이나 경우에 따라서는 문장의 중간이나 끝에도 쓰이기도 한다.

(27) ㄱ. 아! 달도 밝다.
　　　ㄴ. 너도 가자, 응.
　　　ㄷ. 내가 말이야 어제 서울에 갔다.

4.2. 감탄사의 분류

우리말 감탄사를 분류하면 다음과 같다.

4.2.1. 감정적 감탄사

〈가여움〉

에그: 좀 징그럽거나 가엽거나 끔찍하거나 할 때에 내는 소리. 게에크. 센에끄.

에그그: '에그'를 힘주어 내는 소리. 게에크나. 센에끄나.

에크: 몹시 가엽거나 끔찍하거나 놀랍거나 하는 일을 갑자기 볼 때 내는 소리. 센에끄. 여에그.

에크나: '에크'를 힘주어 내는 소리. 센에끄나. 여에그나.

〈가소로움〉

에헤: ①가소롭거나 기막힐 때에 내는 소리. 좌애해. ②노랫소리를 흥창거려 낼 때에 하는 소리.

〈감탄〉

아니참: 어떤 생각이 문득 떠올랐을 때에 그 말 앞에 쓰는 말.

시호시호(時乎時乎): =시재시재(時哉時哉): 좋은 때를 만난 것을 탐미하는 말.

심봤다: 심마니가 산삼을 발견했을 때 세 번 지르는 소리.

오홉다[於--]: 글에 쓰이어 감탄하여 찬미할 때에 하는 말.

옹: 남을 놀리는 소리.

장재(壯哉): '장하도다'의 뜻.

그래: 상대의 말에 대한 감탄이나 놀람을 나타낼 때에 하는 말.

아니: 놀랍거나 의심스럽거나 또는 감탄의 뜻을 나타낼 때에 쓰이는 말.
　　　(예) 아니, 그게 웬 일이요?

흠: 신이 나서 감탄하는 소리.

〈갑작스러운 느낌〉

아이고: 몹시 놀라거나 갑작스러운 느낌을 나타낼 때에 내는 소리. 준애고.
　　　론어이구. 비아유, 아이.

〈갓난이의 울음소리〉

응애응애: 갓난아이의 울음소리.

〈강조〉

그래: 말을 마치면서 강조하는 뜻으로 덧붙이는 말.

〈경계〉〈주의〉

에비: 아이들에게 '무서운 것이다.'라는 뜻으로 놀라게 하는 말. 또는 그런 가
　　　상적 물건. (예) 울면 에비가 업어 간다.

〈경멸〉

애³: 업신여기는 뜻을 나타내는 말. (예) 애. 그놈.

에계: 하찮거나 훨씬 못 미쳐 업신여길 때에 하는 소리.

에계계: '에계'의 힘줌말.

〈괴로움〉〈시달림〉
왕배야덕배야: 가는 데마다 시달림을 받아 괴로움을 견딜 수 없을 때에 부르
짖는 소리.

〈곤란할 때 소리〉
해: 일이 좀 순조롭지 아니 하거나 곤란할 때에 내는 소리. 쿤헤.

〈곡하는 소리〉
아이고: 상중에 죽은 이의 아들, 딸, 손자들이 우는 소리. 쥰애고. 비아유, 아이.

〈기쁨〉
어화둥둥: '어허둥둥'의 예스런 말.
얼럴럴상사디야: 농부가의 후렴.
얼싸둥둥: ①흥이 나서 아기를 어르는 소리. ②남의 운에 딸리어서 멋모르고
행동하는 꼴.
얼씨구: ①흥에 겨워서 떠들 때에 작은 장단으로 내는 소리. ②보기에 눈꼴사
나울 때에 조롱으로 하는 소리.
얼씨구나: 흥에 겨워서 떠들 때에 아주 좋다고 지르는 소리.
얼씨구나절씨구나: 흥겨워서 떠들 때에 아주 좋다고 지르는 소리.
얼씨구절씨구: 흥에 겨워서 장단으로 잇달아 떠드는 소리.
우아: 뜻밖에 기쁜 일을 당했을 때에 내는 소리.
하: ①기쁨, 슬픔, 걱정, 노여움, 한탄 따위의 감정을 가볍게 나타내는 소리.
쿤허. ②안타깝거나 기가 막히거나 하는 느낌을 가볍게 나타내는 소리.
쿤허.

〈깨달음〉
아차: 잘못된 것을 깨달을 때에 선뜻 나오는 소리.
아차차: '아차'를 빠르게 거듭하는 소리.

〈끔찍함을 느낄 때〉

어머머: '어머'의 힘줌말. 주로 여자들이 몹시 놀라거나 끔찍함을 느낄 때에
　　　　내는 소리.

〈나무라는 말〉

허허: 마땅하지 아니 한 일을 당했을 때 근심하거나 나무라는 뜻으로 내는 소리.

〈남을 놀라게 하는 감탄사〉

으악: 자신이 갑자기 놀랐을 때나 남을 놀래기 위하여 지르는 소리.

〈냄새가 독할 때 소리〉

카: 몹시 맵거나 독한 냄새가 코를 찌를 때에 내는 소리. **큰**커.

커: 맛이 맵거나 냄새가 몹시 독할 때에 내는 소리. **작**카.

〈놀라울 때 부르는 소리〉

조런: 멀찍이 또는 간접으로 놀라운 일이 있을 때 부르는 소리. **큰**저런.

〈놀라움〉

깜짝이야: 깜짝 놀랐을 때 내는 소리.

무어: "그게 무슨 소리냐"고 놀람을 나타냄.

세상에: '이 세상에 그런 일도 있는가?' 하고 놀라는 뜻으로 쓰는 말.

앗: 깜짝 놀라거나 놀랠 때 또는 위급할 때에 내는 소리.

앙: ①어린아이가 우는 소리. ②남을 놀릴 때에 지르는 소리. ③개 따위가 왈
　　칵 물려고 덤빌 때 내는 소리.

어쿠쿠: 몹시 마음이 아프거나 놀랐을 때에 모르는 사이에 나오는 소리. **여**에
　　　구구.

에구머니: '아이구머니'의 준말.

에꾸: 깜짝 놀랄 때에 스스로 내는 소리. **거**에쿠.

에꾸나: 깜짝 놀랄 때에 스스로 아주 힘주어 내는 소리. 거에쿠나.

에끄: 갑자기 가엾거나 끔찍하거나 놀라운 일을 볼 때에 내는 소리. 거에크.
여에그.

에끄나: '에끄'를 힘주어 내는 소리. 거에크나. 여에그나.

요런: ①가까이 놀라운 일이 있을 때 하는 소리. 큰이런. ②요러함이 준말.
큰이런.

저런: 놀라운 일을 보거나 듣거나 하였을 때 놀라움을 나타내는 말. 작조런.

허불싸: 이미 한 일의 잘못을 깨닫거나 깜짝 잊고 일을 그르칠 때 따위에 깜
짝 놀라서 내는 소리. 여허불사. 작하불싸.

〈놀랄 만하다는 뜻으로 하는 말〉

얘: 과연 놀랄 만하다는 뜻으로 내는 소리.

〈뉘우치는 소리〉

아불싸: 잘못된 일이나 언짢은 일을 알게 된 때에 뉘우쳐 탄식하는 소리. 거
하불싸. 큰어불싸.

〈느낌〉

알라차: '알라'와 '아차'를 아울러 경쾌하게 느끼는 때에 내는 소리.

애걔걔: '애걔'를 거듭할 때나 '애걔'보다 더 크게 느낄 때에 내는 소리.

애고머니: '아이고머니'의 준말. 큰에구머니.

어머나: 주로 여자들이 몹시 놀라거나 끔찍함을 느끼는 때에 내는 소리.

어이구: ①몹시 아프거나 괴롭거나 지겨움을 느끼는 때에 좀 크게 내는 소리.
준에구. 작아이고. 비어유. 어이. ②몹시 힘이 들어 귀찮거나 싫거나 못
마땅함을 느끼는 때에 좀 크게 내는 소리. 준에구. 작아이고. 비어유.
어이. ③몹시 놀라거나 급작스러움을 느끼는 때에 좀 크게 내는 소리.
준에구. 작아이고. 비어유. 어이. ④몹시 원통하거나 분하거나 안타까
움을 느끼는 때에 좀 크게 내는 소리. 준에구. 작아이고. 비어유. 어이.

⑤몹시 기가 막히거나 너무 어이가 없음을 느끼는 때에 좀 크게 내는 소리. 준에구. 작아이고. 비어유. 어이. ⑥몹시 반갑거나 기분이 상쾌함을 느끼는 때에 좀 크게 내는 소리. 준에구. 작아이고. 비어유. 어이.

어이구머니: '아이구'보다 더 깊고 간절함을 느끼는 때에 내는 소리. 준어구. 준어구머니. 에구머니. 작아이고머니.

원: 뜻밖의 일이나 놀랐을 때나 마음에 언짢을 때에 느끼어 하는 말.

〈느낌이 깊다는 뜻으로 내는 소리〉

그것참: 어떠한 일에 대한 느낌이 새삼스럽다거나 깊다는 뜻으로 내는 말. 준거참.

〈다짐〉

어디: 벼르거나 다짐하는 뜻을 강조하는 말.

아멘(amen): 〈종교〉 기도나 찬송 끝에 진실로 그와 같이 찬동한다고 다짐하는 뜻으로 하는 말.

〈단념〉

에게: ①증이 나서 생각을 아주 끊어버리려 할 때 내는 소리. 꺼에키. 여에기. ②→에끄.

에기: 스스로 증이 나서 생각을 끊어버리려 할 때에 내는 소리. 준엑. 센에끼.

에라: 암만하여도 생각을 끊어버려야 하게 된 때에 스스로 내는 소리.

에키: 몹시 증이 나서 생각을 딱 끊어버리려 할 때에 내는 소리. 센에끼. 여에기.

〈동감〉

내괘: '내가 괴이하게 생각하였더니 과연 그렇구나'라는 뜻으로 이르는 말. (예) 내괘! 심상치 않더니 기어이 일이 터졌군!

아무려면: 말할 것 없이 그렇다는 뜻.

아무렴: '아무려면'의 준말.

아이고머니: '아이고'보다 깊고 간절한 느낌을 나타내는 소리.

아이고머니나: '아이고머니'의 힘줌말.

〈되묻는 말〉

무어: 누가 부를 때 무엇 때문에 부르느냐는 뜻으로 되묻는 말. 준뭐.

〈만세〉

오군만년(五軍萬年): 만세.

〈말더듬 감탄사〉: 말이 빨리 나오지 않을 때 말을 더듬는 모양으로 아무 뜻 없는 소리 내는 것으로 다음과 같은 것이 있다.

가설랑은: 글을 읽거나 말을 할 때, 또는 말을 하다가 막힐 때 중간에 덧붙여 내는 군소리.

거: '그것'의 뜻. (예) 거 참 좋다. 거 누구냐?

거봐: 어떤 일이 자기 말대로 되었을 때 '해'하는 사람에게 일깨우는 뜻으로 하는 소리.

거봐라: 어떠한 일이 자기 말대로 되었을 때 '해'할 상대에게 일깨우는 뜻으로 하는 소리.

거시기: ①하려는 말이 얼른 떠오르지 않거나 바로 말하기가 거북스러울 때 내는 소리. ②말하고자 하는 사물의 이름이 얼른 떠오르지 않거나 바로 말하기가 거북할 때 그 대신으로 내는 소리.

거시키: '거시기'의 잘못.

게저리게: 게 장수가 게를 팔려 다닐 때에 외치는 소리.

내더위: 〈민속〉 대보름날 더위 팔 때 하는 소리.

아옹: 얼굴을 가리고 있다가 별안간 어린아이를 보며 어를 때 하는 말.

저: ①생각이 갑자기 나지 않을 때 내는 말. ②말을 꺼내기가 거북하거나 어색하여 좀 머뭇거릴 때 내는 말. ③→쉬.

〈명령조 감탄사〉: 어린이나 남에게 무엇을 시키는 명령조로 하는 말

걸음마: 아직 걷지 못하는 어린아이에게 걸음을 익히게 할 때에 발을 떼어 놓으라고 시키는 소리.

게으쭈루: 〈역사〉 조선시대에 병조판서, 각 영문의 대장, 각 관찰사, 각 절도사, 그 밖의 병권을 가진 벼슬아치들의 행사에 호위하는 순령수가 지나가는 사람들에게 길을 비키라고 외치는 소리.

따로따로: '따로따로따따로'의 준말.

따로따로따따로: 어린아이가 처음으로 따로서기를 익힐 때에 어린이를 붙들었던 손을 떼려고 하면서 부르는 소리. 준따로따로. 비섬마섬마.

모어라수에: →무에리수에.

무에리수에(⊂5)門－數): 돌팔이장님, 점쟁이가 자기에게 점을 치라고 거리로 다니면서 외치는 소리.

뵈시위: '임금이 거동할 때 봉도에서 주의하여 모시라'고 외치는 소리.

부라: 대장간에서 풀무질을 하는데 불을 불라는 소리.

부라부라: 부라질을 시키는 말.

아서라: '해라 할' 사람에게 그리 말라고 금지하는 말.

어디: '어디여'의 준말.

어디여: ①소가 길을 잘못 들려고 할 때에 바른 길로 모는 소리. ②소를 오른쪽으로 가게 모는 소리.

어부봐: 어린아이에게 등에 업히라고 할 때에 하는 소리.

에라: ①아이에게 '비켜라', '그만 두라'는 뜻으로 내는 소리.
②'에루하'의 준말.

예라: ①아이에게 비키라는 뜻으로 하는 소리. ②아이에게 그리 말라는 뜻으로 하는 소리. ③무슨 일을 한번 해 보겠다거나 또는 그만 두겠다고 결단을 내리는 때에 내는 소리.

---

5) ⊂: 어원의 변천을 보이는 부호.

〈못마땅〉

아이고: 좀 힘이 들어 싫거나 귀찮거나 못마땅한 느낌을 나타낼 때 내는 소리. **론**어이쿠. **비**아유, 아이.

에이: 속이 상하거나 마음에 달갑지 않을 때에 내는 소리.

에이끼: 손아랫사람의 하는 짓이 못마땅하여 꾸짖을 때 내는 소리.

〈물을 때〉

그래: 긍정하는 뜻으로 대답할 때 쓰는 말로, '해라'나 '하게'나 '하오' 할 자리에 쓴다.

〈반가운 느낌〉

아이고: 몹시 좋거나 반가운 느낌을 나타낼 때에 내는 소리. **준**애고. **론**어이구. **비**아유, 아이.

〈반의적인 말〉

무어: ①여러 말 할 것 없다는 뜻으로 쓰는 말. ②반의적인 뜻을 강조하려고 쓰는 말. **준**뭐.

〈뱃사람의 흥겨울 때 소리〉

어기야: '어기야디야'의 준말.

어기야디야: 뱃사람들이 노를 저을 때에 흥겨워 내는 소리. **준**어기야. 어야디야. 에야디야.

〈부르짖음〉〈지르는 소리〉

이끼: '이끼나'의 준말.

이끼나: 갑자기 놀라 급히 물러설 듯이 지르는 소리.

이런: 가까이 또는 직접으로 놀라운 일이 있을 때 부르짖는 소리. **작**요런.

이키나: 놀라운 일을 만나 급히 물러설 듯이 지르는 소리. **준**이키.

〈부정〉

아니야: 부정의 뜻을 나타낼 때 쓰이는 말. 준아냐.

아니요: 윗사람에게 그렇지 않다는 뜻으로 하는 말. (예) 아리요, 그렇지 않습
　　　니다.

〈불평〉

응: 무슨 일이나 남의 말이 자기 마음에 들지 아니 할 때에 불평을 나타내는
　　독립한 말.

〈불평스레 탄식할 때〉

체: 못마땅하여 아니꼬울 때나 불평스럽게 탄식할 때에 내는 소리. 비차.

〈불쾌감〉

네미²: '네 어미'가 줄어든 말로 못마땅할 때 상스럽게 하는 말.

넨장맞을: '네 장난을 맞을'의 뜻으로 욕으로 쓰는 말. 준넨장.

〈불행을 고소하게 여기는 소리〉

잘코사니: 미운 사람의 불행을 고소하게 여길 때에 쓰는 말.

〈상여 어르는 소리〉

워어호: 상여꾼이 상여를 메고 나갈 때에 여럿이 함께 부르는 소리.

〈새를 쫓는 감탄사〉

우여: 새를 쫓는 소리.

〈성냄〉

에: 뜻에 맞지 아니 하여 속이 상할 때 내는 소리.

〈수줍어할 때 소리〉
아이참: 못마땅하거나 초조하거나 심란하거나 수줍어할 때에 내는 소리.

〈숨을 내쉬는 소리〉
후: ①일이 고되거나 시름겨울 때 크게 숨을 내쉬는 소리. ②어려운 일이 끝
　　나서 안심하여 숨을 크게 내쉬는 소리.
흠흠: ①마음에 흡족한 생각이 들거나 남의 말을 흥겹게 들을 때에 콧숨을 자
　　꾸자꾸 내쉬며 내는 소리. ②무슨 말이 있을 법한데 말 없이 콧숨을 자
　　꾸 내쉬며 내는 소리. ③냄새를 일부러 맡을 때에 콧숨을 자꾸 들이쉬
　　며 내는 소리.

〈슬픔〉
애고애고: 부모상을 당한 상주나 조부모 상을 당한 종손의 곡하는 소리.
애재(哀哉): 한문투로 '슬프도다'의 뜻.
에구에구: 몹시 슬퍼 우는 소리.
허허: 뜻하지 아니 하게 놀라거나 슬프거나 감탄할 때에 내는 소리.

〈승락〉
아무려나: '아무렇게나 하려거든 하라'고 승낙하는 말.
오냐오냐: 어린아이의 응석을 받아들일 때 하는 소리.

〈시쁘게 여기는 말〉
시: 시쁘게 생각되는 것을 나타내는 말.

〈신이 날 때 지르는 소리〉
브라보(bravo): '잘 한다', '좋다', '신난다' 등의 뜻으로 지르는 소리.

〈아이를 부르는 소리〉
얘: 어린이들끼리 또는 어른이 아이를 부르는 소리.

〈아픔의 감탄사〉
아이고: 몹시 괴롭거나 아플 때 내는 소리. 준애고. 큰아이구. 비아유, 아이.

〈앞으로 나오라 외치던 소리〉
이리위: 〈역사〉 선배들이 새로 과거에 급제한 사람을 축하하는 뜻으로 앞으로
　　　　나오랬다 뒤로 가랬다 하면서 놀릴 때, 앞으로 나오라는 뜻으로 외치던
　　　　소리.

〈안식〉
에뜨거라: '혼날 뻔하였다'는 뜻으로 내는 소리.

〈어르는 소리〉
둥개둥개: 아기를 어르는 소리인 '둥둥³'에 가락을 넣어서 더 재미있게 하는
　　　　　소리.
어둥둥: '어허 둥둥'의 준말.
어허둥둥: 노랫가락을 겸하여 아기를 어를 때 내는 소리

〈어린이의 응석을 받을 때 소리〉
오냐오냐: 어린아이의 응석을 받아들일 때 하는 소리.

〈어부의 후렴〉
지국총지국총: 흥을 돋으려고 부르던 어부가 후렴의 한 가지.

〈어이없는 느낌〉
아이고: 몹시 기가 막히거나 어이없는 느낌을 나타낼 때에 내는 소리. 준애

고. 囵어이구. 囲아유, 아이.

허²: 안타깝거나 기가 막히거나 어이가 없는 느낌을 거볍게 나타내는 소리.
　　쥅하.

〈여기 있다는 말〉

옛네: '여기 있네'가 줄어든 말. '하게' 할 사람에게 무엇을 주려고 할 때 쓰는 말.

옛다: '여기 있다'가 줄어든 말. '해라' 할 사람에게 무엇을 주려고 할 때 쓰는 말.

옛습니다: '여기 있습니다'가 줄어든 말. '합쇼' 할 사람에게 무엇을 주려고
　　할 때 쓰는 말.

〈엿장수의 외치던 소리〉

옛단쇠: 엿장수가 엿을 사라고 외치는 소리.

〈외치던 소리〉

에우쭈루: 옛날 벽제하느라고 외치던 소리의 하나. 병조판서 몇 각 영문의 제
　　조, 장신 또는 지방관아의 감사, 수령이 그 경내에서 출입할 때 기수들
　　이 앞에 나아가 부른다.

〈웃음〉

아하하: 일부러 지어서 자지러지게 큰소리로 웃는 소리. 囵어허허.

〈원망할 때 소리〉

제: 원망스럽거나 답답할 때 내는 소리.

제기랄: 원망스럽거나 불평스럽거나 할 때에 하는 소리. 쥅제길.

제길: '제기랄'의 준말.

〈원통함〉

아이고: 몹시 원통하고 야속한 느낌을 나타낼 때에 내는 소리. 쥅애고. 囵어

이구. 图아유, 아이.

〈욕설〉
넨장칠: '네 난장(亂杖)을 칠'의 뜻으로 욕으로 쓰는 말. 图넨장.
제미붙을: '제 어미를 붙을'이라는 뜻의 상스런 욕.

〈위로하는 소리〉
쉐쉐: 어린아이가 몸을 다쳐 아파할 때에 다친 자리를 만지며 위로하는 소리.

〈음식을 먹을 때의 감탄사〉
고수레: 산이나 들에서 음식을 먹을 때나 무당이 푸닥거리를 할 때에 귀신에
　　게 먼저 바친다는 뜻으로 음식을 조금씩 떼어 던지며 외치는 소리.

〈의문〉
왜: 의문의 뜻을 나타낼 때에 내는 소리.

〈응원〉
영치기영차: 힘든 일을 하거나 운동 경기를 응원하는 따위에 여러 사람이 막
　　판에 몰아치면서 잇달아 내는 소리.

〈이의제기〉
웬: '웬 것을'이 줄어든 말로 '어떻게 그렇게 될 수 있나' 하는 뜻을 나타내는 말.

〈잘난체하는 감탄사〉
아쭈: 잘난체하는 짓을 비유하는 말. '아주²'보다 센 느낌을 준다. (예) 아쭈,
　　제가 무슨 잘난 사람이라고.
어쭈: 남의 잘난 체하는 말이나 행동을 매우 비웃는 뜻으로 하는 말. '어주²'
　　보다 센 느낌을 준다.

〈재채기 때 하는 소리〉

개치네쒜: '고뿔이 물러가라'는 뜻으로 재치기를 한 뒤에 외치는 소리.

〈초조할 때 내는 소리〉

어: 놀라거나 당황하거나 초조하거나 급할 때 내는 소리.

〈칭찬 또는 뉘우칠 때 소리〉

어: 기쁘거나 슬프거나 칭찬하거나 뉘우치거나 귀찮거나 절실할 때에 내는 소리. 좐아.

〈코웃음소리〉

흠: 코로 비웃는 소리.

힝: 코웃음을 웃는 소리.

힝힝: 잇달아 코웃음을 웃는 소리.

〈탄식〉

맙소사: 기막힌 일을 당하거나 보거나 할 때 탄식하는 소리.

애해: 우습거나 기가 막힐 때에 가볍게 내는 소리.

어뿔싸: 잘못된 일이나 언짢은 일을 알게 된 때에 뉘우쳐서 탄식하는 소리.

어어: ①생각과 다른 뜻밖의 일을 당한 때에 내는 소리. 좐아아. ②떼를 지어 싸울 때에 기운을 내거나 돋우는 소리. 좐아아.

오호(嗚呼): 슬플 때나 탄식할 때 내는 소리.

오호라(嗚呼-): 슬픔이나 탄식을 나타낼 때에 내는 소리.

차호(差呼): 주로 글에서 슬퍼서 탄식할 때에 쓰는 말.

차홉다(嗟--): 주로 글에서 매우 슬퍼 탄식할 때에 쓰는 말.

허허: 슬프거나 놀라거나 기막힌 일을 당하였을 때에 깊이 탄식하여 내는 소리

〈틀림없음〉

그렇지: '그와 같이 틀림없다'는 뜻으로 하는 말.

요렇지: ①'요와 같이 틀림없다'는 뜻으로 하는 말. 큰이렇지. ②'요러하지'의
　　　　준말. 큰이렇지.

이렇지: '이와 같이 틀림없다'는 뜻으로 하는 말. 작요렇다.

〈하인들의 외치는 소리〉

이리위: 전날 신은을 불릴 때에 앞으로 나오라고 불리는 쪽의 하인들이 외치
　　　　는 소리.

〈한탄〉

에이그: 아주 밉거나 마땅하지 않아 한탄하거나 가엾게 느끼는 때에 내는 소리.

천지에(天地-): 뜻밖에 몹시 심한 일을 당할 때에 한탄하는 뜻으로 내는 말.
　　　　준천제.

하하: 좀 놀라거나 한탄하거나 감탄할 때 내는 소리. 큰허허.

〈혀 차는 소리〉

쩟: 못마땅하여 혀를 차는 소리.

쩟쩟: 마음에 몹시 못마땅하여 자꾸 혀를 차는 소리.

쯧쯧: 마음에 맞갖지 않아 잇달아 가볍게 혀를 차는 소리.

〈힘든 일을 연거푸 할 때〉

치: ①절구질, 도끼질 따위와 같이 힘든 동작을 연거푸 할 때에 내는 소리.
　　②체.

〈흥겨울 때 내는 소리〉

어리일씨: 흥겨워 떠들 때 장단에 맞추어 가볍게 내는 소리.

4.2.2. 의지적 감탄사

⟨개를 쫓는 소리⟩

이개: 개를 쫓는 소리. 㾾요개.

요개: 개를 쫓을 때 내는 소리. '이개'보다 작고 귀여운 느낌이나 낮잡는 느낌
    을 준다.

⟨구령⟩

뒤로돌아: ⟨군사⟩ 한 자리에서 뒤로 방향을 바꾸라는 구령.

받들어총: ⟨군사⟩ 총을 가지고 경례를 하는 동작.

앉아: ⟨군사⟩ 서 있는 그 자리에서 그대로 앉으라는 구령. 또는 그 구령에 따
    라 행하는 동작.

앞으로가: ⟨군사⟩ 제식 훈련에서 발을 곧게 디디며 줄지어 앞으로 걸어가라는
    구령. 또는 그 구령에 따라 행하는 동작. 무릎을 펴고 팔을 앞으로 45
    도, 뒤로 15도 가볍게 흔든다.

어깨총: ⟨군사⟩ 총을 어깨에 메라는 구령.

엎드려뻗쳐: ⟨군사⟩ 구령으로 하는 말.

우향우: ⟨군사⟩ 한 자리에서 오른쪽으로 90도 방향을 바꾸라는 구령.

일어섯: ⟨군사⟩ 여러 사람에게 일어서라고 하는 구령.

좌향좌: ⟨군사⟩ 바로 서 있는 상태에서 몸을 왼쪽으로 90도 틀어 돌아서라는
    구령. 또는 그 구령에 따라 행하는 동작.

⟨구호⟩

파이팅(fighting): '잘 싸우자. 잘 싸워라'는 뜻으로 외치는 구호. (순우리말)
    아자.

아자: '파이팅(fighting)'을 순화하여 이르는 말.

아자아자: '아자'를 더 강조하여 이르는 말.

〈노동〉

에헤야: 힘든 일을 할 때나 노래에서 '에헤'를 멋있게 맺는 소리.

〈대답할 때 소리〉

그래: 해라 할 자리에 긍정의 뜻으로 대답하는 말.

아니: '그렇지 않다'는 뜻을 대답으로 하는 말.

예: ①손윗사람에게 깍듯이 대답하는 말. ②손윗사람의 말에 그리 여긴다는
   뜻을 나타내는 말. ③윗사람에게 그 자리에서 재우쳐 묻는 말. 비네.

오: ①'옳지'의 뜻. ②'오냐'의 뜻.

오냐: '해라' 할 사람의 부름에 대답하는 소리.

응: 하게 하거나 해라 할 자리에 그의 물음이나 부름에 대답하는 소리, 또는
   대답을 독촉하거나 자기 말을 똑똑히 다짐을 둘 때에 재우치는 소리.
   비으응.

〈부름〉

네미: 송아지를 부르는 소리.

드레드레: 벌 떼가 분봉(分蜂)하려고 통 밖에 나가 한데 모여 붙은 것을 받아
   들이려고 멍덕이나 수봉기(受蜂器)를 대고 몰아넣을 때 내는 소리. 비
   둬둬.

어이: 평교 이하의 사람을 부르거나 대답하는 소리.

어허라달구야: 땅을 다질 때에 여럿이 동작을 맞추거나 힘을 모으려고 노래하
   듯 부르는 소리.

어허랑(御許郞): 과거에 급제한 사람이 유흥가에 놀러 갈 때에 장부가 앞에서
   춤추며 부르던 소리.

여보: ①하오 할 자리에 있는 사람을 부르는 말. ②부부 사이에서 서로 부르
   는 말.

여보게: 하게 할 자리에 있는 사람을 부르는 말.

여보세요: '여 보시오'의 통속적인 말.

여보시게: '하게' 하는 자리에 있는 사람을 좀 존대하여 부르는 말.

여보시오: '하오' 할 자리에 있는 사람을 존대하여 부르는 말. 준엽쇼.

여보십시오: [⊏여기 보십시오.] '합쇼' 할 자리에 있는 사람을 부르는 말. 준
여봅시오.

여봅시오: '여기 보십시오'의 준말.

여봐라: '해라' 할 사람을 부르는 말.

〈아이를 어르는 소리〉

곤두곤두: 어린아이를 손바닥에 세우면서 어르는 말.

〈어린이에게 시키는 말〉

걸음마: 아직 걷지 못하는 어린아이에게 걸음을 익히게 할 때 발을 떼어 놓으
라는 뜻으로 내는 소리.

도리도리: 도리질을 시키는 말. (예) 도리도리 짝짜꿍.

〈인사〉

빠이빠이: 어린이들이 쓰는 '잘 가라', '잘 있어', '안녕'을 뜻하는 작별의 인사.

안녕: 헤어질 때나 만날 때 인사를 정답게 하는 말.

〈저주〉

난장맞을: '난장을 맞을 만하다'는 뜻으로, 일이 뜻대로 되지 않거나 못마땅하
여 불쾌한 느낌으로 저주하는 말.

찰코사니: '잘코사니'의 잘못.

잘코사니: 미운 사람의 불행을 고소하게 여길 때 내는 소리.

〈절망〉

에쿠: 깜짝 놀라거나 절망적일 때에 스스로 내는 소리. 센에꾸.

에쿠나: 깜짝 놀라거나 절망적일 때에 스스로 아주 힘주어 내는 소리. 센에꾸나.

〈점잔〉

애햄: 점잔을 빼거나 인기척을 하는 때에 큰기침을 가볍게 내는 소리.

어허허: 점잖게 너털웃음을 웃는 소리.

어험: 위엄을 내어서 기침하는 소리.

에헴: 점잔을 빼거나 '여기 내가 있다 함'을 알리기 위하여 일부러 내는 큰기침 소리. 짧애햄.

〈주는 감탄사〉

옛소: '여기 있소'가 줄어든 말. '하오' 할 사람에게 무엇을 주려고 할 때에 쓴다.

〈주의를 끌 때〉

어: 상대자의 주의를 끌려는 말에 앞서 내는 소리. 짧아.

어디: 남의 주의를 끄는 말.

〈주의시키는 말〉

이: 남이 위태한 지경에 있을 때에 급히 주의시키는 소리.

〈주의·재촉·혼잣말〉

자: ①어떤 일이나 행동을 하기 전에 남의 주의를 일으키려고 하는 말. ②남에게 어떤 행동을 권하거나 재촉할 때에 하는 말. ③좀 안타깝거나 의아스러운 일을 당하였을 때에 혼잣소리로 하는 말.

〈죄암질〉

죄암죄암: 죄암질(젖먹이가 두 손을 쥐었다 폈다 하는 재롱)을 시키는 말. 큰쥐엄질.

죔죔: '죄암죄암'의 준말.

쥐엄쥐엄: 쥐엄질을 시키는 말. 짧죄암죄암.

짝짜꿍짝짜꿍: 짝짜꿍을 시키는 말.

〈즐거움·찬성·결의〉

좋다: 느낌말로 쓰이어 즐거움, 찬성, 결의를 나타낸다. (예) 좋구나 좋아.

〈지시감탄사〉

거: '그것'의 뜻. (예) 거 참 좋다. 거 누구냐?

〈짐승을 멈추게 하는 감탄사〉

와: 소나 말의 움직임을 멈추게 하느라고 내는 소리.

왕: ①말의 걸음을 그치게 하는 소리. ②와³(말이나 소의 움직임을 멈추게 하는 소리).

우어⁴: 마소에게 멈추라고 외치는 소리. 준위.

우어우어: 잇달아 '우어' 하는 소리. 준워워.

워워: '우어우어'의 준말.

〈짐승을 부름〉

꾸꾸: 닭이나 비둘기 따위를 세게 부르는 소리.

꾸꾸꾸: = 꾸꾸. 여구구구.

네미: 송아지를 부르는 말.

아나나비야: 고양이를 부르는 소리. 비아나.

오래오래: 돼지를 부르는 소리.

〈힘·의지〉

얄라차: 잘못됨을 얄궂게 또는 신기하게 여길 때에 내는 소리.

어기야: '어기야디야'의 준말.

어기야디야: 뱃사람들이 노를 저을 때에 흥겨워 내는 소리. 준어기야. 어야디야. 에야디야.

어기여차: 힘을 합할 때에 일제히 내는 소리.

어뜨무려차: 어린아이가 무거운 물건을 들어 올릴 때에 하는 소리.

어려려려-얼하랑: 〈제주방언〉 말을 부리거나 다룰 때에 하는 소리.

어럽소: '어어'를 속되게 이르는 말.

어럽쇼: '어럽쇼'의 잘못. 〈북한어〉 '어럽쇼'의 북한어.

어마뜨거라: 매우 무섭거나 꺼리는 것을 말할 때에 놀라서 지르는 소리.

어야디야: '어기야디야'의 준말.

어여라: = 어기여차.

어이: = 어이구.

어허야어허: 땅을 다질 때 동작이나 힘을 맞추려고 지르는 소리.

에여라차: '어기여차'를 받는 소리.

이어차: '이영차'의 잘못.

이영차: 여러 사람이 힘을 한목 모아서 쓸 때 지르는 소리. 준여차. 영차.

4.3. 감탄사의 통어적 기능

1) 감탄사는 문장의 성분으로서 독립된 자격을 가진다.

(28) ㄱ. 앗차 그걸 잊었군.
　　　ㄴ. 아, 달이 밝구나.
　　　ㄷ. 여보, 어디에 가시오.

(28ㄱ~ㄷ)의 '앗차', '앗', '여보' 등은 각각 그 뒤에 오는 문장에 어느 정도의 꾸밈 구실을 하고 있다. 감탄사는 문장의 앞에서 그것을 꾸미는 구실을 하나, 그 꾸미는 작용이 그저 긴밀하지 아니 하며 문장의 짜임에는 그리 큰 관계가 없다. 그러면서 독립된 문장의 자격을 가진다.

(29) ㄱ. ㉮ 너는 학교에 가느냐?

ⓤ 예. (= 그렇습니다. 저는 학교 갑니다.)

　ㄴ. ㉮ 그가 고시에 떨어졌다.

　　ⓤ 아뿔사. (= 참, 애석하구나.)

(29ㄱ~ㄴ)의 ⓤ는 홀로 문장의 자격을 가지고 있다. 즉 괄호 속의 문장 구실을 하고 있다.

2) 감탄사는 경우에 따라서 그 자질상 문장의 중간이나 끝에 올 수도 있다.

(30) ㄱ. 그가 갔다. 아이구.

　ㄴ. 그가 야아, 오는구나.

　ㄷ. 어디 가시오. 여보.

(30ㄱ~ㄷ)에서 보는 바와 같이 이런 것이 감탄사의 통어적 특질이기도 하다.

3) 감탄사로서 서로 의사소통을 하는 일이 있다.

(31) ㄱ. 갑: 아이구, 아야.

　　을: 왜 그래.

　ㄴ. 갑: 여보.

　　을: 왜.

　　갑: 어서요, 어서.

여기 참고문헌은 관형사, 부사, 접속사, 감탄사의 것을 통틀어 보이기로 한다.

김경훈, 「국어의 부사수식연구」, 『국어연구』 제37호, 1977.

김봉모, 『국어매김말연구』, 태학사, 1992.

박병수, 「양태부사에 대하여」, 『언어』 1−1, 한국언어학회, 1976.

박선자, 「우리말어찌말연구」, 부산대학교 박사논문, 1983.

박지홍, 『우리현대말본』, 과학사, 1986.

서정수, 「양상부사의 통어적 특성에 대한 의미론적 접근」, 『어학교육』 7, 전남대학교 어학연구소, 1975.

양인석, 「한국어 부사의 의미」(1), 『어학교육』 7, 전남대학교 어학연구소, 1975.

이석규, 「현대국어 정도어찌씨의 의미연구」, 건국대학교 박사논문, 1987.

이환묵, 「양상부사의 통어적 특성에 대한 의미론적 접근」, 『어학교육』 7, 전남대학교 어학연구소, 1975.

정인승, 『표준고등말본』, 신구문화사, 1956.

최현배, 『우리말본』, 정음문화사, 1983.

허 웅, 『20세기 우리말형태론』, 샘문화사, 1995.

홍사만, 「국어정도부사와 상태부사의 비교연구」, 『동양문화연구』 제4집, 경북대학교 동양문화연구소, 1977.

岡田伸夫, 『副詞と揷入文』, 大修館, 1985.

부록

부 록

1. 접두사가 와서 파생되는 명사

(57쪽 '2.1.1.1 명사에 접두사가 와서 파생되는 명사'의 계속)

- 단 –   〈달콤한〉 단 – 술, 단 – 감
- 단 –   〈하나뿐〉 단 – 벌, 단 – 권
- 담 –   〈빛이 엷음〉 담 – 녹색, 담 – 황색, 담 – 홍색
- 당 –   〈堂〉 당 – 숙질, 당 – 고모, 당 – 질녀, 당 – 형제
- 대 –   〈큰〉 대 – 보물, 대 – 문호, 대 – 성현
- 대 –   〈 – 에 대하여〉 대 – 일정책, 대 – 미정책
- 덧 –   〈거듭, 덧붙임〉 덧 – 니, 덧 – 버선, 덧 – 문
- 도 –   〈우두머리〉 도 – 목수, 도 – 원수
- 돌 –   〈산, 들에서 저절로 나옴〉 돌 – 감, 돌 – 미나리
- 된 –   〈물기 적은〉 된 – 밥, 된 – 죽
- 된 –   〈힘이 더 드는〉 된 – 소리, 된 – 시옷
- 뒤 –   〈마구, 몹시〉 뒤 – 범벅
- 들 –   〈들에서 자라는〉 들 – 깨, 들 – 장미
- 땅 –   〈정도가 아주 심한〉 땅 – 고집, 땅 – 꼬마
- 막 –   〈마지막〉 막 – 딸, 막 – 차, 막 – 술
- 막 –   〈질이 좋지 않은〉 막 – 담배

- 맏 –   〈같은 항렬에서 맨 먼저〉 맏 – 아들, 맏 – 손자
- 맏 –   〈첫째〉 맏 – 간, 맏 – 물
- 말 –   〈큰〉 말 – 매매, 말 – 벌, 말 – 박
- 맞 –   〈마주〉 맞선
- 맞 –   〈어금버금함〉 맞 – 바둑, 맞 – 적수
- 매(메) –   〈차지지 않고 매진〉 매(메) – 기장, 매(메) – 조, 매(메) – 떡
- 매 –   〈결국은 같은〉 매 – 일반
- 매 –   〈그때마다의 뜻〉 매 – 일, 매 – 년, 매 – 주일
- 맨 –   〈오직 그것뿐〉 맨 – 손, 맨 – 머리, 맨 – 밥, 맨 – 발
- 맹 –   〈매우 심함〉 맹 – 훈련, 맹 – 공격
- 먹 –   〈검은〉 먹 – 구름, 먹 – 붕장어
- 명 –   〈뛰어남〉 명 – 문장, 명 – 선수, 명 – 연설
- 목 –   〈나무로 된〉 목 – 그릇, 목 – 발
- 목 –   〈무명으로 된〉 목 – 양말, 목 – 내의
- 몰 –   〈전혀 없음〉 몰 – 인정, 몰 – 상식
- 무 –   〈없음〉 무 – 혐의, 무 – 시험, 무 – 소식, 무 – 의미
- 미 –   〈아직 다 이루어지지 못한〉 미 – 등록, 미 – 개척, 미 – 성년
- 민 –   〈바탕 그대로 들어남〉 민 – 날, 민 – 대가리
- 민 –   〈꾸밈이나 딸린 게 없음〉 민 – 가락지, 민 – 낯, 민 – 비녀, 민 – 저고리
- 민 –   〈가지지 않거나 없음〉 민 – 꼬리
- 민 –   〈격식을 갖추지 않음〉 민 – 며느리
- 민 –   〈벼슬하지 못한〉 민 – 머리
- 반 –   〈거의 비슷함〉 반 – 풍수
- 반 –   〈반대〉 반 – 국가, 반 – 독재
- 밭 –   〈바깥〉 밭 – 사돈, 밭 – 상제, 밭 – 어버이, 밭 – 쪽
- 배내 –   〈배 안에 있을 때부터의〉 배내 – 똥, 배내 – 옷, 배내 – 털
- 별 –   〈보통과 다름〉 별 – 짓
- 복 –   〈사물의 겹됨을 뜻함〉 복 – 분해, 복 – 식, 복 – 선

- 본 –   〈근본이 되는〉 본 – 집, 본 – 줄기, 본 – 바탕

- 본 –   〈본디〉 본 – 남편, 본 – 고장, 본 – 이름, 본 – 임자

- 본 –   〈지금 말하고 있는 이〉 본 – 인

- 부 –   〈버금〉 부 – 사장, 부 – 총장, 부 – 시장

- 부 –   〈이차적〉 부 – 수입, 부 – 산물, 부 – 식

- 부 –   〈어울리지 않거나 어긋남〉 부 – 조화, 부 – 도덕

- 불 –   〈동·식물의 빛이 붉음〉 불 – 개미

- 불 –   〈몹시 심함〉 불 – 가물, 불 – 호령, 불 – 여우

- 불 –   〈부정〉 불 – 규칙, 불 – 찬성, 불 – 명예, 불 – 만족

- 비 –   〈잘못, 아님, 그릇됨〉 비 – 무장, 비 – 인간, 비 – 민주적

- 빗 –   〈비스듬하게〉 빗 – 반자, 빗 – 변

- 생 –   〈익히지 아니함〉 생 – 과일, 생 – 오이, 생 – 김치

- 생 –   〈마르지 아니함〉 생 – 고추, 생 – 나무, 생 – 장작

- 생 –   〈가공하지 않음〉 생 – 맥주, 생 – 모시, 생 – 베, 생 – 가죽

- 생 –   〈본디 그대로 임, 다치지 아니함〉 생 – 자리, 생 – 땅, 생 – 흙, 생 – 눈, 생 – 니, 생 – 살

- 생 –   〈길들이지 아니함〉 생 – 매

- 생 –   〈서투른〉 생 – 낮, 생 – 문자

- 생 –   〈살아 있는〉 생 – 과부, 생 – 이별

- 생 –   〈실지로 낳음〉 생 – 부모, 생 – 아버지

- 생 –   〈공연한, 엉뚱한〉 생 – 고집, 생 – 고생, 생 – 돈, 생 – 사람, 생 – 소리

- 생 –   〈까닭 없이 하는, 억지스러운〉 생 – 난리, 생 – 핀잔, 생 – 호령, 생 – 떼

- 생 –   〈지독함〉 생 – 급살, 생 – 지옥

- 생 –   〈잘못하여 죽음〉 생 – 귀신, 생 – 초상

- 생 –   〈뜻밖에 당하는〉 생 – 벼락

- 서 –   〈본처가 아닌 몸에서 난〉 서 – 아달, 서 – 삼촌, 서 – 동생

- 선 –   〈빛깔이 선뜻함〉 선 – 녹색, 선 – 홍색

- 선 –   〈서투르고 덜 됨〉 선 – 무당, 선 – 잠, 손 – 하품

- 선 – 〈처음, 먼저의 뜻〉 선 – 보름, 선 – 머리
- 선 – 〈돌아간〉 선 – 대인, 손 – 대왕
- 소 – 〈작음〉 소 – 규모, 소 – 강당
- 쇠 – 〈동물, 식물이 작음〉 쇠 – 고래, 쇠 – 기러기, 쇠 – 돌피
- 쇠 – 〈몹시 질기거나 고질이 됨〉 쇠 – 기침
- 수 – 〈새끼를 낳지 못하거나 열매를 맺지 못함〉 수 – 놈, 수 – 말, 수 – 꽃
- 수 – 〈몇, 여러의〉 수 – 십명, 수 – 천, 수 – 차
- 숫 – 〈본디의, 깨끗한, 순수한〉 숫 – 색시, 숫 – 총각, 숫 – 백성, 숫 – 음식
- 시 – 〈시집〉 시 – 아버지, 시 – 어머니, 시 – 동생, 시 – 누이
- 실 – 〈가느다란〉 실 – 구름, 실 – 버들
- 실 – 〈실제의, 착실한, 옹골찬〉 실 – 농군, 실 – 머슴, 실 – 생활
- 아 – 〈다음 가는〉 아 – 열대, 아 – 관목
- 아 – 〈산화 물질에 포함된 산소 비율이 비교적 적음〉 아 – 질산, 아 – 황산
- 알 – 〈알처럼 둥근〉 알 – 사탕, 알 – 약
- 알 – 〈껍질을 털어 버린 것〉 알 – 곡식, 알 – 몸
- 알 – 〈알짜〉 알 – 거지, 알 – 건달, 알 – 부자
- 알 – 〈작은〉 알 – 항아리
- 암 – 〈새끼를 배거나, 열매를 맺음〉 암 – 놈, 암 – 말, 암 – 꽃
- 애 – 〈맨 처음〉 애 – 벌, 애 – 순
- 애 – 〈어린, 앳된〉 애 – 호박, 애 – 송이
- 양 – 〈서양의〉 양 – 딸기, 양 – 배추, 앵 – 담배
- 양 – 〈두, 두 쪽의〉 양 – 국가, 양 – 손, 양 – 안
- 양 – 〈養〉 양 – 아들, 양 – 딸, 양 – 아버지
- 어 – 〈임금에 관한 말 앞에 붙여 공경의 뜻을 나타냄〉 어 – 갑주, 어 – 군막, 어 – 승마
- 얼 – 〈되다가 덜 된〉 얼 – 요기, 얼 – 개화
- 엇 – 〈서로 걸쳐서〉 엇 – 셈
- 여 – 〈여자의〉 여 – 선생, 여 – 학생
- 역 – 〈거꾸로, 반대의〉 역 – 효과, 역 – 이용

- 연 –   〈처음부터 끝까지〉 연 – 인원, 연 – 일수, 연 – 건평
- 연 –   〈빛깔이 얕고 산뜻한〉 연 – 보라, 연 – 분홍, 연 – 갈색
- 열 –   〈여리다〉 열 – 무
- 영 –   〈남의 일가를 높이는 말〉 영 – 붕니, 영 – 손
- 옛 –   〈옛부터〉 옛 – 날, 옛 – 길, 옛 – 고향
- 오 –   〈올되다〉 오 – 조, 오 – 사리
- 옥 –   〈안으로 오그라진〉 옥 – 니, 옥 – 장사
- 올 –   〈올되는〉 올 – 벼, 올 – 콩
- 옹 –   〈물건, 사람이 작고 옹졸하게 생김〉 옹 – 생원, 옹 – 솥
- 옹달 –   〈작고 오목하다〉 옹달 – 샘, 옹달 – 솥, 옹달 – 시루
- 왕 –   〈물건이 큼〉 왕 – 만두, 왕 – 밤, 왕 – 개미, 왕 – 파리
- 왕 –   〈항렬이 할아버지 뻘되는 이에 대한 높임〉 왕 – 고모, 왕 – 대인
- 왜 –   〈일본식〉 왜 – 간장, 왜 – 호박
- 외 –   〈오직 하나뿐인〉 외 – 딸, 외 – 아들
- 외 –   〈외가〉 외 – 할아버지, 외 – 할머니
- 요 –   〈요함〉 요 – 주의, 요 – 시찰인
- 요 –   〈오목함〉 요 – 다각형, 요 – 렌즈, 요 – 면경
- 우 –   〈오른쪽의〉 우 – 수영, 우 – 의정
- 웃 –   〈위〉 웃 – 어른
- 웃 –   〈겉〉 웃 – 옷
- 웃 –   〈더함〉 웃 – 돈
- 원 –   〈본디, 처음〉 원 – 주소, 원 – 주인
- 위 –   〈거짓〉 위 – 선자, 위 – 증자, 위 – 폐
- 유 –   〈있음〉 유 – 자격, 유 – 의의
- 육 –   〈짐승 고기〉 육 – 회
- 이 –   〈멥쌀, 메벼〉 이 – 밥, 입 – 쌀, 잇 – 짚
- 익 –   〈다음의〉 익 – 년, 익 – 월, 익 – 일
- 인 –   〈사람〉 인 – 가난, 인 – 두겁, 인 – 줄, 인 – 쥐

- 일 –   〈한〉일 – 평생
- 잡 –   〈여러 가지가 뒤섞이어 순수하지 못함〉잡 – 수입, 잡 – 상인, 잡 – 일
- 장 –   〈긴〉장 – 거리, 장 – 의자
- 장 –   〈오랜〉장 – 기간
- 장 –   〈수놈〉장 – 닭
- 재 –   〈다시〉재 – 교육, 재 – 작일, 재 – 투자
- 재 –   〈在〉재 – 경 동창회, 재 – 일교포, 재 – 미동포
- 저 –   〈낮음〉저 – 기압, 저 – 물가, 저 – 소득
- 전 –   〈아주 심한 정도〉전 – 무식, 전 – 미련
- 정 –   〈정식의〉정 – 사원, 정 – 회원
- 정 –   〈정상적이거나 똑바름〉정 – 동방, 정 – 비례
- 정 –   〈순수한〉정 – 색
- 정 –   〈벼슬의 윗자리〉정 – 일품, 종 – 구품
- 제 –   〈차례의 몇째〉제 – 삼자
- 졸 –   〈보잘것없음〉졸 – 대기, 졸 – 밥
- 좀 –   〈규모가 작음〉좀 – 나무, 좀 – 복숭아
- 좀 –   〈행동 됨됨이가 잘다〉좀 – 노릇, 좀 – 도둑, 좀 – 생원
- 종 –   〈조그만〉종 – 가래, 종 – 구라기, 종 – 다래끼
- 종 –   〈사촌이나 오촌의 겨레 관계〉종 – 형제, 종 – 숙질, 종 – 조부
- 종 –   〈벼슬 품계에서 버금가는〉종 – 일품, 종 – 구품
- 좌 –   〈왼쪽의〉좌 – 수영, 좌 – 의정
- 주 –   〈주가 됨〉주 – 성분, 주 – 목적
- 준 –   〈어떤 정도나 자격에 못 미침〉준 – 결승, 준 – 우승, 준 – 교사
- 줄 –   〈일이 잇달아 일어남〉줄 – 초상
- 중 –   〈겹침〉중 – 모음, 중 – 자음
- 중 –   〈무거움〉중 – 금속, 중 – 노동
- 진 –   〈참된〉진 – 의, 진 – 가
- 짓 –   〈심함〉짓 – 고생, 짓 – 망신

- 짝 – 〈짝짝이〉 짝 – 귀, 짝 – 눈, 짝 – 신

- 쪽 – 〈작은〉 쪽 – 문, 쪽 – 박, 쪽 – 지

- 쪽 – 〈조각조각 맞춘〉 쪽 – 걸상, 쪽 – 다리, 쪽 – 마루

- 쪽 – 〈한 부분으로 된〉 쪽 – 소매, 쪽 – 자

- 차 – 〈버금〉 차 – 종가, 차 – 종손

- 찰 – 〈찰진〉 차 – 조

- 참 – 〈기본적 우수함〉 참 – 개구리, 참 – 기름, 참 – 깨, 참 – 나리

- 철 – 〈불룩한〉 철 – 렌즈, 철 – 면경, 철 – 판

- 첫 – 〈처음〉 첫 – 사랑, 첫 – 눈

- 청 – 〈아주 높음〉 청 – 태주, 청 – 대려, 청 – 협종

- 초 – 〈첫〉 초 – 하루, 초 – 저녁, 초 – 다짐

- 초 – 〈훨씬 뛰어남〉 초 – 능력, 초 – 인간, 초 – 음속

- 총 – 〈온통〉 총 – 인원, 총 – 수

- 최 – 〈가장〉 최 – 고급, 최 – 일류, 최 – 다수

- 친 – 〈직계의〉 친 – 형제, 친 – 부모, 친 – 동생

- 친 – 〈친함〉 친 – 구, 친 – 우

- 친 – 〈몸소〉 친 – 필, 친 – 솔

- 토 – 〈흙의 뜻〉 토 – 마루, 토 – 벽돌, 토 – 담

- 통 – 〈통째〉 통 – 가죽, 통 – 고추, 통 – 기둥

- 통 – 〈온통, 평균〉 통 – 거리

- 평 – 〈평평한〉 평 – 지대, 평 – 야

- 평 – 〈특별하지 아니함〉 평 – 교사, 평 – 미사, 평 – 민

- 폐 – 〈낮추어 말할 때 씀〉 폐 – 사, 폐 – 교

- 풋 – 〈채 덜 익은〉 풋 – 과일, 풋 – 나물, 풋 – 고추

- 풋 – 〈덜 익숙한〉 풋 – 바둑

- 풋 – 〈깊지 않음〉 풋 – 사랑, 풋 – 잠

- 풋 – 〈새로운, 처음〉 풋 – 눈, 푸 – 것

- 피 – 〈암컷〉 피 – 마, 피 – 물

- 피 –   〈입음〉 피 – 교육, 피 – 지배

- 한 –   〈큰〉 한 – 길, 한 – 물

- 한 –   〈한창〉 한 – 여름, 한 – 더위, 한 – 겨울

- 한 –   〈바깥〉 한 – 데, 한 – 뎃잠

- 한 –   〈끼니, 때, 밖〉 한 – 밥, 한 – 저녁, 한 – 음식, 한 – 동작

- 핫 –   〈솜을 놓은〉 핫 – 옷, 핫 – 이불

- 핫 –   〈짝 있는〉 핫 – 아비, 핫 – 어미

- 항 –   〈저항〉 항 – 균, 항 – 명, 항 – 일, 항 – 결핵제

- 해 –   〈그 해에 새로 난〉 해 – 콩, 해 – 닭, 해 – 쑥, 해 – 팥

- 해 –   〈이, 그의 뜻〉 해 – 사건, 해 – 지역

- 햇 –   〈그 해에 새로 난〉 햇 – 감자, 햇 – 곡식, 햇 – 쌀, 햇 – 밤

- 헛 –   〈잘못〉 헛 – 발, 헛 – 방

- 호 –   〈좋음〉 호 – 시절, 호 – 경기, 호 – 인

- 홀 –   〈짝이 없이 하나뿐임〉 홀 – 아비, 홀 – 어미

- 홑 –   〈한 겹, 단 하나, 외톨〉 홑 – 옷, 홑 – 이불, 홑 – 바지, 홑 – 껍데기

- 후 –   〈나중, 뒤〉 후 – 보름, 후 – 백제, 훗 – 서방

- 희 –   〈묽음, 드문〉 희 – 세

2. 접미사가 와서 파생되는 명사

(66쪽 '2.2.1.1 명사에 접미사가 와서 파생되는 명사'의 계속)

- – 계   〈기구〉 온도 – 계, 압력 – 계, 혈압 – 계

- – 계   〈어떤 사회의 범위〉 교육 – 계, 실업 – 계, 동물 – 계

    〈지역의 경계〉 군 – 계, 도 – 계

    〈지질 시대의 지층〉 고생 – 계, 중생 – 계

- – 고   〈고약, 약〉 반창 – 고, 경옥 – 고

- – 고   〈량〉 생산 – 고

- -곡   〈노래의 가락〉행진-곡, 협주-곡, 미사-곡
- -공   〈직공〉견습-공, 기능-공
- -공   〈성, 시호, 아호, 관직 뒤에 붙여 높임〉충무-공, 참판-공
- -과   〈과실이나 과실 나무〉무화-과
- -관   〈관리〉이사-관, 경찰-관
       〈기관, 집〉대사-관, 영사-관
       〈관점〉인생-관, 세계-관
- -광   〈미치다시피 정신을 쓰는 사람〉독서-광, 축구-광
- -광   〈광석〉금-광, 석탄-광, 흑연-광
- -교   〈다리〉오작-교, 구포-교
- -구   〈가구, 용구〉구명-구, 문방-구
- -구   〈어귀, 구명(口名)〉개찰-구, 출입-구, 접수-구
- -군   〈무리, 떼〉식물-군, 동물-군
- -권   〈둘레, 테두리 안〉당선-권, 남극-권
- -권   〈권리〉투표-권, 선거-권, 우선-권
- -금   〈돈〉장학-금, 보증-금, 전세-금
- -기   〈기구〉변압-기, 주사-기, 측우-기
- -기   〈기계, 기계 장치〉녹음-기, 세탁-기, 여객-기, 전투-기
- -기   〈기간〉전성-기, 성숙-기
- -기   〈기록〉옥중-기, 여행-기
- -기   〈기운, 느낌〉기름-기, 물-기, 시장-기
- -깔   〈성질, 기세, 색택〉색-깔, 성-깔
- -께   〈아무 때, 무렵〉보름-께, 그믐-께
- -꼴   〈단가〉십원-꼴, 백원-꼴
- -꽂이 〈꽂아 두는 기구〉편지-꽂이, 책-꽂이
- -꾸러기 〈버릇이 심한 사람〉장난-꾸러기, 심술-꾸러기
- -꾼   〈일을 습관적, 직업적으로 하는 사람〉나무-꾼, 거간-꾼
- -낳이 〈피륙〉강진-낳이, 고양-낳이, 안동-낳이, 한산-낳이

- -내　〈처음부터 끝까지 내쳐〉봄 - 내, 겨우 - 내, 여름 - 내
- -내기　〈그 지역 사람〉시골 - 내기, 서울 - 내기

　　　　〈그런 사람을 얕잡아 이르는 말〉여간 - 내기, 풋 - 내기
- -내기　〈많이 만들어 내 놓은 물건〉전 - 내기, 장 - 내기
- -네　〈사람의 무리〉남정 - 네, 우리 - 네, 자네 - 네

　　　〈집안, 가족 전체〉아저씨 - 네

　　　〈편, 동아리〉철수 - 네, 영희 - 네
- -년　〈어떤 해〉기미 - 년, 회기 - 년
- -년대　〈10년 단위의 그때〉1980 - 년대, 2000 - 년대
- -년도　〈한해 동안〉1980 - 년도
- -노　〈못된 일을 하는 놈〉매국 - 노, 수전 - 노
- -님　〈사람을 나타내는 말에 붙어 높임〉주시경 - 님, 선생 - 님, 달 - 님
- -다리　〈속성을 지닌 사람, 물건〉귀양 - 다리, 키 - 다리

　　　　〈모양〉모양 - 다리(속된 말)
- -단　〈단체, 집단〉소년 - 단, 청년 - 단
- -달　〈곳, 땅〉난 - 달, 산 - 달, 양 - 달
- -담　〈이야기〉경험 - 담, 여행 - 담
- -당　〈가재, 아호의 씀〉고려 - 당, 사명 - 당
- -대　〈대금〉신문 - 대, 물건 - 대
- -대　〈대, 지대〉무풍 - 대, 화산 - 대, 화석 - 대
- -대　〈 - 째〉첫 - 대(= 첫 - 째)
- -대가리　〈맛/멋 등에 붙어 그 뜻을 홀하게 나타냄〉멋 - 대가리, 맛 - 대가리
- -덩어리　〈성질을 가진 대상〉걱정 - 덩어리, 담 - 덩어리, 골칫 - 덩어리, 사고 - 덩어리
- -덩이　〈위와 같음〉골칫 - 덩이
- -데기　〈그 일을 하는 여자〉부엌 - 데기, 새침 - 데기, 소박 - 데기
- -도　〈섬〉거제 - 도, 제주 - 도
- -도　〈사람, 무리〉문학 - 도, 과학 - 도
- -도　〈그림〉산수 - 도, 조감 - 도, 풍속 - 도

- – 도　〈연도〉금년 – 도, 내년 – 도, 1900년 – 도

- – 도　〈나루〉한강 – 도, 벽란 – 도

- – 동　〈동굴, 굴〉석화 – 동, 종유 – 동

- – 둥이　〈사람, 동물〉바람 – 둥이

- – 때기　〈그 이름씨를 낮은 말로 만듦〉배 – 때기, 뺨 – 때기, 등 – 때기

- – 떼기　〈논밭 구획의 단위〉밭 – 떼기

- – 란　〈알, 난자〉수정 – 란, 무정 – 란

- – 란　〈구분된 지면〉독자 – 란, 광고 – 란

- – 량　〈분량, 수량〉계획 – 량, 생산 – 량

- – 령　〈영토〉한국 – 령, 영국 – 령

- – 령　〈재, 산마루〉대관 – 령, 추풍 – 령

- – 령　〈명령, 법령〉대통령 – 령, 시행 – 령, 금지 – 령

- – 로　〈길〉교통 – 로, 항공 – 로, 활주 – 로

　　　〈도회지의 큰 길〉종 – 로, 세종 – 로

- – 록　〈기록〉비망 – 록, 속기 – 록, 회의 – 록

- – 론　〈논술〉시가 – 론, 형태 – 론

- – 론　〈이론〉감각 – 론, 유물 – 론

- – 료　〈요금〉관람 – 료, 보험 – 료

- – 류　〈방식, 경향〉귀족 – 류, 자기 – 류의 생활

- – 률　〈律〉도덕 – 률, 음 – 률

- – 률　〈비율〉경쟁 – 률, 성장 – 률

- – 리　〈속, 안〉비밀 – 리, 성황 – 리, 암암 – 리

- – 림　〈숲〉국유 – 림, 보호 – 림, 원시 – 림

- – 마　〈악귀〉살인 – 마, 병 – 마, 색 – 마

- – 마님　〈나리, 대감 등에 붙여 높여 이르는 말〉대감 – 마님, 나리 – 마님, 영감 – 마님

- – 막　〈그렇게 된 곳〉내리 – 막, 오르 – 막, 가풀 – 막

- – 만　〈바다가 육지 속으로 파고들어 있는 곳〉영일 – 만, 아산 – 만

- – 매　〈생김새, 맵시〉몸 – 매, 눈 – 매, 입 – 매

- −머리 〈이름씨에 붙어서 낮은 말이 되게 함〉 인정 − 머리
- −민 〈사람〉 피란 − 민, 이재 − 민
- −모 〈모자〉 운동 − 모, 등산 − 모, 농림 − 모
- −물 〈물품〉 공용 − 물, 첨가 − 물
- −미 〈아름다움〉 육체 − 미, 고전 − 미
- −바가지 〈그 일을 자주하는 이를 낮잡거나 조롱하는 뜻〉 주책 − 바가지, 고생 − 바가지
- −바리 〈말이 뜻하는 성질이 두드러지게 있거나 그러한 정도에 있는 사람, 물건〉 꾀 −
  바리, 악 − 바리
- −바치 〈물건을 만드는 것을 업으로 삼는 사람〉 갖 − 바치, 성냥 − 바치
- −발 〈죽죽 내 뻗치는 기운〉 끗 − 발
- −배 〈행위의 무리〉 간상 − 배, 간신 − 배, 폭력 − 배
- −배기 〈나이가 들어 있음〉 나이 − 배기
  〈무엇이 차 있음〉 알 − 배기
  〈특정한 물건, 곳〉 언덕 − 배기, 가짜 − 배기, 공짜 − 배기
- −뱅이 〈그런 사람을 낮게 이름〉 가난 − 뱅이, 주정 − 뱅이
- −범 〈범죄, 죄인〉 절도 − 범, 정치 − 범
- −보 〈그런 성질, 상태의 사람을 뜻함〉 털 − 보
- −보 〈웃음, 물음, 말 등에 붙어 잔뜩 쌓여 있던 것을 뜻함〉 말 − 보
- −보 〈관직에 붙어 보좌관의 듯〉 차관 − 보
- −복 〈옷〉 학생 − 복, 군 − 복, 등산 − 복, 작업 − 복
- −부리 〈거짓말 등의 말에 붙어 그것을 나타냄〉 거짓 − 부리
- −붙이 〈사람의 같은 겨레〉 겨레 − 붙이, 일가 − 붙이, 살 − 붙이
  〈물건에 딸린 같은 종류〉 가족 − 붙이, 고기 − 붙이, 쇠 − 붙이, 금 − 붙이
- −비 〈비용〉 교통 − 비, 도서 − 비, 회의 − 비
- −뽑이 〈뽑는 연장〉 못 − 뽑이
- −사 〈절〉 불국 − 사, 해인 − 사
- −사 〈집〉 객 − 사, 기숙 − 사
- −사 〈스승, 고급의 전문가〉 강 − 사, 사진 − 사, 약 − 사, 전도 − 사

- -사 〈실, 줄의 뜻〉 인견-사, 철-사, 면-사
- -사 〈품사〉 감탄-사, 수-사, 형용-사
- -사 〈행사 때의 말〉 기념-사, 축-사, 추념-사
- -사 〈전문 분야의 자격을 갖춘 사람〉 변호-사, 회계-사, 기능-사
- -사 〈역사〉 문화-사, 미술-사, 세계-사
- -사 〈사업 기관, 단체〉 신문-사, 잡지-사, 통신-사
- -사 〈일〉 중대-사, 가내-사
  〈고려, 조선 때 벼슬 다음에 붙임〉 영흥 문관-사, 감춘추관-사, 동지춘추관-사
- -산 〈생산품〉 외국-산, 국-산
- -살이 〈무엇에 종사하며 살아가는 일〉 타향-살이, 머슴-살이, 벼슬-살이
- -상 〈장사〉 잡화-상, 포목-상
- -상 〈벼슬〉 국방-상, 외-상
- -상 〈꼴, 상태〉 액-상, 연쇄-상
- -새 〈됨됨이, 모양〉 금-새, 먹-새
- -생 〈간지나 햇수 뒤에 쓰임〉 경자-생, 1925년-생
- -서 〈관서〉 경찰-서, 세무-서
- -석 〈자리〉 관람-석, 내빈-석, 부인-석
- -선 〈仙〉 신-선, 주-선
- -선 〈배〉 외국-선, 병원-선
- -선 〈철도〉 경부-선, 호남-선
- -선 〈선출〉 삼-선 의원, 시조-선
- -성 〈성질, 성향, 성과〉 적극-성, 인간-성, 생산-성
- -소 〈일을 보는 곳〉 강습-소, 연구-소
- -쇠 〈사내 아이의 이름〉 돌-쇠, 마당-쇠
- -수 〈기술자〉 운전-수, 목-수
- -수 〈죄수〉 기결-수, 미결-수
- -순 〈차례〉 선착-순, 도착-순, 가나다-순
- -술 〈기술, 재주〉 최면-술, 사교-술

- -시 〈관아〉 전교-시, 사복-시, 내자-시, 군기-시
- -시 〈그리 여김〉 등한-시, 사갈-시, 영웅-시
- -식 〈법식, 양식〉 서양-식, 동양-식
- -심 〈마음〉 공포-심, 동정-심
- -실 〈지명〉 버드-실, 다라-실, 사기-실
- -실 〈방〉 장관-실, 비서-실, 관리-실
- -아치 〈그 일에 종사하는 사람〉 벼슬-아치, 구실-아치, 동냥-아치, 장사-아치
- -안 〈바다, 강의 육지에 접한 곳〉 동해-안, 서해-안
- -앓이 〈병의 뜻〉 배-앓이
- -암 〈바위〉 낙화-암, 화강-암
- -애 〈사랑함〉 인간-애, 모성-애, 인류-애
- -액 〈사물의 정한 수〉 생산-액, 결산-액, 수출-액
- -양 〈큰 바다〉 태평-양, 대서-양
- -어 〈말〉 한국-어, 미국-어
- -어치 〈값에 해당하는 분량〉 천 원-어치, 십 원-어치
- -염 〈염증〉 간-염, 위장-염, 폐-염
- -옥 〈술집, 음식점 이름〉 서울-옥, 장성-옥
- -옹 〈노인의 이름이나 호 밑에 붙여 높임의 뜻〉 육방-옹, 노-옹
- -욕 〈욕심〉 출세-욕, 명예-욕
- -용 〈용도〉 비상-용, 연습-용
- -원 〈대수 방정식의 미지수를 세는 단위〉 일-원 일차 방정식
- -원 〈일을 맡아 보는 사람〉 보조-원, 수행-원
- -원 〈관청, 기관, 학교, 병원의 뜻〉 고아-원, 대학-원, 학술-원
- -원 〈원서〉 휴가-원, 결강-원
- -원 〈집〉 동물-원, 보육-원
- -월 〈어떤 달〉 정-월, 삼-월, 십이-월
- -이 〈이름씨 뒤에 쓰임〉 갑돌-이, 을순-이
- -인 〈사람〉 문화-인, 사회-인, 자연-인, 시-인

- -일 〈＝실〉쇠-일
- -일 〈날짜〉탄생-일, 공휴-일
- -자 〈사람〉근로-자, 담당-자
- -자 〈작은 이름에 붙임〉원-자, 중성-자, 분-자
- -자이 〈장이〉활-자이
- -작 〈만듦〉처녀-작

  〈농사〉반-작, 풍년-작
- -장 〈어른〉노인-장, 춘부-장, 백씨-장
- -장 〈글을 쓴 종이〉초청-장, 임명-장
- -장 〈부서의 우두머리〉계-장, 과-장, 국-장
- -장 〈어떤 특수한 글을 쓰는책〉일기-장, 학습-장
- -장 〈장소, 일터〉공사-장, 작업-장
- -장 〈장례식〉사회-장, 국민-장, 회사-장
- -장이 〈무슨 직업을 지닌 사람〉가구-장이
- -저 〈저택〉관-저, 사-저
- -적 〈的〉문화-적, 예술-적 가치, 국제-적 문제
- -전 〈전람회, 전시회〉개인-전, 미술-전
- -전 〈전기(傳記), 전기 작품의 이름〉춘향-전, 심청-전, 홍길동-전
- -전 〈전투〉기마-전, 육박-전, 백병-전

  〈경기〉대학 농구-전, 정기-전
- -절 〈명절, 절기〉단오-절, 광복-절, 입춘-절, 동지-절
- -점 〈가게〉가구-점, 음식-점
- -정 〈정자〉팔각-정, 세검-정
- -정 〈군함〉어뢰-정, 경비-정, 초계-정
- -정 〈약의 정제〉당의-정
- -정 〈금액의 한정〉만원-정, 천원-정
- -제 〈약제〉강심-제, 건위-제, 소화-제
- -제 〈제도, 방법, 형태〉도급-제, 민주-제, 양당-제, 추첨-제

- -제 〈제사, 제전, 의식〉 기우-제, 위령-제
- -제 〈만들어진 것〉 금속-제, 가죽-제

  〈그곳에서 만든 물건〉 한국-제, 미국-제
- -조 〈할아버지〉 육대-조, 칠대-조
- -족 〈족속〉 여진-족, 몽고-족
- -종 〈종류〉 개량-종, 재래-종
- -종 〈종교〉 천태-종, 태고-종
- -좌 〈별자리〉 대웅-좌, 수미-좌, 연화-좌
- -주 〈주인〉 경영-주, 세대-주
- -주 〈바다에 둘러싸인 큰 육지〉 아세아-주, 대양-주
- -주 〈술〉 인삼-주, 매실-주, 포도-주
- -증 〈증서〉 자격-증, 신분-증
- -증 〈증상〉 궁금-증, 권태-증, 답답-증
- -지 〈김치〉 오이-지, 젓국-지, 짠-지
- -지 〈종이〉 원고-지, 포장-지
- -지 〈종이, 피륙의 가로로 넓은 조각〉 가로-지, 세로-지
- -지거리 〈점잖지 않거나 실답지 않게 여김〉 농-지거리, 욕-지거리
- -지기 〈논밭의 면적〉 열 섬-지기, 한 마-지기

  〈놈〉 천둥-지기
- -지기 〈지키는 사람〉 문-지기, 신-지기, 묘-지기
- -질 〈동작〉 톱-질, 바느-질, 딸국-질

  〈행위를 낮추어 나타내는 말〉 도둑-질, 선생-질, 서방-질
- -집 〈글을 모은 책〉 시-집, 단편-집, 논문-집
- -집 〈부피〉 몸-집, 살-집
- -집 〈기관〉 똥-집, 아기-집
- -집 〈탈난 자리, 원인〉 물-집, 병-집, 흠-집
- -짓 〈동작〉 눈-짓, 손-짓, 발-짓
- -짜리 〈무슨 옷을 입은 것으로 그 사람을 가리키어 이르는 홀한 말〉 양복-짜리, 장옷

－짜리, 창의－짜리

- －짝　〈속된 뜻〉 낯－짝, 볼기－짝, 얼굴－짝

- －째　〈차례, 등급의 뜻〉 첫－째, 둘－째

　　　　　〈동안의 뜻〉 열흘－째, 한 달－째

- －쯤　〈정도의 뜻〉 얼마－쯤, 이틀－쯤, 백원－쯤

- －착　〈도착, 착신〉 열 시－착, 서울－착

- －창　〈물이 흐르거나 고여 있는 곳〉 개골－창, 도랑－창, 시궁－창

- －창　〈큰 부스럼〉 등－창, 아구－창, 연주－창

- －창　〈군수품을 수리하거나 생산하는 곳〉 기지－창, 병기－창, 피복－창

- －채　〈집채〉 안－채, 사랑－채

- －채　〈야채를 잘게 써는 것〉 무－채, 오이－채

- －책　〈책임자〉 조직－책, 소집－책

- －책　〈계책, 대책〉 수습－책, 계－책

- －처　〈일을 행하는 곳〉 근무－처, 접수－처

- －천　〈큰 시내〉 남대－천, 계룡－천

- －첩　〈사진, 그림을 모은 책〉 사진－첩, 서화－첩

- －청　〈행정 관서〉 산림－청, 도－청

- －체　〈조직체〉 기업－체

- －체　〈글씨의 형식〉 명조－체, 흘림－체

- －체　〈글의 형식이나 체제〉 가사－체, 내간－체, 입말－체

- －초　〈초소, 보초〉 감시－초, 청음－초

- －촌　〈마을〉 문화－촌, 신－촌, 역－촌, 빈－촌

- －치　〈날씨를 가리켜 그 무렵에 궂어지는 날씨〉 그믐－치, 납평－치, 보름－치, 조금
　　　　　－치, 진사－치

- －치　〈물고기, 물고기 이름〉 뼘－치, 수－치, 암－치, 갈－치, 멸－치, 버들－치

- －치　〈어떤 물건〉 날림－치, 마상－치, 막－치

- －치　〈수, 값〉 기대－치, 최소－치, 평균－치

- －침　〈바늘, 바늘처럼 생긴 물건〉 독－침, 주사－침, 피뢰－침

* -칸 〈건조물의 공간〉 화물-칸, 짐-칸

* -탕 〈달여 먹는 약〉 사물-탕, 쌍화-탕

　　　〈국〉 대구-탕, 삼계-탕

* -터 〈곳, 자리〉 빨래-터, 나루-터

* -토 〈흙〉 부식-토, 사질-토

* -통 〈어떤 방면에 정통함〉 경제-통, 외교-통

* -통 〈큰 거리〉 종로-통, 중앙-통

* -투성이 〈온 몸에 묻히어 더럽게 됨〉 죄-투성이, 상처-투성이

* -파 〈결〉 음-파, 수-파

* -포 〈시간의 동안〉 해-포, 달-포, 날-포

* -풀이 〈오해, 원한, 살을 풀어 버림〉 살-풀이, 원수-풀이

* -풍 〈풍속, 풍채〉 고전-풍, 호걸-풍

* -필 〈어떤 일을 마침〉 검열-필, 검정-필

* -학 〈학문〉 경제-학, 언어-학

* -항 〈겨레 붙이의 관계〉 숙-항, 질-항

* -항 〈항구〉 부산-항, 마산-항

* -해 〈바다〉 서-해, 동-해, 지중-해

* -행 〈향하여 감〉 서울-행, 워싱턴-행

* -형 〈본보기〉 기본-형

* -호 〈기차, 비행기, 배 등의 이름〉 제공-호

* -화 〈꽃〉 무궁-화, 모란-화

* -화 〈변하여 닮음〉 기계-화, 도시-화

* -화 〈그림〉 수채-화, 나체-화

3. '하-'파생형용사

(74쪽 '2.2.3.2 형용사에 접미사가 와서 파생된 형용사'의 계속)

건둥-하다	꼬부스름-하다	높직-하다	둘-하다
걸쭉-하다	꼭-하다	뇌-하다	둥글넓적-하다
검실검실-하다	꼰질꼰질-하다	누굿-하다	뒤숭숭-하다
겅성드뭇-하다	꼼꼼-하다	눅신-하다	든든-하다
게저분-하다	꼿꼿-하다	느긋-하다	들썩-하다
겨워-하다	꽁-하다	는질는질-하다	듬뿍-하다
고리타분-하다	꾀죄-하다	늘비-하다	따끈-하다
골싹-하다	꾸부스름-하다	늘썽-하다	떨떨-하다
곰바지런-하다	꿋꿋-하다	늘씬-하다	똑똑-하다
궁금-하다	꿍-하다	늙수그레-하다	뜨끈-하다
구수-하다	끄느름-하다	늡늡-하다	뜸-하다
군건-하다	끈질끈질-하다	니끼-하다	마땅-하다
굴터분-하다	끌끌-하다	다붓다붓-하다	말끔-하다
굽슬굽슬-하다	끔-하다	단단-하다	매끈-하다
그럴싸-하다	끔찍끔찍-하다	달금-하다	맥맥-하다
근근-하다	나긋나긋-하다	담담-하다	말쑥-하다
긴가민가-하다	낙낙-하다	대견-하다	먹먹-하다
까마말쑥-하다	난질난질-하다	더부룩-하다	멀끔-하다
간질간질-하다	날쌍-하다	덤덤-하다	멋-하다
깔끔-하다	납대대-하다	덩실-하다	멍-하다
깜짝-하다	낫낫-하다	데꾼-하다	모도록-하다
깡똥-하다	너더분-하다	덴적지근-하다	몰씬-하다
깨끗-하다	넉넉-하다	도담-하다	무던-하다
꺼림-하다	넌주룩-하다	달싹-하다	물렁물렁-하다
꺼무데데-하다	널찍-하다	담낙-하다	뭉긋-하다
꺽꺽-하다	넓적-하다	도도-하다	미끈-하다
견둥-하다	넙데데-하다	돌돌-하다	민숭민숭-하다
껄껄-하다	네모반듯-하다	돌돌-하다	반들반들-하다
껌껌-하다	노릇-하다	동그스름-하다	발그레-하다
껑뚱-하다	녹신-하다	됨직-하다	방긋-하다
께끔-하다	놀놀-하다	두둑-하다	배스듬-하다

반반-하다 산듯-하다 엄병-하다 파르대대-하다
버근-하다 살긋-하다 엉큼-하다 팍삭-하다
버드름-하다 삼삼-하다 에지간-하다 팽팽-하다
번지레-하다 새근-하다 오곳-하다 퍼르죽죽-하다
벌그름-하다 서분서분-하다 올망졸망-하다 픽신-하다
병-하다 선선-하다 이윽-하다 펄펄-하다
보드레-하다 설렁-하다 자긋자긋-하다 포근-하다
변변-하다 섬뜩-하다 작달막-하다 푸르숙숙-하다
볼그레-하다 섭섭-하다 잔잔-하다 푼푼-하다
봉긋-하다 소긋-하다 잘쑥-하다 핑핑-하다
부숭부숭-하다 솔깃-하다 재긋재긋-하다 하늘하늘-하다
복신-하다 수꿀-하나 저뭇-하다 할쭉-하다
불그데데-하다 숙수그레-하다 정갈-하다 해끄스름-하다
붕숭-하다 숭숭-하다 좀-하다 허술-하다
비금비금-하다 시근시근-하다 짜르르-하다 헌칠-하다
빈미주룩-하다 실기죽-하다 짤똑-하다 헙헙-하다
빗밋-하다 심심-하다 쩌릿-하다 헛헛-하다
바끈-하다 싱동-하다 지긋-하다 헤멀쑥-하다
빠끔-하다 쌀쌀-하다 질깃-하다 호젓-하다
빡빡-하다 쌉쌀-하다 짜긋-하다 홀가분-하다
빤-하다 쌩쌩-하다 찌부드드-하다 홋홋-하다
빨긋-하다 썰렁-하다 찐-하다 후즐근-하다
빼주룩-하다 쏠쏠-하다 차분-하다 훌렁훌렁-하다
뻐젓-하다 아긋-하다 철렁-하다 훤칠-하다
뻔지레-하다 악작악작-하다 초라-하다 흐늑-하다
뻘그레-하다 알뜰-하다 철렁-하다 흐뭇-하다
뻣뻣-하다 앍둑앍둑-하다 카랑카랑-하다 혼-하다
뻥뻥-하다 암상-하다 칼칼-하다 훌끔-하다
뽀로통-하다 앙가바틈-하다 큼직-하다 희끄스름-하다
뿔긋-하다 애동애동-하다 타박타박-하다 희멀쑥-하다
삐죽-하다 애틋-하다 털털-하다 휭-하다
뷰주룩-하다 어리숙-하다 텁텁-하다
사늘-하다 얼근-하다 파근-하다

4. '용언의 관형법+명사'로 된 종속합성명사

(90쪽 '가. 용언의 관형법+완전명사'의 계속)

곧은-줄기 노둣-돌 더운-물 붉은-발
굳은-살 노른-자위 드난-살이 붉은-차돌
굳은-힘 노린-내 드문-솔방울 붉은-토끼풀
굵은-베 노란-가슴 뜬-것 붉은-팔
굽은-금 놀-소리 뜬-계집 빈-속
궂은-고기 높은-기둥 뜬-구름 빈-손
궂은-소리 높은-밥 든난-별 빈-자리
궂은-살 높은-체 뜬-눈 빈-주먹
궂은-일 누린-내 뜬-돈 빈-집
긴긴-밤 눈뜬-장님 둔-벌 빈-창자
긴긴-해 누른-밥 뜬-벌이 빈-탈타리
긴-등 늘-푸른-나무 든-손 빈-틈
긴-말 늙은-이 뜬-숯 빈-탕
긴-뼈 늦은-불 뜬-저울 재물은-떡
긴-파람 늦은-봄 들은-말 적은-집
길-짐승 단-잠 들은-귀 뺄-셈
꼬인-결 단-잠자 디딜-방아 죽은-깨
난든-벌 단-맛 디딜-풀무 죽는-소리
난든-집 단-무지 마른-갈이 쥘-때
난-사람 단-배 먼-데 쥘-쌈지
날-도 단-비 먼-물 쥘-손
날뜰-판 단-솔 먼-발치 지난-가을
날-밤 단-술 먼-오금 지난-겨울
날-숨 단-잠 먼-일 지난-날
날-파람 달인-젖 먼-장질 지난-달
날-피리 닮은-꼴 미친-개 지난-밤
낡은-이 당길-심 미친-것 지난-해
낮은-말 땔-감 볼-일 지지난-달
내릴-톱 땔-거리 볼-품 지지난-밤
너른-바지 땔-나무 붉은-거북 지지난-해
노는-계집 더운-무대 붉은-말 진-걸레

진-눈	잔-글씨	돈들-막	큰-물
진-똥	잔-금	동떨어진-소리	큰-불
진-눈깨비	잔-돈	돛단-배	큰-사람
진-밥	잔-돌	된-똥	큰-소리
찐-쌀	짠-물	된-마	큰-아버지
진-신	잔-바느질	된-마파람	큰-아이
진-펄	잔-바늘	된-바람	큰-일
짙은-맛	잔-발	된-밥	찬-이슬
짙은-천량	잔-뼈	된-비알	큰-집
찬-물	잔-부끄럼	된-새바람	큰-칼
찬-바람	짠-밥	된-서리	큰-톱
찬-밥	잔-방귀	된-소리	큰-할머니
찬-비	잔-소리	된-시옷	해질-녘
작은-계집	잔-손	된-풀	해질-무렵
작은-골	잔-심부름	둥굴-대	혼-술
작은-꾸리	잔-재미	둥근-이질풀	훈들-비쭉이
작은-놈	잔-주름	둥근-톱	흰-무리
작은-딸	잔-줄	코묻은-돈	흰-밥
작은-며느리	잔-털	큰-가래	흰-빛
작은-칼	짧은-치마	큰-갓	흰-쌀
잔-가락	잦은-가락	큰-글씨	흰-소리
잔-가랑니	잦은-걸음	큰-기침	흰-신
잔-가시	잦은-방위	큰-누나	흰-엿
잔-가지	재묻은-떡	큰-딸	흰-옷
잔-걱정	더운-밥	큰-독	흰-죽
잔-걸음	데릴-사위	큰-마누라	흰-쥐
잔-결	덴-가슴	큰-말	
잔-구멍	도리-결	큰-머리	

5. '주어+동사'의 짜임새로 된 종속합성동사

(111쪽 "주어+동사'로 된 것>다.'의 계속)

개암-들다	밤-들다	셈-펴이다	욕지기-나다
골-저리다	밤불-지다	셈평-펴이다	이름-나다
곰-되다	방-나다	속-뽑히다	입-씻기다
냄새-나다	방-나다	속-상하다	자국-나다
넌더리-나다	배탈-나다	손-맞다	자리-잡히다
노긋-일다	버금-가다	손-잠기다	잠-들다
달창-나다	별-나다	손독-오르다	장마-지다
덩-달다	별쭝-나다	손톱독-오르다	저자-서다
동-끊기다	북통-지다	수묵-지다	절내-나다
뒤-딸리다	분병-나다	숨-업어가다	절음-나다
뒤-터지다	불-나다	숨-지다	젓-떨어지다
등-달다	불똥이-나다	숨-차다	젓내-나다
말-못되다	붉은발-서다	시위-나다	젖-떨어지다
멋-들다	붓-날다	싸개-나다	조각-나다
메-떨어지다	비위-상하다	싹-트다	조명-나다
모-서다	빗방울-듣다	아귀-트다	조잡-들다
목-마르다	빗방울-듣다	안-차다	종짓굽-떨어지다
목-막히다	빛-나다	암팡-지다	주눅-들다
몸-달다	뺑-나다	애-서다.	주눅-들다
몸서리-나다	산-지피다	약-되다	주름-들다
못-박이다	살-세다	약비-나다	주름-잡히다
물-밀다	살-오르다	언결-들다	주름살-잡히다
물결-치다	살-잡히다	언덕-지다	주접-들다
바닥-나다	살-찌다	얼-빠지다	줄-걸리다
바람-끼다	살-차다	여물-들다	줄-나다
바람-나가다	살판-나다	연-들다	줄-풀리다
바람-지다	샘-터지다	오금-뜨다	줍-나다
바오달-티다	생각-나다	오금-밀리다	중매-들다
발-빠지다	생혼-나다	옻-오르다	중뿔-들다
발목-잡히다	선-나다	요절-나다	쥐-오르다
발쇠-서다	선-들다	요정-나다	쥐-오르다

즙-나다	짬-나다	틈-나다	한풀-꺾이다
진딧물-내리다	찌그렁이-붙다	티격-나다	한풀-죽다
진땀-나다	창-나다	피-맺히다	해-묵다
진절머리-나다	첫물-지다	핏발-삭다	해-지다
짜증-나다	큰일-나다	핏발-서다	헌결-차다
짜증-나다	턱-지다	핏줄-쓰이다	회공-되다
짝-맞다	통-터지다	한물-지다	힘-들다
짬-나다	트집-나다	한살-되다	

6. '주어+형용사'의 짜임새로 된 종속합성형용사

(111쪽 "주어+형용사'로 된 것>나.'의 계속)

가량-없다	눈-높다	똥-마렵다	보잘것-없다
가뭇-없다	눈-부시다	뚝별-나다	본데-없다
가차-없다	눈-설다	말-못되다	부질-없다
간단-없다	눈-어리다	말-아니다	분개-없다
경황들-없다	눈-익다	말-없다	분한-없다
고리-삭다	눈꼴-사납다	맛-갖다	상-없다
기운-차다	대살-지다	맛-나다	상관-없다
깔축-없다	대중-없다	맛-없다	새통-빠지다
꺾짓손-세다	댕가리-지다	맛-있다	샘-바르다
난데-없다	더넘-차다	맛-적다	성-바르다
남-부끄럽다	데설-궂다	맛-지다	소증-사납다
남-부럽잖다	도-뜨다	맥-없다	속-없다
남상-지르다	돈-바르다	맥-적다	손-부끄럽다
낮-간지럽다	동-뜨다	멋-없다	손-서투르다
낮-두껍다	동안-뜨다	면목-없다	손끝-맵다
낮-부끄럽다	될성-부르다	목자-사납다	숫기-좋다
낮-설다	두수-없다	몽니-궂다	스스럼-없다
낮-없다	둘-되다	무관-없다	시름-없다
낮-익다	뒷손-없다	밤눈-어둡다	심사-사납다
너울-지다	딴기-적다	버릇-없다	심술-궂다
눈-거칠다	때-맞다	별미-적다	심술-사납다

싹-없다	얼-없다	재장-바르다	퉁버리-지다
싹-있다	얼척-없다	주눅-좋다	틀림-없다
싹수-없다	엉터리-없다	주살-나다	판-다르다
싹수-있다	여부-없다	지멸-있다	푸접-없다
쓸데-없다	여지-없다	진-나다	풀-죽다
아귀-차다	연득-없다	짐병-지다	하릴-없다
아귀세다	열통-없다	짝-없다	하염-없다
악지-세다	염치-빠지다	쪽-고르다	하잘것-없다
안-서럽다	염치-없다	찜-없다	한량-없다
안-슬프다	영이-들다	철-없다	헛-되다
암상궂다	오줌-마렵다	청승-궂다	헛배-부르다
애-바르다	옴나위-없다	코-높다	흠허물-없다
얀정-없다	옹성-깊다	태-없다	힘-부치다
얀정머리-없다	입맛-쓰다	터-세다	힘-세다
얄망-궂다	잠귀-밝다	터무니-없다	힘-없다
어김-없다	잠귀-어둡다	턱-없다	힘-있다
어처구니-없다	재미-있다	툭박-지다	힘-차다

7. '목적어+동사'의 짜임새로 된 종속합성동사

(117쪽 "목적어+동사'로 된 것>다.'의 계속)

날강목-치다	노총-지르다	눈웃음-치다	딱지-맞다
날바람-잡다	녹쌀-내다	눈-주다	딴죽-걸다
날밤-세우다	논-매다	눈총-맞다	달-가시다
낯-가리다	논-풀다	눈치-보다	땀-내다
낯-붉히다	눈-감다	눈치-채다	담-쌓다
낯-알다	눈-기이다	뉘-보다	담이-씌우다
낯-익히다	눈독-들이다	늑장-부리다	담타기-쓰다
넉살-부리다	눈-뜨다	늑줄-주다	담타기-씌우다
넋-잃다	눈-맞추다	능-두다	답치기-놓다
넌덕-부리다	눈물-짓다	능-주다	땅내-맞다
널-뛰다	눈살-찌푸리다	딱장-받다	닻-감다
네발-타다	눈-속이다	딱정-놓다	닻-주다

대중-삼다	뒤-방이다	마음-조이다	몸-받다
대중-잡다	뒤뿔-치다	마음-졸이다	몸부림-치다
땡-잡다	뒤재주-치다	말미-받다	몸서리-치다
더미-씌우다	뒤-조지다	말버둥질-치다	몸-쓰다
덜미-깊다	뒤턱-놓다	말-달리다	몸-풀다
덤터기-쓰다	뒤-틀다	말-일키다	몽니-부리다
떼-쓰다	뜀-뛰다	맘-조이다	몽-때리다
떼-짓다	뒷걸음질-치다	맘-졸이다	몽-부리다
도숙-붙다	뒷걸음-치다	맘-죄이다	몽짜-치다
돌리-방-치다	뒷다리-잡히다	맛-들이다	몽태-치다
동강-내다	뒷-방이다	맛-보다	몽-피우다
동강-치다	뒷배-보다	맛-부리다	문-잡다
동-대다	뒷북-치다	망령-부리다	물구나무-서다
동댕이-치다	뒷소리-치다	망신-시키다	물-내리다
동당이-치다	뒤손-벌리다	맞선-보다	물-들이다
동-떨어지다	뒷손-보다	맞장구-치다	물똥-튀기다
똥-싸다	뒷전-보다	매장이-치다	물수제비-뜨다
동살-잡히다	딴전-보다	맴-돌다	뭘-하다
동-자르다	뒷짐-지다	맴-돌리다	밑-지다
동티-내다	드난-살다	머리-감다	바가지-긁다
돛-달다	들피-지다	머리악-쓰다	바끄럼-타다
되술래-잡다	뜸-뜨다	머리-앉다	바닥-내다
두남-두다	뜸-들이다	머리-얹히다	바닥-누르다
두레-먹다	뜻-받다	먹실-넣다	바닥-보다
두말-말다	등걸음-치다	멋거리-지다	바둑-두다
둑-가다	등골-뽑다	메지-내다	바람-내다
뒤-꽂다	등-대다	모-내다	바람-켜다
뒤-내다	등쌀-대다	모드레-짚다	발개-찌트리다
뒤었기-치다	등-지다	모-뜨다	발개-치다
뒤-넘다	등-치다	모-붓다	발거리-놓다
뒤-놓다	등-타다	모종-내다	발등-디디다
뒤-따르다	마수-걸다	모자리-지다	발매-넣다
뒤-두다	마음-놓다	목말-타다	발매-놀다
뒤-밟다	마음-먹다	목말-태우다	발매-놓다
뒤-보다	마음-쓰다	몸-두다	발-벗다

발-보이다	복-벗다	불-잡다	샅바-지르다
발-뵈다	복-입다	불-지르다	샅바-채우다
밤-새다	복정-안기다	불-치다	새끼-치다
밤-새우다	복정-안다	불-피우다	새살-까다
밤얽이-치다	복할-잡다	부방아-찧다	새살-떨다
밥-내다	본-뜨다	붓-날리다	새수-못하다
밥-짓다	본보기-내다	붓-박이다	새치-부리다
방귀-뀌다	볼-맞추다	봊-달다	서방-맞다
방-놓다	볼-달다	붚-대다	석다-치다
방-따다	볼모-잡다	비나리-치다	선-내다
방망이-들다	볼모-잡히다	비라리-치다	선-들이다
방보라-치다	볼-받다	비비대기-치다	세간-나다
방부-들이다	볼-타다	비양-주다	세간-내다
방부-받다	부레-끓다	비위-맞추다	셈-놓다
방소-꺼리다	부룩-박다	비접-나가다	셈-치다
밭-치다	부르-걷다	빙충-맞다	속-끓이다
밭-팔다	부아-내다	빚-내다	속-내다
배-불리다	부접-못하다	빗-놓다	속모-가다
배창-내다	북-돋다	빚-주다	속모-보내다
배탈-내다	북-돋우다	빛-지다	속-바치다
반덕-부리다	북새질-치다	빚-접다	속-빼다
반둥질-치다	북새-치다	빨래-놓다	속-뽑다
버력-입다	북-메다	빨대-대다	속-상우다
번-둘다	북-메우다	뼁소니-치다	손-꺾다
벌이줄-잡다	북새-놓다	뼁줄-맞다	손길-잡다
벗-삼다	북통-지우다	뼁줄-치다	손끝-맺다
벼락-맞다	분대질-치다	뺨-맞다	손-넘기다
벼슬-살다	분-바르다	뺨-치다	손-놓다
변사-부리다	불공-드리다	뼁-놓다	손대-내리다
변죽-올리다	불-노다	뽕-놓다	손-대다
변죽-치다	불-끄다	살손-붙이다	손도-맞다
별쫑-맞다	불뚱이-내다	살-잡다	손독-올리다
보리-타다	불-바르다	살줄-치다	손-떼다
보리풀-꺾다	불-받다	살-찌우다	손-맺다
보람-뵈다	불-사르다	상칭-놓다	손발-걷다

손-보다	안절부절-못하다	억지-세우다	욕-보이다
손-붙이다	안정-시키다	억지-쓰다	용솟음-치다
손-비비다	안쫑-잡다	억척-부리다	욕심-부리다
손-빌다	안내-내다	언걸-먹다	용춤-추다
손뼉-치다	암-띠다	언걸-입다	용춤-추이다
손사래-치다	암상-내다	언그럭-부리다	우데-켜다
손-잡다	암상-부리다	얼레발-치다	원주-놓다
손-주다	암상-피우다	얼바람-맞다	이름-짓다
손-치다	암괭이-그리다	얼뺨-붙이다	입내-내다
손-치르다	앙당-그리다	얼음-지치다	입맛-다시다
수묵-치다	앙살-부리다	얼-입다	입-맞추다
수선-떨다	앙살-피우다	어부럭-부리나	입-씻기다
수선-부리다	앞-못보다	엄살-떨다	자경마-돌다
수청-들다	앞장-서다	엄수-놓다	자국-밟다
숨-고다	앞장-세우다	업심-받다	자귀-짚다
숨-쉬다	앞-지르다	여름-타다	자위-뜨다
시앗-보다	애-끊다	여통귀-잡히다	짜증-내다
신혈-먹다	애-끓다	여림-켜다	잠-자다
심사-부리다	애-끓다	역성-들다	잠-재우다
심술-내다	애벌-찌다	옆-들다	장가-가다
심술-놓다	애-쓰다	옆-찌르다	장가-들다
심술-떨다	야기-부리다	오금-박다	장가-들이다
심술-부리다	야비다리-치다	오망-부리다	장난-치다
심통-내다	야살-까다	오망-떨다	재갈-먹이다
싯발-달다	야살-피우다	오줌-싸다	재바닥-질다
아구-맞추다	야자-버리다	옥-죄다	재주-업다
아귀-맞추다	야지랑-떨다	옥-죄이다	재주-부리다
아귀-새기다	약령-보다	옴-파다	저자-보다
아귀-트다	약-올리다	옴-패다	점잔-부리다
악-쓰다	양자-가다	옴-피우다	점잔-빼다
악지-세우다	어리광-부리다	옻-올리다	점잔-피우다
악지-쓰다	어리광-피우다	옻-타다	정강말-타다
악착-부리다	어림-잡다	요사-부리다	젖-떼다
안간힘-쓰다	어림-치다	욕-먹다	젖배-곯다
안잠-자다	억지-부리다	욕-보다	제웅-치다

조리-돌리다	줄-띄우다	터-닦다	핀잔-주다
조리-치다	줄-잡다	터-닿다	핏대-올리다
쪽-지다	줄통-뽑다	터-잡다	향불-피우다
종아리-맞다	중매-서다	털-갈다	허발-치다
종아리-치다	짝-맞추다	털-뜯다	허방-치다
종종걸음-치다	짝-짓다	테-메우다	허방-짚다
주름-잡다	짬-매다	테-받다	허탕-짚다
주리-틀다	참살-부리다	통-돌다	허탕-치다
주접-떨다	짜증-내다	통-밀다	혀-굴리다
죽살이-치다	추격-붙이다	통-짜다	혀-차다
줄-치다	창-갈다	티-뜯다	호들갑-떨다
줄-타다	창-받다	퉁바리-맞다	홀랑이-치다
줄통-뽑다	철-모르다	튀김-주다	하청-치다
쥐구멍-찾다	철-찾다	틈-타다	학치-패다
쥐-빗다	청승-떨다	판돈-떼다	한동-넘기다
즙-내다	체머리-흔들다	판-둘다	한동-먹다
지걸-입다	춤-추다	판-막다	한등-누르다
찌그렁이-부리다	침-흘리다	판-주다	한손-놓다
진대-붙이다	침-삼키다	판-치다	한손-접다
찜부럭-내다	칼-맞다	팔짱-기다	한숨-쉬다
찜부덕-부리다	칼-메기다	패-잡다	한숨-짓다
자리-잡다	칼-씌우다	편역-들다	한턱-먹다
자빡-맞다	칼-쓰다	평머리-치다	활-메우다
잔손-부리다	코-골다	폐-시키다	황-그리다
재-올리다	코-떼다	포달-부리다	홰-치다
젖-빌다	코방아-찧다	포항-주다	횡-듣다
종주먹-대다	코-보다	풀-개다	횡-보다
죽-치다	코-싸쥐다	풀-꺾다	흘렁이-치다
줄가리-치다	코-풀다	풀-쑤다	흠-파리
줄-걷다	큰상-받다	풀-치다	흠-패다
줄-긋다	큰춤-보다	품-팔다	흙-보다
쭉-대다	탈-쓰다	품-앗다	흙-잡다
줄-달다	탈-잡다	핀둥이-쏘이다	흠-빨다
줄달음-치다	태질-치다	핀둥이-주다	홍글방망이-놀다
줄-드리다	터-다지다	핀잔-먹다	힘-빼물다

<table>
<tr><td>힘—쓰다</td><td>구경—가다</td><td>똥깨나—끼다</td><td>매듭—짓다</td></tr>
<tr><td>힘—입다</td><td>구새—먹다</td><td>동곳—빼다</td><td>주체—못하다</td></tr>
<tr><td>힘—주다</td><td>굴타리—먹다</td><td>칙살—부리다</td><td>트집—잡다</td></tr>
<tr><td>헛다리—짚다</td><td>꾀—피우다</td><td>홀—맺다</td><td>들러리—서다</td></tr>
<tr><td>헛물—켜다</td><td>넌더리—내다</td><td>굽이—감다</td><td>모질음—쓰다</td></tr>
<tr><td>헛방—놓다</td><td>녹쌀—내다</td><td>굽이—돌다</td><td></td></tr>
<tr><td>헛코—골다</td><td>눈—기이다</td><td>굽—죄이다</td><td></td></tr>
<tr><td>골—내다</td><td>땀—내다</td><td>꾀—부리다</td><td></td></tr>
</table>

8. 비통어적 대등합성부사

(137쪽 '3.2.3.1 대등합성부사'의 계속)

<table>
<tr><td>가나—오나</td><td>구석—구석</td><td>까칫—까칫</td><td>꺼들먹—꺼들먹</td></tr>
<tr><td>걸음—걸음—이</td><td>군실—군실</td><td>깍둑—깍둑</td><td>꺼물—꺼물</td></tr>
<tr><td>검불—덤불</td><td>굽이—굽이</td><td>깐동—깐동</td><td>꺼뭇—꺼뭇</td></tr>
<tr><td>검실—검실</td><td>그날—그날</td><td>깐딱—깐딱</td><td>꺼불—꺼불</td></tr>
<tr><td>게걸—게걸</td><td>그닐—그닐</td><td>깐작—깐작</td><td>꺼치적—꺼치적</td></tr>
<tr><td>게두덜—게두덜</td><td>그득—그득</td><td>깔끔—깔끔</td><td>꺾임—꺾임</td></tr>
<tr><td>겹—겹—이</td><td>그럭—저럭</td><td>깔쭉—깔쭉</td><td>껀둥—껀둥</td></tr>
<tr><td>고깃—고깃</td><td>글그렁—글그렁</td><td>깔찍—깔찍</td><td>껄껄—껄껄</td></tr>
<tr><td>고들—고들</td><td>글썽—글썽</td><td>깔축—없이</td><td>껄덕—껄덕</td></tr>
<tr><td>고물—고물</td><td>긁적—긁적</td><td>깜냥—깜냥</td><td>껄렁—껄렁</td></tr>
<tr><td>고슬—고슬</td><td>긁죽—긁죽</td><td>깜작—깜작</td><td>껄쭉—껄쭉</td></tr>
<tr><td>골골—살살—이</td><td>길—길—이</td><td>깝작—깝작</td><td>껍신—껍신</td></tr>
<tr><td>곰상—곰상</td><td>길이—길이</td><td>깝죽—깝죽</td><td>껍죽—껍죽</td></tr>
<tr><td>곰질—곰질</td><td>길쭉—길쭉</td><td>깡똥—깡똥</td><td>껑뚱—껑뚱</td></tr>
<tr><td>곱실—곱실</td><td>길쯤—길쯤</td><td>깡쫑—깡쫑</td><td>껑쩡—껑쩡</td></tr>
<tr><td>곱이—곱이</td><td>길찍—길찍</td><td>깡총—깡총</td><td>껑청—껑청</td></tr>
<tr><td>구기적—구기적</td><td>까르륵—까르륵</td><td>깨작—까작</td><td>꼬기작—꼬기작</td></tr>
<tr><td>구깃—구깃</td><td>까물—까물</td><td>깨지락—깨지락</td><td>꼬깃—꼬깃</td></tr>
<tr><td>구무럭—구무럭</td><td>까뭇—까뭇</td><td>깨질—깨질</td><td>꼬들—꼬들</td></tr>
<tr><td>구부정—구부정</td><td>까불—까불</td><td>꺼덕—꺼덕</td><td>꼬르륵—꼬르륵</td></tr>
<tr><td>구붓—구붓</td><td>까치작—까치작</td><td>꺼들—꺼들</td><td>꼬무락—꼬무락</td></tr>
</table>

꼬부랑－꼬부랑	끔뻑－끔뻑	늘쩡－늘쩡	데걱－데걱
꼬불－꼬불	끔적－끔적	늘컹－늘컹	뎅그렁－뎅그렁
꼬빡－꼽빡	끔쩍－끔쩍	늘큰－늘큰	도근－도근
꼴각－꼴각	끙－끙	다－달－이	동강－동강
꼴딱－꼴딱	끼깅－끼깅	다달－다달	동글－넓적－이
꼴랑－꼴랑	끼룩－끼룩	다불－다불	동실－동실
꼴짝－꼴짝	끼리－끼리	다붓－다붓	되록－되록
꼴찌락－꼴찌락	끼무룩－끼무룩	다팔－다팔	되롱－되롱
꼼작－꼼작	끼우뚱－끼우뚱	달－달－이	두고－두고
꼼짝－달싹	끼웃－끼웃	달가닥－달가닥	두릿－도릿
꼼틀－꼼틀	끽－끽	달가당－달가당	둥덩－둥덩
꽁－꽁	나－날－이	달그락－달그락	들까불－들까불
꽝－꽝	나달－나달	달그랑－달그랑	들음－들음
꽥－꽥	나붓－나붓	달랑－달랑	들큰－들큰
꽹매－꽹꽹	난질－난질	달막－달막	듬성－듬성
꾀음－꾀음	날름－날름	달싹－달싹	듬쑥－듬쑥
꾸기적－꾸기적	날짱－날짱	달카닥－달카닥	따끈－따끈
꾸깃－꾸깃	날캉－날캉	달카당－달카당	따로－따로
꾸르륵－꾸르륵	날큰－날큰	달칵－달칵	딱다글－딱다글
꾸무럭－꾸무럭	납죽－납죽	담방－담방	딴직－따직
꾸물－꾸물	너덜－너덜	담뿍－담뿍	딸각－딸각
꾸붓－꾸붓	너붓－너붓	담상－담상	딸그랑－딸그랑
꾸뻑－꾸뻑	너울－너울	담쑥－담쑥	딸막－딸막
꿀－꿀	너절－너절	담작－담작	땀－땀－이
꿀덕－꿀덕	널름－널름	답삭－답삭	때그락－때그락
꿀렁－꿀렁	넓죽－넓죽	당실－당실	때깍－때깍
꿀찌럭－꿀찌럭	높직－높직	대롱－대롱	때－때－로
꿍꽝－꿍꽝	눈－눈－이	대충－대충	땍대굴－땍대굴
뀔－뀔	뉘엿－뉘엿	더더귀－더더귀	땡그랑－땡그랑
끄덕－끄덕	뒬리리－쿵덕쿵	더덜－더덜	땡그렁－땡그렁
끄떡－끄떡	넝큼－넝큼	더듬－더듬	떠듬적－떠듬적
끈떡－끈떡	는실－난실	더욱－더욱	떨거덕－떨거덕
끈적－끈적	늘름－늘름	덩삿－덩삿	떨그럭－떨그럭
끌－끌	늘썽－늘썽	덩실－덩실	떨그렁－떨그렁
끌쩍－끌쩍	늘씬－늘씬	데그럭－데그럭	떨렁－떨렁

떼그럭-떼그럭	몽땅-몽땅	발름-발름	벌룩-벌룩
떽-데구루루	몽탕-몽탕	발짝-발짝	벌름-벌름
떽데굴-떽데굴	무더기-무더기	발카-발카	벌름-벌름
또글-또글	무덕-무덕	방글-방글	벌쩍-벌쩍
또깡-또깡	무뜩-무뜩	방긋-방긋	벌쭉-벌쭉
또드락-또드락	문뜩-문뜩	배각-배각	벌컥-벌컥
또렷-또렷	문치적-문치적	배빗-배빗	벙글-벙글
또박-또박	문칮-문칮	배슥-배슥	벙긋-벙긋
똑딱-똑딱	물-물-이	배슬-배슬	베슥-베슥
똴-똴	물끄럼-물끄럼	배쓱-배쓱	베슬-베슬
뚜글-뚜글	뭉게-뭉게	배주룩-배주룩	보각-보각
뚜널-뚜널	뭉그적-뭉그적	배죽-배죽	보글-보글
뚜드럭-뚜드럭	뭉뚝-뭉뚝	배쭉-배쭉	보도득-보도득
뚜렷-뚜렷	뭉뜽-뭉뜽	배착-배착	보독-보독
뚜벅-뚜벅	뭉특-뭉특	배치작-배치작	보드득-보드득
뚱땅-뚱땅	미끈-미끈	배트작-배트작	보속-보속
뜨끈-뜨끈	미루적-미루적	배틀-배틀	보스락-보스락
뜨끔-뜨끔	바닥-바닥	뱅글-뱅글	복슬-복슬
뜨문-뜨문	바드득-바드득	뱅긋-뱅긋	볼록-볼록
뜯적-뜯적	바득-바득	뱌비작-뱌비작	볼쏙-볼쏙
뜰먹-뜰먹	바들-바들	버걱-버걱	볼통-볼통
뜸직-뜸직	바람만-바람만	버글-버글	부글-부글
띄엄-띄엄	바삭-바삭	버덕-버덕	부두둑-부두둑
띠엄-띠엄	바스락-바스락	버럭-버럭	부둥-부둥
만지작-만지작	바작-바작	버르적-버르적	부드득-부드득
말똥-말똥	박작-박작	버석-버석	부들-부들
망설-망설	반동-반동	번들-번들	부석-부석
매끈-매끈	반뜻-반뜻	번듯-번듯	부스럭-부스럭
매지-매지	반질-반질	번뜻-번뜻	부슬-부슬
머무적-머무적	반짝-반짝	번쩍-번쩍	부시-부시
머뭇-머뭇	발깍-발깍	벌꺽-벌꺽	부시럭-부시럭
멀찍-멀찍	발끈-발끈	벌끈-벌끈	북슬-북슬
멍털-멍털	발딱-발딱	벌떡-벌떡	북적-북적
몰칵-몰칵	발랑-발랑	벌럭-벌럭	불강-불강
몽그작-몽그작	발록-발록	벌렁-벌렁	불걱-불걱

불겅－불겅	빠드득－빠드득	뻔둥－뻔둥	삥실－삥실
불근－불근	빠득－빠득	뻔들－뻔들	사물－사물
불긋－불긋	빠르작－빠르작	뻔적－뻔적	사박－사박
불끈－불끈	빠지직－빠지직	뻔질－뻔질	사부광－사부광
불뚱－불뚱	빤둥－빤둥	뻔쩍－뻔쩍	사뿐－사뿐
불뚝－불뚝	빤득－빤득	뻘긋－뻘긋	사푼－사푼
불룩－불룩	빤들－빤들	뻘끈－뻘끈	산득－산득
불쑥－불쑥	빤질－빤질	뻘떡－뻘떡	산들－산들
불임－불임	빤짝－빤짝	뻘렁－뻘렁	산뜩－산뜩
불쩍－불쩍	빨긋－빨긋	뻘쭉－뻘쭉	살강－살강
불컥－불컥	빨따－빨따	뻥글－뻥글	살금－살금
불퉁－불퉁	빨랑－빨랑	뻥긋－뻥긋	살랑－살랑
붕긋－붕긋	빨쭉－빨쭉	뽀글－뽀글	살래－살래
비근－비근	빵글－빵글	뽀도독－뽀도독	살몃－살몃
비끗－비끗	빵실－빵실	뽀드득－뽀드득	살조－살조
비딱－비딱	빼－빼	뽀롱－뽀롱	살짝－살짝
비뚝－비뚝	빼끗－빼끗	뽀족－뽀족	살캉－살캉
비뚤－비뚤	빼뚝－빼뚝	뽀쪽－뽀쪽	삼박－삼박
비릿－비릿	빼뚤－빼뚤	뿌글－뿌글	삼빡－삼빡
비주룩－비주룩	빼주룩－빼주룩	뿌두둑－뿌두둑	상글－방글
비죽－비죽	빼죽－빼죽	뿌둑－뿌둑	상글－상글
비지적－비지적	빼쪽빼쪽	뿌드득－뿌드득	상긋－상긋
비쭉－비쭉	빼쭉－빼쭉	뿌득－뿌득	상큼－상큼
비척－비척	빼트작－빼트작	뿔긋－뿔긋	새득－새득
비치적－비치적	빼틀－빼틀	쀼죽－쀼죽	새들－새들
비트적－비트적	뻑－뻑	쀼쭉－쀼쭉	새록－새록
비틀－비틀	뻔둥－뻔둥	삐덕－삐덕	새롱－새롱
빈둥－빈둥	뻔들－뻔들	삐따－삐따	새살－새살
빈들－빈들	뻥글－뻥글	삐뚝－삐뚝	새실－새실
빈정－빈정	뻥실－뻥실	삐뜰－삐뜰	새큰－새큰
빙글－빙글	뻐드득－뻐드득	삐주룩－삐주룩	샐긋－샐긋
빙긋－빙긋	뻐글－뻐글	삐죽－삐죽	샐기죽－샐기죽
빙실－빙실	뻐드득－뻐드득	삐쭉－삐쭉	샐쭉－샐쭉
빠글－빠글	뻐르적－뻐르적	삔둥－삔둥	생글－뱅글
빠끔－빠끔	뻐적－뻐적	삔들－삔들	생글－생글

생긋-뱅긋	술렁-술렁	째근-째근	씨부렁-씨부렁
생긋-생긋	쉬엄-쉬엄	째근발딱-째근발딱	씨우적-씨우적
서벅-서벅	슬근-슬근	쌜긋-쌜긋	씩둑-씩둑
서부렁-서부렁	슬금-슬금	쌜기죽-쌜기죽	씩기죽-쌜기죽
서부렁-섭적	시글-시글	쌜룩-쌜룩	씩기죽-쌜기죽
서뿐-서뿐	시드럭-부드럭	쌩글-뺑글	씰기죽-씰기죽
서뿟-서뿟	시드럭-시드럭	쌩글-쌩글	씰기죽-씰기죽
서슴-서슴	시득-부득	쌩긋-뺑긋	씰룩-쌜룩
석-석	시득-시득	쌩긋-뺑긋	씰룩-쌜룩
석둑-석둑	시들-부들	써걱-써걱	씰룩-씰룩
선득-선득	시들-시들	썩-썩	씰룩-씰룩
선들-선들	시큰-시큰	썩둑-썩둑	씽글-뺑글
선뜩-선뜩	실긋-샐긋	썰겅-썰겅	씽글-뺑글
설렁-설렁	실긋-실긋	썰렁-썰렁	씽글-씽글
설레-설레	실기죽-샐기죽	썰레-썰레	씽글-씽글
설멍-설멍	실기죽-실기죽	썸벅-썸벅	씽긋-뺑긋
설컹-설컹	실떡-실떡	썽글-뺑글	씽긋-씽긋
섬벅-섬벅	실룩-샐룩	썽글-썽글	아귀-아귀
섬뻑-섬뻑	실룩-실룩	썽긋-뺑긋	아긋-아긋
성글-벙글	실쭉-샐쭉	썽긋-썽긋	아기족-아기족
성글-성글	실쭉-실쭉	쏘곤-쏘곤	아드득-아드득
성긋-벙긋	싱긋-빙긋	쏘삭-쏘삭	아드등-아드등
성긋-성긋	싱긋-싱긋	쏙닥-쏙닥	아르렁-아르렁
속삭-속삭	싱숭-생숭	쏙달-쏙달	아른-아른
속살-속살	싸드락-싸드락	쏭당-쏭당	아름-아름
솔-솔	싸부랑-싸부랑	쑤석-쑤석	아름작-아름작
송알-송알	싹둑-싹독	쑥달-쑥달	아릿-아릿
수군-수군	쌀강-쌀강	쑥덕-쑥덕	아삭-아삭
수득-수득	쌀래-쌀래	쑥설-쑥설	아슬-아슬
수들-수들	쌈박-쌈박	쑹덩-쑹덩	아슬랑-아슬랑
수럭-수럭	쌈빡-쌈빡	쓰르람-쓰르람	아작-아작
수북-수북	쌍글-뺑글	쓱싹-쓱싹	아짝-아짝
수선-수선	쌍글-쌍글	쓸-쓸	아창-아창
수슬-수슬	쌍긋-뺑긋	씀벅-씀벅	아치랑-아치랑
숙석-숙석	쌍긋-쌍긋	씨근벌떡-씨근벌떡	아치장-아치장

알금-삼삼	어빡-자빡	오시글-오시글	와다글-닥다글
알금-숨숨	어빽-저빽	오지끈-똑딱	와다글-와다글
알금-알금	어석-어석	오지끈-오지끈	와시글-덕시글
알라리-깔라리	어우렁-어우렁	오지직-오지직	와실-덕실
알랑-똥땅	어적-어적	옥신-옥신	와실-와실
알랑-알랑	어정-버정	옥실-옥실	와작-와작
알씬-알씬	어정-어정	옥작-옥작	왈각-달각
알질-앙질	어지렁-버지렁	올강-볼강	왈각-왈각
알짱-알짱	어지렁-버지렁	올강-올강	왈칵-왈칵
알쫑-알쫑	어쩍-어쩍	올공-올공	왕배-덕배
알찐-알찐	어치렁-버치렁	올랑-출랑	왕배야-덕배야
알탕-갈탕	어치렁-어치렁	올록-볼록	왜틀-비틀
앍둑-앍둑	언뜻-언뜻	올막-졸막	왱강-댕강
앍박-앍박	얼금-숨숨	올망-졸망	요러쿵-조러쿵
앍작-앍작	얼금-얼금	올목-졸목	요리-요리
앍족-앍족	얼기-설기	올몽-졸몽	요모-조모
앙글-방글	엄벙-덤벙	올톡-볼톡	우글-부글
앙금-쌀쌀	엄벙-뚱땅	올통-볼통	우글-우글
앙금-앙금	엉두덜-엉두덜	옴니-암니	우긋-우긋
앙알-앙알	엉절-엉절	옴실-옴실	우당탕-우당탕
앙큼-앙큼	엉정-벙정	옴싹-달싹	우당탕-퉁탕
야죽-야죽	엉큼-엉큼	옴쏙-옴쏙	우두렁-우두렁
얄기죽-얄기죽	엎치락-뒤치락	옴질-옴질	우들-우들
얄랑-얄랑	여젓-여젓	옴짝-달싹	우뚝-우뚝
얄쭉-얄쭉	오그랑-오그랑	옴쭉-달싹	우렁-우렁
어귀-어귀	오글-보글	와각-와각	우묵-우묵
어근-버근	오글-오글	와글-와글	우물-우물
어기뚱-어기뚱	오글-쪼글	와당탕-와당탕	우물쩍-우물쩍
어기죽-어기죽	오도독-오도독	와당탕-퉁탕	우비적-우비적
어뚝-비뚝	오독-오독	와드등-와드등	우지끈-우지끈
얼렁-뚱땅	오드득-오드득	와들-와들	우지직-우지직
어름적-어름적	오들-오들	와락-와락	우쩍-우쩍
어릿-어릿	오똑-오똑	와삭-와삭	우쭉-우쭉
어물-어물	오래-오래	와지끈-뚝딱	욱시글-득시글
어물쩍-어물쩍	오비작-오비작	와지끈-와지끈	욱신-욱신

욱실-득실	워더글-덕더글	일쭉-일쭉	저르렁-저르렁
욱실-욱실	워더글-워더글	자그덕-자그덕	저축-저축
욱적-욱적	위석-워석	자그락-자그락	저춤-저춤
울겅-불겅	위썩-워썩	자근-자근	절거덕-절거덕
울겅-울겅	월거덕-덜거덕	자글-자글	절거덩-절거덩
울근-불근	월거덕-월거덕	자긋-자긋	절그렁-절그렁
울근-울근	월걱-덜걱	자끈-자끈	절꺼덕-절꺼덕
울꺽-울꺽	월걱-월걱	자끔-자끔	절꺼덩-절꺼덩
울뚝-불뚝	월그덕-덜그덕	자드락-자드락	절꺽-절꺽
울뚝-울뚝	월컥-덜컥	자락-자락	절뚝-절뚝
울렁-울렁	월컥-월컥	자질-자질	절렁-절렁
울렁-술렁	웽겅-뎅겅	자춤-자춤	절레-절레
울룩-불룩	웽그렁-뎅그렁	잔득-잔득	절룩-절룩
울먹-울먹	으드득-으드득	잘가닥-잘가닥	절름-절름
울먹-줄먹	으드등-으드응	잘그랑-잘그랑	절버덕-절버덕
울멍-줄멍	으르렁-으르렁	잘까당-잘까당	절벅-절벅
울묵-줄묵	으슬-으슬	잘똑-잘똑	절병-절병
울뭉-줄뭉	으쓱-으쓱	잘랑-잘랑	절써덕-절써덕
울쑥-불쑥	으지적-으지적	잘래-잘래	절썩-절썩
움긋-쭝긋	을근-을근	잘록-잘록	절쑥-절쑥
움실-움실	응얼-응얼	잘름-잘름	절커덕-절커덕
움쑥-움쑥	이래-저래	잘바닥-잘바닥	절커덩-절커덩
움죽-움죽	이러나-저러나	잘바당-잘바당	절컥-절컥
움직-움직	이러니-저러니	잘박-잘박	점방-점방
움질-움질	이러쿵-저러쿵	잘방-잘방	조금-조금
움쭉-움쭉	이렁성-저렁성	잘싸닥-잘싸닥	조롱-조롱
움찍-움찍	이리-이리	잘싹-잘싹	조작-조작
움질-움질	이리-저리	잘쑥-잘쑥	조잔-조잔
움푹-움푹	이주걱-이주걱	잘착-잘착	조잘-조잘
웅기-웅기	이죽-이죽	잘카닥-잘카닥	졸딱-졸딱
웅기-중기	일긋-일긋	잘카당-잘카당	졸래-졸래
웅성-웅성	일기죽-얄기죽	재깔-재깔	졸망-졸망
웅절-웅절	일기죽-일기죽	쟁강-쟁강	종달-종달
워그적-워그적	일렁-얄랑	쟁그랑-쟁그랑	종알-종알
워글-워글	일렁-일렁	저렁-저렁	종잘-종잘

736

주르륵-주르륵	짜긋-짜긋	쩔름-쩔름	찌꺽-찌꺽
주적-주적	짜드락-짜드락	쩔쑥-쩔쑥	찌드럭-찌드럭
죽을뻔-살뻔	짜들름-짜들름	쩨꺽-쩨꺽	찌뜰름-찌뜰름
준득-준득	짜르륵-짜르륵	쩽겅-쩽겅	찌르럭-찌르럭
줄먹-줄먹	짜르랑-짜르랑	쩽그렁-쩽그렁	찌르륵-찌르륵
줄멍-줄멍	짠득-짠득	쪼르륵-쪼르륵	찌뻑-찌뻑
중절-중절	짤광-짤광	쪼뼛-쪼뼛	찍-찍
쥐엄-쥐엄	짤그랑-짤그랑	쫀득-쫀득	찐득-찐득
지그럭-지그럭	짤까닥-짤까닥	쫄래-쫄래	찔끔-찔끔
지근-지근	짤까당-짤까당	쫄잘-쪽잘	찔뚝-찔뚝
지근덕-지근덕	짤깍-짤깍	쫑긋-쫑긋	차닥-차닥
지글-지글	짤끔-짤끔	쫑달-쫑달	차란-차란
지긋-지긋	짤똑-짤떡	쫑잘-쫑잘	차랑-차랑
지껄-지껄	짤래-짤래	쫙-쫙	차르랑-차르랑
지끈-지끈	짤록-짤록	쭈글-쭈글	찰-찰
지끔-지끔	짤름-짤름	쭈룩-쭈룩	찰그랑-찰그랑
지벅-지벅	짤막-짤막	쭈르륵-쭈르륵	찰딱-찰딱
지부럭-지부럭	짤쑥-짤쑥	쭈뼛-쭈뼛	찰락-찰락
지지-콜콜이	짱알-짱알	쭈절-쭈절	찰바당-찰바당
지질-지질	째깍-째깍	쭌득-쭌득	찰박-찰박
지척-지척	쩽그랑-쩽그랑	쭐-쭐	찰싸닥-찰싸닥
직신-직신	쩽알-쩽알	쭐레-쭐레	찰싹-찰싹
질겅-질겅	쩌금-쩌금	쭐룩-쭐룩	찰카닥-찰카닥
질근-질근	쩌렁-쩌렁	쭐룩-쭐룩	찰카당-찰카당
질금-질금	쩌르렁-쩌르렁	쭝긋-쭝긋	찰칵-찰칵
질룩-질룩	쩍-쩍	쭝덜-쭝덜	처덕-처덕
질름-질름	쩔-쩔	쭝얼-쭝얼	처렁-처렁
질쑥-질쑥	쩔그렁-쩔그렁	쭝절-쭝절	처르렁-처르렁
질커덕-질커덕	쩔꺼덕-쩔꺼덕	찌걱-찌걱	천덩-천덩
질퍼덕-질퍼덕	쩔꺼덩-쩔꺼덩	찌그덕-찌그덕	철거덕-철거덕
짜그락-짜그락	쩔꺽-쩔꺽	찌그락-찌그락	철그렁-철그렁
짜근-짜근	쩔뚝-쩔뚝	찌그럭-찌그럭	철꺽-철꺽
짜근덕-짜근덕	쩔렁-쩔렁	찌근-찌근	철떡-철떡
짜글-짜글	쩔레-쩔레	찌글-찌글	철럭-철럭
짜금-짜금	쩔룩-쩔룩	찌긋-찌긋	철렁-철렁

철방-철방	터럭-터럭	팽글-팽글	하느작-하느작
철버덕-철버덕	터벅-터벅	퍼룻-퍼룻	하마-하마
철버덩-철버덩	터울-터울	퍽석-퍽석	한드랑-한드랑
철벅-철벅	털버덕-털버덕	퍽신-퍽신	한들-한들
철벙-철벙	털벅-털벅	펀들-펀들	할근-할근
철써덕-철써덕	털벙-털벙	펄떡-펄떡	할금-할금
철썩-철썩	털썩-털썩	펄럭-펄럭	할긋-할긋
철커덩-철커덩	텅-텅	펄렁-펄렁	할기-족족
초싹-초싹	텡-텡	포도등-포도등	할깃-할깃
촐랑-촐랑	토닥-토닥	포드득-포드득	할끔-할끔
추석-추석	토막-토막	포삭-포삭	할끗-할끗
칠벅-칠벅	토실-토실	쏙삭-쏙삭	할낏-할낏
칠렁-칠렁	톰방-톰방	폴-폴	할딱-할딱
칼락-칼락	통-통	폴딱-폴딱	할래발딱-할래발딱
컬럭-컬럭	투덜-투덜	폴락-폴락	할짝-할짝
콜랑-콜랑	툼벙-툼벙	폴랑-폴랑	할쭉-할쭉
콩-콩	퉁-탕	폴짝-폴짝	해끗-해끗
콱-콱	퉁탕-퉁탕	퐁-퐁	해작-해작
콸-콸	티격-태격	퐁당-퐁당	해죽-해죽
쿠렁-쿠렁	티적-티적	푸두둥-푸두둥	해쭉-해쭉
쿨-쿨	파닥-파닥	푸드덕-푸드덕	핼끔-핼끔
쿨렁-쿨렁	파드닥-파드닥	푸드득-푸드득	허덕-지덕
쿨룩-쿨룩	파드득-파드득	푸등-푸등	허덕-허덕
쿵덕-쿵덕	파딱-파딱	푸뜩-푸뜩	허둥-지둥
크렁-크렁	파뜩-파뜩	푸룻-푸룻	허든-허든
타박-타박	파삭-파삭	푹-푹	허부적-허부적
타울-타울	파슬-파슬	풀떡-풀떡	허위-허위
탁-탁	팍-팍	풀럭-풀럭	허위적-허위적
탈락-탈락	판-판	풀렁-풀렁	허적-허적
탈방-탈방	판들-판들	풀썩-풀썩	헐레벌떡-헐레벌떡
탈싹-탈싹	팔딱-팔딱	풍덩-풍덩	헤드득-헤드득
탐방-탐방	팔락-팔락	핀들-핀들	헤실-헤실
탑삭-탑삭	팔랑-팔랑	핀등-핀등	헤적-헤적
탕-탕	팔짝-팔짝	핑-핑	호록-호록
터드렁-터드렁	팬들-팬들	핑글-핑글	호르록-호르록

호비작-호비작	훔치적-훔치적	흘긋-흘긋	흥얼-흥얼
홀-홀	휘-휘	흘기-죽죽	흥이야-항이야
홀랑-홀랑	흐느적-흐느적	흘깃-흘깃	흥청-망청
홈착-홈착	흐늘-흐늘	흘끔-흘끔	흥청-흥청
화끈-화끈	흐룽-흐룽	흘긋-흘긋	흥총-벙청
화닥닥-화닥닥	흐릉-흐릉	흘낏-흘낏	희끈-희끈
화드득-화드득	흐물-흐물	흘럼-흘럼	희끗-희끗
해-해	흐슬-흐슬	흘림-흘림	희뜩-희뜩
회창-회창	혼덕-혼덕	흘미-주근	희롱-해롱
후들-후들	혼드렁-혼드렁	흘미-죽죽	희롱-희롱
후딱-후딱	혼드적-혼드적	흘쩍-흘쩍	희번덕-희번덕
훌-훌	혼들-혼들	흘쭉-흘쭉	히죽-히죽
훌근-번쩍	혼전-만전	훙글-훙글	히쭉-히쭉
훌떡-훌떡	혼전-혼전	훙뚱-망뚱	힐금-힐금
훌렁-훌렁	훌근-번쩍	훙뚱-항뚱	힐끔-힐끔
훌쩍-훌쩍	훌금-훌금	훙숭-생숭	

9. 참고문헌

〈국내 논저〉

강규선, 1988, 「20세기 초기 국어의 경어법연구」, 『인문과학논총』 7집, 청주대학교.

강기진, 1988, 「국어접속어미 "(으)나"의 분석」, 『국어학연총』.

강길운, 1958, 「지정사는 설정되어야 하나?」 2, 『한글』 123호.

_____, 1959, 「조어론을 알자: '계집'을 중심으로」, 『현대문학』 55호.

강신항, 1980, 「안동지방의 경어법」, 『난정 남광우박사화갑기념논문집』, 일조각.

고영근, 1968, 「주격조사의 한 종류에 대하여」, 『이숭녕 박사 송수기념논총』.

_____, 1973, 「현대 국어의 접미사에 대한 구조적 연구」(3), 『어학연구』 9-1.

_____, 1974, 『국어 접미사의 연구』, 백합출판사.

_____, 1974, 『현대 국어의 접미사에 대한 구조적 연구』, 광문사.

_____, 1974, 「현대 국어의 존비법에 대한 연구」, 『어학연구』 10-ㅈ.

_____, 1975, 「현대 국어의 어말어미에 대한 구조적 연구: 비종결 어미의 것을 중심으로」, 『응용언어학』 6호.

──────, 1976, 「특수조사의 의미 분석」, 『문법연구』 3호.

고창운, 1994, 「현대국어 서술씨끝연구」, 건국대학교 박사논문.

권재일, 1985, 『국어 복합문구성 연구』, 집문당.

──────, 1992, 『한국어 통사론』, 민음사.

김계곤, 1968, 「현대 국어의 조어법(word-formation) 연구: 앞가지에 의한 파생법」, 『인천교육대학 논문집』 4집.

──────, 1968, 「현대 국의의 앞가지 처리에 대한 관견」, 『요산 김정한선생 송수기념논총』.

──────, 1969, 「현대 국어의 뒷가지(접미사, suffix)」처리에 대한 관견」, 『한글』 144호.

──────, 1969, 「현대 국어의 조어법(word-formation) 연구: 뒷가지에 의한 파생법」, 『인천교육대학 논문집』 4집.

──────, 1970, 「현대 국어의 꾸밈씨의 합성법」, 『한글』 146호.

──────, 1979, 「현대 국어의 조어법 연구」, 『인천교육대학 논문집』 13집.

──────, 1996, 『현대국어의 조어법(word-formation)연구: 뒷가지에 대한 파생법』, 박이정.

김광해, 1982, 「복합명사의 신생과 어휘화 과정에 대하여」, 『국어국문학』 88호.

──────, 1988, 「"선택과 양보"(1): "라도"와 "나"를 중심으로」, 『인문학보』 2집, 강원대학교.

김민수, 1970, 「국어의 격에 대하여」, 『국어국문학』 49~50합병호.

김방한, 1965, 「국어주격어미 '이'고 재론」, 『학술원논문집』 5집.

김석득, 1971, 「국어의 피사동」, 『언어』 4-2.

──────, 1974, 「우리말의 시상」, 『한불연구』 1호.

──────, 1981, 「우리말의 시상」, 『애산학보』 1집.

──────, 1984, 「도움움직씨와 시상의 부담성: 도움움직씨 체계 재설립을 위하여」, 『말』(연세대) 11호.

김선규, 1981, 「국어의 복합어에 대한 연구」, 『어문학』 23호.

김선호, 1989, 「한국어의 행위요구월」, 건국대학교 박사논문.

김성화, 1989, 「"-{지/다가/고}말-"가 명사구보문소인 몇가지 증거」, 『주시경학보』 5호.

──────, 1992, 『국어의 상연구』, 한신문화사.

김승곤, 1966, 「15세기 조사 연구」, 『문호』 4집, 건국대학교.

──────, 1969, 「관형격 조사고: 현대어를 중심으로」, 『문호』 5집, 건국대학교.

──────, 1969, 「중세어 '이' 비유격 조사고」, 『국어국문학』 42~43호, 국어국문학회.

740

_____, 1970, 「'이' 주격조사의 어원고」, 『학술지』 12집, 건국대학교.

_____, 1971, 「토씨 '의/의'의 발달을 살핌: 특히 그 계보의 모색을 위하여」, 『한글학회 50돌 기념논문집』, 한글학회.

_____, 1972, 「조사의 직능고」, 『국어국문학』 58~60집, 국어국문학회.

_____, 1974, 「16세기 조사 연구」, 『학술지』 18집, 건국대학교.

_____, 1977, 「중세국어 대비격 조사고」, 『연민 이가원 박사 육질 송수기념논총』.

_____, 1978, 『한국어 조사의 통시적 연구』, 대제각.

_____, 1980, 「한국어의 격이론」, 『인문과학』 13집, 건국대학교 인문과학연구소.

_____, 1982, 「한국에 고룹소리의 어원연구」, 『한글』 176호.

_____, 1982, 「한국어 조사의 어원 연구 I」, 『교육논총』 1집, 건국대학교 교육대학원.

_____, 1982, 「한국어 조사의 어원 연구 II」, 『학술지』 26집, 건국대학교.

_____, 1984, 「국어 조사 '으로'류의 구문적 직능고: 특히 그 의미직능을 중심으로」, 『문리논총』 3집, 건국대학교 문리과대학.

_____, 1984, 「한국어 이두의 처소격 조사 '良中'의 어원 연구」, 『두메 박지홍 교수 회갑기념논문집』.

_____, 1984, 「한국어 이두의 처소격 조사 '良中'의 어원 연구」, 『조선학보』 110집, 조선학회.

_____, 1984, 「한국어이음씨끝의 의미 및 통어기능연구 I」, 『한글』 186호.

_____, 1985, 「이두의 여격조사 '亦中'에 대한 고찰」, 『멱남 김일근 박사 회갑기념 어문학논총』.

_____, 1985, 「중주어론에 대한 한 고찰」, 『우운 박병채 박사 환력 기념논총』.

_____, 1986, 「중세국어의 위치자리토씨 '의'와 매김자리토씨 '의'에 대한 한 고찰」, 『백민 전재호 박사 회갑기념 국어학논총』.

_____, 1986, 「중세국어의 형태소 '쏜'과 '쓰녀'의 통어 기능 연구」, 『조선학보』 119~120집(천리교 교도 100년제 기념호), 조선학회.

김영욱, 1989, 「중세국어의 존대법에 관한 연구」, 『국어연구』 89호.

김영희, 1973, 「한국어의 격문법 연구」, 연세대학교 대학원.

_____, 1978, 「겹주어론」, 『한글』 162호.

김완진, 1970, 「문접속의 구접속의 '와'」, 『어학연구』 6-2.

김용석, 1979, 「목적어 조사 '을/를'에 관하여」, 『말』 4호.

김응모, 1989, 『국어 평행 이동 자동사 낱말밭』, 한신문화사.

김일웅, 1978, 「타동 사역 형태소 '이'에 대하여」, 『한글』 161호.

_____, 1985, 「우리말 대용어 연구」, 부산대학교 박사논문.

_____, 1990, 「의향법에 의한 월 분류 문제점」, 『주시경학보』 5호.

김정래, 1990, 「'아, 게, 지, 고'가 명사구보문소인 몇 가지 증거」, 『주시경학보』 5호.

김정수, 1980, 「18세기 초기 국어의 높임 인칭법, 주체대상법을 나타내는 안맺음 씨끝에 대한 연구」, 『한글』 167호.

_____, 1985, 「17세기 한국말의 높임법과 그 15세기로부터의 변천」, 서울대학교 박사논문.

김종록, 1984, 「접속어미 '-러, -려고, -고자, -도록'에 관한 연구」, 경북대학교 석사논문.

김종택, 1981, 「국어대우법 체계를 재론함: 청자대우를 중심으로」, 『한글』 172호.

_____, 1982, 『국어화용론』, 형설출판사.

김차균, 1980, 「"아 있다"와 "고 있다"의 의미」, 『언어』 1, 충남대학교.

_____, 1990, 『우리말시제와 상의 연구』, 태학사.

김창섭, 1981, 「현대 국어의 복합동사 연구」, 『국어연구』 47호.

김창주, 1979, 「조동사 "먹다"에 대한 연구」, 건국대 석사논문.

김한곤, 1983, 「이른바 '-이'사역 피동의 화용론적 조건」, 『한글』 180호.

김형규, 1947, 「겸양사의 연구」, 『한글』 102호.

_____, 1948, 「겸양사의 연구」(속), 『한글』 103호.

_____, 1954, 「주격 '가'에 대하여: 주석의 입장에서」, 『문경』 4집.

_____, 1962, 「겸양사문제의 재론」, 『한글』 129호.

_____, 1974, 「국어 조어법 연구」, 『학술원 논문집』.

김흥수, 1982, 「원인의 '에'와 '로'에 대하여」, 『국어국문학』 22호, 탑출판사.

_____, 1983, 「"싶다"의 통사: 의미특성」, 『관악어문연구』 8호.

김희숙, 1992, 「주체존대와 공손」, 김인수 외 편, 『국어학연구 백년사』, 일조각.

나진석, 1971, 『우리말의 때매김연구』, 과학사.

남광우, 1959, 「주격조사 '가'에 대하여: 주석의 입장에서」, 『문경』 4집.

남기심, 1978, 『국어문법의 시제문제에 관한 연구』, 탑출판사.

_____, 1994, 『국어연결어미의 쓰임』, 서광학술자료사.

남기심·고영근, 1985, 『표준국어문법론』, 탑출판사.

노대규, 1981, 「국어의 복합어 구성법칙」, 『인문논총』 4호.

리의도, 1990, 『우리말 이음씨끝의 통시적 연구』, 어문각.

박병채, 1967, 「고대국어의 격형연구」, 『인문논집』 8집, 고려대학교.

박순함, 1970, 「격문법에 입각한 국어의 겹주어에 관한 고찰」, 『어학연구』 4-2.

_____, 1970, 「격문법에 입각한 국어의 겹주어에 관한 고찰」, 『어학연구』 6-2.

박영순, 1976, 「국어경어법의 사회언어학적 연구」, 『국어국문학』 72~73호.

박지홍, 1981, 『우리 현대말본 부산』, 문성출판사.

_____, 1982, 「한국말의 높임말」, 『어문학교육』 5집, 부산국어교육학회.

_____, 1986, 『우리현대말본』, 과학사.

_____, 1992, 『우리현대말본』, 과학사.

박홍길, 1984, 「하입·입음말의 변천에 관한 일고찰」, 『계명논총』 6호.

배해수, 1977, 「격의 연구」, 『고려대학교 논문집』 18집.

_____, 1978, 「국어 격조사에 대한 자질 검토」, 『관동어문학』 1호.

_____, 1990, 『느낌그림씨에 대한 고찰, 한국어 신연구』, 한신문화사.

백문자, 1981, 「연결어미 "느라고, 느라니까, 느라면"의 의미와 기능」, 『말』 5호.

서병국, 1975, 『국어 조어론』, 경북대학교 출판부

서재극, 1970, 「조어법의 변동에 관한 일고찰」, 『계명논총』 6호.

_____, 1971, 「현대 국어의 풀이씨의 합성법」, 『인천교육대학 논문집』 5집.

_____, 1972, 「현대 국어의 임자씨의 비통사적 합성법」, 『국어국문학』 55·57호.

_____, 1973, 「옹근이름씨 끼리의 종속적 합성법」, 『인천교육대학 논문집』 8호.

서정목, 1990, 「의문법」, 서울대학교 국어연구회 편, 『국어연구 어디까지 왔나』,
동아출판사.

_____, 1990, 「한국어 청자대우 등급의 형태론적 해석(2): 오오체에 대한 기술과
설명」, 『강신항교수 회갑기념 국어학논문집』.

서정수, 1971, 「국어 중주어 문제」, 『국어국문학』 52호.

_____, 1975, 『동사 '-하'의 문법』, 형설출판사.

_____, 1976, 「'불완전 명사+{하(다), 이(다)}'에 대한 고찰: 생성론적 분석」,
『어문논집』 17집, 고려대학교.

_____, 1991, 「'-하'와 '-되'에 대하여」, 『어학연구』 27-3.

_____, 1991, 「기능동사 '-하'에 대한 재료」, 『말』 15호.

서종학, 1987, 「고대국어의 경어법에 대하여」, 『인문연구』 9-1, 고려대학교.

서태룡, 1988, 『국어활용어미의 형태와 의미』, 탑출판사.

성갑환, 1974, 「부사화 접미사 '-이/히' 논고」, 『국어국문학』 65호.

성광수, 1972, 「국어관형격구성」, 『국어국문학』 58~60호.

_____, 1974, 「국어 주어 및 목적어의 중출현상에 대하여」, 『문법연구』 1호.

_____, 1974, 「국어격문법시론 I」, 『어문논집』 19집, 고려대학교.

_____, 1979, 『국어 조사의 연구』, 형설출판사.

_____, 1981, 「국어재귀대명사에 대한 재고: '자기'와 '자신'을 중심으로」, 『한글』
172호, 한글학회.

_____, 1985, 「국어격형과 의미자질」, 『어문논집』 24~25합병호, 고려대학교.

성기철, 1972, 「어미 '고'와 '어'의 비교연구」, 『국어교육』 18~20호.

_____, 『현대국어대우법 연구』, 개문사.

손세모돌, 1993, 「국어보조용언에 대한 연구」, 한양대학교 박사논문.

송병학, 1984, 『현대국어의 분석』, 한신문화사.

송석중, 1982, 「조사 '과·를·에'의 의미분석」, 『말』 7호.

신성옥, 1984, 「'었'과 '있었'의 기능」, 『새결 박태권 선생 회갑기념논문집』.

신창순, 1964, 「존대어론」, 『한글』 133호.

_____, 1975, 「국어의 주어문제 연구」, 『문법연구』 2호.

신현숙, 1980, 「'-더라'의 쓰임과 의미」, 『건국대학교 논문집』 11집, 건국대학교.

_____, 1980, 「'-았-'의 의미연구」, 『건국대학교 논문집』 12집, 건국대학교.

_____, 1982, 「목적격 표지 '-를'의 의미 분석」, 『언어』 7-1.

안동한, 1981, 「우리말관형절에서의 '-었-'과 '-∅'의 시제 표시기능」, 『한글』 171호.

안명철, 1990, 「보조농사」, 서울대학교 국어연구회편, 『국어연구 어디까지 왔나』, 동아출판사.

안병희, 1961, 「주체겸양법의 접미사 '습'에 대하여」, 『진단학보』 22호.

_____, 1966, 「부정격의 정립을 위하여」, 남기심 외 편(1975).

_____, 1977, 『중세국어 구결의 연구』, 일지사.

양동휘, 1979, 「국어의 피·사동」, 『한글』 166호.

양주동, 1956, 『여요전주』, 을유문화사.

_____, 1960, 『고가연구』, 일조각.

_____, 1965, 『고가연구』, 일조각.

_____, 1975, 『고가연구』, 일조각.

양태식, 1977, 「맺음씨끝 '-게'의 통어적 기능에 대한 고찰」, 『국어국문학』 13~14호, 부산대학교.

여증동, 1985, 『한국 가정 언어』, 시사영어사.

_____, 1985, 『한국가정언어』, 시사문화사.

유동석, 1984, 「'로'의 이질성 극복을 위하여」, 『국어학』 17호, 탑출판사.

유목상, 1985, 『서술연결형 어미 연구』, 집문당.

유창돈, 1964, 『이조국어사 연구』, 선명문화사.

윤평현, 1988, 「'-게'와 '-도록'의 의미」, 『국어국문학』 100호.

이강로, 1967, 「파생접사(derivational affix) '-지'의 형태론적 연구」, 『인천교대 논문집』 2집.

이경우, 1981, 「파생어 합성에 있어서의 의미변화」, 『국어교육』 39~40호.

이광호, 1972, 「중세국어의 대격연구」, 『국어연구』 29호.

_____, 1980, 「접속어미 '-면'의 의미기능과 그 상관성」, 『언어』 5-2.

_____, 1985, 「격조사 '로'의 기능통합을 위한 시론」, 『국어학논총(선오당 기형

기선생 팔질기념논총)』.

_____, 1988, 『국어 격조사 '을/를'의 연구』, 탑출판사.

이근용, 1982, 「국어특수조사연구」, 『연구논총』 6집, 국민대학교

이기동, 1976, 「한국어 피동형 분석의 검토」, 『인문과학논총』 9호, 건국대학교.

_____, 1979, 「연결어미 '-는데'의 환용상의 기능」, 『인문과학』 40~41호, 연세
대학교.

이기백, 1975, 「국어조사의 사적연구」, 『어문논총』 9~10합집.

이기용, 1969, 「'가'와 '는'의 통사관계」, 『전북대 논문집』 11집.

이길록, 1974, 『국어문법연구』, 일신사.

_____, 1975, 『국어문법연구』, 일신사.

이남순, 1883, 「선어말어미 '-ㄴ-'의 서법적 기능에 대하여」, 『덕성어문학』 1집.

_____, 1981, 「현대국어의 시제와 상의 연구」, 『국어연구』 46호.

_____, 1983, 「'에'와 '로'의 통사와 의미」, 『언어』 8-2.

_____, 1983, 「약식의 '에'와 소재의 '에서'」, 『관악어문연구』 8호, 서울대학교.

_____, 1986, 「'에게'의 대응형태 '한테, 더러, 보고'의 문법」, 『진단학보』 61호.

_____, 1988, 『국어의 부정격과 격표지 생략』, 국어학회.

이병선, 1976, 「주격조사 연구: 고대국어 주격조사와 '가'의 발달을 중심으로」,
『국어국문학』 72~73집.

이상규, 1991, 「경북방언의 경어법」, 『새국어생활』 13호, 국립국어연구원.

이상억, 1980, 「국어의 사역과 수동의 의미」, 『한글』 168호.

이상태, 1977, 「"-면"무리 이음월에 대하여」, 『배달말』 2호.

_____, 1977, 「이은말 '-야'와 그 월의 구조」, 『한글』 160호.

이석린, 1965, 「'-이다'가 임자씨의 풀이자리 씨끝이 아니다」, 『한글』 134호.

_____, 1987, 「잡음씨의 연구」, 『한글』 197호.

_____, 1988, 「잡음씨의 연구」, 『한글』 200호.

이숭녕, 1958, 「주격 '가'의 발달과 그 해석」, 『국어국문학』 19집.

_____, 1962, 「겸양법연구」, 『아세아연구』 5-2.

_____, 1966, 「15세기 국어에서의 '는'계 조사의 기능에 대하여」, 『서울대 논문집』
12집.

_____, 1966, 「조사 설정의 재검토」, 『동양문화』 5호, 대구대학교.

_____, 1972, 「17세기 초기 국어의 형태론적 고찰」, 『동양학』 2집.

_____, 1974, 『중세국어문법』, 을유문화사.

_____, 1981, 『중세국어문법』, 일조각.

_____, 1985, 「'쓴'과 '쓰녀'고」, 『선오당 김형기 선생 팔질 기념국어학논총』.

_____, 1289, 『고등국어문법』, 을유문화사.

이승욱, 1969, 「주어의 통사에 관한 연구」, 남기심·고영근·이익섭 편, 『현대국어 문법』, 계명대학교 출판부.

_____, 1970, 「과거시제에 대하여: 15세기의 '더'를 중심으로」, 『국어국문학』 49~50합병호.

_____, 1973, 『국어문법연구의 사적연구』, 일조각.

_____, 1977, 「국어경어법의 체계와 변천」, 『국어문법체계의 사적 연구』, 일조각.

이용주, 1972, 「한국어 명사의 구조」, 『교육연구논총』 2집.

이익섭, 1968, 「한자어 조어법의 유형」, 『이숭녕박사 송수기념논총』.

_____, 1974, 「국어경어법의 체계화문제」, 『국어학』 2호.

_____, 1978, 「상대시제에 대하여」, 『관악어문연구』 3호.

이재덕, 1966, 「잡음씨의 연구」, 『명지어문학』 3호.

이정민, 1980, 「한국어 조건, 원인 구분의 통사론과 의미론」, 『한국학국제학술대 회 논문집』 1호, 한국정신문화연구원.

이정민·배영남, 1982, 『언어학사전』, 한신문화사.

이현구, 1995, 「명사형 어미 '-(으)며, -기'의 사적 고찰」, 『한양대학교 논문집』 5집, 한양대학교.

이현희, 1982, 「국어종결어미의 발달에 대한 관견」, 『국어학』 II.

이홍배 역, 1989, 『확대표준 통사론』, 한신문화사.

이희승, 1957, 『새고등문법』, 일조각.

_____, 1959, 『새고등문법』, 일조각.

임칠성, 1991, 「현대국어의 시제어미연구」, 『충북대학교 논문집』, 충북대학교.

임홍빈, 1972, 「국어의 주제화 연구」, 『국어연구』 28호.

_____, 1974, 「'-로'의 선택의 양태화」, 『어학연구』 10-2.

_____, 1979, 「'을/를' 조사의 통사와 의미」, 『한국학논총』.

장경희, 1978, 「현대국어의 양태범주에 관한연구」, 서울대 박사논문.

장지영·장세경, 1976, 『이두사전』, 정음사.

전수태, 1987, 『국어 이동동사 의미연구』, 한신문화사.

전재호, 1971, 「경어연구」, 『장암 지헌영선생화갑논문집』.

_____, 1971, 「현대어 조사의 실태 분석」 1, 『어문학』 3호.

정경희, 1993, 「'-니까'의 의미와 그 해석」, 『선청어문』 21호.

정동환, 1993, 『국어 복합어의 의미연구』, 서광학술자료사.

정문수, 1983, 「'더'의 의미기능에 관한 연구」, 『대전대학교 논문집』 2집, 대전대 학교.

정열모, 1957, 『신편고등문법』, 한글문화사.

정인승, 1950, 『표준고등말본』, 신구문화사.

_____, 1956, 『표준고등말본』, 신구문화사.

_____, 1956, 『표준고등말본』, 일조각.

_____, 1957, 『표준고등말본』, 신구문화사.

_____, 1959, 『표준고등말본』, 신구문화사.

정재윤, 1992, 『우리말 감각어 연구』, 한신문화사.

조항근, 1970, 「국어동사의 시제연구」, 『충북대학교 논문집』, 충북대학교

주시경, 1910, 『국어문법』, 박문서관.

지준모, 1969, 「국어명사의 굴절설을 부정한다: 조사와 지정사의 설정은 필요하
　　　다」, 『어문학』 17호.

채　완, 1976, 「조사 '는'에 대하여」, 『국어학』 5호.

천기석, 1984, 『국어의 동작동사와 상태동사의 체계 연구』, 형설출판사.

최남희, 1988, 「고대국어의 때매김법에 대하여」, 『동의어문논집』 4집, 동의대학교.

_____, 1988, 「고려의 차자표기법 연구」, 건국대학교 대학원.

최범훈, 1964, 「국어의 태(voice)에 관한 사적 고찰」, 『국어국문학 논문집』 5집,
　　　동국대학교.

최식범, 1988, 「우리말형태소 '-었었-'의 의미기능연구」, 『한글문화』, 한글학
　　　회 전북지회.

최재희, 1985, 「국어연결어미의 화용론적 고찰: '-아서'와 '-니까'를 중심으로」,
　　　『인문과학연구』 6-7, 조선대학교.

_____, 1989, 「국어접속문의 구성에 관한 연구」, 성균관대 박사논문.

최현배, 1956, 「잡음씨의 세움: 이론적, 사실적 및 비교언어학적 논증」, 『한글』
　　　120호.

_____, 1959, 『우리말본』, 정음사.

_____, 1959, 「조선의 말밑」, 『연세대학교 인문과학』 4집.

_____, 1963, 「잡음씨에 대하여」, 『연세논총』 2집.

_____, 1972, 『우리말본』, 정음문화사.

_____, 1983, 『우리말본』(열 번째 고쳐 펴냄판), 정음문화사.

한　길, 1991, 『국어종결어미연구』, 강원대학교 출판부.

한동완, 1989, 「'-으니' 접속구성의 의미에 대한 한 고찰」, 『국어국문학 논총』,
　　　탑출판사.

허　웅, 1964, 「서기 1세기 국어의 사역, 피동의 접사」, 『동아문화』 2호.

_____, 1972, 「15세기 국어의 토씨연구」, 『한글』 150호.

_____, 1975, 『우리옛말본』, 샘문화사.

_____, 1976, 『우리옛말본』, 샘문화사.

_____, 1983, 『국어학』, 샘문화사.

———, 1989, 『16세기 우리 옛말본』, 샘문화사.

———, 1995, 『20세기 우리말의 형태론』, 샘문화사,

허원욱, 1995, 「현대 국어의 인용마디 연구」, 『건국어문학』 19~20집.

홍사만, 1983, 『국어특수조사론』, 학문사.

홍재성, 1982, 「"러" 연결어미문과 이동동사」, 『어학연구』 18-2.

———, 1992, 『현대 한국어 동사구조의 연구』, 탑출판사.

홍종성, 1983, 「명사화어미 '-음'과 '-기'」, 『언어』 8-2.

황병순, 1983, 「"라는"에 이끌리는 접속문에 대하여」, 『배달말』 8호.

〈국외 논저〉

Bloomfield, L., 1992, *Language*, Ruskin House, London.

Chomsky, N., 1965, *Aspects of the Theory of Syntax*, MIT Press.

Leech, G. N., 1974, *Semantics*, Penguin.

Lyons, John., 1977, *Semantics II*, Cambridge: Cambridge Univ. Press.

Palmer, F. R., 1971, *Grammar*, Pelican.

大塚高信 編, 1971, 『新英文法辭典』, 三省堂.

大塚高信·中島文雄 監修, 1983, 『新英文法辭典』, 研究社.

渡邊昇一, 1981, 『英文法史』, 大修館.

杉浦茂夫, 1976, 『品詞分類の歴史と原理』, こびあん書房.

安井穗 외 2인, 1976, 『形容詞』, 研究社.

安井穗 외 1인, 1984, 『代用表現』, 研究社.

安井稔 외 1인 1984, 『現代の英文法』 'No.10. 代用表現', 研究社.

池内正章, 1985, 『名詞句の限定表現』, 大修館.

井上和子 외 3인, 1985, 『現代の英文法』 'No.6. 名詞', 研究社.